W0252394

Prof. Dr. Friedrich Maier

Latein *ganz leicht*

In 20 Lektionen zum Latinum

Übungsbuch

Hueber Verlag

Dieser Selbstlernkurs erscheint mit freundlicher Genehmigung der Verlagsgemeinschaft Oldenbourg, Lindauer, Buchners auf der Grundlage der Werke „Cursus Brevis – Texte und Übungen", „Cursus Brevis – Systematische Begleitgrammatik" sowie „Cursus Brevis – Lehrerband".

© an diesen Originalausgaben: Verlagsgemeinschaft Oldenbourg-Lindauer-Buchners, München 2000.

Cursus Brevis – Unterrichtswerk für Latein
herausgegeben von Dr. Gerhard Fink und Prof. Dr. Friedrich Maier
und bearbeitet von Dieter Belde, Dr. Gerhard Fink, Prof. Andreas Fritsch, Hartmut Grosser, Rudolf Hotz, Prof. Dr. Friedrich Maier, Wolfgang Matheus, Andreas Müller, Peter Petersen, Hans-Dietrich Unger, Andrea Wilhelm.
Berater: Dr. Karl Bayer.

Das Werk und seine Teile sind urheberrechtlich geschützt.
Jede Verwertung in anderen als den gesetzlich zugelassenen Fällen bedarf deshalb der vorherigen schriftlichen Einwilligung des Verlags.

Hinweis zu § 52a UrhG: Weder das Werk noch seine Teile dürfen ohne eine solche Einwilligung überspielt, gespeichert und in ein Netzwerk eingespielt werden. Dies gilt auch für Intranets von Firmen und von Schulen und sonstigen Bildungseinrichtungen.

4. 3. 2. | Die letzten Ziffern
2013 12 11 10 09 | bezeichnen Zahl und Jahr des Druckes.
Alle Drucke dieser Auflage können, da unverändert, nebeneinander benutzt werden.
1. Auflage
© 2007 Hueber Verlag, 85737 Ismaning, Deutschland
Redaktion: Linda Strehl, München; Valerio Vial, Hueber Verlag, Ismaning
Umschlaggestaltung: Parzhuber & Partner, München
Coverbilder: Julius Caesar: © The Bridgeman Art Library; Kolosseum: © Creatas Images
Zeichnungen: Michael Heinrich, Coburg
Layout: Erwin Schmid, Hueber Verlag, Ismaning
DTP: Satz+Layout Fruth GmbH, München
Druck und Bindung: Firmengruppe APPL, aprinta druck, Wemding
Printed in Germany
ISBN 978–3–19–007910–0 (Package)
01.7910 (Übungsbuch)

Inhaltsverzeichnis

Einführung

Herzlich willkommen! Sie haben eine gute Wahl getroffen, mit *Latein ganz leicht* zu lernen. Bitte lesen Sie diese Einführung sorgfältig durch, bevor Sie mit der Arbeit beginnen. Sie erhalten wichtige Hinweise zur Benutzung des Kurses und zu den dafür nötigen Arbeitstechniken sowie eine detaillierte Beschreibung des Lektionsaufbaus.

- Da Ihnen kein/e Lehrer/in zur Verfügung steht, müssen Sie alle Hilfsmittel nutzen, die Ihnen Buch und CDs bieten. Auf den folgenden Seiten finden Sie Tipps zum Wortschatzlernen, die wichtigsten Aussprache- und Betonungsregeln des Lateinischen sowie eine Liste der grammatischen Begriffe, die dem Kurs zugrunde liegen. Der Anhang bietet Ihnen eine Kurzgrammatik mit Sachregister, die Lösungen, ein Eigennamenverzeichnis sowie den gesamten Kurswortschatz. Einen über den Stoff der Lektionen hinausgehenden und für die Lektüre von Originaltexten notwendigen Ergänzungswortschatz finden Sie auf S. 243. Auf der Einstiegsseite jeder Lektion finden Sie außerdem ein kurzes Inhaltsverzeichnis, das in Stichpunkten den jeweiligen Lernstoff angibt.
- Bitte arbeiten Sie die Lektionen der Reihe nach durch. Es ist wichtig, dass Sie nichts auslassen, denn die späteren Lektionen bauen auf den früheren auf. Die einzelnen Lektionen sind nach einem wohl überlegten Plan ineinander so verzahnt, dass sowohl bereits gelernter Wortschatz wie auch schon erarbeitete Grammatikerscheinungen innerhalb des neu zu lernenden Stoffes immer wieder auftauchen. Dabei wird – wo es nötig und möglich ist – durch einen Pfeil (↗) auf die einschlägigen Erklärungen verwiesen. Ebenso wird auch schon während des Kurses auf die zusammenfassenden Tabellen in der Kurzgrammatik hingewiesen. Benutzen Sie regelmäßig diese Hinweise.
- Nach den Lektionen 5, 10, 15 und 20 bietet Ihnen ein Test die Gelegenheit, den Lernstoff der letzten fünf Lektionen gezielt und in übergreifenden Zusammenhängen zu wiederholen. Sogleich können Sie Ihren Lernfortschritt kontrollieren und Wissenslücken entdecken.
- Entwickeln Sie Ihre eigene Lernstrategie. Ein Selbstlernkurs gibt Ihnen die Möglichkeit, Tempo, Rhythmus und Intensität des Lernprozesses selbst zu bestimmen. Es ist erwiesen, dass Lernerfolge sich eher dann einstellen, wenn in regelmäßigen Abständen kleinere Lerneinheiten bewältigt werden. Versuchen Sie deshalb ihre Lernarbeit in geordnete Kleinschritte einzuteilen. Vermeiden Sie es, sich nach längeren Abständen zu viel Stoff auf einmal „einzutrichtern".
- Damit Sie sich auf Ihrem Weg durch den Kurs nicht alleine gelassen fühlen, begleitet Sie Seite für Seite ein kundiger Tutor. Seine Hinweise erkennen Sie am nebenstehenden Piktogramm – dem beflügelten Helm des römischen Gottes *Mercurius*. Nach der römischen Mythologie war *Mercurius* Götterbote sowie auch Gott der Reisenden. Analog dazu hilft Ihnen unser Tutor bei Ihrer Reise durch die lateinische Sprache und wendet sich laufend mit Rück- und Vorverweisen, Lerntipps, Übersetzungsregeln und Verständnishilfen an Sie. Lassen Sie sich von ihm bereitwillig führen.

- Versuchen Sie, jeden Text – auch innerhalb der Übungen – zunächst selbst zu übersetzen und erst hinterher den Lösungsschlüssel im Anhang zur Kontrolle heranzuziehen.

Ziel des Kurses ist es, Ihnen so schnell wie möglich umfangreiche Grundkenntnisse des Lateinischen so weit zu vermitteln, dass Sie selbständig mittelschwere Originaltexte (z. B. von *Caesar* oder *Cicero*) übersetzen und lesen können. Auf diese Weise verschaffen Sie sich auch die Voraussetzung dafür, die Latinumsprüfung erfolgreich abzulegen und/oder an Veranstaltungen teilzunehmen, die die Fähigkeit verlangen, lateinische Texte zu übersetzen. Diese Grundkenntnisse lassen sich während der späteren Originallektüre oder in einem eigenen Aufbaukurs erweitern.
Bitte beachten Sie, dass die Anforderungen der Latinumsprüfung je nach Land, Bundesland oder Prüfungsamt unterschiedlich sein können. Außerdem bestehen in einigen deutschen Bundesländern neben dem Latinum immer noch das Kleine und/oder das Große Latinum. Informieren Sie sich deshalb am besten ausführlich über die für Sie geltenden Anforderungen und setzen Sie sich vor der Prüfung intensiv mit Originaltexten auseinander, damit Ihnen manche böse Überraschung erspart bleibt.

Lektionsaufbau

Jeder Lektion besteht aus den folgenden Rubriken:

Einstieg

- Jede Lektion beginnt mit einem Einführungstext: er enthält die grammatischen Erscheinungen, die neu zu behandeln sind, und einen Teil des neuen Wortschatzes. Mithilfe der beigefügten Synchronübersetzung gelingt Ihnen hier schnell eine erste Annäherung an den neuen Stoff. Da dieser Text meist in einem engeren oder weiteren Zusammenhang mit dem Thema des vorausgehenden Haupttextes (siehe unten: „Lesen und verstehen") steht, finden Sie rasch Zugang zu seiner inhaltlichen Aussage. Auf diesen Einstiegstext ist in den folgenden Grammatikerklärungen sowie in den Übungen stets Bezug genommen.
- Der für den Einstiegstext und die Erklärung der Grammatik nötige Wortschatz wird am Anfang der Lektion vorgestellt, und zwar nach Wortarten aufgegliedert. Eignen Sie sich diesen sogleich an.

- Das nebenstehende Piktogramm kennzeichnet Fragen, die Sie zu einer näheren Auseinandersetzung mit den neuen grammatischen Erscheinungen im Einstiegstext anregen sollen. Damit gewöhnen Sie sich, sich selbständig lateinischen Texten anzunähern und ihre Bedeutung zu entschlüsseln. Bitte beachten Sie, dass die Antworten auf diese Fragen im Lösungsschlüssel nicht enthalten sind. Die Fragestellungen sollen Ihnen lediglich als Denkanstöße dienen und Sie auf den Lernstoff der jeweiligen Lektion „einstimmen". Kommen Sie am besten nach vollständiger Bearbeitung einer Lektion auf diese Fragen zurück und stellen Sie fest, ob sie Ihnen noch Probleme bereiten.

Grammatik und Übungen

- Der neue Grammatikstoff wird Ihnen in den dem Einstiegstext folgenden Grammatiksequenzen schrittweise erklärt und übersichtlich dargeboten. Dabei wird auf zwei Bereiche eingegangen: die Formenlehre und die Syntax. In der Formenlehre wird durch Grafiken der „Bau des Wortes" anschaulich verdeutlicht und in Übersichtstabellen geordnet vorgestellt. Diese „Lernorganisatoren" bilden für Sie eine Rahmenvorgabe, in die die jeweils neu hinzukommenden Formen eingefügt werden. So baut sich vor Ihnen allmählich das gesamte Lernparadigma (Konjugations- bzw. Deklinationstabelle) auf. Die Erklärung der Syntax bedient sich des „funktionalen Satzmodells", mit dessen Hilfe die Rolle und Funktion eines syntaktischen Elements innerhalb eines Satzes optisch verdeutlicht wird. Die Satzglieder erscheinen Ihnen hier als Bausteine im Bauwerk des Satzes. Grafische Symbole und Schemata fixieren die grammatischen Signalelemente in Ihr Gedächtnis.
- Die jeweils sofort anschließenden Übungen zu den Themen der Grammatik schreiten vom Einfachen zum Schwierigen vor; sie sind sehr abwechslungsreich gestaltet und konzentrieren sich auf Einzelphänomene (Formen) wie auch auf komplexere Gefüge (syntaktische Strukturen). Meist wird der Stoff in Sätzen und/oder kleineren Texten trainiert. Suchen Sie zunächst ohne Hilfe die Lösung der Übung – wenn möglich, immer schriftlich. Kontrollieren Sie dann Ihre Leistung mithilfe des Lösungsschlüssels.

Wortschatz

- Den Lektionswortschatz, der den Einstiegswortschatz nochmals enthält, sollten Sie schrittweise bis zur Übersetzung des Haupttextes (siehe unten: „Lesen und verstehen") gelernt haben. Damit Ihnen die folgende Übersetzungsaufgabe leichter fällt, erscheinen die Vokabeln in der Reihenfolge ihres Auftretens im Haupttext. Bevor Sie an das Lernen des kompletten Lektionswortschatzes gehen, empfiehlt es sich, den Einstiegswortschatz zu wiederholen. Der meist geringe Restwortschatz – der in dieser Übersicht fett markiert ist – prägt sich auf diese Weise leichter und schneller ein. Wörter, die im Haupttext nicht enthalten sind, aber für spätere Lektüre wichtig sind, erscheinen in einem farbigen Rahmen am Seitenende. Als dritte Spalte der Übersicht finden Sie Merkhilfen aus modernen Fremdsprachen, die Ihnen das Lernen lateinischer Wörter leichter machen.

- Nachdem Sie den Wortschatz mindestens einmal durchgelesen haben, können Sie mit der Audio-CD arbeiten. Darin ist der Wortschatz in leicht zu bewältigenden Lerneinheiten aufgeteilt. Nebenstehendes Piktogramm gibt Ihnen an, welcher Track auf der Audio-CD der jeweiligen Lerneinheit entspricht. Dabei gibt die erste Zahl an, um welche der zwei CDs es sich handelt, die zweite den Track, den Sie ansteuern sollen. Mit dem Wortschatztrainer gehen Sie folgendermaßen vor: Zunächst hören Sie die lateinischen Wörter, die weitgehend in der klassischen Aussprache vorgelesen werden. Danach folgt eine Pause, in der Sie die deutsche Bedeutung(en) aus dem Gedächtnis sprechen können. Im Anschluss hören Sie die richtige(n) deutsche(n) Bedeutung(en) zur Kontrolle.

Wussten Sie schon?

Diese Rubrik vermittelt Ihnen in Text und Bild Einblicke in den Bereich der Antike, der im Haupttext der jeweiligen Lektion erschlossen wird. Dieser Kulturteil liefert Ihnen einerseits den inhaltlichen Verständnisrahmen für den Lektionstext, andererseits erweitert er Schritt für Schritt Ihr Wissen über das Leben in der Antike. Lesen Sie diese Informationen jeweils vor dem Übersetzen des Haupttextes durch. In einigen Lektionen rundet eine unterhaltsame Kurzaufgabe diese Rubrik ab.

Lesen und verstehen

- Hier finden Sie den Haupttext, der alle Wörter sowie die neue Grammatik der Lektion enthält. Er ist so aufgebaut und inhaltlich so gestaltet, dass jeweils ein anderes Thema der antiken Welt behandelt wird. Übersetzen Sie diesen Text schriftlich in Abschnitten oder in einem Zug, und zwar zunächst selbständig. Eine hervorragende Voraussetzung zur Bearbeitung dieses Textes schafft die schnelle Wiederholung des Einstiegstextes sowie des Wortschatzes der Lektion. Ziehen Sie die Übersetzung im Lösungsschlüssel erst dann heran, wenn Sie an einer Stelle nicht mehr weiterkommen. Wiederholen Sie am Ende die Übersetzung des Haupttextes mehrmals mündlich.
- Im Anschluss daran können Sie sich an kurzen Texten (Sätzen aus überlieferten Werken, Sentenzen, Sprichwörtern usw.) versuchen, sodass Sie auch dadurch Schritt für Schritt an die Autorenlektüre herangeführt werden. Das nebenstehende Buch-Piktogramm weist Sie auf diese Rubrik hin.

Zu guter Letzt

Jede Lektion schließt mit einer kurzweiligen Übung ab – in Form eines Rätsels, eines Spiels oder eines lustigen Tests –, in der Themen und Lernstoff der Lektion nochmals aufgegriffen werden. Eine wohlverdiente Auflockerung nach den Mühen einer ganzen Lektion!

Goldene Regeln zum Wortschatzlernen

1. Nehmen Sie sich nicht zu viel auf einmal vor, sondern zerlegen Sie das ganze Lernpensum in Gruppen von sieben bis zehn Vokabeln. Nach den Erkenntnissen der Lerntheorie ist dies am wirkungsvollsten.
2. Kontrollieren Sie Ihren Lernfortschritt, indem Sie in regelmäßigen Abständen die Spalte mit den lateinischen Vokabeln zuhalten und aus dem Gedächtnis wiederholen, was Sie sich eingeprägt haben.
3. Unterbrechen Sie den Lernvorgang nach fünf bis zehn Minuten durch eine Erholungspause.
4. Auch Wörter, die man sich energisch eingeprägt hat, geraten in Vergessenheit, wenn man sie nicht regelmäßig durch Wiederholung in Erinnerung ruft. Nehmen sie sich daher die Wörter der vorausgehenden Lektionen systematisch und portionsweise immer wieder vor.
5. Denken Sie daran, dass man isolierte Vokabeln leicht vergisst oder verwechselt. Man behält sie besser in sinnvollen Verbindungen. Wenn Sie sich den Satz merken: *Nunc homines laeti sunt et rident; nam spectaculum placet,* erfassen Sie damit neun Wörter.
6. Machen Sie sich von möglichst vielen Wörtern eine anschauliche Vorstellung. Lächeln Sie, wenn sie sich *ridere* (lachen) merken wollen, drücken sie sich kräftig die Hand bei *promittere* (versprechen).
7. Wörter, die miteinander verwandt sind, weil sie entweder den gleichen Bedeutungsteil oder dieselbe Bedeutung haben, sollte man beim Lernen zusammenfassen, also z. B. *timor/timere* (vom gleichen Bedeutungsteil wie im Deutschen *Furcht/fürchten*) oder *sed/autem* (bedeutungsgleich).
8. Darüber hinaus ist es nützlich, Wörter, die zur Beschreibung bestimmter Sachverhalte dienen (z.B. Freude/Heiterkeit: *laetus, gaudere, ridere*), aneinander zu binden.
9. Fremdwörter eignen sich nicht nur als Gedächtnisstütze beim Wörterlernen, sie können auch bei der Erweiterung des Wortschatzes nützlich sein. Dasselbe gilt für viele Wörter aus den modernen Fremdsprachen. Latein hilft beispielsweise nicht nur beim Englischlernen, sondern auch Englisch bei Latein. Bauen Sie also immer „Merkbrücken", indem Sie die Wörter an bekannte Vorstellungen anknüpfen. Z. B. *tabula* als „Tafel, Gemälde", das mit engl./frz. *table* und ital. *tavola* verwandt ist, hat bedeutungsmäßig mit „Tisch, Essen" scheinbar nichts zu tun; doch da hilft die Vorstellung „an der Tafel sitzen", „tafeln" als Merkhilfe weiter.
10. Üben Sie sich darin, den Wortbestand eines Textes jeweils auf die Lernformen zurückzuführen, z. B. *motus* auf *movere* oder *senum* auf *senex*. Je besser Sie das können, desto besser übersetzen Sie.
11. Schärfen Sie Ihren Blick für eindeutige Signale (z. B. *-ba-* immer für Imperfekt; *-issim-* immer für Superlativ) und machen Sie sich bei mehrdeutigen Signalen (z. B. *-a*: Nom./Akk. Plural bei Substantiven mit dem Geschlecht Neutrum oder Imperativ Singular immer bei Verben der a-Konjugation) klar, wodurch sie ggf. eindeutig werden.
12. Mit jeder neuen Vokabel, die Sie lernen, erhöht sich die Gefahr der Verwechslung durch Ähnlichkeit im Schriftbild, in der Bedeutung oder durch andere störende Einflüsse. Arbeiten Sie dem entgegen, indem Sie das Neue, wo immer möglich, an Früheres anbinden.

Aussprache- und Betonungsregeln

Länge der Vokale

Wie im Deutschen gibt es im Lateinischen lange und kurze Vokale. Lange Vokale erkennt man im Deutschen an der Vokalverdoppelung (z. B. Paar) oder an der Dehnung (z. B. Mehl). In der lateinischen Schreibweise wurde die Länge der Vokale nicht kenntlich gemacht – deshalb werden in diesem Kurs lange Vokale durch einen Strich über dem Vokal gekennzeichnet: ā ē ī ō ū. Verkürzte Vokale werden dagegen durch ein Häckchen gekennzeichnet: *rēs, rĕī*.

Konsonanten

Konsonanten werden im Lateinischen und im Deutschen weitgehend gleich ausgesprochen. Beachten Sie jedoch folgende Besonderheiten:

Lautzeichen	Aussprache	Beispiele (*Aussprache*)
i	**i** oder **j**	intellegere (*intellegere*); Iūlia (*Julia*)
c	vor *a, o, u* immer **k**	cantāre (*kantare*); cōnsul (*konsul*); cūria (*kuria*)
c	vor *ae, e, i* entweder **z** oder **k**	caelum (*kaelum/zaelum*); cēnsor (*kensor/zensor*); cīvis (*kivis/zivis*)
v	**w**	victōria (*wictoria*)

Betonungsregeln

- zweisilbige Wörter werden auf der ersten Silbe betont
- bei Wörtern mit drei oder mehr Silben hängt die Betonung von der vorletzten Silbe ab:
  a) wenn sie lang ist, dann wird diese betont (z. B. *orā́tor*; *amā́re*),
  b) wenn sie kurz ist, dann wird die drittletzte Silbe betont (z. B. *mṓribus*; *ágitis*).

Eine Silbe ist entweder von Natur kurz oder lang oder sie ist lang, wenn zwei oder mehrere Konsonanten auf den Vokal folgen („Positionslänge"), z. B. *legĕre* → *legēns*.

Wird die Konjunktion *-que* oder das Fragesignal *-ne* an ein Wort angehängt, so wird in der Regel die vorhergehende Silbe betont (z. B. *pater mātérque; vidésne?*)

Rechtschreibung und Silbentrennung

Das lateinische Alphabet umfasst 24 Buchstaben: dabei kommen *j* und *w* nicht vor, während *k* und *z* nur selten benutzt werden.
Lateinische Wörter werden in der Regel kleingeschrieben (z. B. *homo*). Wörter am Satzanfang, Eigennamen und deren Ableitungen werden großgeschrieben.
Lateinische Wörter werden nach Silben getrennt (z. B. *spec – tā – cu – lum*); zusammengesetzte Wörter nach ihren Bestandteilen (z. B. *prō – mittere*).

Grammatische Fachausdrücke

Ablativ	lat. Sonderfall/Wodurch-Wovon-Fall
Adjektiv	Eigenschaftswort
Adverb	Umstandswort
Adverbiale	Umstandsbestimmung
Akkusativ	4. Fall/Wen-Fall
Aktiv	Tätigkeitsform
Artikel	Geschlechtswort
Attribut	Beifügung, die ein Wort näher bestimmt
Dativ	3. Fall/Wem-Fall
deklinieren	Verändern von Nomina (Substantiven)
Demonstrativpronomen	hinweisendes Fürwort
Diphthong	Doppellaut, z. B. ae, eu
Genitiv	2. Fall/Wessen-Fall
Gliedsatz	Satz, der als Teil eines anderen nicht selbständig ist
Hauptsatz	Satz, der nicht von einem anderen Satz abhängt
Hilfsverb	Hilfszeitwort (vor allem „sein“)
Imperativ	Befehlsform (des Verbs)
Indefinitpronomen	unbestimmtes Fürwort
Indikativ	Wirklichkeitsform (des Verbs)
Infinitiv	Grundform des Verbs
Interjektion	Ausrufewort
Interrogativpronomen	Fragepronomen
Komparativ	1. Steigerungsstufe („Höherstufe“)
konjugieren	Verändern von Verben
Konjunktion	beiordnendes Bindewort
Konjunktiv	Möglichkeitsform (des Verbs)
Konsonant	Mitlaut
Negation	Verneinungswort
Nominativ	1. Fall/Wer- oder Was-Fall
Numerale	Zahlwort
Objekt	Satzergänzung
Partizip	Mittelwort
Passiv	Leideform
Personalpronomen	persönliches Fürwort
Plural	Mehrzahl
Possessivpronomen	besitzanzeigendes Fürwort
Prädikat	Satzaussage
Prädikatsnomen	Adjektiv/Substantiv (bildet mit Hilfsverb „sein“ das Prädikat)
Präposition	Verhältniswort
Pronomen	Fürwort
Reflexivpronomen	rückbezügliches Fürwort
Relativpronomen	bezügliches Fürwort
Singular	Einzahl
Subjekt	Satzgegenstand
Subjunktion	unterordnendes Bindewort
Substantiv	Hauptwort, Nomen
Superlativ	2. Steigerungsstufe („Höchststufe“)
Verb	Tätigkeitswort, Zeitwort
Vokal	Selbstlaut
Vokativ	Anredefall

Im Circus Maximus

In dieser Lektion lernen Sie

GRAMMATIK

- 3. Person Singular und Plural des Verbs der Vokalischen und Konsonantischen Konjugation
- Nominativ/Akkusativ Singular und Plural des Nomens (Substantiv) der ā-/o- und Konsonantischen Deklination
- Nominativ/Akkusativ Singular und Plural der Adjektive der ā-/o-Deklination
- Satzaufbau: Subjekt und Prädikat, Adverbiale, Attribut, Prädikatsnomen

WORTSCHATZ

- Menschen- und Götternamen
- Wörter (Verben, Nomina) aus dem Bereich des öffentlichen Lebens
- Satzverbindungen, Adverbien

DIE WELT DER ANTIKE

- Das Schauspiel eines Triumphzuges
- Der Circus Maximus
- Antike Götter

Wagenrennen im Circus Maximus.

1

Einstieg

Versuchen Sie die folgenden kurzen Sätze mit Hilfe des unten angegebenen Wortschatzes zu übersetzen. Wenn nötig, nehmen Sie die danebenstehende Übersetzung zu Hilfe. Auf diese Weise prägen Sie sich schon erste Wörter und Strukturen des Lateinischen ein.

Der Festzug war ein Höhepunkt im Zentrum Roms, in dem auch die Götter, in Bildern dargestellt, Einzug hielten.

Populus clamat et salutat;	Das Volk schreit und grüßt;
nam imperator apparet et	denn der Kaiser erscheint und
pompa venit.	der Festzug kommt.
Nunc populus plaudit.	Nun klatscht das Volk Beifall.
Quintus ridet.	Quintus lacht.
Ibi enim Flavia est.	Dort ist nämlich Flavia.
Flaviam salutat.	Er grüßt Flavia.
Ceteri homines clamant,	Die übrigen Menschen schreien,
rident, audiunt, plaudunt.	lachen, hören, klatschen Beifall.
Veniunt et dei deaeque.	Es kommen auch die Götter und Göttinnen.
Turba deos deasque salutat.	Die Menge begrüßt die Götter und Göttinnen.
Sed clamor magnus est.	Aber das Geschrei ist groß.
Spectacula autem laeta sunt.	Die Schauspiele aber sind fröhlich.
Laeta spectacula placent.	Fröhliche Schauspiele gefallen.

clāmat	er/sie/es schreit
salūtat	er/sie/es grüßt
appāret	er/sie/es erscheint
rīdet	er/sie/es lacht
placet	er/sie/es gefällt
venit	er/sie/es kommt
audit	er/sie/es hört
plaudit	er/sie/es klatscht Beifall
est	er/sie/es ist
sunt	sie sind
turba	Menge, Verwirrung
pompa	Festzug
dea	Göttin
populus	Volk
deus	Gott

spectāculum	Schau, Schauspiel
imperātor	Kaiser, Feldherr
clāmor	Geschrei
hominēs (*Sg.* homō)	Menschen
māgnus, -a, -um	groß
laetus, -a, -um	froh, fröhlich
cēterī, -ae, -a	die übrigen
et	und, auch
-que *(angehängt)*	und
sed	aber, sondern
autem *(nachgestellt)*	aber, jedoch
nam	denn, nämlich
enim *(nachgestellt)*	denn, nämlich
ibī	da, dort
nunc	nun, jetzt

1. Woran erkennen Sie beim Verb des Prädikats die 3. Person Singular, woran die 3. Person Plural?
2. Sicher stellen Sie auch fest, mit welchem Buchstaben bzw. mit welcher Buchstabenkombination beim Subjekt der Nominativ Singular und Plural auslauten.
3. Stellen Sie fest, welche Buchstaben am Ende eines Subststantivs (z. B. *deus – dea – spectaculum – imperator*) wohl das Femininum, Maskulinum oder Neutrum anzeigen.

Grammatik

1 Bestandteile des Verbs

Im Lateinischen weist das Verb zwei klar voneinander abgrenzbare Bestandteile auf. Der eine Bestandteil gibt die Bedeutung an: **Bedeutungsteil** (z. B. *clam-:* schrei-), der andere enthält alle Signale: **Signalteil** (z. B. über Person und Numerus); durch diesen erhalten Sie genauere Informationen über das **Prädikat** (↗ S. 10).

Konzentrieren Sie sich bei einem Verb immer zunächst auf den Signalteil, der Ihnen Person und Zahl anzeigt.

1.1 Der Bau des Verbs

An der **3. Person Singular** lassen sich **Bedeutungsteil** und **Signalteil des Verbs** deutlich aufzeigen.

	Konjugations-klassen	**Bedeu-tungs-teil**	**Signalteil** Kenn-vokal	*Binde-vokal*	Person-zeichen
amat	Vokalische Konjugationen – ā	am	a		t
rīdet	– ē	rīd	e		t
audit	– ī	aud	i		t
plaudit	Konsonantische Konjugation	plaud		*i*	t
est	Hilfsverb	es			t

er/sie/es – lieb / lach / hör / klatsch / is – **t**

Der **Signalteil** besteht aus dem **Personzeichen -t** und anderen Elementen.
Es gibt zwei Arten von Verben:

- **Verben**, bei denen zwischen dem Bedeutungsteil und dem Personzeichen ein sogenannter **Kennvokal** steht, gehören zu einer der **Vokalischen Konjugationen**.
- **Verben**, die **keinen Kennvokal** aufweisen, gehören zur **Konsonantischen Konjugation**.
  Zur Erleichterung der Aussprache ist hier zwischen dem Bedeutungsteil und dem Personzeichen meist ein sogenannter ***Bindevokal*** eingefügt.

Der **Bedeutungsteil** (ggf. mit Kennvokal) wird auch **Präsensstamm** genannt.

Zu beachten:
Im Lateinischen kann das Subjekt allein durch die Person-Endung des Prädikats ausgedrückt sein: *ama-t* – er/sie/es liebt, *ride-nt* – sie lachen.

1.2 Konjugationsschema

Für die Formen des Verbs stellt das **Konjugationsschema** den Ordnungsrahmen dar; in dieses werden nachfolgend die jeweils gelernten Formen eingefügt, also zunächst für die **3. Person Singular -t** und für die **3. Person Plural -nt**.

		Lateinisch					Deutsch				
		ā-Konj.	**ē-Konj.**	**ī-Konj.**	**Kons. Konj.**	***esse***					
Sing.	1. P.										
	2. P.										
	3. P.	am**at**	rīd**et**	aud**it**	plaud***i*t**	es**t**	**er/sie/es** liebt	lacht	hört	klatscht	ist
Plur.	1. P.										
	2. P.										
	3. P.	am**ant**	rīd**ent**	aúd**iunt**	plaud***u*nt**	s***u*nt**	**sie** lieben	lachen	hören	klatschen	sind

Übungen

Studieren Sie zuerst die einschlägigen grammatischen Erscheinungen im Text der Rubrik *Einstieg.*

1. Schreiben Sie aus dem Einstiegstext auf S. 12 alle Verbformen heraus und übersetzen Sie diese mit entsprechendem Personalpronomen als Subjekt, z. B.: *clamat* – er/sie/es schreit, *sunt* – sie sind.

2. Bilden Sie Verbformen. Nur eine ist jeweils richtig.

a) salut- (-ant/-et/-iunt/-it)
b) s- (-ent/-it/-unt/-at)
c) aud- (-unt/-ent/-it/-at)

3. Ordnen Sie den lateinischen Formen die zutreffende Übersetzung zu.

a) plaudit	1) er/sie/es ist	.....
b) audiunt	2) sie klatschen	.....
c) est	3) er/sie/es gefällt	.....
d) salutant	4) er/sie/es kommt	.....
e) rident	5) sie hören	.....
f) apparet	6) sie lachen	.....
g) plaudunt	7) sie grüßen	.....
h) venit	8) er/sie/es erscheint	.....
i) placet	9) er/sie/es klatscht	.....

2 Bestandteile des Nomens (Substantiv)

Im Lateinischen weist das Nomen zwei klar voneinander abgrenzbare Bestandteile auf. Der eine Bestandteil gibt die Bedeutung an: **Bedeutungsteil** (z. B. *clam-*: Geschrei), der andere enthält alle Signale: **Signalteil** (z. B. über Genus, Kasus, Numerus); durch diesen erhalten Sie genauere Informationen über das **Subjekt** oder das **Objekt** (↗ S. 10).

2.1 Der Bau des Nomens (Substantiv)

Am **Akkusativ Plural** lassen sich Bedeutungsteil und **Signalteil des Nomens** (Substantiv) deutlich aufzeigen:

	Deklinationsklassen	**Bedeutungsteil**	**Signalteil** Kennvokal	*Bindevokal*	Kasuszeichen	
deās	Vokalische Deklination ā	de	ā		S	(die) Göttinnen
populōs	Vokalische Deklination ō	popul	ō		S	(die) Völker
imperātōrēs	Konsonatische Deklination	imperātōr		*ē*	S	(die) Kaiser
hominēs	Konsonatische Deklination	homin		*ē*	S	(die) Menschen

Konzentrieren Sie sich auch bei einem Substantiv immer auf den Signalteil, der Ihnen Kasus und Numerus anzeigt.

Der **Signalteil** besteht aus dem **Kasuszeichen** und anderen Elementen.

Es gibt zwei Arten von **Nomina:**

- **Nomina**, bei denen zwischen dem Bedeutungsteil und dem Kasuszeichen ein sogenannter **Kennvokal** steht, gehören zu einer der **Vokalischen Deklinationen**.
- **Nomina**, die **keinen Kennvokal** aufweisen, gehören zur **Konsonantischen Deklination**.
  Zur Erleichterung der Aussprache ist hier zwischen dem Bedeutungsteil und dem Kasuszeichen meist ein sogenannter ***Bindevokal*** eingefügt.

2.2 Das Deklinationsschema für Nominativ und Akkusativ

Für die Formen des Nomens stellt das Deklinationsschema den Ordnungsrahmen dar; in dieses werden nachfolgend die jeweils gelernten Formen eingefügt, also zunächst für den **Nominativ Singular** ***-a/-us/-um*** und für den **Akkusativ Singular** ***-am/-um/-um/-em*** sowie für den **Nominativ Plural** ***-ae/-ī/-a/-es*** und für den **Akkusativ Plural** ***-ās/-ōs/-a/-ēs***.

Deklinationsschema:

		ā-Deklination Femininum	**o-Deklination** Maskulinum	Neutrum	**Konsonantische Deklination** Maskulinum	
Singular	N.	de**a**	de**us**	spectācul**um**	imper**ā**tor	homō
	G.					
	D.					
	Akk.	de**am**	de**um**	spectācul**um**	imperātō**rem**	homin**em**
	Abl.					
Plural	N.	de**ae**	de**ī**	spectācul**a**	imperātō**rēs**	homin**ēs**
	G.					
	D.					
	Akk.	de**ās**	de**ōs**	spectācul**a**	imperātō**rēs**	homin**ēs**
	Abl.					

Zu beachten:
Die Neutra der o-Deklination haben im Akkusativ Singular den gleichen Signalteil *-um*, im Akkusativ Plural den gleichen Signalteil *-a*.
Der Nominativ Singular der Substantive der Konsonantischen Deklination ist in aller Regel endungslos; er kann deshalb verschieden auslauten, z. B. *clāmor, homō*.

Übungen

1.
a) Im Einstiegstext auf S. 12 begegnen Ihnen folgende Substantive. Welcher Deklination gehören sie jeweils an?

a) populus .....
b) imperator .....
c) pompa .....
d) Quintus .....
e) Flavia .....
f) Flaviam .....
g) homines .....
h) dei .....
i) deae .....
j) turba .....
k) deos .....
l) deas .....
m) clamor .....
n) spectacula .....

b) Benennen Sie, wo nötig, jeweils den Nominativ Singular. Wo liegt ein Akkusativ vor?

2. Fügen Sie den passenden Signalteil an.

a) Imperator ven...... (-et/-it/-at/-unt)
b) Quintus et Flavia rid...... (-it/-iunt/-ent)
c) Homines deos deasque salut...... (-unt/-ent/-ant)

3. Bilden Sie aus den Subjekten und Prädikaten sinnvolle Sätze. Mehrfachkombinationen sind möglich!

spectaculum populus turba
dei deaeque pompa homines

clamat veniunt plaudunt
apparet ibi sunt placet

4. Wählen Sie jeweils das passende Objekt aus.

a) Turba .... salutat. (clamorem/imperatorem)
b) Homines .... audiunt. (deos deasque/clamorem)

Studieren Sie zuerst die einschlägigen grammatischen Erscheinungen im Text der Rubrik *Einstieg.*

3 Adjektive der ā-/o-Deklination

Die Substantive und Adjektive der ā-/o-Deklination weisen denselben Signalteil auf. Sie können deshalb leicht erkennen, welche Wörter im Satz zusammengehören.

3.1 Erscheinungsform

Adjektive erscheinen in drei Genera: Maskulinum/Femininum/Neutrum.
Meist sind sie zu einem **Substantiv** in Beziehung gesetzt, mit dem sie in **Kasus, Numerus und Genus (KNG)** übereinstimmen: **KNG-Kongruenz.**

Viele Adjektive weisen den **Signalteil der Substantive der ā-/o-Deklination** auf: ***-us/-a/-um***.

Beziehung zwischen Substantiv und Adjektiv:

① popul**us** laet**us** ein fröhliches Volk	turb**a** laet**a** eine fröhliche Menge	spectācul**um** laet**um** ein fröhliches Schauspiel	de**ī** laet**ī** fröhliche Götter
② *Aber:* clām***or*** laet**us** ein fröhliches Geschrei			*Aber:* homin***ēs*** laet**ī** fröhliche Menschen

-us
-a
-um

Adjektivgruppe der ā-/o-Deklination

KASUS
NUMERUS
GENUS

KöNiGs-Regel der Kongruenz

3.2 Deklinationsschema

Suchen Sie im Satz immer das Substantiv, mit dem das Adjektiv im KNG übereinstimmt. Meist steht das Adjektiv hinter dem Substantiv.

hom**ō**	laet**us**	ein fröhlicher Mensch	homin**ēs**	laet**ī**	fröhliche Menschen
homin**is**	laet**ī**	eines fröhlichen Menschen	homin**um**	laet**ōrum**	fröhlicher Menschen
homin**ī**	laet**ō**	einem fröhlichen Menschen	homin**ibus**	laet**īs**	fröhlichen Menschen
homin**em**	laet**um**	einen fröhlichen Menschen	homin**ēs**	laet**ōs**	fröhliche Menschen
cum homin**e**	 laet**ō**	*mit* einem fröhlichen Menschen	*cum* homin**ibus**	 laet**īs**	*mit* fröhlichen Menschen

Deklinationsschemata Tab. $I_{2.1}$, S. 305.

Der **Plural einiger Adjektive** kann **substantivisch** gebraucht sein:

cēterī	die Übrigen, anderen	**cunctī**	alle	**multī**	viele
cētera	das Übrige, andere	**cuncta**	alles	**multa**	vieles

Übungen

Studieren Sie zuerst die einschlägigen grammatischen Erscheinungen im Text der Rubrik *Einstieg.*

1. Verbinden und übersetzen Sie das Zusammenpassende.

homines	magna
populus	clarum
turba	laetus
spectaculum	summi

2. Was ist zu sehen? Übersetzen Sie.

a) Video magna spectacula/homines laetos.
b) Video imperatorem clarum/deam summam.

3. Wo liegt der Unterschied?

magna turba/spectacula

4. Ein großes Ereignis. Übersetzen Sie.

Imperator clarus venit et magnum spectaculum promittit. Homines laeti imperatorem audiunt. Tum veniunt et summi dei summaeque deae. Turba salutat, ridet, clamat. Sed non cunctis cuncta placent. Magnum enim clamorem non amant.

4 Satzbau

4.1 Bauteile des Satzes: Satzmodell

Wie in jeder Sprache wirken auch im Lateinischen mehrere Bauteile zusammen. Ihre Funktion, die sie darin erfüllen, lässt sich in einem **Satzmodell** verdeutlichen.
Sie stoßen auf zwei Bauteile, die (fast) in jedem Satz zu finden und eng miteinander verbunden sind: das **Subjekt** (Satzgegenstand) und das **Prädikat** (Satzaussage). Diese enge Verbindung nennt man **Kongruenz**.

Betrachten Sie also in einem Satz immer zuerst das Prädikat. Das Personenzeichen des Signalteils gibt Ihnen Auskunft über das Subjekt. Es zeigt an, ob das Subjekt im Singular oder im Plural steht.

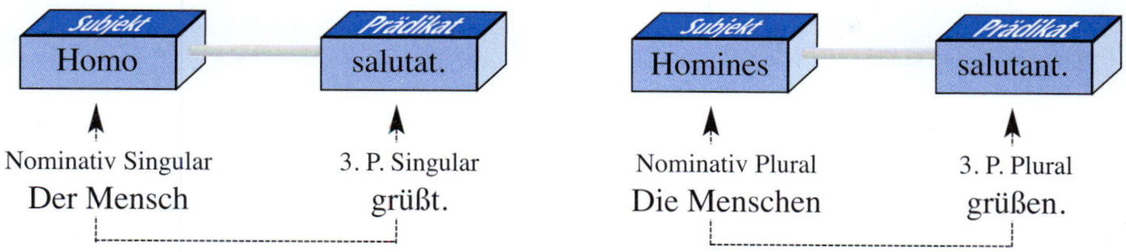

Im Bauwerk des lateinischen Satzes stoßen Sie meist auf weitere Bauteile:

- auf das **Objekt**, das vom Prädikat in der Regel als Ergänzung verlangt wird,
- auf das **Adverbiale**, das die Umstände (Zeit, Ort u. Ä.) des Prädikats näher bestimmt,
- auf das **Attribut**, das oft dem Subjekt und/oder Objekt zur Charakterisierung beigefügt ist.

An folgendem Satz können Sie **das Satzmodell** in seiner „Grundstellung" studieren:

Homines laeti magnos deos nunc salutant. Die fröhlichen Menschen begrüßen nun die großen Götter.

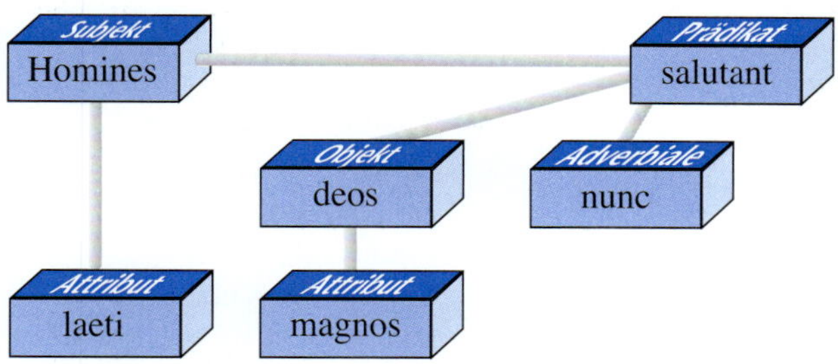

Im Bauwerk des Satz wirken also **fünf Bauteile (Satzteile)** wie in einem lebendigen Organismus zusammen. Die „Grundstellung" des Satzmodells ist in einem Text fast immer abgeändert. Keineswegs sind immer alle Satzteile vertreten, z. B.:

Wenn Sie Prädikat und Subjekt des Satzes festgestellt haben, suchen Sie dann das oder die Objekte. Stellen Sie dann gegebenenfalls das Adverbiale (manchmal auch mehrere) fest. Erfassen Sie dann, falls gegeben, die Attribute, die den anderen Satzteilen beigefügt sind.

Adv S P
Nunc dei deaeque apparent.

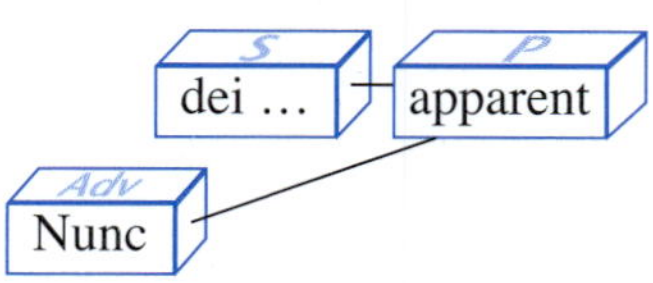

O P S
Flaviam salutat Quintus.

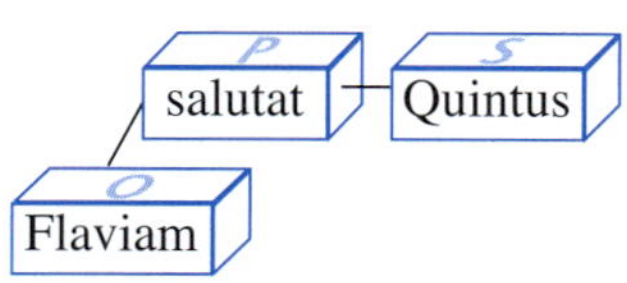

Attr O P
Ceteros homines non salutat.

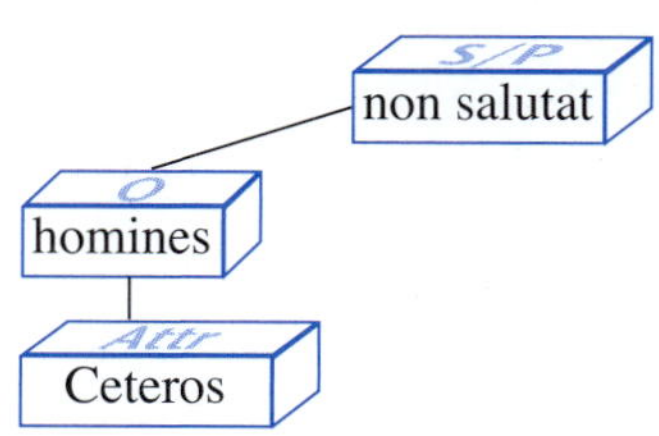

Stellen Sie immer zuerst fest, mit welchem Satzteil ein Adjektiv in KNG übereinstimmt. Steht ein Adjektiv im Nominativ, so prüfen Sie, ob es ein Attribut oder Prädikatsnomen (zu *est/sunt*) darstellt.

4.2 Attribut und Prädikatsnomen

Das Adjektiv kann im Satz als **Attribut** und als **Prädikatsnomen** verwendet sein. Als Attribut ist es dem Subjekt und/oder Objekt, mit dem es in Kasus, Numerus und Genus übereinstimmt (KNG-Kongruenz), beigefügt. Als **Prädikatsnomen** bildet es zusammen mit dem **Hilfsverb** (Kopula) *est/sunt* den Bauteil des Prädikats. In diesem Fall steht es mit dem Subjekt in KNG-Kongruenz.

Attribut — *Prädikatsnomen*

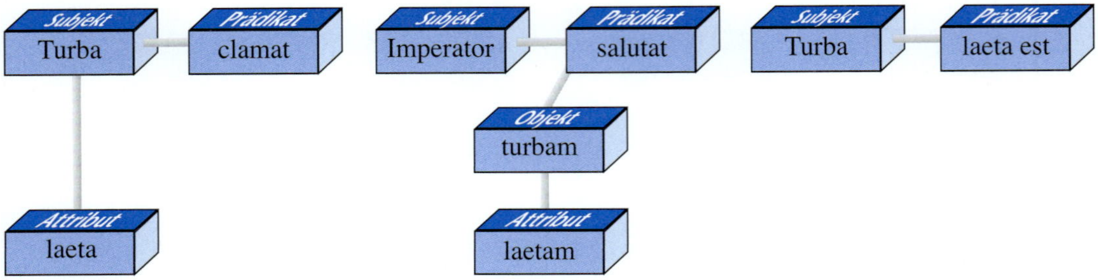

Die fröhliche Menge schreit. — Der Kaiser grüßt die fröhliche Menge. — Die Menge ist fröhlich.

Studieren Sie zuerst die einschlägigen grammatischen Erscheinungen im Text der Rubrik *Einstieg.*

Übungen

1. Bestimmen Sie die Satzglieder und übersetzen Sie.

a) Imperator turbam laetam audit.
b) Nam clamor magnus est.
c) Nunc pompa venit.
d) Homines laeti sunt; plaudunt et deos deasque salutant.
e) Ibi enim dei deaeque apparent.
f) Magna spectacula placent.
g) Laeta enim sunt.

2. Kombinieren Sie.

a) Dea	magna sunt.
b) Spectacula	magnus est.
c) Imperator	magni sunt.
d) Dei	magna est.

3. Bauen Sie mit den Wörtern den Satz entsprechend dem vorgegebenen Satzmodell.

clamant – nunc – laeti – et homines

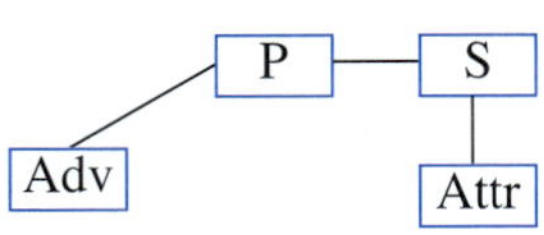

4. Welches Satzmodell passt zu welchem Satz? Beispiel: *Ibi Venus venit.*

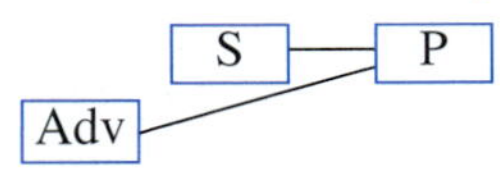

1. Quintus clamorem audit.
2. Flaviam salutat.
3. Populus laetus est.
4. Nunc homines clamant.

a) 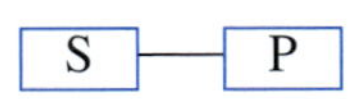

b) 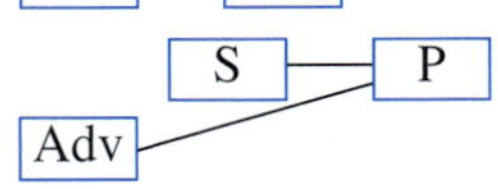

c) 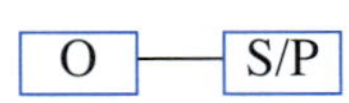

d) 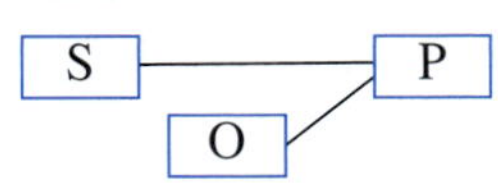

5. Übersetzen Sie die Verbindungen.

a) ceteri populi
b) magnus clamor
c) laeta est
d) magni sunt
e) magnus homo
f) ceteri apparent
g) ibi sunt

Wortschatz

Im Folgenden ist der gesamte Wortschatz der Lektion 1 abgedruckt; er enthält also auch die bereits auf S. 12 zum Lernen angegebenen Wörter. Die Wörter erscheinen hier in der Reihenfolge ihres Vorkommens im Haupttext auf S. 21. Der Gesamtwortschatz ist entweder als Ganzes zu lernen oder in Abschnitten je nach Fortschritt beim Übersetzen des Haupttextes.

1/1–2

Wiederholen Sie zunächst noch einmal den ersten Wortschatz dieser Lektion auf S. 12.

avē	**sei gegrüßt**	Ave Maria
populus *m*	Volk; Publikum	populär, Popmusik
clāmāre	rufen, schreien	reklamieren
et	und; auch	
nam	denn, nämlich	
imperātor *m*	Feldherr; Herrscher, Kaiser	*e: emperor*
appārēre	erscheinen, sich zeigen	*e: to appear*
nunc	jetzt, nun	
appellāre	**anreden, nennen, benennen**	appellieren; *f: appeler*
turba *f*	(Menschen-)Menge; Verwirrung	turbulent
nōn	**nicht**	
sed	aber; sondern	
audīre	hören, zuhören, anhören	Auditorium, Audienz
autem *(nachgestellt)*	aber, jedoch	
māgnus, -a, -um	groß, bedeutend	Magnat
spectāculum *n*	Schau, Schauspiel	*f: spectacle*
prōmittere	**versprechen**	*f: promettre*
tum	**da, dann, darauf; damals**	
pompa *f*	**Festzug**	Pomp
clārus, -a, -um	**klar, hell; berühmt**	
venīre	kommen	*f: venir*
summus, -a, -um	**der/die/das oberste, höchste**	Summe
deus *m*	Gott	*f: dieu*
dea *f*	Göttin	
cēterī, -ae, -a	die übrigen	
-que *(angehängt)*	und	
homō, *Pl.* hominēs *m*	Mensch; *Pl. auch:* Leute	*f: homme*
laetus, -a, -um	froh, fröhlich	
plaudere	Beifall klatschen	Applaus
salūtāre	grüßen	*f: salut!*
clāmor *m*	Geschrei	→ clāmāre
esse	sein	*f: être (<*essere)*
ibī	da, dort	
enim	denn, nämlich	
amāre	**lieben, verliebt sein**	Amateur; *f: aimer*
rīdēre	lachen, auslachen	*f: rire*
placēre	gefallen	*f: plaire*
dēlectāre	**erfreuen**	
hōra *f*	**Stunde**	*e: hour, f: heure*
lingua *f*	**Zunge, Sprache**	*e: language, f: langue*

Wusssten Sie schon?

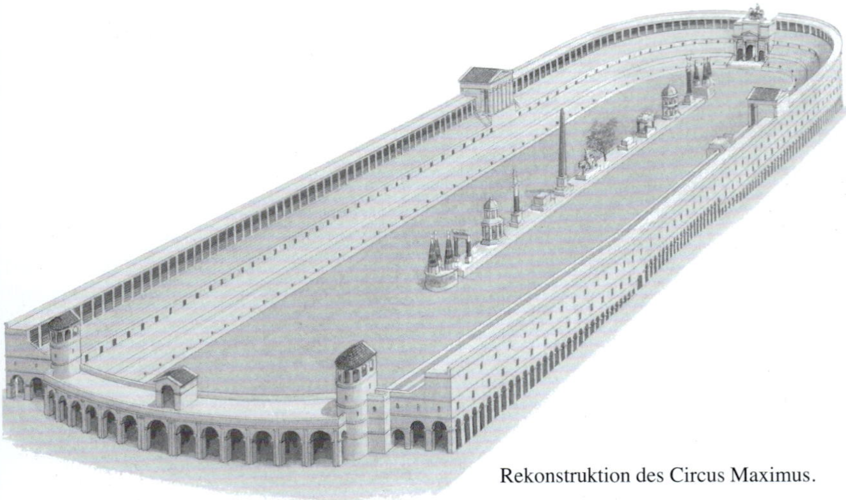
Rekonstruktion des Circus Maximus.

Circus Maximus

Der *Circus Maximus* war kein Zirkus im heutigen Sinn, sondern die größte *(maximus)* von insgesamt vier Pferderennbahnen im alten Rom. Aufgrund der erhaltenen Überreste kann man berechnen, welche Ausmaße der Circus zur Zeit des Kaisers Trajan hatte: Er maß ca. 620 x 150 m und bot Platz für ca. 150 000 Zuschauer. Die Arena selbst war 580 m lang und 79 m breit. Sie wurde durch einen 335 m langen und 7 – 11 m breiten Mittelstreifen *(spina)* in zwei Bahnen geteilt. Diese *spina* war mit Altären, Obelisken und Statuen geschmückt. An beiden Enden dienten je drei Kegel *(metae)* als Wendemarken. Die Spiele begannen am frühen Morgen mit einer feierlichen Prozession, der *pompa circensis,* die vom Kapitol über das *Forum Romanum* zum *Circus Maximus* zog: Voran ging der Beamte, der für die Spiele verantwortlich war, gefolgt von den Wagenlenkern und Musikanten sowie Priestern, die Bilder von Gottheiten mit sich führten.

Danach konnte das Rennen beginnen: Die Startplätze der vier bis zwölf Wagen wurden ausgelost. Sobald der Leiter der Spiele ein weißes Tuch als Startsignal auf die Rennbahn fallen ließ, wurden die Boxen geöffnet. Die Gespanne (meist Viergespanne, *quadrigae*) stürmten auf der rechten Bahn zur ersten Wendemarke. Dann ging es auf der Gegengeraden zur nächsten Wendemarke. Die Gesamtstrecke musste insgesamt siebenmal durchgefahren werden. An den Rennen beteiligten sich vier Mannschaften: die Weißen, Blauen, Grünen und Roten. Auf diese Mannschaften oder auch einzelne Wagenlenker wurde gewettet. Die Sieger erhielten hohe Preisgelder und manche wurden regelrechte Stars.

GESUCHT

Wählen Sie aus dem Kasten unten Wörter aus, die in die Lücken der Sätze so passen, dass eine sinnvolle Aussage entsteht. Zwei Wörter bleiben übrig. Die herausgehobenen Buchstaben dieser Wörter ergeben in der Reihenfolge ihres Vorkommens den Namen eines Geräts, das beim Wettkampf im *Circus Maximus* unentbehrlich war. Schreiben Sie den entsprechenden Buchstaben jeweils rechts in die Kästchen.

.... Flaviam salutat et ridet. ☐

Salutant .... clarum. ☐

Et homines clamant et .... ☐

Ibi dei deaeque .... ☐

Et simulacrum Veneris .... ☐

Nunc clamor .... est. ☐

.... laeta sunt. ☐

appaRent – FlaVia – imperAtorem – maGnus – plauDunt – QUintus – spectaculA – suMmi – venIt

Lesen und verstehen

Übersetzen Sie den Text am Ende der Arbeit an der Lektion 1 – entweder in einem Zug oder Abschnitt für Abschnitt, je nachdem wie Sie sich den Gesamtwortschatz auf S. 19 aneignen wollen.

Falls Sie sich die Übersetzung noch nicht zutrauen, wiederholen Sie vorher nochmals den Einführungstext dieser Lektion auf S.12.

Im Circus Maximus (in Anlehnung an Ovid, Ars amandi I 135–148)
Im Circus Maximus, der größten Rennbahn Roms, wartet unter mehr als 140 000 Zuschauern ein junger Mann namens Quintus Domitius Lepidus darauf, dass der Kaiser persönlich die Veranstaltung eröffnet.

„Ave, Caesar!“, populus clamat.
„Ave, Caesar!“, clamat et Quintus Domitius, nam imperator apparet,
Marcus Ulpius Traianus Caesar Augustus!
Nunc imperator populum appellat;
turba non clamat, sed imperatorem audit.
Traianus autem magnum spectaculum promittit.
Tum turba denuo[1] clamat, nam pompa[2] clara venit:
Veniunt Iuppiter, summus deus, et Iuno, summa dea,
veniunt Apollo et Diana, Neptunus et Ceres
ceterique magni dei magnaeque deae.
Homines laeti sunt et plaudunt et deos deasque salutant.
Clamor magnus est.
Nunc et Quintus plaudit, nam simulacrum Veneris[3] apparet.
Ibi enim est Flavia et Quintus Flaviam amat.
Ah! Et Flavia plaudit!
Nunc Quintus ridet et laetus est,
nunc spectacula placent!

[1] **denuo**: wieder, von neuem
[2] **pompa** *f* (hier): Bilderprozession *(vor Beginn der Veranstaltungen im Circus wurden die Bilder der wichtigsten Götter in feierlichem Zug hereingetragen)*
[3] **simulacrum Veneris**: das Bild der Venus

Versuchen Sie sich am Original

Lesen und übersetzen Sie folgende Sätze.

Ave, imperator! (Gruß der Gladiatoren in der Arena)

Galli homines feri[1] et barbari sunt. (Caesar)

Homo! (Schimpfwort in der Komödie) (Plautus)

Deus non plaudit. (Überlieferter Spruch)

[1] **ferus, -a, -um**: wild

Zu guter Letzt

Die zwölf olympischen Götter

Die zwölf olympischen Götter übernahmen die Römer von den Griechen. Als olympisch werden sie bezeichnet, weil der Sitz der Götter auf dem griechischen Berg Olymp gewesen sein soll. Ihre Namen leben heute in verschiedenen Bereichen weiter.
Sehen Sie sich die sechs abgebildeten Götter an und versuchen Sie deren Zuständigkeitsbereiche (z. B. Liebe, Krieg usw.) zu bestimmen.

Diana (gr. Artemis)

....

....

Jupiter (gr. Zeus)

....

....

Juno (gr. Hera)

....

....

Mars (gr. Ares)

....

....

Venus (gr. Aphrodite)

....

....

Apollo (gr. Apollon)

....

....

Außer diesen drei Paaren gehören zu den olympischen Göttern: Neptun (gr. Poseidon) und Minerva (gr. Athene), Vulkan (gr. Hephaistos), Vesta (gr. Hestia), Merkur (gr. Hermes) und Ceres (gr. Demeter). Wenn Sie mehr über diese Gottheiten wissen möchten, informieren Sie sich in einem mythologischen Lexikon oder im Internet.

2

Treffpunkt Forum

In dieser Lektion lernen Sie

GRAMMATIK

- Indikativ Präsens Aktiv der Vokalischen und Konsonantischen Konjugation
- Infinitiv Präsens Aktiv und *esse*
- Ablativ Singular/Plural der ā-/o-Deklination und Konsonantischen Deklination
- Ablativ in präpositionaler Verbindung
- Grundfunktionen des Ablativs
- Akkusativ in präpositionaler Verbindung
- Vokativ Singular/Plural der o-Deklination
- Wort- und Satzfragen

WORTSCHATZ

- Wörter (Verben, Nomina) aus dem Bereich des öffentlichen Lebens, besonders auf dem Forum Romanum
- Fragewörter und Fragesignale

DIE WELT DER ANTIKE

- Forum Romanum
- Gerichtsverhandlungen in Rom

Das Forum Romanum heute.

Einstieg

Decken Sie die deutsche Übersetzung mit einem Blatt ab, damit Sie bei Bedarf die Übersetzung einzelner Sätze sichtbar machen können.

Übersetzen Sie folgenden Text mit Hilfe des unten angegebenen Wortschatzes. Wenn nötig, nehmen Sie die danebenstehende Übersetzung zu Hilfe.

Quintus cum Aulo in Circo Maximo est. Laetus est, nam amat in circo esse. Aulus autem laetus non est.
Q.: „Quid est, Aule? Cur non laetus es, amice? Nonne amas in circum venire? Num spectacula sine gaudio[1] vides? Studesne sine amicis esse?"
A.: „Non placet in circo sedere et clamare et plaudere. Ego studeo in foro cum ceteris hominibus videre et audire oratores."
Q.: „Ecce[2]! Ibi sunt Lucius et Marcus. Heus[3], amici! Quid studetis? Estisne laeti? Cur non cum Marco e circo in forum vadimus? Et ibi laeti sumus. Claros enim oratores videmus et audimus. In basilica magnas causas agunt."

Quintus ist mit Aulus im Circus Maximus. Er ist froh, denn er liebt es, im Zirkus zu sein. Aulus aber ist nicht froh.
Q.: „Was ist los, Aulus? Warum bist du nicht froh? Liebst du es nicht, in den Zirkus zu kommen? Meidest du etwa die Schauspiele? Willst du ohne Freunde sein?"
A.: „Es macht keinen Spaß, im Zirkus zu sitzen, zu schreien und zu klatschen. Ich will auf dem Forum zusammen mit den übrigen Menschen die Redner sehen und hören."
Q.: „Schau! Dort sind Lucius und Marcus. Hallo, Freunde! Was habt ihr vor? Seid ihr froh? Warum gehen wir nicht mit Markus aus dem Zirkus zum Forum? Auch dort sind wir fröhlich. Denn wir sehen und hören berühmte Redner. In der Basilika führen sie große Prozesse."

1 **gaudium** *n*: Freude
2 **ecce**: schau
3 **heus**: hallo

Das Forum Romanum war ein vielbesuchter Schauplatz und Treffpunkt, an dem Politik gemacht und Prozesse geführt wurden.

sedēre	sitzen	in *(m. Akk.)*	in (... hinein), nach, gegen
studēre	sich bemühen, wollen	in *(m. Abl.)*	in, an, auf
vidēre	sehen	cum *(m. Abl.)*	(zusammen) mit
vādere	gehen, schreiten	sine *(m. Abl.)*	ohne
agere	treiben, handeln, verhandeln	ē/ex *(m. Abl.)*	aus, von ... aus, von ... an
causam agere	einen Prozess führen		
basilica	Basilika (Halle), Kirche	ego	ich
		nōnne?	(etwa) nicht?
causa	Grund, Sache, Prozess	num?	etwa?
amīcus	Freund	-ne *(angehängt)*	*(Fragesignal)*
forum	Forum, Marktplatz	quid?	was?
ōrātor	Redner	cūr?	warum?

1. Suchen Sie aus dem Text alle 1. und 2. Personen bei den Prädikaten heraus. Welche Signalteile stellen Sie fest?
2. Wofür steht der Signalteil *-re*? Bei welchen Formen begegnet er?
3. Im Einstiegstext begegnen einige Verbindungen mit den Präpositionen *cum, in, sine*. Stellen Sie diese fest. Auf welche Buchstaben lauten hier jeweils die Substantive aus?

Grammatik

1 Verb

1.1 Indikativ Präsens Aktiv

Den **Indikativ** (Wirklichkeitsform) **Präsens Aktiv** erkennt man daran, dass der Signalteil meist nur aus dem ***Kennvokal/Bindevokal*** **und** dem **Personzeichen** (z. B. *-eo, -es, -et, -emus, -etis, -ent)* besteht.

	ē-o	ich		e
	ē-s	du		st
rīd-	**e-t**	er/sie/es	lach-	t
	ē-mus	wir		en
	ē-tis	ihr		t
	e-nt	sie		en

s-***um***	ich	bin
es	du	bist
es-**t**	er/sie/es	ist
s-***umus***	wir	sind
es-**tis**	ihr	seid
s-***unt***	sie	sind

Achten Sie beim Prädikat immer zunächst auf den Signalteil, der Ihnen – bis jetzt nur – die Person und die Zahl (Numerus) anzeigt.

1.2 Konjugationsschema

		Lateinisch					Deutsch					
		ā-Konj.	**ē-Konj.**	**ī-Konj.**	**Kons. Konj.**	***esse***						
Sing.	1. P.	am**ō**	rīd**eō**	aud**iō**	plaud**ō**	s***um***	**ich**	liebe	lache	höre	klatsche	bin
	2. P.	am**ās**	rīd**ēs**	aud**īs**	plaud***is***	es	**du**	liebst	lachst	hörst	klatschst	bist
	3. P.	am**at**	rīd**et**	aud**it**	plaud***it***	es**t**	**er/sie/es**	liebt	lacht	hört	klatscht	ist
Plur.	1. P.	am**āmus**	rīd**ēmus**	aud**īmus**	plaúd***imus***	s***umus***	**wir**	lieben	lachen	hören	klatschen	sind
	2. P.	am**ātis**	rīd**ētis**	aud**ītis**	plaúd***itis***	es**tis**	**ihr**	liebt	lacht	hört	klatscht	seid
	3. P.	am**ant**	rīd**ent**	aúd***iunt***	plaud***unt***	s***unt***	**sie**	lieben	lachen	hören	klatschen	sind

Erläuterung: *amō*, entstanden aus *ama-o;*
-u-, *-i-*: Bindevokale in der Konsonantischen Konjugation (z. B. *plaudit*).

1.3 Infinitiv Präsens Aktiv

Den **Infinitiv** (Nennform) Präsens Aktiv erkennt man am **Infinitivzeichen *-re***.

		Bedeutungsteil	**Signalteil** Kennvokal	*Bindevokal*	Infinitivzeichen	
amāre	Vokalische Konjugationen (ā)	am	ā		re	lieb-en
rīdēre	Vokalische Konjugationen (ē)	rīd	ē		re	lach-en
audīre	Vokalische Konjugationen (ī)	aud	ī		re	hör-en
plaúdere	Konsonantische Konjugation	plaud		*e*	re	klatsch-en
esse	Hilfsverb	es			se	sein

Übungen

Studieren Sie zuerst die einschlägigen grammatischen Erscheinungen im Text der Rubrik *Einstieg*.

1. Zu welcher Konjugationsklasse gehören die Infinitive? Übersetzen Sie.

Cur non studes/studetis
- sedere? .....
- vadere? .....
- venire? .....
- clamare? .....

2. Welches sind Verbformen? Übersetzen Sie diese!

ego – ago – homo – amo – vides – oratores – clamores – es

3. Welche Formen fehlen jeweils? Übersetzen Sie alle aufgeführten Formen.

amo – amat – amatis – audis – audimus – audiunt – ago – agimus – agitis – es – sumus – estis

4. Irrläufer: Welches Wort passt nicht in die Reihe?

venitis – estis – clamatis – promittis – summus – delectamus – placemus – agimus

5. Übersetzen Sie. Die Anfangsbuchstaben ergeben einen geläufigen Namen.

sie rufen		
ich höre		
er ist		
wir sind		
lieben		
ihr lacht		

6. Übersetzen Sie.

Quid non videtis, auditis, agitis, amatis?

2 Nomen: Ablativ und Vokativ

2.1 Deklinationsschema

Das Lateinische hat auch als Kasus den **Ablativ** (Grundfunktionen, S. 27) und den **Vokativ** (Anredefall). Ihr Signalteil lautet jeweils:

	Ablativ			Vokativ		
	a-Dekl.	o-Dekl.	kons. Dekl.	a-Dekl.	o-Dekl.	kons. Dekl.
Sing.	-ā	-ō	-ē	-ā	-e	~ Nom.
Plur.	-īs	-īs	-ibus	-ae	-ī	~ Nom.

Bei jedem Substantiv sollten Sie genau und vordringlich auf den Signalteil schauen, der Ihnen den Kasus und die Zahl (Numerus) anzeigt.

		ā-Deklination Femininum	**o-Deklination** Maskulinum	Neutrum	**Konsonantische Deklination** Maskulinum	
Singular	N.	de**a**	de**us**	spectācul**um**	imper**ā**tor	homō
	G.					
	D.					
	Akk.	de**am**	de**um**	spectācul**um**	imperātō**rem**	homin**em**
	Abl.	cum de**ā**	cum de**ō**	in spectācul**ō**	cum imperatōr**e**	cum homin**e**
Plural	N.	de**ae**	de**ī**	spectācul**a**	imperātōr**ēs**	homin**ēs**
	G.					
	D.					
	Akk.	de**ās**	de**ōs**	spectācul**a**	imperātōr**ēs**	homin**ēs**
	Abl.	cum de**īs**	cum de**īs**	in spectācul**īs**	cum imperātōr**ibus**	cum homin**ibus**

Da der Vokativ selten begegnet, ist er nicht in das Deklinationsschema aufgenommen. Er lautet für die Substantive der ō-Deklination im Singular auf ***-e***: *amice*, *Aule*.

2.2 Ablativ in präpositionaler Verbindung

1. Amici **e Circo Maximo** in forum vadunt.	Die Freunde gehen **aus dem Circus Maximus** zum Forum.
2. Quintus **sine amicis** non esse studet.	Quintus will nicht **ohne Freunde** sein.
3. **In foro** homines sedent et audiunt.	**Auf dem Forum** sitzen die Menschen und hören zu.
4. Oratores **cum clamore** salutant.	Sie begrüßen die Redner **mit Geschrei**.

Der **Ablativ**, der im Deutschen keine Entsprechung hat, weist **drei Grundfunktionen** auf; er steht häufig in **Verbindung mit einer Präposition**.

Beim Ablativ erkennen Sie die besondere adverbiale Sinnrichtung (ob Mittel, Trennung, Zeit/Ort) an der Präposition.

	INSTRUMENTALIS Mittel/Begleitung	SEPARATIVUS Trennung	PUNCTUALIS Ort/Zeit
mit Präposition	***cum* clāmōre** salūtāre ***mit* Geschrei** begrüßen	***sine* amīcīs** esse ***ohne* Freunde** sein ***ē* Circō Māximō** venīre ***aus* dem Circus Maximus** kommen	***in* forō** sedēre ***auf* dem Marktplatz** sitzen ***in* spectāculō** plaudere ***beim* Schauspiel** klatschen
Fragen	WOMIT?/WODURCH?	WOVON?/WOHER?	WO?/WANN?

Zu beachten:

in forum venīre   auf das Forum kommen   IN mit Akk.: **Richtung**
in forō sedēre   auf dem Forum sitzen   IN mit Abl.: **Ort**
Aber: bei Städten bloßer Akkusativ, z. B. ***Romam*** (nach Rom).

2.3 Ablativ als Adverbiale

Amīcī	**in forō**	sedent.	Die Freunde	sitzen auf dem Forum.
	sine causā	rīdent.		lachen ohne Grund.
	cum clāmōre	salūtant.		grüßen mit Geschrei.

Der Ablativ **in präpositionaler Verbindung** bildet im Bauwerk des Satzes den Bauteil des **Adverbiales**.

Satzmodell:

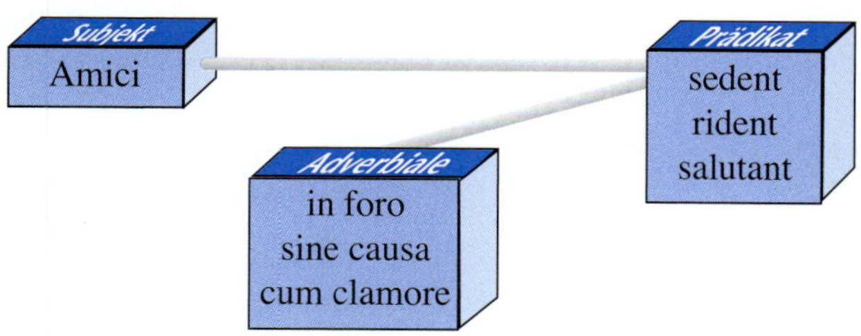

Übungen

Studieren Sie zuerst die einschlägigen grammatischen Erscheinungen im Text der Rubrik *Einstieg.*

1. Welche Formen lassen sich mit *cum* oder *in* verbinden?

oratore – agere – ego – deo – homo – dea – spectacula – populis – foro – amicis – vadis – plauditis – turba

2. In, an, auf, nach: Begründen Sie, warum Akkusativ oder Ablativ steht.

a) Imperator in circo apparet.
b) Et Quintus in circum venit.
c) Turba et in foro est.
d) Cur homines in forum vadunt?

3. Welche Grundfunktion hat der Ablativ jeweils?

a) Quintus cum Aulo spectaculum videt.
b) Turba in basilica clamat.
c) Amici clamorem e basilica audiunt.

4. Stellen Sie den Satz grafisch im Satzmodell dar.

a) Homines sine causa clamant.
b) In basilica amici oratores audiunt.

5. Übersetzen Sie.

STUDEO non sine amicis esse / e circo vadere / in forum venire / cum ceteris hominibus plaudere.

3 Wort- und Satzfragen

		Erwartete Antwort
Cūr ridēs?	Warum lachst du?	*(ganzer Satz)*
Nōnne ridēs?	Lachst du (etwa) nicht?	*ja*
Num ridēs?	Lachst du etwa?	*nein*
Ridēsne?	Lachst du?	*(unentschieden)*

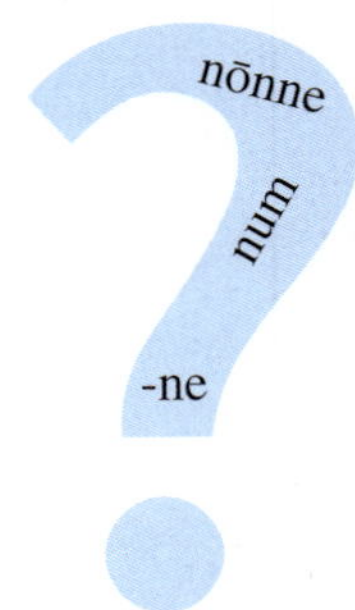

Satzfragen werden mit **Fragewörtern** (z. B. *cūr)* eingeleitet.
Wortfragen werden mit den **Fragesignalen** *nōnne, num, -ne* eingeleitet.

Übungen

Studieren Sie zuerst die einschlägigen grammatischen Erscheinungen im Text der Rubrik *Einstieg.*

1. Ja oder nein? Formulieren Sie die Fragen im Deutschen entsprechend.

a) Nonne, amici, placet in forum vadere?
b) Num semper[1] in Circo Maximo esse studetis?
c) Studesne, Aule, cum ceteris oratores audire?

[1] **semper**: immer

2. Bohrende Fragen. Übersetzen Sie.

a) Num semper in foro manes?
b) Num semper magnum clamorem amas?
c) Num semper oratores audire studes?
d) Num semper cum hominibus esse amas?

3. Formulieren Sie jeweils als Satzfrage und übersetzen Sie diese.

a) vides – spectaculum – in foro – nonne
b) ibi – cum clamore – sedent – homines – num
c) claros oratores – audiunt – homines – ne – ibi

4. Wort- und Satzfragen. Übersetzen Sie.

a) Cur in basilica causam agis?
b) Studesne videre magna spectacula?
c) Quid non intellegis?
d) Nonne amas cum amicis ludere?

Wortschatz

vidēre	sehen	Video; *f: voir*
quō	**wohin**	
vādere	gehen, schreiten	Invasion; *f: je vais, tu vas*
in *(m. Akk.)*	in (… hinein), nach, auf; gegen	*f: en*
(m. Abl.)	in, an, auf	
forum *n*	Forum, Marktplatz	
basilica *f*	Basilika, Kirche	
ōrātor *m*	Redner	
causa *f*	Ursache, Grund; Sachverhalt; Prozess	Kausalsatz; *f: chose*
agere	treiben, betreiben; handeln, verhandeln	*f: agent (de police)*
causam agere	einen Prozess führen	
prō *(m. Abl.)*	**vor**; **für**, **anstelle (von)**	Pro und Contra; *f: pour*
ego	ich	
studēre *(m. Dat.)*	sich bemühen (um), wollen; sich bilden	*e: to study, f: étudiant*
quid?	was?	*f: que*
cum *(m. Abl.)*	(zusammen) mit	
sedēre	sitzen	
lūdere	**spielen**, **sich vergnügen**	
amīcus *m*	**Freund**	*f: ami*
amīca *f*	**Freundin**	*f: amie*
ut	**wie**	
cūr	warum	
nōndum	**noch nicht**	
ē, ex *(m. Abl.)*	aus, von … aus; von … an	
nōnne?	(etwa) nicht?	
ūnus, **-a**, **-um**	**ein**, **eine(r/s)**, **ein(e) einzelne(r/s)**	*f: un/une*
num?	etwa?	
errāre	**irren**, **sich irren**, **sich täuschen**	*e: error*
-ne *(angehängt)*	*(Fragesignal)*	
fortāsse	**vielleicht**	
sine *(m. Abl.)*	ohne	
neque, **nec**	**und/auch/aber nicht**	
pecūnia *f*	**Geld**	
ā, **ab** *(m. Abl.)*	**von**, **von … her**; **seit**	
ubī	**wo**	*f: où*
mōs, *Pl.* mōrēs *m*	**Sitte**, **Brauch**, **Art**; *Pl. auch:* **Charakter**, **Verhalten**	
ad *(m. Akk.)*	**zu**, **zu … hin**; **an**, **bei**	*f: à*
ēiúsmodī	**derart(ig)**, **solch**	
intellegere	**erkennen**, **einsehen**, **verstehen**	intelligent
fortāsse	**vielleicht**	
superāre	**übertreffen**, **besiegen**	
iūstitia *f*	**Gerechtigkeit**	*e/f: justice*

1/3–4

Wiederholen Sie zunächst noch einmal den ersten Wortschatz dieser Lektion auf S. 24.

Wussten Sie schon?

Forum Romanum

Tempel des Antoninus und der Faustina.

Wer heute das *Forum Romanum* betritt, braucht ziemlich viel Fantasie, um sich den Zustand zur Zeit des Kaisers Trajan vorzustellen: Allzu viel ist im Laufe der Jahrhunderte zerstört worden. Ursprünglich befand sich an der Stelle des späteren *Forum Romanum* ein sumpfiges Tal, an dessen Rändern die Bewohner der umliegenden Hügel ihre Toten bestatteten. Außerdem durchquerte eine viel benutzte Straße dieses für die Besiedlung ungeeignete Gebiet. Erst durch den Bau eines Entwässerungskanals *(cloaca maxima)* im 6. Jh. v. Chr. wurde das Sumpfgebiet trockengelegt.

Von da an entwickelte sich die Senke sehr schnell zum religiösen, politischen und wirtschaftlichen Zentrum der Sieben-Hügel-Stadt: Zahlreiche Tempel entstanden im Laufe der Zeit entlang der Hauptachse, der *Via Sacra,* und um das Forum herum, z. B. für Saturn, Vesta, Concordia und das Zwillingsbrüderpaar Castor und Pollux. Der Senat versammelte sich in der *Curia* oder in einem der Tempel. Auf dem Forum fanden die Volksversammlungen statt, von der Rednertribüne *(rostra)* aus versuchten Politiker das Volk zu beeinflussen. Große Hallen *(basilicae)* wurden errichtet, in denen Gerichtsverhandlungen stattfanden und wo außer Händler auch Lehrer mit ihren Schülern Schutz vor Sonne oder Regen suchten. Überall gab es kleine Läden *(tabernae),* in denen man Schmuck, Parfüm und vieles andere kaufen konnte. Würstchenhändler und Wasserträger boten ihre Waren an.

Das Forum war das Zentrum des täglichen Lebens. Auch wenn man nichts zu tun hatte, wurde es einem dort nie langweilig.

Cloaca maxima.

Lesen und verstehen

Treffpunkt Forum (in Anlehnung an Plinius, Epistulae II 14)

Zentrum des öffentlichen Lebens in Rom war das Forum; dort fanden unter anderem auch Gerichtsverhandlungen statt, die allgemein zugänglich waren. Junge Leute, die Rhetorik studierten, kamen gern dorthin, um von berühmten Anwälten zu lernen.
So will auch Quintus (Q) mit seinen Freunden dabei sein, wenn Gaius Caecilius Plinius einen Mandanten verteidigt. Unterwegs treffen sie mehrere Bekannte: Sextus Sulpicius Rufus (S), Gaius Licinius (G) und Demetrius (D), einen Gast aus Griechenland.

Falls Sie sich die Übersetzung noch nicht zutrauen, wiederholen Sie vorher nochmals den Einführungstext dieser Lektion auf S. 24.

Q (Sextum videt et salutat): Heus[1], Sexte, quo vadis?
S: In forum vado, nam in basilica Iulia Gaius Plinius, orator clarus, causam agit pro Publio Rabirio.
Q: Et ego Plinium audire studeo – sed quid video? Ibi, pro basilica, Gaius cum Demetrio sedet et ludit!
S: Heus[1], amici, quid agitis?
G: Sedemus et ludimus, ut vides.
Q: Et cur non in basilica estis, cur Plinium non auditis?
G: Plinius nondum causam agit.
S: Magnum autem clamorem e basilica audio. Nonne unus e ceteris oratoribus claris causam agit? Num erro?
G: Erras, Sexte. Agunt enim adulescentuli[2] …
Q: Derisor[3] es, amice!
Clamantne homines fortasse sine causa?
G: Non sum derisor[3] neque homines sine causa clamant: Accipiunt[4] enim pecuniam ab adulescentulis[2].
D: Pecuniam? Quid audio? Ubi sumus? Non est mos in Graecia …
G (ad Demetrium): Mos fortasse Romanus est, sed nomen[5] e Graecia venit:
Eiusmodi homines Sophocleis[6] appellamus.
D: (audit nomen[5] et ridet)
Q: Quid est, cur rides? Non intellego …
S: Neque ego intellego, sed ibi venit Plinius!
G: Nonne Plinium audire studemus?

[1] **heus**: hallo
[2] **adulescentulus** *m*: ganz junger Mann
[3] **derisor** *m*: Spötter, Witzbold
[4] **accipiunt**: sie bekommen
[5] **nomen** *n*: Name, Bezeichnung
[6] → Eigennamenverzeichnis

Versuchen Sie sich am Original

Lesen und übersetzen Sie folgende Sätze.

Cum deo! (christlicher Appell)

Magna videre placet. – Horae vadunt. (antike Sprichwörter)

Ludere in pecuniam mos est. (Sueton)

Amicus Plato, sed magis amica veritas[1]. (nach Aristoteles)

Homines sumus, non dei. (Petron)

[1] **veritas** *f*: Wahrheit

Zu guter Letzt

Das Forum Romanum

könnte in der Antike so wie in dieser (gezeichneten) Rekonstruktion ausgesehen haben. Ordnen Sie die Beschreibungen der Gebäude und Orte den jeweiligen Zahlen zu; in der Reihenfolge 1 bis 17 entsteht als Lösungswort eine Bezeichnung für Rom.

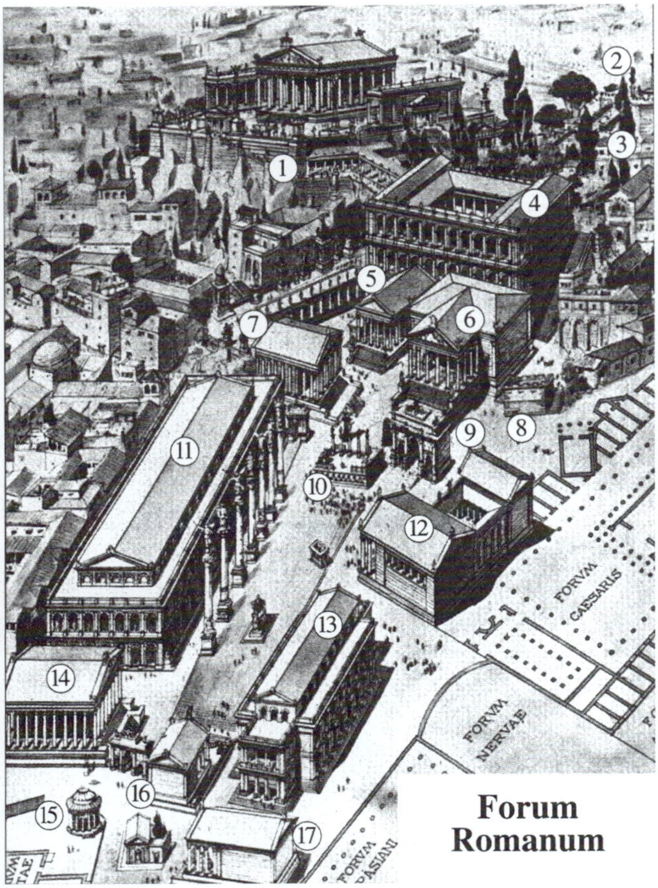

Forum Romanum

1 Jupiter-Tempel
2 Juno-Tempel
3 Kapitol
4 Tabularium
5 Tempel des Vespasian und des Titus
6 Concordia-Tempel
7 Saturn-Tempel
8 Carcer
9 Triumphbogen des Septimius Severus
10 Rostra
11 Basilica Iulia
12 Curia Iulia
13 Basilica Aemilia
14 Tempel des Castor und Pollux
15 Vesta-Tempel
16 Cäsar-Tempel
17 Tempel des Antoninus und der Faustina

U Das Gefängnis

L Das Rathaus

S Die kleinere Halle

T Der Tempel für ein Kaiserehepaar

G Das Podium, auf dem Politiker Reden hielten

D Der Tempel für den Gegenspieler von Asterix

B Das Staatsarchiv, in dem die Aufzeichnungen „auf Tafeln" aufbewahrt wurden

E Die Halle, die von Gaius Iulius Caesar wieder aufgebaut wurde

S Der Tempel für den Vater der Götter

T Der Tempel für ein göttliches Zwillingspaar

N Der Tempel für die Gottheit der Eintracht; so nennen sich auch manche Sportvereine

E Der Tempel für einen römischen Kaiser und seinen Sohn

E Zu Ehren des militärischen Erfolgs eines Kaisers errichtet

A Der Tempel für die römische Göttin des Herdfeuers

E So heißt auch das Parlamentsgebäude der USA.

I Der Tempel für die Göttin der Ehe

H Der Tempel für den altrömischen Gott des Ackerbaus; nach ihm ist der zweitgrößte Planet benannt.

Gladiatorenkämpfe

In dieser Lektion lernen Sie

GRAMMATIK

- Imperativ Präsens Aktiv der Vokalischen und Konsonantischen Konjugation und von *esse*
- Ablativ ohne Präposition: die wichtigsten Sinnrichtungen
- Satzreihe und Satzgefüge

WORTSCHATZ

- Wörter (Verben, Nomina) aus der Welt des Kampfes und der Wettspiele
- Unterordnende Satzverbindungen (Subjunktionen)

DIE WELT DER ANTIKE

- Gladiatorenkämpfe
- Kolosseum

Gladiatorenkampf im Kolosseum.

3

Einstieg

Decken Sie die deutsche Übersetzung mit einem Blatt ab, damit Sie bei Bedarf die Übersetzung einzelner Sätze sichtbar machen können.

Übersetzen Sie folgenden Text mit Hilfe des unten angegebenen Wortschatzes. Wenn nötig, nehmen Sie die danebenstehende Übersetzung zu Hilfe.

Gaius cum Aulo pro basilica ludit.	Gaius spielt mit Aulus vor der Basilika.
Quintus sedet neque laetus est.	Quintus sitzt da und ist nicht fröhlich.
Gaius Quintum magno clamore appellat.	Gaius spricht Quintus mit lauten Worten (Geschrei) an:
„Ride, amice! Veni et lude nobiscum[1]!	„Lache, Freund! Komm und spiel mit uns!
Observa turbam in foro!	Beobachte die Menschenmenge auf dem Forum!
Es bono animo!“	Sei guten Mutes!“
Sed Quintus: „Semper hic esse non amo.	Doch Quintus (sagt): „Ich mag nicht immer hier sein.
Vadite mecum[2] in Colosseum, amici!	Geht mit mir ins Kolosseum, Freunde!
Observate ibi pugnas gladiatorum[3]!	Beobachtet dort die Kämpfe der Gladiatoren!
Gaudete magno animo gladiatorum!	Freut euch über den großen Mut der Gladiatoren!
Timore vacant. Dum in arena gladio pugnant, multi homines cunctis locis victores laudant.	Sie sind ohne Furcht. Während sie in der Arena mit dem Schwert kämpfen, loben die vielen Menschen auf allen Plätzen die Sieger.
Ludis enim Romani in Colosseo sunt.“	Bei den Spielen nämlich sind die Römer im Kolosseum.“

1 **nobiscum**: mit uns
2 **mecum**: mit mir
3 **gladiatorum**: der Gladiatoren

Das Kolosseum war die Stätte der Gladiatorenkämpfe und Tierhetzen, der beliebteste Aufenthaltsort der Römer in der Kaiserzeit.

laudāre	loben, rühmen
observāre	beobachten; einhalten
pūgnāre	kämpfen
vacāre *(m. Abl.)*	frei sein (von), (etw.) nicht haben
gaudēre *(m. Abl.)*	sich freuen (über)
cēdere *(m. Abl.)*	weggehen, weichen
arēna *f*	Sand, Arena
pūgna *f*	Kampf
animus *m*	Geist, Gesinnung, Sinn; Verstand; Mut
gladius *m*	Schwert

locus *m, Pl.* loca *n*	Ort, Platz, Stelle, Rang
lūdus *m*	Spiel; Schule
gladiātor *m*	Gladiator
timor *m*	Furcht
victor *m*	Sieger
cūnctī, -ae, -a	alle
bonus, -a, -um	gut, tüchtig
bonō animō esse	guten Mutes sein
multus, -a, -um	viel, zahlreich
hīc	hier
dum *(Subjunktion)*	während

1. Notieren Sie bei allen Sätzen mit Ausrufezeichen das Prädikat. Was drückt es jeweils aus? Auf welche Buchstaben lauten sie aus?
2. Die Signalteile des Ablativs sind Ihnen bereits bekannt. Wo im Text entdecken Sie solche Ablative? Mit welchen Wörtern ist der Ablativ hier jeweils nicht verbunden?
3. Welche der bekannten Grundfunktionen können Sie innerhalb der Sätze, in denen sie stehen, jeweils feststellen?

Grammatik

1 Verb: Imperativ Präsens

Den **Imperativ** (Befehlsform) **Präsens** erkennt man an folgenden Signalen:

Singular

		Bedeutungsteil	Signalteil: Kennvokal	Signalteil: *Bindevokal*	Signalteil: Imperativzeichen	
amā!	Vokalische Konjugationen – ā	am	**ā**!			liebe!
rīdē!	Vokalische Konjugationen – ē	rīd	**ē**!			lache!
audī	Vokalische Konjugationen – ī	aud	**ī**!			höre!
plaúde!	Konsonantische Konjugation	plaud		***e!***		klatsche!
es!	Hilfsverb	**es**!				sei!

Plural

		Bedeutungsteil	Signalteil: Kennvokal	Signalteil: *Bindevokal*	Signalteil: Imperativzeichen	
amāte!	Vokalische Konjugationen – ā	am	ā		**te!**	lieb **t!**
rīdēte!	Vokalische Konjugationen – ē	rīd	ē		**te!**	lach **t!**
audīte	Vokalische Konjugationen – ī	aud	ī		**te!**	hör **t!**
plaúdite!	Konsonantische Konjugation	plaud		*ĭ*	**te!**	klatsch **t!**
este!	Hilfsverb	es			te!	seid!

Der **Imperativ** steht in der Regel am **Satzanfang**.

Das Ausrufezeichen am Satzende macht Sie in aller Regel auf den Imperativ aufmerksam. Suchen Sie diesen und analysieren Sie von ihm aus die weiteren Teile des Satzes.

Übungen

Studieren Sie zuerst die einschlägigen grammatischen Erscheinungen im Text der Rubrik *Einstieg*.

1. Imperativ oder etwas anderes? Erklären und übersetzen Sie alle Formen.

observa – pugna – causa – erra – hora – es – lude – victore – amate – timete – timore – more – clamare – audi – loci – fortasse – veni – ludi – amice – age

2. Gruß und Aufforderung. Übersetzen Sie.

SALVE! – AGE!

3. Setzen Sie aus dem Kasten den jeweils passenden Imperativ ein. Die Anfangsbuchstaben ergeben einen im Kolosseum oft gehörten Namen.

age – audite – clamate – este – pugna – ride – sedete – vade

		, amici, in Circo Maximo!
		oratores bonos in basilica!
		bono animo, amici!
		sine timore in Colosseo!
		causam, orator bone, pro amico!
		, amica, dum pugnam gladiatorum vides!

2 Ablativ ohne Präposition

	INSTRUMENTALIS Mittel/Begleitung	SEPARATIVUS Trennung	PUNCTUALIS Ort[1]/Zeit
bloßer Ablativ	**gladiō** petere ***mit* dem Schwert** angreifen **victōriā** gaudēre sich ***über* den Sieg** freuen	**timōre** vacāre ***von* Furcht** frei sein **Colossēō** cēdere ***aus* dem Kolosseum** weggehen	**cunctīs locīs** ***an* allen Orten** **lūdīs** ***während* der Spiele**
Fragen	WOMIT?/WODURCH?	WOVON?/WOHER?	WO?/WANN?

[1] Bei einigen Ortsnamen gibt es eine Sonderform: Lokativ, z. B. ***Rōmae***: in Rom.

Bei einem Ablativ ohne Präposition können Sie die besondere Sinnrichtung (Mittel, Grund, Trennung, Zeit/Ort) oft von der Bedeutung des Prädikats her oder vom Sinn des Satzes her erschließen.

Die **wichtigsten Sinnrichtungen des Ablativs** sind:

		Sinnrichtung
1. **Gladiō** pugnant.	Sie kämpfen **mit dem Schwert**.	Mittel
2. **Magnō clāmōre** salutant.	Sie grüßen **unter großem Geschrei**.	Art und Weise
3. **Pūgnā** gaudent.	Sie freuen sich **über den Kampf**.	Grund
4. **Forō** cedunt.	Sie gehen **vom Forum** weg.	Trennung
5. **Timōre** vacant.	Sie sind frei **von Furcht**.	

Übungen

Studieren Sie zuerst die einschlägigen grammatischen Erscheinungen im Text der Rubrik *Einstieg*.

1. Alles Ablativ?

dea – canta – erra – arena – loca – causa – iustitia – amico – ego – vado – foro – bono – homo – pro – victore – ridere – more – gladiatore – amare – multis – cedis – gladiis – animis – cunctis – plaudis – locis – deis – ceteris – magnis – estis

2. Diese Römer! Übersetzen Sie.

Ego Graecus[1] sum. Non intellego Romanos. Cur Romani pugnis gladiatorum[2] gaudent? Cur in Colosseum vadunt? Cur laeto animo ibi sedent? Cur timore vacant? Cur magnis clamoribus victores laudant? Cur Colosseo non cedunt? Ego ludis Romanorum[3] laetus non sum.

[1] **Graecus** *m*: Grieche
[2] **gladiatorum**: der Gladiatoren
[3] **Romanorum**: der Römer

3. Ablativ oder Verb? Bestimmen Sie die Form.

ludo – pugna – clamore – ludis – foris

4. Kombinieren Sie! Welche Teile passen zusammen?

a) ludis	1) cedere	......
b) Colosseo	2) gaudere	......
c) pecunia	3) pugnare	......
d) magno animo	4) observare	......
e) gladiatores	5) vacare	......
f) iustitia	6) causam agere	......

5. Wo liegt der Sand? Fügen Sie die passenden Ablative ein.

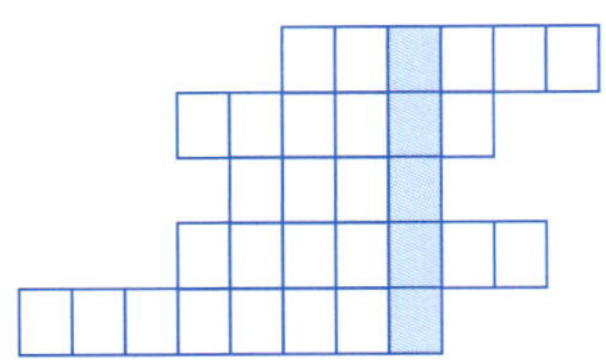

mit dem Schwert
(frei) von Furcht (sein)
nach (römischer) Sitte
über Geld (sich freuen)
von der Halle (weggehen)

BASILICA (cedere) – GLADIO – MORE (Romano) – PECUNIA (gaudere) – TIMORE (vacare)

3 Satzreihe – Satzgefüge

3.1 Satzreihe

Innerhalb eines Textes können Sätze auf gleicher Stufe aneinandergereiht sein. Die Verbindung ist in der Regel durch beiordnende Bindewörter (Konjunktionen) hergestellt, z. B.:

Quīntus Circō cēdit **et** in forum vadit; **nam** ibī orātor clārus causam agit.	Quintus verlässt den Zirkus **und** geht zum Forum; **denn** dort führt ein berühmter Redner einen Prozess.

HS ______ et ______ ; ______

Bisher haben Sie folgende Konjunktionen gelernt:

et	und	sed	aber
-que *(angehängt)*	und	autem *(nachgestellt)*	aber, jedoch
neque	und nicht, aber nicht	nam	denn
		enim *(nachgestellt)*	denn, nämlich

Zu beachten:
Gelegentlich stehen ganze Sätze oder auch einzelne Prädikate **unverbunden** nebeneinander, z. B.:

Populus laudat, plaudit, clamat.	Das Volk lobt, klatscht, (und) schreit.

HS ______ , ______ , ______

3.2 Satzgefüge

Innerhalb eines Textes können die Sätze auch **einander untergeordnet** sein, und zwar durch **unterordnende Verbindungswörter (Subjunktionen).**
Dabei kann der **Gliedsatz** (GS) **nach** dem **Hauptsatz** (HS) oder **vor** dem **Hauptsatz** stehen. Nicht selten ist er **in den Hauptsatz** „eingebettet", z. B.:

1. Quīntus in Colosseum vadit, **ubī** amīcī sunt. Quintus geht ins Kolosseum, **wo** die Freunde sind.	2. **Dum** gladiātōres pūgnant, amīcī plaudunt. **Während** die Gladiatoren kämpfen, klatschen die Freunde.	3. Colosseum, **ubī** lūdī sunt, amant. Das Kolosseum, **wo** Spiele sind, lieben sie.

HS ______ GS [ubi]	GS [Dum] HS ______	HS ______ ______ GS [ubi]

Bisher kennen Sie folgende Subjunktionen:

ubī	wo	dum	während

Achten Sie bei längeren Sätzen immer darauf, ob durch eine Subjunktion ein Satzgefüge signalisiert wird, also welche Teile zum HS, welche zum GS gehören.

Übungen

Studieren Sie zuerst die einschlägigen grammatischen Erscheinungen im Text der Rubrik *Einstieg*.

1. Bilden Sie eine Satzreihe bzw. ein Satzgefüge mithilfe der passenden Verbindungswörter.

a) Homines laeti sunt – victores arena cedunt – **nam/et**
b) Cur non in forum vaditis – magnus orator causam agit – **dum/ubi**
c) Pugnae amicos delectant – Barbatus cunctos superat – **nam/ubi**

2. Ordnen Sie den Satzgefügen das jeweils entsprechende grafische Schema zu.

a) Ludis Romani in Colosseum veniunt, ubi gladiatores pugnant.
b) Dum gladiatores apparent, cuncti plaudunt.
c) Homines, dum spectaculum vident, ridere student.

1) HS ▭ ▭
GS ▭

2) HS ▭
GS ▭

3) HS ▭
GS ▭

3. Unterscheiden und übersetzen Sie.

Ibi Syrus	c	um	Barbaro venit.
	D	um	Syrus dubitat, Barbarus clamat:
	„N	um	pugnam times?“
	T	um	Syrum gladio petit.

4. Wo liegt eine Satzreihe, wo ein Satzgefüge vor?

Amici in foro sedent. Venit enim pompa. Dum autem imperator et senatores in forum vadunt, cuncti rident et laeti sunt. Ubi basilica est, ibi imperator populum appellat: „Este bono animo! Nam dei deaeque amici nostri[1] sunt. Hic gaudete et plaudite!“

[1] **nostri**: unsere

5. In Gegenwart des Kaisers. Übersetzen Sie alle Sätze und bilden Sie selbst weitere passende Hauptsätze.

DUM imperator in foro est,
– homines clamant.
– Quintus ridet.
– orator causam non agit.
– cuncti timore vacant.
– multi laeti sunt.

Wortschatz

multus, -a, -um	viel, zahlreich	
dum	während	
gladiātor *m*	Gladiator	
arēna *f*	**Sand; Arena**	*f: arène*
alius, -a, -ud	**ein anderer**	
aliī – aliī	**die einen – die anderen**	*e: alien*
petere	**aufsuchen; angreifen, haben wollen; verlangen, bitten**	Petition
gladius *m*	Schwert	→ gladiātor
vacāre *(m. Abl.)*	frei sein (von), (etw.) nicht haben	*f: les vacances*
timor *m*	Furcht	
bonus, -a, -um	gut, tüchtig	*f: bon/bonne*
animus *m*	Geist, Gesinnung, Sinn; Verstand; Mut; Herz	
bonō animō esse	guten Mutes sein, zuversichtlich sein	
occīdere	**niederschlagen, töten**	
pūgnāre	kämpfen	
tamen	**dennoch, doch, trotzdem**	
dubitāre	**zögern; zweifeln**	dubios
observāre	beobachten; einhalten	observieren
tandem	**endlich, schließlich;** *(in Fragen:)* **denn eigentlich**	
timēre	**(sich) fürchten, besorgt sein**	→ timor
cūnctus, -a, -um	all(es), gesamt, ganz	
malus, -a, -um	**schlecht, schlimm, böse**	*f: mal*
sōlum	**allein, nur**	*f: seulement*
hīc	hier	
locus *m, Pl.* loca *n*	Ort, Platz, Stelle; Rang; Gegend	Lokal
cavēre *(m. Akk.)*	**sich in Acht nehmen, sich hüten (vor)**	
neque enim	**denn nicht**	
pūgna *f*	**Kampf**	→ pūgnāre
gaudēre *(m. Abl.)*	sich freuen (über)	
vulnerāre	**verwunden**	
dē *(m. Abl.)*	**von, von … herab; von, über**	*f: de*
dēliberāre	**erwägen, überlegen;** *(m. Inf.:)* **sich entscheiden, beschließen**	
lūdus *m*	Spiel; Schule	→ lūdere
misericordia *f*	**Mitleid, Barmherzigkeit**	
subitō	**plötzlich**	
iacēre	**liegen, daliegen**	
victōria *f*	**Sieg**	*e: victory*
victor *m*	Sieger	
laudāre	loben, rühmen	
cēdere	(weg-)gehen; nachgeben	
cōgitāre	denken, beabsichtigen	

1/5–6

Wiederholen Sie zunächst noch einmal den ersten Wortschatz dieser Lektion auf S. 34.

3

Wussten Sie schon?

Gladiatorenkämpfe

Im Gladiatorenkampf stehen sich „Netzkämpfer“ *(retiarii)* und „Verfolger“ *(secutores)* gegenüber. Der eine kämpft mit einem Dreizack, mit einem Dolch und einem Wurfnetz, der andere ist mit Helm, Schild und Schwert bewaffnet.

Kolosseum in Rom.

Das im Jahre 80 n. Chr. von Kaiser Titus eingeweihte *Colosseum* war das größte Amphitheater der antiken Welt: Das 48 m hohe, 188 m lange und 156 m breite elliptische Gebäude fasste 50 000 Zuschauer. Sie konnten vor der Sonneneinstrahlung durch riesige Sonnensegel geschützt werden. In der Arena des Kolosseums fanden Gladiatorenkämpfe und Tierhetzjagden statt, wie sie ursprünglich bei Leichenspielen zu Ehren Verstorbener üblich gewesen waren. Doch daran dachten die Zuschauer in der Kaiserzeit wohl kaum mehr. Als Gladiatoren wurden zum Tode Verurteilte, Kriegsgefangene und Sklaven ausgebildet, dazu Freiwillige, die das Risiko liebten und den Ruhm in der Arena suchten. In Kasernen, die eher Gefängnisse waren, lernten sie die verschiedenen Kampfarten kennen.

Ein Kampftag begann mit einem Festzug *(pompa)*. Wenn die Gladiatoren vor der Ehrenloge des Kaisers angekommen waren, blieben sie stehen und grüßten: *„Ave, Caesar, morituri te salutant!“* (Heil dir, Cäsar, die Todgeweihten grüßen dich!). Damit gaben sie zu verstehen, dass sie ohne Rücksicht auf ihr eigenes Leben kämpfen wollten.

Nach einem Trompetensignal kämpften sie paarweise, in Gruppen oder in Massen gegeneinander oder gegen Tiger, Löwen, Nashörner und andere wilde Tiere, die nur zu diesem Zweck importiert wurden. Über das Schicksal verletzter, kampfunfähiger Gladiatoren entschieden die Zuschauer. Der Spielgeber konnte dann dem Schiedsspruch des Publikums folgen und den Unterlegenen durch Heben des Daumens begnadigen. Der gesenkte Daumen bedeutete den Tod.

Innenansicht des Kolosseums.

Obwohl sich Philosophen wie Seneca (1. Jh. n. Chr.) und später die christlichen Kirchenväter diesem Gemetzel von Mensch und Tier widersetzten, wurden die Gladiatorenspiele erst im 5. Jh. n. Chr. verboten: So sehr liebte das Publikum diesen Nervenkitzel.

Lesen und verstehen

Auf Leben und Tod (in Anlehnung an Seneca, Epistulae morales 7)

Im Kolosseum, der größten Arena Roms, finden gerade Gladiatorenkämpfe statt. Die meisten Zuschauer sind genauso begeistert dabei wie Lucius Cornelius Lentulus. Er hat Philodemus, einen Geschäftspartner aus Zypern, überredet, ihn zu begleiten und ist fest davon überzeugt, dass dieser es nicht bereuen wird.

Falls Sie sich die Übersetzung noch nicht zutrauen, wiederholen Sie vorher nochmals den Einführungstext dieser Lektion auf S. 34.

In Colosseo multi homines sedent.
Dum gladiatores in arenam veniunt turbamque salutant,
alii Barbatum gladiatorem clarum magno clamore incitant[1], alii Syrum:
„Audi, Syre! Pete Barbatum gladio!
Vaca timore, es bono animo!
Agedum[2], occide Barbatum!
Cur nondum pugnas?“
Tamen Syrus Barbatum petere dubitat – et Barbatus Syrum observat.
Lentulus autem clamat:
„Pugnate tandem! Cur dubitatis? Num gladios timetis? –
O dei, audite!
Occidite cunctos gladiatores malos non solum hic, sed cunctis locis!“
Tandem Barbatus Syrum gladio petit et turba clamat:
„Cave, Syre! Cave Barbatum!“
Philodemus non clamat, neque enim pugna gaudet.
Dum Syrus et Barbatus alter alterum[3] gladiis vulnerare student,
de moribus Romanis deliberat:
„Cur Romani eiusmodi spectaculis gaudent?
Cur cuncti ludis Colosseum petunt?
Cur rident, dum homines alios homines occidunt?
Cur misericordia vacant?“
Subito Lentulus clamat: „Habet[4]! Habet!“
Syrus iacet, Barbatus victoria gaudet,
turba victorem laetis clamoribus laudat.
Philodemus autem Colosseo cedit.
Et Lentulus? „Graecus[5] est Philodemus; Graecos[5] non intellego.
Non pugnis, non ludis gaudent, athletas[6] solum laudant.
Ego nolo[7] Graecus[5] esse.“

1 **incitare**: anfeuern
2 **agedum**: los!
3 **alter alterum**: einer den anderen, sich gegenseitig, einander
4 **habet**: „er hat (etwas abbekommen)“, er ist getroffen *(so rief die Menge, wenn ein Gladiator verwundet worden war)*
5 **Graecus** *m*: Grieche
6 **athleta** *m*: Athlet, Sportler
7 **nolo**: ich möchte nicht/kein

Versuchen Sie sich am Original

Lesen und übersetzen Sie folgende Sätze.

Cave canem[1]! (Warnung an römischem Landhaus)

Plaudite, homines! (Kaisers Augustus' letzte Worte) (Sueton)

Timore vacare summum bonum[2] est. (nach Epikur)

Loco cedere malum est. (Livius)

1 **canis**, *Akk.* **canem**: Hund
2 **bonum** *n*: Gut

Zu guter Letzt

Der Dichter Martial (ca. 40–102 n. Chr.) preist das Kolosseum mit folgenden Worten:
„Jedes mit noch so viel Arbeit und Aufwand errichtete Bauwerk verblasst angesichts des Amphitheaters unseres Kaisers; von diesem einen Bauwerk wird die Geschichte stellvertretend für alle anderen sprechen."
Sehen Sie sich folgende Rekonstruktion des Kolosseums an und ordnen Sie den gekennzeichneten Stellen ihre ursprüngliche Funktion zu. Die Buchstaben ergeben als Lösung ein lateinisches Wort, mit dem der Kaiser einen Gladiator nach dem Kampf vor der Tötung verschonen ließ.

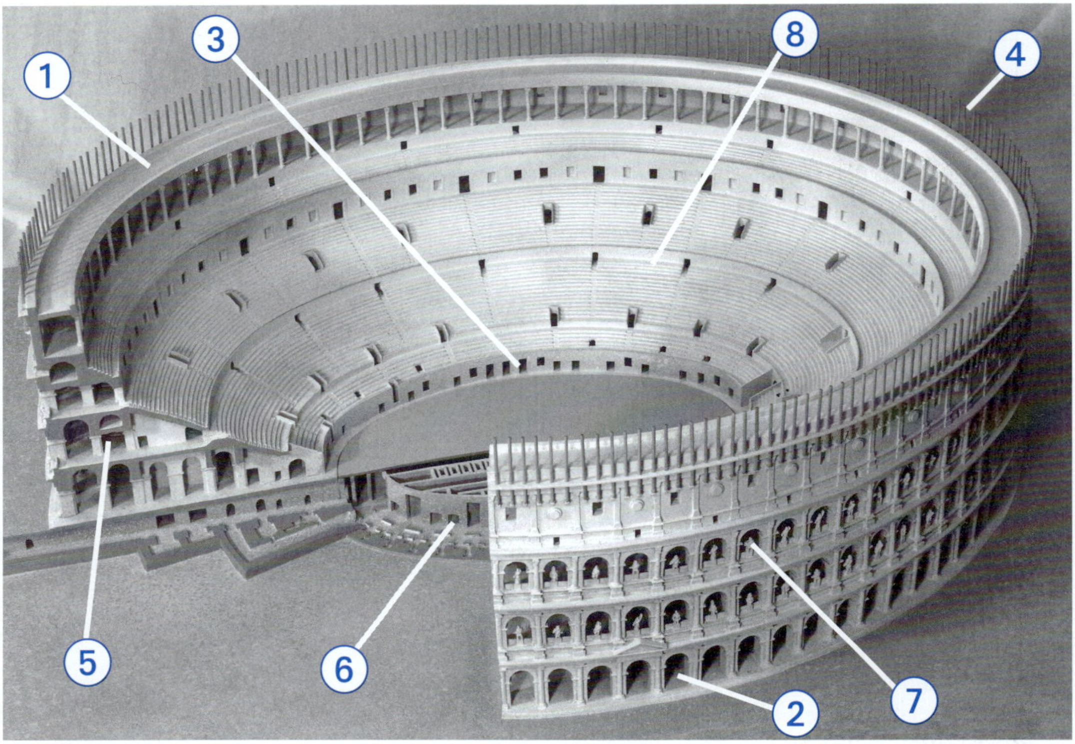

1 ....
2 ....
3 ....
4 ....
5 ....
6 ....
7 ....
8 ....

Käfige für die wilden Tiere – Zuschauertribünen (E) – Nischen mit Statuen (T) – Einlass für die Gladiatoren (M) – innere Treppenaufgänge (T) – Rundgang – Ausgänge – „Mastbäume" zur Befestigung der Sonnensegel (I)

Lösungswort:

4

Ein Gast geht in die Luft

In dieser Lektion lernen Sie

GRAMMATIK

- Genitiv/Dativ Singular und Plural der ā-/o- und Konsonantischen Deklination
- Genitiv als Attribut
- Dativobjekt
- Interrogativ-, Personal- und Possessivpronomen
- Prädikativum

WORTSCHATZ

- Wörter aus dem Bereich der Hausgemeinschaft

DIE WELT DER ANTIKE

- Herren und Sklaven in der römischen Gesellschaft
- Gastmahl – römische Küche

Darstellung eines kaiserlichen Banketts.

Einstieg

Decken Sie die deutsche Übersetzung mit einem Blatt ab, damit Sie bei Bedarf die Übersetzung einzelner Sätze sichtbar machen können.

Übersetzen Sie folgenden Text mit Hilfe des unten angegebenen Wortschatzes. Wenn nötig, nehmen Sie die danebenstehende Übersetzung zu Hilfe.

Cornelius: „Veni, Philodeme, mecum in Colosseum! Tibi magnum spectaculum promitto.“ Philodemus: „Spectaculum vestrum mihi molestum est. Vos Romanos et mores vestros non intellego. Vos gladiatoribus plauditis. Vobis victoria gladiatoris boni placet. Apud vos ira populum semper[1] tenet. Ego neque ludos Romanorum neque victorias gladiatorum neque pugnas hominum curo. Nobis Graecis quidem placet cenam amicorum petere, sermones philosophorum clarorum audire, cum hospitibus de honestis patrum moribus deliberare.“ Cornelius: „Philodeme care, quam stultus[2] es? Tu libero[3] animo vacas? Cuius servus tandem es? Cui domino pares? Quem et quid times? Cur non studes ludere, amare, pugnare? Profecto vivere tibi vix placet.“

Cornelius: „Komm, Philodemus, mit mir ins Kolosseum! Ich verspreche dir ein großes Schauspiel.“ Philodemus: „Euer Schauspiel ist mir lästig. Euch Römer und eure Sitten verstehe ich nicht. Ihr klatscht den Gladiatoren Beifall. Euch gefällt der Sieg eines tüchtigen Gladiators. Bei euch beherrscht Wut ständig das Volk. Ich (jedoch) kümmere mich weder um die Spiele der Römer noch um die Siege der Gladiatoren noch um die Kämpfe von Menschen. Uns Griechen freilich gefällt es, ein Gastmahl bei Freunden aufzusuchen, Gespräche berühmter Philosophen zu hören, sich mit Gästen über ehrenhafte Sitten der Vorfahren Gedanken zu machen.“ Cornelius: „Lieber Philodemus, wie dumm bist du? Fehlt dir ein freier Sinn? Wessen Sklave bist du eigentlich? Wem gehorchst du wie einem Herrn? Wen und was fürchtest du? Warum willst du nicht spielen, lieben, kämpfen? In der Tat, zu leben gefällt dir kaum.“

[1] **semper**: immer
[2] **quam stultus**: wie dumm
[3] **liber** (*Abl.* libero): frei

Der Gegensatz römischen und griechischen Lebensstils: hier Gespräch im Freundeskreis, dort Spiel und Kampf.

cūrāre *(m. Akk.)*	besorgen, sorgen (für), sich kümmern (um)
pārēre	gehorchen
tenēre	halten, festhalten, beherrschen
vīvere	leben
cēna, -ae *f*	Gastmahl, Abendessen
īra, -ae *f*	Zorn, Wut
dominus, -ī *m*	Herr
hospes, -itis *m/f*	Gast, Gastfreund, Fremder
pater, -tris *m*	Vater
patrēs, -trum *m*	Senatoren, Patrizier, Vorfahren

sermō, -ōnis *m*	Gespräch, Sprache
honestus, -a, -um	angesehen, ehrenhaft, anständig
molestus, -a, -um	beschwerlich, lästig, peinlich
profectō	in der Tat, auf alle Fälle
quidem	zwar, wenigstens, freilich, allerdings
vix	kaum
neque – neque	weder – noch
apud *(m. Akk.)*	bei, in der Nähe (von)

1. Suchen Sie – mit Hilfe der Übersetzung – alle Formen des Genitivs und Dativs heraus. Welche Signalteile können Sie feststellen?
2. Notieren Sie mit Hilfe der deutschen Übersetzung alle im Text stehenden Personal- und Interrogativpronomen. Stellen Sie, soweit möglich, dazu das Deklinationschema auf.
3. Wo sind die Substantive im Genitiv mit einem Adjektiv verbunden? Was können Sie hinsichtlich ihres Signalteiles erkennen?

Grammatik

1 Genitiv und Dativ der ā/o- und Konsonantischen Deklination

1.1 Substantive

Der Genitiv und Dativ der Substantive hat folgende Signalteile:

	Genitiv			Dativ		
	ā-Dekl.	o-Dekl.	Kons. Dekl.	ā-Dekl.	o-Dekl.	Kons. Dekl.
Sing.	-ae	-ī	-is	-ae	-ō	-ī
Plur.	-ārum	-ōrum	-um	-īs	-īs	-ibus

Deklinationsschema:

		ā-Deklination Femininum	o-Deklination Maskulinum	o-Deklination Neutrum	Konsonantische Deklination Maskulinum	Konsonantische Deklination Maskulinum
Singular	N.	de**a**	de**us**	spectācul**um**	imperātor	homō
	G.	de**ae**	de**ī**	spectācul**ī**	imperātōr**is**	homin**is**
	D.	de**ae**	de**ō**	spectācul**ō**	imperātōr**ī**	homin**ī**
	Akk.	de**am**	de**um**	spectācul**um**	imperātōr**em**	homin**em**
	Abl.	(cum) de**ā**	(cum) de**ō**	(in) spectācul**ō**	(ab) imperātōr**e**	(ab) homin**e**
Plural	N.	de**ae**	de**ī**	spectācul**a**	imperātōr**ēs**	homin**ēs**
	G.	de**ārum**	de**ōrum**	spectācul**ōrum**	imperātōr**um**	homin**um**
	D.	de**īs**	de**īs**	spectācul**īs**	imperātōr**ibus**	homin**ibus**
	Akk.	de**ās**	de**ōs**	spectācul**a**	imperātōr**ēs**	homin**ēs**
	Abl.	(cum) de**īs**	(cum) de**īs**	(in) spectācul**īs**	(cum) imperātōr**ibus**	(cum) homin**ibus**

Anhand seines Signalteils können Sie jedes Substantiv der entsprechenden Deklination zuordnen. Vorsicht: Oft ist der Signalteil mehrdeutig.

1.2 Adjektive der ā/o-Deklination

Die **Adjektive der ā-/o-Deklination** haben im **Genitiv** und **Dativ** die gleichen Signalteile wie die Substantive dieser Deklination, z. B. *misericordia magn**ae** de**ae**, victoria amic**orum** bon**orum***.

Deklinationsschema:

homō laet**us**	ein fröhlicher Mensch	homin**ēs** laet**ī**	fröhliche Menschen
homin**is** laet**ī**	eines fröhlichen Menschen	homin**um** laet**ōrum**	fröhlicher Menschen
homin**ī** laet**ō**	einem fröhlichen Menschen	homin**ibus** laet**īs**	fröhlichen Menschen
homin**em** laet**um**	einen fröhlichen Menschen	homin**ēs** laet**ōs**	fröhliche Menschen
(cum) homin**e** laet**ō**	(mit) einem fröhlichen Menschen	(cum) homin**ibus** laet**īs**	(mit) fröhlichen Menschen

Ist ein Adjektiv der ā/o-Deklination einem Substantiv der Konsonantischen Deklination beigefügt, dann sind die Signalteile nicht identisch. Die Zuordnung gelingt Ihnen also nur durch das genaue Feststellen von Kasus und Numerus der beiden Wörter.

Der Plural einiger Adjektive kann substantivisch gebraucht sein:

cēterī	die Übrigen, die anderen	**cunctī**	alle	**multī**	viele
cētera	das Übrige, andere	**cuncta**	alles	**multa**	vieles

Die Bedeutung des Prädikatsverbs verlangt zuweilen einen Dativ (z. B. *parere*/ gehorchen – wem? *placere*/ gefallen – wem?). Suchen Sie diesen sofort nach dem Feststellen des Subjekts.

1.3 Genitivattribut und Dativobjekt

1. **Honestī** hominēs misericordiā nōn vacant.	Anständige Menschen sind nicht ohne Mitleid.
2. Nam īram **deōrum** timent.	Denn sie fürchten den Zorn der Götter.
3. Populus **deō** et **imperātōrī** pāret.	Das Volk gehorcht Gott und dem Kaiser.

Der **Genitiv** stellt im Bauwerk des Satzes in der Regel wie das **Adjektiv** (z. B. Satz 1: *honesti*) das Attribut dar, der **Dativ** nach bestimmten Verben (z. B. Satz 3: *parere*) das Objekt.

Satzmodell:

1. Adjektiv als Attribut **2. Genitivattribut** **3. Dativobjekt**

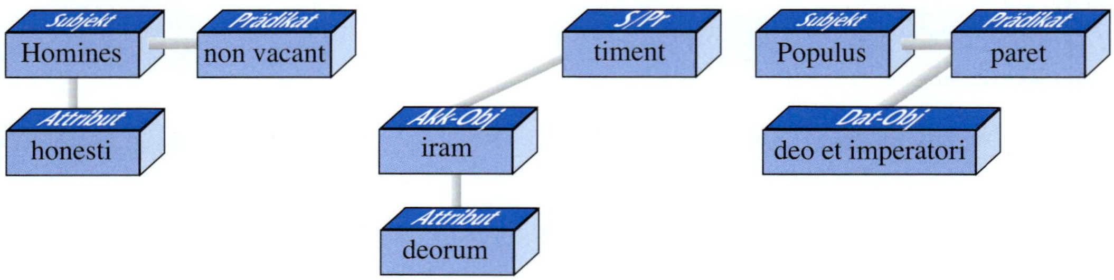

Studieren Sie zuerst die einschlägigen grammatischen Erscheinungen im Text der Rubrik *Einstieg*.

Übungen

1. Finden Sie heraus, welche Formen Genitiv oder Dativ sind. Was bleibt übrig?

domini – petis – hospitis – deis – cuncti – sermonis – audi – dei – patris – animi

homo – populo – ibi – timori – laudo – clamori – veni – loco – amo – quo – bono

2. Verbindung gesucht. Probieren und übersetzen Sie alle Möglichkeiten.

homin-	-am/-ae/-a
clamor-	-e/-i
caus-	-um/-o
gladi-	-orum/-arum
spectacul-	-is/-ibus

3. Fügen Sie den passenden Signalteil an.

a) De moribus patr-... cogito.
b) Clamor Roman-... homin-... Graec-... non placet.
c) Ego iram popul-... timeo neque morem pugn-... amo.

-i -arum -ibus -is -orum -um

4. Attribut oder Objekt?

a) Victoria **gladiatorum** non **cunctis** placet.
b) Cur multi **victoribus** plaudunt **magno** cum clamore?
c) Ceteri causas **oratorum clarorum** audiunt.

5. Welche drei Formen von *bonus* passen?

a) Romani laudant victoriam gladiatorum ....
b) Romani parent dominis ....
c) Romani amant mores .... patrum.

bonum – bonis – bonarum – bonorum – bonos

6. Adjektiv und Genitiv als Attribut. Übersetzen Sie.

turba hominum laetorum – victoria oratoris boni – amicus ludorum magnorum – misericordia summae deae

7. Chamäleon *-um*: Welcher Kasus liegt jeweils vor?

spectaculum – cum – oratorum – animum

2 Pronomen

2.1 Personalpronomen der 1. und der 2. Person

	Singular		**Plural**		**Singular**		**Plural**	
	1. P.	2. P.	1. P.	2. P.	1. P.	2. P.	1. P.	2. P.
N.	ego	tū	nōs	vōs	ich	du	wir	ihr
(G.	meī	tuī	nostrī	vestrī	meiner	deiner	unser	euer)*
D.	mihī	tibī	nōbīs	vōbīs	mir	dir	uns	euch
Akk.	mē	tē	nōs	vōs	mich	dich	uns	euch
Abl.	*dē* mē	*dē* tē	*dē* nōbīs	*dē* vōbīs	*über* mich	*über* dich	*über* uns	*über* euch
	mē*cum*	tē*cum*	nōbīs*cum*	vōbīs*cum*	*mit* mir	*mit* dir	*mit* uns	*mit* euch

* Der Genitiv des Personalpronomens begegnet selten.

Die Präposition *cum* wird an den Ablativ des Personalpronomens angehängt, z. B. *mēcum, vōbīscum*.

2.2 Possessivpronomen

Singular			**Plural**		
1. P.	2. P.	3. P	1. P.	2. P.	3. P.
meus/mea/ meum *usw.*	tuus/tua/ tuum *usw.*	suus/sua/ suum *usw.*	noster/nostra/ nostrum *usw.*	vester/vestra/ vestrum *usw.*	suus/sua/ suum *usw.*

Das Possessivpronomen stimmt – wie ein Adjektiv – mit dem Wort, auf das es sich bezieht, in Kasus, Numerus und Genus überein **(KNG-Kongruenz)**:

amīcus meus	mein Freund	patrem tuum	deinen Vater

Das **Possessivpronomen** kann im Singular und Plural **substantivisch** gebraucht sein:

mea, meōrum	das Meine, mein Besitz	**nostrī, nostrōrum**	die Unseren, unsere Leute	**suum, suī**	das Seine	**suōs** (laudat)	seine Leute (lobt er)

Ein Possessivpronomen ohne Bezugswort wird fast immer als Substantiv gebraucht.

2.3 Interrogativpronomen *quis?/quid?*

	Maskulinum/Femininum		**Neutrum**	
N.	quis?	wer?	quid?	was?
G.	cuius?	wessen?		
D.	cui?	wem?		
Akk.	quem?	wen?	quid?	was?
Abl.	*dē* quō?	*über* wen?		
	quō*cum*?	*mit* wem?		

Übungen

Studieren Sie zuerst die einschlägigen grammatischen Erscheinungen im Text der Rubrik Einstieg.

1. Wählen Sie das passende Pronomen aus.

a) Observamus (tu/tibi/te).
b) Peto (mihi/tu/vos).
c) Timeo dominum (me/mei/meum).
d) Promittimus (tu/tibi/te) pecuniam.
e) (Noster/Nostra/Nostrum) dea bona est.
f) Reprehendo servos (me/meos/meum).
g) (Quis/Cui/Quem) dei amant?

2. Pronomen kreuz und quer. Übersetzen Sie.

a) Quis tecum in Colosseum vadit?
b) Cuius victoria tibi non placet?
c) Cui pecunia tua placere studes?
d) A quo de tuis audis?
e) Quocum studes pugnare?

3. Substantivierte Adjektive. Übersetzen Sie.

a) Cuncta mea/Cunctos meos amo.
b) Cetera mihi non placet.
c) Quis suos non laudat?
d) Nostri multa intellegunt.

4. Formulieren Sie entsprechend dem Satzmodell eine sinnvolle Aussage.

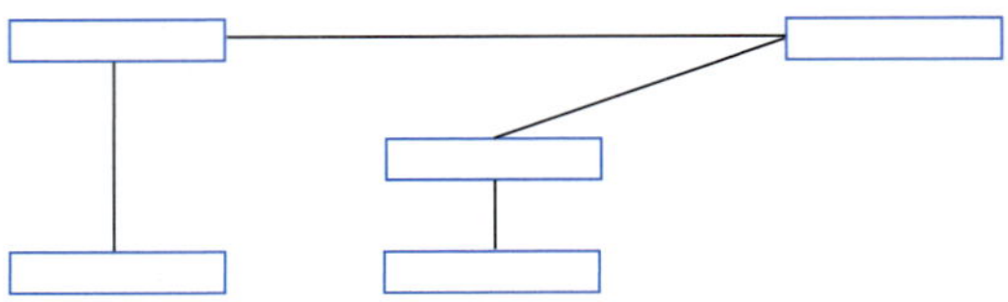

patrum – homines – moribus – boni – student

3 Adjektiv als Prädikativum

Homines **laeti** plaudunt.

1. Die **fröhlichen** Menschen klatschen Beifall.
2. Die Menschen klatschen **fröhlich** Beifall.

Das **Adjektiv** *laeti* kann im Satz als **Attribut** ein Substantiv näher bestimmen (1), es kann aber auch als **Prädikativum** wie ein **Adverbiale** das Prädikat ergänzen (2: etwa: *wobei sie fröhlich sind*). Seine Funktion kann hier jeweils nur aus dem Textzusammenhang erschlossen werden.

Übungen

Studieren Sie zuerst die einschlägigen grammatischen Erscheinungen im Text der Rubrik Einstieg.

1. Prädikatsnomen oder Prädikativum?

a) Amici spectaculum **laeti** vident.
b) Ego **unus** inter omnes non gaudeo.
c) Pugnae gladiatorum multis **molestae** sunt.

2. Immer froh? Unterscheiden und übersetzen Sie.

a) Num gladiatores laeti arenam petunt?
b) Non cuncti laeti sunt in Circo Maximo ibique spectacula laeti vident.

3. Des Kaisers Gedanken. Übersetzen Sie.

a) Ego imperator deis parere non debeo.
b) Ego summus dominus sum. Cui parere debeo?
c) Sed imperator bonus populi dominus esse semperque[1] iustitiam observare debet.

4. Kleine Endung – großer Unterschied. Übersetzen Sie.

a) Quintus Flaviam unam amat.
b) Quintus unus Flaviam amat.

[1] **semper**: immer

Wortschatz

1/7–8

unde	**woher**	
īra, -ae *f*	Zorn, Wut	
dominus, -ī *m*	Herr	
domina, **-ae** *f*	**Herrin**	
lībertus, **-ī** *m*	**Freigelassener**	
mercātor, **-ōris** *m*	**Kaufmann**	merkantil
inter *(m. Akk.)*	**zwischen**, **unter**; **während**	international
vīvere	leben	*f: vivre*
quis	**wer**	*f: qui*
fīlius, **-ī** *m*	**Sohn**	*f: fils*
fīlia, **-ae** *f*	**Tochter**	*f: fille*
pater, -tris *m*	Vater	*f: père*
patrēs, -trum *m*	Senatoren, Patrizier; Vorfahren	
honestus, -a, -um	angesehen, ehrenhaft, anständig	
nihil (= nīl)	**nichts**	
nisī	**wenn nicht**; **außer**	
nihil (…) nisī	nur	
servus, **-ī** *m*	**Sklave**	servil
serva, **-ae** *f*	**Sklavin**	
itaque	**deshalb**, **daher**; **also**	
cena, -ae *f*	Gastmahl, Abendessen	
tacēre	schweigen	
pārēre	gehorchen	
dēbēre	**müssen**; **schulden**, **verdanken**	*f: devoir*
nōn dēbēre	nicht dürfen	
vix	kaum	
tenēre	halten, festhalten	*f: tenir*
familia, **-ae** *f*	**Familie**, **Hausgemeinschaft**	*f: famille*
reprehendere	**tadeln**	
sermō, -ōnis *m*	Gespräch; Sprache	
neque – neque	weder – noch	
cūrāre *(m. Akk.)*	besorgen, sorgen (für), sich kümmern (um)	Kur
quidem	**zwar**; **wenigstens**, **freilich**, **allerdings**	
neque tamen	**aber nicht**, **jedoch nicht**	
dēscendere	**herabsteigen**, **herabkommen**	*f: descendre*
quoque *(nachgestellt)*	**auch**	
igitur	**also**, **folglich**, **daher**	
apud *(m. Akk.)*	bei, in der Nähe (von)	
iam	**schon**, **bereits**; **gleich**	
hospes, -itis *m*	Gast, Gastfreund; Fremder	*e: hospital, f: hôpital*
molestus, -a, -um	beschwerlich, lästig; peinlich	
profectō	in der Tat, auf alle Fälle	
dēsinere	**ablassen**, **aufhören**	
vīnum, **-ī** *n*	**Wein**	*f: vin, e: wine*

Wiederholen Sie zunächst noch einmal den ersten Wortschatz dieser Lektion auf S. 44.

Wussten Sie schon?

Sklaven

Während eines Gastmahls durften die Sklaven keine Miene verziehen, geschweige denn lachen oder reden. Sie hatten einfach nur da zu sein und die Herrschaft und deren Gäste zu bedienen. Eine durchschnittliche Familie besaß in der Regel mehrere Sklaven für verschiedene Dienste im Haus.

Personen von gesellschaftlichem Ansehen, die nur zehn Sklaven hatten, wurden schon im 1. Jh. v. Chr. bedauert. Leute, die ihren Reichtum zur Schau stellen wollten, hatten bis zu 200 Sklaven in ihrem städtischen Haushalt: Köche, Kammerdiener, Servierer, Sänftenträger, Schreiber, Sekretäre, Vorleser, Bibliothekare usw. Sklaven bekamen in der Regel ein Taschengeld, Trinkgelder des Herrn oder der Gäste und gelegentlich auch eine Gewinnbeteiligung für ihre Arbeit. Über dieses kleine Vermögen konnten sie selbst bestimmen: Einige wenige besaßen sogar selbst Sklaven.

Anhänger am Hals eines Sklaven.
Aufschrift: „Halte mich fest, damit ich nicht fliehe, und gib mich meinem Herrn Viventus auf dem Gut des Callistus zurück!“

Römer beim Mahl mit Sklaven, Grabstele des Titus Iulius Tuttius.

Ganz anders sah das Leben der Sklaven auf den großen Landgütern in Süditalien oder Sizilien, in den Bergwerken oder Fabriken aus. Dort wurden sie wie Maschinen für besondere Aufgaben eingesetzt und einer eisernen Disziplin unterworfen. Sklaven waren Eigentum ihres Herrn, ein lebender Sachwert, den man kaufen und verkaufen konnte. Der Herr hatte sogar das Recht, seine Sklaven zu töten. Erst unter Kaiser Hadrian (117–138 n. Chr.) wurde dieses Recht eingeschränkt. Von wenigen Ausnahmen abgesehen waren die Herren jedoch ohnehin bestrebt, die Arbeitskraft ihrer Sklaven zu erhalten.

Zur Zeit Kaiser Trajans gelangten wegen des Dakien-Feldzugs viele Kriegsgefangene nach Rom, die als Sklaven verkauft wurden, doch war das Angebot auf dem Sklavenmarkt insgesamt eher gering. So kam es dann sogar vor, dass in Rom Sklaven gekidnappt und auf Landgüter verschleppt wurden.

Lesen und verstehen

Ein Gast geht in die Luft (in Anlehnung an Petron, Satyricon 57)
Marcus Cornelius Cinna, ein reicher, aber wenig gebildeter Freigelassener, hat Gäste zum Abendessen eingeladen. Er unterhält sie mit ziemlich albernen Witzen, was einen der anwesenden Sklaven zum Lachen bringt. Einer der Gäste, ein reizbarer Mensch namens Gripus, legt daraufhin los:

„Quid video, quid audio? Tu rides, homo?
Unde venis, vervex[1],
et cur non caves iram domini tui?
Ego libertus sum et mercator; homo inter homines vivo.
Tu autem quis es, cuius filius?
Num patris honesti? Dubito. Nihil es nisi Cinnae servus.
Itaque inter cenam tacere et audire et parere debes, furcifer[1]!
Tu tamen rides, verbero[1].
Ah, vix me teneo.
Pater autem familiae te non reprehendit.
Ubi sumus, amici? Cur non reprehendimus malos mores servorum?
Laeti ludunt, rident sermones hominum honestorum;
neque domino suo neque dominae suae parent!
Ecce[2] servus nequam[3]!
Cui paret?
Quem timet?
Quid curat?
Nos quidem haec[4] intellegimus,
neque tamen servos nostros reprehendimus.
O dei, ubi vos estis?
Cur nos non auditis neque descenditis?
Cur dubitatis? Patres enim …“
Tum Marcus Cornelius pater familiae: „Quid clamas, Gripe?
Homines sumus, non dei. Tu quoque homo es.
Tace igitur apud nos, mihi pare! Iam ceteris hospitibus meis molestus es.“
Et profecto Gripus clamare desinit; haec[4] tamen fremit[5]:
„Verbero, vervex, furcifer[1]!“

Falls Sie sich die Übersetzung noch nicht zutrauen, wiederholen Sie vorher nochmals den Einführungstext dieser Lektion auf S. 44.

[1] **vervex**, **furcifer**, **verbero**: römische Schimpfwörter, etwa: Hammel, Galgenstrick, Schurke
[2] **ecce**: sieh nur!
[3] **nequam**: nichtsnutzig (undeklinierbar)
[4] **haec**: dieses, das
[5] **fremere**: knurren, brummen

Versuchen Sie sich am Original

O pater Iuppiter! (römischer Ausruf)

Quis hoc[1] non intellegit? (Cicero)

Dominis parere servorum sors[2] est.

Sapiens[3] unus sine timore vivere potest[4]. (nach Cicero)

In cunctis domina pecunia est.

[1] **quis hoc**: dies; diese Sache.
[2] **sors, sortis** *f*: Schicksal
[3] **sapiens, -ntis** *m*: der Weise
[4] **potest**: er/sie/es kann

Zu guter Letzt

Guten Appetit!

① Diese Speisen könnten neben anderen als Menü gereicht worden sein:

Gebratene Haselmäuse,
in Honig eingemacht und mit Mohn bestreut

Pfaueneier aus Kuchenteig,
gefüllt mit einer Ammer in gepfeffertem Eidotter

Schweineeuter

Eisgekühlter Pudding, mit Honig übergossen
und mit Erbsen- und Bohnenbrei garniert

Wildschwein, gefüllt mit lebenden Vögeln

Bärenkeule

Ein ganzes Schwein, gefüllt mit Würsten

② Ordnen Sie die deutschen Bezeichnungen der Lebensmittel den lateinischen zu. Bei richtiger Zuordnung bleiben drei deutsche Wörter übrig. Warum?

piper – feniculum – persicum – vinum – ostrea – sal – caseus – asparagus – nux – caulis – petroselinum – sinapi(s) – dactylus – cucurbita – oleum

Öl – Kohl – Spargel – Kartoffel – Käse – Fenchel – Avocado – Wein – Dattel – Senf – Nuss – Auster – Pfirsich – Salz – Pfeffer – Petersilie – Tomate – Kürbis

③ Diese römischen Rezepte könnten Sie selbst einmal probieren:

Gekochtes Huhn im eigenen Saft
Stoße Pfeffer, Kümmel, ein wenig Thymian, Fenchelsamen, Minze und Raute, [...] gieße Essig dazu, gib Datteln dazu und zerstampfe es. Schmecke mit Honig, Essig, Liquamen und Öl ab. Gib das abgekühlte und abgetrocknete Huhn dazu, das du damit übergossen servierst.

Heiße Kirschfladen
Drücke vier eingeweichte Brötchen gut aus, zerkleinere die Masse und mische sie mit 3 Esslöffeln Mehl, 1/8 l Milch, 2 Eiern, Honig und Zimt. Gib ca. 250 g entsteinte Kirschen dazu. Erhitze Backfett in der Pfanne, knete den Teig zu kleinen Fladen und backe sie von allen Seiten goldgelb.

5

Diebe in den Thermen

In dieser Lektion lernen Sie

GRAMMATIK

- Indikativ Imperfekt Aktiv der ā-/ē-/ī-Konjugation und der Konsonantischen Konjugation sowie von *esse*
- Indikativ Perfekt Aktiv (alle Bildungsweisen)
- Infinitiv Perfekt Aktiv

WORTSCHATZ

- Wörter aus dem Bereich des römischen Bäderwesens

DIE WELT DER ANTIKE

- Die römischen Thermen

Darstellung der Caracalla-Thermen.

5

Einstieg

Lesen Sie folgenden Text und übersetzen Sie ihn mit Hilfe des unten angegebenen Wortschatzes. Wenn nötig, nehmen Sie die danebenstehende Übersetzung zu Hilfe.

Apud Cornelium multi hospites erant. Magna enim cena gaudebant. Quantum gaudium ibi erat! Alii in tricliniis[1] iacebant, alii per villam laeti ambulabant, alii tesseris[2] ludebant, alii in bibliotheca nova sedebant et legebant. Postremo cuncti oratorem clarum audiebant, cum subito C. Aemilius Brutus apparuit et clamavit: „Veni huc[3] ex Thermis. Quot homines ibi sunt! Multos quoque amicos vidi. Diu in aqua fui. Bene ibi vixi. Sed mihi satis fuit. Quod mihi non iam placuit inter tot homines esse, thermas reliqui. Amici manserunt. Ego autem statim huc[3] cucurri; nam vobiscum me cenae dare studeo. Neque me paenitet[4] in thermis fuisse et summa gaudia petivisse.“

Bei Cornelius waren viele Gäste. Sie genossen nämlich ein großes Gastmahl. Welche große Freude herrschte dort! Die einen lagen auf den Speisesofas, die anderen spazierten fröhlich durch die Villa, andere spielten mit den Würfeln, wieder andere saßen und lasen in der neuen Bibliothek. Schließlich hörten alle einem berühmten Redner zu, als plötzlich C. Aemilius Brutus erschien und rief: „Ich bin aus dem Thermen hierher gekommen. Wie viele Menschen sind dort! Auch viele Freunde habe ich gesehen. Lang bin ich im Wasser gewesen. Gut habe ich dort gelebt. Doch mir war es genug. Weil es mir nicht mehr gefiel, unter so vielen Menschen zu sein, habe ich die Thermen verlassen. Die Freunde sind geblieben. Ich aber bin sogleich hierher gerannt; denn ich will mich mit euch dem Gastmahl hingeben. Doch ich bereue es nicht, in der Thermen gewesen zu sein und dort höchste Lust und Freude gesucht zu haben.“

[1] **triclinium, -i** *n*: Speisesofa
[2] **tesserae, -arum** *f*: Würfel
[3] **huc**: hierher
[4] **(me) paenitet**: es reut mich, ich bereue

Die Thermen, eine der größten Errungenschaften der Römer, waren ein Vergnügungsort, in dem stundenlang gebadet, geschwitzt, gespielt und gelesen wurde.

ambulāre	spazieren gehen	novus, -a, -um	neu
currere, currō, cucurrī	laufen, rennen	quantus, -a, -um	wie groß
dare, dō, dedī	geben	quot	wie viele
legere, legō, lēgī	lesen	tot	so viele
manēre, maneo, mānsī	bleiben, warten (auf)	diū *(Adv.)*	lange, lange Zeit
relinquere, relinquō, reliquī	zurücklassen, verlassen	statim *(Adv.)*	auf der Stelle, sogleich
		satis	genug
aqua, -ae *f*	Wasser	per *(m. Akk.)*	durch (hindurch)
bibliothēca, -ae *f*	Bibliothek	nōn iam	nicht mehr
thermae, -ārum *f*	Bäder, Thermen	cum (subitō)	als (plötzlich)
gaudium, -ī *n*	Freude, Vergnügen	quod	weil

1. Suchen Sie aus dem Text alle Verbformen heraus, die im Signalteil die Silbe *-ba-* aufweisen. Für welche Zeit ist diese das Kennzeichen?
2. Im Text stehen viele Perfektformen. Stellen Sie diese zusammen. Können Sie am Signalteil gemeinsame Elemente erkennen? Welche?
3. In den im Schlusssatz erhaltenen Perfektformen *fuisse/petivisse* zeigt der Signalteil ein gleiches Element. Wie lautet es und was drückt es aus?

Grammatik

1 Indikativ Imperfekt Aktiv

1.1 Die Konjugation des Verbums und von *esse*

Den **Indikativ Imperfekt Aktiv** erkennt man am **Tempuszeichen *-ba-*,** das in den **Signalteil** des Verbs eingefügt ist.

rīd-	ē-**ba**-m	ich lach-te	er-**a**-m	ich war
	ē-**bā**-s	du lach-test	er-**ā**-s	du warst
	ē-**ba**-t	er/sie/es lach-te	er-**a**-t	er/sie/es war
	ē-**bā**-mus	wir lach-ten	er-**ā**-mus	wir waren
	ē-**bā**-tis	ihr lach-tet	er-**ā**-tis	ihr wart
	ē-**ba**-nt	sie lach-ten	er-**a**-nt	sie waren

-ba-

Tempuszeichen des Imperfekts

ā-Konj.	ē-Konj.	ī-Konj.	Kons. Konj.
amā-**ba**-m ich liebte	ridē-**ba**-m ich lachte	audiē-**ba**-m ich hörte	plaud-ē-**ba**-m ich klatschte

Vollständiges Konjugationsschema aller Konjugationen S. 311.

Zu beachten:
Bei den Verben der ī-Konjugation und der Konsonantischen Konjugation ist vor dem Tempuszeichen *-ba-* der Sprechvokal *-ē-* eingeschoben.

1.2 Verwendung

1. Apud Cornelium hospitēs cēnā gaudēbant.	Bei Cornelius genossen die Gäste das Mahl.
2. In cēnā etiam hominēs clārōs audiēbant.	Beim Mahl hörten sie auch berühmten Leuten zu.
3. Semper in thermās quoque veniēbant.	Immer kamen sie auch in die Thermen.

Im lateinischen Imperfekt sind **Zustände** oder **andauernde Vorgänge** (1), **Gewohnheiten** (2), und **wiederholte Handlungen** (3) der Vergangenheit dargestellt.

Man gibt das am Tempuszeichen *-ba-* erkennbare Imperfekt im Deutschen gewöhnlich mit dem Präteritum wieder.

Übungen

Studieren Sie zuerst die einschlägigen grammatischen Erscheinungen im Text der Rubrik *Einstieg.*

1. Bilden Sie aus den angegebenen Wortteilen die Übersetzung der deutschen Verbformen.

a)	ambula-	(e)ba	-m	ich blieb	...
b)	veni-		-s	ihr last	...
c)	leg-		-t	sie schwiegen	...
d)	pare-		-mus	du kamst	...
e)	mane-		-tis	wir gingen spazieren	...
f)	tace-		-nt	er gehorchte	...

2. Dauer oder Gewohnheit? Übersetzen Sie.

a) Gladiatores magno animo pugnabant.
b) Homines pugnas tum laeti videbant.
c) Cui spectacula gladiatorum non placebant?

3. Fügen Sie vier passende Formen zur Dreizackwaffe des Gladiators zusammen. Übersetzen Sie alle Formen.

TENEBAMUS
CEDEBAT
VIVEBAS
TACEBAT
VENIEBATIS
GAUDEBANT
TIMEBAT
DABAM

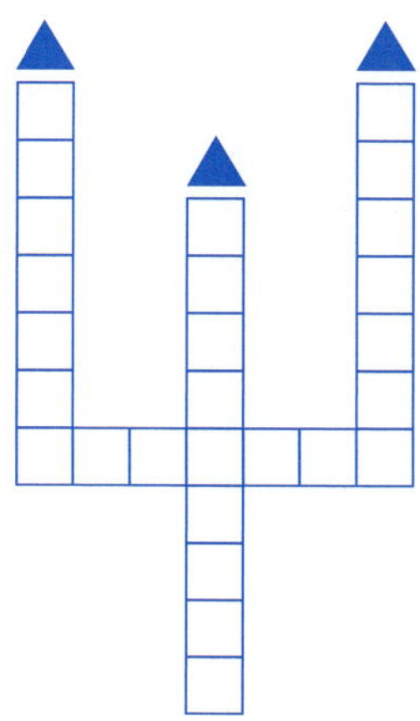

2 Indikativ und Infinitiv Perfekt Aktiv

2.1 Perfekt-Signale

Der **Bedeutungsteil** des Verbs ist im **Perfekt Aktiv meist verändert.** Dieser **veränderte Bedeutungsteil** wird **Perfekt-Aktiv-Stamm** genannt.

Den **Indikativ Perfekt Aktiv** erkennt man an den **Perfektsignalen**, die an den **Perfekt-Aktiv-Stamm** angefügt sind.

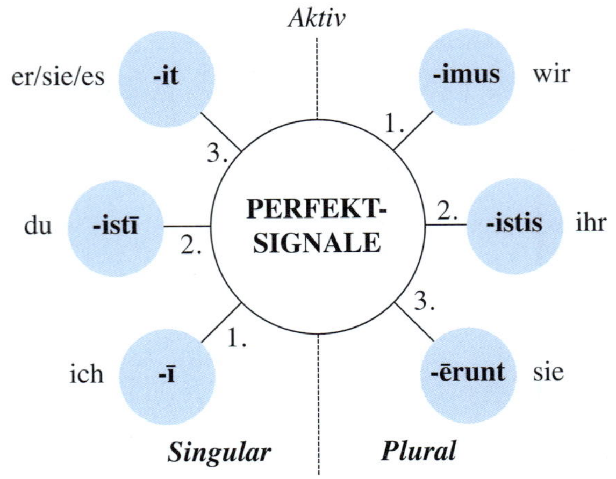

amāv-	**ī**	ich	habe	geliebt
	istī	du	hast	
	it	er/sie/es	hat	
	imus	wir	haben	
	īstis	ihr	habt	
	ērunt	sie	haben	

Im **Indikativ Perfekt Aktiv** sind **Tempuszeichen** und **Personzeichen** zu einer **Einheit** verschmolzen.

2.2 Arten der Perfektbildung

Wenn Sie das Prädikat als Perfektform identifiziert haben, führen Sie dieses immer zunächst auf den Infinitiv Präsens zurück. Übersetzen Sie dann die Form mit dem deutschen Perfekt oder Präteritum (siehe 2.3 in der Grammatik).

	Infinitiv Präsens	**Veränderung durch**	**Bedeutungsteil**	**Signalteil**	
amāvī	amāre	**-v-**	amāv	ī	ich habe geliebt/liebte
tacuī	tacēre	**-u-**	tacu	ī	ich habe geschwiegen/schwieg
rīsī	rīdēre	**-s-**	rīs	ī	ich habe gelacht/lachte
cucurrī	cúrrere	**Reduplikation** (Verdopplung)	cucurr	ī	ich bin gelaufen/lief
vēnī	venīre	**Dehnung**	vēn	ī	ich bin gekommen/kam
dēscendī	dēscéndere	**(unverändert)**	dēscend	ī	ich bin herabgestiegen/stieg herab
fuī			fu	ī	ich bin gewesen/war
			Perfekt-Aktiv-Stamm		

Den **Infinitiv Perfekt Aktiv** erkennt man an dem Signalteil *-isse*:

amāv-	-isse	geliebt	haben
tacu-	-isse	geschwiegen	haben
rīs-	-isse	gelacht	haben
cucurr-	-isse	gelaufen	sein
vēn-	-isse	gekommen	sein
dēscend-	-isse	herabgestiegen	sein
fu	-isse	gewesen	sein

Übungen

Studieren Sie zuerst die einschlägigen grammatischen Erscheinungen im Text der Rubrik Einstieg.

1. Führen Sie auf den Infinitiv Präsens zurück. Übersetzen Sie dann.

reliqui – ambulavimus – cucurrerunt – legisti – dederunt – mansistis – descenderunt – risisti – debui – cessimus – viderunt – intellexit – fuit

2. Ordnen Sie die Perfektformen ihren besonderen Bildungsweisen zu. Übersetzen Sie dann.

v-Perfekt	....	dedimus
u-Perfekt	....	reprehendi
s-Perfekt	....	amavi
Dehnungsperfekt	....	paruit
Reduplikationsperfekt	....	venerunt
Perfekt ohne Veränderung	....	vixisti

3. Zeitunterschied in den Infinitiven. Übersetzen Sie.

Cur bonum est
- mores patrum tenere/tenuisse?
- Romae vivere/vixisse?
- multa invenire/invenisse?
- se ludo dare/dedisse?
- alios amare/amavisse?

4. Eindeutig Perfekt? Bestimmen und übersetzen Sie jede Form.

vidimus – venit – paruit – vidisti – legerunt – mansit – currit – invenis – audimus – plausimus – petivimus – reprehendimus – descenditis – desinitis – legit

2.3 Verwendung des Perfekts

Archimedes:

1. Diū quaerēbat, cum subitō rīsit.	Lange suchte er, als er plötzlich lachte.
2. Tum clāmāvit: „Invēnī!“	Dann schrie er: „Ich habe es gefunden!“

Im lateinischen Perfekt sind einmalige Handlungen der Vergangenheit (1: *rīsit*) (2: *clamavit*) oder das Ergebnis von abgeschlossenen Handlungen (2: *invēnī*) ausgedrückt: Erzählendes und feststellendes Perfekt. Ersteres wird im Deutschen mit Präteritum, letzteres mit Perfekt wiedergegeben. Oft stellt das Imperfekt zum erzählenden Perfekt den Geschehenshintergrund dar (1: *quaerēbat*). Das Perfekt erfasst dann den Geschehenvordergrund.

Übungen

Studieren Sie zuerst die einschlägigen grammatischen Erscheinungen im Text der Rubrik Einstieg.

1. Übersetzen Sie und begründen Sie den Tempuswechsel.

a) Per forum ambulabam cum amico nostro.
b) Magnum clamorem hominum audiebamus.
c) Ubique homines laetos videbamus.
d) Tum cum amicis ludum gladiatorum petivimus.
e) Ibi gladiatores magno clamore pugnabat.
f) Diu pugnam observabamus, subito alius alium gladio vulneravit.
g) Tum turba clamavit et victorem laetis clamoribus laudavit.
h) Nos autem ludo cessimus.

2. Reihen Sie die Sätze oder Teilsätze so aneinander, dass ein sinnvoller Text entsteht. Ein Sklave berichtet:

1. … et unum e nobis occidit.
2. Nox[1] erat.
3. Quantum malum!
4. Per loca intuta[2] errabamus
5. Nos petivit
6. Subito homo malus apparuit.
7. Profecto boni non fuimus.
8. … neque timore vacabamus.

[1] **nox, noctis** *f.*: Nacht
[2] **intutus, -a, -um**: unsicher

3 Verben

Bisher gelernte Verben mit

• v-Perfekt:	amāre, appellāre, clāmāre, dēlīberāre, dubitāre, errāre, laudāre, observāre, pūgnāre, salūtāre, vacāre, vulnerāre, audīre, dēsinere (dēsiī), petere (petīvī)
• u-Perfekt:	appārēre, dēbēre, iacēre, pārēre, placēre, studēre, tacēre, tenēre, timēre
• s-Perfekt:	cēdere (cessī), intellegere (intellēxī), lūdere (lūsī), plaudere (plausī), prōmittere (prōmīsī), rīdēre (rīsī), vīvere (vīxī)
• Dehnungsperfekt:	agere (ēgī), cavēre (cāvī), sedēre (sēdī), venīre (vēnī), vidēre (vīdī)
• Reduplikationsperfekt:	occīdere (occīdī)
• Perfekt ohne Veränderung:	dēscendere (dēscendī), reprehendere (reprehendī)

Übungen

1. Führen Sie die Perfekt-Formen auf den Infinitiv Präsens zurück. Welche Perfekt-Bildung liegt jeweils vor? Übersetzen Sie die Perfekt-Formen.

egisse – clamaverunt – cessisti – occiderunt – vacavi – timuisse – audivistis – venerunt – descendit – reprehendisse – viderunt – vixi – plausimus – desierunt – sedisti

2. Setzen Sie in die Kästen die entsprechende Form. Der Begriff in dem umrandeten Feld spielt in dieser Lektion die zentrale Rolle.

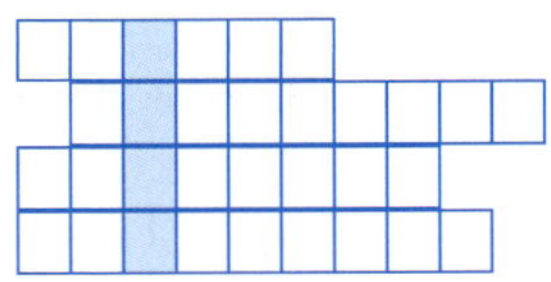

ich bin frei gewesen
er ist herabgestiegen
wir sind gekommen
wir haben geklatscht

Wortschatz

per *(m. Akk.)*	durch (… hindurch); über (… hin); überall in/auf	*f: par*
thermae, -ārum *f*	Bäder, Thermen	
ambulāre	spazieren gehen	Ambulanz; *f: aller*
ubīque	**überall**	
quaerere, quaerō, quaesīvī	**suchen, erwerben**	
quaerere ex/ab *(m. Abl.)*	**(jdn.) fragen**	
quot	wie viele	
quantus, -a, -um	wie groß, wie viel	Quantum
tot	so viele	
cum (subitō) *(Subjunktion)*	**als, als plötzlich**	
bibliothēca, -ae *f*	Bibliothek	
legere, legō, lēgī	lesen; sammeln	*f: lire*
gaudium, -ī *n*	Freude, Vergnügen	→ 3 gaudēre
rogāre	**fragen; bitten**	
inquam/inquit	**sag(t)e ich/sagt(e) er/sie**	
satis	genug	*f: assez*
dare, dō, dedī	geben	Dativ
dēpōnere, dēpōnō, dēposuī	**niederlegen; aufgeben**	Depot; *f: déposer*
diū	lange, lange Zeit	
manēre, maneō, mānsī	bleiben, warten (auf), erwarten	
quod	weil	
aqua, -ae *f*	Wasser	Aquarium
postquam *(m. Ind. Perf.)*	**nachdem, als**	
relinquere, relinquō, relīquī	zurücklassen, hinterlassen, verlassen	Reliquien
spoliāre	**berauben, wegnehmen, plündern**	
nōn iam	nicht mehr	
frūstrā *(Adv.)*	**vergeblich**	Frustration
vocāre	**rufen, nennen**	
parentēs, -um *m*	**Eltern**	*f: les parents*
mittere, mittō, mīsī	**schicken; gehen lassen, entlassen; werfen**	*f: mettre*
currere, currō, cucurrī	laufen, rennen	Kurs; *f: courir*
statim	auf der Stelle, sofort	
invenīre, inveniō, invēnī	**finden, erfinden**	*e/f: invention*
quamquam	obwohl, obgleich	
novus, -a, -um	neu, neuartig	*f: neuf/neuve*
beneficium, -ī *n*	**Wohltat; Verdienst**	Benefizkonzert
sōl, -is *m*	**Sonne**	*f: soleil*

1/9–10

Wiederholen Sie zunächst noch einmal den ersten Wortschatz dieser Lektion auf S. 54.

Wussten Sie schon?

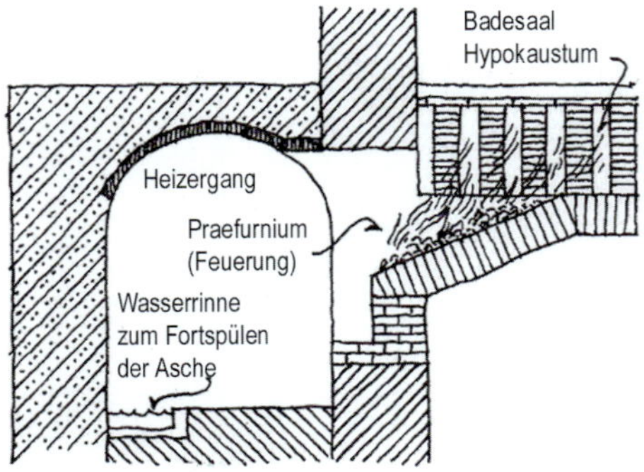

Funktionsweise der Heizungsanlagen.

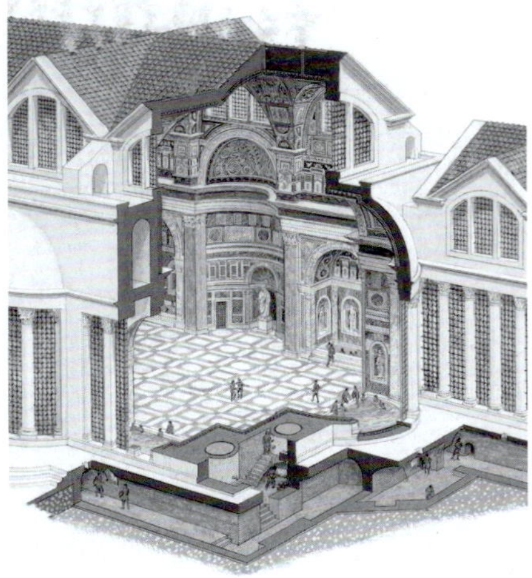

Trajansthermen in Rom:
Rekonstruktion des Caldariums.

Thermen

Für die Römer war der Besuch der öffentlichen Bäder nicht nur ein Freizeitvergnügen. Da die meisten Wohnungen in Rom keinen Wasseranschluss hatten, richtete man schon im 2. Jh. v. Chr. Badehäuser ein. Die erste wirklich große Thermenanlage wurde ungefähr 20 v. Chr. erbaut: ein prachtvoller Bade- und Freizeitkomplex, der erst durch die Kaiserthermen Neros übertroffen wurde. Kaiser Titus baute 80 n. Chr. noch größere Thermen, die wiederum Kaiser Trajan überbot: Diese 109 n. Chr. eröffnete riesige Badeanstalt erstreckte sich über eine Fläche von 337 x 296 Metern; sie war im Inneren mit wertvollen Marmoreinlegearbeiten und Statuen ausgestattet.

Die Thermen waren aber nicht nur Badeanstalten mit Schwimmbad und Sauna. Sie umfassten auch Gärten, Höfe für Sport und Spiel *(palaestrae)*, ja sogar Bibliotheken und Museen.

Zwischen dem Kaltbaderaum *(frigidarium)* im Norden und dem Warmwasserbad *(caldarium)* im Süden lag ein mäßig erwärmtes Gewölbe *(tepidarium)*. Das wegen seiner Größe meist nicht überdachte *frigidarium* enthielt ein Schwimmbecken. Das Warmwasserbad und die Schwitzkammern wurden von einer Unterflurheizung *(hypocaustum)* erwärmt, die Wände mithilfe von Hohlziegeln, in denen die heiße Luft hochstieg.

Die Thermen öffneten in der Regel erst am späten Vormittag. Bis zur Mitte des 1. Jh. n. Chr. waren die Badeanstalten für Frauen und Männer zu verschiedenen Zeiten geöffnet. In der *palaestra* hingegen unterhielten sich Frauen und Männer mit verschiedenen Ballspielen, trieben Metallreifen und trainierten mit Hanteln gemeinsam.

Die Caracalla-Thermen heute.

Lesen und verstehen

Diebe in den Thermen

Gaius Flaminius kommt von einem Besuch der Trajansthermen nach Hause und berichtet:

… per thermas ambulabam et ubique amicos meos quaerebam.
Ah, quot homines ibi erant, quantum clamorem audiebam!
Neque tamen inter tot homines unus ex amicis erat.
Iam thermis cedebam,
cum subito Titum vidi.
In bibliotheca sedebat et legebat.
Ego Titum magno cum gaudio salutavi et rogavi:
„Vidistine unum ex amicis?“
„Non vidi“, inquit, „nam Ovidium legebam.“
Sed ego: „Satis legisti. Nunc veni mecum in frigidarium[1]!“
Titus paruit, bibliothecario Ovidium dedit mecumque venit.
Tum in apodyterio[2] vestimenta[3] deposuimus frigidariumque petivimus.
Non diu ibi mansimus,
quod aqua frigidissima[4] erat.
Postquam frigidarium reliquimus,
in apodyterio[2] vestimenta[3] quaesivimus.
Subito Titus clamavit:
„Vae mihi! Homines mali me vestimentis[3] spoliaverunt!
Non iam ibi sunt,
ubi fuerunt, ubi deposui!
Iam me paenitet[5] tibi paruisse.“
Postquam diu frustra quaesivimus,
Davum servum vocavi et ad Titi parentes misi:
„Tu, Dave“, inquam, „curre, nam Titus vestimentis[3] eget[6].“
Davus statim cucurrit;
ego autem soleas[7] quaesivi, neque tamen inveni,
quamquam diu quaesivi.
Tum iram non iam tenui, nam novae fuerunt.
„O dei“, clamavi, „quot homines mali Romae sunt!“

Falls Sie sich die Übersetzung noch nicht zutrauen, wiederholen Sie vorher nochmals den Einführungstext dieser Lektion auf S. 54.

1 **frigidarium, -i** *n*: kaltes Bad
2 **apodyterium, -i** *n*: Umkleideraum
3 **vestimentum, -i** *n*: Kleidungsstück
4 **frigidissimus, -a, -um**: eiskalt
5 **me paenitet**: es reut mich, ich bereue
6 **egere** *(m. Abl.)*: (etwas) brauchen, benötigen
7 **solea, -ae** *f*: Sandale

Versuchen Sie sich am Original

Veni, vidi, vici[1]. (Sueton)

Deus meus, deus meus, quid reliquisti me? (Vulgata, lateinische Bibelübersetzung)

Nostri iam prope[2] urbem erant, cum subito hostes[3] loco cesserunt. (nach Caesar)

Multa legi, multa vidi, multa audivi. (nach Sallust)

1 **vici**: Perf. von *vincere*: siegen
2 **prope**: nahe bei
3 **hostes**: Feinde

Zu guter Letzt

Damals und heute

Vieles aus der Zeit der Römer findet sich auch bei uns.

① Vergleichen Sie die Aqua-Therme mit den römischen Thermen.
Was von der Badeeinrichtungen der Römer findet sich wieder?

② Vergleichen Sie die Verwendung der Begriffe, denen lateinische Wörter zugrunde liegen. (z. B. durch Synonyme oder Umschreibung).

a) Die Ausstellung ist ein Forum für Künstler aus aller Welt.
b) Die Kinder haben ein Riesenspektakel veranstaltet.
c) Der Appell an sein Gewissen hat etwas bewirkt.
d) Sie sind sehr intelligent.
e) Seine Dominanz ist unerträglich.
f) Ich wurde ambulant behandelt.
g) Die Mülldeponie wird geschlossen.
h) Bist du frustriert?
i) Das sind Relikte aus der Vergangenheit.
j) Das ist ein absolutes Novum.

③ Nennen Sie Begriffe, die von folgenden lateinischen Wörtern abgeleitet sind:

studere – videre – legere – currere – mittere

Test Lektionen 1–5

1. Wählen Sie die im Deutschen erforderliche Präposition.
Z. B.: *gladio pugnare*: *mit* dem Schwert kämpfen.

timore vacare: ? Angst frei sein

victoria gaudere: sich ? den Sieg freuen

victoriae studere: sich ? den Sieg bemühen

Roma cedere: ? Rom weggehen

clamore laeto: ? fröhlichem Geschrei

cunctis locis: ? allen Orten

cavere turbam: sich ? der Masse hüten

magnis beneficiis delectare: sich ? großen Wohltaten erfreuen

2. Welche Wörter gehören nach der KNG-Regel zusammen? In lateinischen Sätzen gehören oft Wörter zusammen, die völlig verschiedene Wortenden haben (→ *homo bonus*). Schreiben Sie den folgenden Text in Ihr Heft. Kennzeichnen Sie die Wörter, die zusammengehören, farbig. Übersetzen Sie dann.

a) Apud Cinnam magnus clamor est.
b) Gripus enim clamat: „Ego mercator honestus sum. Et quid servi sunt? Nihil!
c) Per Romam currunt, nihil agunt, dominos suos non audiunt.
d) Cuncti servi homines mali sunt."
e) Sed unus ex hospitibus claris Gripum reprehendit:
f) „Quantus clamor est hic! Tace! Tu homo es, non deus. Tu ceteris hospitibus clamore tuo iam satis molestus fuisti!"

3. Kleiner Unterschied – große Wirkung.
Übersetzen Sie.

a) Nonne **cavetis** homines malos? **Cavete** homines malos!
b) In Capitolio **sumus**. Capitolium est **summus** Romae locus.
c) **Tandem** venisti, amice; **tamen** nondum cuncti amici apparuerunt.
d) **Dum cum** amico ambulo, subito pecuniam in via[1] inveni.
e) Quintus **nondum** ad nos venit; Quintus **non iam** ad nos venit. Id[2] mihi non placet.

[1] **in via**: auf der Straße
[2] **id**: das

4. Kombinieren Sie. Fügen Sie die Bedeutungsteile und die Signalteile so zusammen, dass sprachrichtige Formen entstehen.

a) ceter – eg – intelleg – iace – descend

isti – bam – i – is – ebas

b) dubita – serv – lus – lud – quaer

um – vi – is – ebam – it

5. Ordnen Sie die hervorgehobenen Verben ihren Konjugationsklassen zu; nennen Sie jeweils den Infinitiv Präsens Aktiv bzw. die 1. Person Singular Indikativ Präsens Aktiv.

Ferien

a) Tum **placet legere**, **ludere**, amicos **videre**, nihil **agere**, nihil **timere**.
b) Tum in caupona[1] **sedemus** multosque sermones **audimus**; etiam vino nos **delectamus**. Heri[2] quoque ibi **sedimus**, sermones **audivimus**, nihil **egimus**.
c) Postquam alii amici **apparuerunt**, **ambulavimus**; dum **ambulamus**, cuncti **tacebant**, nihil aliud **petebant**.
d) **Studete** inter alia et eiusmodi gaudia **quaerere**!

[1] **caupona**, **-ae** *f*: Gasthaus
[2] **heri**: gestern

6. Welcher Satz passt zum Satzmodell A, welcher zu B, welcher zu C?

a) Subito Titus clamavit:
b) „Homines mali me spoliaverunt."
c) Nunc timor Titi magnus est.

A)
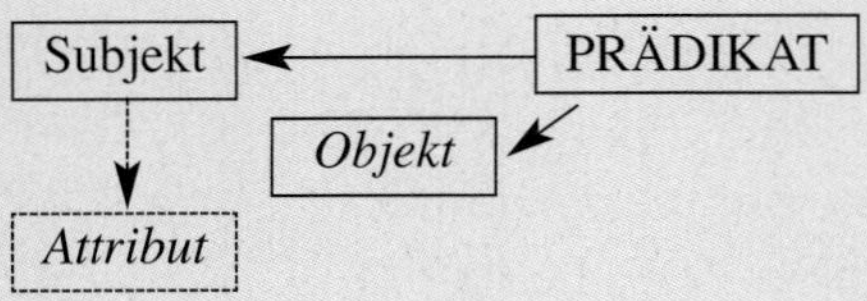

B)
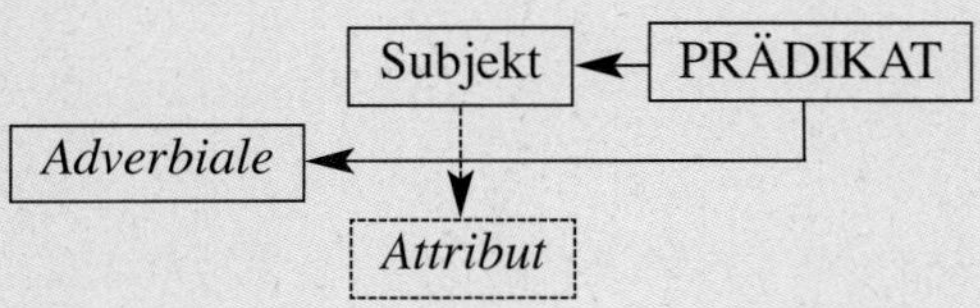

C)
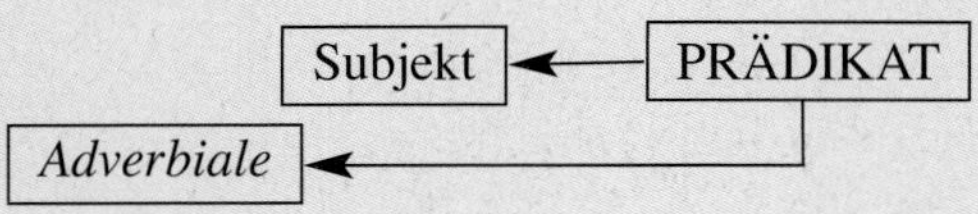

7. Immer länger. Übersetzen Sie alle Formen.

Beispiel:

delibera	vi	sti	s

(Lösung: delibera – deliberavi – deliberavisti – deliberavistis: überlege – ich habe überlegt – du hast überlegt – ihr habt überlegt)

clamo	r	i	bus
clama	t	is	–
imperator	e	m	–
es	t	e	–

Kaiser Augustus

In dieser Lektion lernen Sie

GRAMMATIK

- Partizip Perfekt Passiv
- Demonstrativ- und Personal-Pronomen *is/ea/id*
- Substantive (o- und Konsonantische Dekl.) und Adjektive (ā-/o-Dekl.) auf *-(e)r*
- Participium coniunctum (PC) als Attribut und Adverbiale

WORTSCHATZ

- Wörter aus dem Bereich des Familienlebens

DIE WELT DER ANTIKE

- Augustus – seine Familie und Herrschaft
- Die Ara Pacis
- Die Frau in Rom

Augustus von Primaporta (um 20 v. Chr.).

Einstieg

Decken Sie die deutsche Übersetzung mit einem Blatt ab, damit Sie bei Bedarf die Übersetzung einzelner Sätze sichtbar machen können.

Lesen Sie folgenden Text und übersetzen Sie ihn mit Hilfe des unten angegebenen Wortschatzes. Wenn nötig, nehmen Sie die danebenstehende Übersetzung zu Hilfe.

Post cenam hospites cum C. Aemilio Bruto cesserunt ad Thermas ab imperatore Traiano aedificatas. Ibi multis gaudiis delectati sunt. Etiam bibliotheca, ubi viri et pueri legere solebant, ab eis petita est. Tum is locus a cunctis relictus est. Venerunt ad Aram Pacis.
Brutus: „Ara pacis", inquit, „ab Augusto aedificata Romanis placet. Quam pulchra est – tot effigiebus[1] claris ornata! Quis vero ea non gaudet? Pax enim ab imperatore ipso hominibus miseris tum parata est. In ea pace post mortem Augusti vita a Romanis non paucos annos acta est."

Nach dem Gastmahl sind die Gäste mit Gaius Aemilius Brutus zu den Thermen gegangen, die von Kaiser Trajan erbaut worden waren. Dort erfreuten sie sich an vielen Vergnügungen. Auch die Bibliothek, wo Männer und Jungen zu lesen pflegten, wurde von ihnen aufgesucht. Darauf wurde dieser Ort von allen verlassen. Sie kamen zur Ara Pacis.
Brutus sagte: „Die Ara Pacis, die von Augustus erbaut worden ist, gefällt den Römern. Wie schön ist sie – da sie mit so vielen berühmten Bildern geschmückt ist. Wer jedoch freut sich nicht über sie? Der Friede nämlich wurde vom Kaiser selbst für die unglücklichen Menschen damals geschaffen. In diesem Frieden ist nach Augustus' Tod von den Römern nicht wenige Jahre lang das Leben verbracht worden."

[1] **effigiebus**: *Abl. Pl.* zu effigies: Bild

Der „Friedensaltar", von Augustus erbaut, ist das Symbol für das Ende des größten und längsten Bürgerkrieges in der Welt der Antike.

aedificāre	bauen, errichten	miser, -era, -erum	elend, unglücklich, armselig
ōrnāre	ausstatten, schmücken	pulcher, -chra, -chrum	schön, hübsch
parāre	bereiten, vorbereiten	paucī, paucōrum	wenige
solēre	gewohnt sein, pflegen		
āra, -ae *f*	Altar	ipse, ipsa, ipsum	selbst
vīta, -ae *f*	Leben	is, ea, id	er/sie/es; dieser/diese/dieses
vītam agere	ein Leben führen, sein Leben verbringen	quam	wie; als
annus, -ī *m*	Jahr	vērō *(Adv.)*	aber
mors, mort-is *f*	Tod	post *(m. Akk.)*	nach
puer, -ī *m*	Junge	multōs annōs *(Akk. der zeitlichen Ausdehnung)*	viele Jahre lang
vir, -ī *m*	Mann		

1. Schreiben Sie alle Prädikate heraus, die mit den Bestandteilen „Verbform auf *-t-us/-a/-um* oder *-s-us/-a/-um + est/sunt*" gebildet sind. Welche Handlungsart (Aktiv/Passiv) und welches Tempus sind damit ausgedrückt?
2. Mit welcher Präposition (gefolgt vom Ablativ) ist in solchen Fällen der „Urheber" erfasst?
3. Wie sind die mit *-t-us/a/um* gebildeten Verbformen, die nicht mit dem Hilfzeitwort *est/sunt* verbunden sind, übersetzt? Welche Aufgabe erfüllen sie im Satz?

Grammatik

1. Partizip Perfekt Passiv

1.1 Bildung des Partizip Perfekt Passiv

-t-us
-s-us
PPP

Das **Partizip** ist eine Verbform, die Anteil am **Verb** und am **Nomen** hat (*particeps*: Anteil habend). Das **Partizip Perfekt Passiv** (**PPP**) erkennt man am **Partizip-Perfekt-Passiv-Stamm** (**PPP-Stamm**) und dem **Signalteil der Adjektive der ā-/o-Deklination** (***-us/-a/-um***).
Der **PPP-Stamm** endet auf **-t-** oder **-s-**.

	Infinitiv Präsens	**Bedeutungsteil**	**Signalteil**	
amātus/-a/-um	amāre	1 amā**t**	-us/-a/-um	geliebt
audītus/-a/-um	audīre	2 audī**t**	-us/-a/-um	gehört
relictus/-a/-um	relinquere	3 relic**t**	-us/-a/-um	verlassen
missus/-a/-um	mittere	4 mis**s**	-us/-a/-um	geschickt
occīsus/-a/-um	occīdere	5 occi**s**	-us/-a/-um	getötet
rīsus/-a/-um	rīdēre	6 rī**s**	-us/-a/-um	verlacht
quaesītus/-a/-um	quaerere	7 quaesī**t**	-us/-a/-um	gesucht
		PPP-Stamm		

Der **PPP-Stamm** ist gegenüber dem Bedeutungsteil des Verbs im Präsens-Stamm oft **verändert** (4, 5, 6), **verkürzt** (3) oder **erweitert** (7).

1.2 Indikativ Perfekt Passiv

Den **Indikativ Perfekt Passiv** erkennt man an den Formen des **Partizip Perfekt Passiv (PPP)** auf ***-t-us/-a/-um*** oder ***-s-us/-a/-um*** in Verbindung mit den Formen des **Indikativ Präsens** von ***esse*** (***sum/es/est*** …), z. B.:

amātus/-a/-um	sum	ich	bin	geliebt worden
amātus/-a/-um	es	du	bist	geliebt worden
amātus/-a/-um	est	er/sie/es	ist	geliebt worden
amātī/-ae/a	sumus	wir	sind	geliebt worden
amātī/-ae/a	estis	ihr	seid	geliebt worden
amātī/-ae/a	sunt	sie	sind	geliebt worden

Zur Verwendung und Übersetzung ↗ S. 69/70

amā**tus/-a/-um sum**	**ich bin** geliebt **worden**	relic**tus/-a/-um sum**	**ich bin** verlassen **worden**
audī**tus/-a/-um sum**	**ich bin** gehört **worden**	mis**sus/-a/-um sum**	**ich bin** geschickt **worden**
rī**sus/-a/-um sum**	**ich bin** verlacht **worden**	inven**tus/-a/-um sum**	**ich bin** gefunden **worden**
quaesī**tus/-a/-um sum**	**ich bin** gesucht **worden**	occī**sus/-a/-um sum**	**ich bin** getötet **worden**

Schema aller Konjugationen ↗ Tab. $IV_{2.2}$, S. 314.

Wenn Sie beim Prädikat eine Form des Perfekt-Passiv-Stammes feststellen, führen Sie diese zunächst immer auf den Infinitiv Präsens zurück. Übersetzen Sie diese mit der entsprechenden deutschen Form, indem Sie sich in Person und Zahl (Numerus) am Signalteil und der dazugehörenden Form von *esse* orientieren.

Der „Urheber“ beim Passiv

1. Amīcī **a Gaiō** ad Colosseum *missī sunt*. 2. Multa **ab hominibus** *inventa sunt*.	Die Freunde sind **von Gaius** zum Kolosseum *geschickt worden*. Vieles ist **von den Menschen** *erfunden worden*.

Der **„Urheber“ einer Handlung** wird im Lateinischen mit der **Präposition *a*/*ab*** (m. Abl.) wiedergegeben.

Studieren Sie zuerst die einschlägigen grammatischen Erscheinungen im Text der Rubrik *Einstieg*.

Übungen

1. Alles sind Formen des PPP im Nominativ. Wie lautet dazu jeweils der Infinitiv Präsens? Übersetzen Sie.

a) deposita ....
b) relicti ....
c) reprehensus ....
d) datum ....
e) promissa ....
f) debitum ....
g) acta ....
h) appellatus ....
i) intellectum ....
j) lecti ....
k) occisi ....
l) risa ....
m) vocatus ....
n) observatae ....

2. Kombinieren Sie. Welches Substantiv passt jeweils?

gaudiu**m** – **h**ospites – imper**a**tor – se**r**vae – sp**e**ctaculum – orator**es** – vi**t**a

a) .... acta est.
b) .... laudati sunt.
c) .... visum est.
d) .... reprehensae sunt.
e) .... quaesitum est.
f) .... salutatus est.
g) .... auditi sunt.

Die hervorgehobenen Buchstaben ergeben in der richtigen Reihenfolge einen Ihnen bekannten Begriff.

Lösungswort: | | | | | | | |

3. Der Friedenskaiser. Übersetzen Sie.

a) Ara Pacis ab Augusto aedificata est.
b) Ab imperatore enim pax ubique parata est.
c) Tum cuncti populi ad pacem vocati sunt.
d) Neque iam bello[1] petiti sunt.
e) Itaque Augustus pater patriae[2] appellatus est.

[1] **bellum**, **-i** *n*: Krieg
[2] **patria**, **-ae** *f*: Vaterland

4. Perfekt-Graffiti. Bilden Sie aus den Graffiti Formen des Perfekt Passiv. Führen Sie diese auf den Infinitiv Präsens zurück und übersetzen Sie.

invent-
est
desit-
-um
habit-
dat-
laes-
lus-
vulnerat-
-a
-us

2 Das Partizip als Attribut oder Adverbiale

Ein **Partizip** ist immer mit einem **Substantiv** verbunden; es stimmt mit diesem in **KNG** überein.

2.1 In der Funktion des Attributs

Ecce! Ara Pācis ab Augustō **aedificāta**!	Schau! Da ist **der** von Augustus **erbaute Altar des Friedens** (**der Altar** …, **der** … **erbaut worden ist**)!

Satzmodell:

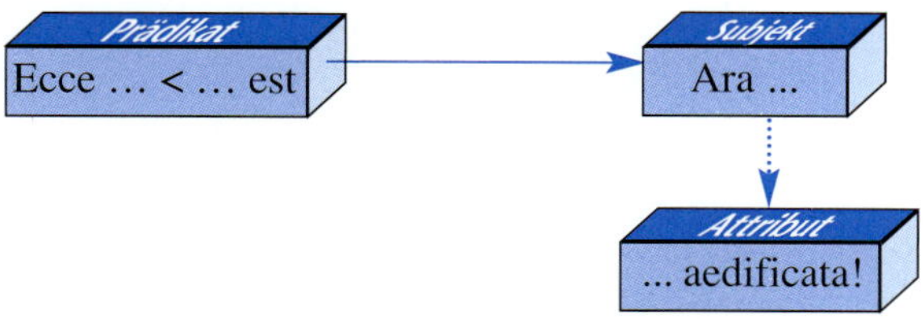

In der **syntaktischen Funktion des Attributs** ist das **Partizip** einem **Substantiv** als **nähere Bestimmung** beigefügt. Es lässt sich in diesem Falle oft **wörtlich** oder mit einem Relativsatz übersetzen.

Begegnet Ihnen im Satz eine PPP-Form, so suchen Sie, ehe Sie eine weitere Übersetzungsentscheidung treffen, zunächst das Bezugswort, mit dem es in KNG übereinstimmt.

2.2 In der Funktion des Adverbiales: Participium coniunctum (PC)

1. **Ara Pācis** ab Augustō **aedificāta** statim ab omnibus laudābātur.	**Der Altar** des Friedens wurde sofort, nachdem er von Augustus **erbaut worden war**, von allen gerühmt.
2. Omnēs **Aram Pācis** ab Augustō **aedificātam** statim laudābant.	Alle rühmten **den Altar** des Friedens sofort, **nachdem er** von Augustus **erbaut worden war.**

Die Funktion eines Partizips (ob Attribut oder Adverbiale) im Satz ist fast nie eindeutig feststellbar. Orientieren Sie sich immer am Sinn des ganzen Satzes.

a) Syntaktische Funktion

In der **syntaktischen Funktion des Adverbiales** drückt das **Partizip** eine **nähere Bestimmung des Prädikats** aus. Es ist mit einem weiteren **Satzglied**, meist dem Subjekt oder einem Objekt, in **KNG-Kongruenz** „verbunden".
Man nennt diese Erscheinungsform des Partizips **Participium coniunctum** (**PC**: „verbundenes Partizip").

Satzmodell:

1)

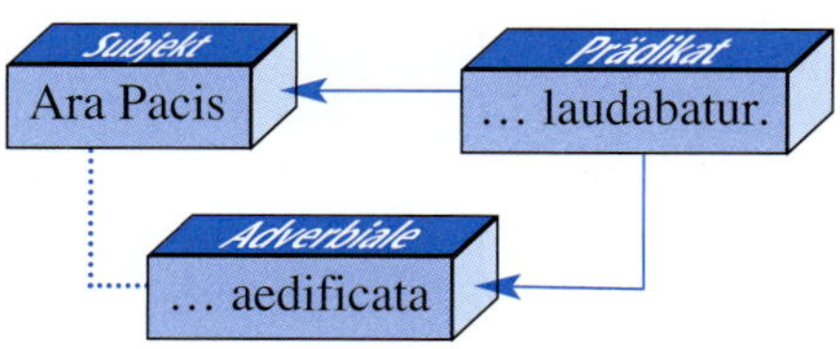

2)

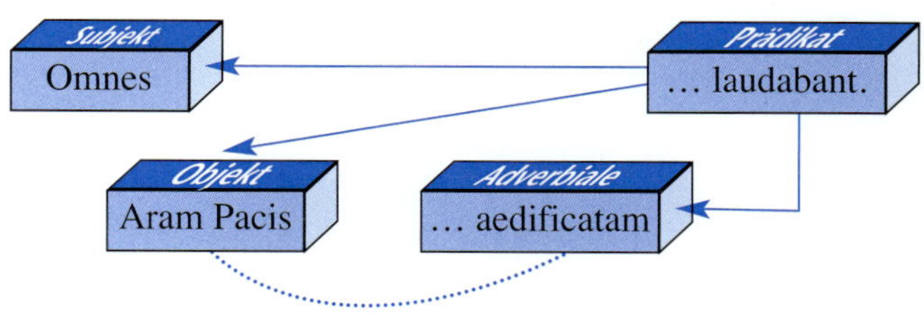

Die zutreffende Übersetzung ergibt sich letztlich immer erst aus dem Sinnzusammenhang des Textes.

b) Semantische Funktion

Zwischen der Aussage des PC und der Aussage des Satzes, in dem das PC steht, herrscht ein bestimmtes Sinnverhältnis; dieses kann z. B. **temporal** (zeitangebend), **kausal** (begründend) oder **konzessiv** (einräumend) sein. Das PC hat also neben der **syntaktischen Funktion** auch eine **semantische Funktion** (Sinnrichtung).

Lateinisch	Deutsch			Sinnrichtung
Rōmānī lībertāte[1] **spoliati** vītam inter gaudia agēbant.	**Nachdem** **Weil** **Obwohl**	**die Römer** der Freiheit **beraubt worden waren,**	führten sie ein Leben in Freuden.	**temporal** **kausal** **konzessiv**

[1] **libertas**, **-atis** *f*: Freiheit

c) Wiedergabe im Deutschen

Geben Sie das PC zunächst immer wörtlich oder, wenn es durch andere Bestimmungen erweitert ist, mit einem Relativsatz wieder. Erschließen Sie dann die Sinnrichtung (temporal, kausal, konsessiv) aus dem inhaltlichen Zusammenhang und geben Sie diese mit einem Gliedsatz (nachdem, als, da, weil, obwohl) oder mit einer präpositionalen Verbindung wieder.

Das **PC** kann **im Deutschen** auf dreifache Weise wiedergegeben werden, und zwar durch

1. **Unterordnung** (adverbialer Gliedsatz):	**Nachdem** die Römer **beraubt worden** waren, führten sie …
2. **präpositionale Verbindung**:	**Nach dem Verlust ihrer Freiheit** führten die Römer …
3. **Beiordnung** (Hauptsatz mit Konjunktion und/oder Adverb):	**Die Römer waren … beraubt worden**; **daraufhin führten sie …**

Übungen

1. Wörtlich oder mit Relativsatz?

a) ara pulchris effigebius[1] ornata
b) vita inter gaudia acta
c) pax cunctis hominibus data
d) victoria gladiatoris a populo visa
e) pugna bono animo pugnata
f) victores a Romanis laudati
g) hospites cena bona delectati
h) oratores magno cum gaudio auditi
i) beneficia miseris data

2. Attribut oder Adverbiale? Übersetzen Sie.

a) Romani pacem ab Augusto paratam amabant.
b) Etiam Aram Pacis ab imperatore aedificatam laudabant.
c) Romani tum a barbaris petiti non iam victoria spoliati sunt.
d) Post mortem Augusti a cunctis laudati et amati Romani ubique fere[2] domini erant.

3. Aus zwei mach eins! Bilden Sie jeweils einen Satz mit PC.

a) Imperator a populo salutatus est – (imperator) in Circo Maximo sedebat.
b) Mercator pecunia spoliatus est – (mercator) non gaudebat.
c) Gladiatores in pugna vulnerati sunt – (gladiatores) bono animo erant.

4. Bilden Sie Sätze.

a) a multis – Romanis – petita – parata est – pax – ab Augusto
b) missi – magno animo – in arenam – pugnaverunt – gladiatores
c) in foro – summo cum gaudio – apparuerunt – oratores – saepe – auditi
d) ab imperatore – paruerunt – superati – Romanis – populi
e) placet – laudatus – non cunctis – sol – a Romanis

[1] **effigiebus**: *Abl. Pl.* zu *effigies*: Bild
[2] **fere** (nachgestellt): fast

3 Nomen: Substantive und Adjektive auf *-(e)r*

	Deklinationsklasse	N. Sg.	Bedeutungsteil	Signalteil	
Substantive	**o-Deklination**	puer	puer	ī	der/ein Junge
	Konsonantische Deklination	mulier pat*er*	mulier patr	is um	die/eine Frau der/ein Vater
Adjektive		**N. Sg. Maskulinum**			
	der ā-/o-Deklination	miser pulch*er*	miser pulchr	-a/-um -a/-um	unglücklich schön

-er

Substantive
Adjektive

Wiederholen Sie die Signalteile der o-Deklination und der Konsonantischen Deklination auf S. 45.

Übungen

1. Deklinieren Sie.

a) homines miseri
b) puer pulcher
c) servae miserae
d) domina pulchra
e) forum pulchrum

2. Übersetzen Sie.

a) Servos miseros curamus.
b) Venus est dea pulchra.
c) Vita servorum misera est.
d) Pulchram aram ab Augusto aedificatam videre studemus.

3. Was ist kombinierbar?

pulchr-/patr-/ vir-/puer-/miser-	-i/-ae/-a/-os/-as/ -es/-orum/-arum/ -um/-is/-ibus

4. Hier verstecken sich zwei Sätze. Welche?

claros – cuncti – laudant – petunt – pulchras – pueri – thermas – Romani – viros

Studieren Sie zuerst die einschlägigen grammatischen Erscheinungen im Text der Rubrik *Einstieg*.

4 Demonstrativpronomen *is/ea/id*

is/ea/id — *1. er/sie/es (als Personalpronomen der 3. P.)*
2. dieser/diese/dieses
3. der(-jenige)/die(-jenige)/das(-jenige)

	Singular			Plural		
	m	f	n	m	f	n
N.	is	ea	**id**	eī (iī)	eae	ea
G.		**eius**		eōrum	eārum	eōrum
D.		eī			eīs (**iīs**)	
Akk.	eum	eam	**id**	eōs	eās	ea
Abl.	eō	eā	eō		eīs (**iīs**)	

is/ea/id weist hin auf eine **genannte Person** oder **Sache:**

Flāvia est amīca mea. **Eam** amō. Ibī sunt amīcī meī. **Eī** lūdunt.	Flavia ist meine Freundin. Ich liebe **sie/diese**. Dort sind meine Freunde. **Sie/Diese** spielen.

is/ea/id stimmt in Kasus, Numerus und Genus mit dem Bezugswort überein. Wiederholen Sie die KNG-Regel auf S. 16.

Es kennzeichnet eine genannte Person oder Sache näher:

ea mulier	**diese** (bereits) **genannte** Frau
eī hominēs	**diese** (oben erwähnten) Menschen

Es nennt im Genitiv das **Besitzverhältnis**:

fīlius **eius**	**sein/ihr** Sohn
eōrum/eārum urbs	**ihre** Stadt

Beachten Sie: Im Lateinischen werden in der 3. Person das reflexive und das nicht reflexive Besitzverhältnis unterschiedlich ausgedrückt:

Catullus amīcam **suam** ex animō amat. **Eius** amīca clāra est.	Catull liebt **seine** Freundin von Herzen. **Seine** (Dessen) Freundin ist berühmt.

Übungen

1. Was stimmt? Wählen Sie die richtige Form.

a) In Colosseo gladiatores pugnaverunt; (ei/eos/eas) Romani cum gaudio observaverunt.
b) Sed (eorum/earum/eius) pugnae non cunctis placuerunt.
c) Pueri autem Romanorum victores laudaverunt; victoriis ab (ea/eis/eo) paratis gaudere non desierunt.
d) Itaque (is/ei/eae) semper[1] Colosseum petiverunt.

[1] **semper** *(Adv.)*: immer
[2] **effigiebus**: *Abl. Pl.* zu *effigies*: Bild

2. Chamäleon *is/ea/id.* Übersetzen Sie.

a) Hospites saepe apud Cinnam cena multas horas gaudebant. **Eius** villam pulchris effigiebus[2] ornatam multi petebant.
b) In **ea** multi servi et servae domino parebant.
c) **Eorum** vita vero misera non erat. Nam **is** dominus iam multos annos servos suos et servas ***suas*** reprehendere non solebat.

3. Erklären Sie den Unterschied von *eorum/eius* und *suas.*

5 Verben

Bei Verben der ā- und ī-Konjugation werden keine Stammformen angeführt, wenn sie ein v-Perfekt haben; dasselbe gilt für Verben der ē-Konjugation mit u-Perfekt.
Vollständige Stammformen bisher gelernter Verben mit

- **v-Perfekt**: quaerere (quaerō, quaesīvī, quaesītum), petere (petō, petīvī, petītum), dēsinere (dēsinō, dēsiī, dēsitum)
- **u-Perfekt**: dēpōnere (dēpōnō, dēposuī, dēpositum)
- **s-Perfekt**: intellegere (intéllegō, intellēxī, intellēctum), mittere (mittō, mīsī, missum); prōmittere (prōmittō, promīsī, promissum)
- **Dehnungsperfekt**: agere (agō, ēgī, āctum); legere (legō, lēgī, lēctum); relinquere (relinquō, relīquī, relictum); venīre (veniō, vēnī, ventum); *ebenso:* invenīre (inveniō, invēnī, inventum); cavēre (caveō, cāvī, cautum), sedēre (sedeō, sēdī, sessum), vidēre (videō, vīdī, vīsum)
- **Reduplikationsperfekt**: dăre (dō, dedī, datum); currere (currō, cucurrī, cursum), occīdere (occīdō, occīdī, occīsum)

Wortschatz

āra, -ae *f*	Altar	
pāx, -is *f*	**Friede**	Pazifismus
aedificāre	bauen, errichten	
ipse, ipsa, ipsum; *G.* ipsīus, *D.* ipsī	selbst	
pulcher, pulchra, pulchrum	schön, hübsch	
is, ea, id	er/sie/es; dieser/diese/dieses; der(jenige)/die(jenige)/das(jenige)	
frāter, -is *m*	**Bruder**	*f: frère*
puer, -ī *m*	Junge	
honōs/honor, -ōris *m*	**Ehre, Ehrenamt**	Honorar
ōrnāre	ausstatten, schmücken	Ornat
habēre	**haben, halten, besitzen**	*f: avoir*
nepōs, -is *m*	**Enkel; Neffe**	Nepotismus
vīta, -ae *f*	Leben	→ 4 vīvere; vital; *f: vie*
vītā cēdere	**sterben**	
vītam agere	ein Leben führen, sein Leben verbringen	
adulēscēns, -ntis *m*	**junger Mann**	Adoleszenz
post *(m. Akk.)*	nach; hinter	Post·moderne
mors, mortis *f*	Tod	*f: mort*
saepe	**oft**	
vir, -ī *m*	Mann	
nōnnūllī, -ae, -a	**einige, manche**	
annus, -ī *m*	Jahr	Annalen; *f: an*
dum	**solange, (solange) bis**	
laedere, laedō, laesī, laesum	**verletzen, stoßen**	lädieren
līber, lībera, līberum	**frei, unabhängig**	liberal; *f: libre*
nex, necis *f*	**(gewaltsamer) Tod, Mord**	
parāre	bereiten, vorbereiten	re·parieren
parvus, -a, -um	**klein, gering**	
īnsula, -ae *f*	**Insel; Wohnblock**	*e: Isle (of Man), f: île*
trānsportāre	**hinüberbringen, hinüberschaffen**	Transport
miser, misera, miserum	elend, unglücklich, armselig	miserabel
paucī, -ae, -a	wenige	
post *(Adv.)*	**später, darauf**	*f:* puis
venia, -ae *f*	**Verzeihung, Nachsicht**	
immō (vērō)	**ja sogar, vielmehr, im Gegenteil**	
vērō *(Adv.)*	aber	
negāre	**leugnen; sich weigern; verweigern**	negativ
tam	**so**	
sevērus, -a, -um	**ernst, streng**	
suī, su-ōrum *m*	**‚die Seinen', seine Leute**	
aliter	**anders, sonst**	→ 3 alius
līberī, -ōrum *m*	**Kinder**	→ līber
solēre	gewohnt sein, pflegen	
quam	als; wie	
nātiō, -ōnis *f*	**Volksstamm, Volk**	Nation; *e/f: nation*
multos annos	viele Jahre *(Akk. der zeitlichen Ausdehnung)*	

1/11–12

Wiederholen Sie vorher den ersten Wortschatz dieser Lektion auf S. 66.

Wusssten Sie schon?

Augustus – ganz privat

Ara Pacis (Grundsteinlegung 13 v. Chr.), Mitglieder der kaiserlichen Familie.

Sueton (ca. 75 – ca. 150 n. Chr.) hat in seiner Biographie des Augustus viel über das Privatleben des ersten römischen Kaisers geschrieben. Schon damals interessierten sich nämlich viele Menschen mehr für den „Klatsch am Kaiserhof" als für die Politik und ihre Hintergründe. Sueton beschreibt Augustus als einen Mann von außergewöhnlicher Schönheit: Er hatte blonde, leicht gelockte Haare und helle, glänzende Augen, in denen manche Leute eine göttliche Kraft vermuteten. Er war nicht ganz 1,70 m groß und sein Leben lang von schwacher Gesundheit. Kälte und Hitze machten ihm zu schaffen und als Sonnenschutz trug er sogar im Winter einen Hut. An Essen und Trinken stellte er keine großen Ansprüche: Besonders schätzte er einfaches Brot, kleine Fische, handgepressten Kuhmilchkäse und frische Feigen. Wein trank er sehr wenig.

Zur Entspannung angelte er oder spielte mit Würfeln und Nüssen. Leidenschaftlich befasste er sich mit der Redekunst. Obwohl er die Fähigkeit besaß aus dem Stegreif zu sprechen, zog er es vor, seine Reden sorgfältig vorzubereiten. Um mit Auswendiglernen keine Zeit zu verlieren las er sie dann lieber ab. Er interessierte sich sehr für griechische Literatur und Philosophie, sprach aber nicht fließend Griechisch. Wie alle Römer beachtete er mit abergläubischer Furcht gute und schlechte Vorzeichen. Bei Donner und Blitz befiel ihn panische Angst, sodass er immer und überall ein Robbenfell als Abwehrmittel mit sich führte. Sowohl auf seine eigenen Träume als auch auf die fremder Personen achtete er genau, da sie sich gelegentlich bewahrheitet hatten.

Die Friedensgöttin Pax auf der Ara Pacis.

Lesen und verstehen

Familienglück? (nach Sueton, Divus Augustus 63–65)
An der berühmten Ara Pacis, die 9 v. Chr. eingeweiht wurde, ließ Kaiser Augustus seine Familie abbilden – neben Göttern und Gestalten der Sage, wie z. B. Aeneas, dem Stammvater des römischen Volkes. Decimus Sestius, der einem Freund aus Patavium die dargestellten Personen erklärt, geht auch auf ihre Schicksale ein:

Übersetzen Sie vorher nochmals den Einführungstext dieser Lektion auf S. 66.

Ecce[1] ara clara,
ara laudata,
ara ab Augusto Paci deae aedificata!
Hic videmus imperatorem ipsum cum Agrippa amico,
ibi Iuliam, Augusti pulchram filiam Agrippae in matrimonium[2] datam – et ecce[1]:
Hic est Gaius Caesar, Agrippae et Iuliae filius!
Eum Augustus cum Lucio fratre adoptavit!,
eos iam pueros magnis honoribus ornavit,
quod ipse filium non habebat.
Neque tamen nepotibus amatis diu gaudebat,
nam ei vita cesserunt adulescentes.
Et quid de Iulia?
Eam Augustus post mortem Agrippae Tiberio privigno[3] in matrimonium[2] dedit,
quamquam eum non amavit moresque eius saepe reprehendit.
Cum eo viro Iulia nonnullos annos vixit,
dum is ab Augusto laesus Italia cessit.
Iulia autem a Tiberio relicta cum amicis suis vitam inter gaudia agebat,
nam tum libera erat.
Tum, ut audivi, alios viros amabat et Tiberii necem parabat.
Itaque a patre in parvam insulam transportata est,
ubi vitam miseram vivebat.
Post paucos annos tertius[4] filius eius et una ex filiis in alias insulas missi sunt.
Neque eis neque Iuliae filiae Augustus veniam dedit a multis saepe rogatus.
Immo vero eis cunctae vitae dulcedines[5] negatae sunt.
Tam severus in suos fuit imperator Augustus!
Neque aliter Iuliam liberosque eius appellare solebat quam carcinomata[6] sua.

1 **ecce**: schau!
2 **in matrimonium**: in die Ehe, „zur Frau"
3 **privignus**, **-i**: Stiefsohn
4 **tertius**, **-a**, **-um**: der/die/das dritte
5 **dulcedo**, **-dinis** *f*: Annehmlichkeit
6 **carcinomata** *(n Pl.)*: Krebsgeschwüre

Versuchen Sie sich am Original

Liberae sunt nostrae cogitationes.[1] (Cicero)

Legati ab Hannibale missi pacem a Romani petiverunt. (Livius)

Brevis[2] a natura nobis vita data est; sed memoria[3] vitae bene[4] actae semper manet. (Cicero)

In arena aedificas. (Sprichwort)

1 **cogitatio**, **-onis** *f*: Gedanke
2 **brevis**: kurz
3 **memoria**, **-ae** *f*: Erinnerung
4 **bene** *(Adv.)*: gut

Zu guter Letzt

Die Frau in Rom

Sind die folgenden Aussagen über die rechtliche und gesellschaftliche Stellung der Frau in Rom richtig oder falsch? Kreuzen Sie an. Informationen dazu sind uns durch mehrere literarische Quellen sowie Kunsterzeugnisse überliefert worden.

	richtig	falsch
1. Alle Frauen standen zur Zeit der römischen Republik ein Leben lang unter Vormundschaft.	☐	☐
2. Der „Bikini" war bereits in der Antike bekannt.	☐	☐
3. Für Ehebruch durften bei den Römern nur Frauen mit dem Tod bestraft werden.	☐	☐
4. Wenn eine römische Frau einen Verwandten küsste, galt dies als Zeichen besonderer Sympathie.	☐	☐
5. Nicht nur eine Göttin konnte auf einer Münze mit dem Wertbegriff IUSTITIA geehrt werden.	☐	☐
6. Frauen durften bei den Römern wie in Griechenland nicht zu einem Gastmahl mitgenommen werden.	☐	☐
7. Römische Frauen trugen niemals lange Hosen.	☐	☐
8. Die Lockenpracht der Römerinnen war immer natürlichen Ursprungs.	☐	☐
9. Zur Zeit der Republik haben es zwei Frauen zum höchsten Amt des Konsuls gebracht.	☐	☐
10. Vestalinnen durften niemals heiraten.	☐	☐

Flucht aus Troja

In dieser Lektion lernen Sie

GRAMMATIK

- Indikativ Plusquamperfekt Aktiv/Passiv
- ĭ-Konjugation
- Demonstrativpronomen *hic/haec/hoc, ille/illa/illud*
- Relativpronomen *qui/quae/quod*

WORTSCHATZ

- Wörter aus dem Bereich der Ahnentradition und des Flüchtlingsschicksals

DIE WELT DER ANTIKE

- Roms Herkunft aus Troja
- Die Gestalt des Aeneas

Aeneas Flucht aus Troja.

7

Einstieg

Decken Sie die deutsche Übersetzung mit einem Blatt ab, damit Sie bei Bedarf die Übersetzung einzelner Sätze sichtbar machen können.

Imperator Augustus mores patrum magnis cum honoribus observare solebat. Semper[1] Romanos de eis, qui olim[2] in Italia Romam urbem novam aedificare cupiverant, monebat: Illi tum urbem Troiam, quae a Graecis capta erat, reliquerunt et hostes fugerunt. Tandem Troianorum senes, viri, mulieres, liberi, qui multos annos per maria[3] iacti erant neque patriam novam invenerant, in Italiam venerunt, ubi iam multi homines miseri servati erant. Vix Aeneas, qui eorum dux factus erat, eam terram aspexerat, cum dixit suis: „Este bono animo! Haec est patria nostra! In his locis muros urbis Troiae novae aedificare cupio. Facite mecum eam urbem, cuius sacra deis placent!“ His verbis moti Troiani post multa mala se iterum[4] gaudiis dederunt. Haec cuncta Romani et in illo de Aenea libro legebant, quem Vergilius poeta scripserat[5].

Kaiser Augustus pflegte die Sitten der Väter unter großen Ehren zu beachten. Er erinnerte die Römer immer an diejenigen, die einst in Italien Rom als neue Stadt zu errichten gewünscht hatten: Jene haben damals die Stadt Troja, die von den Griechen erobert worden war, verlassen und sind vor den Feinden geflohen. Endlich sind die Greise, Männer, Frauen und Kinder der Trojaner, die viele Jahre lang auf den Meeren hin- und hergeworfen worden waren und keine neue Heimat gefunden hatten, nach Italien gekommen, wo schon viele Menschen in Not gerettet worden waren. Kaum hatte Aeneas, der zu ihrem Führer gemacht worden war, dieses Land gesehen, als er zu den Seinen sagte: „Seid guten Mutes! Dies ist unsere Heimat! In diesem Gebiet wünsche ich die Mauern eines neuen Troja zu errichten. Schafft mit mir die Stadt, deren Heiligtümer den Göttern gefallen!“ Von diesen Worten bewegt, gaben sich die Trojaner nach vielen Leiden wieder Lust und Vergnügen hin. Dies alles lasen die Römer auch in jenem berühmten Buch über Aeneas, das der Dichter Vergil geschrieben hatte.

1 **semper**: immer
2 **olim**: einst
3 **maria, -ium** *n:* die Meere
4 **iterum**: (endlich) wieder
5 **scribere, scribo, scripsi, scriptum**: schreiben

Aeneas war der trojanische Stammvater der Römer, auf den Caesar und Augustus voller Stolz ihr Geschlecht zurückführten.

sē dare	sich hingeben
servāre	retten, bewahren
monēre	mahnen, auffordern; erinnern, warnen
movēre, moveō mōvī, mōtum	bewegen, erregen; beeinflussen
dīcere, dīcō, dīxī, dictum	sagen, reden, nennen, benennen
aspicere, aspiciō, aspexī, aspectum	ansehen, erblicken
capere, capiō, cēpī, captum	fassen, ergreifen, erobern
cupere, cupiō, cupīvī, cupītum	begehren, verlangen, wünschen
facere, faciō, fēcī, factum	tun, machen, herstellen
fugere, fugiō, fūgī	fliehen, meiden

iacere, iaciō, iēcī, iactum	werfen, schleudern
patria, -ae *f*	Vaterland
mūrus, -ī *m*	Mauer
sacrum, -ī *n*	Heiligtum, Opfer, Gottesdienst
malum, -ī *n*	Übel, Leid
verbum, -ī *n*	Wort
hostis, -is *m*	Feind
mulier, -eris *f*	Frau, Ehefrau
senex, senis *m*	alter Mann, Greis
urbs, urbis *f*	Stadt
hic/haec/hoc	dieser/diese/dieses
ille/illa/illud	jener/jene/jenes
quī/quae/quod	der/die/das
sē	sich

1. Stellen Sie alle Formen des Plusquamperfekts im Text fest. Mit welchem Tempuszeichen sind die Aktivformen gebildet? Welche Formen bilden das Passiv?
2. Notieren Sie sich – mit Hilfe der Wörterliste – aus dem Text alle Formen der sog. ĭ-Konjugation. Bestimmen Sie diese. Welche Besonderheiten im Präsensstamm erkennen Sie?

Grammatik

1 Indikativ Plusquamperfekt Aktiv und Passiv

1.1 Indikativ Plusquamperfekt Aktiv

Den **Indikativ Plusquamperfekt Aktiv** erkennt man am **Tempuszeichen *-era-*** und den **Personenzeichen *-m*/*-s*/*-t*** ..., die an den Perfekt-Aktiv-Stamm egal welcher Bildung angefügt sind, z. B. *amāv-*: hatte geliebt.

amāv-	**era**-m	ich	hatte	geliebt
	erā-s	du	hattest	
	era-t	er/sie/es	hatte	
	erā-mus	wir	hatten	
	erā-tis	ihr	hattet	
	era-nt	sie	hatten	

fu-	**era**-m	ich	war	gewesen
	erā-s	du	warst	
	era-t	er/sie/es	war	
	erā-mus	wir	waren	
	erā-tis	ihr	wart	
	era-nt	sie	waren	

hatte
-era-
war
Indikativ Plusquamperfekt

amāv-**era**-m	ich hatte geliebt	vēn-**era**-m	ich war gekommen
tacú-**era**-m	ich hatte geschwiegen	cucúrr-**era**-m	ich war gelaufen
mīs-**era**-m	ich hatte geschickt	dēscénd-**era**-m	ich war herabgestiegen
aspéx-**era**-m	ich hatte erblickt	cēp-**era**-m	ich hatte ergriffen

Schema aller Konjugationen ↗ Tab. VI$_{2.1}$, S. 313.

Wiederholen Sie die Perfekt-Bildungen auf S. 58.

1.2 Indikativ Plusquamperfekt Passiv

Den **Indikativ Plusquamperfekt Passiv** erkennt man an den Formen des **Partizips Perfekt Passiv (PPP)** auf ***-t-us*/*-a*/*-um*** oder ***-s-us*/*-a*/*-um*** in Verbindung mit den Formen des **Indikativ Imperfekt** von ***esse* (*eram*/*erās*/*erat* ...)**:

amā**tus/-a** eram	ich war geliebt worden	relic**tus/-a** eram	ich war verlassen worden
audī**tus/-a** eram	ich war gehört worden	mis**sus/-a** eram	ich war geschickt worden
rī**sus/-a** eram	ich war verlacht worden	pul**sus/-a** eram	ich war vertrieben worden
cap**tus/-a** eram	ich war ergriffen worden	rap**tus/-a** eram	ich war geraubt worden

Schema aller Konjugationen ↗ Tab. VI$_{2.2}$, S. 314.

zum Urheber beim Passiv ↗ S. 68

Wiederholen Sie die Bildungsweisen des PPP auf S. 67.

Am Tempuszeichen *-era-* können Sie den Indikativ Plusquamperfekt Aktiv und Passiv erkennen: *amav-**era**-m*, *amatus **era**-m*.

Übungen

1. Zurück zum Start! Bilden Sie den Infinitiv Präsens Aktiv zu den angegebenen Formen und übersetzen Sie.

a) visi erant ....
b) laeserat ....
c) acta eram ....
d) intellexeramus ....
e) promissum erat ....
f) inveneras ....
g) occisus erat ....
h) deposueram ....
i) quaesiti eratis ....
j) desierant ....

Studieren Sie zuerst die einschlägigen grammatischen Erscheinungen im Text der Rubrik *Einstieg*.

2. Nach dem Prozess. Übersetzen Sie.

a) Causa acta erat.
b) Cuncti oratorem laudaverant.
c) Tum foro cesserant.
d) Pax facta erat.
e) Mores patrum laesi non erant.

3. Was ereignet sich zuerst? Übersetzen Sie.

a) Vix Troiani in Italiam venerant, cum hostes eos petiverunt.
b) Iam muros urbis aedificaverant, cum subito fugere debuerunt.

4. Was passt zusammen?

a) Quamquam pecunia spoliati erant,	1) ibi multi homines occisi iacebant.
b) Ubi pugnatum erat,	2) magnum gaudium erat.
c) Quod patria servata erat,	3) miseri non erant.

2 Die Verben der ĭ-Konjugation

Es gibt neben den ā-/ē-/ī-Konjugationen eine weitere Vokalische Konjugation. Sie weist den kurzen Kennvokal *-ĭ-* auf, daher nennt man sie (Kurzvokalische) ĭ-Konjugation.

	Konjugationsklassen	**Bedeutungsteil**	**Signalteil** Kennvokal	*Bindevokal*	Personzeichen	
cápit fúgiunt	Kurzvokalische Konjugation	cáp fúg	**ĭ** **ĭ**	 *u*	t nt	er/sie/es ergreift sie fliehen

2.1 Formen des Präsensstammes

Wiederholen Sie die Perfektbildungen auf S. 56 und die PPP-Bildungen auf S. 67.

Indikativ Präsens	
cap**ĭ**o	ich ergreife
cap**ĭ**s	du ergreifst
cap**ĭ**t	er/sie/es ergreift
cáp**ĭ**mus	wir ergreifen
cáp**ĭ**tis	ihr ergreift
cáp**ĭ***u*nt	sie ergreifen

Infinitiv Präsens	
cáp**ĕ**re	ergreifen

Imperativ	
cáp**ĕ**!	ergreife!
cáp**ĭ**te!	ergreift!

Indikativ Imperfekt	
cap**ĭēba**m	ich ergriff
cap**ĭēbā**s	du ergriffst

Das kurzvokalische *-ĭ* wird in einigen Formen zu *-ĕ* (z. B. bei *capĕre*, *capĕ*). Zu beachten: Der Imperativ Singular von *facere* lautet ***fac!***
Vollständiges Konjugationsschema ↗ Tab. $VI_{1.1}$, S. 311.

2.2 Arten der Perfektbildung

	Infinitiv Präsens	**Veränderung durch**	**Bedeutungsteil**	**Signalteil**		**PPP**
cupīvī	cupere	-v-	cupīv	ī	ich habe gewünscht/wünschte	cupītus
rapuī	rapere	-u-	rapu	ī	ich habe geraubt/raubte	raptus
aspexī	aspicere	-s-	aspex	ī	ich habe erblickt/erblickte	aspectus
cēpī	capere	Dehnung	cēp	ī	ich habe ergriffen/ergriff	captus
			Perfekt-Aktiv-Stamm			

Übungen

1. Imperative. Übersetzen Sie.

aspice! – fac! – cupe! – capite! – fugite! – facite! – iacite! – cape! – iace!

2. Übersetzen Sie beide Möglichkeiten.

a) Cur me fugis/fugisti?
b) Multi mecum gaudia capiunt/ceperunt.
c) Quis facit/fecit tot verba?
d) Frustra cupere/cupivisse bonum non est.

3. Setzen Sie die Aktivformen ins Passiv. Beispiel: *cepi – captus sum.*

a) aspeximus: ....
b) fecisti: ....
c) cupiverunt: ....
d) iecerunt ....

4. Übersetzen Sie beide Varianten.

a) Patria ab hostibus capta est/erat.
b) Sacra ubique facta sunt/erant.
c) Senes miseri aspecti sunt/erant.
d) Iniuria[1] a Romanis in multas nationes iacta est/erat.

Studieren Sie zuerst die einschlägigen grammatischen Erscheinungen im Text der Rubrik *Einstieg.*

[1] **inuria, -ae** *f.*: Unrecht

3 Die Demonstrativpronomen *hic/haec/hoc* und *ille/illa/illud*

3.1 *Hic/haec/hoc*

	hic/haec/hoc *dieser/diese/dieses*					
	Singular			Plural		
	m	f	n	m	f	n
N.	hi*c*	hae*c*	ho*c*	hī	hae	hae*c*
G.		**huius**		hōrum	hārum	hōrum
D.		hui*c*			hīs	
Akk.	hun*c*	han*c*	ho*c*	hōs	hās	hae*c*
Abl.	hō*c*	hā*c*	hō*c*		hīs	

Hic/haec/hoc weist hin auf
- zeitlich und räumlich näher Liegendes (*hōc annō:* in diesem/jetzigem Jahr),
- unmittelbar Folgendes (*hoc/haec dīxīt:* er sagte Folgendes).

3.2 *Ille/illa/illud*

	ille/illa/illud *jener/jene/jenes*					
	Singular			Plural		
	m	f	n	m	f	n
N.	ille	illa	illu*d*	illī	illae	illa
G.		ill**īus**		illōrum	illārum	illōrum
D.		illī			illīs	
Akk.	illum	illam	illu*d*	illōs	illās	illa
Abl.	illō	illā	illō		illīs	

Ille/illa/illud weist hin auf
- zeitlich und räumlich Entferntes (*illīs annīs:* in jenen/früheren Jahren),
- geschichtlich berühmte Personen (*ille Aeneas:* jener berühmte Aeneas).

Beachten Sie, dass auch zwischen einem Pronomen und dem Substantiv, auf das es sich bezieht, KNG-Kongruenz (s. S. 16) besteht.

Übungen

Studieren Sie zuerst die einschlägigen grammatischen Erscheinungen im Text der Rubrik *Einstieg.*

1. *Hic* und *ille* – übersetzen Sie.

a) Quis de barbaris et de Graecis haec dixit: „Illorum mores mali, horum boni sunt“?
b) Socrates, ille Graecorum philosophus, multa nova de moribus hominum invenit.
c) Petivimus et villam Gaii et basilicam; in illa magna cena gaudere, in hac magnum oratorem audire cupivimus.

2. Vierlinge: Ordnen Sie die Pronomen dem passenden Substantiv zu. Achten Sie auf die KNG-Kongruenz.

illa	___	pueri	huic	___	fora
illi	___	fratre	hanc	___	servo
illam	___	viro	hoc	___	urbem
illo	___	mulier	huius	___	sacrum
illius	___	mortem	haec	___	senis

4 Das Relativpronomen *quī/quae/quod*

	quī/quae/quod *der/die/das; welcher/welche/welches*					
	Singular			Plural		
	m	f	n	m	f	n
N.	quī	quae	quo**d**	quī	quae	quae
G.		cu**ius**		quōrum	quārum	quōrum
D.		cu**i**			quibus	
Akk.	quem	quam	quo**d**	quōs	quās	quae
Abl.	quō	quā	quō		quibus	

Quī/quae/quod leitet einen Gliedsatz ein, der ein Nomen wie ein Attribut näher bestimmt: Attributsatz.
Häufig ist durch das Demonstrativpronomen *is/ea/id* auf den Relativsatz hingewiesen, z. B.: *is, quī* – der(-jenige), der; *ea, quae* – das(-jenige), was

Studieren Sie zuerst die einschlägigen grammatischen Erscheinungen im Text der Rubrik *Einstieg.*

Übungen

1. Welche Ergänzung passt jeweils? Übersetzen Sie.

a) In id forum, in quo basilica erat,
b) De eis ludis, quos Romani aspexerant,
c) Eum gladiatorem, cuius victoria cunctis placebat,
d) Ei homines, quibus tum vita libera non erat,
e) Eos populos, quorum mores mali erant,

1) … multa legi.
2) … miseri erant.
3) … Romani petiverunt.
4) … et imperator laudavit.
5) … cuncti cucurrerunt.

2. Die alte und neue Heimat. Übersetzen Sie.

a) Troiani ex urbe sua, quae a Graecis capta erat, fugerunt.
b) Nam, quod eis vita libera non erat, novam patriam sibi quaesiverunt.
c) Tandem post multos annos in Italia ea loca aspexerunt, in quibus semper manere cupiebant.
d) Itaque secum deliberaverunt:
e) „Illam patriam memoria tenemus[1], hanc patriam nunc amamus.“
f) Aeneas autem, qui tum bono animo erat, dixit: „Dei ipsi nobis haec loca pulchra et libera dederunt.
g) Nobis enim mala facere desierunt.
h) Itaque eorum misericordiam laudamus.“

[1] **memoria tenere**: in Erinnerung behalten

Wortschatz

1/13–14

nox, noctis *f* (*Gen. Pl.* noctium)	**Nacht**	Nocturne; *f: nuit*
somnus, -ī *m*	**Schlaf**	somnambul
sē *(Akk./Abl.)*/sibī *(Dat.)*	sich	*f: se*
sē somnō dare	sich schlafen legen	
imāgō, -inis *f*	**Bild, Abbild**	*e/f: image*
fugere, fugiō, fūgī	fliehen, meiden	
hostis, -is *m* (*Gen. Pl.* -ium)	Feind	
mūrus, -ī *m*	Mauer	*f: mur*
capere, capiō, cēpī, captum	fassen, ergreifen; erobern	kapieren
sacrum -ī *n*	Heiligtum, Opfer; *Pl. auch*: Kult	sakral; Sakrament
patria, -ae *f*	Vaterland, Heimat	→ 4 pater
servāre	retten, bewahren	kon·servieren
cupere, cupiō, cupīvī, cupītum	begehren, verlangen, wünschen	
via, -ae *f*	**Weg, Straße**	*f: voie*
urbs, urbis *f* (*Gen. Pl.* urbium)	Stadt	urban
iacere, iaciō, iēcī, iactum	**werfen, schleudern**	
tēlum, -ī *n*	**(Wurf-)Geschoss, (Angriffs-)Waffe**	
virgō, -inis *f*	**Mädchen, (junge) Frau**	*e: virgin*
rapere, rapiō, rapuī, raptum	**rauben, fortreißen**	
sī	**wenn**	*f: si*
mulier, -eris *f*	Frau, Ehefrau	
senex, senis *m*	alt; *Subst.*: alter Mann, Greis	senil
ille, illa, illud	**jener, jene, jenes**	
aspicere, aspiciō, aspexī, aspectum	ansehen, erblicken	Aspekt
quī, quae, quod *(Relativpron.)*	der, die, das; welcher, welche, welches; wer, was	*f: qui*
arx, arcis *f* (*Gen. Pl.* arcium)	**Burg**	
malum, -ī *n*	Übel, Leid	*f: mal*
facere, faciō, fēcī, factum	tun, machen, herstellen	*f: faire*
hic, haec, hoc	dieser, diese, dieses	
verbum, -ī *n*	Wort	*f: verbe*
movēre, moveō, mōvī, mōtum	bewegen, erregen; beeinflussen, veranlassen	Motor, Motiv; *e: to move*
dīcere, dīcō, dīxī, dictum	sagen, reden, nennen, benennen	*f: dire*
flamma, -ae *f*	**Flamme, Feuer, Glut**	
sīgnum, -ī *n*	**Zeichen, Merkmal; Feldzeichen**	*f: signer*
monēre	mahnen, auffordern; erinnern; warnen	monieren
dīligere, dīligō, dīlēxī, dīlēctum	**lieben, schätzen**	
grātia, -ae *f*	**Dank; Gnade, Gunst, Beliebtheit**	*ital.: grazie*

Wiederholen Sie zunächst noch einmal den ersten Wortschatz dieser Lektion auf S. 78.

Wussten Sie schon?

Römische Gründungssagen

Da die Römer über ihre Frühgeschichte keine gesicherten Kenntnisse hatten, entwickelten sie im Laufe der Jahrhunderte Sagen, die schließlich für wahr gehalten wurden. Nach der Aeneas-Sage waren nach Italien eingewanderte Trojaner die Vorfahren der Römer. Die Sage von Romulus und Remus machte die beiden zu Söhnen des Mars. Beide Sagen verschmolzen im Laufe der Zeit miteinander:

Romulus und Remus.

Bei der Eroberung Trojas (angeblich 1184 v. Chr.) floh Aeneas auf den Rat seiner Mutter, der Göttin Venus, mit seinem Vater Anchises, seinem Sohn Iulus und einigen Gefährten aus der Heimat. Seine Frau Kreusa hatte er bei der Flucht aus dem brennenden Troja verloren. Nach langen Irrfahrten landete er, wie es ihm bestimmt war, an der Küste der italischen Landschaft Latium, wo er vom König Latinus gastfreundlich aufgenommen wurde und sogar dessen Tochter Lavinia zur Frau bekam. So wurde er der rechtmäßige Erbe des latinischen Königsthrones.
Als Aeneas starb, übernahm sein Sohn Iulus die Herrschaft und gründete eine neue Hauptstadt, Alba Longa. Hier herrschten rund dreihundert Jahre lang Könige aus dem Geschlecht des Aeneas über die Latiner, bis Numitor, der König von Alba Longa, von seinem Bruder Amulius entmachtet wurde. Um die Geburt eines Thronerben zu verhindern, ließ Amulius die Tochter Numitors, Rea Silvia, zur Vestalin weihen, da sie so nicht heiraten durfte. Dennoch gebar sie dem Gott Mars Zwillinge, Romulus und Remus.
Amulius ließ sie daraufhin in einem Korb auf dem Tiber aussetzen. Der Korb strandete am Fuß des palatinischen Hügels. Dort fand eine Wölfin (*lupa*) die Kinder und säugte sie. Später wurden sie von dem Hirten Faustulus und seiner Frau erzogen. Als sie erwachsen waren, setzten sie ihren Großvater Numitor wieder als König ein und beschlossen, an dem Ort, wo sie gerettet worden waren, eine neue Stadt zu gründen. Der Sage nach geschah dies im Jahre 753 v. Chr.

Ohne sie gäbe es Rom nicht.

Eine schöne Stadt war erobert worden.

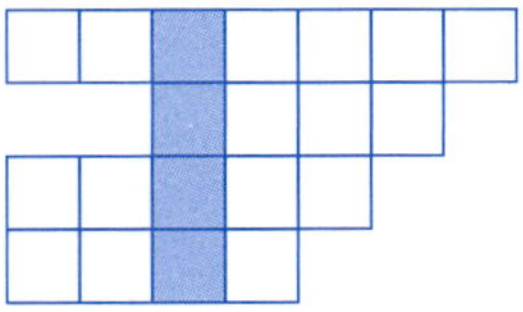

Fügen Sie die Übersetzung dieses Satzes passend in die Kästchen ein.
Die Buchstaben im unterlegtem Feld ergeben den gesuchten Namen.

Lesen und verstehen

Flucht aus Troja (nach Vergil, Aeneis II 268–804)

Auf der Ara Pacis sieht man auch einen Mann beim Opfer. Es ist Aeneas, der Sage nach der Stammvater der Römer, dessen Standfestigkeit und Pflichtbewusstsein der Dichter Vergil in seiner Aeneis rühmt. Als ein Griechenheer nach langer Belagerung die kleinasiatische Stadt Troja durch List eroberte, soll Aeneas mit wenigen Begleitern entkommen sein und nach langer Irrfahrt in Italien eine neue Heimat gefunden haben. Von jener Nacht, in der Troja unterging, lässt der Dichter seinen Helden selbst erzählen:

Falls Sie sich die Übersetzung noch nicht zutrauen, wiederholen Sie vorher nochmals den Einführungstext dieser Lektion auf S. 78.

Nox erat somnoque me dederam,
cum subito Hectoris imago apparuit et:
„Fuge“, inquit, „Aenea, nam hostis habet muros!
Tu autem cape sacra novamque patriam quaere!“
Imago vix cesserat, cum somno excussus[1] clamorem virorum audivi.
Statim gladium capio patriamque servare cupio – sed frustra!
Iam Graeci per cunctas vias urbis captae currunt,
iaciunt tela, occidunt viros, virgines rapiunt!
„Quid“, inquam, „si mea quoque domus[2] iam capta,
si Creusa, mulier amata, iam rapta,
si pater senex cum parvo Iulo occisus est?“
Subito Helenam illam aspexi,
quae ex arce fugerat et se ad aram Vestae servaverat.
Eam, quod causa cunctorum malorum fuerat, occidere cupivi,
sed dea Venus apparuit et: „Quid facis“, inquit, „Aenea?
Haec mulier, cuius vitam petis, innoxia[3] est
et innoxius[3] est Paris, qui eam rapuit.
Ira deorum hos muros, hanc urbem evertit[4]!
Tu autem fuge novamque patriam quaere!“
His verbis motus domum[2] meam peto meosque servare cupio.
„Tu, pater“, inquam, „cape sacra; ego te feram[5];
vos autem, Creusa et Iule, venite nobiscum!“
Sed pater negavit et: „Fugite“, inquit, „et relinquite me!
Senex sum et sine patria vivere nolo[6].“
Dum haec dicit, in vertice[7] Iuli flammam innoxiam[3] aspicimus.
Tum pater: „O Iuppiter! Hoc signo me mones movesque.“
Nos autem laeti, quod pater motus erat, per noctem ex urbe fugimus.

1 **excussus, -a, -um**: aufgeschreckt
2 **domus** (*Akk.*: domum) *f*: Haus
3 **innoxius, -a, -um**: unschuldig; unschädlich
4 **evertere**: zerstören, vernichten
5 **feram**: ich werde tragen
6 **nolo**: ich will nicht
7 **vertex, -ticis** *m*: Scheitel

Versuchen Sie sich am Original

Hannibal iam ad muros accesserat, cum subito Romani eum gladiis petiverunt. (nach Livius)

Mors malum iis est, quorum cum vita cuncta exstinguuntur[1]. (nach Seneca)

Homines semper hoc dicunt: „Hi mores non cunctis placent.“ (Sprichwort)

Facere docet[2] philosophia, non dicere. (Seneca)

Dictum, factum. (nach Menander, griech. Dichter)

1 **exstinguere**: auslöschen
2 **docere**: lehren

Zu guter Letzt

Irrfahrten

Der Trojaner Aeneas begab sich nach der Zerstörung der Stadt durch die Griechen auf die Suche nach einer neuen Heimat und fand sie nach langer Irrfahrt in Italien. Der Grieche Odysseus, König von Ithaka, wollte nach Kriegsende in seine Heimat zurücksegeln – doch erst nach zehnjähriger Irrfahrt kam er dort an. Die Geschichte dieser beiden Helden ist uns durch die Beschreibungen des römischen Dichters Vergil in seiner *Aeneis* und des griechischen Dichters Homer in seiner *Odyssee* bekannt. Ordnen Sie die – auch auf der Karte angedeuteten – Abenteuer den entsprechenden Helden Odysseus bzw. Aeneas zu.

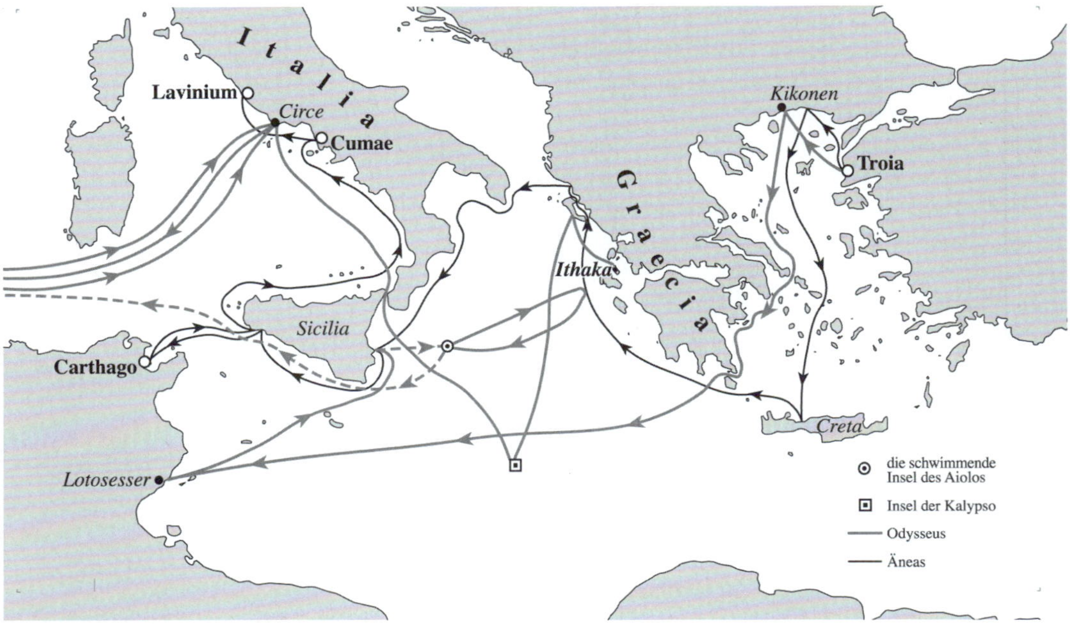

© Kartographie Peckmann

	Aeneas	Odysseus
1. Er ließ sich von der Märchenhexe Kirke nicht verzaubern.	☐	☐
2. Er trug seinen Vater aus dem brennenden Troja.	☐	☐
3. Er verliebte sich in die karthagische Königin Dido.	☐	☐
4. Er durchfuhr heil die Meerenge zwischen Skylla und Charybdis.	☐	☐
5. Er erfuhr vom Vater in der Unterwelt die Zukunft seines Volkes.	☐	☐
6. Er brannte mit einem Pfahl dem einäugigen Polyphem das Auge aus.	☐	☐
7. Er ließ sich wegen des Gesangs der Sirenen am Mastbaum festbinden.	☐	☐
8. Er besiegte im Zweikampf den italischen Helden Turnus.	☐	☐

8

Blick in die Zukunft Roms

In dieser Lektion lernen Sie

GRAMMATIK

- Futur I Aktiv aller Konjugationen
- Neutra der Konsonantischen Deklination
- Besonderheiten der Konsonantischen Deklination: *vis; turris; mare; moenia*
- Relativischer Satzanschluss

WORTSCHATZ

- Wörter aus dem Bereich der Herrschafts- und Machtausübung

DIE WELT DER ANTIKE

- Roms Herkunft und Bestimmung

Aeneas in der Unterwelt.

8

Einstieg

Aus göttlichem Munde: Roms Bestimmung in der Zukunft.

Aeneas in fuga cum Troianis suis per mare Carthaginem[1] venerat, ubi Dido, mulier summa pulchritudine, regnabat. In quam magno amore ille statim captus est: Itaque ibi manere studebat. Sed Mercurius, a Iove, patre deorum, missus, Aeneae dixit: „Hoc est in fatis: Tu in Italia regnabis. Ibi gens tua manebit. Veniet in locum, in quo novam urbem condet. Quam moenibus magnis circumdabit. Troianis tum nomen Romanorum erit. Qui cunctos populos viribus suis vincent, multas urbes capient, magnos triumphos agent. Primi imperium orbis terrarum tenebunt. Te autem docebo: Si animo iusto neque superbo regnabis, rex bonus eris. Haec erit sors tua. Itaque relinque Carthaginem et Didonem! Duc tuos in Italiam!“ Quae verba Aeneas vix audiverat, cum fato paruit seque iterum[2] fugae dedit.

Aeneas war auf der Flucht mit seinen Trojanern übers Meer nach Karthago gekommen, wo Dido, eine Frau von äußerster Schönheit, herrschte. Zu ihr wurde er sogleich von einer großen Liebe erfasst. Deshalb wollte er dort bleiben. Doch Merkur, von Jupiter, dem Göttervater, gesandt, sagte zu Aeneas: „Dies steht im Buch des Schicksals : Du wirst in Italien herrschen. Dort wird dein Volk bleiben. Es wird an einen Ort kommen, an dem es eine neue Stadt gründen wird. Diese wird es mit großen Mauern umgeben. Die Trojaner werden dann den Namen „Römer“ haben. Diese werden alle Völker mit ihren Streitkräften besiegen, viele Städte erobern und große Triumphe feiern. Sie werden als Erste die Herrschaft über den Erdkreis besitzen. Dir aber werde ich erklären: Wenn du mit rechtem und nicht hochmütigen Sinn herrschen wirst, wirst du ein guter König sein. Dies wird deine Bestimmung sein. Deshalb verlasse Karthago und Dido! Führe die Deinen nach Italien!“ Kaum hatte Aeneas diese Worte gehört, als er sich dem Schicksal fügte und sich wieder auf die Flucht machte.

[1] **Carthaginem** *(Akk.)*: nach Karthago
[2] **iterum**: wiederum

circumdare, circumdō circumdedī, circumdatum	umgeben, umzingeln
rēgnāre	König sein, (als König) herrschen
docēre, doceō, docuī, doctum	lehren, unterrichten, erklären
condere, condō, condidī, conditum	gründen, aufbewahren, bestatten
dūcere, dūcō, dūxī, ductum (*Imp. Sing.* duc!)	führen, ziehen, halten für
vincere, vincō, vīcī, victum	siegen, besiegen
triumphum agere	einen Triumph feiern
terra, -ae *f*	Land, Erde
fātum, -ī *n*	Schicksal, Götterspruch

imperium, -ī *n*	Befehl; Herrschaft; Reich
gēns, gentis *f*	Geschlecht, Volk
rēx, rēgis *m*	König
orbis, orbis *m*	Kreis, Kreislauf
orbis terrārum	Erdkreis
vīs (*Akk. Sg.* vim, *Abl. Sg.* vī, *Gen. Pl.* vīrium, *Abl. Pl.* vīribus)	Gewalt; Kraft, *Pl.* (Streit-)Kräfte
nōmen, -inis *n*	Namen, Begriff
mare, -īs	Meer
moenia, -ium *n*	(Stadt-)Mauer
mulier summā pulchritūdine *(Abl. der Beschaffenheit)*	eine wunderschöne Frau
iūstus, -a, -um	gerecht, rechtmäßig
superbus, -a, -um	hochmütig, stolz
prīmus, -a, -um	der/die/das erste

1. Schreiben Sie alle Formen des Futurs heraus. Welche verschiedenen Tempuszeichen können Sie feststellen?
2. Wie ist das Relativpronomen, das einen Hauptsatz einleitet, übersetzt? Welche Verbindung stellt es zum vorausgehenden Satz her?

Grammatik

1 Futur I Aktiv

Das **Futur I** erkennt man an einem **Tempuszeichen**, das in den **Signalteil** des Verbs eingefügt ist.
Verben der **ā-/ē-Konjugation** haben das Tempuszeichen ***-b(i/u)-***,
Verben der **ī-/ĭ-/Konsonantischen Konjugation** das Tempuszeichen ***-a-/-e-***.

-b-
-b*i*-/-b*u*-
-a-/-e-

Futur I

Wiederholen Sie die Personzeichen im Signalteil der Verben auf S. 25.

Bedeutungsteil	Signalteil: Kennvokal	Signalteil: *Bindevokal*	Signalteil: Tempuszeichen	Signalteil: Personzeichen
am	ā		**b**	ō
mon	ē		***bu***	nt

Bedeutungsteil	Signalteil: Kennvokal	Signalteil: *Bindevokal*	Signalteil: Tempuszeichen	Signalteil: Personzeichen
relinqu			a	m
cap	ĭ		e	tis

rīd-	ē-**b**-ō	ich werde	lachen
	ē-**b*i***-s	du wirst	
	ē-**b*i***-t	er/sie/es wird	
	ē-**b*i***-mus	wir werden	
	ē-**b*i***-tis	ihr werdet	
	ē-**b*u***-nt	sie werden	

er-	ō	ich werde	sein
	i-s	du wirst	
	i-t	er/sie/es wird	
	i-mus	wir werden	
	i-itis	ihr werdet	
	u-nt	sie werden	

aud-	i-**a**-m	ich werde	hören
	i-**ē**-s	du wirst	
	i-**e**-t	er/sie/es wird	
	i-**ē**-mus	wir werden	
	i-**ē**-tis	ihr werdet	
	i-**e**-nt	sie werden	

amā-**b*i***-t	er **wird** lieben
rīd-ē-**b*i***-t	er **wird** lachen

audi-**a**-m/audi-**e**-t	ich **werde**/er **wird** hören
mitt-**a**-m/mitt-**e**-t	ich **werde**/er **wird** schicken
capi-**a**-m/capi-**e**-t	ich **werde**/er **wird** ergreifen

Schema aller Konjugationen ↗ S. 311.

Das mit dem Tempuszeichen *-a-/-e-* gebildete Futur können Sie eindeutig nur identifizieren, indem Sie die Form auf den Infinitiv Präsens zurückführen. Gehören die Verben zur i-/ĭ-/Konsonantischen Konjugation, so liegt Futur vor: z. B. *audi-am, -es; capi-am, es; ag-am, -es.*

Übungen

1. Ordnen Sie zu.

a) ridebo	1) du wirst ergreifen
b) diligemus	2) sie werden loben
c) capies	3) ich werde lachen
d) dicam	4) sie wird hören
e) laudabunt	5) wir werden lieben
f) audiet	6) ich werde sagen

2. Fügen Sie die richtigen Endungen an.

-bo/-bimus/-bitis/-bunt/-am/-es/-et/-ent

a) fugi-...............	er wird fliehen
b) vinc-...............	du wirst siegen
c) cena-...............	sie werden speisen
d) doce-...............	ihr werdet belehren
e) duc-...............	sie werden führen
f) sole-...............	wir werden pflegen
g) veni-...............	ich werde kommen
h) orna-...............	ich werde schmücken

3. Aeneas' Gedanken. Übersetzen Sie.

Aeneas secum deliberavit:
Ego bono animo ero. Sed Romani superbi erunt. Num tum reges mali erunt? Si imperium nostrum ceteris gentibus molestum erit, domini honesti orbis terrarum non erimus. Ceteri homines nobis gratiam non agent neque habebunt.

4. Bilden Sie Sätze und übersetzen Sie.

Aeneas – triumphos – populis – dabit – Romani – pacem – de sua sorte – agent – Augustus – patrem – de ceteris gentibus – rogabit

8

2 Konsonantische Deklination

2.1 Neutra

Deklinationsklasse	Bedeutungsteil	Signalteil	
Konsonantische Deklination	nōmen nōmin —	 is	(der) Name/den Namen des Namens
	nōmin —	a	(die) Namen
	opus oper —	 is	(das) Werk des Werkes
	oper —	a	(die) Werke

Neutra

Konsonantische Deklination

Wiederholen Sie die Formen der konsonantischen Deklination auf S. 45.

Vollständiges Deklinationsschema ↗ Tab. $I_{1.1}$, S. 305.

2.2 Besonderheiten

Abweichend vom Signalteil der Konsonantischen Deklination haben einige Substantive im **Akk. Sg.** m/f ***-im***, im **Abl. Sg.** ***-ī***, im **N./Akk. Pl.** n ***-ia***, im **G. Pl.** ***-ium***.

N.	vīs Kraft, Gewalt	vīrēs (Streit-)Kräfte	turris Turm	turrēs Türme	moenia Mauern
G.		vīrium		turr**ium**	moen**ium**
Akk.	v**im**		turr**im**		
Abl.	v**ī**		*dē* turr**ī**		

Übungen

Studieren Sie zuerst die einschlägigen grammatischen Erscheinungen im Text der Rubrik *Einstieg.*

1. Wählen Sie die passenden Wörter aus. Die hervorgehobenen Buchstaben ergeben ein weiteres (Ihnen bekanntes) Neutrum der Konsonantischen Deklination.

moenia, nome**n**, **o**pus, ope**r**a, turr**es**, **v**i

☐ a) Aeneas ……………………………, quod ei fato mandatum[1] erat, cunctis viribus facere studuit.

☐ b) Et Troiani …………………………… urbis novae aedificare cupiverunt.

☐ c) Itaque …………………………… pulchras arcis Didonis cum gaudio videre desierunt.

☐ d) Tum eis …………………………… Italiae placuit.

[1] **mandare**: auftragen

2. Welches sind keine Neutra? Übersetzen Sie alle Formen.

amica – fata – regna – moenia – terra – patria – opera – sacra – mala – via – verba – flamma – ara – orna – ea – vita – maria – hora

3. Wendungen. Übersetzen Sie.

a) magnam turrim aedificare
b) nomina gentium vocare
c) vi urbem petere
d) urbem moenibus circumdare
e) opera clara facere
f) per mare currere

3 Relativischer Satzanschluss

Ein **Relativsatz** kann sich vom Hauptsatz so stark lösen, dass er als **eigenständiger Satz** fungiert. Das Relativpronomen stellt eine enge Verbindung zwischen den beiden Sätzen her: **relativischer Satzanschluss**.

Aenēās cum paucīs ē **patriā suā** fūgit. **Quae** ā Graecīs capta erat.	Aeneas ist mit wenigen aus **seiner Heimat** geflohen. **Diese/Sie** war von den Griechen erobert worden.

Das Relativpronomen wird hier mit einem Demonstrativ- oder Personalpronomen wiedergegeben.

Übungen

1. Vier Fälle. Übersetzen Sie.

Audivi
- de Aenea:
  - quem Troiani diligebant.
  - cuius pater Anchises erat.
- de Troianis:
  - quibus pericula apparebant.
  - de quibus multi multa dixerunt.

2. Sonderfall. Worauf bezieht sich *quae*?

Mercurius Aeneam diu de imperio Troianorum monuit. Quae postquam is audivit, statim Didonem reliquit et per mare Italiam petivit.

Studieren Sie zuerst die einschlägigen grammatischen Erscheinungen im Text der Rubrik *Einstieg*.

4 Rückblick

Im Rückblick auf die Lektionen 1–8 sollten Sie sich nun vergewissern:

4.1 Worauf kommt es beim Nomen an?

1. Am **Bedeutungsteil** erkennt man die **lexikalische Bedeutung** des Nomens, z. B. *popul-*: Volk; *homin-*: Mensch.
2. Durch den **Signalteil** sind **Kasus (Nominativ/Genitiv/Dativ/Akkusativ/Ablativ)**, **Numerus (Singular/Plural)** und oft auch **Genus (Maskulinum/Femininum/Neutrum)** angezeigt („signalisiert“).

Orientierungshilfe

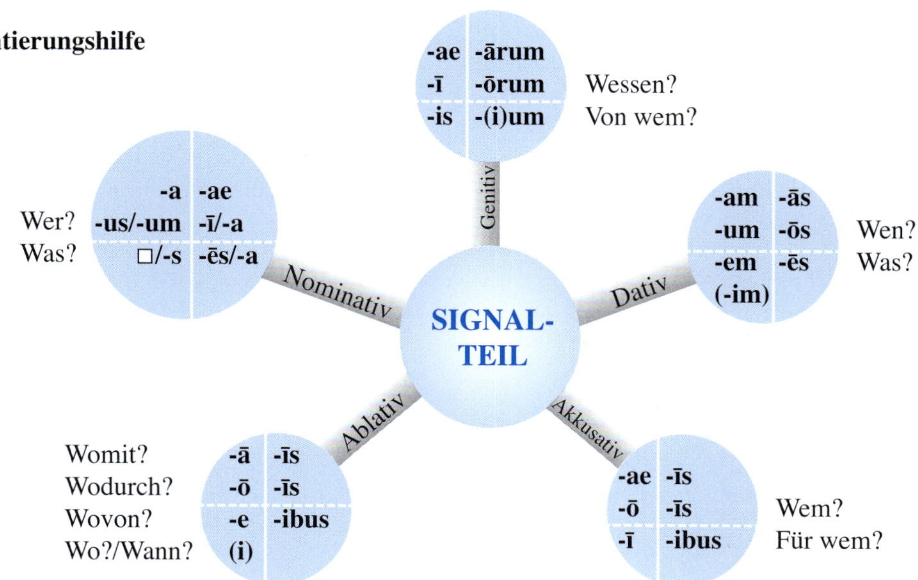

4.2 Mehrdeutige Signalteile

-a:	**N.**/**Abl. Sg**. der ā-Dekl. **N.**/**Akk. Pl**. des Neutr. der o-Dekl. und der Kons. Dekl.	turb**a**/pūgn**ā** templ**a** nomin**a**	die Menge/im Kampf (die) Tempel (N./Akk.) (die) Namen (N./Akk.)
-ae:	**G.**/**D. Sg**. der ā-Dekl. **N. Pl**. der ā-Dekl.	turb**ae** pūgn**ae**	der Menge (G./D.) (die) Kämpfe
-um:	**N.**/**Akk. Sg**. des Neutr. der o-Dekl. **Akk. Sg**. des Mask. der o-Dekl.	templ**um** de**um**	der Tempel/den Tempel (den) Gott
	G. Pl. der Kons. Dekl.	homin**um**	der Menschen
-ō:	**D.**/**Abl. Sg**. der o-Dekl.	gladi**ō**	dem Schwert/mit dem Schwert
-ī:	**N. Pl**. des Mask. der o-Dekl. **G. Sg**. der o-Dekl.	de**ī** de**ī** spectācul**ī**	(die) Götter des Gottes des Schauspiels
	D. Sg. der Kons. Dekl.	homin**ī**	dem Menschen
-is:	**D.**/**Abl. Pl**. der ā/o-Dekl.	pūgn**īs** gladi**īs** spectācul**īs**	den Kämpfen/durch (die) Kämpfe den Schwertern/mit (den) Schwertern den Schauspielen/während der Schauspiele
	G. Sg. der Kons. Dekl.	homin**is**	des Menschen
-es:	**N.**/**Akk. Pl**. des Mask./Fem. der Kons. Dekl.	homin**ēs**	(die) Menschen (N./Akk.)
-ibus:	**D.**/**Abl. Pl**. der Kons. Dekl.	mō**ribus**	den Sitten/durch (die) Sitten

Übung

Bestimmen Sie jeweils den mehrdeutigen Signalteil – entsprechend der obigen Rahmenvorgabe. Vorsicht! Es sind Irrläufer dabei.

-a
moenia
flamma
serva
signa

-i
vi
regi
ibi
beati
sacri

-um
forum
honorum
puerum
malum
dum

-o
somno
virgo
telo
condo

Wortschatz

1/15–16

sēdēs, sēdis *f*	**Sitz, Wohnsitz**	→ 2 sedēre
beātus, -a, -um	**glücklich, glückselig**	Beate
sēdēs beātae	Gefilde der Seligen	
sors, sortis *f* (*Gen. Pl.* sortium)	Schicksal, Los	sortieren
gēns, gentis *f* (*Gen. Pl.* gentium)	Geschlecht, Stamm, Volk	*f: les gens*
dūcere, dūcō, dūxī, ductum	führen, ziehen; halten für	*f: conducteur*
anima, -ae *f*	**Atem; Seele; Leben**	→ 3 animus
mōnstrāre	**zeigen**	*f: montrer*
tempus, -oris *n*	**Zeit, Zeitpunkt**	*f: temps*
suō tempore	**zu seiner Zeit, zur rechten Zeit**	
lūx, lūcis *f*	**Licht**	
fātum, -ī *n*	Schicksal; Göttерspruch	fatal, Fatalismus
docēre, doceō, docuī, doctum	lehren, unterrichten, erklären	Dozent
rēx, rēgis *m*	König	*f: roi*
rēgnāre	König sein, *(als König)* herrschen	
mōns, montis *m* (*Gen. Pl.* montium)	**Berg**	*e: mountain, f: montagne, Mont (Blanc)*
pōnere, pōnō, posuī, positum	**stellen, setzen, legen**	*f: poser*
nōmen, -inis *n*	Name; Begriff	*f: nom*
ōmen, -inis *n*	**Vorzeichen, Vorbedeutung**	
condere, condō, cóndidī, cónditum	gründen; aufbewahren; bestatten	
moenia, -ium *n (nur Pl.)*	Stadtmauer, Mauer	
turris, turris *f* (*Akk. Sg.* -im, *Abl. Sg.* -ī, *Gen. Pl.* -ium)	**Turm**	*f: la tour*
circúmdare, circúmdō, circúmdedī, circúmdatum	umgeben, umzingeln	
prīmus, -a, -um	der/die/das erste	
opus, operis *n*	**Werk, Arbeit**	
vīs *f* (*Akk. Sg.* vim, *Abl. Sg.* vī, *Gen. Pl.* vīrium)	Gewalt, Kraft; Menge; *Pl. auch*: **Kräfte, Streitkräfte**	
vincere, vincō, vīcī, victum	siegen, besiegen	→ 3 victor, victōria
fīnis, fīnis *m* (*Gen. Pl.* fīnium)	**Grenze, Ende, Zweck**; *Pl.*: **Gebiet**	Finale; *f: fin*
imperium, -ī *n*	Befehl; Herrschaft; Reich	*e: empire*
orbis, orbis *m* (*Gen. Pl.* orbium)	Kreis, Kreislauf	
terra, -ae *f*	Land, Erde	Terrarium; *f: terre*
orbis terrārum	Erdkreis, Welt	
superbus, -a, -um	hochmütig, stolz	
pellere, pellō, pepulī, pulsum	**treiben, schlagen; vertreiben**	Puls
cīvitās, -ātis *f*	**Bürgerrecht; Bürgerschaft, Staat**	*e: city*
cōnsul, -lis *m*	**Konsul**	
triumphus, -ī *m*	**Triumph, Triumphzug**	
triumphum agere	einen Triumph feiern	
dux, ducis *m/f*	**Führer/-in, Anführer/-in, Feldherr**	→ dūcere
auctor, -ōris *m*	**Begründer; Urheber, Verfasser**	Autor
iūstus, -a, -um	gerecht, rechtmäßig	*f: juste*
parcere *(m. Dat.)* **parcō, pepercī**	**(jmdn.) schonen; (an/mit etw.) sparen**	
mulier summa pulchritudine	eine wunderschöne Frau	
mare, -is *n (Abl. Sg. -ī, Nom. Pl. -ia, Gen. Pl. -ium)*	**Meer**	Marine

Wiederholen Sie zunächst noch einmal den ersten Wortschatz dieser Lektion auf S. 88.

Wusssten Sie schon?

Aeneas in der Unterwelt

Aeneas auf der Ara Pacis.

Vergil lässt Aeneas mit der Sibylle von Cumae in die Unterwelt hinabsteigen: In der Nähe des Avernersees bei Neapel betreten sie das Reich Plutos und Proserpinas. In der Vorhalle wohnen schreckliche Gespenster, wie die Trauer, die Gewissensbisse, die Angst, die Zwietracht mit ihren Schlangenhaaren, der Krieg und der Tod.

Großen Schrecken jagen dem Aeneas ein hundertarmiger Riese und eine fürchterlich zischende Schlange ein. Doch die Sibylle belehrt ihn, dass das alles nur körperlose Schatten seien. Weiter führt ihr Weg zum Unterweltfluss Acheron. Am Ufer drängen sich die Seelen der Verstorbenen, um sich von dem grausigen Fährmann Charon über den Fluss zum Tor der Unterwelt bringen zu lassen, wo Zerberus wacht, der Höllenhund mit drei Köpfen und Nattern am Hals. Die Sibylle betäubt ihn mit drei opiumgetränkten Honigkuchen. Nun müssen Aeneas und seine Führerin trostlose Gegenden durchqueren: Hier wimmern die Seelen bei der Geburt gestorbener Kinder, dort warten die zu Unrecht zum Tod Verurteilten auf ein gerechtes Urteil. Nahe bei ihnen bereuen Selbstmörder ihre Tat und auf den Feldern der Tränen leiden die aus Liebeskummer Gestorbenen. Als Aeneas all die bei der Schlacht um Troja gefallenen Helden trifft, will er mit ihnen sprechen, doch die Sibylle drängt ihn weiterzugehen. Nun gabelt sich der Weg: Links liegt der von einer dreifachen Mauer und einem Flammenfluss umgebene Tartarus. Die Schreie der dort bestraften Sünder übertönen das Tosen des Flusses. Rechts führt der Weg zum Elysium, den Gefilden der Seligen *(sedes beatae),* d.h. dem Aufenthaltsort der Gerechten und Frommen. Hier endlich trifft Aeneas seinen Vater Anchises, der ihm die Seelen seiner Nachkommen und der künftigen großen Männer Roms zeigt.

Einer der ersten Römer
(im farbig unterlegten Feld)

1. du wirst schonen
2. du wirst mahnen
3. du wirst schreien
4. du wirst fliehen
5. du wirst vertreiben
6. du wirst kämpfen
7. du wirst sein

Anchises an Aeneas:

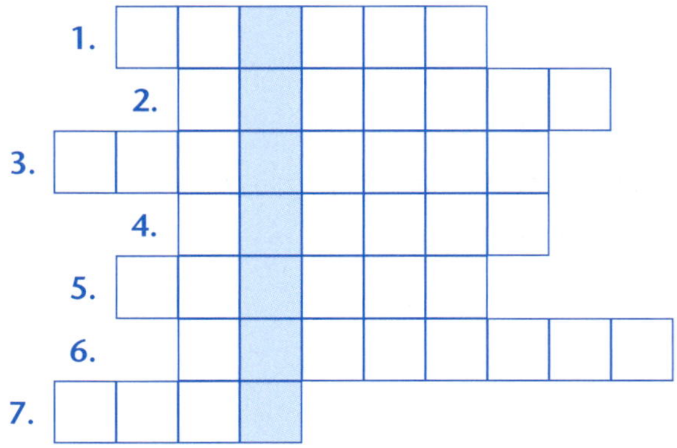

Lesen und verstehen

Blick in die Zukunft (nach Vergil, Aeneis VI 756–890)
Während der langen Irrfahrt des Aeneas stirbt der alte Anchises. Sein Sohn aber steigt hinab ins Totenreich, wo ihm der Schatten des Vaters die künftige Größe seines Volkes verkündet.

Falls Sie sich die Übersetzung noch nicht zutrauen, wiederholen Sie vorher nochmals den Einführungstext dieser Lektion auf S. 88.

Aeneas,
qui tandem in Italiam venerat,
cum Sibylla ad inferos[1] descendit
patremque in sedibus beatis de sorte gentis suae rogavit.
Qui filium summo cum gaudio salutatum secum duxit et:
„Nunc tibi“, inquit, „eas animas monstrabo,
quas deus suo tempore ad lucem vocabit,
et te tua fata docebo.
Videbis illos reges,
qui Albae Longae regnabunt,
qui arces in montibus ponent, Nomentum et Gabios urbemque Fidenam.
Haec tum nomina erunt, nunc sunt sine nomine loca.
Iam tibi cuncta dicam, tu autem audies stupebis[2]que –
sed iam venit Romulus ille,
qui Romam bonis ominibus condet suoque nomine dicet,
qui urbem moenibus turribusque circumdabit,
qui primus regum Romanorum erit et multa opera clara faciet –
et hic est Augustus,
qui magna vi Aegyptios vincet
finesque imperii propagabit[3]
summoque cum gaudio gentium orbi terrarum pacem dabit.
Vis[4]ne Tarquinium videre, regem superbum, Brutumque,
qui Tarquinium ex urbe pellet et in civitate libera primus consul erit?
Vis[4]ne videre Scipionem illum,
qui de Hannibale triumphum aget,
Catonemque, illum severis moribus virum, ceterosque consules claros et duces
et imperatores?
Tu enim, Aenea, auctor novae gentis eris
eique genti, populo Romano, ceterae gentes parebunt.
Imperia Romanorum iusta erunt et pacem moresque populis dabunt.
Victis parcent,
superbos autem debellabunt[5].“

[1] **ad inferos**: zu den Unterirdischen, in die Unterwelt
[2] **stupere**: staunen
[3] **propagare**: ausdehnen
[4] **vis**: du willst
[5] **debellare**: (im Krieg) niederringen, bezwingen

Versuchen Sie sich am Original

Hannibalis nomen erat magna apud cunctos gloria[1]. (Cicero)

Haec amicitia[2] semper inter nos manebit. (Cicero)

Imperare[3] sibi summum imperium est. (Seneca)

In hoc signo vinces. (nach Eusebius)

[1] **gloria, -ae** *f*: Ruhm
[2] **amicitia, -ae** *f*: Freundschaft
[3] **imperare**: herrschen, befehlen (*m. Dat.*)

Zu guter Letzt

Romulus und Remus

Die Brüder sollen im Jahr 753 die Stadt Rom gegründet haben. Wie es dazu kam und wieso die Stadt Rom heißt, erfahren Sie, wenn Sie die richtige Reihenfolge der Textabschnitte A–H wiederherstellen. Ordnen Sie auch die Abbildungen I und II den Textabschnitten zu.

1 **ripa, -ae** *f*: Ufer
2 **lupa, -ae** *f*: Wölfin
3 **nutrire**: ernähren
4 **transilire (transiliō, transiluī)**: überspringen
5 **carcer, -eris** *m*: Kerker
6 **iubere (iubeo, iussi, iussum)**: befehlen
7 **corbis, -is** *m*: Korb
8 **Virgo Vestalis, Virginis Vestalis** *f*: Vestalin *(Priesterin der Vesta)*
9 **licet**: es ist erlaubt
10 **pastor, -oris**: *m:* Hirt
11 **educare**: erziehen, aufziehen
12 **gemini, -orum** *m*: Zwillinge

A Quos Mars servavit: Ad ripam[1] ap-pulsi a lupa[2] inventi et nutriti[3] sunt.

II

B Tum eis locis, ubi inventi erant, novam urbem condere deliberaverunt. Remus autem, dum Romulus muros aedificat, fratrem risit, quod muri non iam erant moenia, et eos transiluit[4].

D Amulius, postquam Ream Silviam filios habere audivit, servos eam in carcerem[5] ab-ducere et filios eius occidere iussit[6]. Servi autem eos in corbe[7] positos in aquam miserunt.

E Post mortem patris Amulius Numitorem fratrem, qui tum rex erat, ex urbe pepulit, filium Numitoris occidit, Ream Silviam fecit Virginem Vestalem[8]. Virginibus enim Vestalibus[8] liberos habere non licebat[9].

C Tum Romulus ira motus fratrem occidit et novam urbem suo nomine dixit.

I

F Qui adulescentes Numitorem senem convenerunt, qui nepotes de Amulio rege malo docuit. Statim Romulus et Remus cum nonnullis amicis eum gladiis petiverunt et occiderunt.

G Non multo post inventi sunt a Faustulo pastore[10], qui eos educavit[11] et eos Romulum et Remum appellavit.

H Amulius autem erravit, nam Reae Silviae apparuit Mars et „Non diu“, inquit, „misera eris, non diu Amulius regnabit, nam tu habebis filios, qui eum pellent et occident.“ Et profecto Rea Silvia geminos[12] habuit, quorum pater erat Mars.

Geschriebenes Recht für alle

In dieser Lektion lernen Sie

GRAMMATIK

- Infinitiv Perfekt Passiv
- Adjektive der Konsonantischen Deklination
- Grundzahlen
- Akkusativ mit Infinitiv (AcI)

WORTSCHATZ

- Wörter aus dem Bereich der Politik und des Rechtswesens

DIE WELT DER ANTIKE

- Das Zwölftafelgesetz
- Der Kampf zwischen Patriziern und Plebejern
- Römisches Recht für Europa

Romulus teilt das Volk in Patrizier und Plebejer.

Einstieg

[1] **initio** *(Adv.)*: anfangs
[2] **fundamentum, -i** *n*: Grundlage

Den Römern schreibt man die Entdeckung des Rechts als Grundlage jeder Staatsordnung zu. Dass es dazu kam, hatte den Grund in leidvollen historischen Erfahrungen des Volkes.

Sallustius, auctor clarus, tradit Romanos semper magnum imperium habere et multos populos eorum amicos esse. Sed scribit quoque initio[1] Troianos urbem Romam condidisse et tum civitatem sine legibus, sine iuribus, sine iudiciis fuisse. Illo tempore magnam discordiam inter plebem et patres factam esse et cives a civibus pugnis acribus ac crudelibus perditos esse etiam legimus. Romanos autem tum intellexisse civitati suae magna pericula imminere et auxilio celeri opus esse constat. Profecto brevi tempore a viris prudentibus leges scriptas esse apparet, quae omnibus civibus utiles erant. Multi a Romanis tum iura inventa esse putant, quibus communis omnium salus hodie quoque servatur. Quis Romanos ita fundamenta[2] omnis civitatis posuisse non gaudet?

Sallust, ein berühmter Autor, überliefert, dass die Römer immer ein großes Reich hätten und dass viele Völker ihre Freunde seien. Doch er schreibt auch, dass anfangs die Troianer die Stadt gegründet hätten und dass damals der Staat ohne Gesetze, ohne Rechte, ohne Gerichte gewesen sei. In jener Zeit, so lesen wir auch, sei große Zwietracht zwischen dem Volk und den Patriziern entstanden, und Bürger seien von Bürgern in heftigen und grausamen Kämpfen vernichtet worden. Es steht jedoch fest, dass die Römer damals erkannt haben, dass ihrem Staat große Gefahren drohten und schnelle Hilfe nötig sei. In der Tat sind offensichtlich in kurzer Zeit von klugen Männern Gesetze geschrieben worden, welche allen Bürgern nützlich waren. Viele glauben, dass von den Römern damals die Rechte erfunden worden seien, durch welche das Gemeinwohl aller heute noch gewährleistet wird. Wer freut sich nicht, dass die Römer auf diese Weise die Grundlagen jedes Staates geschaffen haben?

putāre	glauben, meinen
imminēre	drohen, bedrohen, bevorstehen
perdere, perdō perdidī, perditum	vernichten, verlieren
scrībere, scrībō, scrīpsī, scrīptum	schreiben, verfassen
trādere, trādō trādidī, trāditum	übergeben, überliefern
opus est *(m. Abl.)*	es ist nötig, man braucht (etw./jdn.)
cōnstat	es ist bekannt, es steht fest
appāret	es ist offensichtlich, klar
discordia, -ae *f*	Zwietracht, Uneinigkeit
auxilium, -ī *n*	Hilfe
iudicium, -ī *n*	Gericht, Urteil

perīculum, -ī *n*	Gefahr
civis, civis *m*	Bürger, Mitbürger
iūs, iūris *n*	Recht
lēx, lēgis *f*	Gesetz
plēbs, plēbis *f*	Volk, Plebs
salūs, -ūtis *f*	Wohl, Rettung
ācer/ācris/ācre, ācris	spitz, scharf, heftig
celer/celeris/celere, celeris	schnell, rasch
brevis/breve, brevis	kurz
commūnis/commūne, commūnis	gemeinsam, allgemein
crūdēlis/crūdēle, crūdēlis	grausam, brutal
omnis/omne, omnis	all(es), ganz, jeder
ūtilis/ūtile, ūtilis	brauchbar, nützlich
prūdēns, -ntis	klug, umsichtig

1. Grenzen Sie im lateinischen Text die Teile ab, die im Deutschen mit einem dass-Satz wiedergegeben sind. Im welchem Fall steht im Lateinischen das Subjekt, in welcher Verbalform das Prädikat des deutschen dass-Satzes? Wie könnte man diese Konstruktion nennen?
2. Handlung, Geschehen oder Zustand des dass-Satzes sind im Verhältnis zur Aussage des Prädikats, von dem die Konstruktion abhängt, entweder gleichzeitig oder vorzeitig. An welcher lateinischen Form wird dies jeweils erkennbar?
3. Notieren sie alle Prädikate in den Sätzen, von denen eine solche Konstruktion abhängt. Versuchen Sie bezüglich der Bedeutung dieser Verben eine Regel zu formulieren.

Grammatik

1 Infinitiv Perfekt Passiv

Der Infinitiv Perfekt Passiv ist gebildet aus:

	Bedeutungsteil	Signalteil	
amātum/-am/-um esse missum/-am/-um esse captum/-am/-um esse	amāt miss capt	**um/-am/-um esse**	geliebt worden (zu) sein geschickt worden (zu) sein ergriffen worden (zu) sein

Wiederholen Sie die Hinweise zur Bildung des PPP auf S. 67.

Übungen

Studieren Sie zuerst die einschlägigen grammatischen Erscheinungen im Text der Rubrik *Einstieg*.

1. Von welchem Verb stammen diese Formen? Nennen Sie den Infinitiv Präsens Aktiv und übersetzen Sie die Formen.

occisum esse – scriptum esse – positum esse – factum esse – missum esse – relictum esse – inventum esse – motum esse – dilectum esse

2. Berechtigte Fragen. Übersetzen Sie.

a) Cur placet
- ab amicis relictum non esse?
- e magnis periculis servatum esse?

b) Quid utile est
- doctum esse?
- magnis honoribus ornatum esse?

c) Num bonum est
- pecunia spoliatum esse?
- ab hostibus circumdatum esse?

2 Adjektive der Konsonantischen Deklination

2.1 Bildung

Viele Adjektive weisen den **Signalteil** der **Substantive der Konsonantischen Deklination** auf. Abweichend haben diese Adjektive fast immer

im **Abl. Sg.** *-ī*	im **N./Akk. Pl.** n *-ia*	im **G. Pl.** *-ium*

ein-endig	**zwei-endig**	**drei-endig**
Adjektive der Konsonantischen Deklination		

Bei diesen Adjektiven unterscheidet man nach den Formen des Nominativ Singular **dreiendige**, **zweiendige** und **einendige Adjektive.**

Beachten Sie bei der KNG-Kongruenz, dass die Signalteile dieser Adjektive nur mit denen der Substantive der Konsonantischen Deklination (Ausnahme: Abl. Sg. *-ī*, Nom. Pl. *-ia*, Gen. Pl. *-ium*), nicht aber mit denen der ā-/o-Deklination übereinstimmen.

2.2 Deklinationsschema

		eques celer *ein schneller Reiter* mors celeris *ein schneller Tod* auxilium celere *eine schnelle Hilfe*			amīcus ūtilis *ein nützlicher Freund* lēx ūtilis *ein nützliches Gesetz* imperium ūtile *eine nützliche Herrschaft*			puer prūdēns *ein kluger Junge* amīca prūdēns *eine kluge Freundin* verbum prūdēns *ein kluges Wort*		
		m	f	n	m/f		n	m/f		n
Sg.	N.	celer	celeris	celere	ūtilis		ūtile		prūdens	
	G		celeris			utilis			prūdentis	
	D.		celerī			utilī			prūdentī	
	Akk.	celerem		celere	ūtilem		ūtile	prūdentem		prūdens
	Abl.		celer**ī**			util**ī**			prūdent**ī**	
Pl.	N.	celerēs		celeria	ūtiles		ūtilia	prūdentēs		prūdentia
	G.		celer**ium**			ūtil**ium**			prūdent**ium**	
	D.		celeribus		ūtilibus				prūdentibus	
	Akk.	celerēs		celer**ia**	ūtiles		ūtil**ia**	prūdentēs		prūdent**ia**
	Abl.		celeribus			ūtilibus			prūdentibus	
			dreiendig			zweiendig			einendig	

Übungen

Studieren Sie zuerst die einschlägigen grammatischen Erscheinungen im Text der Rubrik *Einstieg*.

1. Bilden Sie sinnvolle Paare, indem Sie die Adjektive einem passenden Substantiv zuordnen. Beachten Sie die Kongruenz.

acri, mala, celere, laetam, crudelia, severo, brevem, magnum, mortalis, parva

auxilium, noctem, viae, viro anima, moenia, turri, vi, iudicia, fabulam

2. Welcher Kasus ist grammatisch nötig? Welcher passt nicht? Übersetzen Sie.

Opus est … celeri auxilio, legi bonae, iure acri, prudentibus consulibus, brevi fabula, iudicii celeris, bona lege

3. Übersetzen Sie.

a) Romani populis crudelibus non pepercerunt.
b) Nam non placuit semper ab hostibus acribus circumdatum esse.
c) Populo Romano saepe utile erat a ducibus prudentibus regnatum esse.
d) Num civi Romano pulchrum fuit non ab omnibus populis terrae honestis verbis laudatum esse?

4. Was passt? Setzen Sie eines der Adjektive ein und übersetzen Sie.

acri – celerum – communi – crudeles – prudentibus – utiles

a) hostes …………………………………… timere
b) viris …………………………………… parere
c) …………………………………… animo esse
d) auxilio servorum ………….… salutem petere
e) ………………………………… saluti consulere
f) leges …………………………………… scribere

3 Akkusativ mit Infinitiv (AcI): Konstruktion und Funktion

3.1 Bildung

Der **Infinitiv** kann ein **eigenes Subjekt** bei sich haben. Diese Konstruktion heißt **AcI** (*Accusativus cum Infinitivo*):

Civēs urbem **iacēre** / **iacuisse** dīcunt.

Die Bürger sagen, *dass* **die Stadt** in Trümmern **liegt/liege**. / in Trümmern **gelegen hat/habe**.

3.2 Wiedergabe im Deutschen

Der AcI lässt sich in der Regel nicht wörtlich übersetzen. Die Konstruktion muss deshalb umgebaut werden, meist in einen **dass-Gliedsatz.**

AcI	**dass-Gliedsatz**
Subjektsakkusativ – *Prädikatsinfinitiv*	*Subjekt* – *Prädikat*
Civēs **urbem iacēre** dīcunt.	Die Bürger sagen, dass **die Stadt in Trümmern liegt**.
LATEINISCH	DEUTSCH

3.3 Syntaktische Funktion

Der AcI erfüllt im Satz die syntaktische Funktion des **Objekts** oder des **Subjekts**.

1. Cicerō **lēgēs utilēs esse** scrībit.	Cicero schreibt, **dass Gesetze nützlich sind**.
2. **Lēgēs utilēs esse** cōnstat.	**Dass Gesetze nützlich sind**, steht fest.

① **AcI als Objekt**

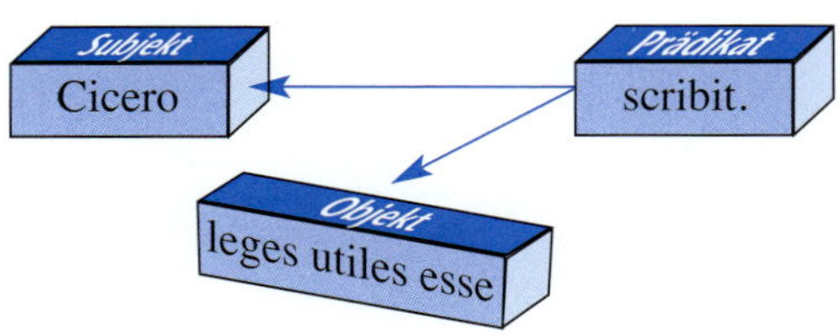

② **AcI als Subjekt**

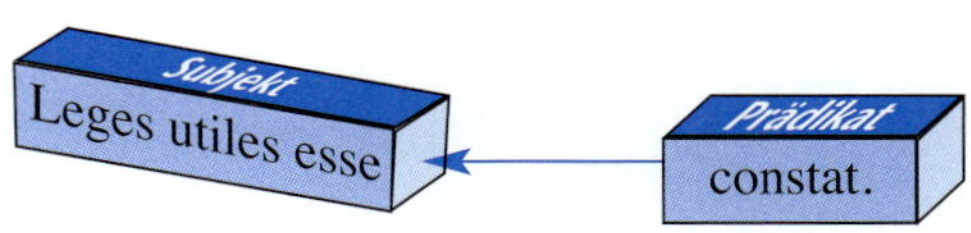

Haben Sie im Satz einen AcI erkannt, grenzen Sie diesen ein. Übersetzen Sie dann diesen Teil immer zunächst mit einem dass-Satz, der vom Verb des Prädikats abhängt.

3.4 Abhängigkeit von bestimmten Verben

Den **AcI**, der ein **Urteil** oder eine **Aussage** über eine **Tatsache** enthält, findet man nach Verben

des Sagens	des Wahrnehmens und Glaubens	der Gemüts-bewegung	der Feststellung
z. B. dīcere scrībere trādere nūntiāre negāre	*z. B.* vidēre putāre scīre intellegere	*z. B.* gaudēre	*z. B.* cōnstat appāret

Studieren Sie zuerst die einschlägigen grammatischen Erscheinungen im Text der Rubrik *Einstieg.*

Übungen

1. Alles über Gesetze. Übersetzen Sie.

a) Quis negat omni civitati legibus opus esse?
b) Cives bonos legibus parere constat.
c) Malos autem leges neque observare neque timere videmus.
d) Cuncti imperatorem civitatem iustitia et legibus servare gaudent.
e) Homines semper[1] leges novas invenire apparet.

[1] **semper**: immer

2. Schädliche Zwietracht. Übersetzen Sie.

Discordiam civibus utilem non esse scimus. Nam discordia eos civitatem suam perdere constat. Qui igitur non putat duces civitatis debere communem omnium salutem legibus bonis curare. Vitam vero hominum sine iuribus et legibus molestam et crudelem esse a multis auctoribus traditum est.

3. Neubauten. Stellen Sie jeweils einen AcI her. Übersetzen Sie.

	oratorem	magnum esse	gaudet.
Turba	imperatorem	virum liberum esse	videmus.
Amicus	te	venire	sciunt.
Homines	pompam	causam dicere	dicis.
	spectaculum	apparere	nuntiat.

4 Akkusativ mit Infinitiv (AcI): Reflexivpronomina, Zeitverhältnis, Übersetzungsmöglichkeiten

4.1 Reflexivpronomina im AcI

Die Reflexivpronomina ***se***, ***sibi*** und ***suus/sua/suum*** im AcI beziehen sich meist auf das Subjekt des Satzes, in dem der AcI steht.

Caesar putābat **sē** Gallōs viribus **suīs** victūrum esse.	Cäsar glaubte, dass **er** mit **seinen** Streitkräften die Gallier besiegen werde.
Rōmāni dicēbant **sibī** omnēs gentēs servīre.	Die Römer behaupteten, dass **ihnen** alle Völker gehorchten.

4.2 Zeitverhältnis

Der Vorgang des AcI steht zu dem Vorgang des Satzes, in den der AcI eingebettet ist, in einem **bestimmten Zeitverhältnis**: **vorzeitig**, **gleichzeitig** oder **nachzeitig** (↗ S. 169).

Infinitiv Präsens	Infinitiv Perfekt
Putābam mē **errāre**. Ich glaubte, dass ich mich **irrte**/mich **zu irren**.	Putābam mē **errāvisse**. Ich glaubte, dass ich mich **geirrt hatte**/ mich **geirrt zu haben**.
Gleichzeitigkeit	Vorzeitigkeit

Übersetzen Sie den AcI mit Infinitiv immer so, dass man die Handlung des dass-Satzes gleichzeitig zu der des übergeordneten Satzes auffasst, den AcI mit Infinitiv Perfekt dagegen immer so, dass man die Handlung des dass-Satzes als vorzeitig zu der des übergeordneten Satzes begreift.

4.3 Übersetzungsmöglichkeiten

Sallustius scrībit Troiānōs urbem Rōmam condidisse.	1. **Sallust schreibt**, die Troianer hätten Rom gegründet. 2. Die Troianer hätten, **wie Sallust schreibt**, Rom gegründet.
Rōmulum urbem condidisse **cōnstat**.	3. **Bekanntlich** hat Romulus die Stadt gegründet.

Der AcI lässt sich im Deutschen auf verschiedene Weise wiedergeben:
1. mit **einem verkürzten Gliedsatz**,
2. mit **Parenthese**,
3. mit **Adverb**.

Übungen

1. Gleichzeitig oder vorzeitig? Übersetzen Sie.

Quis putat
te omnes vincere?
te victorem esse?
te clarum esse?

Quis negat vos
triumphum egisse?
viros bonos fuisse?
primos omnium fuisse?

2. Welcher Infinitiv passt? Übersetzen Sie.

a) Apparet Romulum urbem novam (condere/condidisse).
b) Traditum est multos populos a Romanis (vicisse/victos esse).
c) Constat Aeneam ducem Troianorum (esse/fuisse).

3. Worauf bezieht sich das Reflexiv-Pronomen?

a) Athenienses sibi leges scripsisse eisque civitatem suam multos annos servavisse legimus.
b) Romani sibi a Graecis multas leges traditas esse sciebant.
c) Cicero se sibi et civibus suis saepe ex scriptis Graecorum auxilium petivisse dixit.

4. Alles AcI, oder? Übersetzen Sie.

a) Omnes homines beati esse cupiunt.
b) Parentes liberos suos beatos esse cupiunt.
c) Causam agere saepe dubitavimus.
d) Mortales pericula non cavere solent.
e) Prudentes cives multa pericula communi saluti imminere putant.
f) Dux suos sibi non parere clamat.

Studieren Sie zuerst die einschlägigen grammatischen Erscheinungen im Text der Rubrik *Einstieg*.

5. Gesetze gegen die Zwietracht. Übersetzen Sie.

a) Nonnulli cives magna pericula Romanis imminere dicunt.
b) Discordiam iam multas urbes perdidisse clamant.
c) Et profecto magnas urbes discordia perditas esse constat.
d) Romanos viros prudentes in Graeciam misisse eosque leges claras quaesivisse constat; quas leges omnibus civibus utiles fuisse apparet.

6. AcI von AcI abhängig

Quis non gaudet vos intellexisse vitam non semper beatam esse?

7. Übersetzen Sie elegant.

a) Quis Graecos leges scripsisse tradit?
b) Romani civitati legibus opus esse putabant.

8. „Bekanntlich" oder „offensichtlich"?

a) Iura a Romanis inventa esse apparet.
b) Romanos fundamenta[1] civitatis posuisse constat.

[1] **fundamentum, -i** *n*: Grundlage

Versuchen Sie, nach der Übersetzung mit einem dass-Satz den AcI eleganter wiederzugeben.

Cicero.

9. Alles über Cicero. Setzen Sie die passenden Wörter in die Lücken. Die fett gedruckten Buchstaben ergeben von oben nach unten den Titel eines hier einschlägigen Werkes des Autors. Übersetzen Sie die Sätze.

Certe scis Ciceronem

a) et his temporibus ....
b) ad omnibus .... bonum putari.
c) multos et magnos .... scripsisse.
d) patrem patriae .... esse.
e) multas causas ....
f) in iudicio saepe .... fuisse.
g) cives saepe suis .... valde movisse.
h) a senatoribus ex .... pulsum esse.
i) civitatem liberam ....

APP**E**LLATUM
E**G**ISSE
LAU**D**ARI
LIBROS
ORATOR**E**M
SERVAVISSE
URBE
VER**B**IS
V**I**CTOREM

Lösungswort:

Wortschatz

1/17–18

Wiederholen Sie zunächst noch einmal den ersten Wortschatz dieser Lektion auf S. 98.

ācer/ācris/ācre	spitz, scharf; heftig, eifrig	
tribūnus, -ī *m*	**Tribun**	
celer/celeris/celere	schnell, rasch	Accelerando
auxilium, -ī *n*	Hilfe	
opus est *(m. Abl.)*	es ist nötig, man braucht (etw./jmdn.)	
discordia, -ae *f*	Zwietracht, Uneinigkeit	
plēbs, plēbis *f*	Volk, Plebs	Plebejer
lēx, lēgis *f*	Gesetz	legal, Legislative
scrībere, scrībō, scrīpsī, scrīptum	schreiben, verfassen	*f: écrire*
crūdēlis/crūdēle	grausam, brutal	*e: cruel*
iūdicium, -ī *n*	Gericht, Gerichtshof; Urteil	→ 8 iūstus
iterum	**wiederum, zum zweiten Mal**	
fābula, -ae *f*	**Erzählung, Geschichte; Theaterstück**	Fabel
brevis	kurz	Brevier, Brief
eques, -itis *m*	**Reiter; Ritter**	
omnis/omne	all(es), ganz, jeder	Omnibus
mortālis/mortāle	**sterblich**	→ 6 mors
putāre	glauben, meinen; (*m. dopp. Akk.*:) halten für	
perīculum, -ī *n*	Gefahr	
imminēre	drohen, bedrohen, bevorstehen	
perdere, perdō, pérdidī, pérditum	vernichten, verlieren	*f: perdre*
necesse est	**es ist nötig**	
concēdere, concēdō, concessī, concessum	**zugestehen, einräumen; erlauben**	Konzession
cīvis, cīvis *m* (*Gen. Pl.* cīvium)	Bürger, Mitbürger	→ 8 cīvitās
ūtilis/ūtile	brauchbar, nützlich	
cōnstat	es ist bekannt, es steht fest; bekanntlich	Konstante
salūs, -ūtis *f*	Wohl, Gesundheit, Rettung	→ 1 salūtāre
commūnis/commūne	gemeinsam, allgemein	Kommune
cōnsulere, cōnsulō, cōnsuluī, cōnsultum	*(m. Akk.:)* **um Rat fragen; beratschlagen (mit);** *(m. Dat.:)* **sorgen (für)**	konsultieren
cónvenit	**es ziemt sich; man kommt überein**	*e: convenient*
lēgātus, -ī *m*	**Abgesandter; Legat**	
iūs, iūris *n*	Recht	→ iūdicium
trādere, trādō, trādidī, trāditum	übergeben, überliefern	Tradition
prūdēns, -ntis	klug, umsichtig	
corrigere, córrigō, corrēxī, corrēctum	**berichtigen, verbessern**	*f: corriger*
tabula, -ae *f*	**Tafel; Gemälde**	*e/f: table*
appāret	es ist offensichtlich, klar	→ 1 appārēre
Romam (*Akk. der Richtung*)	**nach Rom**	
ingenium, -iī *n*	**Anlage, Talent, Begabung**	*f: ingénieur*

Grundzahlen ↗ Anhang Tab. III, S. 309

Wussten Sie schon?

Patrizier und Plebejer

Nach der Abschaffung des Königtums im Jahre 510 v. Chr. fiel die Herrschaft über Rom ganz dem patrizischen Adelsstand zu. Da nur Adlige Priester werden konnten und allein die Priester das mündlich überlieferte Gewohnheitsrecht kannten, fühlte sich die nichtadlige Bevölkerung der Willkür des Adels ausgeliefert. Die von den Patriziern (*patres*) als *plebs* bezeichnete große Menge der Bevölkerung war aber nicht mittellos: Freie Grundbesitzer aus der *plebs* besaßen beträchtliche Vermögen, und außer den unselbstständigen Bauern gab es plebejische Gewerbetreibende und Handwerker.

Als Folge der zunehmenden Macht Roms konnte der Kriegsdienst nicht mehr allein von den adligen Rittern *(equites)* geleistet werden. Man musste auch Plebejer dazu heranziehen. Diese wiederum forderten entsprechend ihrer militärischen Leistung auch Anteil an der Macht. Die Patrizier wehrten sich gegen derartige Ansprüche durch rücksichtslose Ausnutzung ihrer politischen und militärischen Mittel.

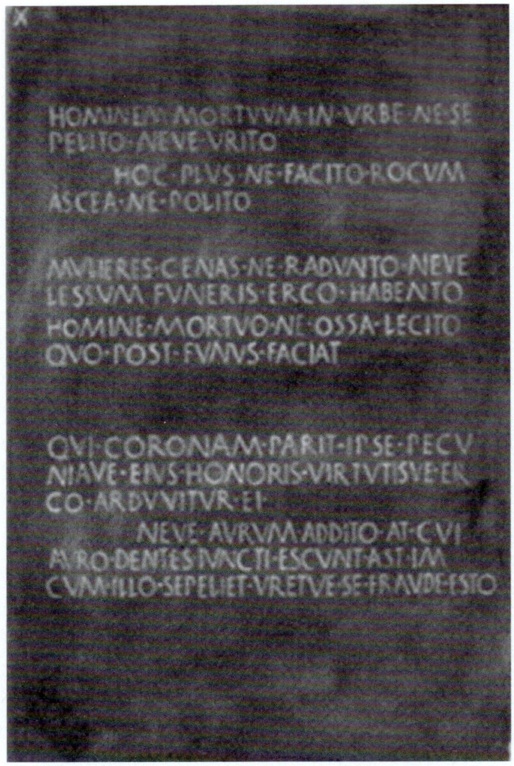

Nachbildung einer der Tafeln der Zwölftafelgesetze.

Dagegen organisierten die Plebejer ihre Opposition: Sie wählten sich eigene Anführer, die Volkstribunen *(tribuni plebis)*. Diese beriefen Volksversammlungen *(concilia plebis)* ein, die – zunächst nur für die Plebs gültige – Beschlüsse *(plebiscita)* fassten. In der Auseinandersetzung mit den Patriziern setzten die Plebejer auch die „Provokation" durch, das heißt, die Möglichkeit zur Berufung vor den Komitien, der förmlichen Versammlung des römischen Volkes. Damit wurde vor allem die Macht der Magistrate zur Züchtigung oder gar Tötung römischer Bürger eingeschränkt. Das stärkste Machtinstrument der Plebs war aber der Auszug aus Rom *(secessio),* eine Art Streik, der die Stadt politisch und militärisch lahmlegte. Durch eine solche *secessio* erzwang die Plebs die Abfassung und Veröffentlichung von zwölf Gesetzestafeln im Jahre 450 v. Chr. und hatte damit einen wichtigen Sieg im Kampf um ihre rechtliche Gleichstellung mit den Patriziern errungen. Aber erst 287 v. Chr. erlangten die *plebiscita* für das ganze Volk und nicht nur für die Plebs Gesetzeskraft.

Dieb in der Nacht

Im Zwölftafelgesetz steht der Rechtsgrundsatz:

SI NOX FURTUM FAXIT,
SI IM OCCISIT,
IURE CAESUS ESTO.

Wenn er nachts einen Einbruch macht,
Wenn er ihn tötet,
soll er zu Recht getötet sein.

Welche Wörter des Textes kennen Sie noch nicht? Die Formen *nox*, *faxit*, *im*, *occisit* sind altertümlich. Wie müssten sie im klassischen Latein lauten?

Lesen und verstehen

Geschriebenes Recht für Rom (nach Livius II 44 und III 31 ff.)

Die Römer waren davon überzeugt, ein besonders ausgeprägtes Rechtsempfinden zu haben. Trotzdem ging es in ihrem jungen Staat oft ziemlich ungerecht zu, denn die herrschende Adelsschicht legte das überlieferte Gewohnheitsrecht willkürlich aus und wollte von geschriebenen Gesetzen nichts wissen. Dafür traten energisch die Volkstribunen ein.

Falls Sie sich die Übersetzung noch nicht zutrauen, wiederholen Sie vorher nochmals den Einführungstext dieser Lektion auf S. 98.

Acribus verbis tribuni cum patribus agebant,
et unus ex eis, C. Terentilius Arsa:
„Celeri“, inquit, „auxilio opus est,
nam discordiae patrum et plebis finem non faciemus nisi legibus scriptis.
Quid, si plebs crudelibus iudiciis patrum mota iterum urbe cedet?
Quid, si eam non iam unius viri verba movebunt?
Menenium Agrippam illum dico,
qui animos hominum fabula clara monuit.
Brevi tempore equites celeres hostium venient urbemque capient!
Iam duces eorum apud omnes Etruriae populos clamant
magna quoque imperia mortalia esse.
Putant enim nobis duo pericula imminere:
Seditionem[1] et discordiam,
quae iam multas et magnas urbes perdiderunt.
Cavete igitur, patres!
Necesse est vos plebi leges scriptas concedere,
quae omnibus civibus utiles erunt!“
Constat patres saluti communi consuluisse legesque concessisse.
Postquam inter patres et tribunos de legibus convenit,
statim tres legati in Graeciam missi sunt.
A quibus claras illas Solonis leges
et aliarum Graeciae civitatum iura descripta[2] esse traditum est.
Quas leges,
postquam legati Romam reverterunt[3],
viri prudentes correxerunt
et magna cum exspectatione[4] hominum decem tabulas in foro posuerunt.
Postero[5] anno illis decem tabulis duas novas adiectas[6] esse apparet.
Itaque Romani eas leges „duodecim tabulas“ vocare solebant.

[1] **seditio, -onis** *f*: Aufruhr
[2] **describere** (**describo**, **descripsi**, **descriptum**): abschreiben
[3] **reverti**: ich kam zurück
[4] **exspectatio, -onis** *f*: Erwartung, Spannung, Anteilnahme
[5] **posterus, -a, -um**: folgend
[6] **adicere** (**adicio**, **adieci**, **adiectum**): hinzufügen

Versuchen Sie sich am Original

Caesar intellexit omnes Gallos rebus novis[1] studere. (Caesar)

Mos est Athenis[2] eos laudari, qui in pugnis occisi sunt. (Cicero)

Alexandrum multos auctores, qui de factis eius scribere debebant, secum habuisse traditum est. (nach Nepos)

Patriam perditam <esse> cupit. (Cicero)

In aqua scribis. (Sprichwort)

[1] **res novae**: Umsturz
[2] **Athenis**: in Athen

Zu guter Letzt

Recht bleibt Recht

Eine der größten zivilen Errungenschaften der Römer war das Rechtssystem, welches die Grundlage für ein *ius commune* darstellte, das bis Ende des 18. Jh. galt. Danach nahmen die Staaten Europas in ihre eigenen Gesetzbücher – das berühmteste war der *Code Civil* Napoleons von 1804 – die Begrifflichkeit und eine Vielzahl von Regelungen des römischen Rechts auf. Beantworten Sie folgende Fragen und entdecken Sie, wie das römische Recht heute noch lebt.

① So wird die Iustitia, die Göttin der Gerechtigkeit, oft dargestellt. Warum trägt sie eine Binde um die Augen?

② Erklären Sie diese römische Rechtgrundsätze. Welche davon gelten heute noch?

a) Dem Wollenden geschieht kein Unrecht.
b) Man soll auch die andere Seite anhören!
c) Verträge sind einzuhalten.
d) Keine Strafe ohne Gesetz.
e) Nicht zweimal gegen dasselbe.

③ Ein Rechtsfall – damals und heute.

Der Rechtsgelehrte Aristo beschied, dass es nicht mit dem Recht vereinbar sei, wenn aus einem Betrieb für Käsezubereitung *(taberna casiaria)* Dämpfe zu höher gelegenen Gebäuden aufstiegen. Zugleich sagte er, dass es auch nicht erlaubt sei, wenn Wasser oder sonst irgendetwas zu niedriger gelegenen Gebäuden geleitet werde *(immittere)*. Denn mit seinem Gebäude könne jemand nur insoweit machen, was er wolle, als er nichts in ein fremdes Gebäude eindringen lasse, bei Dämpfen sowie Wasser handele es sich aber um eine Einleitung *(immissio)*. Er sagt also, dass derjenige, der den Betrieb für Käsezubereitung von der Gemeinde Minturnae gemietet hat, von einem darüber liegenden Anwohner daran gehindert werden könne, Dämpfe aufsteigen zu lassen, dass allerdings die Gemeinde aufgrund des Mietvertrags zur Zahlung einer Entschädigung herangezogen werden könne.

Wie würde in einem vergleichbaren Fall Ihrer Einschätzung nach heute entschieden?

a) Die Dämpfe seien unwesentliche Beeinträchtigungen, die hinzunehmen seien.
b) Da die Gemeinde das Gebiet als durchmischtes Wohngebiet ausgewiesen habe, seien die Beeinträchtigungen ortsüblich und unvermeidbar; allerdings liege eine Wertminderung vor, die über eine Ausgleichszahlung abzugelten sei.
c) Der Mietvertrag ist nichtig, da die Gemeinde nur solche Gewerbebetriebe ansiedeln dürfe, die nicht zu einer Beeinträchtigung der Nachbarn beitrügen.

10

Hannibal ad portas

In dieser Lektion lernen Sie

GRAMMATIK

- Indikativ Präsens/Imperfekt/Futur I Passiv
- u-Deklination
- Genitivus partitivus
- Genitivus subiectivus/obiectivus
- Dativus possessoris

WORTSCHATZ

- Wörter des Krieges und der politischen Krise

DIE WELT DER ANTIKE

- Roms Konkurrent Karthago
- Römische Ämter und Amtsträger

Hannibal.

10

Einstieg

Unus ex auctoribus Romanis scribit: „Urbs Carthago a multis laudatur. Sed Carthaginienses a Romanis timentur et hostes ducuntur. Nam ab eis urbes nostrae magno impetu semper expugnantur totumque imperium Romanum ab omnibus partibus ad summum periculum vocatur. Iam multae clades audiuntur. Etiam scio et prius[1] a Carthaginiensibus magnam militum Romanorum multitudinem caesam esse et nunc ab Hannibale iterum bellum[2] parari. Magnos exercitus ab eo in terram nostram duci constat. Profecto nemo nostrum sine timore est. Ego pro certo habeo causam discordiae inter Carthaginienses et Romanos Aeneam esse. Qui, dum apud illos erat, a Didone valde amabatur. Ab omnibus amor[3] eorum cum gaudio audiebatur. Prudentia enim et consilio Aeneae imperium suum augeri putabant. Sed subito Mercurius ab Iove missus Aeneam iussit e Carthagine fugere. Is nocte cum sociis suis e portis urbis salvus evasit, quod a custodibus non capiebatur. Dido autem, postquam ei fuga[4] Aeneae nuntiata est, clamavit: „Numquam tibi salus erit! Numquam inter gentes nostras pax servabitur. Semper nomen tuum ex animo meo tolletur!"

[1] **prius**: früher
[2] **bellum**, **-i** *n*: Krieg
[3] **amor**, **-oris** *m*: Liebe
[4] **fuga**, **ae** *f*: Flucht

Einer der römischen Autoren schreibt: „Die Stadt Karthago wird von vielen gelobt. Doch die Karthager werden von den Römern gefürchtet und für Feinde gehalten. Denn von ihnen werden unsere Städte ständig im Großangriff erobert und das ganze römische Reich wird aus allen Richtungen in höchste Gefahr gebracht. Schon hört man von vielen Niederlagen. Auch weiß ich, dass sowohl früher von den Karthagern eine große Menge römischer Soldaten niedergemacht worden ist als auch dass jetzt von Hannibal wiederum ein Krieg vorbereitet wird. Große Heere werden von ihm, wie bekannt ist, gegen unser Land geführt. In der Tat, niemand von uns ist ohne Furcht. Ich halte es für sicher, dass der Grund für die Zwietracht zwischen Karthagern und Römern Aeneas ist. Dieser wurde, solange er bei jenen verweilte, von Dido sehr geliebt. Von allen wurde ihre Liebe mit Freude vernommen. Sie glaubten nämlich, durch die Klugheit und den Rat des Aeneas werde ihre Herrschaft vermehrt. Doch plötzlich hat Merkur, von Jupiter geschickt, Aeneas befohlen, aus Karthago zu fliehen. Dieser ist nachts mit seinen Gefährten aus den Toren der Stadt heil entkommen, weil er von den Wächtern nicht gefasst wurde. Dido aber hat, nachdem ihr die Flucht des Aeneas gemeldet worden war, gerufen: „Niemals wird dir Heil sein! Niemals wird zwischen unseren Völkern Frieden gehalten werden! Immer wird dein Name aus meinem Herzen getilgt werden!"

Roms Aufstieg aus einem „Dorf am Tiber" zur Weltmacht war verbunden mit dem Kampf gegen viele Städte und Völker. Am gefährlichsten waren wohl die Karthager, deren Stadt sich zum großen Konkurrenten enwickelte.

expūgnāre	erstürmen, erobern
nūntiāre	melden, mitteilen
augēre, augeō, auxī, auctum	vergrößern, vermehren, fördern
prō certō habēre	für sicher halten
scīre	wissen, verstehen
caedere, caedō, cecīdi, caesum	fällen, niederhauen, schlagen
tollere, tollō, sústulī, sublātum	aufheben, beseitigen, beenden
porta, -ae *f*	Tor
prūdentia, -ae *f*	Klugheit
socius, -ī *m*	Gefährte
bellum, -ī *n*	Krieg
cōnsilium, -ī *n*	Rat, Plan, Beschluss

clādēs, -is *f*	Niederlage, Verlust
custōs, -ōdis *m*	Wächter, Wärter
mīles, -itis *m*	Soldat
mūltitūdō, -inis *f*	Menge, Vielzahl
exercitus, -ūs *f*	Heer
impetus, -ūs *m*	Angriff, Ansturm
salvus, -a, -um	wohlbehalten, heil
tōtus, -a, -um	ganz
nēmō (nostrum)	niemand (von uns)
numquam *(Adv.)*	niemals
et … et	sowohl … als auch

1. Schreiben Sie alle Passivformen heraus. Stellen Sie an ihnen den Signalteil fest.
2. Welche Ihnen bekannte Tempuszeichen begegnen Ihnen für das Imperfekt und Futur?

Grammatik

1 Indikativ Präsens und Imperfekt Passiv

Die Formen des **Indikativ Präsens** und **Imperfekt Passiv** erkennt man an besonderen **Personzeichen**. Diese bilden – gegebenenfalls mit anderen Elementen – den **Signalteil** des Verbs.

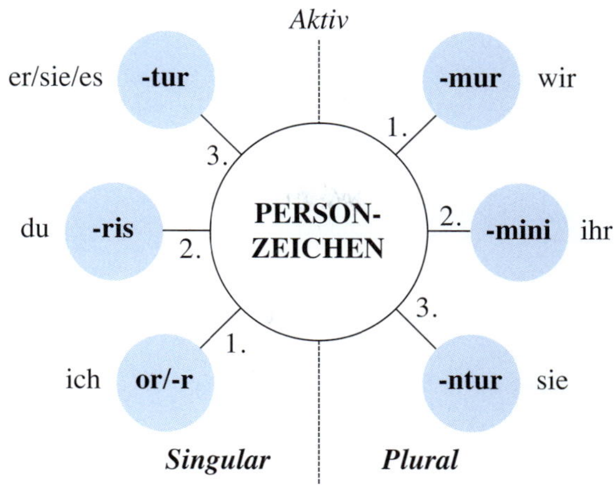

Vergleichen Sie dazu die Personenzeichen bei den Formen des Aktivs auf S. 23.

1.1 Präsens Passiv

Bedeutungsteil	Signalteil: Kennvokal	*Bindevokal*	Tempuszeichen	Personzeichen
mon	e			or
relínqu		*e*		ris

mon-	e-**or**	ich werde	gemahnt
	ē-**ris**	du wirst	
	ē-**tur**	er/sie/es wird	
	ē-**mur**	wir werden	
	ē-**minī**	ihr werdet	
	e-**ntur**	sie werden	

am-or	ich **werde** geliebt
audi-or	ich **werde** gehört
relinqu-or	ich **werde** verlassen
capi-or	ich **werde** gefangen

Konjugationsschemata ↗ S. 312.

1.2 Imperfekt Passiv

Bedeutungsteil	Signalteil: Kennvokal	*Bindevokal*	Tempuszeichen	Personzeichen
mon	ē		ba	r
relínqu		*ē*	bā	minī

mon-	ē-**ba**-r	ich wurde	gemahnt
	ē-**bā**-ris	du wurdest	
	ē-**bā**-tur	er/sie/es wurde	
	ē-**bā**-mur	wir wurden	
	ē-**bā**-minī	ihr wurdet	
	ē-**ba**-ntur	sie wurden	

amā-**ba**-r	ich **wurde** geliebt
audi-ē**ba**-r	ich **wurde** gehört
relinqu-ē**ba**-r	ich **wurde** verlassen
capi-ē**ba**-r	ich **wurde** gefangen

-ba-

Tempuszeichen des Imperfekts

Übungen

1. Ein Dialog. Übersetzen Sie.

Flavia Quinto:
„Magno timore, Quinte, moveor."
Quintus: „Cur tanto timore moveris, Flavia? A quo tibi periculum paratur?"
Flavia: „Nos omnes ingenio Hannibalis in summum periculum vocamur."
Quintus: „Es bono animo, Flavia!"
Flavia: „Cur tu timore vacas?"
Quintus: „Ego quidem non timeo."
Flavia: „Sed amici tui quoque timore tenentur."
Quintus: „Vos omnes a me monemini de nostris ducibus et militibus bonis. A quibus cuncti hostes semper vincuntur et pelluntur; ab eis cives Romani semper e periculis servantur."

Studieren Sie zuerst die einschlägigen grammatischen Erscheinungen im Text der Rubrik *Einstieg.*

2. Ins Präsens verwandeln. Fügen Sie jeweils das entsprechende Personenzeichen an und übersetzen Sie beide Formen.

-or / -ris / -tur / -mur / -mini / -ntur

aucti estis	→	auge-
caesus est	→	caedi-
sublati sunt	→	tollu-
raptus es	→	rape-
aspectus sum	→	aspici-
docti sumus	→	doce-

3. Ordnen Sie zu. Welche Haupt- und Gliedsätze passen zusammen? Übersetzen Sie.

a) Arx ab hostibus clam[1] petebatur,
b) Urbs diu in periculum vocabatur,
c) Carthagienses diu a muris arcebantur,
d) Bellum per multos annos parabatur,

cum subito

1) pax facta est.
2) portae sublatae sunt.
3) custodes magno clamore moti sunt.
4) a deis servata est.

[1] **clam** *(Adv.)*: heimlich

2 Futur I Passiv und Infinitiv Präsens Passiv

2.1 Futur I Passiv

-b-
-b*i*-/-b*u*-
-a-/-e-
Futur I

Bedeutungsteil	**Signalteil** Kennvokal	*Bindevokal*	Tempuszeichen	Personzeichen
am	ā		**b**	or
mon	ē		**bú**	ntur

Bedeutungsteil	**Signalteil** Kennvokal	*Bindevokal*	Tempuszeichen	Personzeichen
relinqu			**a**	r
cap	~~ĭ~~		ē	minī

Vergleichen Sie damit Form und Bildung des Futur I Aktiv auf S. 89

mon-	ē-**b**-or	ich werde
	ē-**be**-ris	gemahnt werden
	ē-**b*i***-tur	*usw.*
	ē-**b*i***-mur	
	ē-**b*i***-minī	
	ē-**b*u***-ntur	

cap-	i-**a**-r	ich werde
	i-**ē**-ris	gefangen werden
	i-**ē**-tur	*usw.*
	i-**ē**-mur	
	i-**ē**-minī	
	i-**e**-ntur	

2.2 Infinitiv Präsens Passiv

Den Infinitiv Präsens Passiv erkennt man am **Infinitivzeichen *-rī*/*-ī***.

Vergleichen Sie damit Form und Bildung des Infinitivs Präsens Passiv auf S. 23

		Bedeutungsteil	**Signalteil** Kennvokal	*Bindevokal*	Infinitivzeichen	
amārī	Vokalische Konjugationen – ā	am	ā		rī	geliebt werden
monērī	– ē	mon	ē		rī	gemahnt werden
audīrī	– ī	aud	ī		rī	gehört werden
capī	– i	cap			ī	gefangen werden
relinquī	Konsonantische Konjugation	relinqu			ī	verlassen werden

Übungen

1. Versprechen in der Unterwelt. Stellen Sie alle Futurformen fest und bestimmen Sie diese. Übersetzen Sie.

Anchises pater Aeneae promisit:

a) „Certe, mi fili, dices: ‚Semper a Venere matre servabor neque umquam[1] solus relinquar. Ab ea mihi semper auxilium parabitur.'
b) A cunctis Romanis magnis honoribus tolleris.
c) Nam ab eis aliquando[2] omnes gentes orbis terrarum imperio tenebuntur.
d) Prudentia autem et ingenio ducum multitudo sociorum augebitur.
e) Urbs Roma vero saepe ab hostibus petetur, sed numquam capietur."

2. Scharfblick gefordert. Welcher von den Schlussteilen, die im Kasten angeboten werden, ist zutreffend?

a)	ich werde geraubt werden	rap-.........
b)	wir werden begehrt werden	cup-.........
c)	es wird geschrieben werden	scrib-.........
d)	sie werden gemeldet werden	nunti-.........
e)	ihr werdet bewegt werden	mov-.........
f)	ich werde gehört werden	aud-.........
g)	du wirst erblickt werden	aspic-.........
h)	sie werden geschlagen werden	caed-.........
i)	es wird überliefert werden	trad-.........
j)	wir werden vernichtet werden	toll-.........
k)	er wird gefunden werden	inven-.........

-iar/-iar/-ieris/-etur/-etur/-ietur/-emur/-iemur/
-ebimini/-abuntur/-entur

3. Imperfekt oder Futur? Übersetzen Sie.

monebantur – laudabuntur – capiebamini – tenebimini – vulnerabamur – videbimur – dabar – scribar

4. Auf der Suche nach Passiv-Infinitiven. Welche Formen sind nicht eindeutig bestimmbar?

consuli – nonnulli – liberi – moneri – cupi – audi – agi – ludi – tradi – iuri – dari – augeri – cladi – nisi – vocari – videri – desini – oratori – vidi

5. Stimmen Sie zu? Übersetzen Sie.

a) Placet a multis diligi.
b) Malum est ab amicis relinqui.
c) Misericordia est mala hominum sorte moveri.
d) Civitatem consilio virorum bonorum servari constat.
e) Discordia civium pacem semper tolli apparet.
f) Prudentia hominum semper nova inveniri scimus.

Studieren Sie zuerst die einschlägigen grammatischen Erscheinungen im Text der Rubrik *Einstieg*.

[1] **umquam** *(Adv.)*: jemals
[2] **aliquando** *(Adv.)*: einmal, irgendwann

3 u-Deklination

-u-
Deklination

Substantive der u-Deklination erkennt man am **Kennvokal *-u-***, der zwischen dem Bedeutungsteil und dem Kasuszeichen steht (*aber:* ***-i-*** im Dativ/Ablativ Plural).

Bedeutungsteil	**Signalteil** *Kennvokal*	**Signalteil** Kasuszeichen	
exercit	u	s	das/ein Heer
exercit	ū	s	des Heeres
exercít	u	ī	dem Heer
exercit	u	m	das Heer
cum exercit	ū		*mit* dem Heer

Bedeutungsteil	**Signalteil** *Kennvokal*	**Signalteil** Kasuszeichen	
exercit	ū	s	(die) Heere
exercít	u	um	der Heere
exercít	i	bus	den Heeren
exercit	ū	s	(die) Heere
cum exercít	i	bus	*mit* den Heeren

Vergleichen Sie dazu die Kasuszeichen der Konsonantischen Deklination auf S. 43.

Übungen

Studieren Sie zuerst die einschlägigen grammatischen Erscheinungen im Text der Rubrik *Einstieg.*

1. Übersetzen Sie.

a) Carthaginienses et in castra Romana impetum fecerunt et magno impetu urbem nostram petiverunt.
b) In bello semper magnis exercitibus opus est.
c) Magna pars exercitus nostri/exercituum nostrorum perdita est.

2. Zweimal dasselbe? Übersetzen Sie.

Cui duci non placet exercitum salvum in patriam duci?

3. Chamäleon *-us.* Übersetzen Sie.

Impetus exercitus contra[1] ius gentium factus est.

[1] **contra** *(m. Akk.)*: gegen

4 Kasuslehre

4.1 Der Teilungsgenitiv

Der **Genitiv** bezeichnet häufig das Ganze, von dem eine **Teilmenge** angegeben ist. Er heißt dann **Teilungsgenitiv (Genitivus partitivus)**.

pars **cīvium**	ein Teil **der Bürger**	tria mīlia **hominum**	dreitausend **Menschen**
satis **aquae**	genug **Wasser**	multum **prūdentiae**	viel **Klugheit**
tantum **timōris**	so viel **Furcht**	nihil **salūtis**	keine **Rettung**
quis **nostrum**	wer **von uns**	nēmō **vestrum**	niemand **von euch**

4.2 Der Genitiv der Zugehörigkeit

Der **Genitiv der Zugehörigkeit** bezeichnet entweder **eine Person, die** ein Gefühl oder Verhalten zeigt, oder **die Person, zu der** man ein Gefühl oder Verhalten zeigt.

ira **deōrum**	der Zorn der Götter **(Genitivus subiectivus)**
timor **deōrum**	die Furcht vor den Göttern **(Genitivus obiectivus)**

Achten Sie bei einem Genitiv oder Dativ immer genau auf seine semantische Funktion: Diese ist meist beim Genitiv von einem Nomen, beim Dativ von einem Verb her zu erschließen.

4.3 Dativ des Besitzers

Der **Dativ** in Verbindung mit der **Kopula** ***esse*** bezeichnet häufig den Besitzer:
Dativ des Besitzers (Dativus possessoris).

Urbī Rōmae multa templa ***erant***.	**Die Stadt Rom *besaß*** viele Tempel.
Minervae māgna prūdentia ***est***.	**Minerva *verfügt*** über große Klugheit.

Übungen

1. Übersetzen Sie.

a) Quid est amor[1] liberorum?
b) Quid est gaudium vitae?
c) Cui vestrum satis pecuniae est?

2. Welche Funktion hat der Dativ jeweils?

Non cunctis ‹misericordia / miserorum› est

Non cunctis ‹misericordiam / miserorum› a deis dari constat.

[1] **amor, -oris** *m*: Substantiv zu *amare*

Wortschatz

1/19–20

tōtus, -a, -um (*Gen.* tōtīus, *Dat.* tōtī)	ganz	*f: tout/toute*
ferē *(Adv.)*	**ungefähr, fast**	
exercitus, -ūs *m*	Heer	exerzieren
caedere, caedō, cecīdī, caesum	fällen, niederhauen; schlagen	→ 3 occidere
socius, -ī *m*	Gefährte; Verbündeter, Bundesgenosse	sozial
pars, partis *f* (*Gen. Pl.* partium)	**Teil; Richtung**	*f: partie*
et – et	sowohl – als auch	
quaestor, -ōris *m*	**Quästor**	
miles, -itis *m*	Soldat	Militär
tribūnus militum	Militärtribun	
praetereā *(Adv.)*	**außerdem**	
senātus, -ūs *m*	**Senat, Senatsversammlung**	
pedes, -itis *m*	**Infanterist, Soldat zu Fuß**	
castra, -ōrum *n (Pluralwort)*	**Lager**	*e: castle*
ēvādere, ēvādō, ēvāsī, ēvāsum	**herausgehen, entkommen**	→ 2 vādere
nūntiāre	melden, mitteilen	*f: prononcer*
nēmō (*Dat.* nēmini, *Akk.* nēminem)	niemand	
clādēs, -is *f* (*Gen. Pl.* clādium)	Niederlage, Verlust	
numquam	niemals	
tantus, -a, -um	**so groß, so viel**	
tumultus, -ūs *m*	**Aufruhr, Unruhe, Trubel**	Tumult
praetor, -ōris *m*	**Prätor**	
cūria, -ae *f*	**Kurie** (Versammlungsort des Senats)	
magistrātus, -ūs *m*	**Amt, Behörde; Beamter**	Magistrat
cōnsilium, -ī *n*	Rat, Beratung, Plan; Beschluss	→ 9 cōnsulere
prō certō habēre	für sicher halten	
impetus, -ūs *m*	Angriff, Ansturm	
impetū	**im Sturmangriff, im Eilschritt**	
prūdentia, -ae *f*	Klugheit	→ 9 prūdēns
cōnstantia, -ae *f*	**Festigkeit, Beständigkeit**	konstant
certus, -a, -um	**sicher, gewiss**	Zertifikat
scīre	wissen, verstehen	*e: science*
augēre, augeō, auxī, auctum	vergrößern, vermehren, fördern	Auktion
multitūdō, -inis *f*	Menge, Vielzahl	→ 3 multus
tollere, tollō, sústulī, sublātum	heben; aufheben, beseitigen, beenden	
arcēre	**abhalten, fern halten, abwehren**	→ 7 arx
mātrōna, -ae *f*	**(verheiratete) Frau, Matrone**	
pūblicum, -ī *n*	**Öffentlichkeit**	*f: le public*
custōs, -ōdis *m*	Wächter, Wärter	Küster
porta, -ae *f*	Tor	*f: porte*
salvus, -a, -um	wohlbehalten, unverletzt, heil	→ 9 salūs
expūgnāre	erstürmen, erobern	
bellum, -ī *n*	Krieg	
trahere, trahō, trāxī, tractum	**ziehen, schleppen**	Traktor
sanguis, -inis *m*	**Blut**	*f: sang*

Wiederholen Sie zunächst noch einmal den ersten Wortschatz dieser Lektion auf S. 110.

Wusster Sie schon?

Karthago

Hannibal.

Die Phönizier (lat. *Poeni*), deren Heimat das Gebiet um die Stadt Tyros im heutigen Libanon war, gründeten um 814 v. Chr. Karthago als Handelsstützpunkt an der Küste des heutigen Tunesien. Diese Stadt war nur eine ihrer vielen Kolonien, gewann aber aufgrund ihres hervorragenden Hafens schnell an Bedeutung und überflügelte bald andere phönizische Städte wie z.B. Utica. Als Alexander der Große 332 v. Chr. Tyros zerstörte, wurde Karthago zum neuen Mittelpunkt der phönizischen Seemacht, die auch auf den Inseln des westlichen Mittelmeeres und in Südspanien Fuß fasste.

Inzwischen hatte sich die römische Republik vom Stadtstaat zu einer Großmacht entwickelt; trotzdem störte sie den Handel Karthagos zur See nicht. Vielmehr legte Rom Wert auf gute Beziehungen zu der reichen Handelsmetropole, bis im Jahre 264 v. Chr. aufgrund eines Konfliktes um eine Kleinstadt im Nordosten Siziliens, Messana (heute: Messina), der Erste Punische Krieg ausbrach, der 241 v. Chr. für Karthago mit dem Verlust von Sizilien, Sardinien und Korsika endete.

Hannibal überquert die Alpen.

Doch Karthago erstarkte wieder und dehnte seine Macht auf Spanien aus. Hamilkar, dessen Nachfolger Hasdrubal und schließlich Hamilkars Sohn Hannibal, der nach der Überlieferung als Kind seinem Vater geschworen hatte, ewig ein Feind der Römer zu sein, eroberten Spanien bis zum Ebro, auch die mit Rom verbündete Stadt Sagunt. So sah sich Rom gezwungen, Karthago den Krieg zu erklären. Hannibal ergriff überraschend die Initiative und zog über die Pyrenäen und die Alpen: Mit ungefähr 40 000 Soldaten und 37 Kriegselefanten war er im Frühjahr 218 v. Chr. aufgebrochen. Als er im Oktober die Poebene erreichte, standen ihm nur noch 26 000 Mann und wenige Elefanten zur Verfügung.

Die römischen Feldherren glaubten, die geschwächte Armee Hannibals leicht besiegen zu können. Sie mussten aber zwei bittere Niederlagen (am Ticinus und an der Trebia) hinnehmen, da sie der karthagischen Kriegsführung nicht gewachsen waren. Hannibal verstärkte seine Armee mit Kelten aus Norditalien und zog weiter nach Süden. Dass die Karthager nach ihrem Triumph bei Cannae Rom nicht sofort angriffen, wurde bereits in der Antike als kriegsentscheidender Fehler Hannibals angesehen.

Lesen und verstehen

Hannibal ad portas! (nach Livius XXII 49–55)
Mehrmals in seiner Geschichte war das Römische Reich bedroht, doch nie war die Gefahr größer als 216 v. Chr. nach der vernichtenden Niederlage bei Cannae, wo Rom an die 50 000 Mann verlor. In dieser Katastrophe zeigte sich eine besondere Eigenschaft der Römer, ihre constantia.

Ad Cannas ab Hannibale, duce Carthaginiensium, totus fere exercitus Romanus
caesus est, tantadem[1] civium sociorumque pars.
In caesis erant et Aemilius Paullus consul et consulum quaestores
et multi tribuni militum, praeterea magna pars senatus.
Capta sunt ea pugna tria milia peditum et equites mille et quingenti.
E castris Romanis ad[2] quattuor milia hominum et pauci equites,
quibus satis virium et animi erat, evaserunt.
Romam autem nuntiatur
neminem civium, neminem sociorum e clade fugisse,
sed occidione[3] occisum esse cum ducibus exercitum.
Numquam in urbe Roma tantum timoris et tumultus fuit,
numquam tantus luctus[4] mulierum.
Ubique clamor audiebatur,
ubique homines fatum crudele timebant.
Tum a Publio Furio Philo et Manio Pomponio praetoribus patres in curiam
Hostiliam vocati sunt.
Diu patres, diu magistratus nihil consilii, nihil auxilii invenerunt et pro certo habebant
ab Hannibale post clades exercituum Romanorum iam impetu urbem peti ipsam.
In tantis periculis Quintus Fabius Maximus,
cui multum prudentiae, multum constantiae erat,
patres monuit et inter alia:
„Nemo“, inquit, „de illa clade iam certa audivit.
Scimus autem mala saepe rumoribus[5] augeri.
Certe nobis nuntiabitur partem exercitus evasisse
et ex tanta multitudine militum nonnullos fugisse.
Proinde[6] tollite timorem hostium in urbe, arcete matronas publico,
facite silentium[7] per urbem, ponite custodes ad portas!
Neque enim servabimur,
nisi Hannibal ab urbe arcebitur.
Dum moenia salva manebunt,
neque nos vincemur neque Roma expugnabitur!“

Falls Sie sich die Übersetzung noch nicht zutrauen, wiederholen Sie vorher nochmals den Einführungstext dieser Lektion auf S. 110.

[1] **tantusdem**, **tántadem**, **tantundem**: ebenso groß
[2] **ad**: ungefähr, bis zu
[3] **occidio**, **-onis** *f*: Gemetzel, Blutbad
[4] **luctus**, **-us** *m*: Trauer
[5] **rumor**, **-oris** *m*: Gerücht
[6] **proinde**: also
[7] **silentium facere**: für Ruhe sorgen

Versuchen Sie sich am Original

Hannibal: „Id ego iusiurandum[1] ad hanc aetatem[2] conservavi.“ (Nepos)
Welcher Eid ist damit gemeint?

Furem[3] luce occidi duodecim tabulae vetant[4]. (Cicero)

Saluti civium consuli necesse est. (nach Cicero)

[1] **iusiurandum**, **-i** *n*: Eid
[2] **aetas**, **-atis** *f*: Alter, Zeit
[3] **fur**, **furis** *m*: Dieb
[4] **vetare**: verbieten

Zu guter Letzt

① Der römische Staat

Im römischen Staat gab es – Anfang des 2. Jh. v. Chr. – mehrere Ämter, die die Politiker in der Regel in einer festgelegten Reihenfolge, dem *cursus honorum*, durchliefen.

duo censores
(alle fünf Jahre gewählt, fast immer ehemalige Konsuln)
- Schätzung des Vermögens und Registrierung der Bürger sowie Finanzaufsicht;
- „Sittenwächter".

duo consules
(jährlich gewählt, Mindestalter 43; das höchste Staatsamt)
- Leitung aller Staatsgeschäfte;
- Vorsitz im Senat;
- Heerführung.

dictator
(bei Notstand durch den Senat für höchstens sechs Monate eingesetzt)
- Leitung aller Staatsgeschäfte mit uneingeschränkter Befehlsgewalt.

sex praetores
(jährlich gewählt, Mindestalter 40)
- Vertretung der Konsuln; Rechtsprechung;
- Rechtsstreitigkeiten zwischen römischen Bürgern und Fremden;
- Verwaltung der Provinzen.

quattuor aediles
(jährlich gewählt, Mindestalter 37)
- öffentliche Ordnung, Verkehr usw.;
- Getreide- und Ölversorgung, Getreideverteilung;
- Ausrichtung öffentlicher Spiele.

quaestores
(jährlich gewählt, Mindestalter 31; anfangs nur zwei Quästoren)
- Unterstützung der Konsuln;
- Verwaltung der Staatskasse;
- Archivierung der Senatsbeschlüsse;
- Vertretung des Statthalters in Provinz;
- Marktgerichtsbarkeit und Verwaltung der Gelder.

decem tribuni plebis
(jährlich und nur von der *plebs* gewählt; Plebejer; galten als unverletzlich)
- Interessenvertretung des einfachen Volkes;
- Einspruchsrecht (*Veto*) gegen Beschlüsse des Senats und Amtshandlungen aller Beamten;
- Leitung der Volksversammlung;
- Rechtsprechung innerhalb der Plebs.

② Politischer Wortschatz

Insbesondere im Bereich Staatswesen sind viele heute gebräuchliche Begriffe von lateinischen Wörtern abgeleitet. Bei einigen hat sich die Bedeutung jedoch gewandelt.
Nennen Sie jeweils die Grundbedeutung und erklären Sie, was man unter dem davon abgeleiteten Wort heute versteht.

censor → Zensur
civis → Zivilist
imperium → Imperialismus
pax → Pazifismus

rex → regieren
senatus → Senat
consul → Konsul
dictator → Diktator

magistratus → Magistrat
patria → Patriotismus
pars → Partei

Test Lektionen 6–10

1. Stellen Sie im folgenden Text das jeweilige Zeitverhältnis fest. Übersetzen Sie und wählen Sie die richtigen deutschen Tempora.

a) Iam legistis Gaium Flaminium per thermas **ambulavisse**. Dixerat se[1] ibi multos homines **vidisse** neque tamen inter tot homines unum ex amicis **fuisse**. –
b) Apud Vergilium poetam[2] legimus Hectoris imaginem Aeneae **apparuisse** eumque **monuisse**: „Fuge!" His verbis Hector addiderat[3]: „Apparet hostem iam **habere** muros."
c) C. Terentilius Arsa apud patres dixit legibus scriptis **opus esse**: „Iam scitis, iam audivistis patriae duo pericula **imminere**: seditionem[4] et discordiam."
d) Traditum est leges Athenarum et aliarum Graeciae civitatum Romae **correctas esse** decemque tabulas in foro **positas esse**.

2. *-um*: Warum?

Erklären Sie jeweils das ***-um***.

Opus clar-	**um**	video.
Puerum e periculo servat-	**um**	esse audio.
Clamor mulier-	**um**	magnus erat.
Mos erat hostem capt-	**um**	gladio spoliare.
Imperium tri-	**um**	virorum Romanis utile non fuit.
Romani sociique iter-	**um**	cum Germanis pugnaverunt.

3. Warum diese Zeit? Bestimmen Sie die Sinnrichtung der verwendeten Tempora aus dem Kontext.

Auf der Flucht:
a) Ad Troiam Graeci cum Troianis **pugnabant**; nam Paris ille Troianus Helenam **rapuerat** et secum Troiam **duxerat**.
b) Post oppugnationem[5] decem annorum urbs a Graecis **capta est**.
c) Itaque omnes Troiani, quibus facultas fugiendi[6] **data erat**, **fugiebant**.
d) Aeneas autem patriam servare **studebat**. Is subito Helenam illam **aspexit**, quae se ad aram Vestae **servaverat**. Statim eam gladio **occidebat**.
e) Sed Venus dea eum a nece **arcuit**; itaque Helena **servata est**.

4. Welche Übersetzung stimmt? Suchen Sie aus a) – d) die richtige Übersetzung aus. Welche Fehler enthalten die anderen Übersetzungen?

Cicero schreibt an seinen Freund Brutus:
Civitati et viribus tuis et consilio tuo opus est.
a) Dem Staat und deinen Kräften und deinem Rat ist es ein Werk.
b) Die Bürgerschaft und deine Kräfte brauchen auch deinen Rat.
c) Der Staat braucht sowohl deine Kräfte als auch deinen Rat.
d) Der Staat braucht sowohl deine Männer als auch deinen Rat.

[1] **se**: dass er …
[2] **poeta**, **-ae** *m*: Dichter
[3] **addere** (**addo**, **addidi**, **additum**): hinzufügen
[4] **seditio**, **-onis** *f*: Streit, Zerwürfn[is]
[5] **oppugnatio**, **-onis** *f*: Belagerung
[6] **facultas fugiendi**: Gelegenheit zur Flucht

5. Klären Sie die Sinnrichtung der hervorgehobenen Partizipien und übersetzen Sie jeweils auf zwei Arten:

a) „Plebs ad seditionem[1] **mota** non solum sibi nocebit[2].
b) Itaque necesse est vos, patres, plebi **laesae** leges scriptas concedere."
c) Patres diu **moniti** tandem plebi miserae leges scriptas et iura debita concesserunt.
d) Tres legati in Graeciam **missi** claras illas Solonis leges aliasque leges Graecas descripserunt[3].
e) Graecorum leges a multis **laudatae** Romam transportatae sunt.
f) Romani leges Graecas a civibus prudentibus **correctas** in foro posuerunt.

6. Fit per Gesetz!
Grenzen Sie die AcI-Konstruktionen ab und bestimmen Sie ihre Elemente.
Worauf beziehen sich jeweils die Pronomina?
Übersetzen Sie.

a) Apud Athenaeum auctorem legimus Lacedaemonios hanc legem habuisse:
b) Nemo adulescentium neque corpus[4] pingue[5] habere debet neque album[6].
c) Hoc enim docebit eum neque satis corpus[4] cum ceteris adulescentibus exercuisse[7] neque viribus suis satis consuluisse.
d) Illud autem docebit eum saepe luxui[8] se dedisse."
e) Praeterea ea lege scriptum erat omnes adulescentes certo tempore anni ad magistratus venire debere.
f) Si tamquam sculpti et tornati[9] erant, magistratus eos laudabant.
g) Eos autem, qui erant pingues[5], caesos esse a magistratibus audimus.
h) Dictum enim est eiusmodi adulescentes patriae utiles non esse.

[1] **seditio, -onis** *f.*: Streit, Zerwürfnis
[2] **nocere**: schaden
[3] **describere (describo, descripsi, descriptum)**: aufschreiben
[4] **corpus, -oris** *n*: Körper
[5] **pinguis, -e**: fett
[6] **albus, -a, -um**: weißhäutig; hell
[7] **exercere** (hier): trainieren
[8] **luxus, -us** *m*: Ausschweifung
[9] **tamquam sculptus et tornatus**: wie gemeißelt und gedrechselt

7. Mehrdeutiges.
In jedem der folgenden Sätze kommen mehrdeutige Formen vor. Erst durch die Beachtung des Kontextes ist eine sichere Deutung möglich.

a) Tabula, **quam** vidi, mihi statim placuit. **Quam** habere cupio. **Quam** bonum erit eam tabulam habere!
b) Milites imperatorem rogaverunt: „Quo nos **ducis**, imperator? Clades **ducis** et nostra clades erit."
c) Patribus verba **consulis** placuerunt; itaque ei plauserunt clamaveruntque: „Tu saluti communi profecto **consulis**."
d) „Cives Romani, cur civitatem vestram et vos ipsos legibus Graecorum **traditis**?"
„Quod nos leges scriptas non habemus; itaque legibus a Graecis **traditis** nobis opus est."
e) Nonnulli viri boni plebi consilia **prudentia** dederunt eique **prudentia** sua consuluerunt.

8. AcI-Grafik. Bilden Sie mit passenden Wörtern aus dem Kasten entsprechend den Vorgaben im grafischen Schema einen Satz mit AcI. Vorsicht: Nicht alle Wörter passen! Übersetzen Sie dann.

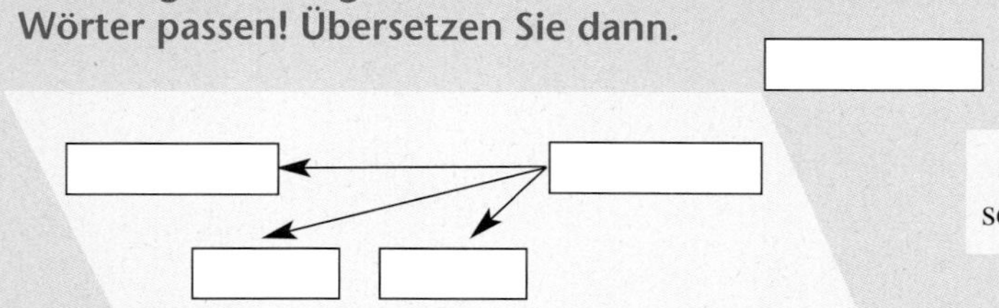

a leges Romanos constat scripsisse urbis multos sibi

„Wo Menschen im besonderen Maße Menschen sind"

(nach Plinius, Ep. VIII 24)

In dieser Lektion lernen Sie

GRAMMATIK

- Konjunktiv Präsens/Perfekt Aktiv/Passiv
- Konjunktiv in Haupt- und Gliedsätzen
- Syntaktische Funktionen der Gliedsätze
- Partizip Präsens Aktiv (PPrA)

WORTSCHATZ

- Wörter aus dem Bereich von Geist, Kultur und Demokratie

DIE WELT DER ANTIKE

- Verhältnis zwischen Rom und Griechenland

Die Akropolis von Athen heute.

Einstieg

Xerxes, rex Persarum, cum impetum in Graeciam facere studeat, praecipit: „Imperate Demarato Graeco, qui in exercitu nostro est, ut veniat ad regem! Rogemus eum, quid de virtute Graecorum sciat!“ Cum autem Demaratus venerit, Xerxes dicit: „O Demarate, ne timueris! Narres nobis, quo modo Graeci Persas impetum facientes a patria sua arcere studeant!“ Demaratus statim respondet: „Quid taceam? Tu, o Xerxes, scire cupis, cur Graeci multitudine quidem vobis pares[1] non sint, sed virtute vos omnes vincant. Ego, ne erres, hoc tibi non nego: Cum Graecis natura libertas data sit, servitutem turpem et nimiam dominorum superbiam maxime despiciunt. Ignorasne, quanto studio et quanto amore patriae adducti ei libertatem suam et initio defenderint[2] et nunc defendant[2]? Et cum eis lex quasi[3] summus rex sit, nemo eis vobiscum pugnantibus loco cedere cogat. Nemo credat eos terrorem hostium timere! Equidem pro certo habeo: Graeci numquam recedent et vos Persas summa vi Europam petentes vincent.“

[1] **par, paris**: (jdm.) gewachsen
[2] **defendere (defendi)**: verteidigen
[3] **quasi**: gleichsam

Als Xerxes, der König der Perser, den Angriff auf Griechenland machen will, ordnet er an: „Befehlt dem Griechen Demaratos, der sich in unserem Heer befindet, dass er zum König kommen soll! Lasst uns ihn fragen, was er von der Tapferkeit der Griechen weiß!“ Als Demaratos gekommen ist, sagt Xerxes: „O Demaratos, hab keine Angst! Erzähl uns doch bitte, auf welche Weise die Griechen die Perser, wenn sie angreifen, von ihrem Vaterland abhalten wollen!“ Demaratos antwortet sogleich: „Was soll ich schweigen? Du, mein Xerxes, willst wissen, warum die Griechen zwar an Menge euch nicht gewachsen sind, aber an Tapferkeit euch alle besiegen. Ich sage dir, damit du dich nicht irrst, dies offen: Da den Griechen von Natur die Freiheit gegeben ist, verachten sie sehr die schändliche Knechtschaft und den zu großen Hochmut der Herren. Weißt du nicht, mit welch großem Eifer und aus welch großer Vaterlandsliebe sie ihre Freiheit sowohl anfangs verteidigt haben als auch jetzt verteidigen? Und da ihnen das Gesetz gleichsam ihr oberster König ist, dürfte sie beim Kampf mit euch niemand dazu bringen, von der Stelle zu weichen. Niemand soll glauben, dass sie vor dem Schrecken der Feinde Angst haben! Ich jedenfalls bin mir sicher: Die Griechen werden niemals zurückweichen, und sie werden euch Perser, auch wenn ihr mit höchster Kraft Europa angreift, besiegen.“

īgnōrāre	nicht wissen
narrāre	erzählen
addūcere, addūcō, addūxī, adductum	heranführen, veranlassen
crēdere, crēdō, crēdidī, crēditum	glauben, anvertrauen
dēspicere, dēspiciō dēspexī, dēspectum	herabsehen, verachten,
praecipere, praecipiō, praecēpī, praeceptum	vorschreiben, anordnen
recēdere, recēdō recessī, recessum	zurückweichen, sich zurückziehen
nātūra, -ae *f*	Natur, Wesen
superbia, -ae *f*	Hochmut, Stolz
modus, -ī *m*	Maß, Art und Weise

initium, -iī *n*	Anfang, Beginn
amor, -ōris *m*	Liebe
terror, -ōris *m*	Schrecken
lībertās, -ātis *f*	Freiheit
servitūs, -ūtis *f*	Sklaverei, Knechtschaft
virtūs, -ūtis *f*	Tapferkeit, Tugend
nimius, -a, -um	zu groß, übermäßig
turpis, -e	hässlich, schändlich
initiō *(Adv.)*	anfangs
māxime *(Adv.)*	am meistens, sehr überaus
équidem	(ich) jedenfalls, allerdings
ut *(m. Konj.)*	dass, damit, (um) zu
nē *(m. Konj.)*	dass nicht, damit nicht; *(im vern. Befehlsatz)* nicht
cum *(m. Konj.)*	als, weil, obwohl

1. Wie sind alle Konjunktivformen (Moduszeichen *-e-/-a-* im Signalteil) im Hauptsatz wiedergegeben?
2. Wie sind alle Konjunktivformen in den Gliedsätzen *(cum/ut/ne)* wiedergegeben?

Grammatik

1 Konjunktiv Präsens Aktiv und Passiv

Der Konjunktiv Präsens ist in der Regel der Modus der Möglichkeit.

1.1 Bildung

Aktiv

	Bedeutungsteil	**Signalteil** Kennvokal	*Bindevokal*	Moduszeichen	Personzeichen
amem	am			**e**	m
móneās	món	e		**ā**	s
sit	s			**i**	t
	Präsensstamm				

Passiv

Bedeutungsteil	**Signalteil** Kennvokal	Moduszeichen	Personzeichen
am		**e**	r
mon	e	**ā**	ris
dūc		**á**	tur
Präsensstamm			

Wie der Konjunktiv im Haupt- und Gliedsatz im Deutschen wiederzugeben ist, können Sie aus 1.3 bzw. 1.4 entnehmen.

Die **Übersetzung** aller Formen des **Konjunktivs** ist vom Kontext abhängig. Eine **wörtliche Übersetzung** ist meist **nicht möglich**.

1.2 Formen

Den **Konjunktiv Präsens Aktiv** erkennt man am **Moduszeichen** ***-e-/-a-/-i-***, den **Konjunktiv Präsens Passiv** am **Modus Zeichen** ***-e-/-a-***.

Aktiv

am-	**e**-m	mon-	e-**a**-m	s-	**i**-m
	ē-s		e-**ā**-s		**ī**-s
	e-t		e-**a**-t		**i**-t
	ē-mus		e-**ā**-mus		**ī**-mus
	ē-tis		e-**ā**-tis		**ī**-tis
	e-nt		e-**a**-nt		**i**-nt
	amāre		*monēre*		*esse*

Passiv

aud-	i-**a**-r
	i-**ā**-ris
	i-**ā**-tur
	i-**ā**-mur
	i-**ā**-minī
	i-**a**-ntur
	audīre

-e-
-a-
-i-
Konjunktiv Präsens Aktiv

Vergleichen Sie dazu die Formen des Indikativs Präsens Aktiv auf S. 23 und Passiv auf S. 111.

1.3 Verwendung im Hauptsatz

Quis **neget**?	Wer **dürfte leugnen**?	**Aussage** über eine Möglichkeit (*Potentialis*)
Statim **veniās**!	**Komm doch** bitte sofort!	**Wunsch** an die 2. P. Sg. oder Pl. (*Optativ*)
Nē taceātis!	**Schweigt bitte nicht**!	
Taceat!	**Er soll schweigen**!	**Befehl** an die 3. P. Sg. oder Pl. (*Iussiv*)
Nē sīmus inīquī!	**Lass uns nicht/Wollen wir nicht** ungerecht **sein!**	**Aufforderung** an die 1. P. Pl. (*Hortativ*)
Quid **faciam**?	Was **soll ich tun**?	**Überlegende Frage** an die 1. P. Sg. oder Pl. (*Deliberativ*)
Quō **fugiāmus**?	Wohin **sollen wir fliehen**?	

1.4 Verwendung im Gliedsatz

Rogō tē, **ut** ad mē **veniās**. **nē** mē **despiciās**. Timeō, nē ā tē **relinquar**.	Ich bitte dich, **dass** du zu mir **kommst** (zu mir zu kommen). **dass** du mich **nicht verachtest** (mich **nicht** zu **verachten**). Ich fürchte, **dass** ich von dir **verlassen werde** (... **verlassen zu werden**)*.	**Abhängiger Begehrsatz** (als Objekt)
Nōn appāret, **quid sit** lībertās.	Es ist nicht klar, **was** Freiheit **ist**.	**Abhängiger Fragesatz** (als Subjekt)
Pūgnat, **ut** libertatem **dēfendat**. **nē capiātur**.	Er kämpft, **damit** er die Freiheit **verteidigt** (**um ... zu verteidigen**). **damit** er **nicht gefangen wird** (**um nicht gefangen zu werden**).	**Finalsatz** (als Adverbiale zur Angabe des Zwecks)
Timor tantus est, **ut** nōn **maneāmus**.	Die Furcht ist so groß, **dass wir** nicht **bleiben**.	**Konsekutivsatz** (als Adverbiale zur Angabe der Folge)
Cum miser **sim**, venis ad mē.	**Da ich** unglücklich **bin**, kommst du zu mir.	**Kausalsatz** (als Adverbiale zur Angabe des Grundes)

* Bei Verben des Fürchtens bedeutet **ne**: *dass*.

Beachten Sie: Der Konjunktiv im Gliedsatz wird im Deutschen in der Regel mit Indikativ wiedergegeben.

Studieren Sie zuerst die einschlägigen grammatischen Erscheinungen im Text der Rubrik *Einstieg*.

Übungen

1. Wie lautet der Infinitiv der angegebenen Konjunktivformen? Übersetzen Sie.

vacemus – rideamus – credam – fugiatis – sint – desinas – parem – despiciatis – recedam – tollamus – scias – vadatis – dem

2. Achtung: Verwechslungsgefahr! Bestimmen und übersetzen Sie alle Formen.

servas – serves; ludam – ludum; duces – ducas; parem – paream – partem; tradam – traditam; paras – parcas – parvas

3. Wirklich Konjunktiv? Bestimmen Sie alle Formen. Welche sind eindeutig Konjunktiv?

adducam – memoriam – despiciam – superbiam – acrem – narrem – amorem – ignorem – credam – numquam – traham – equidem – laudem – servitutem – portam – evadam – tollas – portas – arceas – libertas – moneas

4. Beste Wünsche. Übersetzen Sie.

a) Deus sit vobiscum!
b) Sors tibi faveat[1]!
c) Vivamus atque amemus!
d) Clementia agas!
e) Gaudeamus igitur!
f) Sit tibi terra levis[2]!
g) Ne laedaris!
h) Homines ne vivant sine pace!
i) Audiatur et altera[3] pars!
j) Artibus studeatis!

5. Welche sind Passivformen? Übersetzen Sie.

puer – porter – mulier – teneatur – cupitur – igitur – capiatur – ameris – mulieris – deris – pueris – multitudini – occidamini – tradimini – demini – sanguini

[1] **favere**: gewogen sein
[2] **levis**, **-e**: leicht
[3] **alter**, **-a**, **-um**: ein/der andere/r

6. Vieldeutiges *ut*. Suchen Sie die passende Bedeutung und übersetzen Sie.

a)	Te rogamus,	**ut**	nobis de Capitolio narres.
b)	Amor omnia vincit,		apud Vergilium legimus.
c)	Multi homines Romam veniunt		urbem claram videant.
d)	Tanta est superbia multorum,		et ab amicis reprehendantur.

7. Welche Funktion hat der Konjunktiv?

a) Videant magistratus, ne civitas in periculum veniat!
b) Deliberemus, quid civitati utile sit!
c) Cur patriam relinquamus, cum hic beati simus?
d) Do, ut des.
e) Quis credat hoc bonum esse?
f) Caveas malos!
g) Cum eos caveamus, tamen in summo periculo sumus.

2 Konjunktiv Perfekt Aktiv und Passiv

2.1 Bildung

Aktiv

Bedeutungsteil	**Signalteil** Moduszeichen	Personzeichen	
amāv	**eri**	m	amāverim
monu	**éri**	mus	monuérimus
fú	**eri**	nt	fúerint
Perfekt-Aktiv-Stamm			

Passiv

Bedeutungsteil	**Signalteil**		
amāt	us	sim	amātus sim
monit	a	sit	monita sit
audīt	ī	sīmus	audītī sīmus
relict	ae	sītis	relictae sītis
fact	a	sint	facta sint
PPP-Stamm			

Vergleichen Sie dazu die Formen des Indikativs Perfekt Aktiv auf S. 54 und Passiv auf S. 67.

2.2 Formen

Den **Konjunktiv Perfekt Aktiv** erkennt man am Moduszeichen ***-eri-***, den **Konjuntiv Perfekt Passiv** am **PPP** in Verbindung mit dem Konjunktiv Präsens von *esse:* ***sim, sīs, sit*** ...

Aktiv

amāv- **eri**-m, **eri-s**, **eri**-t, **éri**-mus, **éri**-tis, **eri**-nt

Bedeutungsteil	**Signalteil** Moduszeichen	Personzeichen
amāv, monú, aspéx, cēp, déd, dēscénd, fú	**eri**	t
Perfekt-Aktiv-Stamm		

Passiv

amā**tus/-a**	**sim**, **sīs**, **sit**
amā**tī/-ae**	**sīmus**, **sītis**, **sint**

amā**t**, audī**t**, relic**t**, mis**s**, pul**s**, rī**s**, quaesī**t** → **-us/-a/-um sit**

-eri-
Konjunktiv Perfekt Aktiv

Schema aller Konjugationen ↗ S. 313 und Tab. $VI_{2.2}$, S. 314.

2.3 Verwendung in Hauptsatz und Gliedsatz

a) **Im Hauptsatz** **Nē timueris**! **Nē** crudēlēs **fueritis**!	**Fürchte dich nicht**! **Seid nicht** grausam!	**Verbot** an die 2. P. Sing. und Pl.
b) **Im Gliedsatz** Sciō, **cūr** nōn **vēneris**.	Ich weiß, warum du nicht **gekommen bist**.	**Abhängiger Fragesatz** (vorzeitig)
Cum ab amīcīs **relictī sīmus**, laetī nōn iam sūmus.	Als/Da wir von den Freunden **verlassen worden sind**, sind wir nicht mehr froh.	**Temporalsatz/Kausalsatz** (vorzeitig)

Studieren Sie zuerst die einschlägigen grammatischen Erscheinungen im Text der Rubrik *Einstieg*.

Übungen

1. Wie lautet der Infinitiv? Bestimmen Sie dann die angegebene Konjunktivform.

tradideris – missi sitis – steterint – fuerim – credita sit – adduxerint – recesserimus – traxerimus – sublata sint – correxerint – fecerint – visa sim

2. Welche Bedeutungen kann *ne* haben? Übersetzen Sie.

a) Timeo, ne a vobis reprehendar.
b) Rogo vos, ne me relinquatis.
c) Libertati consulamus, ne tollatur!
d) Ne credideritis omnibus oratorum verbis!

3. Vorzeitigkeit im Gliedsatz. Übersetzen Sie.

a) Quis scit, – quo modo patriam defenderitis?
– ubi civitas initio libera facta sit?

b) Cum saluti civium consulueritis, – gaudemus.
Cum libertas a vobis servata sit, – gaudemus.

4. Satzgefüge. Übersetzen Sie den Satz nach dem Analyseschema.

Cum sciam, cur hic tantus tumultus factus sit, timeo, ne magnum periculum nobis immineat.

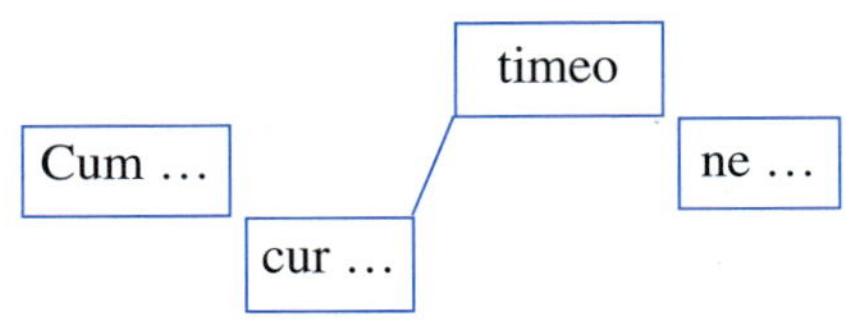

5. Suchen Sie den fehlenden Begriff. Sie finden ihn, indem Sie aus den Bauelementen, die unten im Kasten angegeben sind, die lateinische Wiedergabe des deutschen Satzes erarbeiten.

Alle wissen, wer vor den Persern mit höchstem Einsatz Freiheit und Frieden .... verteidigt hat.

....

....

....

a – cle**m**entiam – defend**a**t – def**e**nderit – et – libertatem – nimio – omn**e**s – **pa**cem – Pe**r**sis – q**u**is – sciunt – studi**o** – summo – virt**u**te

Die fettgedruckten Buchstaben in den lateinischen Wörtern ergeben in der richtigen Reihenfolge den gesuchten Begriff.

Lösungswort: ....

3 Partizip Präsens Aktiv

Das Partizip Präsens Aktiv (PPrA) erkennt man am Bildungselement *-nt-* (Nominativ Singular *-ns*).

3.1 Deklinationsschema

	amāns, -ntis *liebend*					
	Singular			Plural		
	m/f		n	m/f		n
N.		amāns		amant**ēs**		amant**ia**
G.		amant**is**			amant**ium**	
D.		amantī			amant**ibus**	
Akk.	amant**em**		amāns	amant**ēs**		amant**ia**
Abl.		amante			amant**ibus**	

-nt-

Partizip Präsens Aktiv

amā-**ns**	lieb**end**
monē-**ns**	mahn**end**
audiē-**ns**	hör**end**
dicē-**ns**	sag**end**
faciē-**ns**	mach**end**

Zu Form und Funktion des PPrA vergleichen Sie auch die Ausführungen über das PPP auf S. 69 f.

Die **Deklination** des **Partizip Präsens Aktiv (PPrA)** stimmt mit der der **einendigen Adjektive** der **Konsonantischen Deklination** (↗ S. 99 f.: *prude-ns, -ntis*) überein. Ausnahme: Der **Ablativ Singular** endet auf *-e*.

3.2 Verwendung als PC

Persae **Graecos** libertatem maxime **defendentes** omni vi petiverunt.	Die Perser griffen die Griechen, **als/weil/obwohl** sie die Freiheit sehr **verteidigten,** mit aller Gewalt an.

Das **PPrA** kann im Satz wie das PPP (↗ S. 69) die **syntaktische Funktion eines Attributs** (*pericula imminentia*: drohende Gefahren) oder die des **Adverbiales** (*Graecos ... defendentes*) erfüllen.

Übungen

Studieren Sie zuerst die einschlägigen grammatischen Erscheinungen im Text der Rubrik *Einstieg.*

1. PPrA: Attribut oder Adverbiale? Übersetzen Sie.

a) Socii auxilium petentes servantur/servati sunt.
b) Dominum saluti suorum consulentem omnes amant/amabant.
c) Cives duci civitatem servare studenti libenter[1] parent/paruerunt.

2. AcI nach PC. Übersetzen Sie.

Themistocles
putans
a Persis nimium periculum
urbi imminere
cives in insulas transportavit.

3. Griechen und Perser. Übersetzen Sie.

a) Persis magna multitudine impetum facientibus tamen Graeci summa vi restiterunt[2].
b) Themistocles servitutem Persarum patriae suae imminentem et a Graecia et ab Europa arcuit.
c) Multi tum patriam suam sanguine suo defenderunt.

4. Cicero und Plato. Geben Sie das PC auf verschiedene Weise wieder.

Cicero maxime gaudebat Platonem legens.

[1] **libenter**: gerne
[2] **resistere (restiti)**: sich widersetzen

4 Zusammenfassende Übersicht zum PC mit PPrA

Sinnrichtungen und Übersetzungsmöglichkeiten:

Übersetzung / Sinnrichtung	mit adverbialem Gliedsatz	mit präpositionaler Verbindung	mit einem beiordnenden Satz
① **temporal** *gleichzeitig*	während; als; wenn; wobei	während; bei	währenddessen; dabei
② **modal**	wobei; indem; ohne dass (*bei Negation*)	bei; durch	dabei; dadurch
③ **kausal**	da; weil	infolge; wegen	deshalb; daher
④ **konzessiv**	obwohl; wenngleich	trotz	trotzdem; dennoch
⑤ **konditional**	wenn; falls	bei; im Falle	–

Studieren Sie zuerst die einschlägigen grammatischen Erscheinungen im Text der Rubrik *Einstieg.*

Übungen

1. Suchen Sie für jede Sinnrichtung den Satz mit dem zutreffenden PC. Setzen Sie die entsprechende Ziffer in das Kästchen. Geben Sie die Sätze dann mit der jeweils elegantesten Lösung wieder.

a) Graeci patriam suam maxime amantes libertatem eius magna cum virtute defenderunt. ☐
b) Sed Persas eos summo studio pugnantes in terra vicerunt. ☐
c) In mari autem Graeci nihil timentes hostibus restiterunt[1]. ☐
d) A Persis ingenti exercitu in Europam venientibus multi fugerunt clamantes: „Persae, Persae veniunt!“ ☐
e) Themistocles dixit: „Nobis navibus patriam defendentibus certe victoria erit.“ ☐

2. Welche Partizipien passen am besten in die Lücke?

Themistocles amore patriae .... Persas pugna navali[2] vicit.

auctus – adductus – capta – crediti – motus – despectus – traditus – quaesitus

[1] **resistere (restiti)**: sich widersetzen
[2] **navalis, -e**: See-

Wortschatz

amor, -ōris *m*	Liebe	*f: amoureux*
addūcere, addūcō, addūxī, adductum	heranführen; veranlassen	
ut *(m. Konj.)*	dass, damit, (um) zu; sodass	
praecipere, praecipiō, praecēpī, praeceptum	vorwegnehmen; vorschreiben	
aut … aut	**entweder … oder**	
memoria, -ae *f*	**Gedächtnis, Erinnerung**	*e: memory,*
memoriā tenēre	**im Gedächtnis behalten**	*f: mémoire*
prōvincia, -ae *f*	**Provinz, Amtsbereich**	Provence
hūmānitās, -ātis *f*	**Menschlichkeit; Bildung**	Humanität
littera, -ae *f*	**Buchstabe;** *Pl.* **Brief; Wissenschaft(en)**	Literatur; *e: letter, f: lettre*
māximē *(Adv.)*	am meisten; sehr, überaus	
nātūra, -ae *f*	Natur, Wesen	*e/f: nature*
virtūs, -ūtis *f*	Tapferkeit, Tüchtigkeit; Tugend	→ 6 vir
religiō, -ōnis *f*	**(fromme) Bedenken, Glaube**	
antīquitās, -ātis *f*	**Altertum; hohes Alter**	Antiquitäten
factum, -ī *n*	**Tat, Handlung, Ereignis**	*e: fact, f: fait*
antīquus, -a, -um	**alt, ehrwürdig**	
dēspicere, dēspiciō, dēspexī, dēspectum	herabsehen; verachten, gering schätzen	
superbia, -ae *f*	Hochmut, Stolz	→ 8 superbus
īgnōrāre	nicht wissen, nicht kennen	Ignorant
nē *(m. Konj.)*	dass nicht, damit nicht, (um) nicht zu; *(im verneinten Aufforderungssatz:)* nicht	
clēmentia, -ae *f*	**Milde, Nachsicht**	
conciliāre	**gewinnen; (sich) geneigt machen**	
terror, -ōris *m*	Schrecken, Angst	Terrorismus
abstinēre *(m. Abl.)*	**sich fernhalten (von etw.)**	abstinent
recēdere, recēdō, recessī, recessum	zurückweichen, sich zurückziehen	Rezession
ante *(m. Akk.)*	**vor**	
oculus, -ī *m*	**Auge**	Okular; *f: oeil*
servīre	**Sklave sein, dienen**	*e/f: service*
minuere, minuō, minuī, minūtum	**verringern, vermindern**	
servitūs, -ūtis *f*	Sklaverei, Knechtschaft	→ servire
turpis, -e	hässlich, schändlich	
lībertās, -ātis *f*	Freiheit	*e: liberty*
crēdere, crēdō, crēdidī, crēditum	glauben, anvertrauen	Credo, Kredit
initium, -iī *n*	Anfang, Beginn	Initiative
initiō	am Anfang, anfangs	
équidem	(ich) jedenfalls, allerdings	
modus, -ī *m*	Maß; Art, Weise; Melodie	Mode, Modus; *f: mode*
nimius, -a, -um	zu groß, zu viel, übermäßig	
valē/valēte	**leb/lebt wohl!**	
cum *(m. Konj.)*	als, nachdem; da, weil; obwohl	
ars, -is *f (Gen. Pl. -ium)*	**Kunst, Fertigkeit, Handwerk**	*e/f: art*
cor, cordis *n*	**Herz**	*f: coeur*

1/21–22

Wiederholen Sie zunächst noch einmal den ersten Wortschatz dieser Lektion auf S. 122.

Wussten Sie schon?

Griechisch-römische Zivilisation

Die Agora in Athen heute.

Für die Griechen der Antike waren alle Nichtgriechen Barbaren, das bedeutet: Menschen, deren Sprache unverständlich war. Der griechische Philosoph Aristoteles (384–322 v. Chr.), ein Schüler Platons und später der Erzieher Alexanders des Großen, glaubte, dass Barbaren von Geburt an dazu bestimmt seien, von Griechen beherrscht und zivilisiert zu werden. Das griechische Streben nach Vorherrschaft über andere Kulturen rechtfertigte Aristoteles mit der These, dass bestimmte Völker von Natur aus frei und zum Herrschen geboren, andere von Natur aus Sklaven seien.

Als Barbaren galten den Griechen auch die Römer, obwohl diese durch die Etrusker und die Eroberung griechischer Kolonien in Süditalien mit griechischer Kultur in Kontakt gekommen waren. Seit der Unterwerfung Siziliens (241 v. Chr.) brachten die Römer den griechisch bestimmten („hellenistischen") Osten immer mehr in ihre Gewalt. Bei allem Stolz auf ihre militärischen Erfolge mussten sie ihre kulturelle Unterlegenheit gegenüber den Griechen erkennen und versuchten sie durch Spott und Polemik zu kompensieren. Gleichzeitig aber erschienen ihnen Theater, Poesie, Philosophie, Rhetorik oder Geschichtsschreibung, Architektur oder bildende Kunst, Medizin, Mathematik und ganz allgemein die verfeinerten Lebensgewohnheiten als nachahmens- und erstrebenswert.

Während man sich einerseits in der Großstadt Rom über die *Graeculi* mokierte, ließen sich zahlreiche Römer in Griechenland von dessen Kultur und Geschichte begeistern. Die griechische und die römischeWelt wuchsen so zusammen zu *einer* griechisch-römischen Zivilisation, die sich dann mit der Herrschaft der Römer über ganz Europa ausbreitete.

Während Griechenland von den römischen Kaisern aus Respekt für seine Kultur noch gefördert wurde, verlor es im Mittelalter an Bedeutung. Erst im 18. Jh. wurde in Deutschland und danach in Europa eine neue Begeisterung für die griechische Antike geweckt. Dichtung, Malerei, Bildhauerei und vor allem Architektur nahmen sich die Werke der alten Griechen wieder zum Vorbild.

Lesen und verstehen

„Wo Menschen in besonderem Maße Menschen sind“ (nach Plinius, Ep. VIII 24)

Im folgenden Brief erinnert Plinius seinen Freund Maximus, der in staatlichem Auftrag nach Griechenland reisen soll, eindringlich daran, was Rom den Griechen verdankt.

Amor in te meus me adducit,
non ut praecipiam,
sed ut moneam,
ut, quae scis, aut observes aut scias melius[1].
Memoria teneas te missum esse in provinciam Achaiam, in illam Graeciam,
in qua humanitas et litterae inventae sunt,
missum te ad homines maxime homines,
ad liberos maxime liberos,
qui ius a natura datum virtute et religione tenuerunt!
Sit apud te honor antiquitati, sit honor claris factis, sit fabulis quoque antiquis!
Deliberes, quid quaeque[2] civitas fuerit, non ut a te despiciatur!
Caveas superbiam!
Neque enim ignoras, a quo Persae victi sint,
a quo Europa servata sit.
Ne timueris contemptum[3], si id studes,
ut amorem hominum tibi clementia concilies,
ut terrore abstineas!
Nam timor abit[4], si recedis, manet amor.
Habeas ante oculos hanc esse terram,
quae nobis iura miserit,
a qua nobis leges datae sint non victis, sed petentibus!
Omni tempore tibi dicas te ad homines liberos, non ad servientes missum esse!
Ne minueris libertatem illorum hominum!
Quis enim neget
summum malum servitutem turpem,
libertatem summum bonum esse?
Hoc mihi credas, quod initio dixi:
Scripsi monens, non praecipiens –
quamquam apparet me praecipientem quoque scripsisse.
Equidem non timeo, ne modum non servaverim.
Neque enim periculum est, ne sit nimium, quod maximum[5] esse debet. Vale!

1 **melius**: besser
2 **quaeque**: eine jede
3 **contemptus, -us** *m*: Geringschätzung, Missachtung
4 **abire**: (hier) schwinden
5 **maximus, -a, -um**: am wichtigsten

Versuchen Sie sich am Original

Eae litterae ne te moveant! (Cicero)

De me nihil timueris! (Cicero)

Amemus patriam, pareamus senatui, consulamus bonis! (Cicero)

Rogem te, ut venias? Non rogem? Sine te igitur sim? (Cicero)

Hoc non dubitans dicam. (Cicero)

Zu guter Letzt

Die Griechen haben in vielen Bereichen die Grundlagen der europäischen Kultur geschaffen. Ergänzen Sie die aufgelisteten Bereiche und ordnen Sie ihnen die Abbildungen zu.

OIDIPUS TYRANNOS. Tragödie des griechischen Dichters SOPHOKLES (497/96–406 v. Chr.).

Oedipe. Verstragödie in fünf Akten von VOLTAIRE (Uraufführung 1718)

Oedipus rex. Oper von IGOR STRAWINSKIJ (Uraufführung 1927)

C

Theatermasken.

A

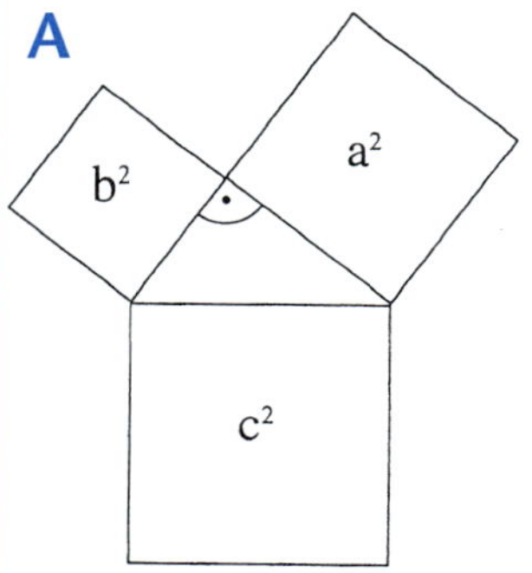

$a^2 + b^2 = c^2$
(Satz des Pythagoras)

B

1.	....	....
2.	Bildhauerkunst	....
3.	....	....
4.	Medizin	....
5.	Philosophie	....
6.	Schrift	....
7.	Sport	....
8.	....	....

D

Venus von Milo.

E

Capitol, Washington.

phönizisch frühgriechisch lateinisch

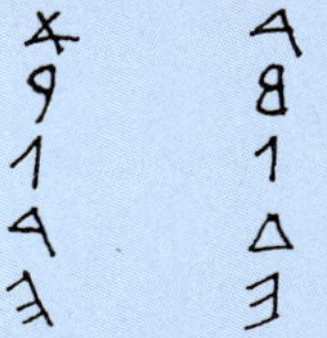

A
B
C
D
E

G

NOSCE TE IPSUM

F

ΓΝΩΘΙ ΣΑΥΤΟΝ

ERKENNE DICH SELBST

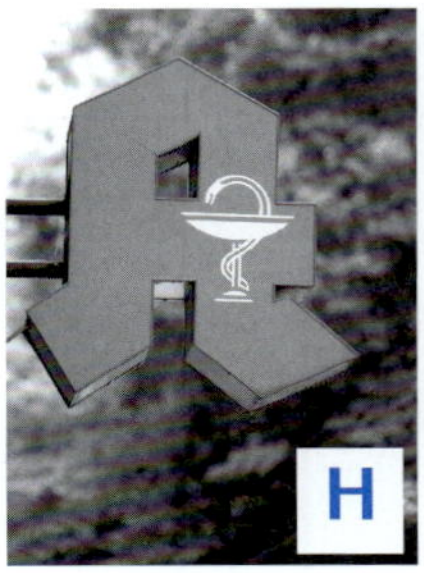

H

„Raubstaat Rom?“

In dieser Lektion lernen Sie

GRAMMATIK

- Futur II Aktiv/Passiv
- Konjugation von *posse*
- Ablativus absolutus
- Dativus commodi – Dativus finalis

WORTSCHATZ

- Wörter aus dem Bereich von Krieg und Eroberung

DIE WELT DER ANTIKE

- Römischer Imperialismus
- „Pax Romana“

Der Konstantinbogen in Rom.

Einstieg

Urbe Roma condita Romani cum ceteris gentibus bella gerere numquam desierunt. Invidia enim atque avaritia adducti et in oriente et in occidente magnis viris ducibus omnes deinceps[1] terras expugnaverunt. Et exercitus Romanorum barbaris se summa virtute defendentibus tamen semper victores erant. Nam illis nemo praesidio erat. Gentibus autem oppressis eorumque oppidis deletis ne mare[2] quidem impetui Romanorum finem facere potuit. Arma sua etiam in Britanniam verterunt. Domini totius orbis terrarum esse intenderunt, ut Alexander Magnus. De quo hoc memoriae proditum est: Piratum captum rogavit: „Cur hoc agis? Quomodo te excusare[3] potes?“ Is miro modo respondit multis audientibus: „Tu, Alexander, si tibi in omnibus terris bello opes et divitias paraveris, regnum tenebis et rex appellaberis. Ego autem, si in mari[2] praedam fecero, latro vocabor et id, quod ago, latrocinium[4] appellabitur.“

Nach Gründung der Stadt Rom hörten die Römer nie auf, mit den anderen Völkern Kriege zu führen. Aus Neid und Habsucht nämlich eroberten sie im Osten wie im Westen unter der Führung großer Männer der Reihe nach alle Länder. Und die Heere der Römer blieben, obwohl sich die Barbaren mit höchster Tapferkeit verteidigten, dennoch immer Sieger. Denn für jene war niemand zum Schutz da. Nachdem die Völker unterdrückt und ihre Städte vernichtet waren, konnte nicht einmal das Meer der Römer dem Ansturm eine Grenze setzen. Ihre Waffen nämlich wandten sie sogar gegen Britannien. Herren des ganzen Erdkreises wollten sie sein, wie Alexander der Große. Über diesen ist Folgendes der Nachwelt überliefert: Einen gefangenen Piraten fragte er: „Warum machst du das? Wie kannst du dich rechtfertigen?“ Dieser gab eine sonderbare Antwort vor vielen Zuhörern: „Du, Alexander, wirst, wenn du dir in allen Ländern Macht und Reichtum durch Krieg verschaffst, ein Königreich besitzen und König heißen. Mich aber wird man, wenn ich auf dem Meer Beute mache, Räuber nennen und das, was ich mache, wird man als Räuberei bezeichnen.“

[1] **deinceps**: der Reihe nach
[2] **mare**, **-is** *n*: Meer
[3] **excusare**: rechtfertigen
[4] **latrocinium**, **-i** *n*: Räuberei

dēlēre, dēleō, dēlēvī, dēlētum	zerstören, vernichten
gerere, gerō, gessī, gestum	tragen; ausführen
fīnem facere *(m. Dat.)*	(jmd.) eine Grenze setzen, beenden
intendere, intendō, intendī, intentum	anspannen, anstrengen, beabsichtigen
opprimere, opprimō, oppressī, oppressum	unterdrücken; überfallen, überwältigen
prōdere, prōdō, prōdidī, prōditum	preisgeben, verraten; überliefern
memoriae prōdere	der Nachwelt überliefern
vertere, vertō, vertī, versum	wenden, drehen, kehren
posse, possum potuī	können, in der Lage sein, mächtig sein

avāritia, -ae *f*	Habgier, Geiz
invidia, -ae *f*	Neid; Abneigung, Hass
dīvitiae, -ārum *f* *(Pluralwort)*	Reichtum
bellum, -ī *n*	Krieg
bellum gerere	Krieg führen
oppidum, -ī *n*	(befestigte) Stadt
praesidium, -iī *n*	Schutz, Hilfe, Besatzung
rēgnum, -ī *n*	Königsreich, Herrschaft
arma, -ōrum *n*	Waffen
occidēns, -ntis *m*	Westen, Abendland
oriēns, -ntis *m*	Osten, Morgenland
latrō, -ōnis *m*	Räuber
mīrus, -a, -um	wunderbar, sonderbar
nē … quidem	nicht einmal
etiam	auch, sogar
quōmodō	wie, auf welche Weise

1. Wie sind die Ablative, die mit einem Partizip (PPP oder PPrA) verbunden sind, wiedergegeben?
2. Welchen Unterschied können Sie im Zeitverhältnis zwischen der Konstruktion mit dem PPP und der mit PPrA erkennen?

Grammatik

1 Futur II Aktiv und Passiv

1.1 Das Futur II Aktiv

Das **Futur II Aktiv** erkennt man am **Tempuszeichen** ***-er-/-eri-***, das an den **Perfekt-Aktiv-Stamm** angefügt ist.

	Bedeutungsteil	**Signalteil** Tempuszeichen	Personzeichen
amāv- **er**-ō / **eri**-s / **eri**-t / **éri**-mus / **éri**-tis / **eri**-nt	amāv / monú / aspéx / cēp / déd / dēscénd / fú	**eri**	t
	Perfekt-Aktiv-Stamm		

Sī vīceritis, omnēs gaudēbunt.	Wenn ihr (**gesiegt habt) siegt**, werden sich alle freuen.

Schema aller Konjugationen ↗ S. 313.

1.2 Das Futur II Passiv

Das **Futur II Passiv** erkennt man an den Formen des **Partizip Perfekt Passiv (PPP)** in Verbindung mit den Formen des Futurs von ***esse (erō/eris/erit …)***, z. B.:

amā**tus erit** < amāre	rī**sus erit** < ridēre	Sī urbs **servāta erit**, cīvēs nōn fugient.	Wenn die Stadt **gerettet ist** (wird), werden die Bürger nicht fliehen.
móni**tus erit** < monēre	cap**tus erit** < capere		
relic**tus erit** < relinquere	pul**sus erit** < pellere		

Schema aller Konjugationen ↗ Tab. $VI_{2.2}$, S. 314.

Übersetzen Sie das Futur II, das fast nur in Gliedsätzen (z. B. *si*, *nisi* …) begegnet, mit dem Präsens.

-er-
-eri-
Futur II

Beachten Sie: Nur in der **1. P. Sing.** unterscheiden sich die Formen des **Futur II Aktiv** von denen des **Konjunktiv Perfekt.**

Übungen

Studieren Sie zuerst die einschlägigen grammatischen Erscheinungen im Text der Rubrik *Einstieg.*

1. Futur II und/oder Konjunktiv Perfekt? Wie lautet jeweils der Infinitiv Präsens Aktiv? Bestimmen Sie jede Form. Vorsicht: es gibt zwei Irrläufer!

gesserit – prodita sit – puero – vertero – dederis – videro – vicerim – vixeritis – crediti sint – mulieris – oppresseris – fuero – fregerim – despexerit

2. Pro und contra Rom. Übersetzen Sie.

a) Agricola, imperator Romanus, suis:
„Si Britannia a nobis expugnata erit, armis nostris ne Oceanus quidem finem faciet. Sed nos omnes procul[1] a patria sine gloria vita cedemus, nisi barbaros vicerimus."

b) Calgacus, dux Britannorum, suis:
„Si summa virtute Romanos petiveritis, ei clade oppressi iacebunt. Sed nobis nulla terra, nulla civitas, nulla patria erit, nisi hostes e Britannia pepulerimus."

3. Was passt alles zusammen?

Si
a) bellum gesseris,
b) pacem feceris,
c) servatus eris,
d) patriam defenderis,
e) virtute pugnaveris,

1) gloriam parabis.
2) vitam beatam ages.
3) victor eris.
4) in pace vives.
5) bello finem facies.

[1] **procul (a)**: fern (von)

2 Das Verb *posse*

Vervollständigen Sie die Tabelle mit den entsprechenden Formen von *esse*.

Formen des Präsensstammes

Präsens Indikativ		**Konjunktiv**		**Imperfekt Indikativ**		**Futur**	
pos-sum	ich kann	**pos-**sim	ich	**pót-**eram	ich konnte	**pót-**erō	ich
pot-es	du kannst	**pos-**sīs	könnte	**pót-**erās		**pót-**eris	werde
pot-est	er/sie/es kann	*usw.*		*usw.*			können
pos-sumus	wir können					*usw.*	
pot-estis	ihr könnt						
pos-sunt	sie können						
Infinitiv **pos-**se							

Konjugationsschema ↗ Tab. $X_{1.1}$, S. 323.

Wiederholen Sie dazu die Formen von *esse* auf der Seite 323.

Formen des Perfekt-Aktiv-Stammes

potu	ī	ich habe … können/gekonnt	(Indikativ Perfekt)
	erim	*(Übersetzung kontextabhängig)*	(Konjunktiv Perfekt)
	eram	ich hatte … können/gekonnt	(Indikativ Plusquamperfekt)
	erō	*(Übersetzung kontextabhängig)*	(Futur II)
	isse	gekonnt (zu) haben	(Infinitiv Perfekt)

Studieren Sie zuerst die einschlägigen grammatischen Erscheinungen im Text der Rubrik *Einstieg.*

Übungen

1. Suchen Sie Paare. Welche zwei Formen bleiben übrig? (Beispiel: *faciunt – possunt*)

possum – potes – facias – poterit – facio – potero – faciet – possis – fecisti – feceras – facis – potuisti

2. Der Alleskönner. Übersetzen Sie.

a) Caesar artibus suis omnia se posse putabat.
b) Etiam in senatu multum potuit.
c) Neminem ei pugnanti resistere[1] potuisse constat.
d) Semper deliberavit: „Utinam[2] dominus totius orbis terrarum esse possim!“

3. Setzen Sie die angegebene Form in die entsprechende des Perfektstammes. Übersetzen Sie alle Formen.

poteris – poteramus – possunt – posse – possitis

4. Wer kann's? Übersetzen Sie.

Nihil facere non possum.

5. Weisheiten Ciceros und Senecas.

a) Possum falli[3] ut homo.
b) Potest miser dici bonus vir, non potest esse.

[1] **resistere**: Widerstand leisten
[2] **utinam**: wenn doch! *(Wunschsatz)*
[3] **fallere**: täuschen

3 Die Konstruktion des Ablativus absolutus

Als **Ablativus absolutus („Abl. abs.“)** bezeichnet man die Verbindung eines **Nomens im Ablativ** mit einem **Partizip im Ablativ (KNG-Kongruenz)**.
Der Begriff „Ablativus absolutus“ erklärt sich daraus, dass hier das Nomen im Ablativ für sich im Satz keine syntaktische Funktion hat, also gewissermaßen vom Satz „losgelöst“ („absolut“) ist. Erst die Einheit „Ablativ mit Partizip“ stellt eine syntaktisch vollständige Ergänzung zum Prädikat dar.

3.1 Syntaktische Funktion

Der **Ablativus absolutus** erfüllt wie das Participium coniunctum die **syntaktische Funktion** des **Adverbiales**.

Vergleichen Sie dazu die Darstellung des PC auf S. 69 ff. und 127 ff.

a) Partizip Präsens Aktiv: Gleichzeitigkeit

PC	Abl. abs.
Cīvēs **Rōmulum** iūstē **rēgnantem** amābant.	Cīvēs **Rōmulō** iūstē **rēgnante** quiēti erant.

Satzmodell:

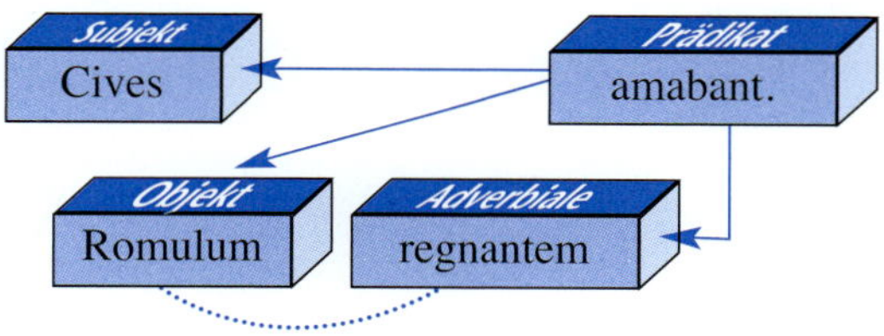

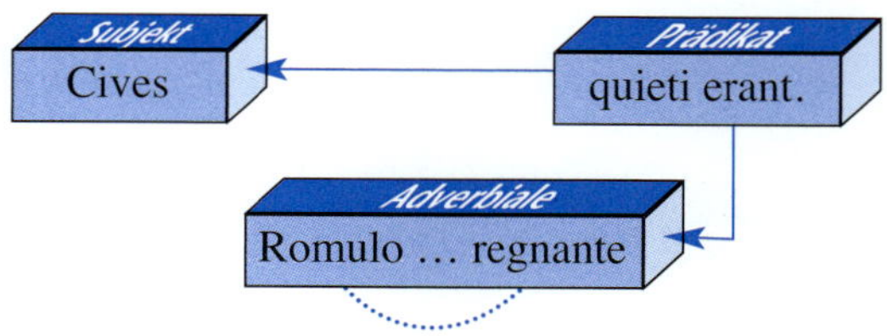

Die Bürger liebten **Romulus**, weil **er** gerecht **herrschte** (wegen **seiner gerechten Herrschaft**).	Die Bürger verhielten sich ruhig, weil **Romulus** gerecht **herrschte** (wegen **der gerechten Herrschaft des Romulus**).

b) Partizip Perfekt Passiv: Vorzeitigkeit

PC	Abl. abs.
Cīvēs **urbem conditam** statim amāvērunt.	Cīvēs **urbe conditā** quiēti erant.

Satzmodell:

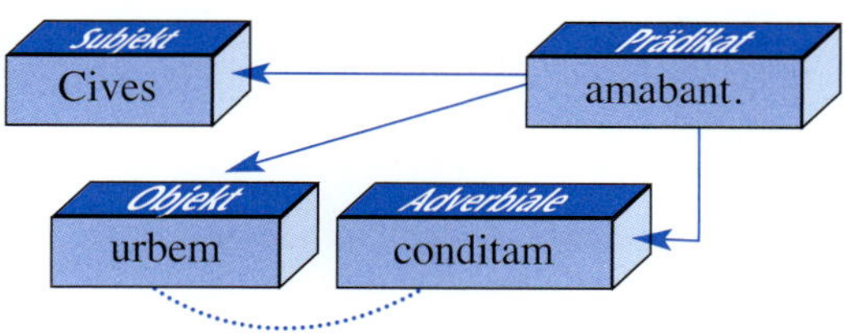

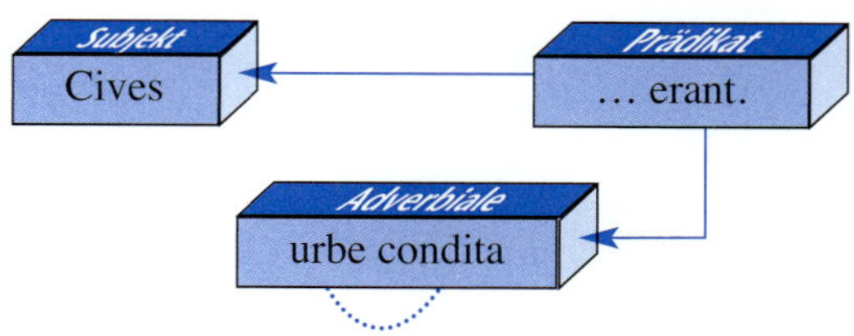

Die Bürger liebten **die Stadt** sogleich, als **sie gegründet war** (sofort **nach ihrer Gründung**).	Die Bürger verhielten sich ruhig, als **die Stadt gegründet war** (**nach der Gründung der Stadt**).

3.2 Wiedergabe

Der **Ablativus absolutus** kann im Deutschen **auf dreifache Weise** wiedergegeben werden, und zwar durch

1. **Unterordnung** (adverbialer Gliedsatz):	…, **als die Stadt gegründet war**.
2. **präpositionale Verbindung**:	… **nach der Gründung der Stadt**.
3. **Beiordnung** (Hauptsatz mit Konjunktion und/oder Adverb):	**Die Stadt war gegründet worden; daraufhin** …

Wiederholen Sie dazu die Regeln zur Wiedergabe des PC auf S. 70.

Bei Wiedergabe mit einem adverbialen Gliedsatz empfiehlt sich folgende Umbauregel:

Abl. abs.			Adverbialer Gliedsatz			
Nomen im Abl.	*Partizip im Abl.*			*Subjekt*	*Prädikat*	
Rōmulō	regnante	cīvēs quiēti erant.	Als	Romulus	herrschte,	verhielten sich die Bürger ruhig.
Urbe	conditā		Als	die Stadt	gegründet war,	
LATEINISCH →			→ DEUTSCH			

Studieren Sie zuerst die einschlägigen grammatischen Erscheinungen im Text der Rubrik *Einstieg*.

Übungen

1. Ungleiche Paare. Welche von den beiden Formen ist jeweils das Partizip? Vorsicht: es gibt eine Falle!

legato – lecto; occidente – adulescente; arte – arcente; prodentibus – parentibus; profecto – minuto; nuntiante – gente; initio – credito; aucto – auxilio; imprimis – inventis; versis – vertis; animo – amisso; moto – molesto; montibus – monentibus

2. Ordnen Sie den Ablativus absolutus einem passenden Hauptsatz zu und übersetzen Sie.

a) Romulo regnante
b) Toto fere exercitu caeso
c) Fratre occiso
d) Filio salutato
e) Periculis imminentibus

1) Romani mulieres rapuerunt.
2) cives urbem moenibus circumdederunt.
3) Anchises de sorte gentis Romanae multa dixit.
4) Romulus urbem Romam condidit.
5) tamen Hannibal Roman non petivit.

3. Versuchen Sie, den Ablativus absolutus möglichst elegant wiederzugeben.

a) His verbis auditis (*ging das Volk weg*).
b) Me ridente (*lachten auch die anderen*).
c) Oratore dicente (*schwiegen alle betroffen*).
d) Signo dato (*begannen die Spiele*).
e) Litteris ad parentes missis (*warteten wir auf eine Antwort*).

4. Eine Weisheit. Übersetzen Sie.

Pace facta bonae artes non iam iacent.

5. Geben Sie folgende Originalwendungen mit einem Gliedsatz oder einer präpositionalen Verbindung wieder.

amissa virtute et libertate – duabus urbibus deletis – stante civitate – captis tot oppidis – audientibus hominibus – praesidio relicto – victis Atheniensibus – nihil me sciente

4 Ablativus Absolutus: Besonderheiten

4.1 Ablativus absolutus in „kryptoaktiver" Verwendung

Beim **Ablativus absolutus mit PPP** ist oft der eigentlich Handelnde nicht genannt. Ist aus dem Zusammenhang klar, dass er derselbe ist wie im Prädikat des Satzes, kann man mit Aktiv übersetzen. In diesem Fall ist die **passivische Konstruktion** ins Aktiv umzubauen. Der Abl. abs. ist hier „im Geheimen aktivisch" („kryptoaktiv") verwendet.

Urbe captā Caesar pācem fēcit.	**Nachdem ER die Stadt eingenommen hatte**, schloss Caesar Frieden.
Aber: **Thermopylīs expūgnatīs** Atheniēnsēs urbem relīquērunt.	 **Nachdem die Thermopylen** (von den Persern) **erobert waren**, verließen die Athener die Stadt.

Falls nicht sicher ist, wer die Handlung im Ablativus absolutus ausgeführt hat, lässt die präpositionale Verbindung die Entscheidung offen: „Nach der Eroberung der Thermopylen ..."

4.2 Nominale Wendung als Ablativus absolutus

In einigen Fällen steht beim Ablativus absolutus statt des Partizips ein Nomen, z. B.:

Rōmulō regnante (Hannibale dūcente)	**Rōmulō rege** **Hannibale dūce** **Caesare auctōre** **Cicerōne cōnsule** **civitāte salvā**	unter der Königsherrschaft des Romulus unter der Führung Hannibals auf Veranlassung Caesars unter dem Konsulat Ciceros solange der Staat in Ordnung war/ist

4.3 Sinnrichtungen des Ablativus absolutus

Der Ablativus absolutus erfüllt innerhalb des Satzes die Funktion des Adverbiale in verschiedenen Sinnrichtungen:

Alexander:		*Sinnrichtung*
Multīs terrīs expūgnātīs	1. militēs nōn iam pūgnāre possunt.	**temporal**
	2. mihi māgnum imperium est.	**kausal**
	3. (tamen) bellō nōn abstinēbō.	**konzessiv**
Nūllā[1] **clāde acceptā**[2]	4. hominēs mē māxime laudābunt.	**konditional**
	5. iam multās gentēs in oriente vīcī.	**modal**

Alexander:

1. ***Nachdem*** viele Länder erobert worden waren, können die Soldaten nicht mehr kämpfen.
2. ***Da/Weil*** ich viele Länder erobert habe, besitze ich ein großes Reich.
3. ***Obwohl*** ich viele Länder erobert habe, werde ich (dennoch) nicht vom Krieg ablassen.
4. ***Wenn*** ich keine Niederlage erleide/erlitten habe, werden mich die Menschen sehr rühmen.
5. ***Ohne*** eine Niederlage erlitten zu haben, habe ich schon viele Völker im Osten besiegt.

Lösen sie den Ablativus absolutus zunächst immer in einen Temporal- oder Kausalsatz auf. Suchen Sie dann die für den Textzusammenhang passende Übersetzung.

[1] **nullus**, **-a**, **-um**: keiner

[2] **accipere** (**accipio**, **accepi**, **acceptum**): empfangen, erhalten

Übungen

Studieren Sie zuerst die einschlägigen grammatischen Erscheinungen im Text der Rubrik *Einstieg*.

1. „Kryptoaktiv" oder nicht? Übersetzen Sie.

Urbe condita
1. Romulus civitatem fecit.
2. Romanis multi hostes erant.
3. Romani multas gentes oppresserunt.
4. Romanis mulieres defuerunt.

2. Die Perser kommen. Übersetzen Sie.

a) Xerxe rege Persae Graeciam armis petiverunt.
b) Thermopylis captis ad urbem Atheniensium adducti sunt.
c) Signo dato impetum fecerunt.
d) Cives clamantes „Persae veniunt!" in insulas recesserunt multis a deis auxilium petentibus.
e) Sed Themistocle duce Graeci Persas vicerunt.

3. Passende Sinnrichtung? Übersetzen Sie.

a) Pythagoras philosophus Tarquinio Superbo regnante in Italien venit.
b) "Nihil me sciente frustra cupies."
c) Nostri nullo[1] hoste arcente castra petiverunt.
d) Iustitia[2] sublata omnis civitas tollitur.
e) Victoria tua nuntiata gaudeo.

[1] **nullus, -a, -um**: keiner
[2] **iustitia, -ae** *f*: Gerechtigkeit

4. Stimmt das?

Natura duce errari nullo[1] modo potest.

5. „als", „da" oder „obwohl"? Übersetzen Sie die Kombinationen.

cives bello abstinebant. → multis divitiis paratis ← amicus beatus non erat.

milites in urbem venerunt. ↑ multis divitiis paratis

4.4 Ablativus absolutus – Participium coniunctum (Zusammenfassung)

Wie beim **PC** kommt dem **Ablativus absolutus** neben der **syntaktischen Funktion** auch eine **semantische Funktion** zu. Der Ablativus absolutus kann **dieselben Sinnrichtungen** wie das **PC** ausdrücken.

	SINNRICHTUNGEN				
PARTICIPIUM CONIUNCTUM	temporal	kausal	modal	konzessiv	konditional
	Rōmam **videntēs/** In urbem **ductī** gaudēbāmus.	Pācem **accipientēs/**Bellō **liberātī**[1] beāti sumus.	Multi **lūdentēs/** Lūdis **dēditī** vitam agunt.	Multum **timentēs/**Timōribus **oppressī** hoc prō amīcīs gessimus.	Nova semper **inveniēns/**Inventor[2] **appellātus** clārus eris.
	Beim Anblick Roms/**Als wir** in die Stadt **geführt worden waren**, freuten wir uns.	**Da wir** den Frieden **bekommen/** vom Krieg **befreit sind**, sind wir glücklich.	Viele verbringen **mit Spielen/**dem Spiel **ergeben** ihr Leben.	**Obwohl wir** viel **Angst hatten/** von Ängsten **bedrückt waren**, haben wir dies für die Freunde getan.	**Wenn du** immer Neues **erfindest/** zum Erfinder **ernannt bist**, wirst du berühmt sein.

[1] **liberare**: befreien
[2] **inventor, -oris** *m*: Erfinder

SINNRICHTUNGEN					
	temporal	kausal	modal	konzessiv	konditional
ABLATIVUS ABSOLUTUS	**Athlētīs**[1] **in urbem venientibus/Adventū āthlētārum**[3] **nūntiātō** multī plaudēbant.	**Pāce factā/ Bellō nōn iam imminente** quiēti sumus.	**Nūllō arcente** hostēs in urbem invāsērunt.	**Multīs perīculīs imminentibus** timōre vacābāmus.	**Māgnīs divitiīs comparātīs** clārus, nōn beātus eris.
	Als die Sportler in die Stadt kamen/Als die Ankunft der Sportler gemeldet worden war, klatschten viele Beifall.	**Frieden ist geschlossen/Kein Krieg droht mehr**; *deshalb* sind wir beruhigt.	**Ohne dass einer (sie) hinderte**, drangen die Feinde in die Stadt ein.	**Obwohl viele Gefahren drohten**, hatten wir keine Angst./ **Viele Gefahren drohten**; *trotzdem* hatten wir keine Angst.	**Wenn (von dir) großer Reichtum angehäuft worden ist**, wirst du berühmt, aber nicht glücklich sein.
ÜBERSETZUNGSMÖGLICHKEITEN (GZ = bei Gleichzeitigkeit – VZ = bei Vorzeitigkeit)					
Unterordnung	**GZ** während **VZ** als/nachdem	da/weil	indem/wobei/ ohne dass (bei Verneinung)	obwohl/ wenn auch	wenn/falls
präp. Verb	**GZ** während **VZ** nach	wegen/infolge	bei/unter	trotz	bei/im Falle
Beiordnung	**GZ** dabei **VZ** daraufhin/ dann	daher/deshalb	dabei/dadurch	trotzdem/ dennoch	—

[1] **athleta, -ae** *m*: Sportler

Übungen

6. Stolz wie ein Pfau. Welche der Sinnrichtungen des Abl. abs. treffen hier zu? Übersetzen Sie die Konstruktion mit den drei Möglichkeiten.

Alcibiades Atheniensis per superbiam vitam agebat; in foro semper ambulabat ut deus multis spectantibus[1], multis ridentibus, multis plaudentibus, multis despicientibus.

7. Eine eindeutige Sinnrichtung? Übersetzen Sie.

Hostes urbem multis defendentibus capere potuerunt.

Studieren Sie zuerst die einschlägigen grammatischen Erscheinungen im Text der Rubrik *Einstieg.*

[1] **spectare**: zuschauen

5 Kasuslehre

Der Dativ wird häufig in unterschiedlicher semantischer Funktion nebeneinander verwendet. Er kann bezeichnen

Im Deutschen ist für *esse* mit Dativus finalis in der Regel eine freiere Übersetzung zu wählen.

- die **Person**, **zu deren** Vorteil *(commodum)* etwas geschieht: **Dativ des Vorteils** (**Dativus commodi**): Quid hominibus utile est? Was ist für die Menschen nützlich?
- die **Sache**, die den **Zweck** *(finis)* einer Handlung darstellt: **Dativ des Zwecks** (**Dativus finalis**).

Beide Erscheinungsformen des Dativs treten oft zusammen auf.

Rōmani: „*Cēteris gentibus* praesidi**ō** sumus."	Die Römer: „Wir sind *für die übrigen Völker* **zum Schutz** da."
Nē sit *tibī* haec īra damn**ō**!	Hoffentlich bringt *dir* dieser Zorn **keinen Schaden**!
Venīte *nōbīs* auxili**ō**!	Kommt *uns* **zu Hilfe**!

Im Deutschen können Sie für *esse* mit Dativus finalis in der Regel eine freiere Übersetzung wählen.

Studieren Sie zuerst die einschlägigen grammatischen Erscheinungen im Text der Rubrik *Einstieg*.

Übungen.

1. Mehrfacher Vorteil. Übersetzen Sie.

a) Haec victoria tibi honori erit.
b) Salus tua mihi summae magnae curae erit.
c) Illa clades Romanis terrori fuit.
d) Venite nobis auxilio!
e) Omnis ars homini superbiae est.
f) Vita vestra nobis cordi est.

2. Dativ-Variationen. Sie kennen bereits den Dativus possessoris, den Dativus finalis und den Dativus commodi sowie den Dativ als Objekt. In welcher Sinnrichtung begegnet er jeweils in den folgenden Sätzen? Übersetzen Sie.

a) Graecis magna humanitas erat.
b) Tamen saepe Romanis servire debebant.
c) Romani autem artes Graecorum magno honori esse sciebant.
d) Itaque Graecos rogabant, ut sibi auxilio venirent.

3. Übersetzen Sie treffend.

Hoc tibi
- saluti est.
- auxilio est.
- gaudio est.
- invidiae est.

4. Kasus-Gemenge. Welche Kasus begegnen in welcher Sinnrichtung jeweils in folgenden Sätzen? Übersetzen Sie.

a) Mihi numquam satis pecuniae erat.
b) Multa pecunia mihi opus non erat.
c) Multos annos curis vacavi.
d) Amore partiae adductus civibus consului.
e) Ira deorum iam multae gentes, oppressae sunt.

Wortschatz

1/23–2/1

bellum, -ī *n*	Krieg	
gerere, gerō, gessī, gestum	tragen; ausführen, vollziehen	
bellum gerere	Krieg führen	
dīvitiae, -ārum *f (Pluralwort)*	Reichtum	
cupidus, -a, -um *(m. Gen.)*	**begierig (nach)**	→ 7 cupere
cum *(m. Konj.)*	**als, nachdem; da, weil; obwohl**	
occidēns, -ntis *m*	Westen, Abendland	Okzident
pergere, pergō, perrēxī, perrēctum	**weitermachen, fortfahren**	
fīnem facere *(m. Dat.)*	eine Grenze setzen, beenden	
arma, -ōrum *n*	Waffen	Armee; *e: army*
oriēns, -ntis *m*	Osten; Morgenland	Orient
vertere, vertō, vertī, versum	wenden, drehen, kehren	Version, Vers
pestis, -is *f*	**Seuche; Unglück**	Pest
nihil nisī	**nichts als, nur**	
nē … quidem	nicht einmal, auch nicht	
dissimulāre	**sich verstellen, verheimlichen**	
quōmodō	wie, auf welche Weise	→ 11 modus
mīrus, -a, -um	wunderbar; sonderbar	Mirakel
rēgnum, -ī *n*	Königreich; (Königs-)Herrschaft	→ 8 rēx, regnāre
fās *n (nur Nom. u. Akk. Sg.)*	**(göttliches) Recht, Gebot**	
foedus, -eris *n*	**Bündnis, Vertrag**	Konföderation
frangere, frangō, frēgī, frāctum	**brechen, verletzen, schwächen**	Fraktur, Fraktion
prōdere, prōdō, prodidī, proditum	preisgeben, verraten; überliefern	
oppidum, -ī *n*	(befestigte) Stadt	
dēlēre, dēleō, dēlēvī, dēlētum	zerstören, vernichten	
invidia, -ae *f*	Neid; Abneigung, Hass	*e: envy, f: envie*
avāritia, -ae *f*	Habgier, Geiz	
etiam	auch, sogar	
praeda, -ae *f*	**Beute**	
spērāre	**hoffen, erhoffen, erwarten**	*f: espérer*
posse, possum, potuī	können, in der Lage sein, mächtig sein	
praesidium, -iī *n*	Schutz, Hilfe; Besatzung; Posten	Präsidium
intendere, intendō, intendī, intentum	anspannen; anstrengen; beabsichtigen	Intention
damnum, -ī *n*	**Schaden, Verlust**	
imprīmīs	**besonders, vor allem**	→ 8 prīmus
nēve	**und dass/damit nicht**	
sinere, sinō, sīvī, situm	**lassen, zulassen**	
glōria, -ae *f*	**Ruhm**	*e: glory*
latrō, -ōnis *m*	Räuber	
opprimere, ópprimō, oppressī, oppressum	unterdrücken; überfallen, überwältigen	
imperāre *(m. Dat.)*	**befehlen (jdm.), herrschen (über jdn.)**	
sapiēns, -ntis	**weise, vernünftig**	Homo sapiens
ingēns, -ntis	**ungeheuer, gewaltig**	

Wiederholen Sie zunächst noch einmal den ersten Wortschatz dieser Lektion auf S. 134.

Wussten Sie schon?

Römischer Imperialismus

Durch Scipios Sieg über die Karthager bei Zama (202 v. Chr.) hatte Rom die Herrschaft über das gesamte westliche Mittelmeer errungen, und nach der Niederlage Antiochos' III. von Syrien (188 v. Chr.) war auch das östliche Mittelmeer unter römischer Kontrolle. Doch Rom dehnte seinen Machtbereich immer weiter aus: Macedonia, Achaia, Africa, Gallia Narbonensis ... – alle diese Länder wurden als Provinzen dem Imperium Romanum eingegliedert; die daran angrenzenden Völker wurden durch Friedens- und Freundschaftspakte eng ans Römische Reich gebunden. Cäsar gebrauchte z.B. das Wort *pacare,* „befrieden", wenn er über seine Eroberungen in Gallien sprach. Schließlich stand die damals bekannte Welt unter römischer Herrschaft und unter römischem Einfluss. Mit dem Satz *Fines imperii propagavit,* „Er hat die Grenzen des Reiches ausgedehnt", wurde ein erfolgreicher Feldherr gerühmt. Die Kritik der unterworfenen Völker am römischen Imperialismus können wir nur aus der römischen Literatur entnehmen. Römer wie z.B. Sallust oder Tacitus waren sich der Fragwürdigkeit dieser Politik durchaus bewusst. In ihren Werken finden sich romkritische, ja hasserfüllte Reden „barbarischer" Feldherren und Fürsten. Auch Cicero lässt in seinem Werk *De re publica* folgende kritische Frage stellen: „Was sind denn die Vorteile Roms anderes als Nachteile für fremde Staaten oder Völker?" Rom musste also seinen imperialen Herrschaftsanspruch rechtfertigen. Die philosophische Rechtfertigung lautete so: „Wie der Geist über den Körper oder ein Herr über Sklaven herrscht, so ist von der Natur den Besten die Herrschaft über die Schwachen und Schlechten zu deren Nutzen gegeben."
Politisch wurde die Ausdehnung des Reiches damit gerechtfertigt, dass Rom nur gerechte Kriege geführt habe, nämlich um Feinde zu bestrafen oder abzuwehren, um Bundesgenossen zu schützen oder um den Bestand des Reiches zu erhalten *(„de imperio")*. Religiös begründete der Dichter Vergil die römische Weltherrschaft: Die göttliche Vorsehung habe es vorherbestimmt, dass Rom über die anderen Völker herrsche, die Unterworfenen schone und die Hochmütigen niederkämpfe *(parcere subiectis et debellare superbos)*. Als hochmütig aber galten alle, die sich der römischen Macht nicht beugen wollten.

Detail aus der Trajanssäule.

Lesen und verstehen

„Raubstaat Rom?“ (nach Sallust, Historiae VI 5–18)

„Das römische Volk“, schrieb Cicero, „wurde dadurch, dass es seine Verbündeten schützte, zur Weltmacht.“ König Mithridates, nach Hannibal der erbittertste Gegner Roms, stellte Roms Aufstieg in einem Brief an den Partherkönig ganz anders dar.

Scisne, cur Romani cum tot populis et regibus tot bella gesserint?
Quod imperii et divitiarum cupidi sunt.
Quibus cum ad occidentem pergentibus finem Oceanus fecerit,
nunc arma in orientem vertunt.
Non dubito, quin[1] pesti orbis terrarum conditi[2] sint ei,
qui ab initio nihil nisi raptum habuerunt.
Ne ipsi quidem dissimulant,
quomodo sibi Romulo regnante mulieres rapuerint.
Cetera quoque aliis spoliatis et caesis sibi paraverunt.
Neque id mirum est,
cum Romulus ille suo fratre occiso regnum ceperit.
Apparet igitur
te in magno periculo esse
Romanis neque ius neque fas observantibus.
Delibera, quot foedera fregerint,
quot amicos et socios prodiderint,
quot oppida, urbes, regna deleverint,
quot turpia facta fecerint invidia et avaritia moti!
Itaque te moneo,
ut caveas Romanos,
cum non solum me, sed etiam te praedam petant!
Ne speraveris tibi me victo cum eis pacem esse posse!
Ne credideris magnas divitias tibi praesidio esse!
Immo vero, nisi animum intenderis, tibi damno erunt.
Romani arma in omnes habent, imprimis in eos, apud quos praeda magna est.
Nemo avaritiam eorum evadere potest!
Ne igitur dubitaveris mihi auxilio venire neve me vinci siveris!
Summa tibi erit gloria,
cum te duce latrones gentium oppresserimus.
Quod ut facias, te moneo.
Tu enim poteris! Vale!

[1] **quin** *(m. Konj.)*: dass
[2] **condere** (hier): erschaffen

Versuchen Sie sich am Original

Caesar oppidum paucis defendentibus expugnare non potuit. (Caesar)

Hac pugna pugnata Hannibal Romam petivit nullo[1] arcente. (nach Nepos)

Deis nobis auxilio venientibus erimus liberi brevi tempore. (Cicero)

[1] **nullus, -a, -um**: keiner

Zu guter Letzt

„Pax Romana“

Verschiedene römische Autoren geben in ihren historischen Schriften antirömische Äußerungen wieder. Sie fallen in Situationen, in denen es darum geht, ob die Unabhängigkeit von Rom bewahrt (Text 1, 2 und 4) bzw. wiedergewonnen (Text 3) werden kann.
Vergleichen Sie die vier Äußerungen, die in verschiedenen Teilen der Welt und über einen Zeitraum von fast 300 Jahren gemacht worden sind. Welcher der vier Feldherren hat sie jeweils gemacht?

1 **raptor**, **-oris** *m*: Räuber
2 **satiare**: sättigen, zufriedenstellen
3 **vastare**: verwüsten
4 **falsus**, **-a**, **-um**: falsch
5 **aliquando**: irgendwann
6 **ager**, **agri** *m*: Acker, Feld
7 **considere**: sich ansiedeln
8 **perpetuus**, **-a**, **-um**: ewig
9 **cupido**, **-inis** *f*: Gier, Verlangen
10 **eripere**: entreißen
11 **usquam**: irgendwo

(1)

Ne parentes quidem superbiam Romanorum fugietis. Sunt enim raptores[1] orbis terrarum, quos non oriens, non occidens satiabit[2]. Cuncta vastant[3], caedere et rapere falsis[4] nominibus imperium et pacem appellant.

....

(2)

Romanis, qui nihil ab initio nisi raptum habuerunt, cum gentibus, populis, regibus cunctis una causa est, cur bella gerant: cupido[9] nimia imperii et divitiarum.

....

(3)

Vastata[3] Gallia Cimbri et Teutones finibus quidem nostris aliquando[5] cesserunt aliasque terras petiverunt; iura, leges, agros[6], libertatem nobis reliquerunt. Romani vero quid petunt aliud nisi nostris in agris civitatibusque considere[7], nostras leges delere ipsorumque iura ponere, nos perpetua[8] opprimere servitute?

....

(4)

Gens Romana crudelis ac superba est, omnia cupit, omnia rapit. Parentibus nostris iam Siciliam ac Sardiniam eripuerunt[10] Romani. Quos nisi armis arcebimus, nihil usquam[11] nobis relinquetur.

....

Hannibal, punischer Feldherr, in einer Ansprache an die Soldaten nach der Überquerung der Alpen (Ende des 3. Jh. v. Chr.)

Critognatus, gallischer Anführer, in einer Rede in einer belagerten gallischen Stadt (Mitte des 1. Jh. v. Chr.)

Calgacus, britannischer Feldherr, in einer Ansprache an die Soldaten vor einer Schlacht (Ende des 1. Jh. n. Chr.)

Mithridates, König von Pontus (in Kleinasien), will den Partherkönig als Verbündeten gegen Rom gewinnen (Mitte des 1. Jh. v. Chr.)

„Ihr habt es gut bei uns!"

In dieser Lektion lernen Sie

GRAMMATIK

- Konjunktiv Imperfekt Aktiv/Passiv
- Konjunktiv Plusquamperfekt Aktiv/Passiv
- Konjunktiv Imperfekt / Plusquamperfekt im Irrealis
- Zeitverhältnisse im konjunktivischen Gliedsatz
- Adverbien

WORTSCHATZ

- Wörter aus dem Bereich der Befriedung und Verwaltung von Provinzen

DIE WELT DER ANTIKE

- Die Verwaltung römischer Provinzen

Porta Nigra in Trier.

Einstieg

Caesar, cum in Galliam cum legionibus suis invasisset, ibi agros longe lateque vastavit et barbaros libertate spoliavit. Id egit non solum, ut imperium Romanum augeret, sed etiam, ut illos tutos a periculis imminentibus faceret et imprimis a Germanis defenderet. Nam Gallia expugnata accidit, ut in ea provincia quies ac pax essent. Etiam cum ab imperatore Augusto bellum in Hispanos gestum esset, eorum terra ita provincia Romana facta est, ut illi quiete vivere possent eorumque mores a maioribus traditi mutarentur. Romani enim barbaros, cum eis suas leges ac suam humanitatem tradidissent, meliorem vitam agere posse putabant. Ideo se semper bellum iustum gerere dixerunt. Sed posteri[1] auctores, cum intellexissent, quam vehementer illi homines a copiis Romanorum perturbati, quam crudeliter vexati essent et quanta tributa eis imposita essent, Romanos numquam bella iusta gessisse scripserunt. Sed quid de multis terris factum esset, nisi Romani ibi victores fuissent?

[1] **posteri, -orum**: spätere

Als Caesar in Gallien mit seinen Legionen eingedrungen war, verwüstete er dort weit und breit das Gebiet und nahm den Barbaren die Freiheit. Er tat dies nicht nur, um das römische Reich zu vergrößern, sondern auch um jene vor drohenden Gefahren sicher zu machen und besonders, um sie vor den Germanen zu verteidigen. Denn nach der Eroberung Galliens geschah es, dass in dieser Provinz Ruhe und Frieden herrschten. Auch als von Kaiser Augustus Krieg gegen die Spanier geführt worden war, wurde deren Land so zu einer römischen Provinz gemacht, dass jene ruhig leben konnten und sich ihre von den Vorfahren überkommenen Sitten wandelten (gewandelt wurden). Die Römer glaubten nämlich, dass die Barbaren, nachdem sie ihnen ihre Gesetze und ihre Bildung vermittelt hätten, ein besseres Leben führen könnten. Deshalb sagten sie immer, sie würden einen gerechten Krieg führen. Doch spätere Autoren haben, da sie erkannt hatten, wie sehr jene Menschen von den Truppen den Römer beunruhigt, wie grausam sie gequält worden und wie große Steuern ihnen auferlegt worden waren, geschrieben, dass die Römer niemals gerechte Kriege geführt hätten. Doch was wäre aus vielen Ländern geworden, wenn nicht die Römer dort Sieger gewesen wären?

mūtāre	ändern, verändern, wechseln, vertauschen
perturbāre	(völlig) verwirren, beunruhigen
vāstāre	verwüsten, verheeren
vexāre	quälen, beunruhigen
dēfendere, dēfendō, dēfendī, dēfēnsum (a)	verteidigen (vor), abwehren
impōnere, impōnō, imposuī, impositum	hineinsetzen, -legen, auferlegen
invādere, invādō, invāsī, invāsum	eindringen, angreifen, befallen
cōpia, -ae *f*	Vorrat, Menge; *Pl. auch:* Truppen

ager, agrī *m*	Acker, Feld; Gebiet
tribūtum, -ī *n*	Abgabe, Steuer
legiō, -ōnis *f*	Legion
quiēs, quiētis *f*	Ruhe; Erholung
lātus, -a, -um	breit; weit
longus, -a, -um	lang, weit
quiētus, -a, -um	ruhig, gelassen
tūtus, -a, -um (a)	geschützt, sicher (vor)
vehemēns, -ntis	heftig
vehementer *(Adv.)*	sehr
ideō *(Adv.)*	deswegen, deshalb
semper *(Adv.)*	immer
atque/ac	und, und auch

1. Stellen Sie alle Prädikate in den mit *cum*, *ut*, *quam* eingeleiteten Sätzen zusammen. Welche Signalteile können Sie daran feststellen?
2. Stellen Sie jeweils das Moduszeichen für den Konjunktiv Imperfekt bzw. Plusquamperfekt fest.
3. Welches Zeitverhältnis zwischen Gliedsatz und Hauptsatz wird jeweils durch die Konjunktivform angezeigt?

Grammatik

1 Konjunktiv Imperfekt Aktiv/Passiv

-re-
-se-
Konjunktiv Imperfekt Aktiv

Den Konjunktiv Imperfekt Aktiv/Passiv erkennt man an dem Moduszeichen *-re-/-se-*.

1.1 Konjunktiv Imperfekt Aktiv

am-	ā-**re**-m	ich **würde**	lieben
	ā-**rē**-s	du **würdest**	
	ā-**re**-t	er/sie/es **würde**	
	ā-**rē**-mus	wir **würden**	
	ā-**rē**-tis	ihr **würdet**	
	ā-**re**-nt	sie **würden**	

es-	**se**-m	ich **wäre**
	sē-s	du **wärest**
	se-t	er/sie/es **wäre**
	sē-mus	wir **wären**
	sē-tis	ihr **wäret**
	se-nt	sie **wären**

pos-	**se**-m	ich **würde**	können
	sē-s	du **würdest**	
	se-t	er/sie/es **würde**	
	sē-mus	wir **würden**	
	sē-tis	ihr **würdet**	
	se-nt	sie **würden**	

1.2 Konjunktiv Imperfekt Passiv

Bedeutungsteil	**Signalteil**			
	Kennvokal	*Bindevokal*	Moduszeichen	Personzeichen
am	ā		**re**	r
mon	ē		**rē**	tur
dūc		*e*	**rē**	minī
Präsensstamm				

Schema aller Konjugationen ↗ S. 311 und 312.

aud-	ī-**re**-r	ich **würde**
	ī-**rē**-ris	gehört
	ī-**rē**-tur	**werden** *usw.*
	ī-**rē**-mur	
	ī-**rē**-minī	
	ī-**ré**-ntur	

Diū perīculum erat, nē Gallia ā Germānīs **vāstārētur**.

Lange bestand die Gefahr, dass Gallien von den Germanen **verwüstet werde**.

Übungen

Nach Feststellen des Modus achten Sie beim Prädikat darauf, ob das Personzeichen Aktiv oder Passiv anzeigt.

1. Kuckuckseier im Nest. Welches sind keine Formen des Konjunktiv Imperfekt? Übersetzen Sie.

possem – amorem – plauderet – parentes – imperatores – mutaret – parem – parerem – vexaretis – apparet – pararet – essemus – severis – caveres – necesse – acrem – peterent – dares – mores – imperares

2. *ut* und *ne*. Übersetzen Sie.

a) Rogavi, UT servaremini/tenerentur / quaereretur/liber essem / mihi parceretur.

b) Monuit, / Periculum erat, / In urbem veni, / Timebant, NE relinquerentur. / vulneremur. / occiderer. / proderentur.

3. Was wusste ich nicht?

Ignorabam,
- ubi esses.
- cur non gauderetis.
- quomodo salvi esse possemus.
- quanto terrore amici vexarentur.

4. Grund oder Zeit? Übersetzen Sie.

a) Cum Romani provinciam sapienter regerent, ibi pax erat.

b) Cum Galli servitute opprimerentur, nemo eis auxilio venit.

2 Konjunktiv Plusquamperfekt Aktiv/Passiv

2.1 Konjunktiv Plusquamperfekt Aktiv

Den **Konjunktiv Plusquamperfekt Aktiv** erkennt man am **Moduszeichen *-isse-***.

-isse-

Konjunktiv Plusquamperfekt Aktiv

amāv-	**isse**-m	ich **hätte**	geliebt
	issē-s	du **hättest**	
	isse-t	er/sie/es **hätte**	
	issē-mus	wir **hätten**	
	issē-tis	ihr **hättet**	
	isse-nt	sie **hätten**	

Bedeutungsteil	Signalteil: Moduszeichen	Signalteil: Personzeichen
amāv, mon, aspex, cēp, ded, dēscend, fu, potu	**ísse**	t
Perfekt-Aktiv-Stamm		

Īgnōrābam, quam diū ibī **mānsissēs**.	Ich wusste nicht, wie lange du dort **geblieben warst**.
Tacēbam, cum timēre **coepissem**.	Ich schwieg, da ich Angst **bekommen hatte**.

Schema aller Konjunktivformen ↗ S. 313.

2.2 Konjunktiv Plusquamperfekt Passiv

amāt**us/-a/-um**	**essem**	ich **wäre**
	essēs	geliebt
	esset	**worden**
amāt**ī/-ae/-a**	**essēmus**	*usw.*
	essētis	
	essent	

amāt, audīt, relict, miss, puls, rīs, quaesīt — **-us/-a/-um esset**

Diū nōn apparēbat, cur Caesar in Germaniam nōn **invāsisset**.
Lange war unklar, warum Caesar nicht in Germanien **eingedrungen war**.

Cum Rōma **condita esset**, Rōmānī imperium augēre studuērunt.
Als Rom **gegründet worden war**, strebten die Römer danach, ihre Herrschaft zu vergrößern.

Studieren Sie zuerst die einschlägigen grammatischen Erscheinungen im Text der Rubrik *Einstieg*.

Übungen

1. Führen Sie jede Form auf den Infinitiv Präsens Aktiv zurück. Übersetzen Sie.

invasissent – posita esset – vixissem – vertissemus – gestum esset – sustulisses – fuissent – perrexissetis – scripta essent – prodidisset – perditus esses – vincti essemus

2. Einer ohne Partner. Kombinieren Sie die Haupt- und Gliedsätze sinnrichtig. Welcher Gliedsatz passt nicht?

a) Alexander sibi imperium ingens paravit,
b) Alexander ignorabat,
c) Alexander omni studio quaesivit,

1) ubi sacrum Iovis patris sui aedificatus esset.
2) cum a Persis victus esset.
3) quomodo dei orbi terrarum finem fecissent.
4) cum Asiam copiis suis expugnavisset.

3. Verbarchitektur. Bauen Sie selbst Formen des Konjunktiv Plusquamperfekt Aktiv/Passiv. Übersetzen Sie.

gess-	-issetis
relict-	-um esset
intellex-	-i essetis
reliqu-	-ae essent
caes-	-isses
docu-	-us essem
recess-	-issent

3 Konjunktiv Imperfekt/Plusquamperfekt im Irrealis

Der **Konjunktiv Imperfekt/Plusquamperfekt** begegnet im Hauptsatz in der Regel nur innerhalb der **konditionalen Periode des Irrealis** (Aussage der Unwirklichkeit).

Konjunktiv Imperfekt		
Sī hoc **scīrem**, **dīcerem**.	**Wenn** ich das **wüsste**, **würde** ich es **sagen**.	**Konditionalsatz**: Irrealis der Gegenwart
Konjunktiv Plusquamperfekt		
Sī hoc **scīvissem**, **dīxissem**.	**Wenn** ich das **gewusst hätte**, **hätte** ich es **gesagt**.	**Konditionalsatz**: Irrealis der Vergangenheit

Die Konjunktion *si/nisi* in Verbindung mit dem Bildungselement *-re-/-isse-* beim Prädikat signalisiert immer Irrealis.

Übungen

1. Gleicher Sinn – unterschiedliche Konstruktion. Übersetzen Sie.

a) Sine amicis vita nostra beata non esset. Nisi nobis amici essent, vitam beatam non ageremus.
b) Iustitia[1] sublata nulla civitas esse posset. Si iustitia[1] sublata esset, omnis civitas tolleretur.

2. Herkules. Übersetzen Sie.

a) Numquam Hercules ad deos venisset, nisi, cum inter homines esset, sibi eam viam virtute paravisset.
b) Numquam Alexander ad finem orbis terrarum venisset, nisi ei Hercules exemplo[2] fuisset.

[1] **iustitia**, **-ae** *f*: Gerechtigkeit.
[2] **exemplum**, **-i** *n*: Beispiel, Vorbild

4 Zeitverhältnisse im konjunktivischen Gliedsatz

Hauptsatz	**Gliedsatz**	
Präsens/Futur I	***Konj. Präsens***	Gleichzeitigkeit
Rogō/Rogābō tē, Ich bitte dich/werde dich bitten,	ut statim **veniās**. dass du sofort **kommst** (sofort zu kommen).	
Imperfekt/Perfekt	***Konj. Imperfekt***	
Rogābam/Rogāvī eum, Ich bat ihn/habe ihn gebeten,	nē **tacēret**. dass er nicht **schweige** (nicht zu schweigen).	
Präsens/Futur I	***Konj. Perfekt***	Vorzeitigkeit
Īgnōrāmus/Īgnōrābimus, Wir wissen nicht/werden nicht wissen,	cūr beātī nōn **fueritis**. warum ihr nicht glücklich **gewesen seid**.	
Imperfekt/Perfekt	***Konj. Plusquamperfekt***	
Omnēs laetī **erant/fuērunt**, Alle waren froh,	cum pāx **facta esset**. als Frieden **geschlossen (worden) war**.	

Im Deutschen lässt sich der lateinische Konjunktiv meist mit Indikativ, seltener mit Konjunktiv, zuweilen mit Infinitiv wiedergeben.

Übungen

Studieren Sie zuerst die einschlägigen grammatischen Erscheinungen im Text der Rubrik *Einstieg.*

1. Nur eine Konjunktivform stimmt. Welche?

a) Nemo scit, cur hoc (fecisses – faceres – feceris).
b) Omnes forum petiverunt, ut oratorem (audiant – audivissent – audirent – audiverint.)
c) Si nobis auxilio (veneris – venires – venias), amicus bonus esses.
d) Cur rogavisti, ut me quieti (dem – darem – dedissem)?

2. Im Deutschen: Indikativ, Konjunktiv, Infinitiv? Übersetzen Sie.

a) Vos monui, ne clamaretis.
b) Cum illam pestem aspexissent, fugerunt.
c) Omnes me rogaverunt, ut hic manerem.
d) Cur dicis, ut litteras ad te scribam?
e) Ignorabam, quomodo pax facta esset.
f) Tam ingens est timor, ut nemo miseros servet.
g) Petiverunt, ut hostes liberis parcerent.

5 Adverbien

Beziehen Sie das Adverb immer auf das Prädikat des Satzes.

Adverbien bestimmen das Prädikat näher und beantworten die Frage „Auf welche Weise geschieht etwas?“ Es gibt zwei Arten der Adverbienbildung: **erstarrte Wortprägungen** oder **aus Adjektiven geschaffene Wortbildungen**.

Erstarrte Wortprägungen

z. B.	**subitō**	plötzlich	**diū**	lange	**iterum**	wiederum
	nunc	jetzt	**ibī**	dort	**plerumque**	meist

Aus Adjektiven geschaffene Wortbildungen

ā-/o-Deklination			Konsonantische Deklination		
z. B. (certus) **cert**	**ē**	sicher(lich)	(crūdēlis) **crūdēl**	**iter**	grausam, auf grausame Weise
(līber) **līber**	**ē**	frei(mütig)	(vehemēns) **vehement**	**er**	stark, auf heftige Art, sehr

Übungen

Studieren Sie zuerst die einschlägigen grammatischen Erscheinungen im Text der Rubrik *Einstieg.*

1. Häufige Verbindungen. Übersetzen Sie.

iuste agere – superbe imperare – celeriter currere – turpiter vita decedere – prudenter consulere – beate vivere – cupide petere – pulchre scribere – male dicere

2. Über die Barbaren. Übersetzen Sie.

Multi auctores de barbaris scripserunt, **quam**
- crudeliter hostes occiderent.
- libere viverent.
- acriter pugnarent.
- male civitatem regerent.
- vehementer libertatem defenderent.
- sapienter mores suos observarent.

Wortschatz

2/2–3

ōrātiō, -ōnis *f*	**Rede; Sprache; Gebet**	→ 2 ōrātor
valēre	**gesund sein; Einfluss haben**	→ 11 valē
vōx, vōcis *f*	**Stimme; Äußerung, Wort**	*e: voice, f: voix*
perturbāre	(völlig) verwirren, beunruhigen	→ 1 turba
statuere, statuō, statuī, statūtum	**aufstellen; festsetzen, beschließen**	Statur
disserere, dísserō, disseruī, dissertum	**erörtern, sprechen (über)**	Dissertation
intrāre	**eintreten, hereinkommen, betreten**	*e: to enter, f: entrer*
nūllus, -a, -um; (*Gen.* nūllīus, *Dat.* nūllī)	**kein**	Null
cupiditās, -ātis *f*	**Begierde, Leidenschaft, Verlangen**	→ 12 cupidus
māiōrēs, -um *m*	Vorfahren, Ahnen	
vehemēns, -ntis	heftig	vehement
vexāre	quälen, beunruhigen	
ideō *(Adv.)*	deswegen, deshalb	
dēfendere, dēfendō, dēfendī, dēfēnsum	verteidigen, abwehren	defensiv
invādere, invādō, invāsī, invāsum	eindringen, angreifen; befallen	Invasion
longus, -a, -um	lang, weit; lang dauernd	*e: long, f: long*
lātus, -a, -um	breit; weit	
longē lātēque	**weit und breit**	
vāstāre	verwüsten, verheeren	
mūtāre	ändern, wechseln, vertauschen	Mutation
ager, agrī *m*	Acker, Feld; Gebiet	*f: agriculteur*
atque/ac	und, und auch	
possidēre, possideō, possēdī, possessum	**besitzen**	Possessivpronomen
semper *(Adv.)*	immer	
impōnere, impōnō, imposuī, impositum	hineinsetzen, -legen; auferlegen	imposant
tūtus, -a, -um (a)	geschützt, sicher (vor)	Tutor
quiēs, -ētis *f*	Ruhe; Erholung	
stīpendium, -ī *n*	**Steuer, Sold; Kriegsdienst, Dienstjahr**	Stipendium
tribūtum, -ī *n*	Abgabe, Steuer	Tribut
plērumque *(Adv.)*	**meistens**	
legiō, -ōnis *f*	Legion	
praeesse, praesum, praefuī *(m. Dat.)*	**an der Spitze (von etw.) stehen, (etw.) leiten**	
regere, regō, rēxī, rēctum	**lenken, leiten, beherrschen**	→ 8 rēx, rēgnāre; regieren
claudere, claudō, clausī, clausum	**schließen, absperren**	Klausur
quiētus, -a, -um	ruhig, gelassen	→ quiēs; *e: quiet, f: s'inquiéter*
cōpia, -ae *f*	Vorrat; Menge; *Pl.* Truppen, Streitkräfte	
coniungere, coniungō, coniūnxī, coniūnctum	**verbinden, anschließen**	
amīcitia, -ae *f*	**Freundschaft**	*f: amitié*
societās, -ātis *f*	**Gesellschaft, Gemeinschaft, Bündnis**	*f: société*

Wiederholen Sie zunächst noch einmal den ersten Wortschatz dieser Lektion auf S. 148.

13 Wussten Sie schon?

Römische Provinzialverwaltung

Pont du Gard.

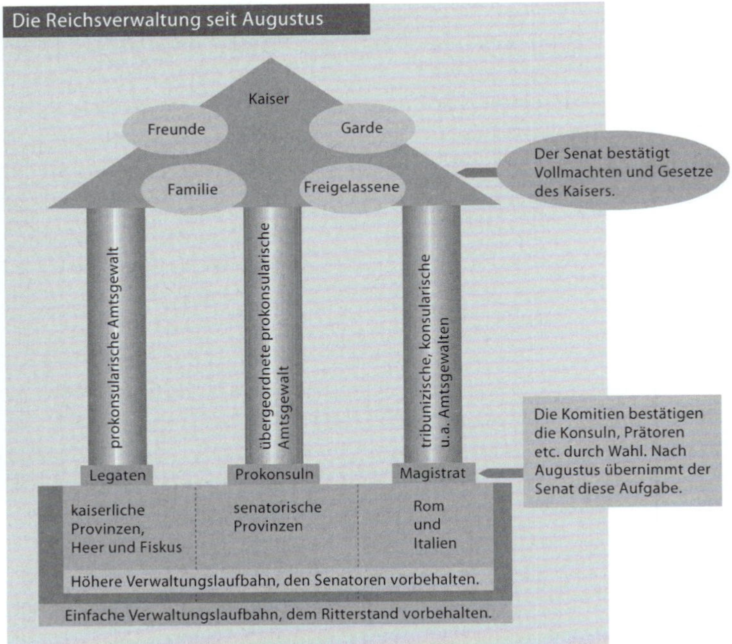

Die Staatsmacht ist in der Hand des Kaisers gebündelt, sofern Senat und Heer ihm loyal sind. Protokollarisch gilt jedoch weiterhin die Verfassung der römischen Republik.

Die Rede, die der Geschichtsschreiber Tacitus dem römischen General Q. Petilius Cerialis in den Mund legt (sehen Sie den Text in der Rubrik *Lesen und verstehen*), ist ein Beispiel dafür, was die Römer den unterworfenen Völkern versprachen: inneren Frieden, wirtschaftlichen Aufschwung und militärische oder politische Karrieren. Doch an wen richteten sich derartige Reden? Angesprochen waren die Aristokraten und lokalen politischen Eliten, deren Loyalität oft auch durch die Verleihung des römischen Bürgerrechts gesichert wurde. Da Rom personell überhaupt nicht in der Lage gewesen wäre, die Sicherheit und Ordnung in den Provinzen aufrechtzuerhalten, bediente man sich der vorhandenen politischen Strukturen, die nur dem römischen Vorbild eines aristokratisch regierten Stadtstaates angepasst wurden.

Verwaltet wurden die Provinzen von jährlich wechselnden Statthaltern, denen die Provinzen in der Regel durch das Los zufielen. Als Militärbefehlshaber hatten sie beinahe uneingeschränkte Vollmachten. So konnten sie sich auch über die vom Senat festgesetzten Steuersätze meist ungestraft hinwegsetzen und sich für ihren Wahlkampf in Rom und die bisherige ehrenamtliche Tätigkeit entschädigen. Nur selten wurden römische Beamte wegen der Ausbeutung der ihnen anvertrauten Provinz angeklagt oder gar verurteilt. Neben ihren militärischen Aufgaben hatten die Statthalter noch juristische. Sie waren für alle Rechtssachen, in die römische Bürger verwickelt waren, zuständig.

In der Kaiserzeit änderte sich die Provinzialverwaltung: Seit Kaiser Augustus wurden die Provinzen in senatorische (ohne Legionen) und kaiserliche Provinzen eingeteilt. Die Statthalter wechselten nicht mehr jährlich. Sie wurden zu Verwaltungsfachleuten mit festen Gehältern, die bisher von sogenannten Steuerpächtern durchgeführte Steuererhebung wurde neu geordnet und besser überwacht. Schließlich erhielten alle freien Provinzbewohner das römische Bürgerrecht (212 n. Chr.).

So trug die römische Provinzialverwaltung entscheidend dazu bei, den Bestand des Reiches über Jahrhunderte zu sichern und große Teile Europas zu romanisieren.

Lesen und verstehen

„Ihr habt es gut bei uns!“ (nach Tacitus, Historiae IV 73 f.)

Der römische General Q. Petilius Cerialis, der 70 n. Chr. am Rhein eine Rebellion von Galliern und Germanen niederschlug, sucht die Unterworfenen von den Vorteilen zu überzeugen, die ihnen Roms Herrschaft bietet.

Hanc orationem non haberem,
nisi scirem,
quantum apud vos verba valerent.
Sed cum viderem vos vocibus seditiosorum[1] perturbatos esse,
statui pauca disserere, quae vobis certe utilia erunt.
Terram vestram intraverunt imperatores Romani nulla cupiditate moti,
sed maioribus vestris vocantibus,
cum discordiis vehementer vexarentur
et a Germanis auxilio vocatis superbe et crudeliter opprimerentur.
Nec ideo Rhenum insedimus[2],
ut Italiam defenderemus,
sed ne Germani Galliam invaderent iterum et longe lateque vastarent.
Nonne intellexistis,
cur Suebi, cur aliae Germanorum gentes sedes suas mutavissent?
Nulla alia de causa,
quam ut relictis paludibus[3] suis hos agros atque vos ipsos possiderent,
ut domini essent vobis servientibus.
Regna et bella in Gallia semper fuerunt, dum in nostrum ius concederetis[4].
Nos autem vobis, cum victi essetis, ea solum imposuimus,
quibus opus erat,
ut pacem haberetis et ab hostibus tuti essetis;
nam neque quies gentium sine armis neque arma sine stipendiis
neque stipendia sine tributis haberi possunt.
Cetera omnia et nobis et vobis communia sunt:
Ipsi plerumque legionibus nostris praeestis,
ipsi has aliasque provincias regitis.
Nihil vobis clausum est.
Proinde[5], cum honeste et quiete vivere possitis, amate pacem et deliberate haec:
Si copiae nostrae non vicissent,
si a seditiosis[1] e Gallia pulsae essent,
quid aliud statim haberetis quam bella omnium inter se gentium?

1 **seditiosi, -orum** *m*: Aufrührer
2 **insidere (insido, insedi) Rhenum**: sich am Rhein festsetzen
3 **palus, -udis** *f*: Sumpf, Sumpfland
4 **in ius concedere**: eine Rechtsordnung übernehmen
5 **proinde**: also

Versuchen Sie sich am Original

Sapientia non peteretur, si nihil efficeret[1]. (Cicero)

Plato philosophus mortem ita laudat, ut vitam fugere vetet[2]. (nach Cicero)

Galli, cum timerent, ne nocte pugnare cogerentur, celeriter recesserunt. (nach Caesar)

Si tacuisses, philosophus mansisses. (nach Boethius)

1 **efficere**: bewirken
2 **vetare**: verbieten

Zu guter Letzt

Gaius Iulius Caesar

Caesar ist eine der bekanntesten Persönlichkeiten der römischen Antike. Er wurde berühmt durch seine Taten als Politiker und Feldherr, als Verfasser des Berichts über seine Eroberungen in Gallien (*Commentarii de bello Gallico*) und nicht zuletzt durch seine Aussprüche. Sogar sein Name lebt weiter in den beiden davon abgeleiteten Bezeichnungen für Herrscher: Kaiser und Zar. Ordnen Sie die Ereignisse aus Caesars Leben den richtigen Daten zu.

100 v. Chr. ....

Ermordet

Caesar und Cleopatra.

Geboren

Begegnung mit Kleopatra

Gallischer Krieg

Konsul

Bürgerkrieg

59 v. Chr. ....

58–51 v. Chr. ....

....

49–46 48–47 v. Chr. ....

44 v. Chr. (am 15.3. – den Iden des März) ....

Caesar beim Überschreiten des Rubikon.

Ein grauenvoller Ort

In dieser Lektion lernen Sie

GRAMMATIK

- Gerundium
- Gerundivum
- Gerundivum-V
- Ordnungszahlen

WORTSCHATZ

- Wörter aus dem Bereich von Kampf und Niederlage

DIE WELT DER ANTIKE

- Bedrohung der „Pax Romana“

Hermann der Cherusker in einer Schlacht gegen die Römer.

14

Einstieg

Antiquis temporibus Cimbri et Teutones, gentes Germaniae, in Italiam invaserunt non solum cupiditate pugnandi adducti, sed etiam ut vastando agros ac silvas et perdendo equos atque homines ibi terrorem et tumultum facerent. Multis autem cohortibus amissis et cladibus acerbis acceptis Marius consul, vir fortis et bellum prudenter gerendi peritus[1], exercitus novos ad Italiam ab illis barbaris defendendam paravit et brevi eos duabus pugnis vicit. Tamen Romani acri Germanorum impetu ita perturbati sunt, ut semper illum „furorem Teutonicum“[2] timerent. Etiam Caesar, cum copias suas in Gallos duceret, id egit primo Galliae expugnandae causa, deinde ut agmina Germanorum procul ab Italia arceret. Galli autem ipsi ad Caesarem venerunt auxilii petendi causa. Unus ex eis dixit: „Omni vi, Caesar, id stude, ne maior[3] multitudo barbarorum terribilium navibus trans[4] Rhenum flumen in Galliam veniret! In campis nostris enim ipsi nos agris et arboribus colendis dare cupimus. Itaque defende nos a Germanis furentibus[5]!“

1 **peritus** *(m. Gen.)*: erfahren (in)
2 **furor Teutonicus**: germanische Raserei
3 **maior**: größer
4 **trans** *(m. Akk.)*: über
5 **furere**: rasen

In alten Zeiten sind die Kimbern und Teutonen, Völker Germaniens, nach Italien eingefallen, nicht nur aus Begierde zu kämpfen, sondern auch, um durch Verwüstung der Äcker und Wälder und durch Vernichtung von Pferden und Menschen dort Schrecken und Aufregung zu verursachen. Nach dem Verlust aber von vielen Kohorten und nach bitteren Niederlagen rüstete der Konsul Marius, ein tapferer und in kluger Kriegsführung erfahrener Mann, neue Heere zur Verteidigung Italiens gegen jene Barbaren und besiegte sie in Kürze in zwei Schlachten. Die Römer wurden jedoch durch den heftigen Angriff der Germanen so in Panik versetzt, dass sie immer Angst hatten vor jener „germanischen Raserei“. Auch als Caesar seine Truppen gegen die Gallier führte, tat er dies zuerst, um Gallien zu erobern, dann um die Scharen der Germanen fern von Italien zu halten. Die Gallier selbst kamen zu Caesar, um Hilfe zu erbitten. Einer von ihnen sagte: „Mit aller Kraft, Caesar, setze dich dafür ein, dass nicht eine noch größere Menge von den schrecklichen Barbaren mit ihren Schiffen über den Rhein(-fluss) nach Gallien kommt! In unseren Ebenen nämlich wollen wir uns selbst der Pflege der Äcker und Bäume widmen. Deshalb verteidige uns gegen die rasenden Germanen!“

accipere, accipiō, accēpī, acceptum	annehmen, empfangen; erfahren
colere, colō, coluī, cultum	bebauen, bewohnen; pflegen, verehren
amittere, amittō, amīsī, amissum	aufgeben, verlieren
silva, -ae *f*	Wald
campus, -ī *m*	Ebene, Feld; Platz
barbarus, -ī *m*	Nichtrömer, „Barbar“
equus, -ī *m*	Pferd
arbor, -oris *f*	Baum
cohors, -tis *f*	Kohorte (der zehnte Teil einer Legion, ca. 600 Mann)

nāvis, nāvis *f*	Schiff
agmen, -inis *n*	Heereszug, Zug; Schar
flumen, -inis *n*	Fluss, Strom
acerbus, -a, -um	herb, bitter
terribilis, -e	schrecklich, furchtbar
brevī (tempore)	bald darauf
causā *(nachgestellt m. Gen.)*	um ... willen; um ... zu
procul *(Adv.)*	fern, weit weg, von weitem
prīmō *(Adv.)*	zuerst, zunächst, anfangs
deinde *(Adv.)*	darauf, dann

1. Stellen Sie im Text alle mit *-nd-* gebildeten Verbformen fest. Welche sind wie ein Substantiv, welche wie ein Adjektiv verwendet?
2. Wie sind die mit solchen Formen gebauten Konstruktionen jeweils übersetzt? Können Sie eine gewisse Regelhaftigkeit erkennen?

Grammatik

1 Gerundium

1.1 Bildung

Das **Gerundium** ist ein **Verbalsubstantiv**, das im **Genitiv**, (selten) im **Dativ**, im **Akkusativ** (nur in Verbindung mit *ad*) und im **Ablativ Singular** erscheint. Man erkennt das **Gerundium** am **Bildungselement *-nd-*** und dem **Signalteil** der **o-Deklination** (im Singular).

amāre	fugere
ama-**nd**-ī	fugi-*e***nd**-ī
(ama-**nd**-ō)	(fugi-*e***nd**-ō)
amāre/ad ama-**nd**-um	fugere/ad fugi-*e***nd**-um
(in) ama-**nd**-ō	(in) fugi-*e***nd**-ō

Vergleichen Sie dazu das Schema der o-Deklination auf S. 43.

-nd-
Gerundium/ Gerundivum

1.2 Verwendung

Das **Gerundium** drückt als **Verbalsubstantiv** einen **sich vollziehenden Vorgang** aus. Es erfüllt im Satz meist die **syntaktische Funktion** des **Adverbiales** oder des **Attributs**, gelegentlich auch die des **Objekts**.

① **Legendō** memoriam augeō.	**Durch Lesen/Indem ich lese**, fördere ich mein Gedächtnis.
② Cōnsilium **studendī** cēpī.	Ich fasste den Plan **zu studieren**.
③ Cupidus sum **quaerendī**.	Ich habe Lust **zu forschen/auf Forschen**.
④ **Sciendī causā** studeō.	**Des Wissens wegen/Um (etwas) zu wissen**, studiere ich.

Das Bildungselement *-nd-*, verbunden mit einem Kasus der o-Deklination, zeigt immer die Substantivierung des Verbs an.

Das **Gerundium** ist häufig mit einem **Objekt** und/oder einem **Adverbiale** verbunden.

ars *litterās* **scrībendī**	die Kunst, *einen Brief* **zu schreiben**
cupiditās *brevī cum amīcīs Rōmam* **veniendī**	der Wunsch, *bald mit den Freunden nach Rom* **zu kommen**

1.3 Wiedergabe im Deutschen

Das **Gerundium** lässt sich wiedergeben mit

- einem **Vorgangssubstantiv** ① ③ ④,
- einem **Infinitiv** *(zu …)* ② ③,
- einem **erweiterten Infinitiv** *(um … zu)* bei *causā* ④,
- einem **adverbialen Gliedsatz** *(indem/wobei …)* beim Ablativ ①.

Bei Wiedergabe mit einem **Infinitiv** oder einem **Vorgangssubstantiv** empfiehlt sich folgende **Umbauregel**:

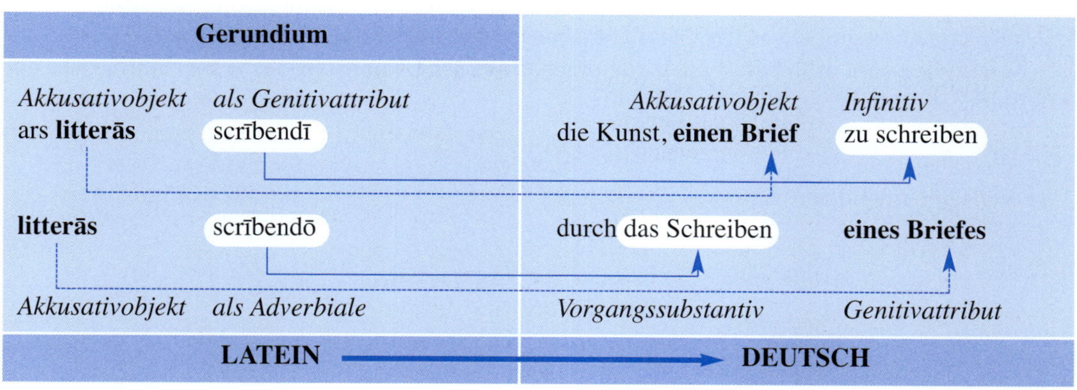

Übungen

Studieren Sie zuerst die einschlägigen grammatischen Erscheinungen im Text der Rubrik *Einstieg.*

1. Vorsicht bei *-nd-:* Wo liegt kein Gerundium vor?

stipendii – amittendi – condo – colendo – defendi – descendendi – accipiendum – reprehendi – defendendi – intendo – nondum – tandem – invadendo – perturbandum – dando – unde – minuendo – parendum

2. Übersetzen Sie treffend.

cupiditas

dicendi, fortiter pugnandi, inveniendi nova, studendi, urbes claras videndi, audiendi, bella gerendi, beate vivendi, celeriter fugiendi, se exercendi, omnibus semper placendi

3. *Ars sane[1] vivendi.* Übersetzen Sie.

a) Cupiditate sane[1] vivendi adductus corpus vehementer curo semper ambulando, saepe currendo, pauca edendo[2].

b) Etiam iterum atque iterum thermas peto natandi[3] causa.

c) Ibi legendo libros et me studiis[1] dando animum quoque fortiorem facio.

d) Ubique multum tempus ad me quieti dandum consumo[4].

[1] **sanus, -a, -um**: gesund
[2] **edere**: essen
[3] **natare**: schwimmen
[4] **consumere**: aufwenden

4. Bilden Sie sinnvolle Kombinationen. Übersetzen Sie diese.

cupiditas
ars
tempus

brevi
vehementer
aliter

libros
agendi
equum

curandi
vitam
legendi

2 Gerundivum

2.1 Bildung

Wiederholen Sie dazu die Deklination der Adjektive der ā-/o-Deklination auf S. 43.

Das **Gerundivum** ist ein passivisches **Verbaladjektiv**, das meist mit einem **Substantiv** in **KNG-Kongruenz** übereinstimmt.

Man erkennt das **Gerundivum** am **Bildungselement *-nd-*** und dem **Signalteil** der **Adjektive auf *-us*/*-a*/*-um*** (im Singular und Plural) (↗ S. 43).

ama-**nd**-us/-a/um	rīde-**nd**-us/-a/um	audi-e**nd**-us/a/um	reg-*e***nd**-us/-a/um	fugi-*e***nd**-us/-a/um

2.2 Gerundivum-V

a) Verwendung

Gerundium und Gerundivum sind Konstruktionen für denselben Sachverhalt. Für ihre Wiedergabe im Deutschen gibt es deshalb dieselben Möglichkeiten.

Als **Gerundivum-V** bezeichnet man die Verbindung eines **Nomens mit dem Gerundivum**. Diese Konstruktion drückt wie das Gerundium einen **sich vollziehenden Vorgang** aus.
Das **Gerundivum-V** erfüllt im Satz meist die **syntaktische Funktion** des **Adverbiales** oder des **Attributs**, gelegentlich auch die des **Objekts**.

① Sociī cōnsilium **urbis dēfendendae** cēpērunt. — Die Verbündeten fassten den Plan **die Stadt zu verteidigen.** / **zur Verteidigung der Stadt.**

② **Cīvium servandōrum causā** ad urbem venerunt. — **Um die Bürger zu retten,** / **Zur Rettung der Bürger** kamen sie zur Stadt.

③ **Auxiliō** *celeriter* **dandō** multōs cīvēs servāre studēbant.	**Durch** *schnelle* **Hilfeleistung** / **Indem sie** *schnell* **Hilfe leisteten**, bemühten sie sich, viele Bürger zu retten.
④ **Dē pāce faciendā** dēlīberāvērunt.	Sie dachten **über den Friedensschluss** nach.

b) Wiedergabe im Deutschen
Das **Gerundivum-V** lässt sich wiedergeben mit
- einem **Vorgangssubstantiv** ① ② ③ ④,
- einem **Infinitiv** *(zu ...)* ①,
- einem **erweiterten Infinitiv** *(um ... zu)* bei *causā* ②,
- einem **adverbialen Gliedsatz** *(indem/wobei ...)* ③.

Für die Wiedergabe des **Gerundivum-V** mit einem **Infinitiv** oder einem **Vorgangssubstantiv** empfiehlt sich folgende **Umbauregel**:

Gerundivum-V			
	als Genitivattribut	*Akkusativobjekt*	*Infinitiv*
cōnsilium urbis	condendae	der Plan, **eine Stadt**	zu gründen
cīvibus	servandīs	durch die Rettung	**der Bürger**
Akkusativobjekt	*als Adverbiale*	*Vorgangssubstantiv*	*Genitivattribut*
LATEIN →		**DEUTSCH**	

Übungen

1. Verschiedene Künste. Übersetzen Sie.

Ars

a) urbis aedificandae
b) hominum docendorum
c) cenae pulchre parandae
d) vitae quiete agendae
e) litterarum celeriter scribendarum
f) civitatis libere regendae
g) amicitiae coniungendae.

2. Baumeister gesucht. Gestalten Sie aus den Bestandteilen im Kasten jeweils das entsprechende Gerundium. Übersetzen Sie.

a) natura inquirenda ....
b) moribus mutandis ....
c) cupidus pacis faciendae ....
....
d) ars agri colendi ....
e) amor libri legendi ....

colendi – faciendi – inquirendo – legendi – mutando

agrum – librum – naturam – mores – pacem

3. Wo liegt der Unterschied?

a) Augustus **civibus servatis** magnam gloriam sibi paravit.
b) Duces boni **civibus servandis** societatem curare student.

Studieren Sie zuerst die einschlägigen grammatischen Erscheinungen im Text der Rubrik *Einstieg*.

Achten Sie darauf, die *-nd*-Formen nicht mit dem PPP zu verwechseln!

4. Übersetzen Sie. Probieren Sie verschiedene Möglichkeiten aus.

a) Germani belli gerendi cupidi socios populi Romani oppresserant.
b) Itaque Caesar de Germanorum finibus invadendis deliberavit.
c) Saepe viderat Germanos celeriter fugiendo se e periculis servavisse.
d) Itaque consilium exercitum in eorum loca ducendi cepit. Tum celeritate[1] in agendo opus erat.

[1] **celeritas, -atis** *f*: Schnelligkeit
[2] **propensus, -a, -um**: geneigt

5. Suchen Sie die passendste deutsche Wiedergabe.

ad deos cole-	nd	os
gloriae para-		ae causa
in servitute arce-		a
auxilio pete-		o
amicitia serva-		a

6. Weisheiten. Wo liegt ein Gerundium vor? Wo ein Gerundivum?

a) Natura propensi[2] sumus ad homines diligendos.
b) Virtutes videntur in agendo.

3 Ordnungszahlen

prīmus	der erste	sextus	der sechste	duodecimus	der 12.
secundus	der zweite	septimus	der siebte	vīcēsimus prīmus	der 25.
tertius	der dritte	octāvus	der achte	centēsimus quārtus	der 104.
quārtus	der vierte	nōnus	der neunte	mīllēsimus ducentēsimus nōnus	der 1209.
quīntus	der fünfte	decimus	der zehnte		

Übersicht über die Zahlen ↗ S. 309.

Ordnungszahlen werden in der Regel in römischen Ziffern angegeben. Sehen Sie dazu die Tab. III auf S. 309.

Übungen

1. Markante Daten. Übersetzen Sie.

a) Anno ante Christum natum[1] centesimo secundo Cimbri et Teutones a Mario victi et pulsi sunt.
b) Anno ante Christum natum[1] quadragesimo quarto Caesar occisus est.
c) Anno post Christum natum[1] decimo quarto imperator Augustus vita decessit.

[1] **natus, -a, -um**: geboren

2. „Zahlenkombinationen". Übersetzen Sie.

secundo bello Punico – decima legio – prima hora noctis – mensa secunda – agmen tertium – oratio octava – rex septimus – quintum triumphum egit – saeculum vicesimum vidimus – quinta pars stipendii

3. Fontana di Trevi in Rom. Eine Inschrift gibt das Jahr ihrer Fertigstellung an; lesen Sie unten, wie der Schluss lautet. Wie lautet das Jahr auf Deutsch? Und in lateinischen Ordnungszahlen?

OPUS ::: ABSOLUTUM ANNO DOMINI MDCCLXII

Wortschatz

2/4–5

cohors, -tis *f* (*Gen. Pl.* cohortium)	Kohorte (der zehnte Teil einer Legion, ca. 600 Mann)	
flūmen, -inis *n*	Fluss, Strom	
praefectus, -ī *m*	**Präfekt, Befehlshaber**	
nāvis, nāvis *f* (*Gen. Pl.* nāvium)	Schiff	Navigation; *e: navy*
lacus, -ūs *m*	**See, Teich**	*e: lake, f: lac*
āmittere, āmittō, āmīsī, āmissum	aufgeben; verlieren	
agmen, -inis *n*	Heereszug, Zug; Schar	→ 2 agere
ultimus, -a, -um	**der/die/das äußerste, letzte**	Ultimatum, Ultima Ratio
procul *(Adv.)*	fern, weit weg, von weitem	
dolus, -ī *m*	**List, Betrug**	
inīquus, -a, -um	**ungleich; ungünstig; ungerecht**	
inquīrere, inquīrō, inquīsīvī, inquīsītum	**untersuchen, nachforschen**	Inquisition
reliquiae, -ārum *f*	**Überreste, Rest**	Reliquie
causā *(nachgestellt, m. Gen.)*	um … willen, wegen; um … zu	
praemittere, praemittō, praemīsī, praemissum	**vorausschicken**	Prämisse
brevī (tempore)	bald darauf, binnen kurzem	→ 9 brevis
aspectus, -ūs *m*	**Anblick**	Aspekt
terribilis, -e	schrecklich, furchterregend	→ 11 terror; *e/f: terrible*
prīmō *(Adv.)*	zuerst, zunächst; anfangs	→ 8 prīmus
deinde *(Adv.)*	von da an; darauf; dann	
campus, -ī *m*	Ebene, Feld, Platz	Campus, Camp
equus, -ī *m*	Pferd	→ 9 eques
arbor, -oris *f*	Baum	*f: arbre*
fīgere, fīgō, fīxī, fīxum	**(an-)heften, befestigen**	Fixstern, fixieren
caput, -itis *n*	**Kopf; Hauptstadt**	Kapitän, Kapital
silva, -ae *f*	Wald	
bárbarus, -ī *m*	Nichtrömer (-grieche), „Barbar“	
centuriō, -ōnis *m*	**Zenturio, Hauptmann**	
cadere, cadō, cécidī	**fallen**	Kadenz, Kasus
secundus, -a, -um	**der/die/das zweite, folgende; günstig**	*e/f: second*
vulnus, -eris *n*	**Wunde**	→ 3 vulnerāre
accipere, accipiō, accēpī, acceptum	annehmen, empfangen; erfahren	akzeptieren; *f: accepter*
manus, -ūs *f*	**Hand; Handvoll, Schar**	*f: main*
acerbus, -a, -um	herb, bitter	→ 9 ācer
sepelīre, sepeliō, sepelīvī, sepultum	**begraben, bestatten**	
colere, colō, coluī, cultum	bebauen; bewohnen; pflegen, verehren	Kultur
fortis, -e	**tapfer, mutig, stark**	*f: fort/forte*
aetās, -is *f*	**Alter, Lebenszeit; Zeitalter**	
interrogāre	**fragen, befragen**	*f: interroger*

Wiederholen Sie zunächst noch einmal den ersten Wortschatz dieser Lektion auf S. 158.

14

Wussten Sie schon?

Furor Teutonicus

Silbermünze des Augustus.

Als die Kimbern und Teutonen um 120 v. Chr. von Jütland (dänisches Festland) in einem riesigen Treck nach Süden zogen, stießen zum ersten Mal Germanen mit den Römern zusammen. Zwischen 113 und 105 v. Chr. wurden diese in drei Schlachten geschlagen. Die Niederlage bei Arausio (Orange, Südfrankreich), die verheerendste seit Cannae, löste in Rom panische Angst vor der Wildheit der Germanen, dem *furor Teutonicus*, aus. Erst dem Konsul C. Marius gelang es, 102 v. Chr. bei Aquae Sextiae (Aix-en-Provence) die Teutonen und im Jahr darauf die Kimbern bei Vercellae (in der Nähe von Mailand) zu schlagen. Dennoch stellten die Germanen für die Römer weiterhin eine Bedrohung dar.
An diese alte Angst erinnerte sich Cäsar, als er nach Beendigung des Krieges mit den Helvetiern im Jahr 58 v. Chr. auf Bitten des gallischen Stammes der Häduer beschloss, die germanischen Sueben aus dem Gebiet des Elsass zu vertreiben: Westlich des Rheins sollten die Germanen keine Macht haben.
Kaiser Augustus aber wollte sich nicht mit der Rheingrenze abfinden. Um die Furcht vor der germanischen Gefahr zu bannen, versuchte er die Elbe zur neuen Grenze des Imperiums zu machen. 12–9 v. Chr. gelangten die Römer zwar in vier Feldzügen bis an diesen Strom, doch der Tod des fähigen Generals Drusus hinderte sie daran, ihre Eroberungen zu sichern. Erst seit 4 n. Chr. nahm Tiberius, der Stiefsohn des Kaisers Augustus, die Eroberung Germaniens wieder in Angriff. In das von ihm unterworfene Gebiet kam 7 n. Chr. P. Quinctilius Varus. Als Militärstatthalter wollte er auch den Germanen das römische Rechts- und Steuersystem aufzwingen. Diese rebellierten, lockten unter der Führung des Arminius drei römische Legionen in einen Hinterhalt und vernichteten sie. Kaiser Augustus soll wegen dieses Verlusts so verzweifelt gewesen sein, dass er mehrere Monate lang seinen Bart und seine Haare nicht mehr scheren ließ, manchmal mit dem Kopf gegen die Tür schlug und rief: „*Quinctili Vare, legiones redde!* – Quinctilius Varus, gib mir meine Legionen wieder!“

Welchen Ausspruch tat Augustus?

„Gaii Mari, defende nos a Germanis terribilibus!“
„Hannibal, abstine copias tuas ab urbe nostra!“
„Quinctili Vare, legiones redde![1]“
„Pater care, monstra mihi sortem gentis meae!“

[1] **reddere**: zurückgeben

Lesen und verstehen

Ein grauenvoller Ort (nach Tacitus, Annales I 60 f., und Velleius Paterculus II 118 f.)
Der Versuch Roms, seine Macht bis an die Elbe auszudehnen, endete mit einer Katastrophe: 9 n. Chr. vernichtete der Germanenfürst Arminius drei Legionen. Erst sechs Jahre später erreichte ein römisches Heer unter Führung des Germanicus den Ort der Niederlage.

Germanicus Caecinam legatum cum quadraginta cohortibus Romanis per Bructeros ad flumen Amisiam misit; equites Pedo praefectus duxit; ipse impositas navibus quattuor legiones per magnos lacus transportavit. Bructeris victis inter praedam inventum est undevicesimae legionis signum cum Varo amissum. Tum agmen ductum est ad ultimos Bructerorum, non procul a Teutoburgiensi saltu[1], ubi ille Vari exercitus dolo hostium deletus erat. Nam locis ad pugnandum iniquis ne cedendo quidem se servare potuerat. Germanicum autem invadit cupiditas inquirendi, ubi sint reliquiae Vari et illarum trium legionum. Itaque Caecinam investigandi[2] causa praemittit. Brevi Germanicus ipse intravit loca aspectu et memoria terribilia. Ceperat enim consilium militibus et duci suprema solvendi[3]. Primo Vari castra inventa sunt, deinde albentia ossa[4] militum. Iacebant in campo et tela fracta equorumque artus[5], in arboribus autem fixa erant hominum capita. Milites, cum inquirendi causa silvam intravissent, invenerunt barbarorum aras, ubi tribuni et centuriones caesi erant. Erant in exercitu nonnulli, qui se celeriter fugiendo ex illa clade servaverant. Ei dicebant hic cecidisse legatos, ibi rapta signa; memoria quoque tenebant, ubi Varus primum, ubi secundum vulnus accepisset, ubi sua manu mortem invenisset. Romanus igitur exercitus sexto post cladem acerbam anno trium legionum reliquias sepelivit et Germanicus memoriae caesorum colendae cupidus primum caespitem[6] posuit. Tiberius vero Germanicum reprehendit, cum crederet fortes militum animos tot milibus hominum sepeliendis fractos esse.

[1] **saltus, -us** *m*: Wald, Waldgebirge
[2] **investigare**: erkunden
[3] **suprema solvere** *(m. Dat.)*: (jdm.) die letzte Ehre erweisen
[4] **albentia ossa** *(n Pl.)*: bleiche Gebeine
[5] **artus, -uum** *m (Pl.)* (hier): die Gerippe
[6] **caespes, -itis** *m*: Rasenstück *(um einen Grabhügel abzudecken)*

Versuchen Sie sich am Original

Libri nostri homines non solum ad legendi, sed etiam ad scribendi studium excitaverunt[1]. (nach Cicero)

Tanta fuit in capiendis castris celeritas. (Caesar)

Catalina consilium opprimendae civitatis cepit. (nach Sallust)

[1] **excitare:** anregen

Zu guter Letzt

Hermann der Cherusker

① Besonders im 19. Jh. schrieb man dem Sieg des Arminius, den man Hermann den Cherusker nannte, große Bedeutung für die Nationalgeschichte Deutschlands zu. Als ein Mahnmal für die Einigkeit war das Hermannsdenkmal gedacht, das bei Detmold steht und 1875 eingeweiht wurde.

In Lobgedichten mit stark nationalen Tönen wurde Hermann als Held und Befreier verehrt. Heinrich Heine dagegen dachte im folgenden Gedicht (1844) in ironisch-spöttischem Ton über die möglichen Folgen eines Sieges der Römer nach:

(...)
In unserem Vaterland herrschten jetzt
Nur römische Sprache und Sitten,
Vestalen gäb es in München sogar,
Die Schwaben hießen Quiriten!
(...)
Wir blieben deutsch, wir sprechen deutsch,
Wie wir es gesprochen haben;
Der Esel heißt Esel, nicht asinus,
Die Schwaben blieben Schwaben.

Malen Sie die Vorstellung, die Heine hier andeutet, weiter aus: Was wäre heute möglicherweise anders, wenn die Römer nicht geschlagen worden wären?

② Vergleichen Sie die Kleidung der Germanen und der Römer. Welche Unterschiede stellen Sie fest?

„... vieles ist dort anders!"

In dieser Lektion lernen Sie

GRAMMATIK

- Partizip Futur Aktiv
- Zeitverhältnisse in AcI und Partizipialkonstruktionen (Zusammenfassung)
- Steigerung der Adjektive und Adverbien
- Indefinitpronomen: *(ali-)quis, quisquam, (ali-)qui, quisque*

WORTSCHATZ

- Wörter aus dem Bereich Lebensführung und Sitten

DIE WELT DER ANTIKE

- Das römische Germanenbild

Germane mit Lure in einer Schlacht gegen die Römer.

Einstieg

Galli et Germani moribus et victu maxime differebant[1]. Civitatibus Gallorum principes praeerant, qui auctoritate[2] sua curabant, ne quis ex pauperibus cum potentioribus contenderet. Germanis autem singulis neque divitiae neque opes erant; neque quisquam in civitate ea de causa cum ceteris contendebat neque homines inter se iniuria afficiebant. Apud Gallos Druides, viri sanctissimi, in summo honore erant. Qui adulescentes docebant eorumque memoriam litteris exercebant. Eos enim eo modo diligentiores et prudentiores in vita fore putabant. Sed Germanis singulis agri proprii non tribuebantur, ne adulescentes studium pugnandi agricultura[3] mutare cogerentur. Galli autem primo fortius pugnabant quam Germani, deinde, cum luxuria Romanorum plus gaudere coepissent, Germanos virtute non iam aequare poterant. Itaque Germani, quod eis maius studium belli gerendi erat, se celerrime Galliam expugnaturos esse sperabant. Quibus de causis Romani timebant, ne a Germanis in Galliam invasuris maximum periculum etiam Italiae immineret.

Die Gallier und Germanen unterschieden sich in Sitten und Lebensweise sehr. Die Stämme der Galler regierten Fürsten, die durch ihr Ansehen dafür sorgten, dass niemand von den Armen mit den Mächtigeren stritt. Einzelne Germanen hatten weder Reichtum noch Schätze, und niemand kämpfte aus diesem Grund im Stamm mit den anderen, und die Menschen taten sich auch gegenseitig kein Unrecht an. Bei den Galliern standen die Druiden, sehr ehrwürdige Männer, in hohem Ansehen. Diese lehrten die jungen Männer und übten deren Gedächtnis mit Wissenschaft. Sie glaubten nämlich, sie würden auf diese Weise gewissenhafter und klüger im Leben sein. Den einzelnen Germanen wurden jedoch keine eigenen Äcker zugeteilt, damit die jungen Leute nicht gezwungen wurden, ihren Kampfeseifer gegen Ackerbau einzutauschen. Die Gallier kämpften zuerst tapferer als die Germanen, dann, als sie begonnen hatten, sich am Genussleben der Römer mehr zu freuen, konnten sie die Germanen an Tapferkeit nicht mehr erreichen. Deshalb hofften die Germanen, weil sie größeres Verlangen hatten, Krieg zu führen, dass sie Gallien sehr schnell erobern würden. Aus diesen Gründen fürchteten die Römer, dass von den Germanen, wenn sie nach Gallien eindringen wollten, auch Italien größte Gefahr drohe.

[1] **differebant**: sie unterschieden sich
[2] **auctoritas, -atis** *f*: Ansehen
[3] **agricultura, -ae** *f*: Ackerbau

aequāre	gleichkommen; erreichen
exercēre	üben, betreiben
cōgere, cōgō, coēgī, coāctum	sammeln, zwingen
contendere, contendō, contendī, contentum	eilen; kämpfen, behaupten
tribuere, tribuō, tribuī, tribūtum	zuteilen, zuweisen; erweisen
afficere, afficiō, affēcī, affectum *(m. Abl.)*	versehen (mit) ausstatten (mit)
fore/futūrum esse	sein werden
iniūria, -ae *f*	Unrecht
luxuria, -ae *f*	Überfluss, Verschwendungssucht

ops, opis *f*	Kraft, Hilfe; *Pl. auch:* Reichtum, Macht
prīnceps, -ipis *m*	erster Mann, Fürst
vīctus, -ūs *m*	Lebensweise
proprius, -a, -um	eigen, eigentümlich
sanctus, -a, -um	heilig, geweiht
singulī, -ōrum	einzeln, je einer
pauper, -is	arm
dīligēns, -ntis	sorgfältig, gewissenhaft
potēns, -ntis	mächtig
māior/maius, -ōris	größer
māximus, -a, -um	der/die/das größte, sehr groß
aliquis	irgendeiner
quisquam	irgendeiner

1. Suchen Sie im Text alle Steigerungsformen. Welche Bildungselemente können Sie jeweils beim Komparativ und Superlativ feststellen? Wo liegen Sonderformen vor?
2. Was drücken Verbformen mit dem Bildungselement *-urus* im AcI oder PC aus?

Grammatik

1 Partizip Futur Aktiv

1.1 Bildung

Das **Partizip Futur Aktiv (PFA)** erkennt man am **Bildungselement** ***-ur-***, das an den **PPP-Stamm** angefügt ist.

amāre	amāt-**ūr-us/-a/-um**	rīdēre	rīs-**ūr-us/-a/-um**
audīre	audīt-**ūr-us/-a/-um**	mittere	miss-**ūr-us/-a/-um**
relinquere	relict-**ūr-us/-a/-um**	pellere	puls-**ūr-us/-a/-um**
capere	capt-**ūr-us/-a/-um**	cadere	cas-**ūr-us/-a/-um**
esse	fut-**ūr-us/-a/-um**		

amā**tūrus**	einer, **der** lieben **wird/will**

Wiederholen Sie die Adjektive der ā-/o- Deklination auf S. 43.

-ur-

Partizip Futur Aktiv

Die **Deklination des Partizip Futur Aktiv** stimmt mit der der Adjektive der **ā-/o-Deklination** überein (↗ S. 43).

1.2 Verwendung

a) als Infinitiv Futur im AcI

Der **Infinitiv Futur**, aus dem **Partizip Futur Aktiv** und der **Kopula** ***esse*** gebildet, begegnet im **AcI** und dient hier zum Ausdruck der **Nachzeitigkeit**.

Rōmānī putābant **omnēs Gallōs** imperiō suō brevī **servītūrōs esse**.	Die Römer glaubten, dass **alle Gallier** sich ihrer Herrschaft bald **fügen würden**.
Caesar spērābat **Germānōs quiētōs fūtūrōs esse/ quiētōs fore.**	Cäsar hoffte, dass **die Germanen sich ruhig verhalten würden.**

Der **Infinitiv Futur** von *esse* lautet ***futūrum/-am/-um esse*** (gelegentlich dafür Kurzform ***fore***).

b) als PC zum Ausdruck der Nachzeitigkeit und der Absicht

Caesar exercitum ad Rhēnum flūmen dūxit in Germāniam **invāsūrus**.	Cäsar führte sein Heer zum Rhein, **um** nach Germanien **vorzudringen** (**weil** er nach Germanien vordringen **wollte**).

Übungen

1. PFA-Formen. Wie lautet der Infinitiv Präsens Aktiv dazu?

dicturus – mansuri – coepturis – daturus – fixuros – sepulturam – missuras – sublaturum – aucturos – scripturus – futurum – risuri – culturam – praefuturos – caesurus – interrogaturus

2. Hoffnungen. Übersetzen Sie.

Spero

a) vos brevi venturos esse.
b) civitatem salvam fore.
c) me patriam non amissurum esse.
d) servas auxilium non frustra petituras esse.
e) nostros in hoc periculo non casuros esse.

Studieren Sie zuerst die einschlägigen grammatischen Erscheinungen im Text der Rubrik *Einstieg*.

3. Schöne Absichten. Übersetzen Sie.

a) Nostra aetate multi Italiam petunt ibi urbes pulchras visuri.
b) Quis erit cum amicis thermas petituris?
c) Cuncti in foro circumstant[1] oratorem clarum orationem habiturum.
d) Ego tecum ad mare curro naves monstraturus.

[1] **circumstare** (*m. Akk.*): jdn. umstehen, umdrängen

4. Römer und Germanen. Übersetzen Sie.

a) Romani Germanos in Italia bella non iterum gesturos esse sperabant.
b) Itaque Caesarem laudabant impetum in Germaniam facturum.
c) Germani autem in Galliam invasuri se brevi etiam in finibus Romanorum futuros esse (fore) putabant.

2 Zeitverhältnisse in AcI und Partizipialkonstruktionen (Zusammenfassung)

Achten Sie bei einem AcI oder einer Partizipialkonstruktion immer auf die Zeitstufe des Infinitivs bzw. Partizips. Sie zeigt das Zeitverhältnis an, das zwischen der Hauptsatz-Aussage und der Aussage des Infinitivs bzw. Partizips besteht.

2.1 Zeitverhältnisse im AcI

Vorzeitigkeit	Gleichzeitigkeit	Nachzeitigkeit
Graecōs Trōiam **dēlēvisse/** Trōiam ā Graecīs **dēlētam esse** cōnstat.	Graecī sciēbant Trōiānōs urbem fortiter **dēfendere**/ urbem ā Trōiānīs fortiter **dēfendī**.	Aenēās crēdēbat deōs nōnnūllōs Trōiānōs **servātūrōs esse**.
Dass die Griechen Troja **zerstört haben**/Dass Troja von den Griechen **zerstört worden ist**, steht fest.	Die Griechen wussten, dass die Trojaner die Stadt tapfer **verteidigten**/dass die Stadt von den Trojanern tapfer **verteidigt wurde**.	Aeneas glaubte, dass die Götter einige Trojaner **retten würden**.

2.2 Zeitverhältnisse in den Partizipialkonstruktionen

	Vorzeitigkeit	Gleichzeitigkeit	Nachzeitigkeit
PC	Cīvēs Trōiam **dēlētam** reliquērunt.	Trōiānī ex urbe **fugientēs** auxilium ā deīs spērābant.	Trōiānī ex urbe fūgērunt salūtem **petītūrī.**
Abl. abs.	**Trōiā dēlētā** cīvēs fūgērunt.	**Trōiānīs fugientibus** Graecī urbem dēlēvērunt.	
	Die Bürger verließen Troja, **als es zerstört worden war**.	Die Trojaner erhofften, **als sie** aus der Stadt **flohen**, Hilfe von den Göttern.	Die Trojaner flohen aus der Stadt, **um** Rettung **zu suchen**.
	Als Troja zerstört worden war, flohen die Bürger.	**Während** die Trojaner **flohen**, zerstörten die Griechen die Stadt.	

Vergleichen Sie dazu die Darstellung von AcI, PC und Abl. abs. auf den Seiten 101 ff., 69 ff., 127 ff. und 137 ff.

Diese drei Zeitverhältnisse sind bei der Wiedergabe des Partizips im Deutschen bei allen Sinnrichtungen (mit Ausnahme der finalen) zu berücksichtigen.

Übungen

1. Was passt? Fügen Sie die Form ein.

a) Constabat Caesarem brevi bellum in Gallos ....
b) Accepit oppidum ibi iam ....
c) Iussit legatos Gallorum ....

libere dicere – vastari – sepulturos esse – gesturum esse – auctum esse – expugnatum esse

2. Kreuzen Sie das Zutreffende an.

a) Alexander se Diogeni daturum esse dixit, si quid ei opus esset. [vz] [gz] [nz]
b) Diogenes Alexandro roganti, ut diceret, quid ei opus esset, dixit: „Cede paululum[1] a sole[2]!“ [vz] [gz] [nz]
c) Alexander tanta libertate dicendi motus Diogenem hominem beatum appellavit. [vz] [gz] [nz]

3. Weltherrscher Alexander. Notieren Sie alle Verbformen, in denen ein Zeitverhältnis angezeigt wird. Bestimmen Sie dieses und übersetzen Sie.

a) Alexander Asia expugnata se dominum totius orbis terrarum fore sperabat.
b) Sed milites eius se parituros esse negaverunt duci ad ultimos fines terrae venire cupienti.
c) Alexander rex omnium fere gentium factus subito morbo vita cessit deis non faventibus[3].

Roma urbs aeterna.

4. Weltherrscher Caesar. Welche Konstruktionen begegnen Ihnen in den Sätzen, in denen ein Zeitverhältnis ausgedrückt ist? Übersetzen Sie.

a) Caesar Gallis victis se ceteras gentes toto orbe terrarum servitute affecturum esse pro certo habebat.
b) Sed ei dictaturam perpetuam[4] petituro multi Romani maximo studio restiterunt[5].
c) Caesar summo imperio accepto iam bellum in Parthos, gentem orientis, paraturus subito in curia occisus est.

5. Kombinieren und vervollständigen Sie.

a) Imperatori exercitum **duc**................
b) Exercitui in Germaniam **duc**................
c) Caesari copias navibus in Britanniam **duc**................
d) Hominibus verum **dic**................
e) Verbis malis a te **dic**................
f) Viris sanctis futura **dic**................

1) milites non iam paruerunt.
2) Germani acriter restiterunt[5].
3) magna tempestas obviam[6] erat.
4) credere non dubitamus.
5) veniam damus.
6) magni honores tribuuntur.

to – tis – enti – entibus – turo – turis

6. Rom gestern, heute, morgen. Übersetzen Sie und geben Sie das Zeitverhältnis an.

Nostra aetate nemo negat urbem Romam
- aeternam[7] futuram esse.
- a Romulo conditam esse.
- hodie quoque pulchram esse.

Studieren Sie zuerst die einschlägigen grammatischen Erscheinungen im Text der Rubrik *Einstieg.*

[1] **paululum**: ein wenig
[2] **sol, solis** *m*: Sonne
[3] **favere**: gewogen sein
[4] **perpetua dictatura**: dauernde Diktatur
[5] **resistere**: sich widersetzen, Widerstand leisten
[6] **obviam**: entgegen
[7] **aeternus, -a, -um**: ewig

3 Steigerung der Adjektive und Adverbien

3.1 Adjektive

Bei der **regelmäßigen Steigerung** tritt an den Bedeutungsteil des Adjektivs

- im **Komparativ** (Höherstufe) das **Bildungselement** ***-ior-/-ius*** (dekliniert wie *imperāt**or**/imperāt**ōris** – temp**us**/temp**oris***),
- im **Superlativ** (Höchststufe) das **Bildungselement** ***-issim-/ -rim-*** mit dem Signalteil der Adjektive auf *us, -a, -um*.

-ior-
-ius
Komparativ

-issim-
-rim-
Superlativ

Steigerung

Bei der **unregelmäßigen Steigerung** ist im Komparativ und Superlativ der **Bedeutungsteil** entweder **verändert** (z. B. ***māg**nus, **mā**ior, **māx**imus)* oder durch einen anderen **ersetzt** (z. B. ***mult**ī, **plūr**ēs, **plūr**imī)*.

regelmäßig			unregelmäßig	
① lāt-us	pulcher	fort-is	māgnus	multī
② lāt-**ior**	pulchr-**ior**	fort-**ior**	mā**ior**	**plūr**ēs
③ lāt-**issimus**	pulcher-**rimus**	fort-**issimus**	mā**ximus**	**plūr**imī
① breit	schön	tapfer	groß	viele
② breiter	schöner	tapferer	größer	mehr
③ am breitesten	am schönsten	am tapfersten	am größten	die meisten

①: Positiv (Grundstufe); ②: Komparativ (Höherstufe); ③: Superlativ (Höchststufe)
Vollständige Übersicht ↗ Tab. IV, S. 310.

Beachten Sie, dass Komparativ und Superlativ nicht immer in einem Vergleich verwendet werden.

Verwendung

Die **Formen des Komparativs** und des **Superlativs** werden in der Regel in **Vergleichen** verwendet; dabei zeigt ***quam*** beim **Komparativ** den **Vergleich** an.

Quis **pulchrior** erat **quam** Venus?	Wer war **schöner als** Venus?

Manchmal finden sie sich auch **ohne Vergleichsgegenstand**. Der **Komparativ** dient dann zum Ausdruck einer **Verstärkung** oder **Abmilderung** einer Eigenschaft.

perīculum **māius**	eine **zu hohe/ziemlich große** Gefahr
iūdicium **ācrius**	ein **recht/ziemlich scharfes** Urteil

Superlativ:

Venus **pulcherrima** omium dearum erat.	Venus war **die Schönste** aller Göttinnen.

Der **Superlativ** dient auch zum Ausdruck des **sehr hohen Grades** einer Eigenschaft.

perīculum **māximum**	eine **sehr/überaus große** Gefahr
vir **prūdentissimus**	ein **sehr kluger/blitzgescheiter** Mann

3.2 Adverbien

Die Adverbien weisen im **Komparativ** das **Bildungselement** ***-ius***, im **Superlativ** das **Bildungselement** ***-issime/-rime*** auf.

Komparativ	**celerius** cēdere quam … **fortius** pūgnāre **brevius** scrībere	**schneller** gehen als … **tapferer** kämpfen **recht/ziemlich** kurz schreiben
Superlativ	**celerrimē** currere **māximē** timēre *quam* **brevissimē** dīcere	**am schnellsten/sehr schnell** laufen **sehr stark/am meisten** fürchten *möglichst* **kurz** reden

Zur Adverbbildung vergleichen Sie S. 152.

Übungen

Studieren Sie zuerst die einschlägigen grammatischen Erscheinungen im Text der Rubrik *Einstieg.*

1. Setzen Sie das Adjektiv in die Grundstufe! Übersetzen Sie dann die Verbindungen.

vir clarior – puellae pulcherrimae – servi miseriores – nihil beatius – brevissime scribere – hominem prudentiorem – vitam molestiorem – ager utilior – bellum longius – loca tutiora – puer diligentissimus – servitus turpissima – pugnae acerrimae – celerius currere – litterae breviores – vulnus acerbissimum – longius manere – foedus sanctissimum – avaritia pessima

2. Höher- und Höchststufe. Übersetzen Sie.

a) Germanos fortissimos omnium gentium fuisse constat.
b) Nihil laetius fore quam pacem speramus.
c) Nonne putas prudentiam hominibus utilissimam esse?
d) Prudenti viro duce clades acerbissima a patria prohibita est.
e) Romani Germanos crudeliores barbaros putabant quam Gallos et Britannos.
f) Brevissimo tempore duo milia militum in illa pugna acerrima ceciderunt.

3. Vergleichen ohne Vergleich. Übersetzen Sie.

a) Tum intra[1] moenia urbis vita tutior erat.
b) Ibi enim cives honestissime vivebant.
c) Neque maxima pericula singulis imminebant.
d) Spectacula pulchriora videri poterant.
e) Quies et pax longius manebant.
f) Urbs peste pessima vexatur.

4. Chämaleon *quam.* Übersetzen Sie.

a) Estne tua vita beatior **quam** mea?
b) Vitam **quam** beatissimam agis.
c) Vita, **quam** agis, beatissima est.
d) Nescio, **quam** beati sitis.
e) Multi vitam tuam non ignorant. **Quam** beatam putant.

[1] **intra** *(m. Akk.)*: innerhalb

4 Indefinitpronomina

Indefinitpronomina sind unbestimmte Fürwörter.

4.1 *aliquis – quisquam* (substantivisch – als Substantiv gebraucht)

irgendwer/-was – jemand/etwas

ali	quis	cuius	quid	**quam**
		cui		
	quem	quō	quid	

Vorsicht! *quis* ist nicht immer Fragepronomen; *qui/qua/quod* sind nicht immer Frage- oder Relativpronomen.

① **Aliquis** dīxit …	**Jemand** hat behauptet …
② Sī **quis** putat …	Wenn **jemand** glaubt …
③ Neque **quisquam** tacet …	Und **niemand** (nicht jemand) schweigt …
④ Negō **quemquam** …	Ich behaupte, dass **niemand** (nicht jemand) …

- ***aliquis/aliquid*** erscheint in Sätzen mit **bejahender** Aussage ①.
- ***quis/quid*** (ohne *ali-*) lehnt sich an Wörter an wie z. B. *sī, nisī, nē, num, cum* usw. ②
- ***quisquam/quidquam (quicquam)*** erscheint nur in **verneinten Sätzen** *(neque, negō)* ③ ④

4.2 *aliquī/aliqua/aliquod* (adjektivisch – als Adjektiv gebraucht)

irgendein		
aliquī	aliqua	aliquod
	alicuius	
	alicui	
aliquem	aliquam	aliquod
aliquō	aliquā	aliquō

Aliqua memoria semper manet.	**Irgendeine Erinnerung** bleibt immer.

Pl.: aliquī	aliquae	aliqua
	usw.	

4.3 *quisque/quidque*

jeder/jedes		
quisque		quidque
	cuiusque	
	cuique	
quemque		quidque
	quōque	

① Suum **cuique**!	**Jedem** das Seine!
② **Unumquidque** placeat!	**Jedes Einzelne** soll gefallen!

quisque/quidque lehnt sich an **Stützwörter** an, z. B. an **Pronomina** ① oder an *ūnus* ②.

Studieren Sie zuerst die einschlägigen grammatischen Erscheinungen im Text der Rubrik *Einstieg.*

Übungen

1. Übersetzen Sie.

a) Quis hoc dixit?
b) Si quis putat unum ex nobis hoc dixisse, errat.
c) Nam unusquisque scit neminem nostrum quidquam eius modi dixisse.
d) Neque quisquam ignorat me virum prudentem esse.

2. Lebensregeln

a) Suum cuique!
b) Vide non solum, quid quisque dicat, sed etiam, quid quisque faciat!

3. Ein glückliches Leben? Übersetzen Sie.

a) Si quis luxuriam summum bonum esse duxerit, eum vitam beatam acturum non esse puto.
b) Neque quisquam neget vitam beatam in virtute et humanitate positam esse.
c) Sed unusquisque se ipse interroget, quo modo viam ad beate vivendum inveniat!

4. Warum gleich? Warum sind die beiden kursiv gedruckten Wendungen in etwa bedeutungsgleich?

Fortuna non semper *omnibus bonis / optimo cuique* favet[1].

[1] **favere**: gewogen sein

Wortschatz

māior, -ōris	größer, bedeutender; älter	Majorität
vīctus, -ūs *m*	Lebensunterhalt, Lebensweise	→ 4 vīvere
carō, carnis *f*	**Fleisch**	(Re-)Inkarnation
cōnsistere, cōnsistō, cōnstitī	**sich hinstellen; bestehen (aus)**	
quisquam	irgendeiner	
proprius, -a, -um	eigen, eigentümlich	*f: propriétaire*
singulī, -ae, -a	einzeln, je ein(er)/eine/ein	singulär, Singular
tribuere, tribuō, tribuī, tribūtum	zuteilen, zuweisen; erweisen	→ 13 tribūtum
cōgere, cōgō, coēgī, coāctum	sammeln; zwingen	
potēns, -ntis	**mächtig**	potent, Potenzial
(ali)quī, -qua, -quod *(adj.)*	irgendein	
pauper, -eris (*Abl. Sg.* -e, *Gen. Pl.* -um)	arm	*e: poor, f: pauvre*
dīligēns, -ntis	sorgfältig, gewissenhaft	
incipere, incipiō, coepī, coeptum	**anfangen, beginnen**	
luxuria, -ae *f*	Überfluss; Genusssucht	Luxus
māximus, -a, -um	der/die/das größte; sehr groß	
ops, opis *f*	Kraft, Stärke, Hilfe; Reichtum, Macht	
quisque	jeder	
aequāre	gleichmachen, erreichen	→ 14 inīquus
laus, laudis *f*	**Lob, Ruhm**	→ 3 laudāre
quam *(beim Superlativ)*	**möglichst**	
circā/circum *(m. Akk.)*	**um … herum, ringsum**	
īgnōminia, -ae *f*	**Beschimpfung; Schande**	→ 8 nōmen
extrā *(m. Akk.)*	**außerhalb**	
exercēre	üben, betreiben	*e: exercise, f: exercice*
cum *(m. Ind.)*	**(immer) wenn; als**	
prīnceps, -ipis *m*	erster Mann, Fürst	→ 8 prīmus; Prinz
aliquis *(subst.)*	irgendeiner, jemand	
concilium, -iī *n*	**Versammlung**	Konzil
comparāre	**vergleichen**	*e: to compare*
contendere, contendō, contendī	sich anstrengen, eilen; kämpfen; behaupten, darauf bestehen	
domus, -ūs *f* (*Abl. Sg.* -ō, *Akk. Pl.* -ōs)	**Haus**	Dom
domī	**zu Hause**	
plūrimī, -ae, -a	**die meisten; sehr viele**	
contumēlia, -ae *f*	**Kränkung, Beleidigung, Schande**	
afficere, afficiō, affēcī, affectum *(m. Abl.)*	versehen (mit), (jmdm. etw.) zufügen	Affekt
iniūria, -ae *f*	Unrecht, Ungerechtigkeit	→ 9 iūs
prohibēre	**abhalten, hindern; verbieten**	
sānctus, -a, -um	heilig, geweiht	sanktionieren, Sankt …
patēre	**offen stehen; offenbar sein**	Patent
iuvāre, iuvō, iūvī, iūtum	**unterstützen, helfen**	
plūs, plūris	**mehr**	*f: plus*
crīmen, -inis *n*	**Vorwurf; Verbrechen**	kriminell
ratiō, -ōnis *f*	**Vernunft, Überlegung; Art u. Weise**	*f: raison*
optimus, -a, -um	**der/die/das beste, sehr gut**	Optimist
pessimus, -a, -um	**der/die/das schlechteste, sehr schlecht**	Pessimist

2/6–7

Wiederholen Sie zunächst noch einmal den ersten Wortschatz dieser Lektion auf S. 168.

Wusstest Sie schon?

Germanenfamilie (nachgestellte Szene).

Das römische Germanenbild

Da die Germanen die östlichen gallischen Stämme, die nur durch den Rhein von ihnen getrennt waren, zum Widerstand gegen die in Gallien operierenden römischen Truppen angestachelt und auch militärisch unterstützt hatten, sah sich Cäsar gezwungen, seine Aufmerksamkeit auf die Germanen zu richten. So geht er z.B. im 6. Buch seines Werkes über den gallischen Krieg *(Commentarii de bello Gallico)* der Frage nach, warum diese Barbaren so anders seien als die Gallier. Er kommt zu dem Ergebnis, dass sie sich von klein auf abhärteten und – da sie weit entfernt von römischem Einfluss lebten – nicht durch Wohlstand und Luxus verweichlicht würden. Durch ihre ungebrochene Stärke seien sie eine Gefahr für die Römer. Cäsar betont, dass es bei den Germanen keinen Privatbesitz an Grund und Boden gebe und somit auch keine Besitz- und Geldgier. In seinen Augen waren sie ein „unverdorbenes" Volk.

Auch Tacitus, der sein Werk *De origine et situ Germanorum* („Über Herkunft und Siedlungsgebiet der Germanen") rund 150 Jahre nach Cäsar schrieb, rühmt die hohe Moral der Germanen, z.B. ihre strenge Auffassung von der Ehe und die Gastfreundschaft, sieht aber auch die Fehler, wie ihre Unmäßigkeit bei Gelagen oder ihre Leichtfertigkeit beim Würfelspiel, wo sie sogar ihre Freiheit aufs Spiel setzten. Tacitus wollte damit seinen Landsleuten durch den immer wiederkehrenden Vergleich germanischer Lebensweise und Moral mit den römischen Verhältnissen einen Spiegel vorhalten und zugleich vor der Gefahr warnen, die Rom von diesem ursprünglichen und kräftigen Naturvolk drohte.

Feldarbeit bei den Germanen (nachgestellte Szene).

Lesen und verstehen

„… vieles ist dort anders!“ (nach Caesar, De bello Gallico VI 22 f.)
Über Lebensweise und soziale Verhältnisse der Germanen waren die Römer nur ungenau unterrichtet; immerhin wusste schon Cäsar, dass sich die Menschen jenseits des Rheins von ihren keltischen Nachbarn in vielen Dingen unterschieden.

Agris colendis Germani non student
maiorque pars victus eorum in lacte[1], caseo[2], carne consistit.
Neque quisquam fines proprios habet,
sed magistratus in annos singulos gentibus agros tribuunt
easque post unum annum eis agris cedere cogunt.
Id se multis de causis facere dicunt:
Ne cupiditas belli gerendi minuatur;
ne quis potentior latiores fines sibi paraturus pauperes agris pellat;
ne diligentius aedificent; ne incipiant luxuriam amare;
ne qua cupiditate pecuniae possidendae moveantur,
quae est maxima causa invidiae et discordiae.
Praeterea sperant plebem quietam futuram esse,
cum suas quisque opes cum potentissimis aequari videat.
Civitatibus maxima laus est se quam latissime circum se vastatos fines habere.
Hoc proprium esse virtutis credunt,
hoc se tutiores fore putant.
Neque cuiquam latrocinia[3] ignominiae sunt,
si extra fines cuiusque civitatis fiunt[4].
Ea enim ad adulescentes exercendos ac desidiae[5] minuendae causa se facere dicunt.
Et cum quis ex principibus in concilio dixit
se cum aliquo hoste bellum gesturum esse,
ei, qui gloriae aut praedae parandae cupidi sunt,
celerrime suum auxilium promittunt
et a multitudine cum viris fortissimis comparantur.
Qui autem contendunt se domi mansuros esse,
plurimis et acerrimis contumeliis afficiuntur.
Hospitem laedere fas non putant;
qui ad eos venerunt,
hos ab iniuria prohibent sanctosque habent; his omnium domus patent,
hos omni victu iuvant, his plus datur quam petunt.

[1] **lac, lactis** *n*: Milch
[2] **caseus, -i** *m*: Käse
[3] **latrocinium, -i** *n*: Raubzug
[4] **fiunt**: (sie) geschehen, finden statt
[5] **desidia, -ae** *f*: Untätigkeit, Trägheit

Versuchen Sie sich am Original

Augebat timorem Gallorum invasurus e Germania hostis. (Tacitus)

Hannibal videt se magno fore in periculo, nisi quid providerit[1]. (Nepos)

Artes plurimae inventae sunt natura docente. (Cicero)

Videndum est non solum, quid quisque dicat, se etiam, quid quisque sentiat[2]. (Seneca)

[1] **providere aliquid**: irgendeine Vorsichtsmaßnahme ergreifen
[2] **sentire**: fühlen, denken

15

Zu guter Letzt

Hochzeit bei den Germanen

In seinem Werk *Germania* beschreibt Tacitus den Hochzeitsbrauch der Germanen und nennt dabei Dinge, die ihm aus der Sicht eines Römers besonders erwähnenswert scheinen. Sind die folgenden Aussagen über die Hochzeitsbräuche der Germanen Ihrer Meinung nach richtig oder falsch? Wenn Sie Hilfe brauchen, können Sie bei einigen Fragen den Originaltext unten (bzw. die deutsche Übersetzung in den Lösungen) zu Rate ziehen.

	richtig	falsch
1. Die Männer der Germanen lebten in der Ehe mit mehreren Frauen zusammen.	☐	☐
2. Der Mann brachte bei ihnen die Mitgift in die Ehe.	☐	☐
3. Als Mitgift wurden Opfertiere und Weihrauch übergeben.	☐	☐
4. Die Eltern unterzogen die Hochzeitsgeschenke einer Tauglichkeitsprüfung.	☐	☐
5. Die germanischen Ehefrauen mussten sich bei der Abwehr von Gefahren beteiligen.	☐	☐
6. Männer und Frauen badeten vor und nach der Hochzeit gemeinsam in den Gewässern.	☐	☐
7. Die Eheschließung wurde bei den Germanen von einem Priester vollzogen.	☐	☐
8. Germanische Männer vollführten bei der Hochzeitsfeier einen Waffentanz.	☐	☐

Germanische Hochzeit.

Aus *Tacitus, Germania 18.*

Severa ibi sunt matrimonia[1]; tamen eam morum partem maxime laudo. Nam fere soli[2] barbarorum satis putant singulas uxores[3] habere. Dotem[4] non uxor[3] marito[5], sed maritus[5] uxori[3] dat. Ad-sunt parentes et munera[6] inspiciunt[7] ut equum paratum et scutum[8] cum gladio. Mulier ipsa armorum aliquid viro dat. Incipiente matrimonio[1] monetur se venire ad omnia pericula defendenda tam in pace quam in bello.

1 **matrimonium, -i** *n*: Ehe
2 **solus, -a, -um**: allein, einzig
3 **uxor, uxoris** *f*: (Ehe-)Frau
4 **dos, dotis** *f*: Mitgift
5 **maritus, -i** *m*: (Ehe-)Mann
6 **munus, muneris** *n*: Geschenk
7 **inspiciere** (hier): (prüfend) anschauen
8 **scutum, -i** *n*: der Schild

Test Lektionen 11–15

1. Das vielseitige *ne*. Übersetzen Sie.

a) Hominibus malis ne credideris!
b) Cave, ne malis hominibus credas!
c) Te rogo, ne malis credas.
d) Timeo, ne malis credas.
e) Te duco, ne timeas.
f) A philosophis[1] monemur, ne vitam turpiter agamus.
g) Hoc constat: Ne prudentissimus quidem homo omnia scit.
h) Ne timueritis!
i) Ne desinamus amicis consulere!

2. Übersetzen Sie den Ablativus absolutus mit einem Gliedsatz, wenn möglich.

a) Carthaginienses Hannibale duce Romanos ad Cannas vicerunt.
b) Romanis ad Cannas victis magnus timor in urbe fuit.
c) Patribus autem monentibus timor in urbe sublatus est.

3. Caesars Frau Calpurnia hat einen schrecklichen Traum. Übersetzen Sie.

Constat antiquis temporibus homines somniis[2] monitos esse, ne quid facerent, quod sibi damno esse posset. Exemplo[3] sit Calpurnia, quae somniis[2] vehementer vexata est. Per somnium[2] enim illud periculum Caesari imminens vidit. Itaque eum verbis acribus monens appellavit. Ignoramus, quibus verbis eum monuerit; certe autem haec fere dixit:
„Rogo te, ut periculum imminens caveas. Cave, ne me relinquas! Timeo enim, ne quis tibi vim paret. Patres consulere in animo habes; sed in somnio[2] vidi: Aliquis te opprimere cupit neque quisquam te defendet. Ne despexeris timorem meum!"
Neque tamen Caesar Calpurniae verbis paruit. Reliquit eam monente Bruto, ne patribus iam diu exspectantibus[4] molestus esset. Curiam intravit, ubi a Bruto et ab amicis eius pugionibus[5] petitus est.

4. Gerundium und Gerundivum – bunt gemischt. Diese Konstruktionen lassen sich wiedergeben:

- mit einem Vorgangssubstantiv
- mit einem Infinitiv
- mit einem Gliedsatz
- mit einem erweiterten Substantiv

Geben Sie in folgenden Beispielen die Konstruktionen jeweils mit zwei dieser Möglichkeiten wieder.

amici petendi causa – Caesar in quaerendo invenit – Caesar de opprimendo oppido deliberavit – saepe parcendo – acriter pugnando vincere – agri colendi causa uno in loco manere – ad stipendium militibus dandum – auxilii petendi causa – Caesar ad concilia agenda in Italiam recessit – honoris petendi causa – ad Gallorum superbiam minuendam – in consilio capiendo – ad nostros opprimendos – saepe monendo – suae salutis servandae causa – navium parandarum causa – de oppido expugnando dubitare – in opere faciendo

[1] **philosophus, -i** *m*: Philosoph
[2] **somnium, -i** *n*: Traum
[3] **exemplum, -i** *n*: Beispiel
[4] **exspectare** (hier): warten
[5] **pugio, -onis** *m*: Dolch

5. Geschichten vom „Aussteiger" Diogenes. Bestimmen Sie mithilfe der Tabellen in der Kurzgrammatik auf S. 327 die Art der konjunktivischen Gliedsätze.

a) Diogenes rogatus, cur luce[1] per vias Athenarum laternam[2] portaret[3], „Hominem", inquit, „quaero".

b) Diogenes, cum ludis Olympicis per vias ambularet cum corona[4] victoris, cur id faceret, rogatus est. Is autem: „Apparet, quae mihi causa sit; ipse enim me vici. Nonne is, qui tantam victoriam habet, corona[4] victoris ornari debet?"

6. Übersetzen Sie die folgenden Ablativi absoluti durch Gliedsätze der in Klammern angegebenen Art. Nehmen Sie an, dass das Prädikat des Satzes in einem Tempus der Vergangenheit steht. Beispiel: *multis militibus captis* (kausal) → weil viele Soldaten gefangen worden waren

clamore audito (temporal) – multis laesis (konzessiv) – paucis Romanis vulneratis (kausal) – Germanis celeriter victis (temporal) – hostibus pulsis (temporal und kausal) – concilio celeriter habito (temporal) – armis traditis (konzessiv) – nihil timentibus Romanis (modal)

7. Übersetzen Sie die folgenden Ablativi absoluti mit einer präpositionalen Verbindung und mit Beiordnung. Beispiel: *Caesare adveniente* → wegen/bei/trotz Cäsars Ankunft; Cäsar kam an und deshalb …/und dabei …/und trotzdem …

armis traditis (temporal und kausal) – concilio celeriter habito (temporal) – petita pace (konzessiv) – petentibus sociis (modal) – monente Caesare (kausal) – hostibus pulsis (temporal und kausal) – Germanis celeriter victis (konzessiv) – praesidio relicto (kausal)

[1] **luce**: am helllichten Tag
[2] **laterna**, **-ae** *f*: Laterne
[3] **portare**: tragen
[4] **corona**, **-ae** *f*: Kranz

8. Einfach probieren. Bauen Sie durch Verbindung der Substantive mit einem jeweils passenden PPP (aus dem Kasten) einen Ablativus absolutus. Die Buchstaben im fett umrandeten Feld ergeben einen zentralen Begriff der römischen Politik. Nicht alle PPPs sind verwendbar.

caesis – circumdata – dictis – facto – fractis – gestis – ornata – perditis – pulsis – servata – verso – victo

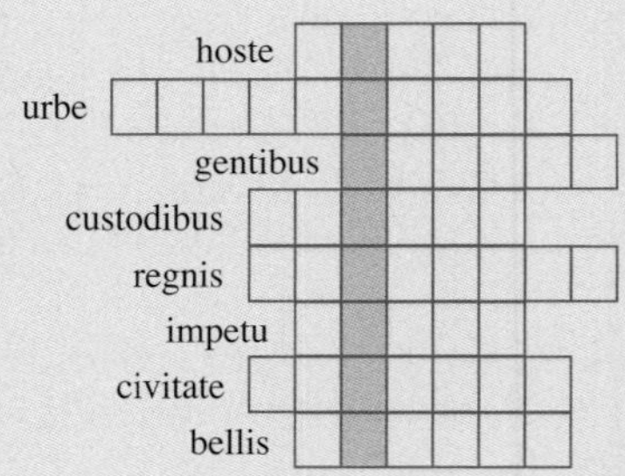

9. Füllen Sie in die Lücken passende Prädikate. Die hervorgehobenen Buchstaben ergeben von oben nach unten einen römischen Kernbegriff. Übersetzen Sie.

c**o**nsuluisset – d**e**fendissent – fre**g**isset – potu**i**sset – sub**l**ata esset

a) Cum in Gallia libertas ...., ibi servitus erat.
b) Cum Galli summo studio se ...., Caesar bellum longum gessit.
c) Cum Caesar ingentem Gallorum vim ...., Galliam in provinciam Romanam mutavit.
d) Cum Britannos vincere non ...., insulam eorum invadere desiit.
e) Cum Caesar in Gallia paci ...., Galli bello inter se abstinebant.

Ein Frevler wider Willen: Ödipus

In dieser Lektion lernen Sie

GRAMMATIK

- Deponentien aller Konjugationen
- Relativpronomen als indirektes Fragepronomen

WORTSCHATZ

- Wörter aus dem Bereich des Mythos und Orakelwesens

DIE WELT DER ANTIKE

- Der Mythos des Ödipus
- Das antike Orakel

Der geblendete Ödipus.

Einstieg

Bello Troiano finito Agamemnon rex in patriam regressus est. Cassandram, filiam Priami, regis Troianorum, captam secum ducebat. Cum autem Mycenas in arcem suam vecti essent, a Clytaemnestra uxore et ab Aegistho, eius amatore[1], crudelissime occisi sunt. Illo tempore duobus Agamemnonis liberis sors miserrima erat: Alteri, Oresti puero, vita procul a patria agenda erat, alteram, Electram, agricola[2] uxorem duxit Aegistho auctore. Post multos annos Orestes iam adulescens oraculum Delphicum consuluit, quomodo necem patris punire[3] deberet. Ei responsum est: „Proficiscere in patriam tuam! Ne cunctatus sis matrem eiusque amatorem morte afficere!" Itaque Orestes Mycenas profectus statim ibi Aegisthum occidit Electra iuvante. Cum autem matrem sibi obviam venientem conspicaretur, morabatur. Nam Clytaem-nestra clamavit: „Mi fili, parce mihi! Veremini matrem vestram!" Sed Electra, cum matri vehementissime irasci non desiisset, fratrem sic hortatus est: „Age! Caede eam! Mater moriatur!" Et frater eam cecidit. Orestes autem vix matrem ceciderat, cum a furiis[4], monstris terribilibus, vexatus per totam Graeciam erravit. Athenis tandem in Areopago, summo urbis iudicio, culpa[5] matris occisae liberatus est Minerva dea auxilium dante.

Nach dem Ende des Trojanischen Krieges zog König Agamemnon in die Heimat zurück. Er führte Kassandra, die Tochter des Priamus, des Königs der Trojaner, als Gefangene mit sich. Als sie aber nach Mykene in seine Burg gefahren waren, wurden sie von seiner Frau Klytaimnestra und von Aigisth, ihrem Liebhaber, auf grausamste Weise ermordet. In jener Zeit hatten die beiden Kinder des Agamemnon ein sehr unglückliches Los. Der eine, der kleine Orest, musste das Leben fern von der Heimat verbringen, die andere, Elektra, heiratete ein Bauer auf Veranlassung des Aigisth. Nach vielen Jahren befragte Orest, nun schon ein junger Mann, das delphische Orakel, auf welche Weise er den Mord am Vater rächen sollte. Ihm wurde geantwortet: „Ziehe in die deine Heimat! Zögere nicht, die Mutter und ihren Liebhaber zu töten." Deshalb zog Orest nach Mykene und tötete dort sofort Aigisth, wobei ihm Elektra dabei half. Als er jedoch seine Mutter, die ihm entgegenkam, erblickte, da zögerte er. Denn Klytaimnestra schrie: „Mein Sohn, verschone mich! Habt Ehrfurcht vor euer Mutter!" Doch Elektra forderte, da sie nicht aufgehört hatte, der Mutter heftigst zu zürnen, den Bruder so auf: „Los! Hau sie nieder! Die Mutter soll sterben!" Und der Bruder tötete sie. Orest aber hatte die Mutter kaum getötet, als er von den Furien, schrecklichen Ungeheuern, gequält in ganz Griechenland herumirrte. In Athen endlich ist er auf dem Areopag, dem obersten Gerichtshof der Stadt, von der Schuld des Muttermordes befreit worden, wobei ihm die Göttin Athene Hilfe bot.

1 **amator**, **-oris** *n*: Liebhaber
2 **agricola**, **-ae** *m*: Bauer
3 **punire** (hier): rächen
4 **furiae**, **-arum** *f*: Furien, Rachegeister
5 **culpa**, **-ae** *f*: Schuld

Eine der großen Tragödien der Antike war die „Orestie" des Dichters Aischylos. Orest und Elektra sind darin die Hauptpersonen.

līberāre	befreien
respondēre, respondeō, respondī, respōnsum	antworten
fīnīre	beenden
cōnspicārī, cōnspicor, cōnspicātus sum	erblicken
uxōrem dūcere	heiraten
cunctārī, cunctor, cunctātus sum	zögern
hortārī, hortor, hortātus sum	ermahnen, auffordern, ermuntern
morārī, moror, morātus sum	(sich) aufhalten, zögern
verērī, vereor, veritus sum	sich scheuen, fürchten, verehren
vehere, vehō, vēxī, vectum	tragen, bringen, ziehen
vēhi, vehor, vectus sum	fahren, reiten

īrāscī, īrāscor	zornig werden, zürnen
proficīscī, proficīscor, profectus sum	aufbrechen, reisen, ziehen
régredī, regredior, regressus sum	zurückgehen, zurückkehren
morī, morior, mortuus sum	sterben
mōnstrum, -ī *n*	Ungeheuer, Wunderzeichen
ōrāculum, -ī *n*	Orakel(-stätte), Göttерspruch
māter, -tris *f*	Mutter
uxor, -ōris *f*	Ehefrau
ops, opis *f*	Kraft, Stärke, Hilfe; *Pl. auch:* Reichtum, Macht
sīc (Adv.)	so, auf diese Weise
obviam (Adv.)	entgegen

Wie werden die passivischen Verbformen jeweils im Deutschen übersetzt? Formulieren Sie eine Regel.

Grammatik

1 Deponentien: Formen des Präsensstammes

1.1 Bildung

Bedeutungsteil	Signalteil: Kennvokal	Signalteil: Tempuszeichen	Signalteil: Person-/Infinitivzeichen
hort	ā		**tur**
hort	ā	**bā**	**tur**
hort	ā	**bi**	**tur**
hort	ā		**rī**

Vorsicht! Das Person-/Infinitivzeichen im Signalteil des Prädikats ist nicht eindeutig. Eine Passivform signalisiert nicht immer eine passivische Bedeutung.

		Aber:	
er mahnt	mone-**t**	monē-**tur**	er **wird** ge**mahnt**
er mahn**te**	monē-**bat**	monē-**bātur**	er **wurde** ge**mahnt**
er wird mahnen	monē-**bit**	monē-**bitur**	er **wird** ge**mahnt werden**
mahn**en**	monē-**re**	monē-**rī**	ge**mahnt werden**

Als **Deponens** wird ein lateinisches Verb bezeichnet, das **passivische Formen**, aber **aktivische Bedeutung** hat; es hat seine passivische Bedeutung sozusagen abgelegt (vgl. *dēpōnere:* ablegen). Deponentien gibt es in allen Konjugationsklassen.

1.2 Konjugationsschema

Indikativ

	Präsens			Imperfekt			Futur I		
Sg. 1. P.	hort-	**or**	ich mahne	hort-	ā-**ba-r**	ich mahnte	hort-	ā-**b-or**	ich werde mahnen
2. P.		ā-**ris**	du mahnst		ā-**bā-ris**	du mahntest		ā-**b*e*-ris**	du wirst mahnen
3. P.		ā-**tur**	er/sie/es mahnt		ā-**bā-tur**	er/sie/es mahnte		ā-**b*i*-tur**	er/sie/es werden mahnen
Pl. 1. P.		ā-**mur**	wir mahnen		ā-**bā-mur**	wir mahnten		ā-**b*i*-mur**	wir werden mahnen
2. P.		ā-**minī**	ihr mahnt		ā-**bā-minī**	ihr mahntet		ā-**b*i*-minī**	ihr werdet mahnen
3. P.		a-**ntur**	sie mahnen		ā-**ba-ntur**	sie mahnten		ā-**b*u*-ntur**	sie werden mahnen

	Futur I		
Sg. 1. P.	mor-	**i-a-r**	ich werde sterben
2. P.		**i-ē-ris**	du wirst sterben
3. P.		**i-ē-tur**	er/sie/es wird sterben
Pl. 1. P.		**i-ē-mur**	wir werden sterben
2. P.		**i-ē-minī**	ihr werdet sterben
3. P.		**i-e-ntur**	

Vergleichen Sie dazu die Bildung der Passivformen des Präsensstammes auf S. 111.

Konjunktiv

	Präsens		Imperfekt		
Sg. 1. P.	hort-	**e-r**	hort-	ā-**re-r**	ich würde mahnen
2. P.		**ē-ris**		ā-**rē-ris**	du würdest mahnen
3. P.		**ē-tur**		ā-**rē-tur**	er/sie/es würde mahnen
Pl. 1. P.		**ē-mur**		ā-**rē-mur**	wir würden mahnen
2. P.		**ē-minī**		ā-**rē-minī**	ihr würdet mahnen
3. P.		**e-ntur**		ā-**re-ntur**	sie würden mahnen

Rogāvī tē, nē **cunctārēris**.
Ich bat dich, (dass **du** nicht **zögertest**)
nicht **zu zögern**.

Hortārēmur vōs, sī **cunctārēminī**.
Wir würden euch **mahnen**, wenn **ihr zögertet**.

Imperativ

Singular			Plural		
hortā	**re!**	mahne!	hortā	**minī!**	mahnt!
mentī		lüge!	mentī		lügt!
īrásc-*e*		zürne!	īrásc-*i*		zürnt!
mór*e*		stirb!	móri		sterbt!

Überblick über alle Konjugationen der Deponentien ↗ S. 320.

1.3 Nominalformen

Infinitiv		
hortā	**rī**	mahnen
mentī		lügen
īrásc	**ī**	zürnen
mór		sterben

Omnia animālia **morī** dēbent.
Alle Lebewesen müssen **sterben**.

Partizip Präsens Aktiv, **Gerundium** und **Gerundivum** sind wie bei jedem anderen Verb gebildet.

Partizip Präsens			
hortā-**ns**, **-ntis**	mahn**end**	Hominī **mentientī** nōn crēditur.	**Einem Lügner** glaubt man nicht.
menti-*ē***ns**, -*e***ntis**	lüg**end**		
Gerundium			
horta-**nd-**ī, ad horta-**nd-um**, horta-**nd-ō** menti-*e***nd-**ī, ad menti-*e***nd-um**, menti-*e***nd-ō**		nūlla causa hortan**dī** / mentien**dī**	kein Grund **zur Ermahnung/zu ermahnen** / **zum Lügen/zu lügen**
Gerundivum			
horta-**nd-us/-a/-um** menti-*e***nd-us/-a/-um**		causa fīli**ī** hortan**dī** ad fābul**ās** mentien**dās** cī**vibus** hortan**dīs**	ein Grund, den Sohn **zu ermahnen** **zum Erfinden** von Geschichten/**um** Geschichten **zu erfinden** **durch Ermahnung** der Bürger

Studieren Sie zuerst die einschlägigen grammatischen Erscheinungen im Einstiegstext.

Übungen

1. Suchen Sie die Deponentien heraus. Bestimmen Sie die anderen Wörter und geben Sie ihre Bedeutung an.

uxor – hortor – maior – arbor – victor – moror – amor – morior – cunctor – mercator – orator – vereor – liberor – vehor – cogor – proficiscor

2. Der Vielzweck-Vokal *i*. Übersetzen Sie.

-i

reg- – veh- – cap- – cep- – crimin- – mort- – mor- – contend- – maior- – domin- – comparar- – optim- – vesper- – coep-

3. Alles Konjunktiv! Bestimmen Sie jeweils seine Funktion.

a) Proficiscamur domum!
b) Ne cunctemini!
c) Suos quisque hortetur, ut bellum finiant!
d) Hic moremur an[1] domum regrediamur?
e) Quis, si ei ratio est, irascatur miseris?

4. Wie lautet jeweils der Infinitiv Präsens? Übersetzen Sie. Wo sind zwei Lösungen möglich?

irascar – vehimur – verere – cunctamini – conspicarentur – moriebatur – proficisci – moraberis – regredientes – conspicandi causa

5. Deponens – im konjunktivischen Gebrauch. Übersetzen Sie.

a) Rogavit me, ut mox in urbem regrederer.
b) Verebamur, ne cives nobis irascerentur.
c) Cum cunctaremur, oppressi sumus.
d) Si diu moraremur, periculo non liberaremur.

[1] **an**: oder

6. Poseidon – Odysseus' Feind. Übersetzen Sie.

a) Neptunus Ulixi irascitur.
b) Itaque cum eum in mari nave vehentem conspicetur, id agit, ut ille moriatur.
c) Ulixes autem deo vehementissime irascente tamen nave in patriam vehi non cunctatur.

2 Deponentien: Formen des Perfektstammes

2.1 Bildung

Der **Partizip-Perfekt-Stamm der Deponentien (PPD-Stamm)** entspricht in der Form dem **Partizip-Perfekt-Passiv-Stamm (PPP-Stamm**, ↗ S. 67 und 80).

Vergleichen Sie dazu die Bildung der Passivformen des Perfektstammes auf S. 67 und 80.

Bedeutungsteil	Signalteil	
hortāt ———	us est	er hat gemahnt/mahnte
PPD-Stamm		

Aber: monuit, monitus est: er ist gemahnt worden/wurde gemahnt.

2.2 Konjugationsschema

	Indikativ			Konjunktiv	
	Perfekt	**Plusquamperfekt**	**Futur II**	**Perfekt**	**Plusquamperfekt**
hortāt- us/-a/-um	sum	eram	erō	sim	essem
	es	erās	eris	sīs	essēs
	est	erat	erit	sit	esset
hortāt- ī/-ae/-a	sumus	erāmus	erimus	sīmus	essēmus
	estis	erātis	eritis	sītis	essētis
	sunt	erant	erunt	sint	essent

Vōs **hortātī essēmus**, sī **cunctātī essētis**.
Wir **hätten** euch **gemahnt**, wenn **ihr gezögert hättet**.

Indikativ Perfekt	Indikativ Plusquamperfekt		Konjunktiv Plusquamperfekt	
ich habe	hatte	gemahnt	ich hätte	gemahnt
du hast	hattest		du hättest	
er/sie/es hat	hatte		er/sie/es hätte	
wir haben	hatten		wir hätten	
ihr habt	hattet		ihr hättet	
sie haben	hatten		sie hätten	

Übersicht über alle Konjugationen der Deponentien ↗ Tab. VIII$_2$, S. 321.

Form	Bedeutung	Beispiel	Übersetzung
Infinitiv Perfekt			
hortātum/-am/-um esse mentītum/-am/-um esse	gemahnt (zu) haben gelogen (zu) haben	Ōrāculum numquam **mentītum esse** cōnstat.	Dass das Orakel niemals **gelogen hat**, steht fest.
Partizip Perfekt			
hortātus/-a/-um mentītus/-a/-um	einer, der ermahnt hat einer, der gelogen hat	**Oedipūs** cīvēs **hortātus** ōrāculum cōnsuluit.	**Als Ödipus** die Bürger **ermahnt hatte**, wandte er sich an das Orakel um Rat.
		Aber: **arbitrātus** … **veritus** …	im Glauben … *(einen gleichzeitigen* aus Furcht … *Vorgang erfassend)*
Partizip Futur			
hortātūrus/-a/-um mentītūrus/-a/-um	einer, der mahnen wird einer, der lügen wird	Oedipūs **ōrāculum** nōn **mentītūrum** esse putāvit.	Ödipus glaubte, dass das **Orakel** nicht **lügen werde**.

Übungen

Studieren Sie zuerst die einschlägigen grammatischen Erscheinungen im Einstiegstext.

1. Bedeutungsgleiche Paare. Was passt zusammen?

vita cessit
cedent
timebit
dubitat
manent
recesserant
monuit
videret

conspicaretur
mortuus est
proficiscentur
regressi erant
cunctatur
verebitur
hortatus est
morantur

2. Immer Passiv? Übersetzen Sie.

a) In foro Romano multi homines morabantur.
b) Nam oratorem clarum orationem habiturum conspicari studebant.
c) Qui apparere cunctatus est.
d) Verebatur enim, ne a turba optimis laudibus non afficeretur.
e) Sed ab amicis monitus est, ne diutius moraretur.
f) Tamen ille domum regressus est.

3. „Muttermord". Deponentien im Participium coniunctum und Ablativus absolutus. Übersetzen Sie.

a) Agamemnon domum regressus vi mortuus est.
b) Orestes autem oraculo consulto in patriam profectus necem patris omni ratione punire[1] studebat.
c) Aegistho statim occiso Clytaemnestram matrem conspicatus eam caedere cunctatus est.
d) Sed Electra hortante matrem morte afficere non iam veritus est.
e) Matre autem mortua filius veritus, ne a furiis pessime opprimeretur, ad multa Graeciae loca profectus est, ut se culpa[2] liberaret.

4. Das Deponens in allen Konstruktionen. Bestimmen Sie diese jeweils.

Dux venit
a) suos hortaturus.
b) ad castra hostium conspicanda.
c) morandi apud milites causa.
d) ceteris cunctantibus.
e) plurimis iam regressis.

Dux putat
f) suos iam profectos esse.
g) Romanos signa imperii vereri.
h) copias suas cunctaturas non esse.

[1] **punire**: (hier) rächen
[2] **culpa**, **-ae** *f*: Schuld

3 Das Relativpronomen als indirektes Fragepronomen

Das **Relativpronomen** ***qui/quae/quod*** wird auch als **indirektes Fragepronomen** verwendet. Im damit eingeleiteten indirekten Fragesatz steht das Prädikat im Konjunktiv.

Rogo te, **qui homo** sis. **quam mulierem** ames. **in quo oppido** optime vivas. **qua ratione** nova invenias.	Ich frage dich, **welcher Mensch** du bist. **welche Frau** du liebst. **in welcher Stadt** am besten du lebst. **auf welche Weise** du Neues erfindest.

Wiederholen Sie die Deklination des Relativpronomens auf S. 82.

Übungen

Studieren Sie zuerst die einschlägigen grammatischen Erscheinungen im Einstiegstext.

1. Was ist Glück? Übersetzen Sie.

a) Solon, philosophus clarissimus, orbis terrarum cognoscendi causa Athenis profectus ad Croesum regem venit.
b) Qui maximis divitiis monstratis eum rogavit, quem hominem beatissimum omnium, quam vitam beatissimam omnium putaret.
c) Vix cunctatus ille: „Tellus“, inquit, „Atheniensis eiusque vita; nam nemo beatius vixit, nemo honestius vita cessit.“
d) Quae verba indignatus rex: „Et quid de me? Nonne ego beatior sum?“
e) Solon autem: „Nemo ante mortem beatus appellari potest.“

2. Der König auf dem Scheiterhaufen. Stellen Sie alle Deponentien fest und bestimmen Sie die Form. Wo begegnet das Relativpronomen als indirektes Fragepronomen?

a) Croesus, rex Lydorum, regno Persarum potiturus oraculum Delphicum consuluit, qui imperator impetum suum morari posset, quae vires exercitui suo pares[1] essent?
b) Ab oraculo ei responsum est: „Croese, si Halyn flumen[2] transgressus eris, magnum regnum delebis.“
c) Croesus autem summa spe adductus neque cunctatus neque veritus est Persas invadere.
d) Sed cum fines eorum intravisset, rex Persarum ei statim obviam profectus est eumque pugna vicit.
e) Tum Croesus captus in rogo[3] positus est.
f) Cum cognovisset se brevi moriturum esse, magna voce clamavit: „O Solon, nunc intellego, quae verba sapientia dixeris!“

3. Suchauftrag. Die Anfangsbuchstaben der gesuchten Begriffe ergeben den Namen einer großen Tragödiengestalt.

qui locus hominibus sortem futuram[4] monstraverit!

quae urbs caput orbis appelletur!

Dic, quam continentem Graeci a Persis defenderint!

qui philosophus primus omnium putetur!

ex quo oppido Aeneas cum suis fugerit!

[1] **par**, **paris**: gewachsen, ebenbürtig
[2] **flumen**, **-inis** *n*: Fluss
[3] **rogus**, **-i** *m*: Scheiterhaufen
[4] **futurus**, **-a**, **-um**: zukünftig

4 Zur Arbeit mit den Komposita

Komposita sind in aller Regel „zusammengesetzt“ aus einem Grundverb und einer Präposition. Kennt man die Bedeutungen dieser Elemente, so lassen sich häufig die Bedeutungen des Kompositums erschließen, zumindest die wichtigsten. Auf jeden Fall kann man sie sich auf dieser Grundlage sehr viel nachhaltiger ins Gedächtnis einprägen.

Dabei kann folgende Tabelle eine Merkhilfe sein:

In den Außenspalten stehen die Präpositionen. In der Mitte lässt sich jeweils ein anderes „einfaches Verb“ (*verbum simplex*) positionieren, z. B. ***mittere, ducere, agere***. Dabei gehen solche Verben nicht immer mit allen Präpositionen, wohl aber mit den meisten, eine Verbindung ein.

con/cum (mit)	....	?	....	**per** (durch)
ad (hin[zu])	....		....	**a(b)** (wegen)
in (in/hinein)	....		....	**e(x)** (aus)
pro (vor/für)	....		....	**re** (zurück)
sub (unter)	....		....	**de** (herab)
trans ([hin]über)	....		....	**ob** (entgegen)

Studieren Sie zuerst die einschlägigen grammatischen Erscheinungen im Text der Rubrik *Einstieg.*

Übungen

1. Probieren Sie es mit dem Grundverb *-gredi* (gehen, schreiten). Welche Bedeutung haben die eingetragenen Komposita?

con/cum	*congredi*	**-gredi**	....	per
ad	*aggredi*		....	a(b)
in	*ingredi*		*egredi*	e(x)
pro	*progredi*		*regredi*	re
sub	....		*degredi*	de
trans	*transgredi*			

Übersetzen Sie die Sätze.

a) Romani cum Germanis saepe armis congressi sunt.
b) Homines aetate progrediente sapientiores erunt.
c) Caesar Rubiconem transgressus brevi in urbem ipsam ingressus est.

2. Komposita gemischt. Erschließen Sie die Bedeutung folgender „Zusammensetzungen“.

transmittere – reducere – accedere – reddere (dare) – perficere – reportare – suscipere – eicere (iacere) – perspicere (specere/spectare)

3. Im Satzzusammenhang. Übersetzen Sie.

a) Vires meae refectae sunt.
b) Magni labores a te susceptae sunt.
c) Cives boni iam saepe e patria eiecti sunt.
d) Nuntius in castra remissus est.
e) Cuncti homines e Circo excesserunt.
f) Bestiae in caveas[1] redactae sunt.

[1] **cavea, -ae** *f*: Käfig

Wortschatz

uxor, -ōris *f*	Ehefrau, Gattin	
(uxōrem) dūcere	heiraten	
arbitrārī, arbitror, arbitrātus sum	**meinen, glauben; halten für**	
aliquandō *(Adv.)*	**(irgendwann) einmal, einst**	
versārī, versor, versātus sum	**sich aufhalten, sich beschäftigen**	→ 12 vertere
indīgnārī, indīgnor, indīgnātus sum *(m. Akk.)*	**empört sein, sich entrüsten (über)**	indigniert
proficīscī, proficīscor, profectus sum	aufbrechen, abreisen, reisen	
ōrāculum, -ī *n*	Orakel(-stätte), Göttersprunch	
sīc	so, auf diese Weise	*f: si*
hortārī, hortor, hortātus sum	(er)mahnen, aufmuntern; auffordern	
māter, -tris *f*	Mutter	*f: mère*
régredī, regredior, regressus sum	zurückgehen	Regression
verērī, vereor, veritus sum	sich scheuen, fürchten; verehren	Reverenz
vehere, vehō, vēxī, vectum	tragen, bringen, ziehen	Vektor
vehī, vehor, vectus sum	fahren, reiten	Vehikel, Vektor
óbviam	entgegen	→ 7 via
cunctārī, cunctor, cunctātus sum	zögern	
alter, -era, -erum (*Gen.* alterīus, *Dat.* alterī)	**der/die/das eine (von zweien), der/die/das andere**	Alternative; *f: autre*
īrāscī, īrāscor	zornig werden, zornig sein	→ 4 īra
tuērī, tueor	**betrachten; (be-)schützen**	→ 13 tūtus; Tutor
mentīrī, mentior, mentītus sum	**lügen**	*f: mentir*
posteā *(Adv.)*	**nachher, später**	→ 6 post
morārī, moror, morātus sum	(sich) aufhalten, zögern	Moratorium
mōnstrum, -ī *n*	Ungeheuer; Götter-, Wunderzeichen	Monster; *f: monstre*
cōnspicārī, cōnspicor, cōnspicātus sum	erblicken	
corpus, -oris *n*	**Körper; Leiche**	
leō, -ōnis *m*	**Löwe**	
solvere, solvō, solvī, solūtum	**lösen; befreien; zahlen**	solvent
quī/quae/quod (*adj. Fragepron.*)	**welcher/welche/welches; was für ein/eine**	*f: qui/que*
animal, -ālis *n* (*Abl. Sg.* -ī, *Nom. Pl.* -ia, *Gen. Pl.* -ium)	**Lebewesen, Tier**	*e/f: animal*
pēs, pedis *m*	**Fuß**	→ 10 pedes; Pedal
vesperī	**am Abend, abends**	Vesper
respondēre, respondeō, respondī, respōnsum	antworten, erwidern	*e: response, f: répondre*
praecipitāre	**(kopfüber) stürzen, (sich) hinabstürzen**	→ 14 caput
līberāre	befreien	→ 6 līber
morī, morior, mortuus sum, *PFA* moritūrus	sterben	→ 6 mors; *f: mourir*
fīnīre	begrenzen; beenden	*e: to finish, f: finir*
cōnfitērī, cōnfiteor, cōnfessus sum	**gestehen, bekennen**	Konfession
potīrī, potior, potītus sum	**sich bemächtigen, erobern**	
loquī, loquor, locūtus sum	**sprechen, reden**	
sequī *(m. Akk.),* **sequor, secūtus sum**	**folgen, befolgen**	Sequenz

2/8–9

Wiederholen Sie zunächst noch einmal den ersten Wortschatz dieser Lektion auf S. 182.

Wussten Sie schon?

Ödipus und die Sphinx.

Ödipus

Die Griechen stellten sich die Götter in Menschengestalt (anthropomorph) vor und schrieben ihnen mehr negative als positive Eigenschaften zu. Diese Götter liebten und hassten, waren eifersüchtig, neidisch und hinterlistig. Sie verstrickten oft Menschen in eine ihnen selbst nicht erkennbare Schuld. Oft machten sich diejenigen, die Orakelsprüchen folgten, um das Richtige zu tun, dadurch erst schuldig. Wäre Laios, der Vater des Ödipus, nicht durch ein Orakel gewarnt worden, so wäre es schließlich nicht dazu gekommen, dass Ödipus mit seiner Mutter Iokaste zwei Töchter (Antigone und Ismene) und zwei Söhne (Eteokles und Polyneikes) zeugte.
Als die Kinder herangewachsen waren, brach in Theben eine Pest aus. Alle Versuche von Ärzten und Priestern, die entsetzliche Seuche zu bannen, blieben vergeblich. Ödipus schickte deshalb seinen Schwager Kreon nach Delphi, um das Orakel nach dem Grund des Unheils zu fragen. Er erhielt die Antwort, die Pest sei ausgebrochen, weil der Mörder des Königs Laios ungestraft in der Stadt lebe. Pest und Hungersnot nähmen erst dann ein Ende, wenn der Mörder aus der Stadt verbannt sei.
Ödipus, der nichts von den wahren Zusammenhängen ahnte, ordnete sofort eine Untersuchung an. Der blinde Tiresias, ein alter Mann mit göttlicher Sehergabe, wurde befragt. Er deckte auf, was tatsächlich geschehen war. Ein Überlebender aus Laios' Begleitung und der Hirte, der Laios' Sohn ausgesetzt hatte, bestätigten die Worte des Sehers. Da glaubte Ödipus wahnsinnig zu werden und wollte die Frau töten, die ihm Mutter und Ehefrau zugleich gewesen war. Diese hatte sich jedoch schon voller Entsetzen erhängt. Als Ödipus sie fand, verfluchte er seine Augen, die so viel Ungeheuerliches hatten sehen müssen, nahm eine Spange aus Iokastes Gewand und stach sich beide Augen aus.
Er wurde entthront und von Kreon aus der Stadt gewiesen. Nachdem er seine Söhne verflucht hatte, weil sie sich seiner Verbannung nicht widersetzt hatten, wanderte er nur von seiner Tochter Antigone begleitet viele Jahre als Ausgestoßener umher. Schließlich gelangte er nach Delphi und befragte das Orakel des Apollo nach seinem weiteren Schicksal. Es wurde ihm geweissagt, er werde im heiligen Hain der Rachegöttinnen (Erinnyen) bis zu seinem Lebensende Zuflucht finden. Diesen Hain fand er in Kolonos, in der Nähe von Athen. Dort starb er gereinigt von der Schuld, die ihm ein übermächtiges Schicksal aufgebürdet hatte.

Lesen und verstehen

Ein Frevler wider Willen: Ödipus (nach Hyginus, Fabulae 66–67, und Apollodor, Bibliotheke III 50–55)

Dem König Laios von Theben war geweissagt worden, sein Sohn werde ihn töten. Um das zu verhindern, ließ er seinen Erstgeborenen mit durchstochenen Füßen im Gebirge aussetzen. Dort fanden ihn Hirten des Königs Polybos von Korinth, der keine Kinder hatte und sich des Findlings annahm.

Diu Oedipus – eo nomine Periboea, uxor Polybi, puerum inventum appellaverat – se filium regis esse arbitrabatur. Aliquando autem unus ex adulescentibus, qui cum eo in palaestra[1] versabantur, eum „nothum“[2] vocavit ceteris ridentibus. Quam vocem Oedipus indignatus est et Periboeam rogavit, cuius filius esset. Muliere nihil prodente Delphos proficisci statuit, ut oraculum consuleret. Deus autem eum sic hortatus est: „Cave, ne patrem occidas, cave, ne matrem uxorem ducas!“ Quae cum audivisset, Oedipus Corinthum regredi veritus per Boeotiam equis vectus est. In via angusta[3] ei senex obviam venit cum nonnullis servis magna voce clamantibus: „Cede regi potenti!“ Dum Oedipus cunctatur, unus ex eis servis alterum equum eius gladio caedit! Statim Oedipus irascitur neque solum eum servum, sed etiam regem senem occidit – fuit autem Laius, pater ipsius! Ceteri servi Thebas fugerunt et, quod dominum suum tueri non potuerant, mentiti sunt Laium a latronibus[4] occisum esse. Postea Oedipus nonnullis locis moratus Thebas venit. Non procul a moenibus urbis mirum monstrum in monte sedens conspicatus est: Sphingem, cui caput virginis, corpus leonis erat. Ea hominibus Thebas petentibus carmen[5] ponere solebat. Qui carmen eius non solverant, eos crudeliter occidebat. Quae cum Oedipodem vidisset, „Cui animali“, inquit, „sunt mane[6] pedes quattuor, postea duo, vesperi tres?“ „Homini“, Oedipus respondit. Qua voce audita Sphinx se de monte praecipitavit. Oedipus autem urbe a monstro liberata rex a Thebanis factus est et uxorem regis occisi in matrimonium[7] duxit – fuit autem Iocasta, mater ipsius! Diu Thebas rexerat, cum subito multi Thebani peste mortui sunt. Statim Oedipus oraculum Apollinis consuluit, qui haec respondit: „Dei irascuntur, nam is, qui Laium occidit, Thebis vivit. Si eum inveneris, pestis finietur!“ Et profecto Oedipus multis hominibus rogatis eum invenit – se ipsum!

[1] **palaestra, -ae** *f*: Sportplatz
[2] **nothus, -i** *m*: Bastard
[3] **angustus, -a, -um**: eng
[4] **latro, -onis** *m*: Räuber
[5] **carmen, -inis** *n* (hier): Rätsel
[6] **mane**: am Morgen
[7] **in matrimonium ducere**: heiraten

Versuchen Sie sich am Original

Nonne irascimini, si quis superbior est quam nos? (Cicero)

Socrates credebat iis animis, qui se integros[1] servavissent, reditum facilem[2] patere ad deos, a quibus essent profecti. (nach Cicero)

Caesar arbitratus id bellum celeriter finiri posse exercitum in Galliam duxit. (nach Caesar)

Vos deos verentes memoriam nostri honeste servabitis. (Cicero)

[1] **integer, -gra, -grum**: rein
[2] **reditus facilis**: eine leichte Rückkehr

Zu guter Letzt

① Orakelsprüche – Blick(e) in die Zukunft

Die Sprüche der Pythia, der Priesterin des Apollo in Delphi, waren oft rätselhaft und dunkel. Übersetzen Sie folgende Orakelsprüche. Welche Deutungen lassen sie zu? Worin liegt in den ersten beiden Orakelsprüchen das Zweideutige, worin im dritten das Rätselhafte?

Tempel des Apollo in Delphi heute.

So lautete die Antwort der Pythia,

1

als Krösus, der König der Lyder, wissen wollte, ob er gegen die Perser in den Krieg ziehen solle:
Croesus Halyn[1] penetrans[2] magnam pervertet[3] opum vim[4];

2

als Pyrrhus vor seinem Kampf gegen die Römer nach dem Ausgang des Krieges fragte:
Aio[5] te Romanos vincere posse;

3

als zwei Söhne des Königs Tarquinius Superbus nach der Erledigung des väterlichen Auftrags in Gegenwart ihres Cousins L. Iunius Brutus neugierig waren, wer von ihnen beiden die Herrschaft in Rom übernehmen werde:
Imperium summum Romae habebit, qui vestrum[6] primus, o iuvenes[7], osculum[8] matri tulerit.

1 **Halys** (*Akk.* Halyn): Grenzfluss des Lyderreiches
2 **penetrare**: durch … ziehen
3 **pervertere ~** delere
4 **magnam … opum vim** (hier): Großmacht
5 **aio ~** dico
6 **vestrum**: von euch
7 **iuvenis ~** adulescens
8 **osculum ferre** (*Perf.* tuli): (jdm.) einen Kuss geben

② Zukunftsdeutung bei den Römern

Wenn Römer etwas Wichtiges vorhatten, nahmen sie es in der Regel nicht in Angriff, ohne vorher irgendwelche *auspicia* (Vorzeichen) zu ergründen. Sie glaubten nämlich, dass „Vorzeichen zwar nicht die Ursachen für ein Ereignis erklären, wohl aber verkünden, was eintreten wird, wenn man sich nicht vorsieht“. Dafür gab es insbesondere *augures* (Vogelschauer) und *haruspices* (Opferschauer). Erstere deuteten Flug und Geschrei von Vögeln, das Fressverhalten der heiligen Hühner sowie Blitz und Donner, Letztere weissagten aus den Eingeweiden von Opfertieren.

17

Antigone

In dieser Lektion lernen Sie

GRAMMATIK

- Nominativ mit Infinitiv (NcI)
- Gerundivum-N und Täter-Dativ (Dativus auctoris)
- Ablativus absolutus: Vertiefung

WORTSCHATZ

- Wörter aus dem Bereich Staatsmacht und Widerstand

DIE WELT DER ANTIKE

- Antigone als Tragödiengestalt
- Antikes Theater

Antigone.

Einstieg

Thebae, urbs clara, a Phoenicibus conditae esse dicuntur. Ibi aliquando duo viri magni, Epaminondas et Pelopidas, civitati praeerant. Uterque summo studio salutem Thebanorum custodiebat. Iis ducibus illa urbs tam potens fuisse videtur, ut cum ceteris Graeciae urbibus de dominatione certare[1] posset. Cum autem Thebani oppidum Lacedaemoniorum oppugnarent, Epaminondas, vir magnae virtutis et pietatis, sparo[2] graviter vulneratus est. Qui humi[3] iacens et magnis doloribus vexatus hoc edixit: „Victoria omni modo petenda est. Itaque vobis proelium acerrimum faciendum est. A vobis Lacedaemoniis vehementer resistendum est neque istis cedendum est." Amicis autem, cum sibi moriendum esse cognovisset, dixit: „Sparus[2] e corpore meo tum trahendus est, cum de victoria nostra audivero. Nam cum ex-tractus erit, brevi moriar. Igitur exspectate, dum victoria nostra nuntiata erit!" Tum Epaminonda vivo Thebani numquam magis contendisse dicuntur. Victoria tandem parata dux: „Satis", inquit „vixi; invictus[4] enim morior." Sparo[2] autem extracto statim vita cessit. Eo mortuo cuncti, amici et propinqui, maxime dolebant. Eius corpus honesto sepulcro condi iusserunt. Epaminondas iam tum omnibus immortalem sibi gloriam paravisse videbatur.

Theben, eine berühmte Stadt, soll von den Phönikern gegründet worden sein. Dort standen einmal zwei große Männer an der Spitze des Staates, Epaminondas und Pelopidas. Jeder von beiden schützte mit höchstem Einsatz das Wohl der Thebaner. Unter ihrer Führung scheint jene Stadt so mächtig gewesen zu sein, dass sie mit den anderen Städten Griechenlands um die Vorherrschaft streiten konnte. Als aber die Thebaner eine Stadt der Spartaner bestürmten, wurde Epaminondas, ein Mann von großer Tapferkeit und Pflichttreue, von einem Speer schwer verwundet. Am Boden liegend und von großen Schmerzen gequält ordnete er dies an: „Der Sieg muss unbedingt erreicht werden. Deshalb müsst ihr einen ganz erbitterten Kampf liefern. Von euch ist den Spartanern heftig Widerstand zu leisten, und ihr dürft vor denen da nicht zurückweichen." Den Freunden aber sagte er, da er erkannt hatte, dass er sterben müsse: „Der Speer soll [erst] dann aus meinem Körper gezogen werden, wenn ich von unserem Sieg gehört habe. Denn wenn er herausgezogen ist, werde ich in Kürze sterben. Also wartet, bis der Sieg gemeldet worden ist." Da sollen die Thebaner, solange Epaminondas noch lebte, nie stärker gekämpft haben. Als der Sieg endlich errungen war, sagte der Führer: „Ich habe genug gelebt; denn ich sterbe unbesiegt." Er starb sofort nach dem Herausziehen des Speers. Nach seinem Tod trauerten alle, Freunde und Verwandte, sehr. Sie ließen seinen Leichnam in einem Ehrengrab bestatten. Epaminondas hat sich schon damals, wie allen schien, unsterblichen Ruhm erworben.

1 **de dominatione certare**: um die Vorherrschaft streiten
2 **sparus**, **-i** *m*: Speer
3 **humi** (*Adv.*): am Boden
4 **invictus**, **-a**, **-um**: unbesiegt

Theben spielte nicht nur im Mythos eine große Rolle, auch in der Geschichte zählte die Stadt neben Athen und Sparta zu den Großmächten Griechenlands.

oppūgnāre	bestürmen, belagern
exspectare	erwarten, abwarten
dolēre	Schmerz empfinden
cūstōdīre	bewachen, behüten
cognōscere, cognōscō, cognōvī, cognitum	erkennen, bemerken, kennen lernen
ēdīcere, ēdīcō, ēdīxī, ēdictum	bekannt machen, verkünden, anordnen
resistere, resistō, restitī, restitūtum	Widerstand leisten
vidērī, videor, vīsus sum	scheinen, gelten (*als*)
dicī, dicor, dictus sum	man sagt; sollen

humus, -ī *f*	Erde, Boden
proelium, -ī *n*	Gefecht, Schlacht
sepulcrum, -ī *n*	Grab, Grabmal
dolor, -ōris *m*	Schmerz
pietās, -ātis *f*	Frömmigkeit
propinquus, -ī *m*	Verwandter
vīvus, -a, -um	lebend, zu Lebzeiten
gravis, -e	schwer, schlimm
immortālis, -e	unsterblich, ewig
mortuus, -a, -um	tot, gestorben
iste, ista, istud	dieser, diese, dieses; der da, die da, das da
magis	mehr, in höherem Grad

1. Wie lautet jeweils das Bezugswort zur *dicitur/dicuntur/videtur* in den einschlägigen Sätzen? Welche Verbform gehört zu dieser Konstruktion? Warum nennt man diese NcI?
2. Mit welchem Hilfsverb sind die *nd*-Formen in diesem Text verbunden? Wie sind sie übersetzt?

Grammatik

1 Nominativ mit Infinitiv (NcI)

1.1 Bildung

Bei den passivisch gebrauchten Verben ***dīcitur***, ***vidētur*** ist das **Subjekt des Satzes** zugleich **Subjekt des Infinitivs**; es steht deshalb im **Nominativ**. Daher nennt man diese Konstruktion **Nominativus cum Infinitivo**: **NcI**.

Epamīnōndās salūtem civium **cūstōdīvisse**	**dīcitur**. **dīcēbātur**.	*Man sagt,* *Man sagte,*	dass **Epaminondas** das Wohl der Bürger **geschützt hat/habe**.
Militēs fortissimē **contendisse**	**videntur**. **vidēbantur**.	**Die Soldaten** *scheinen* *schienen*	sehr tapfer **gekämpft zu haben**.

Die Einheit von Nominativ und Infinitiv kann als selbstständiger Satz formuliert werden, z. B.:

Antigone Polynicem fratrem sepelivisse dicitur.	Antigone hat ihren Bruder Polyneikes bestattet. So sagt man.

Der **NcI** erfüllt die **syntaktische Funktion** des **Subjekts**.

Satzmodell:

Subjekt: Epāmīnōndās … cūstōdīvisse ← *Prädikat*: dīcitur/dīcēbātur.

1.2 Übersetzung

Für die Übersetzung des **NcI** empfiehlt sich zuweilen folgende **Umbauregel**:

NcI	**dass-Gliedsatz**
Subjekt *Objekt* *Infinitiv* Epaminondas victoriam exspectavisse dicitur.	*Subjekt* *Objekt* *Prädikat* Man sagt, dass E. den Sieg abgewartet habe.
LATEIN →	**DEUTSCH**

Die seltener begegnende Konstruktion des NcI erscheint hauptsächlich in Verbindung mit *dicitur* und *videtur*.

Wiedergabe im Deutschen

bei **dīcitur/dīcēbātur**	bei **vidētur/vidēbātur**	Wiedergabe
① **man sagt,** / **man sagte,** } dass er/sie/es …	**es scheint,** / **es schien,** } dass er/sie/es	dass-Gliedsatz
② er/sie/es **soll** …	er/sie/es **scheint/schien zu**	„sollen"/„scheinen" mit Infinitiv
③ er/sie/es …, **wie man sagt/sagte**, …	er/sie/es …, **wie es scheint/schien**, …	Einschub
④ er/sie/es … **angeblich**	er/sie/es … **offensichtlich**	Adverb

Beachte: dīcor: man sagt, dass ich …/ich soll …; *vidēminī*: es scheint, dass ihr …/ihr scheint …

Vergleichen Sie dazu die Konstruktion des AcI auf S. 101.

Übungen

Studieren Sie zuerst die einschlägigen grammatischen Erscheinungen im Text der Rubrik *Einstieg*.

1. Infinitiv gesucht. Fügen Sie die zutreffende Form ein.

a) Man sagte, er habe unsterblichen Ruhm erlangt.
Gloriam immortalem .... dicitur.

b) Sie beschützen, wie es scheint, den Staat gut.
Civitatem bene .... videntur.

c) Die Stadt ist, wie es schien, tapfer verteidigt worden.
Urbs fortiter .... videbatur.

d) Sie sollen heftigst Widerstand geleistet haben.
Vehementissime .... dicuntur.

e) Die Unseren haben sich dem Vernehmen nach der Stadt bemächtigt.
Nostri urbe .... dicuntur.

accepisse – restitisse – potiti esse – custodivisse – defensa esse – defendi – custodire – resistere – accipere

2. Persönlich – unpersönlich. Geben Sie den NcI, wo es möglich ist, mit einer persönlichen Konstruktion wieder oder mit einer unpersönlichen, wo es nicht möglich ist.

a) Epaminondas civitatem Thebanorum magnam fecisse dicitur/dicebatur.

b) De morte Epaminondae cuncti maxime dolere videntur/videbantur.

c) Socrates diu de morte locutus esse dicitur.

3. Formulieren Sie passend.

a) Germani fortissimi omnium gentium fuisse dicebantur.

b) Ab ea gente Italiae maxima pericula imminere videbantur.

c) Germani tum numquam amicitiam populi Romani sequi dicebantur.

Achten Sie bei einem Gerundivum immer darauf, ob es mit einer Form von *esse* verbunden ist. Nur in diesem Fall drückt es eine Notwendigkeit aus.

2 Gerundivum-N

2.1 Verwendung

Gerundivum-
N

Als **Gerundivum-N** bezeichnet man die Verbindung eines **Gerundivums mit der Kopula** ***esse***.
Diese Konstruktion drückt eine **Notwendigkeit** aus.
Das **Gerundivum-N** erfüllt im Satz als **Prädikatsnomen** zusammen mit einer Form von *esse* die **syntaktische Funktion** des **Prädikats**.

① Lēgēs deōrum < **servandae sunt.** / **neglegendae**[1] **nōn sunt.**	Die Gesetze der Götter < **müssen beachtet werden (sind zu beachten).** / **dürfen nicht missachtet werden.**
② Lēgibus deōrum **pārendum est.**	Den Gesetzen der Götter **muss man gehorchen (ist zu gehorchen).**
③ Semper fortiter **agendum est.**	**Man muss** immer tapfer **handeln.** (**Es ist** … **zu handeln.**)

[1] **neglegere**: missachten, vernachlässigen

Die persönliche Konstruktion steht bei transitiven (den Akkusativ fordernden) Verben ①, die unpersönliche Konstruktion bei intransitiven (nicht mit dem Akkusativ verbundenen) Verben ②.

Vergleichen Sie im Unterschied dazu die Konstruktion des Gerundivum-V auf S. 160.

Unterscheiden Sie:

Gerundivum-V	in vita bene agenda	bei einer guten Lebensführung
Gerundivum-N	vita bene agenda est	Leben muss gut geführt werden

2.2 Täter-Dativ: Dativus auctoris

Ein **Dativ** in Verbindung mit einem **Gerundivum-N** bezeichnet meist die **Person**, **die etwas tun muss** bzw. **etwas nicht tun darf**: **Dativ der handelnden Person („Täter-Dativ“: Dativus auctoris)**.

Hominibus lēgēs deōrum **servandae sunt**.	Die Menschen **müssen** die Gesetze der Götter **achten**.

Durch den Dativ bei einem Gerundivum-N kann ein Täter-Dativ oder ein Dativobjekt angegeben sein.

2.3 Wiedergabe im Deutschen

Das **Gerundivum-N** lässt sich im Deutschen wiedergeben mit

- dem **Hilfsverb „sein“** und **Infinitiv** mit **„zu“** (wenn kein Dativus auctoris dabeisteht): ①, ②, ③,
- den **Modalverben „müssen“/„nicht dürfen“**, und zwar mit **Passiv** oder „man“ (wenn kein Dativus auctoris dabeisteht): ①, ②, ③, mit **Aktiv** (wenn ein Dativus auctoris dabeisteht).

Für die Übersetzung des **Gerundivum-N** (mit Dat. auct.) gilt folgende **Umbauregel**:

Gerundivum-N			**Notwendigkeits-Aussage**			
Dativus auctoris	*Subjekt*	*Prädikat (Gerundivum mit esse)*	*Subjekt*	*Prädikat (Modalverb)*	*Objekts-akkusativ*	*Objekts-infinitiv*
Hominibus	lēgēs deōrum	servandae sunt.	Die Menschen	müssen	die Gesetze der Götter	achten.
LATEIN →			**DEUTSCH**			

2.4 Gerundivum-N im AcI

Amīcī corpus Epamīnōndae honestē **sepeliendum (esse)** statuērunt.	Die Freunde bestimmten, dass der Leichnam des Epaminondas ehrenvoll **begraben werden müsse**.

Wenn das **Gerundivum-N im AcI** erscheint, kann die **Kopula** ***esse*** fehlen.

Übungen

Studieren Sie zuerst die einschlägigen grammatischen Erscheinungen im Text der Rubrik *Einstieg* auf S. 194.

1. Die Germanen. Übersetzen Sie.

Germani
a) ab Italia arcendi erant.
b) magis consilio quam vi vincendi erant.
c) terribiles putandi erant.
d) Romanis semper verendi erant.
e) nullo modo iuvandi erant.

2. Gerundium, Gerundivum-V oder Gerundivum-N? Übersetzen Sie.

a) Provincia tuenda erat.
b) In hostibus arcendis multi occisi sunt.
c) In resistendo eis tempus recedendi datum non erat.
d) Non cuncti Romani arbitrabantur omni vi id studendum esse, ut etiam in bello gerendo ius gentium servaretur.

3. Wer muss was tun? Ordnen Sie zu und übersetzen Sie.

a) Mihi fabula	1. parendum est.
b) Omnibus civibus leges	2. colendi sunt.
c) Hominibus deus	3. legenda est.
d) Servis agri	4. verendus est.
e) Servis	5. observandae sunt.

4. Täter-Dativ oder nicht? Übersetzen Sie.

a) Illis temporibus regi parendum erat.
b) Nonne regi semper parendum est?
c) Legibus magis quam regentibus serviendum est.
d) Nemini semper irascendum est.
e) Non omnibus placendum est.
f) Cui credendum non est?
g) Omnibus regrediendum fuit.

5. Nochmals zurück zu Ödipus. Übersetzen Sie.

a) Thebis illa Sphinx hominibus urbem petentibus carmen[1] ponere solebat.
b) Qui carmen[1] eius non solverant, eis moriendum erat.
c) Oedipus autem arbitratus sibi nihil verendum esse profecto carmen positum solvit.
d) Tum urbem intravit Thebanos his verbis appellans:
e) „Este bono animo! Sphinx vobis non iam timenda est.
f) Ego vos a monstro tam crudeli liberavi.“

6. Nur eine Lösung stimmt. Welche?

Libri inutiles[2] sunt ignaro[3] legendi.

a) Untaugliche Bücher muss der Unkundige lesen. ☐
b) Lesebücher sind dem Unkundigen nutzlos. ☐
c) Dem Dummen muss man unnütze Bücher vorlesen. ☐
d) Bücher sind für den, der des Lesens unkundig ist, nutzlos. ☐

[1] **carmen, -inis** *n* (hier): Rätsel
[2] **inutilis, -e**: nutzlos
[3] **ignarus, -a, -um** *(m. Gen.)*: unkundig (einer Sache)

3 Ablativus absolutus: Vertiefung

Vergleichen Sie dazu die Darstellung des Ablativus absolutus auf S. 137 und 170.

Oft ist der **Ablativus absolutus** mit anderen Konstruktionen eng verschränkt, z. B.:

mit einem relativem Satzanschluss:	*quibus* **resistentibus**	unter deren Widerstand
mit einem Gliedsatz:	**parātīs**, *ut vidēbātur*, **māgnīs copiīs**	nach Bereitstellung, wie es schien, von großen Truppen
mit einem Gerundium:	**factā** *dīcendī* **potestāte**	nachdem sich eine Möglichkeit zur Rede bot

Übungen

Studieren Sie zuerst die einschlägigen grammatischen Erscheinungen im Text der Rubrik *Einstieg*.

1. Für Analyse-Knobler. Kolumbus berichtet in seinem Tagebuch. Wie sind die drei Ablativi absoluti einander zugeordnet?

Sole occidente nostris dato salutationis angelicae[1] signo genua Christiano modo flectentibus[2] idem illi Indi fecerunt et crucem[3] verebantur.

2. Häufig begegnende Wendungen. Übersetzen Sie.

causa cognita – auxiliis paratis – armis acceptis – bello finito – oppidis expugnatis – multis occisis – legatis missis – proelio facto – oratione habita – consilio cognito – oratore locuto – multis ridentibus – his resistentibus – Hannibale vivo – hostibus sequentibus

3. Wer steckte dahinter? Fügen Sie ein. Der Name ergibt sich im umrandeten Feld.

aperto – damnata – dolentibus – duce – edicto – mortua – viva

hoc	☐☐☐☐☐☐	nach diesem Erlass
sepulcro	☐☐☐☐☐☐	nach Öffnung des Grabes
cunctis	☐☐☐☐☐☐☐☐☐☐	als alle trauerten
Antigona	☐☐☐☐☐☐	nach Antigones Tod
ea capitis	☐☐☐☐☐☐☐	nach ihrem Todesurteil

[1] **salutatio angelica**: Angelusgebet
[2] **genua flectere**: die Knie beugen
[3] **crux, crucis** *f*: Kreuz
[4] *nämlich, dass niemand in seinem Tod glücklich genannt werden dürfe*

Wortschatz

2/10–11

vīvus, -a, -um	lebend; zu Lebzeiten	→ 4 vīvere, 6 vīta
dīcī, dīcor, dictus sum	heißen; man sagt, dass; sollen	
uterque, útraque, utrumque (*Gen.* utrīusque, *Dat.* utrīque)	**jeder (von beiden), beide**	
repetere, répetō, repetīvī, repetītum	**zurückverlangen; wiederholen**	*e: to repeat, f: répéter*
contrahere, cóntrahō, contrāxī, contrāctum	**zusammenziehen, einengen, sammeln**	Kontrakt, Kontrahent
oppūgnāre	bestürmen, belagern	
proelium, -ī *n*	Gefecht, Schlacht	
vidērī, videor, vīsus sum	scheinen, gelten (als)	
canis, canis *m/f*	**Hund**	*f: chien*
prōicere, prōiciō, prōiēcī, prōiectum	**hinwerfen, preisgeben**	→ 7 iacere; Projektor
iubēre, iubeō, iussī, iussum	**beauftragen, befehlen**	
dispōnere, dispōnō, disposuī, dispositum	**verteilen, aufstellen, ordnen**	Disposition
ēdīcere, ēdīcō, ēdīxī, ēdictum	bekannt machen, verkünden, anordnen	Edikt
iste, ista, istud	dieser, diese, dieses; der da, die da, das da	
ēdictum, -ī *n*	**Anordnung, Verfügung**	→ ēdīcere
mortuus, -a, -um	tot, gestorben	→ 6 mors; *f: mort/morte*
cognōscere, cognōscō, cognōvī, cógnitum	erkennen, bemerken; kennen lernen	*f: connaître*
pietās, -ātis *f*	Frömmigkeit, Pflichtgefühl	Pietät
humus, -ī *f*	Erde, Boden	
humī *(Adv.)*	**am Boden**	
tegere, tegō, tēxī, tēctum	**decken, bedecken**	
cūstōdīre	bewachen, behüten	→ 10 custōs
comprehendere, comprehendō, comprehendī, comprehēnsum	**ergreifen, fassen, erfassen; begreifen**	*f: comprendre*
praeceptum, -ī *n*	**Vorschrift, Lehre, Regel**	→ 11 praecipere
immortālis, -e	unsterblich, ewig	→ 9 mortālis
magis *(Adv.)*	mehr, in höherem Grad	
damnāre	**verurteilen, verdammen**	
capitis damnāre	**zum Tode verurteilen**	
resistere, resistō, réstitī	Widerstand leisten	resistent
sōlus, -a, -um (*Gen.* sōlīus, *Dat.* sōlī)	**allein, bloß**	Solo; *f: seul/seule*
cōnstituere, cōnstituō, cōnstituī, cōnstitūtum	**festsetzen, beschließen**	Konstitution
sepulcrum, -ī *n*	Grab, Grabmal	→ 14 sepelīre
aperīre, aperiō, aperuī, apertum	**öffnen, aufdecken**	
dolor, -ōris *m*	Schmerz	*f: douleur*
propinquus, -ī *m*	Verwandter	
culpa, -ae *f*	**Schuld**	
sērō *(Adv.)*	**spät, zu spät**	*f: soir*
dolēre	Schmerz empfinden, bedauern; wehtun	→ dolor
gravis, -e	schwer, schlimm	
ūtī *(m. Abl.)* **ūtor, ūsus sum**	**(etw.) benützen, gebrauchen**	*e: to use, f: usine*
mēns, -tis *f*	**Verstand, Denken, Meinung**	mental
crux, -cis *f*	**Kreuz**	Kruzifix

Wiederholen Sie zunächst noch einmal den ersten Wortschatz dieser Lektion auf S. 194.

Wussten Sie schon?

Griechisches Theater auf der Insel Delos.

Theater

Tragödien wie die „Antigone“ des Sophokles wurden in Theatern gespielt, die ursprünglich als einfache Holzgerüste jeweils nur für die Dauer der Aufführung errichtet wurden. Seit dem 4. Jh. v. Chr. baute man auch Theater aus Stein, oft unter Ausnützung einer natürlichen Hanglage. Die Mitte bildete ein meist halbkreisförmiger ebener Tanzplatz, die Orchestra. Von ihr stieg der Zuschauerraum treppenförmig an, durch Umgänge und Stufen gegliedert. Viele tausend Zuschauer – das Dionysos-Theater in Athen hatte ungefähr 14 000 Sitzplätze – konnten jedes Wort der Schauspieler verstehen, so hervorragend war die Akustik, obwohl unter freiem Himmel gespielt wurde. An der geraden Seite der Orchestra stand das Bühnengebäude mit Umkleideräumen für die Schauspieler, Requisitenkammern und Theatermaschinen. Die vorgezogenen Seitenflügel des Bühnengebäudes bildeten mit der Bühnenwand die rechteckige, durch ein Podest erhöhte Bühne.

Als Schauspieler traten schon bei Sophokles nur drei Männer auf, die mehrere Rollen, auch die Frauenrollen, übernahmen. Sie trugen lange, reich verzierte Gewänder in grellen Farben sowie Masken aus Leinwand, die mit Gips oder Kleister zu einem steifen Helm geformt das ganze Gesicht bedeckten. Den Rest des Kopfes verhüllte eine Perücke. Schaftstiefel mit sehr dicken Sohlen (Kothurne) ließen die Akteure übermenschlich groß erscheinen.

Masken trugen auch die 15 Mitglieder eines Chores, der in der Orchestra sang oder tanzte. Mit seinen von der Lyra begleiteten Liedern griff er nicht direkt in das Stück ein, sondern kommentierte oder deutete das Geschehen. Im griechischen Theater gab es keinen Vorhang. Zur Steigerung der Effekte standen den Regisseuren aber Kulissen und Theatermaschinen zur Verfügung. Spiegel projizierten Blitze auf die Bühne, eine große Trommel, auf die man Metallkugeln fallen ließ, diente als Donnermaschine. Am bekanntesten wurde eine Vorrichtung, mit der man wie mit einem Kran einen Schauspieler als Gottheit von oben auf die Bühne herabschweben und in die Handlung eingreifen lassen konnte. Daher bezeichnet man mit den Worten *deus ex machina* (der Gott aus der Maschine) noch heute die unerwartete Lösung eines dramatischen Konflikts.

Lesen und verstehen

Antigone (nach Hygin, Fabulae 68–72, und Sophokles, Antigone)
Für die Schuld, die Ödipus unwissend auf sich geladen hatte, ließen die erbarmungslosen Götter nicht nur Iokaste und ihn, sondern auch seine Kinder büßen.

Eteocles et Polynices, filii Oedipodis, iam patre vivo inter se certavisse[1] dicuntur; uterque enim regnum petebat. Itaque Oedipus, postquam intellexit Laium a se ipso occisum esse, regnum filiis tradidit alternis annis[2]. Ipse Antigona filia duce e Thebis fugit. Cum Eteocles unum annum regnavisset, Polynices regnum ab eo repetivit. Qui cum negavisset, Polynices sociis convocatis et magnis copiis contractis Thebas oppugnavit, neque tamen cepit. Itaque singulari certamine[3] cum Eteocle contendit. Utroque autem fratre eo proelio occiso Creon rex factus est. Is summis cum honoribus Eteoclem sepeliri, Polynicis autem corpus, quod is patriam prodidisse videbatur, canibus proici iussit. Praeterea custodes disposuit et edixit: „Qui istud corpus sepelire studuerit, ei moriendum erit!“ Quod edictum Antigona, quae patre mortuo Athenis Thebas venerat, cognovit. Tamen pietate mota fratrem humo tegebat, sed ab eis, quibus corpus custodiendum erat, comprehensa et ad regem ducta est. Cum a Creonte rogata esset: „Cur edicto meo non paruisti?“, Antigona fortiter respondit: „Quod praeceptis deorum immortalium magis parendum est quam tuis.“ Quibus verbis auditis Creon virginem capitis damnandam esse statuit. Nullo cive resistente viva sepulta est. Haemon solus, regis filius, constituit amatam virginem sibi servandam esse. Itaque sepulcrum eius aperuit, sed frustra: Iam ipsa vitae suae finem fecerat. Itaque Haemon quoque mortem petivit et mater eius audita sorte filii dolore mortua est. Creon autem omnibus propinquis sua culpa amissis sero nimiam pertinaciam[4] suam doluit.

1 **certare**: streiten
2 **alternis annis**: für jeweils ein Jahr (im jährlichen Wechsel)
3 **certamen (-minis) singulare (-is)** *n*: Zweikampf
4 **pertinacia, -ae** *f*: Starrsinn

Versuchen Sie sich am Original

Mihi videris Latine docere philosophiam et ei quasi[1] civitatem dare; quae quidem peregrinari Romae videbatur. (Cicero)

Caesar ad bellum gerendum non satis idoneum[3] tempus (esse) arbitratus legatos nuntiare iussit exercitui in castra regrediendum esse. (nach Caesar)

1 **quasi**: sozusagen
2 **tamquam**: gleichsam
3 **idoneus, -a, -um**: geeignet, passend

Zu guter Letzt

① **Meine Schwester Antigone** (Grete Weil, 1980)

Für Grete Weil, eine jüdische Schriftstellerin, die den Naziterror überlebt hat, ist Antigone eine mythische Schwester. Wie diese wäre sie gern gewesen, denn: „Neinsagen, die einzige unzerstörbare Freiheit, Antigone hat sie souverän genutzt." Für sie gehört Antigone zu den Menschen, „die bis an die Grenzen gehen. Die ihr Selbst voll ausschöpfen. Nicht nach dem Erfolg fragen, nur nach der eigenen Notwendigkeit. Unbequeme. Schwierige. Die uns zum Denken zwingen. Unser Bewusstsein wach machen." Antigones Worte „Mitzulieben, nicht mitzuhassen bin ich da" sieht sie gelebt durch Sophie Scholl. Diese wurde zusammen mit anderen Mitgliedern der Gruppe Weiße Rose, die zum Widerstand gegen das NS-Regime aufgerufen hatte, 1943 zum Tode verurteilt und hingerichtet.

a) Informieren Sie sich über Sophie Scholl und die Weiße Rose: Lebensdaten, Herkunft, Motivation zum Widerstand usw.
b) Fallen Ihnen weitere Figuren ein, die sich mit Antigone und Sophie Scholl vergleichen lassen?

Moderne Aufführung der Antigone.

② **Antigone** (Bertolt Brecht, 1947/48)

Komm aus dem Dämmer und geh
Vor uns her eine Zeit,
Freundliche, mit dem leichten Schritt
Der ganz Bestimmten, schrecklich
Den Schrecklichen.

Und ließest den Mächtigen
Nichts durch, und glichst dich
Mit den Verwirrern nicht aus, noch je
Vergaßest du Schimpf und über der Untat wuchs
Ihnen kein Gras.

Abgewandte, ich weiß,
Wie du den Tod gefürchtet hast, aber
Mehr noch fürchtetest du
Unwürdig Leben.

a) An welchen Stellen im Text finden Sie Antigone wieder, an welchen Kreon?
b) Brecht meint, dass Antigone „die große Figur des Widerstands" gewesen ist. Worin unterscheiden sich Antigone und Sophie?

18

Orpheus und Eurydike

In dieser Lektion lernen Sie

GRAMMATIK

- Konjugation von *ferre*
- Konjugation von *ire*
- Konjugation von *velle* und *nolle*
- Participium coniunctum: Vertiefung

WORTSCHATZ

- Wörter aus dem Bereich der Jenseitsvorstellung

DIE WELT DER ANTIKE

- Orpheus und Eurydike
- Gestalten der Unterwelt

Orpheus und Eurydike.

18

Einstieg

Iam antiquissimis temporibus poetae monstrare volunt, quam vitam homines post mortem peragant. Apud Homerum Ulixes cum sociis eo[1] ire vult, ubi ad loca sub terra sita descendere potest. Ibi umbras[2] mortuorum sibi e tenebris[3] appropinquantes conspicatur. Primus Tiresias vates[4] ei obviam it. Quem rogat: „Dic mihi, quomodo salvus in patriam redeam!“ Ille respondet: „Si labores graves ferre noles, non redibis. Sin autem animo forti pericula maris feres, tuos iterum videbis.“ Tum Anticlea mater apparet. Cui: „Mater amata“, inquit, „scire volo, num[5] coniunx mea fidem semper in me servet.“ Mater flens filio propius[6] adeunti dicit: „Penelopa te exspectare non desinit. Redi domum! Sed priusquam ad coniugem veneris, tibi cavendum est, ne ab adulescentibus domum tuam vastantibus opprimaris. Isti iam magnam calamitatem tuis tulerunt.“ Deinde Ulixes solus in mundum sub terra situm descendit, e quibus nemo mortalis deis invitis exiit. Videt ibi Agamemnonem occisum et Aiantem sua manu mortuum. Modo sibi redeundum esse deliberat, cum Achillem conspicatur. Qui lacrimas dans dicit: „Melius[7] est servum in terra esse quam sub terra regem.“ Tum Ulixem Minerva dea auxilium ferente ad socios suos redisse fama fert.

1 **eo**: dorthin
2 **umbra, -ae** *f*: Schatten
3 **tenebrae, -arum** *f*: Finsternis, Dunkel
4 **vates, -is** *m/f*: Seher(-in)
5 **num** (hier): ob
6 **propius** *(Adv.)*: näher
7 **melius** *(Adv.)*: besser

Schon in ältesten Zeiten wollen Dichter zeigen, welches Leben die Menschen nach dem Tod verbringen. Bei Homer will Odysseus mit seinen Gefährten dorthin gehen, wo er in die unter der Erde gelegenen Gefilde hinabsteigen kann. Dort erblickt er die Schatten der Toten, die sich ihm aus dem Dunkel nähern. Als erster geht ihm der Seher Teiresias entgegen. Diesen bittet er: „Sag mir, auf welche Weise ich wohlbehalten in die Heimat zurückkehre!“ Jener antwortet: „Wenn du schlimme Leiden nicht ertragen willst, wirst du nicht zurückkehren. Wenn du aber mit tapferem Sinn die Gefahren des Meeres erträgst, wirst du die Deinen wiedersehen.“ Dann erscheint die Mutter Antikleia. Zu ihr sagt er: „Geliebte Mutter, ich will wissen, ob meine Frau mir immer die Treue hält.“ Weinend sagt die Mutter dem näher tretenden Sohn: „Penelope wartet dauernd auf dich. Kehre heim! Doch bevor du zu deiner Frau kommst, musst du dich davor hüten, dass dir von den jungen Männern, die dein Haus verwüsten, Gewalt angetan wird. Diese haben schon großes Unheil über die Deinen gebracht.“ Dann stieg Odysseus allein in die Unterwelt hinab, aus der [noch] kein Sterblicher gegen den Willen der Götter entkommen ist. Er sieht dort den ermordeten Agamemnon und den durch eigene Hand umgekommenen Aiax. Eben überlegt er, dass er zurückkehren müsse, als er Achilles erblickt. Der sagt unter Tränen: „Besser ist es, Sklave auf Erden als König unter der Erde zu sein.“ Dann, so erzählt man, ist Odysseus, da ihm die Göttin Athene Hilfe bot, zu seinen Gefährten zurückgekehrt.

Jenseitsvorstellungen gibt es in den Mythen vieler Völker. In Europa ist erstmals in Homers „Odyssee“ ein Blick in die Unterwelt versucht worden.

appropinquāre	sich nähern
flēre, fleō, flēvī, flētum	weinen
peragere, pérāgō, perēgī, perāctum	durchführen, verbringen
ferre, ferō, tulī, lātum	tragen, bringen; ertragen, berichten
īre, eō, iī, itum	gehen
adīre, adeō, adiī, aditum	herangehen, aufsuchen, angreifen
exīre, exeō, exiī, exitum	hinausgehen, ausrücken
redīre, redeo, rediī, reditum	zurückgehen, zurückkehren
velle, volō, voluī	wollen

nōlle, nōlō, noluī	nicht wollen
fāma, -ae *f*	Gerücht, Kunde, Ruf
fāma fert	man erzählt
lacrima, -ae *f*	Träne
mundus, -ī *m*	Welt, Weltall
labor, -ōris *m*	Arbeit, Mühe; Leiden
calamitās, -ātis *f*	Unglück, Schaden
invītus, -a, -um	ungern, unfreiwillig
mē invītō	gegen meinen Willen
situs, -a, -um	gelegen, befindlich
sub *(m. Abl.)*	unter
priusquam	bevor, ehe
modō	eben (erst), gerade; nur

Suchen Sie im Text alle Formen von *ferre, ire, velle, nolle* und ordnen Sie diese nach Tempus und Modus in das Formensystem ein.

Grammatik

1 *ferre*: Formen des Präsensstammes

Bildung

Bedeutungsteil	**Signalteil** *Bindevokal*	**Personenzeichen**	**Aktiv**
fer		t	er/sie/es trägt
fer	*u*	nt	sie tragen
Präsensstamm			

Bedeutungsteil	**Signalteil** *Bindevokal*	**Personenzeichen**	**Passiv**
fer		tur	er/sie/es wird getragen
fer	*u*	ntur	sie werden getragen
Präsensstamm			

Vergleichen Sie dazu die Formen der konsonantischen Konjugation auf S. 23 und 111.

Aktiv

Indikativ – Konjunktiv – Imperativ

	Präsens Indikativ	**Präsens** Konjunktiv	**Imperativ**	
Sg. 1. P.	fer-ō	fer-**am**		
2. P.	fer-s	fer-**ās**	**fer**!	trage!
3. P.	fer-t	*usw.*		
Pl. 1. P.	fer-*imus*			
2. P.	fer-tis		fer-**te**!	tragt!
3. P.	fer-*unt*			

Ferāmus auxilium!
Lasst uns Hilfe bringen!

Rogō vōs, ut mihī auxilium **ferātis**.
Ich bitte euch, mir Hilfe **zu bringen** (dass **ihr** mir Hilfe **bringt**).

Imperfekt – Futur I

Imperfekt Indikativ	**Imperfekt** Konjunktiv	**Futur I**
fer-*ē***bam** ich trug	fer-**rem**	fer-**am** ich werde tragen
fer-*ē***bās** du trugst	fer-**rēs**	fer-**ēs** du wirst tragen
usw.		*usw.*

Haec perīcula **ferrem**, sī possem.
Ich würde diese Gefahren **ertragen**, wenn ich könnte.

Vervollständigen Sie das Schema jeweils mündlich entsprechend der Ihnen bereits bekannten Elemente des Signalteils. Kontrollieren Sie die Ergänzungen anhand der Tabellen X_4 und X_5 auf S. 324 und 325.

Nominalformen

Infinitiv	
fer-re	tragen
Partizip	
fer-*ē*ns, -ntis	tragend
Gerundium	
fer-*e*ndō	durch Tragen

Miserīs salūtem **ferre** dēbēmus.
Den Bedrängten müssen wir Rettung **bringen**.

Quis nōn amat auxilium **ferentem**?
Wer liebt nicht **den**, **der** Hilfe **bringt**?

Ferendō fātum fortis eris.
Durch Ertragen des Schicksals wirst du tapfer sein.

Passiv

Vervollständigen Sie das Schema jeweils mündlich entsprechend der Ihnen bereits bekannten Elemente des Signalteils. Kontrollieren Sie die Ergänzungen anhand der Tabelle auf S. 204.

	Präsens Indikativ		Konj.	Imperfekt Indikativ		Konj.	Futur I	
Sg. 1. P.	fer-or	ich werde	fer-**ar**	fer-*ē*bar	ich wurde	fer-**rer**	fer-**ar**	ich werde
2. P.	fer-ris	getragen	fer-**ā**ris	fer-*ē*bāris	getragen	fer-**rē**ris	fer-**ē**ris	getragen
3. P.	fer-tur	*usw.*	*usw.*	*usw.*		*usw.*		werden
Pl. 1. P.	fer-*i*mur							*usw.*
2. P.	fer-*i*minī							
3. P.	fer-*u*ntur							

Nominalformen

Infinitiv	
fer-rī	Multīs placet nāvibus per lacūs **ferrī**. Vielen gefällt es, auf Schiffen über die Seen **getragen zu werden**.
Gerundivum	
fer-*e*ndus/-a-/um	Perīcula **ferenda sunt**. Gefahren **sind zu ertragen**.

Übersicht über alle Formen ↗ Tab. X_5, S. 325.

Übungen

Studieren Sie zuerst die einschlägigen grammatischen Erscheinungen im Text der Rubrik *Einstieg*.

1. Bestimmen und übersetzen Sie die Formen.

ferrem – ferris – ferent – ferantur – ferimus – ferri – fer – ferebar – fers – ferunt – ferendi – fertis – ferentes – ferat – ferimini – ferte

2. Imperative. Übersetzen Sie.

a) Dic semper verum!
b) Duc tuos salvos in patriam!
c) Fac pacem cum omnibus!
d) Fer pericula imminentia!

3. Was passt dazu?

a) Mihi magni labores …
b) Sors hominum est calamitates …
c) Rogo, ut mihi litterae tuae …
d) … hominibus miseris auxilium!
e) Urbs capta esse …
f) Deos colamus sacra …
g) Ubi legimus a Christo crucem …?

ferri – ferantur – ferendo – fertur – ferendi sunt – ferre – ferte

4. Das Fass ohne Boden. Übersetzen Sie.

In regno mortuorum Belides, illas Danai filias, quae una nocte maritos[1] occiderunt, semper urnis[2] aquam ferre et in dolium pertusum[3] fundere[4] poetae ferunt. Sic poenas[5] ferre dicuntur.

5. Aufgrund welcher Merkmale sind die beiden Formen bereits aus dem Kasten ausgeschieden? Welche weiteren Formen müssen demnach noch ausscheiden? Übersetzen Sie alle Formen.

ferebat – fertur – ferimini – ferebant – ferretur – ferant – feres – ferantur – ferimus – ferres – fereris – feram

ferri – feror

6. Stellen Sie die Konstruktion fest, in denen *ferre* jeweils verwendet ist. Übersetzen Sie diese.

a) multis auxilium ferentibus
b) ferendo auxilium
c) Auxilium ferri apparet.
d) paratus ad auxilium ferendum
e) Salus tibi sit auxilium ferenti!
f) Utere mente sana[6], si tibi auxilium ferendum est!

[1] **maritus**, **-i** *m*: Ehemann
[2] **urna**, **-ae** *f*: Krug
[3] **dolium pertusum**: durchlöchertes Fass
[4] **fundere**: gießen
[5] **poena**, **-ae** *f*: Strafe
[6] **sanus**, **-a**, **-um**: gesund, besonnen

2 Das Verb *ferre*: Formen des Perfekt-Aktiv-/PPP-Stammes

Bildung

Bedeutungsteil	Signalteil	Aktiv
tul —	it	er hat getragen
tul —	ērunt	sie haben getragen
Perf.-Akt.-Stamm		

Bedeutungsteil	Signalteil	Passiv
lāt —	us est	er ist getragen worden
lāt —	ī sunt	sie sind getragen worden
PPP-Stamm		

Vervollständigen Sie das Schema jeweils mündlich entsprechend der Ihnen bereits bekannten Elemente des Signalteils. Kontrollieren Sie die Ergänzungen anhand der Tabelle X_5 auf S. 325.

Aktiv

Perfekt			Plusquamperfekt			Futur II
Indikativ		Konj.	Indikativ		Konjunktiv	
tulī tulistī *usw.*	ich habe getragen	tul-**erim** tul-**eris** *usw.*	tul-**eram** tul-**erās** *usw.*	ich hatte getragen	tul-**issem** ich hätte tuli-**issēs** getragen *usw.*	tul-**erō** tul-**eris** *usw.*

Infinitiv	
tul-isse	getragen haben

Perīcula fortiter **tulisse** dulce est.
Gefahren tapfer **ertragen zu haben** ist angenehm.

Passiv

Perfekt			Plusquamperfekt			Futur II
Indikativ		Konj.	Indikativ		Konjunktiv	
lāt-us sum lāt-us es *usw.*	ich bin getra- gen worden	lāt-us sim lāt-us sīs *usw.*	lāt-us eram lāt-us erās *usw.*	ich war getra- gen worden	lāt-us essem lāt-us essēs *usw.*	lāt-us erō lāt-us eris *usw.*

Infinitiv	
lāt-um/-am/-um esse	getragen worden sein

Equitēs in nāvēs **lātōs esse** lēgātus nūntiāvit.
Dass die Reiter auf die Schiffe **gebracht worden seien**, meldete der Abgesandte.

Übersicht über alle Formen ↗ Tab. X_5, S. 325.

Übungen

Studieren Sie zuerst die einschlägigen grammatischen Erscheinungen im Text der Rubrik *Einstieg*.

1. Die deutsche Übersetzung lässt nur eine Kombination zu. Welche? Übersetzen Sie dann alle möglichen Verbindungen.

a) tul-(issent/erunt/erant/erint): sie haben getragen
b) latus (erat/erit/est/sit/esset): er wäre getragen worden

2. Odysseus' Schicksal. Welche Bedeutung von *ferre* liegt jeweils vor? Übersetzen Sie.

a) Minerva Ulixi semper opem tulisse fertur.
b) Sed a Neptuno Ulixi numquam auxilium latum esse constat.
c) Scisne, quos labores Ulixes in mari tulerit?
d) Ulixes secum deliberabat: „Nisi arma in Troianos tulissem, mihi non tot pericula ferenda essent."
e) Cum Graeci saepe magnam calamitatem in mari tulissent, Ulixem solum e cunctis periculis evasisse ferunt.
f) Ulixem domi omnibus procis[1] calamitatem tulisse fama fert.
g) Apud Homerum legimus, quae mente Ulixes sortem suam tulerit.

[1] **procus, -i**: Freier

3 Das Verb *ire*

3.1 Formen des Präsensstammes

Die Formen von *ire* begegnen in der Regel als Komposita. Zur Arbeit mit Komposita sehen Sie S. 188.

Bildung

Bedeutungsteil	**Signalteil** *Bindevokal*	**Personzeichen**	
i		**t**	er/sie geht
e	*u*	nt	sie gehen
Präsensstamm			

Vervollständigen Sie das Schema jeweils mündlich entsprechend der Ihnen bereits bekannten Elemente des Signalteils. Kontrollieren Sie die Ergänzungen anhand der Tabelle auf S. 323.

Konjugationsschema

Indikativ – Konjunktiv – Imperativ

	Indikativ Präsens		**Konjunktiv**	**Imperativ**	
Sg. 1. P.	e-ō	ich gehe	e-ām		
2. P.	ī-s	du gehst	e-ās	ī!	gehe!
3. P.	i-t	er/sie/es geht	*usw.*		
Pl. 1. P.	ī-mus	wir gehen			
2. P.	ī-tis	ihr geht		ī-te!	geht!
3. P.	e-*u*nt	sie gehen			

Eāmus!
Gehen wir!/Lasst uns gehen!

Übersicht über alle Formen ↗ Tab. $X_{1.1}$, S. 323.

Imperfekt – Futur I

Imperfekt				**Futur I**	
Indikativ		**Konjunktiv**			
ī-**bam**	ich ging	ī-**rem**	ich würde gehen	ī-**b**ō	ich werde gehen
ī-**bās**	du gingst	ī-**rēs**	du würdest gehen	ī-**b***i*s	du wirst gehen
usw.		*usw.*		*usw.*	

Irēmus, sī possēmus.
Wir würden gehen, wenn wir könnten.

Nominalformen

Infinitiv Präsens		
ī-re gehen	**Īre** debēmus.	Wir müssen **gehen**.
Partizip Präsens		
i-*ē*ns, e-*u*ntis	Pedibus **iēns** ad fīnem veniēs.	Zu Fuß (**gehend**) wirst du ans Ziel kommen.
Gerundium		
e-*u*ndī	**Eundō** tibī nōn nocēbis.	**Durch Gehen** wirst du dir nicht schaden.
Gerundivum		
e-*u*ndus/-a/-um	**Eundum** est.	Man **muss gehen**.
Partizip Futur Aktiv		
it-ūrus/-a/-um	Tē brevī domum **itūrum** esse spērō.	Ich hoffe, dass du bald nach Hause **gehen wirst/gehst**.

3.2 Formen des Perfekt-Aktiv-Stammes

Bildung

Bedeutungsteil	Signalteil	
i	it	er/sie/es ist gegangen
i	ērunt	sie sind gegangen
Perfekt-Aktiv-Stamm		

Konjugationsschema

Perfekt Indikativ		Perfekt Konj.	Plusquamperfekt Indikativ	Plusquamperfekt Konj.
i-**ī**	ich bin	i-**erim**	i-**eram**	ī-**ssem**
ī-**stī**	gegangen	i-**eris**	i-**erās**	ī-**ssēs**
i-**it**	*usw.*	*usw.*	*usw.*	*usw.*
i-**imus**				
ī-**stis**				
i-**ērunt**				

Sciō, quō **ieritis**.
Ich weiß, wohin **ihr gegangen seid**.

Cum Cicerō in exilium **īsset**, Rōmae multī cīvēs laetī nōn erant.
Als Cicero in die Verbannung **gegangen war**, waren in Rom viele Bürger nicht froh.

Infinitiv		Futur II
ī-sse	gegangen (zu) sein	i-erō
		i-eris
		usw.

Übersicht über alle Formen ↗ S. 323.

Vōs **ab-īsse** doleō.
Dass **ihr weggegangen seid**, bedaure ich.

Sī in forum **ierō**, vōs vidēbō.
Wenn ich auf das Forum **gehe** (**gegangen bin**), werde ich euch sehen.

Übungen

1. Die Vorsilben *ad-*, *ex-*, *re-*. Suchen Sie für folgende Wendungen eine angemessene deutsche Übersetzung.

a) Loca clara adisti.
b) Magna opera adiimus.
c) Adite oraculum!
d) Consules curiam adierunt.
e) Milites castra hostium adeunt.
f) Honores adeas!
g) Ne exieris e patria!
h) E vita exiit.
i) Copiae ad pugnandum e castris exierunt.
j) Naves exibunt.
k) Exercitus in castra rediit.
l) Cives redeuntes salutaverunt.

2. Vorsicht vor Doppelgängern. Einige Formen gehören nur zu *ire* und seinen Komposita, einige nicht. Manche lassen sich zwei Wörtern zuordnen. Unterscheiden und übersetzen Sie alle Formen.

a) eam – eunt – is – id – it – et – ii – i – ibo – ibi – ego – e – eo – isti – ires – iam – es – imus – simus – primus – itis – istis – sit – ibant – irem – errem
b) adeo – ideo – adi – alii – exitum – exercitum – redi – regi – redii – reddidi – reddi – redisti

Studieren Sie zuerst die einschlägigen grammatischen Erscheinungen im Text der Rubrik *Einstieg*.

3. Der grausame Odysseus. Bestimmen Sie alle Formen von *ferre* und *ire* sowie ihre Komposita, die im Text vorkommen, und übersetzen Sie.

a) Ulixem suis auxilium laturum in patriam redisse ferunt.
b) Ibi, cum in aulam[1] suam isset, adulescentes divitias suas dissipantes[2] conspicatus eis calamitatem ferre statuit.
c) Itaque amicos adiit eosque his verbis hortatus est:
d) „Ferte arma adulescentium ex aula[1]! Curate, ne quis eorum ex aula[1] exeat!“
e) Tum illi alius post alium ab Ulixe sagittis[3] occisi esse feruntur.

1 **aula, -ae** *f*: Hof
2 **dissipare**: verprassen
3 **sagitta, -ae** *f*: Pfeil
4 **occasio, -onis** *f*: Gelegenheit

4. Wer starb wie Sokrates? Übersetzen Sie. Die Lösung ergibt sich aus den Sätzen, die Sie mit „ja" beantworten können.

Ja/Nein	Socrates id studuit,
CI	ut ad forum Romanum iret.
SE	ut bona mente e vita exiret.
PU	ut brevi Carthaginem nave rediret.
NE	ut deos semper precibus adiret.
CE	ut sibi occasio[4] e carcere exeundi daretur.
CA	ut cum omnibus se adeuntibus de sorte humana philosopharetur (!).

Vervollständigen Sie das Schema jeweils mündlich entsprechend der Ihnen bereits bekannten Elemente des Signalteils. Kontrollieren Sie die Ergänzungen anhand der Tabelle auf S. 323.

4 Die Verben *velle* und *nolle*

4.1 Formen des Präsensstammes

Bildung

Bedeutungsteil	**Signalteil** *Bindevokal*	**Personzeichen**	
vul	—	t	er/sie/es will
vol	*u*	nt	sie wollen
Präsensstamm			

Konjugationsschema

Präsens				**Imperfekt**				**Futur I**	
Indikativ		**Konjunktiv**		**Indikativ**		**Konjunktiv**			
ich will	ich will nicht			ich wollte	ich wollte nicht	ich würde wollen	ich würde nicht wollen	ich werde wollen	ich werde nicht wollen
vol-ō vī-s vul-t vol-*u*mus vul-tis vol-*u*nt	nōlō nōn vī-s nōn vul-t nōl-*u*mus nōn vul-tis nōl-*u*nt	vel-**im** vel-**īs** *usw.*	nōl-**im** nōl-**īs** *usw.*	vol-*ē***bam** vol-*ē***bās** *usw.*	nōl-*ē***bam** nōl-*ē***bās** *usw.*	vel-**lem** vel-**lēs** *usw.*	nōl-**lem** nōl-**lēs** *usw.*	vol-**am** vol-**ēs** *usw.*	nōl-**am** nōl-**ēs** *usw.*

Nominalformen

Infinitiv	vel-le nōl-le	wollen nicht wollen
Partizip	vol-ēns, -ntis nōl-ēns, -ntis	wollend nicht wollend

Übersicht über alle Formen ↗ S. 323.

Audīvī tē domum redīre **nōlle**.
Ich habe gehört, dass du **nicht** nach Hause **zurückkehren willst**.

Dūcunt **volentem** fāta, **nōlentem** trahunt.
Wer will, **den** führt das Schicksal, es reißt **den** mit sich, der **nicht will**.

Ein mit *velle/nolle* gebildetes Prädikat ist meist unvollständig. Suchen Sie jeweils sogleich den dazugehörigen Infinitiv.

4.2 Formen des Perfekt-Aktiv-Stammes

Bildung

Bedeutungsteil	**Signalteil**	
volu nōlu	it ērunt	er hat wollen sie haben nicht wollen
Perfekt-Aktiv-Stamm		

Konjugationsschema

Perfekt				**Plusquamperfekt**			
Indikativ		**Konjunktiv**		**Indikativ**		**Konjunktiv**	
ich habe gewollt/ wollte	ich habe nicht gewollt/ wollte nicht			ich hatte gewollt	ich hatte nicht gewollt	ich hätte gewollt	ich hätte nicht gewollt
volu-**ī** volu-**istī** *usw.*	nōl-**uī** nōl-**istī** *usw.*	volu-**erim** volu-**eris** *usw.*	nōlu-**erim** nōlu-**eris** *usw.*	volu-**eram** volu-**erās** *usw.*	nōlu-**eram** nōlu-**erās** *usw.*	volu-**issem** volu-**issēs** *usw.*	nōlu-**issem** nōlu-**issēs** *usw.*

Infinitiv	volu-isse nōlu-isse	gewollt haben nicht gewollt haben

Übersicht über alle Formen ↗ S. 323.

Saepe etiam **voluisse** satis est.
Oft genügt es schon, **den Willen gehabt zu haben**.

Übungen

1. Drillinge gesucht. Übersetzen Sie die Formen. Welche Formen bilden nach Person, Zahl, Zeit und Modus eine Dreiheit?

eo	velim	ferret
it	volunt	feram
eunt	volo	fero
eam	vellet	tulit
iit	vult	fert
iret	voluit	ferunt

2. Ja, was wollt ihr denn? Bestimmen Sie die einzelnen Formen von *velle*. Übersetzen Sie die Sätze.

Ego volo, sed tu non vis. – Sed primo ego volui, sed tum ille non iam voluit. – Quidnam volueratis? – Ea volumus, quae omnes volunt. – Vos autem antea[1] aliud voluistis. – Nos numquam aliud voluimus, numquam aliud volemus. Hic nemo scit, quid velit.

Studieren Sie zuerst die einschlägigen grammatischen Erscheinungen im Text der Rubrik *Einstieg*.

[1] **antea**: vorher

3. Lust – wollen. Übersetzen Sie die Sentenz. Inwiefern sind *voluptas* und *velle* sprachlich eng miteinander verwandt?

Homines voluptatibus capi volunt.

4. Prometheus, Büßer in der Unterwelt. Übersetzen Sie.

a) Prometheus Iovi parere noluisse fertur.
b) Eum dis nolentibus homines ex luto[1] fecisse ferunt.
c) Ignem ferendo homines multas artes docere voluit, ut poetae narrant[2].
d) Scimus autem Prometheum, cum edicta Iovis observare noluisset, apud inferos poenas dedisse[3].
e) Quis ignorare velit, quomodo homines illum Prometheum semper ut inventorem[4] artium veriti sint et vereantur?

1 **lutum, -i** *n*: Lehm
2 **narrare**: erzählen
3 **poenas dare**: bestraft werden
4 **inventor, -oris** *m*: Erfinder
5 **nefas**: Unrecht (Verstoß gegen ein göttliches Gesetz)

5. Antigone – unsterblich. Übersetzen Sie.

Antigona, quae patre mortuo Thebas redire statuerat, Athenis ab-iit. Cum urbem in-isset, deliberavit: „Ego ferre nolo, immo mihi ferendum non est, quod frater in-sepultus iacet. Frustra neminem tantum nefas[5] laturum esse speravi. Quamquam rex fratrem sepeliri non vult, ego statim ibo, ut eum sepeliam."
Dum Antigona fratrem humo tegit, duo custodes eam adeunt et rogant, quid velit. „Fratrem sepelire volo et …" Tum unus ex custodibus: „Quid vis? Ignorasne regis edictum?" Et haec: „Fratrem humo texi deis volentibus." Illi autem eam comprehendunt et ad regem ducunt. Qui eam rogat: „Cur mihi parere noluisti? Cur fratrem sepelire voluisti?" Tum Antigona fortiter respondisse fertur: „Tantum ne-fas non tuli, non fero, non feram!"

6. Sokrates im Wolkenkuckucksheim. In einer griechischen Komödie wird der Athener dargestellt, wie er in einer in den Wolken ausgespannten Hängematte liegt und philosophiert. Welche Konstruktion liegt gehäuft vor? Übersetzen Sie.

Nam vult ibi cogitare
de hominibus bene docendis,
de vita beate agenda,
de deis honeste colendis,
de virtutibus hominum augendis,
de legibus naturae inveniendis.

7. Ein Unterweltbesucher. Setzen Sie aus den Wörtern unten die passende Form in die Kästchen. Im umrandeten Feld ergibt sich das Lösungswort.

- du hast getragen
- nicht gewollt zu haben
- sie werden herangehen
- ich war herausgegangen
- getragen werden
- ihr seid gegangen

FERRI, FERRE, NOLUISSE, ISTIS, ISSE, FEREBAS, TULISTI, VELLE, EXIERAM, EXEUNT, ADIBAS, ADIBUNT

Lösungswort: ....

5 Participium coniunctum: Vertiefung

Das **Participium coniunctum (PC)** steht häufig in enger Verbindung mit anderen Konstruktionen, z. B.:

1. mit AcI	arbitratus te salvum esse	im Glauben, dass du gesund bist
2. mit ind. Gliedsatz	indignatus, quod mentiris	empört, weil (auch: dass) du lügst
3. mit konj. Gliedsatz	veriti, ne sero veniamus	aus Furcht, dass wir zu spät kommen
4. mit Gerundivum-V	machina ad saxa trahenda facta	eine zum Ziehen von Felsen gebaute Maschine
5. mit Abl. abs.	copiae sole oriente[1] redeuntes	als die Truppen bei Sonnenaufgang zurückkehrten
6. mit rel. Satzanschluss	qua calamitate perturbatus	durch dieses Unglück in Panik geraten

[1] **oriri**: entstehen, aufgehen

Stellen Sie zunächst die Funktion des Partizips fest. Achten Sie darauf, welche andere Konstruktion in diese „eingebaut" ist. Übersetzen Sie dann in derselben Reihenfolge.

Übungen

1. Vielfach verstrickt. Stellen Sie fest, mit welchen anderen Konstruktionen das PC jeweils eng verbunden ist.

a) Caesar ad hostes vexandos profectus brevi in fines Germanorum venit.
b) Nam veritus, ne illi Rhenum flumen transirent, eos maximo timore afficere voluit.
c) Itaque navibus ad milites transportandos factis usus ipse flumen transgressus est et impetum in Germanos fecit.
d) Brevi autem impetu facto in Galliam regressus copias in castra duxit.

2. Holzauge gefragt. Welche verschiedenen Konstruktionen sind hier ineinander „verschränkt"? Übersetzen Sie.

a) putans se beatissimum esse …
b) quibus rebus cognitis …
c) multis rebus ad victum meliorem[1] faciendum inventis …
d) qua clade perturbati …
e) nostris luce facta impetum facientibus …

3. Diogenes. Übersetzen Sie.

a) Diogenes philosophus meridie[2] per vias urbis ibat lucernam[3] manu ferens.
b) Indignatus, quod homines non de vita beata, sed de divitiis solis cogitabant, laeto animo non erat.
c) Interrogatus, cur clara luce hanc lucernam ferret et quid quaereret, respondisse fertur: „Homines quaero."

Studieren Sie zuerst die einschlägigen grammatischen Erscheinungen im Text der Rubrik *Einstieg*.

[1] **melior**, **-us**: besser
[2] **meridie**: mittags
[3] **lucerna**, **-ae** *f*: Laterne

6 Zusammenfassende Übersicht: Participium coniunctum (PC)

6.1. Übersetzungsmöglichkeiten

Hannibal	**e patria pulsus**	**in Asiam fugit.**	Übersetzungs-möglichkeiten
1. Hannibal ist,	aus der Heimat verbannt,	nach Asien geflohen.	*wörtlich*
2. Hannibal,	der aus der Heimat verbannt worden war,	ist nach Asien geflohen.	*mit Relativsatz („erste Hilfe")*
3. Hannibal ist,	als/weil er aus der Heimat verbannt worden war,	nach Asien geflohen.	*mit konjunktionalem Gliedsatz*
4. Hannibal ist	nach/wegen der Verbannung aus der Heimat	nach Asien geflohen.	*mit präpositionaler Verbindung*
5. Hannibal ist	aus der Heimat verbannt worden	(und) daraufhin/deswegen nach Asien geflohen.	*mit einem gleich-geordneten Satz*

6.2 Orientierungstabelle (mit allen Sinnrichtungen)

Sinnrichtung	Übersetzungsmöglichkeiten		
	mit konjunktionalem Gliedsatz (selten: mit Infinitiv)	mit Präpositional-Gefüge	mit gleichgeordnetem Satz
temporal gleichzeitig	während; als; wobei	während; bei	(und) dabei; währenddessen
vorzeitig	nachdem; als	nach	(und) danach
modal	wobei; indem; dadurch, dass; ohne dass/zu (negiert)	bei; durch	(und) dabei; (und) dadurch
kausal	da; weil	infolge; wegen	(und) deshalb; daher
konzessiv	wenn; falls	trotz	(und) trotzdem; (und) dennoch
konditional	wenn; falls	im Falle	–
final	damit; um … zu (bei gleichem Subjekt)	zum Zwecke; um … willen	–

Wortschatz

nūmen, -inis *n*	**(göttliche) Macht, Gottheit**	
mundus, -ī *m*	Welt, Weltall	*f: monde*
sub *(m. Abl.)*	unter	*e: submarine*
situs, -a, -um	gelegen, befindlich	Situation
īre, eō, iī, itum	gehen	*f: il ira*
vincīre, vinciō, vīnxī, vīnctum	**binden, fesseln**	
ferre, ferō, tulī, lātum	tragen, bringen; ertragen; berichten	Legislative
modo *(Adv.)*	eben (erst), gerade; nur	
calamitās, -ātis *f*	Unglück, Unheil, Schaden	
velle, volō, voluī	wollen	*f: vouloir*
precēs, -um *f*	**Bitten, Gebet**	
adīre, ádeō, ádiī, áditum	herangehen, aufsuchen; angreifen	
reddere, reddō, réddidī, rédditum	zurückgeben; machen (zu)	
peragere, péragō, perēgī, perāctum	durchführen; verbringen	
invītus, -a, -um	ungern, unfreiwillig	
mē invītō	gegen meinen Willen	
hūmānus, -a, -um	**menschlich; gebildet**	→ 11 hūmānitās
genus, -eris *n*	**Geschlecht, Gattung, Art**	→ 8 gēns; Genus
sīn (autem)	**wenn aber**	
nōlle, nōlō, nōluī	nicht wollen	
redīre, rédeō, rédiī, réditum	zurückgehen, zurückkehren	
dulcis, -e	**süß, angenehm**	Dolce Vita
cantāre	**singen**	*f: chanter*
flēre, fleō, flēvī, flētum	weinen, beklagen	
stāre, stō, stetī, statum	**stehen**	Status
captāre	**zu fangen suchen, jagen, fangen**	→ 7 capere
saxum, -ī *n*	**Fels**	
volvere, volvō, volvī, volūtum	**wälzen, rollen**	
prīmum *(Adv.)*	**zum ersten Mal**	→ 8 prīmus
lacrima, -ae *f*	Träne	
fāma, -ae *f*	Gerücht; (guter/schlechter) Ruf	famos, infam;
fāma fert	es geht das Gerücht, man sagt	*e: fame, famous*
condiciō, -ōnis *f*	**Bedingung; Lage**	Kondition
flectere, flectō, flexī, flexum	**biegen, beugen, wenden**	flexibel
priusquam	bevor, ehe; *(nach verneinten Sätzen:)* bevor nicht	
exīre, éxeō, éxiī, éxitum	hinausgehen, ausrücken	Exitus; *e: exit*
propter *(m. Akk.)*	**wegen**	
appropinquāre	sich nähern, herankommen	*e: to approach*
labor, -ōris *m*	Arbeit, Anstrengung, Leiden	
abesse, absum, āfuī	**abwesend sein, entfernt sein, fehlen**	Absenz
pūnīre	**bestrafen, rächen**	*e: to punish, f: punir*
patiēns, -ntis	**geduldig**	Patience, Patient
ōs, ōris *n*	**Mund, Gesicht**	→ ōrāre; oral

2/12–13

Wiederholen Sie zunächst noch einmal den ersten Wortschatz dieser Lektion auf S. 204.

Wussten Sie schon?

Orpheus und Eurydike.

Orpheus

Orpheus war der Sohn eines Königs von Thrakien. Von seiner Mutter Kalliope, der Muse der Dichtkunst, wurde er im Gesang, von Apollo im Lyraspiel unterrichtet. Beides beherrschte er so vollkommen, dass man seiner Musik eine göttliche Macht zuschrieb: Nicht nur Menschen verzauberte er, sondern auch Tiere und Pflanzen, ja sogar die unbelebte Natur. Zahme und wilde Tiere versammelten sich friedlich um ihn, Bäume und ganze Wälder kamen herbei. Bei seinem Gesang hörten die Flüsse auf zu fließen und das wilde Meer wurde ruhig.

Den beeindruckendsten Beweis seiner Kunst gab Orpheus in der Unterwelt, aus der er seine verstorbene Frau Eurydike zurückholen wollte. Nachdem er sie zum zweiten Mal verloren hatte, ging er traurig zurück nach Thrakien, mied die Menschen und sang und spielte nur noch in Gedanken an seine geliebte Eurydike. Doch bald fand er selbst den Tod: Thrakische Frauen, die in wilder Begeisterung das Fest des Gottes Dionysos feierten, stürmten durch den Wald. Als sie Orpheus trafen, rissen sie ihn in Stücke, weil sie wütend darüber waren, dass er seit Eurydikes Tod nichts mehr von der Liebe wissen wollte und die thrakischen Männer dazu gebracht hatte, ihm zu folgen und ihre Familien zu verlassen. Die Musen begruben Orpheus' Leiche in seiner Heimat, die Lyra versetzten sie als Sternbild an den Himmel. Orpheus' Seele stieg in die Unterwelt hinab, wo sie für immer mit Eurydike vereint wurde.

Nach Orpheus wurde eine religiöse Bewegung benannt, die im 5. Jh. v. Chr. in Thrakien entstand und sich bis nach Süditalien ausbreitete. Deren Anhänger, die „Orphiker", glaubten, dass die Seele, das Göttliche im Menschen, sich im Körper wie in einem Grab befinde. Nach dem Tod müsse sie in einen neuen Körper eingehen, bis sie ein besonders sittenreines Leben aus dem Kreislauf der Wiedergeburten befreie. Zur sittlichen Lebensführung der Orphiker gehörten Reinigungen, Verzicht auf Fleisch, Eier und Bohnen sowie auf wollene Kleidung.

Lesen und verstehen

Orpheus und Eurydike (nach Ovid, Metamorphosen X 1–77)

Noch während der Hochzeitsfeier war Eurydike, die schöne Braut des Sängers Orpheus, von einer Schlange gebissen worden und gestorben. Untröstlich über den Verlust entschloss sich Orpheus, in die Unterwelt hinabzusteigen. Er wollte durch seinen Gesang, mit dem er sogar wilde Tiere bezauberte, die Totengötter bewegen, ihm Eurydike zurückzugeben.

„O numina mundi sub terra siti!
Non ad vos ire statui, ut regna vestra viderem,
non ut Cerberum, terribile monstrum, vincirem et ad lucem ferrem.
Causa viae est uxor, quam modo amisi.
Hanc calamitatem ferre volui, speravi me eam laturum esse, neque tamen potui:
Non tuli, vicit amor.
Itaque vos precibus adeo, ut mihi Eurydicam reddatis.
Cum iustos[1] peregerit annos, vestri iuris erit[2];
cum vitam suam vixerit, non invita huc[3] ibit,
quo omnibus mortalibus eundum est.
Vos enim longissimum regnum humani generis tenetis.
Si mihi uxorem reddideritis,
clementiam vestram semper laudabo.
Sin autem preces meas audire nolueritis,
non iam ad lucem redibo: Tum morte gaudete duorum!"
Sic Orpheus voce dulci cantans animum Proserpinae movit;
et regem mortuorum moverunt verba cantantis.
Flentes stabant animae exsangues[4]
neque Tantalus aquam fugientem captavit neque Sisyphus saxum volvit.
Tum primum lacrimas in oculis Furiarum fuisse fama fert.
Proserpina autem ei uxorem reddidit hac condicione:
„Si rediens oculos flexeris et Eurydicam videre volueris,
priusquam his sedibus exieris,
eam statim amittes!"
Iam Orpheus redit cum uxore propter vulnus tardius[5] eunte,
iam margini[6] terrae appropinquant, cum ille nimio amore motus oculos flectit –
et statim Eurydica, uxor amata, evadit!
Redeuntem Orpheum Charon iterum transportare noluit.
Tamen per septem noctes ibi mansisse fertur, priusquam in Thraciam rediit.

[1] **iustus, -a, -um** (hier): gebührend
[2] **vestri iuris erit**: sie wird euch gehören
[3] **huc**: hierher
[4] **exsanguis, -e**: blutlos, tot
[5] **tardus, -a, -um**: langsam
[6] **margo, -ginis** *f*: Rand

Versuchen Sie sich am Original

Te valde amamus nosque a te amari volumus. (Cicero)

Volo is esse, quem tu me esse voluisti. (Cicero)

Medio[1] tutissimus ibis. (Ovid)

Perfer et obdura[2]. Multo graviora tulisti. (Ovid)

[1] **medius, -a, -um**: mittlere, mitten
[2] **obdurare**: hart sein

18 Zu guter Letzt

Das Weiterleben von Sagengestalten

Erklären Sie die folgenden Begriffe der heutigen europäischen Kultur anhand der unten gegebenen Informationen oder, wenn nötig, mithilfe eines mythologischen Lexikons oder des Internets.

Sisyphusarbeit	Tantalusqualen	Herkulestat	Kassandraruf
Achillesferse	Prokrustesbett	Ödipuskomplex	Fass ohne Boden

(1) **Tantalos**, ein Freund der Götter, den diese zu ihren Mahlzeiten einluden, stahl ihre Nahrung (Nektar und Ambrosia), verriet ihre Pläne, versuchte bei einer Gegeneinladung ihnen Stücke seines Sohnes Pelops zu servieren; dafür wurde er nach seinem Tod hart bestraft; er muss drei ewige Qualen erleiden: Durst, Hunger und Angst. Denn das Wasser, in dem er steht, weicht zurück, wenn er davon trinken will; Zweige mit wohlschmeckenden Früchten, die über ihm hängen, schnellen empor, wenn er nach ihnen greifen will, und ein Felsbrocken, der über seinem Kopf schwebt, droht auf ihn herabzustürzen.

(2) **Sisyphos** hatte sich viele Verbrechen zuschulden kommen lassen. Darüber hinaus hatte er auch den Zorn des Zeus auf sich gezogen. Als dieser ein Mädchen entführt hatte, verriet Sisyphos das Versteck an den Vater des Mädchens. Deshalb sollte der Tod Sisyphos in die Unterwelt holen. Sisyphos jedoch überlistete den Tod, indem er ihn mit seinen eigenen Fesseln fesselte. Da jetzt niemand mehr sterben konnte, musste Ares den Todesgott befreien und lieferte ihm Sisyphos aus. In der Unterwelt wurde Sisyphos aufs Härteste bestraft: Er soll einen riesigen Stein einen Berghang hinaufrollen und auf der anderen Seite hinunterrollen lassen. Doch entgleitet ihm jedes Mal kurz vor der Bergkuppe der Stein, sodass er von vorne beginnen muss.

(3) Die **Töchter des Danaos** hatten in der Nacht ihrer Hochzeit, zu der sie gezwungen worden waren, alle ihre Ehemänner umgebracht – mit nur einer Ausnahme. Dafür mussten sie in der Unterwelt eine bittere Strafe ertragen. Sie hatten ununterbrochen in tönernen Krügen Wasser anzuschleppen und in ein Fass zu gießen. Dieses war jedoch durchlöchert und hatte keinen Boden, so dass es niemals voll wurde. Die Strafe dauerte ewig.

19

„Der Tod schreckt mich nicht!"

In dieser Lektion lernen Sie

GRAMMATIK

- Konjugation von *fierī*
- ē-Deklination
- Konjunktivische Relativsätze
- Genitiv der Wertangabe
- Genitiv der Gerichtssprache
- Ablativ des Vergleichs

WORTSCHATZ

- Wörter aus dem Bereich der Philosophie und Gerichtssprache

DIE WELT DER ANTIKE

- Sokrates
- Anfänge der Philosophie

Sokrates.

19

Einstieg

Socrates Atheniensis vere primus omnium philosophorum fuisse fertur. Ante eum quidem iam multi se studio philosophandi (!) dederant. Qui diem noctemque reperire voluerant, a quo et e quibus rebus mundus factus esset et quomodo omnes naturae res fierent. Et fuerant, qui aut de rebus in caelo[1] sitis, sicut de sole et sideribus[2], deliberarent aut res futuras cognoscere vellent. Sed illis viris Socrates vehementer suscensebat, quod eos veras hominum res neglegere arbitrabatur. Intellexit enim melius esse res humanas ceteris anteponere et de homine ipso quaerere. Quam ob rem cum civibus, quos in foro conveniebat, de fide, de iustitia, de virtute colloquebatur. Exquirere enim volebat, quid esset verum, iustum, bonum, beatum. Socrates vero, ut Cicero ait, primus philosophiam de-vocavit e caelo et in urbibus collocavit[3] et in domos introduxit[4] et coegit de vita et moribus rebusque bonis et malis quaerere. Certe nemo umquam maiore studio de homine quaesivit Socrate. Sed ei non bene evenit, quod in animo hominis vocem divinam[5] in-esse credebat, qua a rebus malis arceretur. Quam ob rem a iudicibus religionis laesae accusatus est, quod eum docendo deos novos adulescentibus nocuisse statuerunt. Ab illis criminis non absolutus, sed capitis damnatus est.

1 **caelum, -i** *n*: Himmel
2 **sidus, -eris** *n*: Gestirn
3 **collocare**: einführen
4 **introducere**: einführen
5 **divinus, -a, -um**: göttlich

Der Athener Sokrates war wirklich, wie man berichtet, der erste aller Philosophen. Vor ihm hatten sich zwar schon viele eifrig darum bemüht zu philosophieren. Diese hatten Tag und Nacht herausfinden wollen, von wem und aus welchen Stoffen die Welt geschaffen worden sei und wie alle Erscheinungen der Natur zustande kämen. Und es hatte auch Leute gegeben, die entweder über die Dinge am Himmel, wie z.B. über Sonne und Gestirne, nachdachten oder die Zukunft kennen lernen wollten. Doch Sokrates war auf jene Männer sehr zornig, weil sie, wie er glaubte, die wahren Dinge der Menschen vernachlässigten. Er erkannte nämlich, dass es besser sei, das, was den Menschen angeht, allem Übrigen vorzuziehen und über den Menschen selbst zu forschen. Deswegen unterhielt er sich mit den Bürgern, mit denen er auf dem Marktplatz zusammenkam, über die Treue, die Gerechtigkeit und die Tapferkeit. Er wollte nämlich herausfinden, was das Wahre, Gerechte, Gute und Glückliche sei. Sokrates hat in der Tat, wie Cicero sagt, als Erster die Philosophie vom Himmel herabgeholt, in die Häuser eingeführt und gezwungen, über das Leben, die Sitten, über das Gute und Böse Fragen zu stellen. Gewiss hat niemand je mit größerem Interesse über den Menschen Fragen gestellt als Sokrates. Doch es erwies sich nicht gut für ihn, dass er glaubte, in der Seele des Menschen wohne eine göttliche Stimme, durch die er von schlechten Taten abgehalten werde. Deshalb ist er von den Richtern des Religionsfrevels angeklagt worden, weil er, wie sie feststellten, durch die Lehre neuer Götter den Jugendlichen geschadet habe. Von jenen ist er von der Anklage nicht freigesprochen, sondern zum Tod verurteilt worden.

Man sagt, mit Sokrates habe die Philosophie begonnen; doch gab es auch vor ihm schon Denker, die sog. „vorsokratischen Philosophen". Sokrates hat die Ethik, die moralischen Grundlagen des Handelns, erstmals zum Gegenstand des Nachdenkens gemacht.

nocēre	schaden
suscēnsere *(m. Dat.)*	aufgebracht, zornig sein (auf jdn.)
convenīre, conveniō, convēnī, conventum	zusammenkommen, sich einigen
ēvenīre, ēvenit, ēvēnit, ēventum	sich ereignen, geschehen, eintreten
reperīre, reperiō, répperī, repertum	wieder finden, finden
absolvere, absolvō, absolvī, absolūtum	loslösen, freisprechen; vollenden
antepōnere, antepōnō, anteposuī, antepositum	voranstellen, vorziehen
exquīrere, exquīrō, exquīsīvī, exquīsītum	untersuchen; herausfinden
neglegere, neglegō, neglēxī, neglēctum	sich nicht kümmern, geringschätzen
colloquī, colloquor, collocūtus sum	sich nicht kümmern, sich unterhalten

fierī, fīō, factus sum	werden, geschehen; gemacht werden
iūdex, -icis *m*	Richter
crīmen, -inis *n*	Anklage, Verbrechen
diēs, diēī *m*	Tag
fidēs, fideī *f*	Treue, Glauben, Vertrauen
rēs, reī *f*	Sache, Ding, Ereignis
futūrus, -a, -um	zukünftig
vērus, -a, -um	wahr
vērē *(Adv.)*	wirklich, mit Recht
bene *(Adv.)*	gut
melior, melius	besser
aut – aut	entweder – oder
sīcut	(so) wie, wie zum Beispiel
quod *(faktisch)*	dass
umquam	jemals
ob *(m. Akk.)*	wegen
quam ob rem	deswegen

Stellen Sie im Text alle Formen der Substantive *res*, *fides*, *dies* fest. Bauen Sie dazu das Deklinationsschema von *res*. Ergänzen Sie die fehlenden Formen aus dem Grammatikteil.

Grammatik

1 *fierī*

1.1 Formen des Präsensstammes

Bildung

Bedeutungsteil	**Signalteil**	
	Bindevokal	Personzeichen
fi	—	**t**
fī	*u*	**nt**
Präsensstamm		

Die Formen von ***fierī*** ersetzen im Präsensstamm das Passiv von ***facere***.

Vergleichen Sie dazu die Formen der konsonantischen Konjugation auf S. 23 und 111 und die von *ire* auf S. 208.

Konjugationsschema

	Präsens		**Imperfekt**		**Futur I**
	Indikativ	**Konj.**	**Indikativ**	**Konjunktiv**	
	ich werde, werde gemacht		ich wurde, wurde gemacht	ich würde werden, gemacht werden	ich werde werden, gemacht werden
Sg. 1. P.	fī-ō	fī-**am**	fī-ē**bam**	fi-*er***em**	fī-**am**
2. P.	fī-s	fī-**ās**	fī-ē**bās**	fi-*er***ēs**	fī-**ēs**
3. P.	fi-t	*usw.*	*usw.*	*usw.*	*usw.*
Pl. 1. P.	fī-mus				
2. P.	fī-tis				
3. P.	fī-unt				

Vervollständigen Sie das Schema jeweils mündlich entsprechend der Ihnen bereits bekannten Elemente des Signalteils. Kontrollieren Sie die Ergänzungen anhand der Tabelle X_7 auf S. 325.

Nominalformen

Partizip	fut-ūrus/-a/-um futūra (was geschehen wird) die Zukunft
Infinitiv	fi-erī werden, geschehen; gemacht werden
Infinitiv Futur	fut-ūrum esse/fore

Eine Übersicht über alle Formen finden Sie auf S. 325.

Senātum Aram Pācis **fierī** iussit.
Der Senat befahl, dass der Altar des Friedens **gebaut werde**/… ließ … **erbauen**.

Bellum nōn **fore** omnēs spērant.
Dass kein Krieg **ausbrechen werde/ausbreche**, hoffen alle.

1.2 Formen des PPP-Stammes

Bildung

Bedeutungsteil	**Signalteil**
fact—	us/-a/-um est
fact—	ī/-ae/-a sunt
PPP-Stamm	

Lūx **facta est**.
Es ist Tag **geworden**.

Pāx **facta erat**.
Friede **war geschaffen worden**.

Mīra **facta esse** scīmus.
Wundervolles **ist**, wie wir wissen, **geschehen**.

Erschließen Sie immer aus dem Zusammenhang, welche der drei verschiedenen Grundbedeutungen vorliegt.

Übungen

Studieren Sie zuerst die einschlägigen grammatischen Erscheinungen im Text der Rubrik *Einstieg*.

1. Partner gesucht. Stellen Sie zur Passivform die jeweils entsprechende Aktivform. Übersetzen Sie alle Formen.

fiunt	facies
fiebatis	facere
facti sumus	faciunt
fies	facerent
fiant	faciebatis
fierent	fecimus
fieri	faciant

2. Kuckuckseier. Welche Formen gehören jeweils nicht ins Nest? Bestimmen und übersetzen Sie alle Formen.

fi – i – vi – exi – servi – si

ducam – eam – fiam – amicam – iam

repperi – duci – finiri – operi – fieri

venies – fines – fies – dies – fugies

3. Ödipus. Übersetzen Sie.

a) Oedipus Laium patrem nescius[1] occidit.
b) Postea eo Thebis rege facto tam ingens pestis[2] evenit, ut plurimi cives urbis morerentur.
c) Quam ob rem oraculum consultum est, quid Thebanis faciendum esset.
d) Responsum est: „Qui Laium regem occidit, is capitis damnandus est."
e) Statim Oedipus secum deliberavit: „Ego istum interfectorem[3] reperire volo! Fiat lux in his tenebris[4]! Me duce patria mea certe libera fiet hac calamitate."
f) Sed brevi se ipsum repperit interfectorem[3].
g) Ex-clamans: „Lux facta est!" sibi ipse oculos effodit[5].

4. Eindeutig. Suchen Sie jeweils die zutreffende Bedeutung der Formen von *fieri*. Übersetzen Sie die Sätze.

a) Augustus princeps civitatis factus civibus pacem longam dedit.
b) Pericles, qui civitati Atheniensium diu praeerat, a Phidia, artifice[6] claro, statuam Minervae fieri voluit.
c) Magna tempestas evenit . Quo factum est, ut multae naves tollerentur.
d) Socrates, cum in foro cum civibus colloquebatur, semper id studebat, ut mores eorum meliores fierent.
e) Plato philosophus docuit: „Rex, si mores eius peiores[7] fiunt, statim tyrannus fit."
f) Nonnulli philosophi semper id student, ut patientes laborum fiant.

[1] **nescius** (hier): ahnungslos
[2] **pestis**, **-is** *f*: Pest
[3] **interfector**, **-oris** *m*: Mörder
[4] **tenebrae**, **-arum** *f*: Dunkel
[5] **effodere** (hier): ausstechen
[6] **artifex**, **-icis** *m*: Künstler
[7] **peior**, **peius**, **-oris**: schlechter

2 ē-Deklination

Substantive der **ē-Deklination** erkennt man am **Kennvokal** ***-ē-***, der zwischen dem Bedeutungsteil und dem Kasuszeichen steht.

-ē- Deklination

Bedeutungsteil	Signalteil: Kennvokal	Signalteil: Kasuszeichen	
di	ē	s	der Tag
di	ē	ī	des Tages
di	ē	ī	dem Tag
di	ē	m	den Tag
di	ē		am Tag
Singular			

Bedeutungsteil	Signalteil: Kennvokal	Signalteil: Kasuszeichen	
di	ē	s	(die) Tage
di	ē	rum	der Tage
di	ē	bus	den Tagen
di	ē	s	(die) Tage
di	ē	bus	an (den) Tagen
Plural			

Übungen

1. Oft muss man *res* recht frei wiedergeben. Suchen Sie die treffendste Übersetzung dafür.

a) Multa signa eius rei sunt.
b) Hanc rem bene gessisti.
c) Rerum pulcherrima, Roma, quando te ipse iterum videbo?
d) Philosophi de divinis et humanis rebus deliberant.
e) Si qua invidia ex hac re fieret, mala esset.
f) Multa de rebus imperii Romani scimus.
g) Ob hanc rem puniendus est.

2. Der bedürfnislose Sokrates. Übersetzen Sie.

a) Socrates saepe totum diem in foro Athenarum ore laeto versabatur.
b) Ibi cum adulescentibus, qui ei maximam fidem habebant, de multis rebus colloquebatur.
c) Aliquando, dum cum nonnullis amicis per forum it, ei copiam rerum laudabant, quas apud mercatores videbant.
d) Tum Socrates: „Ego, cum tot res video, ante omnia intellego, quot rebus mihi opus non sit."

3. *dies*-Variationen. Übersetzen Sie.

diem ex die labores ferre – in diem vivere – in diem dormire – die sexto – multis diebus postea – die statuto – die ac nocte abesse – die festo – diem noetemque studere

4. Zu beherzigen. Übersetzen Sie.

a) Fides servanda est.
b) Fides sanctissimum humani animi bonum est.
c) Non omnibus fidem habere licet.

Studieren Sie zuerst die einschlägigen grammatischen Erscheinungen im Text der Rubrik *Einstieg.*

3 Konjunktivische Relativsätze

Der **Konjunktiv in Relativsätzen** zeigt in der Regel einen **adverbialen Nebensinn** an; er drückt dann eine Absicht (Zweck), eine Folge oder einen Grund aus.

Der Nebensinn, den der Konjunktiv dem Relativsatz gibt, lässt sich meist nur aus dem Zusammenhang erschließen. Zuweilen deutet eine feste Wendung (z. B. *sunt, qui*) auf die Lösung hin.

3.1 Finaler Nebensinn

Sōcratēs amīcōs dīmīsīt, **quī** dē morte suā **nūntiārent**.	Sokrates schickte Freunde weg, **die** von seinem Tod **berichten sollten** (**damit sie** …).

3.2 Konsekutiver Nebensinn

Sōcratēs nōn is erat, **quī** morte **terrērētur**.	Sokrates war (kein solcher) keiner, **der** sich durch den Tod **hätte schrecken lassen** (**dass er** …).
Sunt, **qui** se beatos esse **dicant**.	Es gibt **Leute, die behaupten**, sie seien glücklich.

3.3 Kausaler Nebensinn

Sōcratis mortem nōn probō, **quī** iūstitiam **colam**.	Sokrates' Tod billige ich nicht, **der** ich **ja** die Gerechtigkeit **hochhalte** (**da ich** …).

Übungen

Studieren Sie zuerst die einschlägigen grammatischen Erscheinungen im Text der Rubrik *Einstieg.*

1. Welcher Nebensinn liegt im Relativsatz vor? Übersetzen Sie.

a) Galli legatos miserunt, qui pacem peterent.
b) Cur tibi invideam[1], qui omnibus rebus abundem[2]?
c) Dareus pontem fecit, quo copias in Europam transportaret.
d) Multi sunt, qui periculo mortis terreantur.

[1] **invidere** *(m. Dat.)*: beneiden (jdn.)
[2] **abundare** *(m. Abl.)*: Überfluss haben (an etw.)

2. Was passt zusammen? Übersetzen Sie.

Non sum is, | qui semper vincamus.
Misit, | qui nobis auxilio venirent.
Miseri non sumus, | qui pericula timeat.

4 Kasuslehre

4.1 Genitiv der Gerichtssprache

Der **Genitiv** drückt nach **Verben der Gerichtssprache** das Vergehen oder die Strafe aus: **Genitivus criminis**.

Antigona **crīminis** accusāta est. Sōcratēs **capitis** damnātus est.	Antigone wurde **eines Verbrechens** angeklagt. Sokrates wurde **zum Tode** verurteilt.

4.2 Genitiv der Wertangabe

Der **Genitiv** bezeichnet den **Wert**, der einer Person oder Sache zukommt: **Genitiv der Wertangabe** (**Genitivus pretii**).

Haec **māgnī/parvī** putō. **Quantī** domus tua est?	Das schätze ich **hoch/gering** ein. **Wie viel** ist dein Haus wert?

4.3 Ablativ des Vergleichs

Der **Ablativ** drückt nach oder vor einer Komparativform die Person oder Sache aus, mit der jemand oder etwas **verglichen** wird: **Ablativ des Vergleichs** (**Ablativus comparationis**).

Quis *beātior* **Diogene** fuit? Quod aedificium **Colossēō** *clārius* est?	Wer war *glücklicher* **als Diogenes**? Welches Bauwerk ist *berühmter* **als das Kolosseum**?

Übungen

Studieren Sie zuerst die einschlägigen grammatischen Erscheinungen im Text der Rubrik *Einstieg.*

1. Themistokles. Übersetzen Sie.

a) Themistoclis res magni aestimabantur.
b) Is enim erat, qui Persas urbem petentes navibus vinceret.
c) Nemo tum maiorem rem fecit Themistocle.
d) Tamen postea criminis accusatus e patria pulsus est.
e) Ita saepe optimi civitatis duces pessime puniuntur.

2. Ordnen Sie das Entsprechende einander zu. Übersetzen Sie auch wörtlich.

luce clarior – saxo durior – Aetna gravius – melle dulcius

steinhart – honigsüß – sonnenklar – zentnerschwer

Wortschatz

2/14–15

spēs, speī *f*	**Hoffnung, Erwartung**	→ 12 spērāre
mē spēs tenet	**ich habe die Hoffnung**	
iūdex, -icis *m*	Richter	→ 9 iūs; *e: judge*
bene *(Adv.)*	gut	*f: bien*
ēvenīre, ēvenit, ēvēnit, ēventum	sich ereignen, in Erfüllung gehen	eventuell; *e: event*
quod *(faktisch)*	dass	
aut – aut	entweder – oder	
sēnsus, -ūs *m*	**Sinn, Empfindung**	*e: sense, f: sens*
auferre, aúferō, abstulī, ablātum	**wegtragen, wegbringen; rauben**	Ablativ
ob *(m. Akk.)*	wegen	
rēs, reī *f*	Sache, Ding; Angelegenheit, Ereignis	
quam ob rem	deswegen	
altus, -a, -um	**hoch; tief**	*f: haut/haute*
similis, -e (*Superlativ:* simillimus)	**ähnlich**	*e: similar*
diēs, diēī *m*	Tag	*e: diary*
reperīre, reperiō, répperī, repertum	wieder finden, finden	Repertoir
antepōnere, antepōnō, anteposuī, antepositum	voranstellen; vorziehen	
futūrus, -a, -um	zukünftig	
vērus, -a, -um	wahr, echt	
vērē *(Adv.)*	in Wahrheit, wirklich; mit Recht	
incolere, īncolō, incoluī, incultum	**wohnen, bewohnen**	
excēdere, excēdō, excessī, excessum	**herausgehen; weggehen**	Exzess
convenīre, conveniō, convēnī, conventum	zusammenkommen, sich einigen	
fidēs, -eī *f*	Treue, Glaube, Vertrauen	High Fidelity
colloquī, colloquor, collocūtus sum	sich unterhalten	Kolloquium
licet	**es ist erlaubt, man darf; es ist möglich**	*e/f: licence*
fierī, fīō, factus sum	werden, geschehen; gemacht werden	
temptāre	**angreifen; erproben, versuchen**	
exquīrere, exquīrō, exquīsīvī, exquīsītum	untersuchen; herausfinden	exquisit
sīcut	(so) wie; wie zum Beispiel	
absolvere, absolvō, absolvī, absolūtum	loslösen; freisprechen; vollenden	Absolution
umquam	jemals	
neglegere, néglegō, neglēxī, neglēctum	sich nicht kümmern, gering schätzen	
nōn habeō quod *(m. Konj.)*	**ich habe keinen Grund (zu …)**	
suscēnsēre *(m. Dat.)*	aufgebracht sein, zornig sein (auf jdn.)	
accūsāre	**anklagen, beschuldigen**	*f: accuser*
nocēre	schaden	
abīre, ábeō, ábiī, ábitum	**weggehen, abtreten**	Abitur
uter, utra, utrum (*Gen.* utrīus, *Dat.* utrī)	**welcher, welche, welches (von beiden); wer (von beiden)**	→ 17 uterque
melior, melius	besser	*f: meilleur*
crīmen, -inis *n*	Vorwurf, Verbrechen	
interesse, intersum, interfuī *(m. Dat.)*	**teilnehmen (an)**	
voluntās, -ātis *f*	**Wille, Absicht**	→ 18 velle
rēs pūblica, reī pūblicae *f*	**Gemeinwesen; Staat; Republik**	
pūblicus, -a, -um	**öffentlich, staatlich**	*e/f: public*
dīvīnus, -a, -um	**göttlich**	→ 1 deus

Wiederholen Sie zunächst noch einmal den ersten Wortschatz dieser Lektion auf S. 220.

Wussten Sie schon?

Tod des Sokrates.

Sokrates

Sokrates wurde um 470 v. Chr. als Sohn eines Steinbildhauers und einer Hebamme in Athen geboren. Er erlernte den Beruf seines Vaters. Zum Militärdienst herangezogen, zeichnete er sich im Krieg zwischen seiner Heimatstadt und Sparta (431–404 v. Chr.) durch Tapferkeit aus. Er bewies auch Zivilcourage, indem er z.B. nach Ende des Krieges einem Befehl der neuen Machthaber, die in Athen eine skrupellose Gewaltherrschaft ausübten, nicht Folge leistete.
Sokrates, der selbst keine Bücher schrieb, lehrte, wie wir vor allem aus den Schriften seines Schülers Platon wissen, auf öffentlichen Plätzen und unterwies die jungen Athener, indem er sich mit ihnen unterhielt (dialektische Methode) und sie auf der Suche nach Erkenntnis (Philo-sophia: „Liebe zur Weisheit") zu eigenständigem Denken anregte. Er glaubte nämlich, dass jeder Mensch die Erkenntnis in sich trage. Darum wollte er, wie eine Hebamme, dabei helfen, diese Erkenntnis „herauszubringen" (Methode der Maieutik [gr.]). Weil er sich in solchen Dialogen ratlos stellte („Ich weiß, dass ich nichts weiß"), seinen Gesprächspartnern aber häufig nachwies, dass sie in Fragen der Ethik fremde Urteile ungeprüft übernahmen und allzu selbstsicher urteilten, machte er sich in der Gesellschaft Athens gerade unter den selbstgewissen Autoritäten viele Feinde.
Sokrates ging es bei der Suche nach der Erkenntnis nicht wie den Philosophen vor ihm um die Erforschung der Natur, sondern um den Menschen, um das Gute und Gerechte, um Normen, an denen die Menschen ihr Wollen und Handeln ausrichten konnten. Mit dieser Wendung von der Natur zur Ethik (sog. Sokratische Wende) hat er der Philosophie wichtige neue Impulse gegeben.
Auf der Suche nach verlässlichen Maßstäben berief er sich auf sein „Daimonion", seine innere Stimme, die ihn immer wieder abhalte, etwas Unrechtes zu tun, aber ihn nie zum Handeln zwinge. Im Vertrauen auf dieses „Göttliche" im Menschen zeigte sich der persönliche Glaube des Sokrates, der vielen Zeitgenossen als Frevel erschien.
So klagte man ihn schließlich 399 v. Chr. an, er wolle neue Götter einführen und verderbe die Jugend. Mutig und unerschrocken verteidigte er sich – und wurde zum Tode verurteilt. Obwohl ihm Freunde die Flucht aus dem Gefängnis ermöglichen wollten, entzog er sich – in konsequentem Hinhören auf sein „Daimonion" – nicht der Hinrichtung und leerte den Schierlingsbecher.

Lesen und verstehen

„Der Tod schreckt mich nicht!“ (nach Cicero, Tusculanae disputationes I 97 ff.)

Dem Philosophen Sokrates aus Athen, der 399 v. Chr. wegen angeblicher Gottlosigkeit zum Tod verurteilt wurde, legte sein Schüler Platon das folgende Schlusswort an die Richter in den Mund. Ins Lateinische übersetzt hat es Marcus Tullius Cicero.

„Magna me spes tenet, iudices, bene mihi evenire, quod mittar ad mortem.
Nam aut sensus omnes nobis mors aufert,
aut nobis in alium locum ex his locis eundum est.
Quam ob rem, si sensus auferuntur et mors altissimo somno similis est,
di boni, quantum lucri[1] est mori
et quam multi dies reperiri possunt, qui huic nocti anteponantur!
Cui si simile est omne tempus futurum,
quis me beatior?
Sin autem vera sunt, quae dicuntur, mortem esse migrationem[2] in ea loca,
quae, qui vita cesserunt, incolunt,
id multo iam beatius est.
Nam cum a vobis excessero, qui iudices haberi vultis,
ad eos veniam, qui vere iudices appellentur,
ad Minoem, Rhadamanthum, Aeacum,
eosque conveniam, qui iuste et cum fide vixerint.
Quanti vero hoc esse putatis, ut cum Orpheo, Hesiodo, Homero colloqui mihi liceat?
Equidem saepe mori, si fieri posset, vellem,
ut ea, quae dico, mihi liceret videre!
Temptarem et Ulixis et Sisyphi prudentiam neque capitis damnarer,
cum haec exquirerem, sicut hic faciebam.
Ne vos quidem, iudices, qui me absolvistis, mortem timueritis!
Neque enim cuiquam bono mali quicquam evenire potest nec vivo nec mortuo,
neque umquam eius res a dis immortalibus neglegentur.
Neque habeo,
quod eis suscenseam,
a quibus accusatus aut a quibus damnatus sum,
nisi quod mihi nocere se crediderunt.
Sed tempus est abeundi
mihi, ut moriar,
vobis, ut vitam agatis.
Utrum autem sit melius,
di immortales sciunt; hominum quidem scire arbitror neminem.“

[1] **lucrum**, **-i** *n*: Gewinn
[2] **migratio**, **-onis** *f*: Wanderung, Übergang

Versuchen Sie sich am Original

Fieri potest, ut recte quis sentiat et id, quod sentit, polite[1] e-loqui non possit. (Cicero)

Discite, o miseri, et causas cognoscite rerum! (Vergil)

Fidem et amicos et genus et formam regina PECUNIA donat. (Horaz)

[1] **politus**, **-a**, **-um**: geschliffen

Zu guter Letzt

Vier antike Philosophenschulen

Platon, Aristoteles, Epikur und Zenon von Kition sind die Gründer der unten beschriebenen Philosophenschulen. Welcher Philosoph gehört zu welcher Philosophenschule?

Platon.

ZENON VON KITION

EPIKUR

PLATON

ARISTOTELES

Aristoteles.

Die Akademie ....

Diese Philosophenschule lag am Rande von Athen, in der Nähe des Hains des Heros Akademos. Sein Begründer gilt als einer der größten Philosophen aller Zeiten. Er beschäftigte sich besonders mit den Grundlagen des Staates und den Werten, die den einzelnen Menschen in seinem Verhältnis zu den anderen bestimmen sollten. Diese Themen behandelte er besonders in Form des Dialogs ab, in dem meist Sokrates der führende Gesprächspartner ist. Die Theologie des Christentums wurde von dieser Philosophie entscheidend beeinflusst.

Der Kepos ....

Die Philosophenschule des „Kepos" hatte ihren Namen von der in ihr propagierten Lebensform: Ihr Begründer sah in der Lust das höchste Prinzip des Daseins, wobei es ihm jedoch allein um die Befreiung von Schmerz und die Besiegung von Unlust ging. Das setzte den Einsatz der Vernunft voraus. Glück bedeutete vor allem Freiheit von Furcht und Unaufgeregtheit. Das sei nicht im Einsatz für den Staat, sondern am ehesten in der Zurückgezogenheit des Privatlebens erreichbar. Deshalb kaufte der Begründer in Athen einen Garten, in dem sich die Freunde zu ihren Gesprächen trafen: „die Philosophen des Gartens" (Kepos).

Der Peripatos ....

Diese Philosophenschule wurde nach der Methode benannt, in der sich die Belehrung vollzog. Lehrer und Schüler „spazierten herum", während sie über die Fragen ihres Interesses philosophierten. Auch hier ging es um die richtige Form des Staates, über die Redekunst, über Logik, über ethische Prinzipien des Lebens. Der Meister dieser Schule gilt als der auf empirische Forschung bauende Philosoph, weshalb man in ihm auch einen ersten Naturwissenschaftler sieht. Auch diese Schule befand sich in Athen. In der Folgezeit, besonders im Mittelalter, hatte er größten Einfluss auf die Entwicklung des europäischen Denkens.

Die Stoa ....

Diese Philosophenschule ist benannt nach der „bunten Säulenhalle" (Stoa) in Athen, in der sein Begründer am Ende des 4 Jh. v. Chr. seine Anhänger belehrte. Auch diese Lehre konzentrierte sich auf die Frage, worin das menschliche Glück bestehe. Hier ist es nicht die Lust, sondern die Tugend, die als oberstes Prinzip gilt; diese erfülle sich im Tätigsein für die Gemeinschaft, also im politischen Engagement. Als wichtigste Tugenden werden Gerechtigkeit, Einsicht, Tapferkeit und Besonnenheit angesehen. Diese Philosophie fand unter den römischen Staatsdenkern starke Anhänger. Die bedeutendsten waren Cicero und Seneca.

Dem unbekannten Gott

In dieser Lektion lernen Sie

GRAMMATIK

- Indefinitpronomen *quidam/quaedam/quoddam*
- Gliedsätze: Zusammenfassung und Wiederholung
- Satzkombinationen

WORTSCHATZ

- Wörter aus dem Bereich des religiösen Glaubens

DIE WELT DER ANTIKE

- Das Christentum: Paulus

Die Apostel Petrus und Paulus.

20

Einstieg

Petrus und Paulus sind die markantesten Gestalten der christlichen Urgemeinde; auf ihren Missionsreisen ist im 1. Jh. n. Chr. der Christenglaube am stärksten unter den „Heiden" verbreitet worden.

Paulus apostolus, postquam ad fidem Christi con-versus est, multas terras ad mare medium sitas petivit, ut ibi cum hominibus de doctrina Christiana disputaret. Tum plurimi, quia deos antiquos in templis non iam venerabantur neque iam eorum simulacra ex auro aut argento facta colebant, cupidissimis auribus orationes eius acceperunt. Et ille, cum docuisset doctrinam philosophorum quorundam nihil ad beate vivendum valere, „Ergo", inquit, „ego vobis novum quendam deum inferam ita, ut vos spes teneat vobis mortuis vitam vere beatam quasi in caelo fore. Si Christum verum deum esse credetis, certe vobis vita aeterna erit. Qua de causa vobis timendum non est, ne, nisi hanc religionem Christianam repudiaveritis[1], vobis malum quiddam accidat." Tum plurimi, quamvis ei Christus deus ignotus esset, se statim novae fidei commiserunt. Paulus autem etiam cum Petro apostolo convenit. Ambo[2] id studebant, ut Romae quoque religio Christiana civibus inferretur. Igitur, ut in urbem profecti sunt, quam plurimos adducere voluerunt, ut se nova religione egere iudicarent. Sed, dum Romae versantur, a principibus urbis capti et sceleris accusati sunt. Uterque crudelissima morte affectus est.

Nachdem sich der Apostel Paulus zum Glauben an Christus bekehrt hatte, suchte er viele am Mittelmeer gelegene Länder auf, um dort mit den Menschen über die christliche Lehre zu sprechen. Sehr viele vernahmen damals, weil sie die alten Götter in den Tempeln nicht mehr verehrten und deren aus Gold oder Silber gefertigte Standbilder nicht mehr in Ehren hielten, mit ganz gierigen Ohren seine Reden. Und als jener klargemacht hatte, dass die Lehre bestimmter Philosophen nichts zu einem glücklichen Leben beitrage, sagte er: „Also werde ich euch sozusagen einen neuen Gott bringen, und zwar so, dass ihr die Hoffnung haben könnt, euch werde nach dem Tod das wahrhaft glückliche Leben gleichsam im Himmel zuteil. Wenn ihr an Christus als den wahren Gott glaubt, werdet ihr gewiss das ewige Leben haben. Deshalb braucht ihr nicht zu befürchten, dass euch, wenn ihr diese christliche Religion nicht ablehnt, etwas Schlimmes widerfährt." Da vertrauten sich sehr viele, mochte ihnen auch Christus <noch> ein unbekannter Gott sein, sofort dem neuen Glauben an. Paulus jedoch traf auch mit dem Apostel Petrus zusammen. Beide waren darauf aus, dass auch in Rom die christliche Religion den Bürgern gebracht werde. Deshalb wollten sie, sobald sie in die Stadt gezogen waren, möglichst viele dazu bringen, dass sie urteilten, sie hätten eine neue Religion nötig. Doch während sie sich in Rom aufhielten, wurden sie von den ersten Leuten der Stadt verhaftet und eines Verbrechens angeklagt. Jeder von beiden starb eines sehr grausamen Todes.

[1] **repudiare**: ablehnen
[2] **ambo**: beide

iūdicāre	richten, (be-)urteilen, meinen
disputāre	erörtern, diskutieren
committere, committō, commīsī, commissum	zustande bringen; anvertrauen
inferre, ínferō, íntulī, illātum	hineintragen; zufügen; vorbringen
venerārī, veneror, venerātus sum	verehren, anbeten
doctrīna, -ae *f*	Lehre, Gelehrsamkeit
argentum, -ī *n*	Silber
aurum, -ī *n*	Gold
caelum, -ī *n*	Himmel; Klima
simulācrum, -ī *n*	Abbild; Götterbild

templum, -ī *n*	Tempel
auris, -is *f*	Ohr
medius, -a, -um	mittlerer, mitten
ignōtus, -a, -um	unbekannt
quīdam, quaedam, quoddam	ein (gewisser)
quīdam *(Pl.)*	einige, manche
quamvīs *(m. Konj.)*	wenn auch, obwohl
quā dē causā	weshalb; deshalb
ita	so
ergō	also; folglich
quia	weil
ut *(m. Ind. Perf.)*	als, sobald
quāsī	gleichsam, wie

Stellen Sie alle im Text begegnenden Subjunktionen zusammen und bestimmen Sie ihre Sinnrichtung.

Grammatik

1 Indefinitpronomen *quidam/quaedam/quoddam*

1.1 Deklinationsschema

Vergleichen Sie dazu die Deklination des Relativpronomens auf S. 82.

	quīdam/quaedam/quoddam *ein gewisser*		
	adjektivisch		
	m	f	n
Sg. N.	quīdam	quaedam	quoddam
G.		cuiusdam	
D.		cuidam	
Akk.	que**n**dam	qua**n**dam	quoddam
Abl.	quōdam	quādam	quōdam
Pl. N.	quīdam	quaedam	quaedam
G.	quōru**n**dam	quāru**n**dam	quōru**n**dam
usw.			

Bei substantivischem Gebrauch lautet der Nominativ/Akkusativ Singular des Neutrums ***quiddam***.
Quidam wird weitgehend wie *quis/quid* bzw. *qui/quae/quod* dekliniert.

1.2 Verwendung und Übersetzung

Quidam dient dazu, auf eine Person oder Sache hinzuweisen, die nicht **näher bezeichnet**, also **unbestimmt** bleiben soll (oft genügt als Übersetzung der unbestimmte Artikel: *ein*). In Verbindung mit Adjektiven wird eine Eigenschaft hervorgehoben („geradezu“) oder abgeschwächt („sozusagen“).

Rūfus **quīdam** vēnit.	Ein **gewisser** Rufus ist gekommen.
Quīdam hoc nārrant.	**Manche** erzählen davon.
Fuit **quoddam** tempus.	Es gab **eine** (**bestimmte**) Zeit.
Homērus **mīrō quōdam modō** dē Ulixe narrat.	Homer erzählt **auf eine geradezu wunderbare Weise** von Odysseus.
Lucullus **terribilī quādam luxuriā** vītam agēbat.	Lukullus lebte **in einem sozusagen erschreckenden Luxus**.

Übungen

Studieren Sie zuerst die einschlägigen grammatischen Erscheinungen im Text der Rubrik *Einstieg*.

1. Finden Sie eine treffende Übersetzung von *quidam*.

a) Paulus etiam auctor quarundam litterarum fuit.
b) Fuit quoddam tempus, cum Christiani crudelissime occiderentur.
c) Docti quidam Christiani doctrinam philosophorum cum fide Christiana coniungere temptaverunt.
d) Christiani Romae tum labores acerbissimos mira quadam patientia[1] tulisse feruntur.
e) Christus ipse ingenti quadam misericordia fuisse videtur.

2. Kunterbunt. Fügen Sie das Passende zusammen.

a) Quodam tempore
b) Divina quadam mente
c) Novam quandam religionem
d) Quaedam quasi commutatio[2] vitae

1) apostoli hominibus intulerunt.
2) mors est.
3) homines sicut bestiae vixerunt.
4) Socrates erat.

[1] **patientia, -ae** *f*: Duldsamkeit
[2] **commutatio, -onis** *f*: Veränderung

2 Gliedsätze: Zusammenfassung und Wiederholung

2.1 Syntaktische Funktion der Gliedsätze

Gliedsätze lassen sich nach ihrem einleitenden Wort einteilen in

- **subjunktionale Gliedsätze**,
- **abhängige (indirekte) Fragesätze**,
- **Relativsätze**.

Gliedsätze erfüllen die **syntaktische Funktion** des **Subjekts**, **Objekts**, **Adverbiales** oder **Attributs**. Sie stehen im **Indikativ** (I) oder **Konjunktiv** (K).

PRÄDIKAT

SUBJEKT

Abhängiger Fragesatz

(nōn certum est,)	quemadmodum / quōmodo	K	wie
	cūr	K	warum
	ubī *usw.*	K	wo

Begehrsatz

(rogandum est,)	ut	K	dass
	nē	K	dass nicht

Erläuterungssatz

bene ēvenit, quod	I	dass

Relativsatz

quī/quae/quod	I/K	der/die/das

OBJEKT

Abhängiger Fragesatz

(nesciō,)	quemadmodum / quōmodo	K	wie
	cūr	K	warum
	ubī	K	wo

Begehrsatz

(rogō,)	ut	K	dass
(rogō,)	nē	K	dass nicht
(timeō,)	nē	K	dass

Relativsatz

quī/quae/quod	I/K	der/die/das

ADVERBIALE

Subjunktionale Gliedsätze

Temporalsätze

postquam	I	nachdem, als
ut	I	sobald
cum	I	als
	I	(immer) wenn
	I Perf.	als plötzlich
	K	als/nachdem
priusquam	I/K	ehe/bevor (nicht)
dum	I Präs.	während
dum	I	(solange) bis; solange

Lokalsätze

ubī	I	wo
unde	I	woher

Kausalsätze *(Realgrund)*

quod/quia	I	da/weil
cum	K	da/weil

Finalsätze *(Absicht)*

ut	K	damit
nē	K	damit nicht

Konsekutivsätze *(Folge)*

ut (nōn)	K	(so)dass (nicht)

Konzessivsätze *(Einräumung)*

etiamsī	I	auch wenn
quamquam	I	obwohl
cum	K	obwohl
quamvīs	K	wenn auch

Konditionalsätze *(Bedingung)*

sī	I/K	wenn/ falls
nisī	I/K	wenn nicht
sīn (autem)	I/K	wenn aber

Komparativsätze *(Vergleich)*

ut/quemadmodum … sīc	I	wie … so

ATTRIBUT

Relativsatz

quī/quae/quod	I/K	der/die/das, welcher/welche/welches

2.2 Mehrdeutige Wörter zur Satzverbindung

Vergleichen Sie dazu S. 35.

ut	**Indikativ**	**sobald** (temporal) **wie** (vergleichend)	
	Konjunktiv	**dass** (begehrend) **(so)dass** (konsekutiv) **damit** (final)	

nē	**Konjunktiv**	**dass nicht** (begehrend) **damit nicht** (final) **dass** (nach *timēre/perīculum est* u. Ä.)	

cum	**Indikativ**	**damals, als** (temporal: cum relativum) **immer wenn** (temporal: cum iterativum) **als (plötzlich)** (temporal: cum inversivum)	
	Konjunktiv	**als/ nachdem** (temporal: cum historicum) **da/weil** (kausal: cum causale) **obwohl, wenngleich** (konzessiv: cum concessivum)	

dum	**Indikativ**	**solange, (solange) bis**	
	Indikativ Präsens	**während**	
	Konjunktiv	(solange) **bis** (final)	

quod	**Indikativ**	**weil, da** (kausal)	
		dass (faktisch)	
		bene ēvenit, quod	es trifft sich gut, dass
		was (relativisch)	
		(id,) quod	
		Achtung:	
		dies (rel. Satzanschluss)	
		Cōnsilium mihī dedistī.	Du hast mir einen Rat gegeben.
		***Quod** mihī placet.*	Dieser gefällt mir.
	Konjunktiv	**welches** (abh. Fragesatz)	
		***Quod** cōnsilium tibī placeat, nesciō.*	Welcher Rat dir gefällt, weiß ich nicht.

Übungen

Studieren Sie zuerst die einschlägigen grammatischen Erscheinungen im Text der Rubrik *Einstieg.*

Denksportaufgabe. Lösen Sie das Kreuzworträtsel, wenn nötig, mit Hilfe von Lexika.

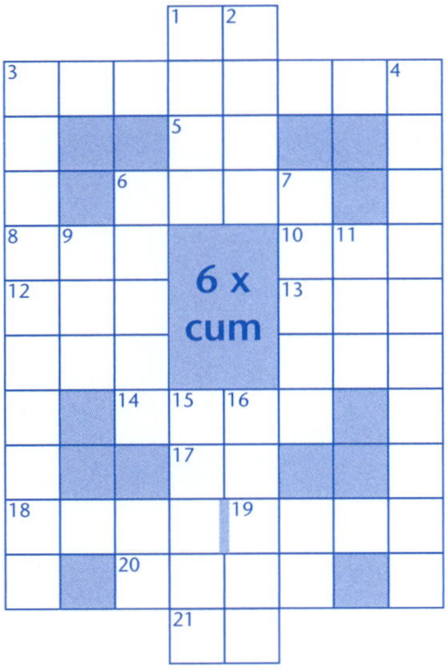

Waagerecht:
3. *cum* mit Konj.; 5. dt.: „momentum" (Umgangswort); 6. *cum* mit Ind.; 8. griech. Vorsilbe in Fremdwörtern; 10. frz.: „amicus"; 12. dt.: „Da!"; 13. *cum* als Präposition; 14. Tag des römischen Kalenders; 17. engl: „in", „super"; 18. engl.: „tranquillus"; 19. dt.: „pecus"; 20. *cum* mit Konj.

Senkrecht:
1. dt.: „sine"; 2. frz.: „fuscus"; 3. *cum* mit Konj.; 4. *ne* mit Konj.; 6. *cum* mit Konj.; 7. dt.: „nomina"; 9. dt.: „glacies"; 11. dt. „mihi"; 15. deutsches von „domus" abgeleitetes Lehnwort (Genitiv); 16. frz. „invidia".

Für die lateinischen Subjunktion ist jeweils eine passende deutsche Übersetzung zu wählen.
Die lateinischen Wörter sind jeweils in ihrer deutschen Bedeutung (dt.) oder in der jeweils angegebenen fremdsprachlichen Entsprechung (engl./frz.) einzusetzen.

3 Satzkombinationen

3.1 Reihende Satzabfolge

Texte können von einer **reihenden Satzabfolge** bestimmt sein. Hier wird durch das rasche Hintereinander von kurzen Sätzen eine dramatische, auf Erlebnisdichte ausgerichtete Erzählabsicht verfolgt. Der **Leser** soll **unmittelbar am Geschehen beteiligt** werden.
Als Tempus wird dabei häufig das „dramatische Präsens" („historisches Präsens") verwendet. Die Satzreihe kann durch eine im „konstatierenden Perfekt" stehende Feststellung abgeschlossen sein.

Auslieferung des Vercingetorix

Mittuntur ad Caesarem lēgātī.	Es werden Gesandte zu Cäsar geschickt.
Iubet arma trādī, prīncipēs prōdūcī.	Er befiehlt die Waffen zu übergeben, die Stammesfürsten vorzuführen.
Ipse in mūnītiōne prō castrīs cōnsēdit;	Er selbst hat sich auf der Schanze vor dem Lager niedergelassen;
eō dūcēs prōdūcuntur.	dorthin werden die Führer gebracht.
Vercingetorīx dēditur, arma prōiciuntur.	Vercingetorix wird ausgeliefert, die Waffen werden hingeworfen.
Tum Caesar Gallorum regem captum Romam transportari iussit.	Dann ließ Caesar den gefangenen Gallierkönig nach Rom bringen.

3.2 Periodisierte Satzabfolge

a) Texte können von einer Anzahl **längerer, in sich durch Unterordnung gegliederter Sätze (Perioden)** gekennzeichnet sein; dadurch wird eine große Informationsdichte erreicht. Das Geschehen wird in gedrängter Abfolge erzählt, wobei zwischen dem Geschehenshintergrund in den Gliedsätzen und dem Geschehensvordergrund im Hauptsatz deutlich unterschieden wird. Der **Leser** wird auf diese Weise eher **auf Distanz zum Erzählten** gehalten.
Eine solche Textgestaltung ist vor allem für **historisch erzählende Texte** kennzeichnend.

Bei einer längeren Periode versuchen Sie zunächst eine grafische Analyse, etwa mit der unten beschriebenen „Kästchenmethode".

Beispiel 1: **Cäsars Aufbruch nach Britannien**

Dumnorīx Haeduus, **postquam** frūstrā ā Caesare petīvit, **ut** in Galliā relinquerētur, **quod** mare timēret, clam discessit.	Der Häduer Dumnorix machte sich, **nachdem** er Cäsar vergeblich darum gebeten hatte, **dass** er in Gallien zurückgelassen werde (in Gallien zurückgelassen zu werden), **weil** er das Meer fürchte, heimlich aus dem Staub.

Hauptsatz	Dumnorix				clam discessit.
Gliedsatz 1		postquam …			
Gliedsatz 2			ut …		
Gliedsatz 3				quod …	

Beispiel 2: **Cäsars Ankunft in Britannien**

Cum nāvēs Britanniae appropinquārent, tanta tempestās subitō facta est, **ut** nūlla eārum cursum tenēre posset, <ut> multae autem eōdem re-ferrentur, **unde** erant profectae.	**Als** sich die Schiffe Britannien näherten, brach plötzlich ein so starker Sturm los, **dass** keines von ihnen den Kurs halten konnte, viele jedoch dorthin zurückgetrieben wurden, **(von) wo** sie ausgelaufen waren.

Hauptsatz		tanta … facta est			
Gliedsatz 1	Cum …		ut … posset,	<ut> … referrentur	
Gliedsatz 2					unde …

Methodische Anleitung:
Durch die „Kästchenmethode" lässt sich ein Satzgefüge wirkungsvoll veranschaulichen:

1. Der Hauptsatz (HS) erscheint auf der obersten Linie, die Gliedsätze stehen je nach dem Grad ihrer Abhängigkeit darunter auf der Ebene 1/2/3 usw.: GS1, GS2, GS3.
2. Sind der HS oder der/die GS durch dazwischen geschobene andere GS unterbrochen, so wird diese durch eine unterbrochene Linie verdeutlicht.
3. In die Kästchen wird jeweils nur das erste Wort (bei GS immer die Subjunktion) und das Prädikat, wenn Platz ist, eingetragen.

b) Texte können so angelegt sein, dass auf **eine größere Zahl von untergeordneten Sätzen, die auf einer Ebene stehen und die gleiche Sinnrichtung haben**, ein **kurzer Hauptsatz** folgt. Die Gliedsätze geben hier sozusagen den Erklärungs- oder Begründungshintergrund an, vor dem die knappe Schlussfolgerung auf die Leser oder Hörer überzeugend wirken soll. Eine solche Textgestaltung ist vor allem für **rhetorische Texte** kennzeichnend.

Cicero über Catilina

Sī hoc maleficium cognōveritis, **sī** hoc scelus perīculōsum cōgitāveritis, **sī** hōc flāgitiō tōtam cīvitātem com-mūtārī accēperitis, **sī** hōc factō inīquīssimō etiam orbem terrārum perturbārī audīveritis, certē istum hominem putābitis omnium pessimum	**Wenn** ihr diese böse Tat erkennt, **wenn** ihr dieses gefährliche Verbrechen bedenkt, **wenn** ihr erfahrt, dass durch diese Schandtat der ganze Staat umgestürzt wird, **wenn** ihr hört, dass durch diese Unrechtstat sogar der Erdkreis in Aufregung versetzt wird, dann werdet ihr diesen Menschen da sicherlich für den allergrößten Schurken halten.

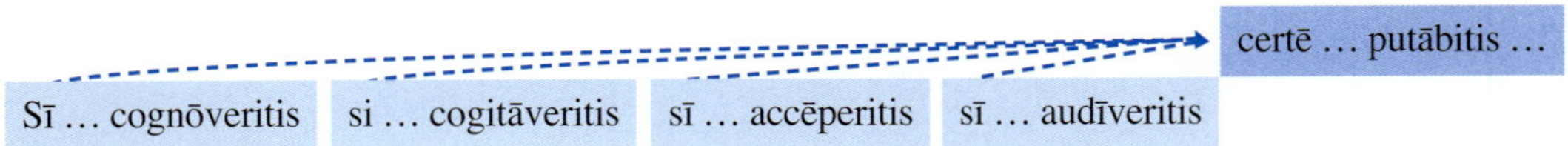

Studieren Sie zuerst die einschlägigen grammatischen Erscheinungen im Text der Rubrik *Einstieg.*

Übungen

1. Analysieren Sie mit Hilfe der Kästchenmethode folgende Satzperioden und übersetzen Sie sie.

a) Caesar, Bellum Gallicum IV 35, 1 (mit Änderungen)

Caesar id maxime ea ratione fecit, quod noluit eum locum, unde Helvetii abierant, vacare, ne propter bonitatem agrorum Germani, qui trans Rhenum incolunt, e suis finibus in Helvetiorum fines transirent et finitimi Galliae provinciae Allobrogibusque essent.

b) Cicero, Pro Sulla 19 (mit Änderungen)

Sed cum patriae, cum vestrorum periculorum, cum huius urbis, cum templorum illorum memineram[1] et cum universum[2] totius urbis incendium, cum arma, cum domus, cum civium sanguis, cum clades patriae mihi ante oculos versari coeperat, tum denique[3] isti homini resistebam.

2. Fügen Sie die entsprechenden Elemente in das Analyse-Schema. Übersetzen Sie.

Caesar war, von Feinden verfolgt, vom Schiff ins Meer gesprungen.
Natans[4] sinistram[5] manum ex aqua ef-ferebat, ne libelli[6], quos tenebat, madefierent[7], et paludamentum[8] dentibus trahebat, ne hostis spolio[9] potiretur. *(Sueton, Caesar, 64)*

[1] **memineram** *(m. Gen.)*: ich erinnere mich (an etw.)
[2] **universus, -a, -um**: all, gesamt
[3] **denique**: schließlich, endlich
[4] **natare**: schwimmen
[5] **sinister, -stra, -strum**: linker, -e, -es
[6] **libellus, -i** *m*: kleine Schrift(rolle)
[7] **madefieri**: nass werden
[8] **paludamentum, -i** *n*: Feldherrnmantel
[9] **spolium, -i** *n*: Beute

Wortschatz

disputāre	erörtern, diskutieren	Disput; *f: disputer*
adesse, adsum, affuī	**anwesend sein**; *(m. Dat.:)* **beistehen**	
quīdam, quaedam, quoddam (quīdam, quaedam, quiddam)	ein (gewisser/gewisses)/eine (gewisse); *(Pl.:)* einige, manche	
philósophus, -ī *m*	**Philosoph**	
īnferre, ínferō, íntulī, illātum	hineintragen; zufügen; vorbringen	
quā dē causā	weshalb; deshalb	
ita	so	
doctrīna, -ae *f*	Lehre; Gelehrsamkeit	Doktrin
auris, -is *f* (*Gen. Pl.* aurium)	Ohr	
ergō	also, folglich	
medius, -a, -um	der, die, das mittlere, mitten	Medium
īgnōtus, -a, -um	unbekannt	→ 11 īgnōrāre
nescīre	**nicht wissen, nicht verstehen**	
venerārī, veneror, venerātus sum	verehren, anbeten	
dēmōnstrāre	**zeigen, beweisen**	Demonstrant
quia	weil	
caelum, -ī *n*	Himmel; Klima	*f: ciel*
habitāre	wohnen	*f: habiter*
templum, -ī *n*	Tempel	
quasi	wie, sozusagen	
egēre *(m. Abl.)*	**(etw.) brauchen, nötig haben**	
quamvīs *(m. Konj.)*	wenn auch, obwohl	
ūnusquisque, ūnīuscuiusque	**jeder einzelne**	
poēta, -ae *m*	**Dichter**	Poet, Poesie; *f: poète*
aestimāre	**schätzen, beurteilen; (hoch) schätzen**	*e: to estimate*
simulācrum, -ī *n*	Abbild, Götterbild	
aurum, -ī *n*	Gold	Eldorado
argentum, -ī *n*	Silber; Geld	*f: argent*
paenitentia, -ae *f*	**Reue, Buße**	
scelus, -eris *n*	**Verbrechen, Frevel**	
flāgitium, -ī *n*	**Schande; Vergehen**	
committere, committō, commīsī, commissum	zustande bringen; anvertrauen	Kommission
iūdicāre	richten, (be-)urteilen	→ 19 iūdex
ut *(m. Ind. Perf.)*	als, sobald	
sunt quī *(m. Konj.)*	**(es gibt welche, die …) manche**	
narrāre	**erzählen**	
celebrāre	**feiern, verherrlichen; besuchen**	zelebrieren; *e: celebrity*
praebēre	**hinhalten, gewähren, zeigen**	→ 6 habēre
exemplum, -ī *n*	**Beispiel, Vorbild**	*e: example, f: exemple*
minor/minus, -ōris	**kleiner, weniger**	→ 11 minuere
aciēs, -ēī *f*	**Schärfe; Front; Heer**	→ 9 ācer

2/16–17

Wiederholen Sie zunächst noch einmal den ersten Wortschatz dieser Lektion auf S. 230.

Wussten Sie schon?

Die Anfänge des Christentums

„Für Juden ein Ärgernis, für Heiden aber eine Torheit" – mit diesen Worten aus dem 1. Korintherbrief beschreibt Paulus die Reaktion vieler Menschen auf seine Predigt vom „gekreuzigten Christus". Paulus wurde als Sohn einer strenggläubigen jüdischen Familie in Tarsos (Kleinasien, heutige Türkei) geboren, war aber zugleich von Geburt an *civis Romanus*. Neben jüdischer Bildung hatte er sich auch Kenntnisse in der griechischen Philosophie angeeignet und Rhetorik studiert. In Jerusalem ausgebildet, trat Paulus eifrig für das jüdische Gesetz ein und missionierte für das Judentum. So wird sein Eifer gegen die Christen verständlich, da diese sich von der jüdischen Gesetzesgerechtigkeit losgesagt hatten.

Das „Damaskus-Erlebnis", die Bekehrung und Berufung zur Verkündigung des Evangeliums (wahrscheinlich im Jahr 32 n. Chr.), bedeutete für Paulus, dass er nicht mehr daran glaubte, Heil und Gerechtigkeit allein durch buchstabengetreue Befolgung des „Gesetzes" erreichen zu können, auch wenn für ihn das jüdische Gesetz weiterhin gültig blieb. Er war aber davon überzeugt, dass durch Jesu Tod und Auferstehung das von den Juden erwartete Heil wirklich angebrochen sei.

Während sich die Mehrheit der Jünger noch als Juden *und* Anhänger Jesu verstand, hat Paulus, der den irdischen Jesus wahrscheinlich nicht gekannt hatte, das Evangelium bewusst und gezielt auch unter Nichtjuden verkündet. Für ihn ist Jesus nicht nur Rabbi oder Prophet, sondern Christus und Sohn Gottes. Durch unermüdliche Missionarstätigkeit auf seinen Reisen sorgte er für die Verbreitung des Christentums und begründete mit seinen Lehrbriefen zugleich die christliche Theologie. Für Paulus und seine Mitarbeiter, die dem Judentum entstammten, waren die im ganzen Römischen Reich vorhandenen jüdischen Gemeinden Anlaufstellen und Ausgangspunkt der Missionierung. Infolge dieser engen Verbindung christlichen und jüdischen Lebens gewährte der römische Staat den Christen die gleichen Privilegien wie den Juden: Befreiung vom Militärdienst, Freistellung von allen Verpflichtungen, die sich mit dem Monotheismus nicht vertrugen, und freie Ausübung des Kultes. Abgesehen von der kurzzeitigen, nur auf das Stadt-gebiet von Rom beschränkten Christenverfolgung unter Nero blieb die junge Kirche im 1. Jh. n. Chr. vom römischen Staat nahezu unbehelligt.

Predigt des Apostels Paulus vor dem Aeropag in Athen.

Lesen und verstehen

Dem unbekannten Gott (nach der Apostelgeschichte 17, 16–34)
Allen Menschen, die den Glauben an die Götter verloren hatten und bei der Philosophie keinen Halt fanden, spendete das junge Christentum Trost und Zuversicht. Dass seine Botschaft sich so rasch im Römischen Reich ausbreiten konnte, ist das Verdienst des Apostels Paulus. Er kam auf einer seiner Missionsreisen auch nach Athen.

Paulus, cum Athenis versaretur,
disputabat in foro per omnes dies ad eos, qui aderant.
Quidam autem Epicurei et Stoici philosophi disserebant cum eo
et quidam dicebant: „Quid iste homo vult dicere?“
Alii autem putabant eum novos deos inferre.
Qua de causa eum comprehensum in Areopagum duxerunt ita dicentes:
„Possumusne scire, quae sit haec nova, quae a te dicitur, doctrina?
Nova enim quaedam infers auribus nostris.
Volumus ergo scire, quid haec esse velint.“
Paulus autem stans in medio Areopago:
„Viri Athenienses“, inquit, „a vobis religionem maxime coli video.
Et dum per vestram urbem eo,
inveni et aram, in qua scriptum erat: IGNOTO DEO.
Quod ergo nescientes veneramini, hoc ego vobis annuntio[1] et demonstro:
Deus, qui fecit mundum et omnia, quae in eo sunt,
quia caeli et terrae dominus est,
non habitat in templis manu factis nec manibus humanis colitur,
quasi egeat aliqua re, cum ipse det omnibus vitam.
Is enim genus hominum fecit, ut habitent omnes terras
et ut quaerant et inveniant deum, quamvis non longe sit ab unoquoque nostrum.
In ipso enim vivimus, sicut et quidam poetarum vestrorum dixerunt:
‚Ipsius genus sumus.‘
Cum autem simus genus dei,
non debemus aestimare eum similem simulacris ex auro et argento factis.
Deus ille, de quo dico, nunc hominibus annuntiat[1],
ut omnes ubique paenitentiam agant scelerum et flagitiorum commissorum,
quod statuit diem, quo iudicabit orbem cum filio suo, qui resurrexit[2] a mortuis.“
Ut autem audiverunt aliquem a mortuis resurrexisse[2],
quidam ridebant, quidam vero dicebant:
„Audiemus te de hoc iterum.“ Erant et, qui ei crederent.

[1] **annūntiāre**: verkünden
[2] **resurgere** (**resurrēxī**): auferstehen

Versuchen Sie sich am Original

Afri[1] barbaro genere quodam pugnae bellum gerere solebant. (nach Caesar)

Ut saltatori[2] motus[3] non quivis[4], sed certus quidam est datus, sic vita agenda est certo genere quodam, non quovis[4]. (Cicero)

Cum in eum locum, in quo piratae erant, cum classae venisset, proelium navale[5] commisit tam celeriter, ut fugiendi tempus piratis non relinqueretur. (Caesar)

[1] **Afri**, **-orum**: Bewohner von Afrika
[2] **saltator**, **-oris** *m*: Tänzer
[3] **motus**, **-us** *m*: Bewegung
[4] **quivis**, **cuiusvis**: ein beliebiger
[5] **proelium navale**: Seekampf

Zu guter Letzt

Pater noster – Das Gebet der Christen

Mit Beginn des 2. Jh. n. Chr. wurde die Christen massiv verfolgt, teils in Unverständnis ihrer Lehre, teils aus Angst vor einem Umsturz der staatlichen Ordnung, wie er sich u.a. im Vaterunser zu manifestieren schien.

Ordnen Sie die Zeilen des Vaterunsers in verschiedenen Sprachen den lateinischen Zeilen zu.

1 **sanctificare**: heiligen
2 **voluntas**, **-atis** *f*: Wille
3 **panis**, **-is** *m*: Brot
4 **cottidianus**, **-a**, **-um**: täglich
5 **hodie**: heute
6 **dimittere**: wegschicken; erlassen, vergeben
7 **dēbitum**, **-i** *n*: Schuld; **debitor**, **-oris** *m*: Schuldner
8 **tentatio**, **-onis** *f*: Versuchung

(1) Pater noster, qui es in caelis,
(2) sanctificetur[1] nomen tuum,
(3) ad-veniat regnum tuum,
(4) fiat voluntas[2] tua,
(5) sicut in caelo et in terra.
(6) Panem[3] nostrum cottidianum[4]
(7) da nobis hodie[5],
(8) et dimitte[6] nobis debita[7] nostra
(9) sicut et nos dimittimus[6] debitoribus[7] nostris
(10) et ne nos in-ducas in tentationem[8],
(11) sed libera nos a malo.

(A) notre pain quotidien *(frz.)*
(B) así como nosotros perdonamos a nuestros deudores *(span.)*
(C) santificado seja o teu nome *(portug.)*
(D) mas líbranos del mal *(span.)*
(E) sia fatta la tua volontà *(ital.)*
(F) Notre Père, qui es aux cieux *(frz.)*
(G) y perdona nuestras deudas *(span.)*
(H) e non ci indurre in tentazione *(ital.)*
(I) donne-nous aujourd'hui *(frz.)*
(K) come in cielo così in terra *(ital.)*
(L) venha o teu reino *(portug.)*

Amen.

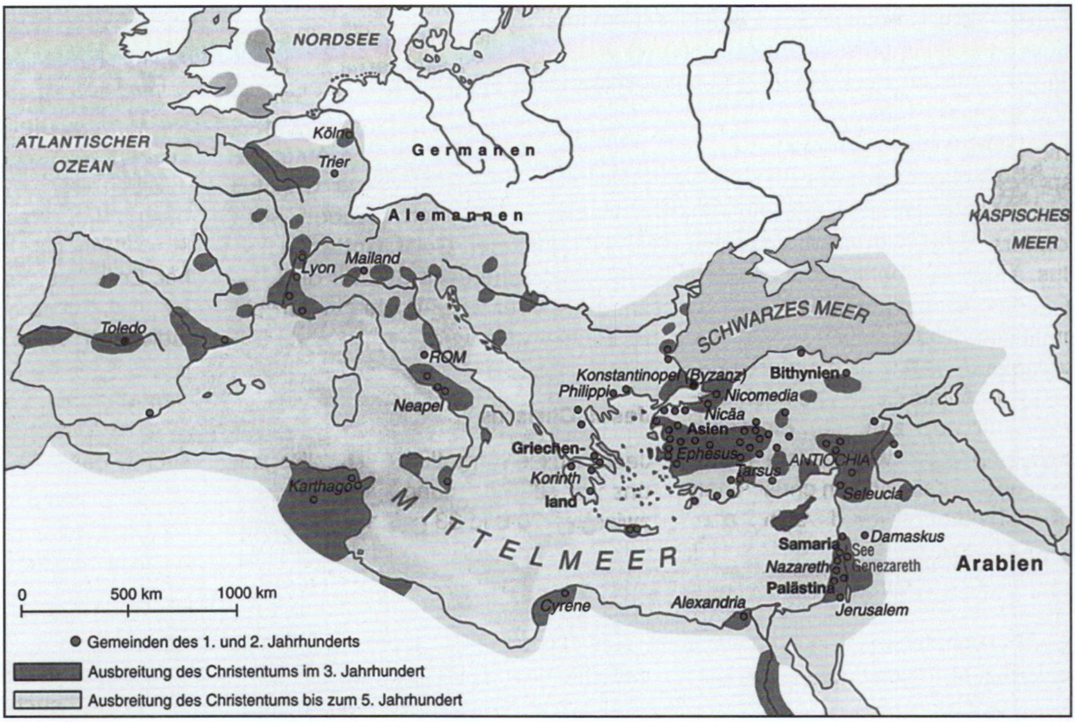

Die Ausbreitung des Christentums im Römischen Reich.

Test Lektionen 16–20

1. Anscheinend – angeblich: Aus der Welt des Mythos. Ergänzen Sie die Sätze.

a) Oedipus filius Polybi, regis Corinthi, esse …
b) Ille patrem occidisse et matrem uxorem duxisse …
c) Oedipus ab adulescente quodam „nothus[1]“ appellatus esse …
d) Oedipus Periboeam de parentibus suis rogavisse …
e) Illi, cum rex Thebanorum factus esset, quamquam culpa vacabat, tamen dei non pepercisse …
f) Atlas orbem terrarum suis ipsius viribus ferre …

heute noch	damals
videtur/dicitur.	videbatur/dicebatur.
videtur/dicitur.	videbatur/dicebatur.
videtur/dicitur.	videbatur/dicebatur.
videtur/dicitur.	videbatur/dicebatur.
videntur/dicuntur.	videbantur/dicebantur.
videtur/dicitur	videbatur/dicebatur.

2. Versöhnung nach einem Bürgerkrieg. Übersetzen Sie.

(nach Cicero, Pro Ligaro 7)
Cicero spricht in Cäsars Gegenwart offen über ihre frühere Feindschaft, erkennt aber auch Cäsars Versöhnungswillen an:

a) Vide, quanta lux liberalitatis[2] et prudentiae tuae mihi apud te dicenti oboriatur[3].
b) Quantum potero, voce contendam, ut hoc populus Romanus audiat.
c) Gesto iam magna ex parte bello, Caesar, nulla vi coactus iudicio meo ad ea arma profectus sum, quae contra[4] te illata erant.
d) Apud quem igitur hoc dico?
(1) Apud eum, qui, cum hoc sciret, tamen me, priusquam vidit, civitati reddidit;
(2) qui ad me ex Aegypto litteras misit, ut essem idem, qui[5] fuissem;
(3) qui me, cum ipse imperator in toto imperio populi Romani unus esset, esse alterum sivit.

Aufgaben zum Text

a) Welche Art von Gliedsätzen liegt in Satz a, b, d (2), d (3) vor?
b) Übersetzen Sie die Konstruktion *gesto iam magna ex parte bello* (Satz c) auf zwei verschiedene Arten.
c) Stellen Sie Satz d (1) nach der „Kästchenmethode“ (↗ S. 235) dar.

3. Alexander der Große und der Perserkönig Darius III. Übersetzen Sie.

(nach Curtius Rufus IV 1, 12 f.)
Alexander hatte den Perserkönig Darius besiegt und dessen Angehörige in seine Gewalt gebracht. Der König selbst hatte allerdings entkommen können. Ihm schrieb Alexander einen Brief, in dem er auf frühere Angriffskriege der Perser einging.

a) Re-pello igitur bellum, non infero.
b) Et dei quoque pro meliore stant causa[6]: Magnam Asiae partem in dicionem redegi[7] meam; te ipsum bello vici.

[1] **nothus**, **-i** *m*: Bastard
[2] **liberalitas**, **-atis** *f*: Großzügigkeit
[3] **oboriri**: begegnen
[4] **contra** *(m. Akk.)*: gegen
[5] **idem**, **qui**: der gleiche wie
[6] **causa**, **-ae** *f* (hier): Sache
[7] **in dicionem redigere** (Perf. *redēgī*): in die Gewalt bringen; unterwerfen

c) Etiam si nihil a me petere tibi licebat, cum ne belli quidem in me iura servaveris, tamen, si veneris supplex[1], et matrem et uxorem et liberos sine pretio[2] te accepturum esse promitto.
d) Et vincere et consulere victis scio.
e) Si te committere nobis dubitas, dabimus fidem te sine periculo tui venturum esse.
f) De ceteris rebus cum mihi scribes, scito[3] non solum regi te, sed tuo regi scribere.

Aufgaben zum Text

a) Welche Wörter kommen im Text mehrfach vor? Zu welchem Wortfeld gehören sie?
b) Welche Tempora kommen im Text mehrfach vor? Welches Tempus überwiegt? Warum?
c) Was sagen die Signalteile der Verben und die Pronomina über den Inhalt des Textes aus?
d) Satz c) fällt durch seine Länge auf. Versuchen Sie dies aus dem Kontext zu begründen.

4. Umgang mit öffentlichen Geldern (nach Cicero, De officiis II 76)

Cicero behandelt dieses Thema in seinem Werk „Über das rechte Verhalten“. Lucius Aemilius Paullus hatte als Konsul des Jahres 168 den Makedonenkönig Perseus bei Pydna besiegt und dafür den Ehrentitel „Macedonicus“ erhalten.

a) Omnem Macedonum gazam[4], quae fuit maxima, praedam abstulit Aemilius Paullus; tantum pecuniae in aerarium[5] intulit, ut unius imperatoris praeda finem ad-tulerit tributorum[6].
b) Sed hic nihil in domum suam intulit nisi memoriam nominis sui aeternam[7], quae ei pluris fuit.
c) Scipio Africanus patrem gloria aequavit non divitior[8] Carthagine deleta.
d) Quid? Qui collega (!) eius fuit in magistratu, Lucius Mummius, num divitior[8] fuit, cum Corinthum, divitissimam[8] urbem, sustulisset?
e) Italiam ornare voluit, non domum suam; tamen Italia ornata domus ipsa videtur ornatior!
f) Nullum igitur vitium[9] turpius est avaritia, imprimis in viris civitatem regentibus.

[1] **supplex, -plicis**: um Schutz bittend
[2] **pretium, -i** *n*: (finanzielle) Gegenleistung
[3] **scito**: du sollst wissen
[4] **gaza, -ae** *f*: Reichtum
[5] **aerarium, -i** *n*: die römische Staatskasse
[6] **tributum, -i** *n*: Vermögenssteuer *(die alle römischen Bürger zu zahlen hatten)*
[7] **aeternus, -a, -um**: ewig
[8] **dives (divitior, divitissimus)**: reich
[9] **vitium, -i** *n*: Fehler; das Laster

Aufgaben zum Text

a) Wie ist der Ausdruck *tantum pecuniae* zu übersetzen?
b) Welcher Kasus liegt in der Form *pluris* vor? Welche syntaktische Funktion hat dieser Kasus in Verbindung mit dem Hilfsverb *esse*?
c) Welche Konstruktion liegt bei *Carthagine deleta* vor? Welche Sinnrichtung liegt vor?
d) Warum reicht die Übersetzung „Was?“ für *quid* hier nicht aus?
e) Begründen Sie, warum *Qui* hier kein relativischer Satzanschluss sein kann.
f) Welche Absicht verfolgt der Autor Cicero mit der Wahl der Fragepartikel *num*?
g) Welche Sinnrichtung liegt bei dem Abl. abs. *Italia ornata* vor?
h) In welchem Kasus steht die Form *avaritia*? Welche semantische Funktion erfüllt sie?
i) Wie könnte man den Ausdruck *viri civitatem regentes* mit einem einzigen deutschen Wort wiedergeben?

5. Irrläufer. In jeder der folgenden Reihen passt *eine* Form nicht zu den anderen.

a) vult – vis – velis – vultis – volvis – voles – volendo
b) tulerunt – ferent – ferre – fere – ferte – ferri – lati – tuli – fer
c) mori – morituri – moriendi – morienti – moranti – mortui
d) itis – istis – ibis – iretis – aderitis – redeant – exierant – abissent
e) potuerint – possent – posuerunt – poterunt – poterant – potuerant
f) noli – nolles – nolueris – nobis – nolenti

Ergänzungswortschatz

2/18–19

administrāre	leiten; verwalten	*f: administrer*
commendāre	anvertrauen, empfehlen	
cōnfirmāre	stärken; bekräftigen	Konfirmation
cōnsīderāre	betrachten, erwägen, bedenken	*e: to consider*
festīnāre	eilen, sich beeilen	
gubernāre	steuern, lenken; regieren	*f: gouvernement*
honōrāre	ehren, auszeichnen	→ 6 honōs
immolāre	opfern	
impetrāre	durchsetzen, erreichen	
iūrāre	schwören	→ 9 iūs
nōmināre	nennen, benennen	→ 8 nōmen
ōrāre	beten, bitten	→ 2 ōrātor
persevērāre	(bei etw.) bleiben, hart bleiben (bei etw.)	
recreāre	wiederbeleben, kräftigen	*f: récréation*
vīsitāre	besuchen	Visite; *e: to visit, f: visiter*
carēre *(m. Abl.)*	(etw.) nicht haben,	Karenztage
attinēre, attineō, attinuī, attentum	aufhalten, festhalten; sich erstrecken	
continēre	zusammenhalten, festhalten; enthalten	Kontinent
lūcēre, lūceō, lūxī	leuchten, strahlen	→ 8 lūx
sustinēre	aushalten, ertragen	
advenīre, adveniō, advēnī, adventum	ankommen, herankommen	Advent; *f: avenir*
ērudīre	unterrichten, bilden	
vestīre	kleiden, bekleiden	
afficere honōribus	ehren	
arguere, arguō, arguī, argūtum	darlegen; (*m. Gen.*:) (wegen etw.) beschuldigen	
conquīrere, conquīrō, conquīsīvī, conquīsītum	zusammensuchen, aufspüren	*f: conquête*
dīmittere, dīmittō, dīmīsī, dimissum	entlassen, gehen lassen; aufgeben	
distribuere, distribuō, distribuī, distribūtum	verteilen, einteilen	*f: distribuer*
ēdere, ēdō, ēdidī, ēditum	herausgeben, verbreiten, hervorbringen	Edition
exsistere, exsistō, éxstitī	hervortreten, auftreten, entstehen	Existenz; *f: exister*
sē gerere	sich benehmen	
īnstituere, īnstituō, īnstituī, īnstitūtum	einrichten, beginnen; beabsichtigen	Institution; *f: instituteur*
ostendere, ostendō, ostendī, ostentum	zeigen, in Aussicht stellen	ostentativ
pingere, pingō, pīnxī, pictum	zeichnen, malen, bemalen	*e: picture*
remittere, remittō, remīsī, remissum	zurückschicken, loslassen; vermindern;	*f: remettre*
respicere, respiciō, respexī, respectum	zurückschauen, berücksichtigen	*f: respecter*
prōpōnere, prōpōnō, prōposuī, prōpositum	vorlegen, vorschlagen, in Aussicht stellen; voranstellen	*e: to propose, f: proposer*
efficere, efficiō, effēcī, effectum	bewirken, durchsetzen	Effekt
interficere, interficiō, interfēcī, interfectum	töten	
perīre, péreō, périī	zugrunde gehen, umkommen	

cōnferre, cōnferō, contulī, collātum	zusammentragen, -bringen; vergleichen	Konferenz
dēferre, dēferō, dētulī, dēlātum	überbringen; melden, anzeigen	
differre, dífferō, distulī, dīlātum	aufschieben; sich unterscheiden	*f: différence*
praeferre, praéferō, praetulī, praelātum	vorantragen; zeigen; vorziehen	*f: préférer*
2/20–21 prōdesse, prōsum, prōfuī	nützen, nützlich sein	Pros(i)t
cōnsōlārī, cōnsōlor, cōnsōlātus sum	trösten	
fatērī, fateor, fassus sum	gestehen, bekennen	
āiō, ait, āiunt	ich sage, er/sie/es sagt, sie sagen	
minārī, minor, minātus sum	drohen, androhen	
audēre, audeo, ausus sum	wagen	
nōlī/nōlīte (*clāmāre*)	(schrei/schreit) nicht	
ōdisse, ōdī	hassen	
industria, -ae *f*	Fleiß, Eifer	Industrie
mūsica, -ae *f*	Musik	*f: musique*
rēgīna, -ae *f*	Königin	→ 8 rēx
inimīcus, -ī *m*	Feind	→ 2 amīcus
dēsīderium, -ī *n*	Sehnsucht, Verlangen, Bedürfnis	*f: désirer*
dubium, -ī *n*	Zweifel	
frūmentum, -ī *n*	Getreide	
negōtium, -ī *n*	Geschäft, Aufgabe	
supplicium, -ī *n*	Strafe, Todesstrafe	
admīrātiō, -ōnis *f*	Bewunderung, Staunen	→ 12 mīrus; *f: admirer*
artifex, -ficis *m*	Künstler	→ ars; Artist
cognitiō, -ōnis *f*	Untersuchung, Verfahren; Erkenntnis	→ 17 cognōscere
pānis, -is *m*	Brot	*f: pain*
tyrannis, -idis *f*	Tyrannis, Gewaltherrschaft	
vēritās, -ātis *f*	Wahrheit	→ 19 vērus; *f: vérité*
āctus, -ūs *m*	Handlung, Vorgehensweise; Akt	
prīncipātus, -ūs *m*	erste Stelle, Vorrang, Herrschaft	→ 15 prīnceps
rēs gestae, rērum gestārum *f*	Taten, Leistungen; Geschichte	
cottīdiānus, -a, -um	täglich, alltäglich	→ 22 cottīdiē
cognitus, -a, -um	bekannt	→ 17 cognōscere
dubius, -a, -um	zweifelhaft, unsicher	→ 3 dubitāre; dubios
dūrus, -a, -um	hart, unempfindlich	*f: dur/dure*
exiguus, -a, -um	klein, gering, unbedeutend	
ferus, -a, -um	wild, roh	
indīgnus, -a, -um	unwürdig	→ 16 indīgnārī
īnfirmus, -a, -um	schwach; krank	*f: infirm·ier*
lēgitimus, -a, -um	gesetzmäßig, legitim	→ 9 lēx
nōtus, -a, -um	bekannt	→ 20 īgnōtus
nūdus, -a, -um	nackt, bloß	
perītus, -a, -um *(m. Gen.)*	(in etw.) erfahren, kundig	
praeclārus, -a, -um	ausgezeichnet, glänzend, herrlich	→ 1 clārus
proximus, -a, -um	der/die/das nächste, letzte	

2/22

rēctus, -a, -um	recht, richtig, gerade	*e: right*
rōbustus, -a, -um	kräftig, stark; erwachsen	robust
vānus, -a, -um	nichtig, leer	*e: in vain*
egēns, -ntis	bedürftig, arm	→ 20 egēre
illūstris/illūstre, illūstris	glänzend, berühmt, vornehm	→ 8 lūx
immānis/immāne, immānis	ungeheuer, riesig, schrecklich, grausam	
memor, -ōris (*m. Gen.*)	in Erinnerung, sich erinnernd (an)	→ 11 memoria
sociālis/sociāle, sociālis	gesellig, Gemeinschafts-	→ 10 socius; sozial
iunior, -ōris	jünger	
senior, -ōris	älter	Senioren
potius	vielmehr, eher, lieber	
interim	inzwischen, einstweilen	
cottīdiē	täglich	→ 19 diēs
tantum	nur, bloß	→ 10 tantus
paene	fast, beinahe	
paulum	ein wenig	
utrum *(in direkten Wahlfragen)*	Fragesignal	
utrum *(in indirekten Wahlfragen)*	ob	
an (*in indirekten Fragen*)	ob	
velut	wie, sozusagen, wie zum Beispiel	
vel	oder	
vel – vel	entweder – oder	
trāns *(m. Akk.)*	über (… hinüber); jenseits	Trans·fer
secundum *(m. Akk.)*	längs, entlang; gemäß	→ 16 sequī

Lösungen

Die erste Ziffer nach G verweist auf den Grammatikteil, die zweite auf die Übung (z. B. G2 3).

Lektion 1

Grammatik

G1 1: clamat: er/sie/es schreit – salutat: er/sie/es grüßt – apparet: er/sie/es erscheint – venit: er/sie/es kommt – plaudit: er/sie/es klatscht Beifall – ridet: er/sie/es lacht – est: er/sie/es ist – salutat: er/sie/es grüßt – clamant: sie schreien – rident: sie lachen – audiunt: sie hören – plaudunt: sie klatschen Beifall – veniunt: sie kommen – salutat: er/sie/es grüßt – est: er/sie/es ist – sunt: sie sind – placent: sie gefallen
G1 2: a) salutant (sie grüßen) b) sunt (sie sind) c) audit (er/sie/es hört)
G1 3: a9 – b5 – c1 – d7 – e6 – f8 – g2 – h4 – i3

G2 1: a) populus: o-Dekl. – imperator: Kons. Dekl. – pompa: a-Dekl. – Quintus: o-Dekl. – Flavia: a-Dekl. – Flaviam: a-Dekl – homines: Kons. Dekl. (homo) – dei: o-Dekl. (deus) – deae: a-Dekl. (dea) – turba: a-Dekl. – deos: o-Dekl. (deus) – deas: a-Dekl. (dea) – clamor: Kons. Dekl. – spectacula: o-Dekl. (Neutrum; spectaculum)
b) Akk.: Flaviam – homines (auch Nom.) – deos – deas – spectacula (auch Nom.)
G2 2: venit: kommt – rident: lachen – salutant – grüßen
G2 3: Turba clamat/apparet: Die Masse schreit/zeigt sich. Spectaculum placet: Das Schauspiel gefällt. Pompa apparet: Der Festzug erscheint. Dei deaeque ibi sunt/veniunt: Die Götter und Göttinnen sind dort, kommen. Homines ibi sunt/plaudunt/veniunt: Menschen sind dort/klatschen Beifall/kommen. Populus clamat/apparet: Das Volk schreit/erscheint.
G2 4: Turba imperatorem salutat: Die Menge grüßt den Kaiser. Homines clamorem audiunt: Die Menschen hören das Geschrei.

G3 1: homines summi: höchstrangige Menschen – populus laetus: das fröhliche Volk – magna turba: eine große Menge – spectaculum clarum: ein berühmtes Schauspiel
G3 2: a) Ich sehe große Schauspiele/freudige Menschen. b) Ich sehe den berühmten Kaiser/die höchste Göttin.
G3 3: eine große Menge (Nom. Sg.)/große Schauspiele (Nom./Akk. Pl.)
G3 4: Der berühmte Kaiser kommt und verspricht ein großes Schauspiel. Die fröhlichen Menschen hören den Kaiser. Dann kommen auch die höchsten Götter und die höchsten Göttinnen. Die Menge grüßt, lacht und schreit. Aber nicht allen gefällt alles. Großes Geschrei nämlich mögen sie nicht.

G4 1: a) Imperator (S) turbam (O) laetam (Attr) audit (P). – Der Kaiser hört die fröhliche Menge. b) Nam clamor (S) magnus (Pr. Nom) est (Kopula). – Denn das Geschrei ist groß. c) Nunc pompa (S) venit (P) – Nun kommt der Festzug. d) Homines (S) laeti (Pr. Nom) sunt (Kopula), plaudunt (S/P) et deos deasque (O) salutant (P) – Die Menschen sind fröhlich; sie klatschen Beifall und grüßen die Götter und Göttinnen. e) Ibi enim dei deaeque (S) apparent (P). – Dort erscheinen die Götter und Göttinnen. f) Magna (Attr) spectacula (S) placent (P). – Große Schauspiele gefallen. g) Laeta (Pr. Nom) enim sunt (S/Kopula). – Sie sind nämlich fröhlich.
G4 2: a) Dea magna est. – Die Göttin ist groß. b) Spectacula magna sunt. – Die Schauspiele sind groß. c) Imperator magnus est. – Der Kaiser ist groß. d) Dei magni sunt. – Die Götter sind groß.
G4 3: Nunc clamant et homines laeti. – Nun schreien auch die fröhlichen Menschen.
G4 4: 1d: Quintus hört das Geschrei. 2c: Er grüßt Flavia. 3a: Das Volk ist fröhlich. 4b: Nun schreien die Menschen.
G4 5: die übrigen Völker – ein großes Geschrei – sie ist froh – sie sind groß – ein/der große(r) Mensch – die übrigen erscheinen – dort sind sie

Wussten Sie schon?

QUintus Flaviam salutat et ridet. – Salutant imper**A**torem clarum. – Et homines clamant et plau**D**unt. – Ibi dei deaeque appa**R**ent. – Et simulacrum Veneris ven**I**t. – Nunc clamor ma**G**nus est. – Spectacul**A** laeta sunt. → QUADRIGA (Viergespann)

Lesen und verstehen

„Sei gegrüßt, Cäsar!", ruft das Volk. „Sei gegrüßt, Cäsar!", ruft auch Quintus Domitius, denn der Kaiser erscheint, Marcus Ulpius Traianus Caesar Augustus! Nun spricht der Kaiser zum Volk; die Menge lärmt nicht, sondern hört dem Kaiser zu. Trajan aber verspricht ein großartiges Schauspiel. Dann lärmt die Menge aufs Neue, denn die prächtige Bilderprozession zieht ein: Da kommen Jupiter, der höchste Gott, und Juno, die höchste Göttin. Es kommen Apollo und Diana, Neptunus und Ceres und die übrigen großen Götter und großen Göttinnen. Die Menschen sind fröhlich, klatschen Beifall und grüßen die Götter und Göttinnen. Der Lärm ist gewaltig. Nun klatscht auch Quintus Beifall, denn das Bild der Venus erscheint. Dort nämlich ist Flavia, und Quintus ist in Flavia verliebt. Ah! Auch Flavia klatscht! Nun lacht Quintus und ist fröhlich; nun gefallen ihm die Spiele!

Versuchen Sie sich am Original

Sei gegrüßt, Kaiser! – Die Gallier sind wilde und barbarische Menschen. – Du Mensch (Kerl)! – Gott klatscht nicht Beifall.

Zu guter Letzt
Jupiter: Göttervater, Gott des Blitzes und des Donners – Juno: Frau und Schwester Jupiters, Göttin der Frauen, der Ehe und der Geburt – Apollo: Gott des Lichts und der Wissenschaften, der Heil- und Weissagekunst – Venus: Göttin der Schönheit und der Liebe – Diana: Mond- und Jagdgöttin, Tochter des Jupiter und der Latona, Zwillingsschwester des Apollo – Mars: Gott des Krieges, Sohn des Jupiter und der Juno

Lektion 2

Grammatik

G1 1: sedere: ē-Konj. – vadere: Kons. Konj. – venire: ī-Konj. – clamare: ā-Konj.: Warum willst du/wollt ihr nicht sitzen/gehen/kommen/schreien?
G1 2: ago: ich handle – amo: ich liebe – vides: du siehst – es: du bist
G1 3: amas – amamus – amant: ich liebe, du liebst, er/sie/es liebt, wir lieben, ihr liebt, sie lieben; audio – audit – auditis: ich höre, du hörst, er/sie/es hört, wir hören, ihr hört, sie hören; agis – agit – agunt: ich handle, du handelst, er/sie/es handelt, wir handeln, ihr handelt, sie handeln; sum – est – sunt: ich bin, du bist, er/sie/es ist, wir sind, ihr seid, sie sind
G1 4: summus – der oberste, höchste
G1 5: **c**lamant – **a**udio – **e**st – **s**umus – **a**mare – **r**idetis → CAESAR
G1 6: Was seht ihr nicht? Was hört ihr nicht? Was tut ihr nicht? Was liebt ihr nicht?

G2 1: cum oratore (zusammen mit dem Redner), cum deo (mit dem Gott), cum dea (mit der Göttin), in spectacula (in die Schauspiele), cum populis (mit den Völkern), in foro (auf dem Forum), cum amicis (mit/ohne Freunden), cum turba (mit der Menge)/ in turba (in der Menge)
G2 2: a) Der Kaiser erscheint im Zirkus (wo?). b) Auch Quintus kommt in den Zirkus (wohin?). c) Die Menge ist auch auf dem Forum (wo?). d) Warum gehen die Menschen auf das Forum (wohin?)?
G2 3: a) Quintus sieht mit Aulus zusammen das Schauspiel an (Instrumentalis). b) Die Menge schreit in der Basilika (Punktualis: Ortsangabe). c) Die Freunde hören aus der Basilika Geschrei (Separativus).
G2 4:
a) Die Menschen schreien ohne Grund.

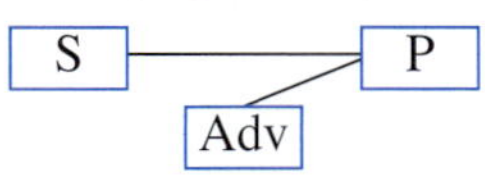

b) In der Basilika hören die Freunde Redner.

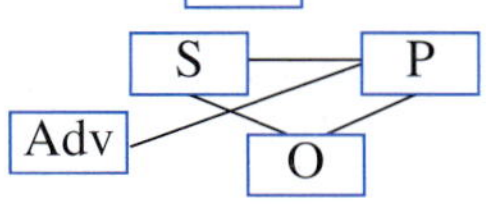

G2 5: Ich will nicht ohne Freunde sein/aus dem Zirkus gehen/auf das Forum kommen/mit den anderen Menschen Beifall klatschen.

G3 1: a) Macht es, Freunde, nicht Spaß, auf das Forum zu gehen? (Antwort: ja) b) Wollt ihr etwa immer im Zirkus Maximus sein? (Antwort: nein) c) Willst du, Aulus, mit den anderen die Redner hören? (Antwort: unentschieden)
G3 2: a) Bleibst du etwa immer auf dem Forum? b) Liebst du etwa immer das große Geschrei? c) Willst du etwa immer Redner hören? d) Magst du etwa immer mit Menschen zusammen sein?
G3 3: a) Nonne in foro spectaculum vides? – Siehst du nicht das Schauspiel auf dem Forum? b) Num ibi homines cum clamore sedent? – Sitzen dort etwa die Menschen mit Geschrei? c) Audiuntne ibi homines oratores claros? – Hören dort die Menschen berühmte Redner?
G3 4: a) Warum führst du in der Basilika einen Prozess? b) Willst du große Schaupiele sehen? c) Was verstehst du nicht? e) Liebst du es nicht, mit Freunden zu spielen?

Lesen und verstehen

Q: (sieht Sextus und grüßt): Hallo, Sextus, wohin gehst du?
S: Ich gehe auf das Forum, denn in der Julischen Säulenhalle tritt der prominente Anwalt (Redner) Gaius Plinius als Verteidiger des Publius Rabirius auf (= führt P. den Prozess für R.).
G: Auch ich will Plinius hören – doch was sehe ich? Dort, vor der Halle, sitzt Gaius mit Demetrius und spielt!
S: Hallo, Freunde, was treibt ihr?
G: Wir sitzen da und spielen, wie du siehst.
Q: Und warum seid ihr nicht in der Halle, warum hört ihr Plinius nicht zu?
G: Plinius hält sein Plädoyer noch nicht.
S: Ich höre aber großes Geschrei aus der Halle. Prozessiert nicht einer von den übrigen bekannten Rednern? Täusche ich mich etwa?
G: Allerdings (= du irrst dich), Sextus. Es reden nämlich ganz junge Leute …
Q: Du bist ein Witzbold, mein Lieber! Schreien die Menschen vielleicht ohne Grund?
G: Ich bin kein Witzbold, und die Leute schreien auch nicht grundlos. Sie bekommen nämlich Geld von den jungen Männern.
D: Geld? Was höre ich? Wo (in aller Welt) sind wir denn? In Griechenland ist es nicht üblich (= Brauch) …
G: (zu Demetrius): Der Brauch ist vielleicht römisch, doch das Wort (dafür) kommt aus Griechenland: Dergleichen Leute nennen wir Sophoklesse.
D: (hört das Wort und lacht)
G: Was ist, warum lachst du? Ich verstehe nicht …
S: Ich verstehe auch nicht, aber dort kommt Plinius!
G: Wollen wir Plinius nicht hören?

Versuchen Sie sich am Original
Mit Gott! – Großes zu sehen macht Spaß. – Die Stunden vergehen. – Für Geld zu spielen ist Brauch. – Ein Freund ist Platon, doch noch mehr eine Freundin ist die Wahrheit. – Wir sind Menschen, nicht Götter.

Zu guter Letzt
1S, 2I, 3E, 4B, 5E, 6N, 7H, 8U, 9E, 10G, 11E, 12L, 13S, 14T, 15A, 16D, 17T
→ SIEBENHUEGELSTADT

Lektion 3

Grammatik
G1 1: observa: Imp. (beobachte!) – pugna: Imp. (kämpfe!) oder Nom./Abl. Sg. (der Kampf/durch Kampf) – causa: Nom./Abl. Sg. (der Grund) – erra: Imp. (irre!) – hora: Nom./Abl. Sg. (die Stunde) – es: Imp. (sei!) – lude: Imp. (spiele!) – victore: Abl. Sg. (durch den Sieger) – amate: Imp. (liebt!) – timete: Imp. (fürchtet!) – timore: Abl. Sg. (aus Furcht) – more: Abl. Sg. (nach Art) – clamare: Inf. (schreien) – audi: Imp. (höre!) – loci: Gen. Sg. (der Stelle) – fortasse: Adv. (vielleicht) – veni: Imp. (komme!) – ludi: Nom. Pl./Gen. Sg. (die Spiele, des Spieles) – amice: Vok. Sg. (Freund!) – age: Imp. (handle!)
G1 2: Grüß dich!/Hallo! (Sei gegrüßt!) – Mach schon! Los! (Handle!)
G1 3: **c**lamate – **a**udite – **e**ste – **s**edete – **a**ge – **r**ide
→ CAESAR

G2 1: Abl.: dea – arena – causa – iustitia – amico – foro – bono – victore – more – gladiatore – multis – gladiis – animis – cunctis – locis – deis – ceteris – magnis. Rest: canta: Imp. Sg. – erra: Imp. Sg. – loca: Nom. Pl. – ego: ich – vado: 1. Ps. Sg. – homo: Nom. Sg. – pro: für – ridere: Inf. – amare: Inf. – cedis: 2. Ps. Sg. – plaudis: 2. Ps. Sg. – estis: 2. Ps. Pl.
G2 2: Ich bin Grieche. Ich begreife die Römer nicht. Warum freuen sich die Römer über die Gladiatorenspiele? Warum gehen sie ins Kolosseum? Warum sitzen sie dort mit freudigem Herzen? Warum sind sie ohne Furcht? Warum rühmen sie die Sieger mit lauten Rufen? Warum gehen sie nicht weg vom Kolosseum? Ich bin nicht froh über die Spiele der Römer.
G2 3: ludo: ich spiele/durch das Spiel (1. Ps. Sg./Abl. Sg.) – pugna: kämpfe!/durch den Kampf (Imp. Sg./Abl. Sg.) – clamore: mit Geschrei (Abl. Sg.) – ludis: du spielst/durch Spiele (2. Ps. Sg./Abl. Pl.) – (in) foris: (auf den) Foren (Abl. Pl.)
G2 4: a2: ludis gaudere: sich über Spiele freuen – b1: Colosseo cedere: vom Kolosseum weggehen – c5: pecunia vacare: kein Geld haben – d3: magno animo pugnare: mit großem Mut kämpfen – e4: gladiatores observare: die Gladiatoren beobachten – f6: iustitia causam agere: mit Gerechtigkeit einen Prozess führen
G2 5: gl**a**dio – timo**r**e – mor**e** – pecu**n**ia – basilic**a**
→ ARENA

G3 1: a) Homines laeti sunt; nam victores arena cedunt – Die Menschen sind froh; denn die Sieger verlassen die Arena. b) Cur non in forum vaditis, ubi magnus orator causam agit? – Warum geht ihr nicht auf das Forum, wo ein großer Redner einen Prozess führt? c) Pugnae amicos delectant, nam Barbatus cunctos superat. – Die Kämpfe machen allen Spaß; denn Barbatus besiegt alle.
G3 2: a2: An den Spielen kommen die Römer ins Kolosseum, wo die Gladiatoren kämpfen. b3: Während die Gladiatoren erscheinen, klatschen alle Beifall. c1: Die Menschen wollen, während sie das Schauspiel sehen, lachen.
G3 3: Dort kommt Syrus mit Barbatus – Während Syrus zögert, schreit, Barbatus. – Hast du etwa Angst vor dem Kampf? – Dann greift er Syrus mit dem Schwert an.
G3 4: Konjunktionen: enim – autem – nam; Subjunktionen: dum – ubi. Satzreihe: Satz 1, 4 und 5, Satzgefüge: Satz 2 und 3. Die Freunde sitzen auf dem Forum. Es kommt nämlich der Festzug. Während aber der Kaiser und die Senatoren auf das Forum gehen, lachen alle und sind froh. Wo die Basilika ist, dort wendet sich der Kaiser an das Volk: „Seid guten Mutes! Denn die Götter und Göttinnen sind unsere Freunde. Hier freut euch und klatscht Beifall!"
G3 5: Während der Kaiser auf dem Forum ist, rufen die Menschen/lacht Quintus/hält der Redner keinen Prozess/sind alle ohne Furcht/sind viele froh.

Lesen und verstehen
Im Kolosseum sitzen viele Leute. Während die Gladiatoren in die Arena kommen und die Menge begrüßen, feuern die einen den berühmten Gladiator Barbatus mit lautern Geschrei an, andere den Syrus: „Hör zu, Syrus! Greif Barbatus mit dem Schwert an! Hab keine Angst (= sei frei von Furcht), sei zuversichtlich (= guten Mutes)! Also los, töte den Barbatus! Warum kämpfst du noch nicht?"
Trotzdem zögert Syrus Barbatus anzugreifen – und Barbatus belauert (= beobachtet) den Syrus.
Lentulus aber schreit: „Kämpft endlich! Warum zögert ihr? Habt ihr etwa Angst vor euren Schwertern? – O ihr Götter, hört mich doch! Erschlagt alle schlechten Gladiatoren, nicht nur hier, sondern überall (auf der Welt) (= an allen Orten)!"
Endlich geht Barbatus mit dem Schwert auf Syrus los (= greift … an), und die Menge schreit: „Nimm dich in Acht, Syrus! Gib Acht auf Barbatus!"
Philodemus schreit nicht mit, denn er hat an dem Kampf keine Freude (= freut sich nicht über den Kampf). Während Syrus und Barbatus einander mit den Schwertern zu verwunden suchen, denkt er über die Wesensart (= Sitten) der Römer nach:

„Warum freuen sich Römer an solchen Veranstaltungen? Warum rennen sie alle zur Zeit der Spiele ins Kolosseum (= suchen sie … auf)? Warum lachen sie, während Menschen andere Menschen umbringen? Warum haben sie kein Mitleid?“
Plötzlich schreit Lentulus: „Getroffen! Getroffen!“ Syrus liegt am Boden, Barbatus freut sich über seinen Sieg, und die Menge preist den Sieger mit fröhlichem Geschrei.
Philodemus aber geht aus dem Kolosseum fort. Und Lentulus? „Philodemus ist ein Grieche, (und) die Griechen begreife ich nicht, Sie freuen sich nicht an Kampfspielen (= nicht an Kämpfen, nicht an Spielen), sie feiern einzig und allein (nur) ihre Sportler. Ich möchte kein Grieche sein.“

Versuchen Sie sich am Original

Hüte dich vor dem Hund! (Vorsicht Hund!) – Klatscht Beifall, Leute! – Ohne Furcht zu sein ist das höchste Gut. – Vom (seinem) Platz zu weichen ist schlecht.

Zu guter Letzt

1) Rundgang 2) Eingänge für Zuschauer 3) Einlass für Gladiatoren 4) „Mastbäume“ zur Befestigung der Sonnensegel 5) innere Treppenaufgänge 6) Käfige für wilde Tiere 7) Statuennischen 8) Zuschauertribüne → MITTE (Lass' ihn laufen!)

Lektion 4

Grammatik

G1 1: Genitiv: domini, hospitis, cuncti, sermonis, dei, patris, animi (Rest: petis: 2. Ps. Sg. – deis: Dat. Pl. – audi: Imp. Sg.); Dativ: populo, timori, clamori, loco, bono (Rest: homo: Nom. Sg. – ibi: Adv. dort – laudo: 1. Ps. Sg. – veni: Imp. Sg. – amo: 1. Ps. Sg. – quo: Fragewort wohin?)
G1 2: homine/homini/hominum/hominis/hominibus: durch den Menschen/dem Menschen/der Menschen/des Menschen/den Menschen *oder* durch die Menschen; clamore/clamori/clamorum/clamoris/clamoribus: mit Geschrei/dem Geschrei/der Geschreie/des Geschreis *oder* mit Geschrei; causae/causa/causarum/causis: des Grundes/der Grund *oder* durch den Grund/der Gründe/den Gründen *oder* mit Gründen; gladii/gladium/gladio/gladiorum/gladiis: des Schwertes/das Schwert/dem Schwert *oder* mit dem Schwert/der Schwerter/den Schwertern *oder* mit den Schwertern; spectacula/spectaculum/spectaculo/spectaculorum/spectaculis: die Schauspiele (*Nom. oder Akk.*)/das Schauspiel (*Nom. oder Akk.*)/dem Schauspiel *oder* durch das Schauspiel/der Schauspiele/den Schauspielen *oder* durch die Schauspiele
G1 3: a) patrum (Ich denke über die Sitten der Väter nach.) b) Romanorum – hominibus – Graecis (Das Geschrei der Römer gefällt den griechischen Menschen nicht.) c) populi – pugnarum (Ich fürchte den Zorn des Volkes und liebe die Art der Kämpfe nicht.)
G1 4: a) gladiatorum: Attr.; cunctis: Obj. (Der Sieg der Gladiatoren gefällt nicht allen.) b) victoribus: Dat.-Obj.; magno: Attr. (Warum klatschen nicht alle den Siegern mit großem Geschrei Beifall?) c) oratorum: Gen.-Attr.; clarorum: adj. Attr. (Die Übrigen hören die Prozesse der berühmten Redner.)
G1 5: a) bonorum: Sie loben den Sieg tüchtiger Gladiatoren b) bonis: Sie gehorchen guten Herren. c) bonos: Sie lieben die guten Sitten der Väter.
G1 6: die Menge froher Menschen – der Sieg des guten Redners – ein Freund großer Spiele – das Mitleid der höchsten Göttin
G1 7: Nom./Akk. – *keiner* (Subjunktion/Präposition) – Gen. Pl. – Akk. Sg.

G2 1: a) te: Wir beobachten dich. b) Peto vos: Ich suche euch auf. c) meum: Ich fürchte meinen Herrn. d) tibi: Wir versprechen dir Geld. e) nostra: Unsere Göttin ist gut. f) meos: Ich tadle meine Sklaven. g) Quem: Wen lieben die Götter?
G2 2: a) Wer geht mit dir ins Kolosseum? b) Wessen Sieg gefällt dir nicht? c) Wem willst du mit deinem Geld gefallen? d) Vom wem hast du über die Deinen gehört? e) Mit wem willst du kämpfen?
G2 3: a) Ich liebe alles Meine/all die Meinen. b) Das Übrige gefällt mir nicht. c) Wer lobt die Seinen nicht? d) Die Unseren begreifen viel(es).
G2 4: Homines boni moribus patrum student. (Gute Menschen interessieren sich für die Sitten der Väter.)

G3 1: a) laeti: Prädikativum: Die Freunde sehen das Schauspiel frohgestimmt. b) unus: Prädikativum: Ich freue mich als Einziger unter allen. c) molestae: Präd.-Nomen: Die Kämpfe der Gladiatoren sind für viele lästig.
G3 2: a) Suchen etwa die Gladiatoren frohgestimmt den Kampfplatz auf? b) Nicht alle sind froh im Circus Maximus und sehen dort die Schauspiele mit Freude (froh) an.
G3 3: a) Ich als Kaiser brauche den Göttern nicht zu gehorchen. b) Ich bin der höchste Herr. Wem muss ich gehorchen? c) Aber der Kaiser muss ein guter Herr seines Volkes sein und immer die Gerechtigkeit im Auge behalten.
G3 4: a) Quintus liebt Flavia als Einzige (nur die Flavia). b) Quintus liebt als Einziger Flavia (nur Quintus)

Lesen und verstehen

„Was sehe ich, was höre ich? Du lachst, Kerl (Mensch)? Woher kommst du, Schafskopf, und warum hast du keine Angst vor dem Zorn deines Herrn? Ich bin ein Freigelassener und Kaufmann, ich lebe als Mensch unter Menschen. Du aber, wer bis du, wessen Sohn? Etwa gar (der Sohn) eines ehrbaren Vaters? Da habe ich meine Zweifel (= ich bezweifle).

Du bist nichts als ein Sklave des Cinna. Daher musst du schweigen, zuhören und parieren, Galgenstrick! Trotzdem lachst du, Hammel. Ah, ich kann mich kaum noch bremsen (= halte kaum an mich). Der Hausherr aber tadelt dich nicht. Wo sind wir (eigentlich), Freunde? Warum tadeln wir nicht das üble Verhalten unserer Sklaven? Sie vergnügen sich fröhlich (= ganz ungeniert), lachen über die Gespräche ehrenwerter Menschen und gehorchen weder ihrem Herrn noch ihrer Herrin. Sieh (nur diesen) nichtsnutzigen Sklaven an. Wem gehorcht er? Wen fürchtet er? Was nimmt er sich zu Herzen (= worum kümmert er sich)? Wir sehen das zwar ein, aber trotzdem tadeln wir unsere Sklaven nicht. O Götter, wo seid ihr? Warum erhört ihr uns nicht und steigt nicht herab? Warum zögert ihr? Die Hausherren nämlich …"
Da (meint) Marcus Cornelius, der Herr des Hauses (= der Hausgemeinschaft): „Was plärrst du (so), Gripus? Wir sind Menschen, keine Götter. Auch du bist ein Mensch. Schweig also hier bei uns, gehorche mir. Du bist meinen übrigen Gästen schon lästig (= gehst … auf die Nerven)."
Und tatsächlich hört Gripus auf zu schreien; das aber brummt er trotzdem: „Hammel, Galgenstrick, Schurke!"

Versuchen Sie sich am Original
O Vater Jupiter! – Wer begreift dies nicht? – Herren zu dienen ist das Los der Sklaven. – Der Weise kann als Einziger ohne Furcht leben (= Allein der Weise …). – In allem regiert das Geld (= ist Geld die Herrin).

Zu guter Letzt
piper: Pfeffer – feniculum: Fenchel – persicum: Pfirsich – vinum: Wein – ostrea: Auster – sal: Salz – caseus: Käse – asparagus: Spargel – nux: Nuss – caulis: Kohl – petroselinum: Petersilie – sinapi(s): Senf – dactylus: Dattel – cucurbita: Kürbis – oleum: Öl
Kartoffel, Avocado und Tomate waren den Römern nicht bekannt.

Lektion 5

Grammatik
G1 1: a) manebam b) legebatis c) tacebant d) veniebas e) ambulabamus f) parebat
G1 2: a) Die Gladiatoren kämpften mit großem Mut. b) Die Menschen sahen damals freudig den Kämpfen zu. c) Wem gefielen die Schaupiele der Römer nicht?
G1 3: senkrecht: tacebat – gaudebant – cedebat; waagerecht: timebat; wir hielten – er wich aus – du lebtest – er schwieg – ihr kamt – sie freuten sich – er fürchtete sich – ich gab

G2.1/2.2 1: relinquere: ich habe verlassen/verließ – ambulare: wir sind spazieren gegangen/spazierten – currere: sie sind gelaufen/liefen – legere: du hast gelesen/last – dare: sie haben gegeben/gaben – manere: ihr seid geblieben/bliebt – descendere: sind herabgestiegen/stiegen herab – ridere: du hast gelacht/lachtest – debere: ich habe müssen/musste – cedere: wir sind weggegangen/gingen weg – videre: sie haben gesehen/sahen – intellegere: er hat erkannt/erkannte – esse: er ist gewesen/war
G2.1/2.2 2: v-Perf.: amavi: ich habe geliebt/liebte – u-Perf.: paruit: er hat gehorcht/gehorchte – s-Perf.: vixisti: du hast gelebt/lebtest – Dehnungsperf.: venerunt: sie sind gekommen/kamen – Redupl. perf.: dedimus: wir haben gegeben/gaben – Perf. ohne Veränd.: reprehendi: ich habe getadelt/tadelte
G2.1/2.2 3: Warum ist es gut, – an den Sitten der Väter festzuhalten/gehalten zu haben? – in Rom zu leben/gelebt zu haben? – viel zu erfinden/erfunden zu haben? – sich dem Spiel zu widmen/gewidmet zu haben? – andere zu lieben/geliebt zu haben?
G2.1/2.2 4: vidimus: 1. Ps. Pl. Perf.: wir haben gesehen/sahen – venit: 3. Ps. Sg. Präs./Perf.: er kommt/ist gekommen/kam – paruit: 3. Ps. Sg. Perf.: er hat gehorcht/gehorchte – vidisti: 2. Ps. Sg. Perf.: du hast gesehen/sahst – legerunt: 3. Ps. Pl. Perf.: sie haben gelesen/lasen – mansit: 3. Ps. Sg. Perf.: er ist geblieben/blieb – currit: 3. Ps. Sg. Präs.: er läuft – invenis: 2. Ps. Sg. Präs.: du findest – audimus: 1. Ps. Pl. Präs.: wir hören – plausimus: 1. Ps. Pl. Perf.: wir haben geklatscht/klatschten – petivimus: 1. Ps. Pl. Perf.: wir haben verlangt/verlangten – reprehendimus: 1. Ps. Pl. Präs./Perf.: wir tadeln/haben getadelt/tadelten – descenditis: 2. Ps. Pl. Präs.: ihr steigt herab – desinitis: 2. Ps. Pl. Präs.: ihr hört auf – legit: 3. Ps. Sg. Präs./Perf.: er liest/hat gelesen/las
G2.3 1: a) Ich spazierte über das Forum mit unserem Freund. b) Wir hörten den großen Lärm der Menschen. c) Überall sahen wir frohe Menschen. d) Da suchten wir mit den Freunden das Spiel der Gladiatoren auf. (Sätze a-c: länger andauernde Vorgänge, Satz d: spontaner Eintritt einer Handlung) e) Dort kämpften die Gladiatoren mit großem Geschrei. f) Wir beobachteten lang den Kampf, plötzlich verwundete der eine den anderen mit dem Schwert. g) Da schrie die Menge und feierte den Sieger mit freudigen Rufen. h) Wir aber gingen vom Spiel weg. (Sätze e-f: länger dauernder Vorgang, Satz g: plötzlicher Eintritt einer Handlung, Satz h: Feststellung eines Abschlusses)
G2.3 2: 2 – 4 – 8 – 6 – 3 – 5 – 1 – 7: Es war Nacht. Wir irrten durch unsicheres Gebiet und waren nicht ohne Furcht. Plötzlich erschien ein übler Kerl. Welch ein Unheil! Er griff uns an und tötete einen von uns. Wir waren wirklich nicht gut drauf.

G3 1: egisse: agere (getan zu haben) – clamaverunt: clamare (sie haben gerufen/riefen) – cessisti: cedere (du bist gegangen/gingst) – occiderunt: occidere (sie haben getötet/töteten) – vacavi: vacare (ich bin frei gewesen/war frei) – timuisse: timere (gefürchtet zu haben) – audivistis: audire (ihr habt gehört/hörtet) – venerunt: venire (sie sind gekommen/kamen) –

descendit; descendere (er ist herabgestiegen/stieg herab) – reprehendisse: reprehendere (getadelt zu haben) – viderunt: videre (sie haben gesehen/sahen) – vixi: vivere (ich habe gelebt/lebte) – plausimus: plaudere (wir haben geklatscht/klatschten) – desierunt: desinere (sie haben aufgehört/hörten auf) – sedisti: sedere (du bist gesessen/saßest)
G 3 2: va**c**avi, d**e**scendit, ve**n**erunt, pl**a**usimus
→ CENA

Lesen und verstehen

… ich schlenderte durch die Thermen und suchte überall meine Freunde. Ah, wie viele Leute waren da, was für ein Geschrei hörte ich! Allerdings (trotzdem) war unter so vielen Leuten kein einziger von meinen Freunden! Schon wollte ich aus den Thermen weggehen, als ich plötzlich Titus sah. Er saß in der Bibliothek und las. Ich begrüßte Titus mit großer Freude und sagte: „Hast du einen von unseren Freunden gesehen?" „Nein (Ich habe keinen gesehen)", sagte er, „denn ich habe den Ovid gelesen."
Ich aber erwiderte: „Du hast genug gelesen. Nun kommt mit mir ins kalte Bad!"
Titus gehorchte, gab dem Bibliothekar den Ovid (zurück) und kam mit mir. Dann legten wir im Umkleideraum die Kleider ab und suchten das kalte Bad auf. Wir blieben nicht lange dort, weil das Wasser eiskalt war. Nachdem wir das Kaltbad verlassen hatten, suchten wir im Umkleideraum unsere Kleider. Plötzlich schrie Titus: „Wehe mir! Schlechte Menschen haben mich meiner Kleider beraubt (= meine Kleider gestohlen). Sie sind nicht mehr da, wo sie waren, wo ich sie abgelegt habe! Schon bereue ich es, auf dich gehört zu haben."
Nachdem wir lange vergeblich gesucht hatten, rief ich meinen Sklaven Davus und schickte ihn zu den Eltern von Titus: „Du, Davus, renn los, denn Titus braucht Kleider."
Davus rannte sofort los, ich aber suchte meine Sandalen, fand sie aber nicht, obwohl ich lange Zeit suchte. Da konnte ich meine Wut nicht mehr bezähmen, denn sie waren neu. „O ihr Götter" schrie ich, „wie viele schlechte Menschen gibt es in Rom!"

Versuchen Sie sich am Original

Ich kam, sah und siegte. – Mein Gott, mein Gott, warum hast du mich verlassen? – Die Unseren waren schon nahe bei der Stadt, als die Feinde plötzlich die Stellung aufgaben. – Viel habe ich gelesen, viel gesehen, viel gehört.

Zu guter Letzt

1) Sauna (*sudatorium*), Läden (*taberna*), Innen- und Außenbecken (*caldarium*, *tepidarium*, *frigidarium* – *natatio*), Fitnessräume (*palaestra*), Massagecenter (*unctuarium*), Ruhezonen (*ambulatio*, *bibliotheca*)
2) 1. von *forum* – „Marktplatz", Treffpunkt, Möglichkeit zur Präsentation; 2. von *spectaculum* – „Aufführung", lautstarkes Durcheinander (vgl. „Mach nicht so ein Spektakel!"); 3. von *appellare* – Anruf, Ansprache; 4. von *intellegere* – fähig zur Erkenntnis; 5. von *dominus* – herrische Art, Ausübung von Herrschaft; 6. von *ambulare* – nicht stationär, also man kann weggehen; 7. von *deponere* – Ablage, Abstellplatz; 8. von *frustra* – enttäuscht; 9. von *relinquere* – Überbleibsel, Reste; 10. von *novas* – Neuheit
3) *studere*: studieren, Student, Studie, Studio; *videre*: Video, visuell, Visum, Vision; *legere*: Lektüre, Lektion, Lektor, Legende, legendär; *currere*: Kurier, Kurs, kursieren, kursiv; *mittere*: Mission, Missionar.

Test Lektionen 1–5

1. von Angst frei sein – sich über den Sieg freuen – sich um den Sieg bemühen – von Rom weggehen – mit fröhlichem Geschrei – an allen Orten – sich vor der Masse hüten – sich an großen Wohltaten erfreuen
2. a) Bei Cinna ist großes Geschrei. b) Gripus schreit nämlich: „Ich bin ein ehrbarer Kaufmann. Und was sind die Sklaven? Nichts! c) Sie laufen durch Rom, sie tun nichts, sie hören nicht auf ihre Herren. d) Alle Sklaven sind schlechte Menschen." e) Aber einer von den berühmten Gästen tadelt Gripus. f) „Was für ein großes Geschrei ist hier! Schweig! Du bist ein Mensch, kein Gott. Du bist den anderen Menschen durch dein Geschrei schon lästig genug gewesen!"
3. a) Hütet ihr euch nicht vor schlechten Menschen? Hütet euch vor schlechten Menschen! b) Wir sind auf dem Kapitol. Das Kapitol ist der höchste Platz Roms. c) Endlich bist du gekommen, mein Freund; trotzdem sind noch nicht alle Freunde erschienen. d) Während ich mit meinem Freund spazieren ging, fand ich plötzlich Geld auf der Straße. e) Quintus ist noch nicht zu uns gekommen; Quintus kommt nicht mehr zu uns. Das gefällt mir nicht.
4. a) ceteri/ceteris – egisti/egi – intellegis/intellegebas – iacebam – descendisti/descendi/descendis/descendebas b) dubitavi – servum/servis – lusit – ludum/ludis/ludebam/ludit – quaeris/quaerebam/quaerit
5. a) placet: ē-Konj.: placere, placeo – legere: Kons. Konj.: lego – ludere: Kons. Konj.: ludo – videre: ē-Konj.: video – agere: Kons. Konj.: ago – timere: ē-Konj.: timeo b) sedemus: ē-Konj.: sedere, sedeo – audimus: ī-Konj.: audire, audio – sedimus: ē-Konj.: sedere, sedeo – audivimus: ī-Konj.: audire, audio – egimus: Kons. Konj.: agere, ago c) apparuerunt: ē-Konj.: apparere, appareo – ambulavimus: ā-Konj.: ambulare, ambulo – tacebant: ē-Konj.: tacere, taceo – petebant: Kons. Konj.: petere, peteo d) studete: ē-Konj.: studere, studeo – quaerere: Kons. Konj.: quaero
6. a) zu Modell C) – b) zu Modell A) – c) zu Modell B)
7. ich rufe, Geschrei, dem Geschrei, mit/den Rufen – rufe!, er ruft, ihr ruft – der Feldherr, durch den Feldherrn, den Feldherrn – sei!, er ist, seid!

Lektion 6

Grammatik

G1 1: a) deposita: deponere (Abgelegtes/Abgelegte) b) relicti: relinquere (Verlassene) c) reprehensus: reprehendere (getadelt) d) datum: dare (Gegebenes) e) promissa: promittere (Versprochenes/Versprochene) f) debitum: debere (Geschuldetes) g) acta: agere (Getanes/Getane) h) appellatus: appellare (angeredet) i) intellectum: intellegere (Erkanntes) j) lecti: legere (Gelesene) k) occisi: occidere (Getötete) l) risa: ridere (Ausgelachtes/Ausgelachte) m) vocatus: vocare (gerufen) n) observatae: observare (Beobachtete)

G1 2: a) Vi**t**a acta est. – Das Leben ist verbracht. b) **H**ospites laudati sunt. – Die Gäste wurden gelobt. c) Sp**e**ctaculum visum est. – Das Schaupiel wurde gesehen. d) Se**r**vae reprehensae sunt. – Die Sklavinnen sind getadelt worden. e) Gaudiu**m** quaesitum est. – Freude ist gesucht worden. f) Imper**a**tor salutatus est. – Der Kaiser wurde begrüßt. g) Orator**e**s auditi sunt. Die Redner sind gehört worden. → THERMAE

G1 3: a) Der Altar des Friedens (Die Ara Pacis) ist von Augustus erbaut worden. b) Vom Kaiser ist nämlich überall Frieden geschaffen worden. c) Damals sind alle Menschen zum Frieden (auf-)gerufen worden. d) Und sie sind nicht mehr durch Krieg angegriffen (= bedroht) worden. e) Deshalb ist Augustus „Vater des Vaterlandes" genannt worden.

G1 4: vulneratus/a/um est: er/sie/es ist verwundet worden/wurde verwundet – lusum est: es ist gespielt worden/wurde gespielt – desitum est: es ist aufgehört worden/wurde aufgehört – laesus/a/um est: er/sie/es ist verletzt worden – habitus/a/um est: er sie es ist gehalten worden/wurde gehalten – inventus/a/um est: er/ sie/es ist gefunden worden/wurde gefunden – datus/a/um est: er sie es gegeben worden/wurde gegeben

G2 1: a) ein mit schönen Bildern geschmückter Altar b) ein unter Freuden verbrachtes Leben c) Frieden, der allen Menschen geschenkt worden ist d) der Sieg des Gladiators, der vom Volk gesehen worden ist e) ein mit großem Mut geführter Kampf f) von den Römern gerühmte Sieger g) Gäste, die durch das gute Mahl erfreut worden sind h) mit großem Vergnügen gehörte Redner i) Wohltaten, die den Armen erwiesen worden sind

G2 2: a) Die Römer liebten den von Augustus geschaffenen Frieden/den Frieden, nachdem er von Augustus geschaffen worden war. b) Auch die vom Kaiser erbaute Ara Pacis lobten sie. c) Die Römer wurden, wenn sie von Barbaren angegriffen wurden, nicht mehr des Sieges beraubt. d) Nach dem Tod des von allen gerühmten und geliebten Augustus waren die Römer fast überall die Herren.

G2 3: a) Imperator a populo salutatus in Circo Maximo sedebat. (Der Kaiser saß, nachdem er vom Volk begrüßt worden war, im Circus Maximus.) b) Mercator pecunia spoliatus non gaudebat. (Der Kaufmann war, da ihm das Geld gestohlen worden war, nicht erfreut.) c) Gladiatores in pugna vulnerati bono animo erant. (Die Gladiatoren waren, obwohl sie im Kampf verwundet worden waren, guten Mutes.)

G2 4: a) Pax a multis Romanis petita ab Augusto parata est. (Der von vielen Römern ersehnte Frieden ist von Augustus geschaffen worden.) b) Gladiatores in arenam missi magno animo pugnaverunt. (Die Gladiatoren kämpften, als sie in die Arena geschickt worden waren, mit großem Mut.) c) Oratores magno cum gaudio auditi saepe in foro apparuerunt. (Die Redner, die mit großem Vergnügen gehört wurden, traten oft auf dem Forum auf.) d) Populi ab imperatore superati Romanis paruerunt. (Die vom Kaiser besiegten Völker gehorchten den Römern.) e) Sol a Romanis laudatus non cunctis placet. (Die von den Römern verherrlichte Sonne gefällt nicht allen.)

G3 1: a) homines miseri/hominum miserorum/hominibus miseris/homines miseros/hominibus miseris b) puer pulcher/pueri pulchri/puero pulchro/puerum pulchrum/puero pulchro c) servae miserae/servarum miserarum/servis miseris/servas miseras/servis miseris d) domina pulchra/dominae pulchrae/dominae pulchrae/dominam pulchram/domina pulchra e) forum pulchrum/fori pulchri/foro pulchro/forum pulchrum/foro pulchro

G3 2: a) Wir kümmern uns um die armen Sklaven. b) Venus ist eine schöne Göttin. c) Das Leben der Sklaven ist elend. d) Wir wollen den schönen Altar, der von Augustus erbaut worden ist, sehen.

G3 3: pulchri/pulchrae/pulchra/pulchros/pulchras/pulchrorum/pulchrarum/puchrum/pulchris – patri/patres/patrum/patribus – viri/viros/virororum/virum/viris – pueri/pueros/puerorum/puerum/pueris – miseri/miserae/misera/miseros/miserorum/miserarum/miserum/miseris

G3 4: Romani viros claros laudant. (Die Römer loben berühmte Männer.) – Cuncti pueri Thermas pulchras petunt. (Alle Jungen besuchen die schönen Thermen.)

G4 1: a) eos: Im Kolosseum kämpften die Gladiatoren; diese beobachteten die Römer mit Freude. b) eorum: Aber deren Kämpfe gefielen nicht allen. c) eis: Die Kinder der Römer aber lobten die Sieger; sie hörten nicht auf, sich an den bereiteten Siegen zu erfreuen. d) ei: Daher gingen sie immer ins Kolosseum.

G4 2: a) Die Gastfreunde erfreuten sich viele Stunden lang bei Cinna am Essen. Viele suchten dessen Villa, die mit schönen Bildern geschmückt war, auf. b) In ihr (= dort) gehorchten viele Sklaven und Sklavinnen ihrem Herrn. c) Ihr (= Deren) Leben war aber

nicht elend. Denn dieser Herr pflegte schon lange Jahre seine Sklaven und Sklavinnen nicht mehr zu tadeln.
G4 3: Suas bezieht sich auf das Subjekt des gleichen Satzes, eorum/eius auf Wörter/Wort des vorausgehenden Satzes.

Lesen und verstehen

Schau, der berühmte Altar, der gepriesene Altar, der Altar, der von Augustus für die Friedensgöttin erbaut wurde. Hier sehen wir den Kaiser selbst mit seinem Freund Agrippa, dort Iulia, die schöne Tochter des Augustus, die mit Agrippa verheiratet wurde (= dem Agrippa zur Frau gegeben wurde) – und schau nur, da ist Gaius Caesar, der Sohn von Iulia und Agrippa. Ihn hat Augustus zusammen mit seinem Bruder Lucius adoptiert; diese beiden hat er schon als Kinder mit großen Ehrungen ausgezeichnet, weil er selbst keinen Sohn hatte. Trotzdem konnte er sich nicht lange über seine geliebten Enkel freuen, denn sie sind jung (= als junge Männer) gestorben.
Und was (gibt es) über Iulia (zu sagen)? Augustus hat sie nach dem Tod des Agrippa mit seinem Stiefsohn Tiberius verheiratet, obwohl er ihn nicht mochte und sein Verhalten oft kritisierte.
Mit diesem Mann lebte Iulia einige Jahre, bis dieser, weil er von August gekränkt worden war, Italien verließ. Iulia aber führte, als Tiberius sie verlassen hatte (= als sie von Tiberius verlassen worden war/nach ihrer Trennung von Tiberius), mit ihren Freunden ein Leben in Freuden, denn nun war sie frei. Damals hatte sie, wie ich gehört habe, Verhältnisse mit anderen Männern und bereitete die Ermordung des Tiberius vor (= schmiedete ein Mordkomplott gegen Tiberius). Daher wurde sie von ihrem Vater auf eine kleine Insel geschafft, wo sie ein elendes Leben führte.
Wenige Jahre später wurden ihr dritter Sohn und eine ihrer Töchter auf andere Inseln geschickt (= verbannt). Weder diesem noch seiner Tochter Iulia gewährte Augustus Verzeihung, obwohl er von vielen darum gebeten wurde. Vielmehr wurden ihnen alle Annehmlichkeiten des Lebens verweigert. So streng gegen seine Angehörigen war Kaiser Augustus! Auch pflegte er Iulia und ihre Kinder nie anders zu nennen als seine Krebsgeschwüre.

Versuchen Sie sich am Original

Frei sind unsere Gedanken. – Die von Hannibal geschickten Gesandten verlangten Frieden von den Römern. – Ein kurzes Leben ist uns von der Natur gegeben; doch die Erinnerung an ein gut geführtes Leben dauert immer. – Du baust auf Sand.

Zu guter Letzt

Richtig: 1, 2, 3, 5, 7, 10
Falsch: 4, 6, 8, 9

Lektion 7

Grammatik

G1 1: a) videre: sie waren gesehen worden b) laedere: er hatte verletzt c) agere: ich war getrieben worden d) intellegere: wir hatten verstanden e) promittere: es war versprochen worden f) invenire: du hattest gefunden g) occidere: er war getötet worden h) deponere: ich hatte abgelegt i) quaerere: ihr wart gesucht worden j) desinere: sie hatten aufgehört
G1 2: a) Der Prozess war geführt worden. b) Alle hatten den Redner gelobt. c) Dann waren sie vom Forum weggegangen. d) Friede war hergestellt worden. e) Die Sitten der Vorfahren waren nicht verletzt worden.
G1 3: a) Kaum waren die Troianer nach Italien gekommen, als die Feinde sie angriffen. b) Schon hatten sie die Mauern der Stadt erbaut, als sie plötzlich fliehen mussten.
G1 4: a3: Obwohl sie des Geldes beraubt worden waren, waren sie nicht unglücklich. b1: Wo gekämpft worden war, dort lagen viele Menschen getötet am Boden. c2: Weil das Vaterland gerettet worden war, herrschte große Freude.

G2 1: Schaue an! – Mache! – Wünsche! – Fangt! – Flieht! – Macht! – Werft! – Fang! – Wirf!
G2 2: a) Warum meidest du mich/hast du mich gemieden? b) Viele genießen mit mir die Freuden/haben … genossen. c) Wer macht so viele Worte/hat … gemacht? d) (Etwas) vergeblich zu wünschen/gewünscht zu haben ist nicht gut.
G2 3: a) aspecti sumus: wir sind erblickt worden b) factus es: du bist geschaffen worden c) cupiti sunt: sie sind begehrt worden d) iacti sunt: sie sind geworfen worden
G2 4: a) Die Vaterstadt ist/war von den Feinden eingenommen worden. b) Opfer sind/waren überall dargebracht worden. c) Elende alte Leute sind/waren gesehen worden. d) Unrecht ist/war von den Römern über viele Völker gebracht worden.

G3 1: a) Wer hat über die Barbaren und Griechen Folgendes gesagt: „Die Sitten jener sind übel, die Sitten dieser sind gut"? b) Sokrates, jener berühmte Philosoph der Griechen, hat viel Neues über die Sitten (= moralischen Grundsätze) der Menschen gefunden. c) Wir suchten sowohl die Villa des Gaius als auch die Basilika auf; in jener wünschten wir uns an einem großen Mahl zu erfreuen, in dieser einen großen Redner zu hören.
G3 2: illa mulier: jene Frau – illi viro: jenem Mann – illam mortem: jenen Tod – illo fratre: durch jenen Bruder – illius pueri: jenes Jungen – huic servo: diesem Sklaven – hanc urbem: diese Stadt – hoc sacrum: dieses Heiligtum – huius senis: dieses Greises – haec fora: diese Foren

G4 1: a5: Auf das(-jenige) Forum, auf dem die Basilika stand, sind alle gelaufen. b1: Über die Spiele, die die Römer angeschaut hatten, habe ich viel gelesen. c4: Den(-jenigen) Gladiator, dessen Sieg allen gefiel, lobte auch der Kaiser. d2: Die(jenigen) Menschen, die damals kein freies Leben hatten, waren arm dran. e3: Die(-jenigen) Völker, deren Sitten schlecht waren, haben die Römer angegriffen.
G4 2: a) Die Trojaner sind aus ihrer Stadt, die von den Griechen erobert worden war, geflohen. b) Weil sie nämlich kein freies Leben hatten, suchten sie für sich eine neue Heimat. c) Endlich nach vielen Jahren erblickten sie in Italien die(-jenige) Gegend, in der sie immer zu bleiben wünschten. d) Deshalb dachten sie bei sich: e) „Jene Heimat halten wir in Erinnerung, diese Heimat lieben wir nun.“ f) Aeneas aber, der damals guten Mutes war, sagte: „Die Götter selbst haben uns dieses schöne und freie Land gegeben. g) Sie haben nämlich aufgehört, uns Unheil zu bereiten. h) Deshalb loben wir ihre Barmherzigkeit.“

Wussten Sie schon?
pulchra urbs capta erat → LUPA

Lesen und verstehen
„Es war Nacht und ich hatte mich schlafen gelegt, als plötzlich Hektors Schattenbild erschien und rief: „Flieh, Aeneas, denn der Feind hat die Mauern genommen! Du aber nimm die Heiligtümer und suche eine neue Heimat!“
Die Erscheinung war kaum verschwunden, als ich, aus dem Schlaf geschreckt, Geschrei von Männern hörte. Sogleich ergreife (= ergriff) ich mein Schwert und will (= wollte) die Heimatstadt retten – doch umsonst! Schon stürmen die Griechen durch alle Straßen der eroberten Stadt, schleudern Speere, erschlagen Männer, rauben junge Frauen!
„Was soll ich tun“, frage ich mich, „wenn auch mein Haus schon erobert ist, wenn meine Frau Creusa schon entführt, wenn mein alter Vater mit dem kleinen Iulus erschlagen ist?“
Plötzlich erblickte ich jene Helena, die aus der Burg geflohen war und sich an den Altar der Vesta gerettet hatte. Sie wollte ich töten, weil sie die Ursache aller Leiden gewesen war, doch die Göttin Venus erschien und sprach: „Was tust du, Aeneas? Diese Frau, der du das Leben nehmen willst, ist unschuldig, und unschuldig ist Paris, der sie geraubt hat. Der Zorn der Götter hat diese Mauer, hat diese Stadt zerstört (oder Präsens: zerstört). Du aber fliehe und suche eine neue Heimat!“
Von diesen Worten bewegt eile ich nach Hause und will die Meinen retten. „Du, Vater“, sage ich, „nimm die heiligen Gegenstände; ich werde dich tragen; ihr aber, Creusa und Iulus, kommt mit uns!“
Doch mein Vater weigerte sich und sprach: „Flieht und lasst mich da! Ich bin ein alter Mann und will nicht ohne Heimat leben.“ Während er das sagte, erblickten wir auf Iulus' Scheitel eine unschädliche Flamme (= sie verbrannte ihn nicht). Da rief mein Vater: „O Jupiter! Durch dieses Zeichen ermahnst du mich und bewegst mich (=stimmst mich um)!“
Wir waren aber froh, dass sich der Vater hatte umstimmen lassen, und flohen während der Nacht aus der Stadt.

Versuchen Sie sich am Original
Hannibal war schon an die Mauern herangerückt, als plötzlich die Römer mit den Schwertern angriffen. – Der Tod ist für die(-jenigen) ein Übel, mit deren Leben alles ausgelöscht wird. – Die Menschen sagen immer Folgendes: „Diese Sitten gefallen nicht allen.“ – Zu handeln lehrt die Philosophie, nicht zu reden. – Gesagt, getan.

Zu guter Letzt
Aeneas: 2, 3, 5, 8
Odysseus: 1, 4, 6, 7

Lektion 8

Grammatik
G1 1: a3 – b5 – c1 – d6 – e2 – f4
G1 2: a) fugiet b) vinces c) cenabunt d) docebitis e) ducent f) solebimus g) veniam h) ornabo
G1 3: *Aeneas überlegt bei sich:* Ich werde guten Mutes sein. Doch die Römer werden hochmütig sein. Werden sie etwa dann schlechte Könige sein? Wenn unsere Herrschaft den anderen Völkern lästig sein wird, werden wir keine anständigen Herren des Erdkreises sein. Die übrigen Menschen werden uns ihre Gunst nicht schenken und auch nicht bewahren.
G1 4: Aeneas patrem de sorte sua rogabit. – Aeneas wird seinen Vater nach seinem Schicksal fragen; Romani triumphos de ceteris gentibus agent. – Die Römer werden über die übrigen Völker Triumphe feiern; Augustus populis pacem dabit. – Augustus wird den Völkern Frieden geben.

G2 1: a) **o**pus: Aeneas wollte das Werk, das ihm vom Schicksal aufgetragen worden war, mit allen Kräften vollbringen. b) **m**oenia: Die Trojaner verlangten danach, die Mauern einer neuen Stadt zu errichten. c) tur**re**s: Deshalb hörten sie nicht auf, die schönen Türme der Burg der Dido mit Freude zu betrachten. d) nome**n**: Damals gefiel ihnen der Name Italien(s). → OMEN
G2 2: amica (Freundin) – regna (herrsche!) – terra (Land) – patria (Heimat) – via (Weg) – flamma (Flamme) – ara (Altar) – orna (schmücke!) – vita (Leben) – hora (Stunde); Neutra sind: fata (Schicksalsfügungen) – moenia (Mauern) – opera (Werke) – sacra (Opfer) – mala (Übel) – verba (Wörter) – ea (dieses: Neutr. Pl. von *is/ea/id*) – maria (Meere)
G2 3: a) einen großen Turm erbauen b) die Namen der Völker nennen c) mit Gewalt die Stadt angreifen

d) die Stadt mit Mauern umgeben e) berühmte Werke schaffen f) über das Meer eilen

G3 1: Ich hörte von Aeneas, den die Trojaner liebten/dessen Vater Anchises war. – Ich hörte von den Trojanern, für die Gefahren auftraten/über die viele vieles gesagt haben.
G3 2: Merkur erinnerte Aeneas lange an die Herrschaft der Trojaner. Nachdem er dies vernommen hatte, verließ er sofort Dido und machte sich über das Meer auf den Weg nach Italien (*quae* bezieht sich auf alles, was Merkur vorausgehend geäußert hat).

G4 1: **a** moenia: N./Akk. Pl.: die Mauer – flamma: N./Abl. Sg.: die Flamme/durch die Flamme – serva: N./Abl. Sg.: die Sklavin/durch die Sklavin (Imp. Sg. zu servare: rette!) – signa: N./Akk. Pl.: die Zeichen – **i** vi: Abl. Sg.: mit Gewalt – regi: Dat. Sg.: dem König – (ibi: dort) – beati: Gen. Sg/N. Pl.: des Glücklichen/die Glücklichen – sacri: Gen. Sg.: des Opfers – **um** forum: N./Akk. Sg.: der/den Marktplatz – honorum: Gen. Pl.: der Ehren – puerum: Akk. Sg.; den Jungen – malum: N./Akk. Sg. von malum: das Böse; Akk. Sg. von malus: den Bösen – (dum: während) – **o** somno: Dat./Abl. Sg. dem Schlaf/durch Schlaf – virgo: N. Sg.: die junge Frau – telo: Dat./Abl. Sg.: der Waffe, mit der Waffe – condo (ich gründe)

Wussten Sie schon?
1. pa**r**ces 2. m**o**nebis 3. cla**m**abis 4. f**u**gies 5. pe**l**les 6. p**u**gnabis 7. eri**s** → ROMULUS

Lesen und verstehen
Aeneas, der endlich nach Italien gekommen war, stieg mit der Sibylle in die Unterwelt hinab und befragte seinen Vater in den Gefilden der Seligen nach dem Schicksal seines Geschlechts (oder: Volkes). Dieser begrüßte seinen Sohn mit großer Freude, führte ihn mit sich und sprach:
„Nur werde ich dir die Seelen zeigen, die ein Gott zur rechten Zeit ans Licht rufen wird, und werde dir dein Schicksal verkünden. Du wirst jene Könige sehen, die in Alba Longa herrschen werden, die Burgen auf Bergen errichten werden, Nomentum und Gabii und die Stadt Fidena. Das werden dann die Namen sein; jetzt sind die Orte namenlos. Gleich werde ich dir alles sagen, du aber wirst hören und staunen – doch schon kommt jener berühmte Romulus, der Rom unter guten Vorzeichen gründen und nach seinem Namen nennen wird, der die Stadt mit Mauern und Türmen umgeben, der der erste der römischen Könige sein und viele herrlichen Taten vollbringen wird – und hier ist Augustus, der mit großer Macht die Ägypter besiegen und die Grenzen des Reiches ausdehnen und zur größten Freude der Völker der Welt Frieden schenken wird. Willst du Tarquinius sehen, den hochmütigen König, und Brutus, der Tarquinius aus der Stadt vertreiben und im freien Staat der erste Konsul sein wird? Willst du den jenen (= ruhmreichen) Scipio sehen, der über Hannibal triumphieren wird, und Cato, jenen Mann von strengen Sitten, und die übrigen berühmten Konsuln und Heerführer und Herrscher? Denn du, Aeneas, wirst der Ahnherr eines neuen Volkes sein und diesem Volk, dem römischen Volk, werden die übrigen Völker gehorchen. Die Herrschaft der Römer wird gerecht sein und den Völkern Frieden und Sitten geben. Besiegte werden sie schonen, die Stolzen aber niederringen."

Erste Versuche am Original
Hannibals Namen war bei allen sehr ruhmvoll (von großem Ruhm). – Diese Freundschaft wird immer zwischen uns bestehen bleiben. – Über sich selbst zu herrschen ist die höchste Herrschaft. – In diesem Zeichen wirst du siegen.

Zu guter Letzt
E – H – D – A (Abb. II) – G (Abb. I) – F – B – C

Lektion 9

Grammatik
G1 1: occisum esse: occidere (getötet worden sein) – scriptum esse: scribere (geschrieben worden sein) – positum esse: ponere (gelegt worden sein) – factum esse: facere (gemacht worden sein) – missum esse: mittere (geschickt worden sein) – relictum esse: relinquere (verlassen worden sein) – inventum esse: invenire (gefunden worden sein) – motum esse: movere (bewegt worden sein) – dilectum esse: diligere (geliebt worden sein)
G1 2: a) Warum schätzt man es (gefällt es), von Freunden nicht im Stich gelassen worden zu sein/aus großen Gefahren gerettet worden zu sein? b) Wozu ist es nützlich, gelehrt (worden) zu sein/mit vielen Ehren ausgezeichnet (worden) zu sein? c) Ist es etwa gut, seines Geldes beraubt worden zu sein/von Feinden umgeben (worden) zu sein?

G2 1: acri: viae/viro/anima/turri/vi – mala: anima/moenia/turri/vi/iudicia – celere: auxilium – laetam: noctem/fabulam – crudelia: moenia/iudicia – severo: viro – brevem: noctem/fabulam – magnum: auxilium – mortalis: anima – parva: anima/moenia/turri/vi/iudicia
G2 2: Nötig ist der Ablativ: Opus est celeri auxilio/iure acri/prudentibus consulibus/brevi fabula/bona lege. (Nötig ist/sind schnelle Hilfe/ein scharfes Gesetz/kluge Konsuln/eine kurze Erzählung/ein gutes Gesetz.)
G2 3: a) Die Römer haben grausame Völker nicht verschont. b) Denn es war nicht angenehm, immer von hitzigen Feinden umgeben zu sein. c) Für das römische Volk erwies es sich oft als nützlich, von klugen Führern beherrscht (worden) zu sein. d) War es etwa für einen römischen Bürger schön, nicht von allen Völkern der Erde mit ehrenvollen Worten gerühmt worden zu sein?

G2 4: a) hostes crudeles timere: grausame Feinde fürchten b) viris prudentibus parere: klugen Männern gehorchen c) acri animo esse: einen scharfen Geist/ ein hitziges Gemüt haben d) auxilio servorum celerum salutem petere: mit Hilfe schneller Sklaven Rettung suchen e) communi saluti consulere: für das Gemeinwohl sorgen f) leges utiles scribere: nützliche Gesetze schreiben

G3 1: a) Wer leugnet, dass jeder Staat Gesetze braucht? b) Gute Bürger gehorchen bekanntlich den Gesetzen. c) Die schlechten (Bürger) aber beachten weder noch fürchten sie die Gesetze, wie wir sehen. d) Alle freuen sich darüber, dass der Herrscher den Bestand des Staates mit Gerechtigkeit und Gesetzen sichert (den Staat … bewahrt). e) Die Menschen erfinden offensichtlich immer neue Gesetze.
G3 2: Zwietracht ist den Bürgern, wie wir wissen, nicht nützlich. Denn es steht fest, dass sie mit Zwietracht ihren Staat zugrunde richten. Wer also glaubt nicht, dass die Staatsführer für das Gemeinwohl aller mit guten Gesetzen sorgen müssen? Dass aber das Leben der Menschen ohne Rechte und Gesetze beschwerlich und grausam ist, ist von vielen Autoren überliefert worden.
G3 3: Turba imperatorem apparere gaudet. (Die Menge freut sich, dass der Kaiser erscheint.) – Amicus oratorem causam dicere nuntiat. (Der Freund berichtet, dass der Redner einen Prozess führt.) – Dicis te virum liberum esse. (Du sagst, dass du ein freier Mann bist.) – Homines oratorem magnum esse sciunt. (Die Menschen wissen, dass der Redner groß ist.) – Pompam venire videmus. (Wir sehen, dass der Festzug kommt.) – Turba spectaculum magnum esse gaudet. (Die Menge freut sich, dass das Schauspiel groß ist).
Es sind auch andere Kombinationen möglich!

G4 1: Wer glaubt, dass du alle besiegst (gz)/dass du Sieger bist (gz)/dass du berühmt bist (gz)? – Wer leugnet, das ihr einen Triumph gefeiert habt (vz)/dass ihr tüchtige Männer gewesen seid (vz)/dass ihr die Ersten von allen gewesen seid?
G4 2: a) condidisse: Es ist klar, dass Romulus eine neue Stadt gegründet hat. b) victos esse: Es ist überliefert, dass viele Völker von den Römern besiegt worden sind. c) fuisse: Es steht fest, dass Aeneas der Führer der Trojaner gewesen ist.
G4 3: a) Wir lesen, das die Athener für sich Gesetze verfasst haben und mit ihnen ihre Bürgerschaft viele Jahre lang bewahrt haben (sibi: auf Athenienses).
b) Die Römer wissen, dass ihnen von den Griechen viele Gesetze überliefert worden sind (sibi: auf Romani). c) Cicero sagte, dass er für sich und seine Bürger oft in den Schriften der Griechen Hilfe suche (se/sibi: auf Cicero).
G4 4: a) Alle Menschen wollen glücklich sein. b) Die Eltern wollen, dass ihre Kinder glücklich sind c) Oft haben wir gezögert, einen Prozess zu führen. d) Die Menschen (Sterblichen) pflegen sich nicht vor Gefahren in Acht zu nehmen. e) Kluge Bürger glauben, dass viele Gefahren dem Gemeinwohl drohen. f) Der Führer schreit, dass die Seinen ihm nicht gehorchen.
G4 5: a) Manche Bürger behaupten, dass große Gefahren den Römern drohen. b) Sie schreien, dass Zwietracht schon viele Städte vernichtet habe.
c) Und tatsächlich ist bekannt, dass viele Städte durch Zwietracht vernichtet worden sind. d) Bekanntlich haben die Römer kluge Männer nach Griechenland geschickt, und diese haben sich dort nach den berühmten Gesetzen erkundigt; diese Gesetze sind offensichtlich allen Bürgern von Nutzen gewesen.
G4 6: Wer freut sich nicht, dass ihr begriffen habt, dass das Leben nicht immer glücklich ist?
G4 7: a) Wer überliefert, dass die Griechen Gesetze aufgeschrieben haben? b) Die Römer glaubten, ihr Staat brauche Gesetze.
G4 8: a) Offensichtlich sind die Rechte von den Römern erfunden worden. b) Bekanntlich haben die Römer die Grundlagen des Staates gelegt.
G4 9: a) lau**d**ari b) orato**r**em c) **l**ibros d) app**e**llatum esse e) e**g**isse f) v**i**ctorem g) ver**b**is h) **u**rbe i) **s**ervavisse → DE LEGIBUS (Über die Gesetze)
Sicher weißt du, dass Cicero a) auch in heutigen Zeiten gelobt wird b) von allen für einen guten Redner gehalten wird c) viele große Bücher geschrieben hat d) von allen Vater des Vaterlandes genannt worden ist e) viele Prozesse geführt hat f) vor Gericht oft Sieger gewesen ist g) die Bürger oft mit seinen Worten sehr bewegt hat h) von den Senatoren aus der Stadt verbannt worden ist i) den freien Staat (die Republik) gerettet hat

Wussten Sie schon?

Furtum, *caesus* und *esto* sind noch nicht bekannt (*esse* ist bekannt, *esto* nicht). Die klassischen Formen müssten lauten: *fecit* (*faxit*), *eum* (*im*), *occidit* (*occisit*).

Lesen und verstehen

Mit scharfen Worten verhandelten die Tribunen mit den Senatoren, und einer von ihnen, Gaius Terentilius Arsa, sagte:
„Rasche Abhilfe ist nötig, denn wir werden der Zwietracht zwischen Patriziern und Plebejern nur ein Ende machen durch geschriebene Gesetze. Was wird geschehen, wenn die Plebs, aufgebracht über grausame Urteile der Patrizier, erneut aus der Stadt auszieht? Was, wenn sie nicht mehr die Worte eines einzigen Mannes umstimmen werden? Ich spreche von (= nenne/meine) jenem Menenius Agrippa, der die (Herzen der) Menschen durch eine berühmte Geschichte warnte.
In kurzer Zeit werden die schnellen Reiter der Feinde kommen und die Stadt einnehmen! Schon schreien es

die führenden Männer der Feinde bei allen Völkern Etruriens herum, dass auch große Reiche sterblich sind. Sie glauben nämlich, dass uns zwei Gefahren drohen: Aufruhr und Zwietracht, die schon viele große Städte zugrunde gerichtet haben. Also nehmt Euch in Acht, Senatoren! Es ist nötig, dass Ihr der Plebs geschriebene Gesetze zugesteht, die allen Bürgern von Nutzen sein werden!"
Die Stadtväter sorgten bekanntlich für das Gemeinwohl und gestatteten die Aufzeichnung der Gesetze. Nachdem es zwischen Senatoren und Tribunen zu einer Einigung über die Gesetze gekommen war, wurden unverzüglich drei Abgesandte nach Griechenland geschickt. Von diesen wurden, wie überliefert ist, jene berühmten Gesetze Solons und die Rechtsordnungen (Rechte) anderer griechischer Stadtstaaten aufgezeichnet.
Nachdem die Delegierten nach Rom zurückgekehrt waren, verbesserten kluge Männer diese Gesetze und stellten unter großer Anteilnahme der Menschen zehn Tafeln auf dem Forum auf. Im folgendem Jahr wurden diesen zehn Tafeln offenkundig zwei neue hinzugefügt. Daher nannten die Römer diese Gesetze gewöhnlich „die zwölf Tafeln".

Versuchen Sie sich am Original

Caesar erkannte, dass alle Gallier nach Umsturz strebten. – In Athen ist es Brauch, dass die gerühmt werden, die in der Schlacht gefallen sind. – Es ist bekannt, dass Alexander viele Autoren bei sich gehabt hat, die über seine Taten schreiben mussten. – Er wünscht den Ruin des Vaterlandes (dass das Vaterland vernichtet ist). – Du schreibst ins Wasser.

Zu guter Letzt

1) Sie trägt eine Binde, damit sie gerecht, d. h. ohne Rücksicht auf die Person und deren Stellung urteilen kann. 2) a) Unrecht ist nur, was jemandem gegen seinen Willen angetan wird. b) Die Gegenpartei muss ihre eigene Stellungnahme abgeben dürfen. c) Was durch Vertrag abgemacht wird, ist auf jeden Fall einzuhalten. d) Wofür es kein Gesetz gibt, dafür kann, wenn es getan wird, keine Strafe erteilt werden.
e) Eine ungerechte Tat darf nicht zweimal bestraft werden. – Es gelten heute noch alle diese Rechtsgrundsätze.
3) Lösung b nach BGB § 906 Abs. 1 und 2, wo die „Zuführung unwägbarer Stoffe" geregelt wird.

Lektion 10

Grammatik

G1 1: Flavia zu Quintus: „Von großer Furcht, Quintus, werde ich beunruhigt." Quintus: Warum wirst du von so großer Furcht beunruhigt, Flavia? Von wem wird dir eine Gefahr bereitet?" Fl.: „Wir alle werden von Hannibals Genie in höchste Gefahr gebracht." Qu.: „Sei guten Mutes, Flavia!" Fl.: „Warum bist du ohne Furcht?" Qu.: „Ich habe gewiss keine Angst." Fl.: „Aber auch deine Freunde werden von Furcht gehalten (= sind in Furcht)." Qu.: „Ihr alle werdet von mir an unsere guten Führer und Soldaten erinnert. Von diesen werden alle Feinde immer besiegt und vertrieben, von ihnen werden die römischen Bürger immer aus den Gefahren gerettet."
G1 2: augemini (ihr seid gefördert worden/werdet gefördert) – caeditur: er wird niedergeschlagen – tolluntur: sie werden beseitigt – raperis: du wirst geraubt – aspicior: ich werde erblickt – docemur: wir werden belehrt
G1 3: a3: Die Burg wurde heimlich von den Feinden angegriffen, als plötzlich die Wächter durch großes Geschrei aufgeschreckt wurden. b4: Die Stadt war lange Zeit der Gefahr ausgesetzt, als sie plötzlich von den Göttern gerettet wurde. c2: Die Karthager wurden lange durch die Mauern abgehalten, als plötzlich die Tore zerstört wurden. d1: Viele Jahre wurde der Krieg betrieben, als plötzlich Frieden geschaffen wurde.

G2 1: Futurformen: servabor, relinquar, parabitur, tolleris, tenebuntur, augebitur, petetur, capietur: Vater Anchises verprach Aeneas: a) „Sicher wirst du, mein Sohn, sagen: ‚Immer werde ich von meiner Mutter Venus gerettet und niemals werde ich allein gelassen werden. Von ihr wird mir immer Hilfe gewährt werden.' b) Von allen Römern wirst du mit großen Ehren herausgehoben (= bedacht) werden. c) Denn von ihnen werden einmal alle Völker des Erdkreises beherrscht werden. d) Durch die Klugheit und das Talent ihrer Führer jedoch wird die Menge der Bundesgenossen vergrößert werden. e) Die Stadt Rom wird freilich oft von Feinden angegriffen, niemals aber erobert werden."
G2 2: a) rapiar b) cupiemur c) scribetur d) nuntiabuntur e) movebimini f) audiar g) aspicieris h) caedentur i) tradetur j) tollemur k) invenietur
G2 3: monebantur: Impf. (sie wurden gemahnt) – laudabuntur: Fut. (sie werden gelobt werden) – capiebamini: Impf. (ihr wurdet gefangen) – tenebimini: Fut. (ihr werdet gehalten werden) – vulnerabamur: Impf. (wir wurden verletzt) – videbimur: Fut. (wir werden gesehen werden) – dabar: Impf. (ich wurde gegeben) – scribar: Fut. (ich werde geschrieben werden)
G2 4: Passiv-Infinitive: moneri, cupi, agi, tradi, dari, augeri, vocari, videri, desini; nicht eindeutig: consuli: befragt werden/dem Konsul – ludi: gespielt werden/die Spiele
G2 5: a) Es macht Freude, von vielen geliebt zu werden. b) Es ist schlecht, von den Freunden im Stich gelassen zu werden. c) Mitleid bedeutet, sich vom üblen Los (= vom Unglück) der Menschen rühren zu

lassen. d) Bekanntlich wird der Staat durch die planende Kraft guter Männer erhalten. e) Offensichtlich wird durch die Zwietracht der Bürger der Friede immer zerstört. f) Durch die Klugheit der Menschen wird, wie wir wissen, immer Neues erfunden.

G3 1: a) Die Karthager haben sowohl einen Angriff auf das römische Lager gemacht als auch in einem Großansturm unsere Stadt angegriffen. b) Im Krieg sind immer große Heere nötig. c) Ein Großteil unseres Heeres/unserer Heere ist vernichtet worden.
G3 2: Welchem Heerführer macht es nicht Freude, dass sein Heer wohlbehalten in die Heimat geführt wird?
G3 3: Der Angriff des Heeres erfolgte gegen das Völkerrecht.

G4 1: a) Was bedeutet die Liebe der Kinder/zu den Kindern? b) Was ist Freude am Leben (= Lebensfreude)? c) Wer von euch hat genug Geld?
G4 2: Nicht alle haben Mitleid mit den Unglücklichen (*cunctis*: Dat. possessoris)./Bekanntlich ist nicht allen Mitleid mit den Unglücklichen von den Göttern gegeben (*cunctis*: Dat. obj.).

Lesen und verstehen

Bei Cannae wurde von Hannibal, dem Heerführer der Karthager, fast das gesamte römische Heer vernichtet, und zwar ein ebenso großer Teil von römischen Bürgern wie Verbündeten. Unter den Erschlagenen waren sowohl der Konsul Aemilius Paullus als auch die Quästoren der Konsuln, viele Militärtribunen und außerdem ein großer Teil des Senats. Gefangen genommen wurden in dieser Schlacht 3000 Mann zu Fuß und 1500 Reiter.
Aus dem römischen Lager entkamen an die 4000 Mann und wenige Reiter, die genug Kraft und Mut hatten. Nach Rom aber wurde gemeldet, keiner von den Bürgern, keiner von den Verbündeten sei aus der Niederlage davongekommen, sondern bei dem Gemetzel sei das Heer samt seinen Führern aufgerieben worden.
Niemals herrschte in der Stadt Rom so viel Furcht und Unruhe, niemals so große Trauer bei den Frauen. Überall hörte man Geschrei, überall fürchteten die Menschen ein grausames Schicksal. Damals wurden von den Prätoren Publius Furius Philus und Manius Pomponius die Senatoren in die Curia Hostilia gerufen. Lange fanden die Senatoren, lange die Staatsbeamten keinen Rat und keine Hilfe und hielten es für sicher, dass von Hannibal nach den Niederlagen der römischen Heere gleich schon die Stadt selbst in Sturm angegriffen werde.
In so großen Gefahren ermahnte Quintus Fabius Maximus, der viel Klugheit und viel Festigkeit besaß, die Senatoren und sagte unter anderem: „Niemand hat über jene Niederlage bereits Zuverlässiges erfahren. Wir wissen jedoch, dass schlimme Dinge oft durch Gerüchte vermehrt (= aufgebauscht) werden. Sicher wird uns gemeldet werden, dass ein Teil des Heeres entkommen ist und dass von einer so großen Menge etliche Soldaten geflüchtet sind.
Unterdrückt also die Angst vor den Feinden in der Stadt, haltet die Frauen von der Öffentlichkeit fern (= in den Häusern), schafft überall in der Stadt Ruhe, stellt Wachen an die Stadttore! Wir werden nämlich nicht gerettet werden, wenn Hannibal nicht von der Stadt abgewehrt werden wird. Solange die Mauern unversehrt bleiben werden, werden weder wir besiegt noch wird Rom erobert werden!“

Versuchen Sie sich am Original

Hannibal: „Ich habe den Eid bis zu diesem Alter gehalten“ (nämlich den Römern immer ein Feind zu bleiben). – Das Zehntafelgesetz verbietet, dass ein Dieb bei Tageslicht getötet wird. – Man muss für das Wohl der Bürger sorgen.

Zu guter Letzt

censor: Amtsbezeichnung – Zensur: Einschränkung der freien Meinungsäußerung; Note. *civis*: Bürger – Zivilist: Bürger im Unterschied zum Militär. *imperium*: Reich, Herrschaft – Imperialismus: Bestreben eines Staates seinen Machtbereich auszudehnen. *pax*: Friede – Pazifismus: Ablehnung von Gewalt, nur Anwendung friedlicher Mittel. *rex*: König – regieren: Lenken eines Staates. *senatus*: oberstes politisches Gremium – Senat: in einigen Bundesländern Regierungsbehörde; Verwaltungsbehörde an Universitäten; Richterkollegium an höheren Gerichten; in einigen Staaten Kammer des Parlaments. *consul*: oberster röm. Beamter – Konsul: ständiger Vertreter eines Staates im Ausland. *dictator*: röm. Amt – Diktator: Gewaltherrscher. *magistratus*: Inhaber eines politischen Amts – Magistrat: (in bestimmten Gemeinden Deutschlands) Gemeindevorstand, (in österreichischen Stadtgemeinden) unterste Verwaltungsbehörde. *patria*: Vaterland – Patriotismus: starke, z. T. überschwängliche Verehrung des Vaterlandes. *pars*: Teil, Richtung – Partei: Vereinigung politisch Gleichgesinnter.

Test Lektionen 6–10

1. a) VZ: Ihr habt schon gelesen, dass Gaius Flaminius durch die Thermen spazieren ging. VZ: Er hatte gesagt, dass er dort viele Menschen gesehen habe, dass aber trotzdem unter so vielen Menschen nicht einer von seinen Freunden gewesen sei. b) VZ: Beim Dichter Vergil lesen wir, dass das Bild des Hektor dem Aeneas erschien/erschienen sei und ihn ermahnte/ermahnt habe: „Fliehe!“ c) GZ: C. Terentilius Arsa sagte zu den Senatoren, dass geschriebene Gesetze notwendig sind/seien: GZ: „Ihr wisst schon, ihr habt schon gehört, dass dem Vaterland zwei Gefahren drohen: Aufruhr und Uneinigkeit.“ d) VZ: Es ist überlie-

fert, dass die Gesetze Athens und anderer Städte Griechenlands in Rom verbessert wurden und dass zehn Tafeln auf dem Forum aufgestellt wurden.
2. *Opus clarum*: Akk. Sg., Attribut zu *opus* – *servatum esse*: Inf. (Präd.) des AcI, der ganze AcI lautet: *puerum servatum esse* – *mulierum*: G. Pl., Attribut zu *clamor* („wessen/was für ein Geschrei") – *captum*: Akk. Sg., Attribut zu *hostem* („was für einen Feind?") – *trium*: G. Pl., also Attribut zu *virorum* – *iterum*: Adverb. Übersetzungen: Ich sehe das berühmte Werk. – Der Junge ist, wie ich höre, aus der Gefahr gerettet worden. – Das Geschrei der Frauen war groß. – Es war Sitte, einem gefangenen Feind das Schwert abzunehmen. – Die Herrschaft der drei Männer (das Triumvirat) war den Römern nicht von Nutzen. – Die Römer und ihre Bundesgenossen kämpften wiederum mit den Germanen.
3. a) Bei Troja kämpften (Wiederholung; lange Dauer) die Griechen mit den Trojanern; denn jener bekannte Trojaner Paris hatte Helena geraubt und mit sich nach Troja entführt. b) Nach einer Belagerung von zehn Jahren wurde (konstatierend; stellt das Ergebnis der Belagerung fest) die Stadt von den Griechen eingenommen. c) Daher versuchten alle Trojaner (Versuch), denen die Möglichkeit zur Flucht gegeben (worden) war, zu fliehen. d) Aeneas aber bemühte sich (Wiederholung), seine Heimat zu retten. Er/Dieser sah (narrativ: Einmaliges) jene bekannte Helena, die sich an den Altar der Vesta gerettet hatte. Sofort versuchte er (Versuch) sie mit einem Schwert zu töten. e) Aber die Göttin Venus hielt ihn (einmaliges Ereignis) vom Mord ab; deshalb wurde (einmaliges Ereignis) Helena gerettet.
4. Richtig ist Lösung c). Fehler bei a): *opus est* darf hier nicht wörtlich übersetzt werden; es ist eine feste Redewendung; *opus est* … ist nötig, … wird gebraucht. Fehler bei 2: *et* ist hier falsch mit „auch" übersetzt. *Et* ist hier im Sinne von *et – et* „sowohl – als auch" zu übersetzen; es verbindet *viribus tuis* und *consilio tuo*. Fehler bei 4: *viribus* ist falsch übersetzt wegen der Verwechslung von *viri* = Männer und *vires* = Kräfte.
5. a) Das Volk, das/weil es/wenn es/dadurch dass es zum Aufruhr aufgestachelt ist/das … aufgestachelt ist und deshalb …/Das Volk ist aufgestachelt worden und wird deshalb nicht nur sich selbst schaden.
b) Deshalb ist es nötig, dass ihr, ihr/meine Herren Senatoren, dem Volk, das/weil es … verletzt ist, schriftliche Gesetze zugesteht. c) Die Senatoren, lange ermahnt/weil sie lange ermahnt worden waren/waren lange ermahnt worden und gestanden deshalb …/nach langer Ermahnung endlich geschriebene Gesetze und geschuldete Rechte zu. d) Drei nach Griechenland geschickte Gesandte/Nachdem drei Gesandte nach Griechenland geschickt worden waren, schrieben (sie)/Drei Gesandte wurden nach Griechenland geschickt und schrieben deshalb jene berühmten Gesetze des Solo und andere griechische Gesetze auf. e) Die von vielen gelobten griechischen Gesetze/die griechischen Gesetze, die gelobt worden waren/weil sie … gelobt worden waren, wurden nach Rom gebracht. f) Die Römer stellten die von klugen Bürgern verbesserten Gesetze/die Gesetze, … die verbessert worden waren/weil sie … verbessert worden waren/nach der Verbesserung auf dem Forum auf.
6. a) AcI: *Lacedaemonios … habuisse*. *Hanc* bezieht sich auf *legem*. b) Kein AcI. c) *Hoc* ist Subjekt. Es bezieht sich auf *corpus album habere*; AcI: *eum exercuisse neque … consuluisse*. d) *Illud* ist Subjekt. Es bezieht sich auf *corpus pingue habere*. AcI: *eum … se dedisse*. e) *ea* bezieht sich auf *lege* und verweist zurück auf Satz a) bzw. Satz b)–d). AcI: *omnes adulescentes … debere*. f) Kein AcI. g) *Eos* verweist zurück auf *adulescentes*. h) *eos … caesos esse*. *Eos* verweist vor auf den Relativsatz *qui erant pingues*. AcI: *adulescentes … utiles non esse*.
Übersetzung: a) Bei dem Schriftsteller Athaeneus lesen wir, dass die Spartaner folgendes Gesetz hatten: b) „Keiner von den jungen Männern soll weder einen fetten Körper haben noch einen hellen. c) Das Eine nämlich wird zeigen, dass er weder genügend seinen Körper mit den anderen jungen Männern trainiert hat noch dass er sich um seine Kräfte genug gekümmert hat. d) Das Zweite wird aber beweisen, dass er sich oft der Ausschweifung hingegeben hat." e) Ferner war in diesem Gesetz schriftlich festgelegt, dass alle jungen Männer zu einer bestimmten Zeit des Jahres zu den Amtspersonen kommen mussten. f) Wenn sie wie gemeißelt und gedrechselt waren, lobten sie die Amtspersonen. g) Die aber, die fett waren, wurden – wie wir hören – von den Amtspersonen geschlagen. g) Man sagte nämlich, dass solche jungen Männer für das Vaterland nicht nützlich seien.
7. a) Das Gemälde, das ich gesehen habe, hat mir sofort gefallen. Ich möchte es haben. Wie schön wird es sein, dieses Gemälde zu besitzen! b) Die Soldaten hatten den Feldherrn gefragt: „Wohin führst du uns, Feldherr? Die Niederlage des Feldherrn wird ja auch unsere Niederlage sein." c) Den Senatoren gefielen die Worte des Konsuls; deshalb klatschten sie ihm Beifall und riefen: „Du kümmerst dich wirklich um das allgemeine Wohl/das Wohl aller." d) „Ihr römischen Bürger, warum gebt ihr eurer Stadt und euch selbst in die Hände der Gesetze der Griechen?" „Weil wir keine geschriebenen Gesetze haben; deshalb brauchen wir die von den Griechen überlieferten Gesetze." e) Manche tüchtigen Männer gaben dem Volk kluge Ratschläge und sorgten für das Volk durch ihre Klugheit.
8. Romanos sibi leges scripsisse constat. (Es steht fest, dass die Römer sich Gesetze verfasst haben.)

Lektion 11

Grammatik

G1 1: vacare: lasst uns frei sein! – ridere: lasst uns lachen! – credere: ich könnte glauben/soll ich glauben? – fugere: flieht doch! – esse: sie sollen sein! – desinere: höre doch auf! – parare: ich könnte bereiten/ soll ich bereiten? – despicere: verachtet doch! – recedere: ich dürfte zurückkehren/soll ich zurückkehren? – tollere: wollen wir beseitigen! – scire: du sollst wissen/ du dürftest wissen – vadere: geht bitte! – dare: ich könnte geben/soll ich geben?

G1 2: servas: Akk. Pl. (serva): die Sklavinnen/2. Ps. Sg. (servare): du rettest; serves: 2. Ps. Sg. Konj.: rette bitte! – ludam: 1. Ps. Sg. Konj. (ludere): ich dürfte spielen; ludum: Akk. Sg. (ludus): das Spiel – duces: Nom. Pl. (dux): die Führer; ducas: 2. Ps. Sg. Konj. (ducere): führe doch! – parem: 1. Ps. Sg. Konj. (parare): ich dürfte bereiten; paream: 1. Ps. Sg. Konj. (parere): ich dürfte gehorchen – partem: Akk. Sg. (pars) den Teil – tradam: 1. Ps. Sg. Konj. (tradere): ich dürfte überliefern; traditam: Akk. Fem. PPP (tradere): die überlieferte; paras: 2. Ps. Sg. (parare): du bereitest; parcas: 2. Ps. Konj (parcere): du sollst schonen/schone doch!; parvas: Akk. Pl. Fem. (parvus): die kleinen

G1 3: Konjunktive: adducam: ich dürfte heranführen – despiciam: ich dürfte verachten – narrem: ich könnte erzählen – ignorem: ich dürfte nicht wissen – credam: ich könnte glauben – traham: ich dürfte ziehen – laudem: ich könnte loben – evadam: ich dürfte entrinnen – tollas: du sollst beseitigen – arceas: halte doch ab! – moneas: mahne bitte!; andere Formen: memoriam: Akk. Sg. (memoria) – superbiam Akk. Sg. (superbia) – acrem: Akk. Sg. (acer) – amorem: Akk. Sg. (amor) – numquam: Adv. (niemals) – equidem: Adv. (jedenfalls) – servitutem: Akk. Sg. (servitus) – portam: Akk. Sg. (porta) – portas: Akk. Pl. (porta)/2. Ps. Sg. (portare) – libertas: Nom. Sg.

G1 4: a) Gott sei mit euch! b) Das Schicksal sei dir gnädig. c) Lasst und leben und lieben! d) Handle doch mit Milde! e) Lasst uns also freuen! f) Leicht möge dir die Erde sein! g) Lass dich doch nicht verletzen! h) Die Menschen sollen nicht ohne Frieden leben! i) Man möge auch die andere Seite hören! j) Bemüht euch doch um die Künste!

G1 5: Passivformen: porter: ich könnte/möchte getragen werden – teneatur: er soll gehalten werden – cupitur: er wird gewünscht – capiatur: er soll gefangen werden – ameris: du sollst/dürftest geliebt werden – deris: du sollst/dürftest gegeben werden – occidamini: ihr sollt/dürftet getötet werden – tradimini: ihr werdet überliefert – demini: ihr sollt/ dürftet gegeben werden

G1 6: a) Wir bitten dich, dass du uns über das Kapitol erzählst. b) Die Liebe besiegt alles, wie wir bei Vergil lesen c) Viele kommen nach Rom, um die berühmte Stadt zu sehen (= damit sie … sehen). d) So groß ist der Hochmut vieler, dass sie sogar von den Freunden getadelt werden.

G1 7: a) Die Behörden sollen darauf achten, dass der Staat nicht in Gefahr kommt. (Iussiv) b) Lasst uns überlegen, was für den Staat nützlich ist! (Hortativ) c) Warum sollen wir die Heimat verlassen, da wir doch hier glücklich sind? (Deliberativ) d) Ich gebe, damit du gibst. (Konjunktiv im finalen Gliedsatz) e) Wer glaubt wohl, dass das gut ist? (Potentialis) f) Hüte Dich bitte vor üblen Leuten! (Optativ) g) Obwohl wir uns vor ihnen hüten, befinden wir uns doch in höchster Gefahr. (Konjunktiv im Konsessiven Gliedsatz)

G2 1: tradideris (tradere): Konj. Perf. Aktiv – missi sitis (mittere): Konj. Perf. Pass. – steterint (stare): Konj. Perf. Akt. – fuerim (esse): Konj. Perf. – credita sit (credere): Konj.Perf. Pass. – adduxerint (adducere): Konj. Perf. Akt. – recesserimus (recedere): Konj. Perf. Akt. – traxerimus (trahere): Konj. Perf. Akt. – sublata sint (tollere): Konj. Perf. Pass. – correxerint (corrigere) – fecerint (facere): Konj. Perf. Akt. – visa sim (videre): Konj. Perf. Pass.

G2 2: a) Ich fürchte, dass ich von euch getadelt werde (= von euch getadelt zu werden). b) Ich bitte euch, dass ihr mich nicht im Stich lasst (= mich nicht im Stich zu lassen). c) Setzen wir uns für die Freiheit ein, damit sie (uns) nicht genommen wird! d) Glaubt nicht allen Worten der Redner!

G2 3: a) Wer weiß, auf welche Weise du die Heimat verteidigt hast/wo der Staat am Anfang als freier Staat geschaffen worden ist? b) Da ihr euch um das Wohl der Bürger gekümmert habt/Da die Freiheit von euch bewahrt worden ist, freuen wir uns.

G2 4: Da ich weiß, warum hier ein so großer Aufruhr geschehen ist, fürchte ich, dass uns große Gefahr bevorsteht.

G2 5: Omn**e**s sciunt, q**u**is a Pe**r**sis summo studi**o** libertatem et **pa**cem def**e**nderit. → EUROPAE

G3 1: a) Da die Bundesgenossen Hilfe erbitten/ erbaten, werden/wurden sie gerettet (Adverbiale, auch Attribut). b) Einen Herrn, der für das Wohl der Seinen sorgt, lieben/liebten alle (Attribut, auch Adverbiale). c) Die Bürger gehorchen/gehorchten einem Führer, wenn er den Staat erhalten will/wollte (Adverbiale, auch Attribut).

G3 2: Themistokles hat im Glauben, dass von den Persern eine zu große Gefahr drohe, die Bürger auf die Inseln gebracht.

G3 3: a) Die Griechen haben den Persern, obwohl sie mit großer Menge angriffen, mit höchster Kraft Widerstand geleistet. b) Themistokles hat die Sklave-

rei unter den Persern, die seinem Vaterland drohte, sowohl von Griechenland als auch von Europa abgewehrt. c) Viele haben damals das Vaterland mit ihrem Blut verteidigt.
G3 4: Cicero hatte sehr große Freude, wenn/während/weil er Plato las/beim Lesen von Plato. Cicero hatte große Freude; denn er las Plato.

G4 1: a) 3: Die Griechen verteidigten, da sie ihr Vaterland sehr liebten, die Freiheit mit höchster Tapferkeit. b) 4: Doch die Perser besiegten sie, obwohl sie mit höchstem Einsatz kämpften, zu Lande. c) 2: Auf dem Meer aber leisteten die Griechen, ohne etwas zu fürchten/ohne jene Furcht den Feinden Widerstand. d) 1: Vor den Persern sind viele, als diese mit einem gewaltigen Heer nach Europa kamen, geflohen mit Ruf: „Die Perser, die Perser kommen!“ e) 5: Themistokles sagte: „Uns wird, falls wir auf Schiffen das Vaterland verteidigen, gewiss der Sieg gehören.“
G4 2: adductus/motus. – Themistokles hat aus Vaterlandsliebe (von Vaterlandsliebe veranlasst/bewegt) mit höchsten Kräften die Perser besiegt.

Lesen und verstehen
Meine Wertschätzung für dich (Liebe zu dir) veranlasst mich, nicht etwa Vorschriften zu machen, sondern nur in Erinnerung zu rufen, damit du, was du weißt, entweder beachtest oder noch besser weißt. Du solltest im Gedächtnis behalten (= daran denken), dass man dich in die Provinz Achaia entsandt hat, in jenes Griechenland, in dem Humanität und Wissenschaft entdeckt wurden, und dass man dich zu Menschen geschickt hat, die in besonderem Maße Menschen sind, zu Freien, die in besonderem Maße frei sind, die sich ein Naturrecht (von der Natur verliehenes Recht) durch eigene Leistung (Tüchtigkeit) und Gottesfurcht bewahrt haben!
Hab bitte Hochachtung („bei dir sei Ehre“) vor den alten Sitten, Hochachtung vor berühmten Taten, auch vor den alten Mythen! Du solltest auch bedenken, was eine jede Stadt einmal war, und zwar nicht, damit sie jetzt von dir gering geachtet wird! Hüte dich bitte vor Überheblichkeit! Du weißt ja sehr wohl, von wem die Perser besiegt wurden, von wem Europa gerettet wurde.
Hab keine Furcht vor Geringschätzung, wenn du dich darum bemühst, dir die Zuneigung der Menschen durch Milde zu erwerben und auf Schrecken (= Einschüchterung) zu verzichten. Denn die Angst verschwindet, wenn du abreißt, die Liebe bleibt.
Hab bitte das auch vor Augen, dass dies das Land ist, das uns sein Rechtswesen (die Rechte) geschickt hat und von dem uns Gesetze gegeben wurden, nicht als Besiegten, sondern als Bittenden (= auf unser Ersuchen). Allzeit solltest du dir sagen, dass du zu freien Menschen, nicht zu Dienenden (= Sklaven) entsandt bist. Verringere nicht die Freiheit jener Leute! Wer nämlich mag bestreiten, das Sklaverei das höchste Übel, das höchste Gut aber die Freiheit ist? Glaube mir bitte, was ich zu Anfang gesagt habe: Ich habe geschrieben als einer, der erinnert, nicht als einer, der Vorschriften macht – obwohl es klar ist, dass ich auch als einer, der vorschreibt (=in dieser Eigenschaft) geschrieben habe. Ich persönlich befürchte nicht, dass ich das rechte Maß nicht eingehalten habe. Es besteht nämlich keine Gefahr, dass zu viel ist, was am wichtigsten sein muss. Leb wohl!

Versuchen Sie sich am Original
Dieser Brief soll dich nicht beruhigen. – Habe keine Angst um mich! – Lasst uns das Vaterland lieben, dem Staat gehorchen, für die Guten sorgen! – Soll ich dich bitten, dass du kommst? Soll ich dich nicht bitten? Soll ich also ohne dich sein? – Das möchte ich, ohne zu zögern, sagen.

Zu guter Letzt
1. Theater/C, 2./D, 3. Architektur/E, 4./H, 5./F, 6./G, 7./B, 8. Mathematik/A

Lektion 12

Grammatik
G2 1: gerere: Fut. II und Konj. Perf. – prodere: Konj. Perf. – vertere: Fut. II – dare: Konj. Perf. und Fut. II – videre: Fut. II – vincere: Konj. Perf. – vivere: Fut. II und Konj. Perf. – credere: Konj. Perf. – opprimere: Fut. II und Konj. Perf. – esse: Fut. II – frangere: Konj. Perf. – despicere: Fut. II und Konj. Perf.;
Irrläufer: puero: dem/durch den Jungen – mulieris: der Frau
G1 2: a) Agricola, römischer Feldherr, zu den Seinen: „Wenn Britannien von uns erobert ist (sein wird), wird unseren Waffen nicht einmal der Ozean eine Grenze setzen. Doch wir werden alle fern von der Heimat ohne Ruhm sterben, wenn wir die Barbaren nicht besiegt haben werden (= besiegen).“ b) Calgacus, der Anführer der Britannier, zu den Seinen: „Wenn ihr mit höchster Tapferkeit die Römer angegriffen haben werdet (= angreift), werden sie von der Niederlage getroffen am Boden liegen. Doch wir werden kein Land, keinen Staat, kein Vaterland haben, wenn wir die Feinde nicht aus Britannien vertrieben haben werden (= vertreiben).“
G1 3: a1/3 Wenn du Krieg führst, wirst du Ruhm ernten/Sieger sein – b2/4 Wenn du Frieden schaffst, wirst du ein glückliches Leben führen/in Frieden leben. – c2/4/1 Wenn du gerettet wirst, wirst du ein glückliches Leben führen/in Frieden leben/Ruhm ernten. – d1/2/3 Wenn du das Vaterland verteidigst, wirst du Ruhm ernten/ein glückliches Leben führen/in Frieden leben. – e1/3/5 Wenn du tapfer kämpfst, wirst du Ruhm ernten/Sieger sein/dem Krieg ein Ende machen.

G2 1: possum – facio; potes – facis; facias – possis; poterit – faciet; fecisti – potuisti; *übrig bleiben:* potero; feceras
G 2 2: a) Caesar glaubte, er könne alles. b) Auch im Senat vermochte er viel. c) Bekanntlich hat ihm niemand im Kampf Widerstand leisten können. d) Immer überlegte er: „Wenn ich doch der Herr der ganzen Welt sein könnte!"
G2 3: poteris/potueris: du wirst können/wirst gekonnt haben; poteramus/potueramus: wir konnten/hatten gekonnt; possunt/potuerunt: wir können/haben gekonnt; posse/potuisse: können/gekonnt haben; possitis/potueritis: ihr möget können/gekonnt haben
G2 4: Ich kann nicht nichts tun (= Ich muss immer tätig sein).
G2 5: a) Ich kann mich als Mensch täuschen (getäuscht werden) b) Es kann unglücklich ein guter Mann genannt werden, unglücklich sein kann er nicht.

G3 1: lecto (legere) – occidente (occidere) – arcente (arcere) – prodentibus (prodere)/*(Falle:)* parentibus (parere) – minuto (minuere) – nuntiante (nuntiare) – credito (credere) – aucto (augere) – inventis (invenire) – versis (vertere) – amisso (amittere) – moto (movere) – monentibus (monere)
G3 2: a1: Unter Romulus' Herrschaft haben die Römer sich Frauen geraubt. b5: Obwohl beinahe das ganze Heer der Römer geschlagen war, griff Hannibal dennoch Rom nicht an. c4: Nach der Ermordung des Bruders gründete Romulus die Stadt Rom. d3: Nach Begrüßung des Sohnes sprach Anchises viel über das Schicksal des römischen Volkes. e2: Da Gefahren drohten, umgaben die Bürger die Stadt mit einer Mauer.
G3 3: a) Nach Vernehmen dieser Worte b) Da ich lachte, c) Während des Vortrags des Redners d) Auf das Zeichen hin/Als das Zeichen gegeben wurde, e) Als wir den Brief an die Eltern abgeschickt hatten,/Nach Absenden des Briefes an die Eltern
G3 4: Wenn Frieden geschlossen ist, liegen die Künste nicht mehr brach nieder.
G3 5: wenn Tapferkeit und Freiheit verloren sind – nach der Zerstörung zweier Städte – solange der Staat besteht – nach Einnahme so vieler Städte – während die Leute zuhörten – nach Zurücklassen einer Besatzung – nach dem Sieg über die Athener – während/da ich von nichts weiß

G4 1: Nach Gründung der Stadt a) schuf Romulus eine Bürgergemeinschaft (kryptoaktiv). b) hatten die Römer viele Feinde (passivisch). c) haben die Römer viele Völker unterdrückt (passivisch/kryptoaktiv). d) fehlten Romulus die Frauen (passivisch).
G4 2: a) Unter König Xerxes griffen die Perser Griechenland mit Waffen an. b) Nach Eroberung der Thermopylen wurden sie zur Stadt der Athener geführt. c) Auf ein Zeichen hin gingen sie zum Angriff über. d) Die Bürger zogen sich mit dem Ruf „Die Perser kommen!" auf die Inseln zurück, wobei viele von den Göttern Hilfe erflehten. e) Doch unter der Führung des Themistokles besiegten die Griechen die Perser.
G4 3: a) Der Philosoph Pythagoras kam, als Tarquinius Superbus herrschte, nach Italien (temporal). b) „Nichts wirst du, falls ich (davon) weiß, vergeblich wünschen (konditional)." c) Die Unseren haben das Lager angriffen, ohne das der Feind sich zur Wehr setzte (= wobei kein Feind ...) (modal). e) Da/Als dein Sieg gemeldet worden ist, bin ich voll Freude. (kausal/temporal).
G4 4: Unter der Führung der Natur kann man sich auf keinen Fall irren.
G4 5: Da sie viele Reichtümer erworben hatten, ließen die Bürger vom Krieg ab. – Obwohl er viele Reichtümer erworben hatte, war der Freund nicht glücklich. – Als sie viele Reichtümer erworben hatten, kamen die Soldaten in die Stadt.
G4 6: Sinnrichtungen: temporal und modal: Alkibiades lebte mit stolzem Gehabe (durch Stolz); auf dem Marktplatz spazierte er immer wie ein Gott herum, wobei viele <ihn> angafften, viele belächelten, viele klatschten, viele <ihn> verachteten – unter den Augen vieler, unter dem Gelächter vieler, unter dem Beifall vieler, unter den verächtlichen Reaktionen vieler – dabei begafften ihn viele, lachten viele über ihn, klatschten viele Beifall, verachteten ihn viele.
G4 7: Die Feinde konnten die Stadt trotz der Verteidigung durch viele einnehmen, (eher: eindeutig).

G5 1: a) Dieser Sieg wird dir Ehre einbringen. b) Dein Wohl wird mir am Herzen liegen. c) Diese Niederlage war für die Römer sehr schrecklich (= bedeutete großen Schrecken). d) Kommt uns zu Hilfe! e) Jede Kunst gereicht dem Menschen zum Stolz. f) Euer Leben liegt euch am Herzen.
G5 2: a) Die Griechen besaßen große Bildung (Dat. poss). b) Trotzdem mussten sie oft den Römern Dienste leisten (Dat.-Obj.). c) Die Römer wussten jedoch, dass die Künste der Griechen große Ehre einbrachten (Dat. fin.). d) Deshalb baten sie die Griechen, dass sie ihnen zu Hilfe kämen (*sibi:* Dat. comm; *auxilio*: Dat. fin.).
G5 3: Das ist deine Rettung. – Das ist dir hilfreich. – Das bringt dir Neid ein. – Das bedeutet für dich Freude.
G5 4: a) Ich hatte niemals genügend Geld (*mihi* Dat. poss.; *pecunia*: Gen. part.) b) Viel Geld brauchte ich nicht (...war mir nicht nötig) (*mihi*: Dat. comm.; *pecunia*: Abl instr.). c) Viele Jahre hatte ich keine Sorgen (war ich frei von Sorgen) (*multos annos*: Akk. der zeitlichen Ausdehnung; *curis*: Abl. sep.). d) Aus Vaterlandsliebe setzte ich mich für die Bürger ein

(sorgte ich für die Bürger) (*amore*: Abl. causae; *patriae*: Gen. object.; *civibus*: Dat.-Obj.). e) Durch den Zorn der Götter sind schon viele Völker (vernichtet) unterdrückt worden (*ira*: Abl. instr./causae; *deorum*: Gen. subj.)

Lesen und verstehen

Weißt du, warum die Römer mit so vielen Völkern und Königen so viele Kriege geführt haben? Weil sie nach Macht und Reichtum gierig sind. Da ihnen bei ihrem Vordringen nach Westen das Weltmeer eine Grenze setzte, wenden sie nun ihre Waffen gegen den Osten. Ich zweifle nicht, dass sie zum Verderben der Welt erschaffen sind, sie, die von Anfang an nichts außer (= nur) Geraubtes besaßen. Nicht einmal sich selbst versuchen sie zu verheimlichen, wie sie sich unter der Herrschaft des Romulus Frauen geraubt haben. Auch alles Übrige haben sie sich erworben, indem sie andere ausplünderten und umbrachten. Und das ist nicht erstaunlich, da ja jener Romulus, nachdem er seinen Bruder ermordet hatte, das Königtum an sich riss. Damit ist klar, dass du in großer Gefahr schwebst, weil die Römer weder menschliches noch göttliches Recht achten. Überlege, wie viele Verträge sie gebrochen, wie viele Freunde und Verbündete sie verraten haben, wie viele Festungen, Städte, Königreiche sie vernichtet haben, wie viele schändliche Taten sie getrieben von (= aus) Neid und Habgier begangen haben!
Daher ermahne ich dich, dass du dich vor den Römern in Acht nimmst, weil sie ja nicht nur mich, sondern auch dich als Beute haben wollen! Hoffe nicht, dass du, wenn ich besiegt bin, mit ihnen Frieden haben kannst! Glaube auch nicht, dass dein großer Reichtum dir zum Schutz dienen (= dich schützen) kann! Er wird dich vielmehr, falls du nicht deinen Verstand zusammennimmst („deinen Geist anspannst"), ins Verderben stürzen („zum Schaden gereichen").
Die Römer haben Waffen gegen alle, besonders gegen die, bei denen die Beute groß ist. Niemand kann ihrer Habgier entgehen! Zögere also nicht, mir zu Hilfe zu kommen, und lass nicht zu, dass ich besiegt werde! Höchsten Ruhm wirst du haben (= ernten), wenn wir unter der Führung die Räuber der Völker bezwungen haben. Dass du das tust, dazu fordere ich dich auf. Du wirst es nämlich schaffen (können)! Leb wohl!

Versuchen Sie sich am Original

Caesar konnte die Stadt, obwohl (sie) nur wenige verteidigten, nicht erobern. – Nachdem er diese Schlacht geschlagen hatte, ist Hannibal nach Rom marschiert, ohne dass jemand ihn davon abhielt. – Wenn die Götter uns zu Hilfe kommen, werden wir in kurzer Zeit frei sein.

Zu guter Letzt

1. Calgacus 2. Critognatus 3. Mithridates 4. Hannibal

Lektion 13

Grammatik

G1 1: Kein Konj. Imperf.: amorem (Akk.: Liebe) – parentes (Nom/Akk.: Eltern) – imperatores (Nom./Akk.: Kaiser) – parem (1. Ps. Konj. Präs.: parare: bereiten) – apparet (3. Ps. Sg. Ind.: apparere: erscheinen) – severis (Dat./Abl. Pl.: streng) – necesse (notwendig) – acrem (Akk. Sg.: scharf) – mores (Nom./Akk. Pl.: Sitten); Konj. Imperf.: possem (ich könnte) – plauderet (er würde klatschen) – imperares (du würdest herrschen) – mutaret (er würde verändern) – parerem (ich würde gehorchen) – vexaretis (ihr würdet quälen) – pararet (er würde bereiten) – essemus (wir würden sein) – caveres (du würdest dich hüten) – peterent (sie würden angreifen) – dares (du würdest geben)
G1 2: a) Ich bat, dass ihr gerettet würdet/dass sie festgehalten würden/dass er gesucht würde/frei zu sein/dass ich ich geschont würde. b) Er mahnte, dass sie nicht verlassen würden. Es bestand Gefahr, dass wir verletzt würden. Ich kam in die Stadt, um nicht getötet zu werden. Sie fürchteten verraten zu werden.
G1 3: Ich wusste nicht, wo du warst/warum ihr euch nicht freutet/wie wir unverletzt sein konnten/von welchem Schrecken die Freunde heimgesucht wurden.
G1 4: a) Weil die Römer die Provinz weise regierten, herrschte dort Frieden. b) Als die Gallier von Knechtschaft bedrängt wurden, kam ihnen niemand zu Hilfe.

G2 1: invadere (sie wären eingefallen) – ponere (sie wäre gestellt worden) – vivere (ich hätte gelebt) – vertere (wir hätten gewendet) – gerere (es wäre ausgeführt worden) – tollere (du hättest beseitigt) – esse (sie wären gewesen) – pergere (ihr wäret fortgefahren) – scribere (Neutr. Pl.: sie wären geschrieben worden) – prodere: er hätte verraten – perdere (du wärest vernichtet worden) – vincere (wir wären besiegt worden)
G2 2: a4: Alexander hat sich ein riesiges Reich geschaffen, als er Asien mit seinen Truppen erobert hatte. b1: Alexander wusste nicht, wo das Heiligtum seines Vaters Zeus erbaut worden war. c3: Alexander suchte mit aller Leidenschaft zu erkunden, wie die Götter dem Erdkreis eine Grenze gesetzt hatten. *Nicht passend:* 2: nachdem er von den Persern besiegt worden war.
G2 3: gessissetis/gessisses/gessissent: ihr hättet/du hättest/sie hätten getragen – relictum esset/relicti essetis/relictae essent/relictus essem: es wäre/ihr wäret/sie wären/ich wäre verlassen worden – intellexissetis/intellexisses/intellexissent: ihr hättet/du hättest/sie hätten erkannt reliquissetis/reliquisses/reliquissent: ihr hättet/du hättest/sie hätten verlassen – caesum esset/caesi essetis/caesae essent/caesus essem: es wäre/ihr wäret/sie wären/ich wäre geschlagen worden – docuissetis/docuisses/docuissent: ihr hättet/

du hättest/sie hätten gelehrt – recessissetis/recessisses/ recessissent: ihr hättet euch/du hättest dich/sie hätten sich zurückgezogen

G3 1: a) Ohne Freunde wäre unser Leben nicht glücklich. Wenn wir keine Freunde hätten, würden wir kein glückliches Leben führen (*sine* m. Abl. entspricht *nisi*-Satz). b) Bei Aufhebung der Gerechtigkeit könnte kein Staat bestehen. Wäre die Gerechtigkeit aufgehoben, würde jeder Staat ein Ende haben (Abl. abs. entspricht *si*-Satz).
G3 2: a) Niemals wäre Herkules zu den Göttern gekommen, wenn er sich nicht, als er unter den Menschen war, den Weg dahin durch Tüchtigkeit bereitet hätte. b) Niemals wäre Alexander an die Grenze der Welt gekommen, wenn er nicht Herkules als Vorbild gehabt hätte.

G4 1: a) feceris: Niemand weiß, warum du dies getan hast. b) audirent: Alle strömten zum Forum, um den Redner zu hören. c) venires: Wenn du uns zu Hilfe kämst, wärst du ein guter Freund d) dedissem: Warum fragtest du mich, warum ich mich der Ruhe hingab?
G4 2: a) Ich mahnte euch, nicht zu schreien. b) Als sie jenes Unheil gesehen hatten, flohen sie. c) Alle haben mich gebeten, hier zu bleiben. d) Warum sagst du, dass ich einen Brief an dich schreiben soll? e) Ich wusste nicht, wie der Friede geschaffen worden war. f) So gewaltig ist die Furcht, dass niemand die Unglücklichen rettet. g) Sie baten, dass die Feinde die Kinder schonten.

G5 1: gerecht handeln – hochmütig herrschen – schnell laufen – schändlich sterben – klug raten – glücklich leben – begierig verlangen – schön schreiben – schlecht reden
G5 2: Viele Autoren haben über die Germanen geschrieben, wie grausam sie die Feinde töteten/wie frei sie lebten/wie erbittert sie kämpften/wie schlecht sie ihren Stamm verwalteten/wie leidenschaftlich sie die Freiheit verteidigten/wie weise sie ihre Bräuche einhielten.

Lesen und verstehen

Diese Rede würde ich nicht halten, wenn ich nicht wüsste, wie viel bei euch Worte vermögen. Doch da ich sehe, dass ihr durch die Worte von Aufrührern irritiert seid, habe ich mich entschlossen, einiges zu erläutern, was für euch gewiss nützlich sein wird.
Euer Land haben römische Heerführer betreten, ohne dass irgendwelche Begehrlichkeit sie dazu veranlasst hätte (= von keiner Begierde getrieben), sondern weil eure Vorfahren sie riefen, als sie von inneren Zwistigkeiten heftig geplagt und von den Germanen, die sie zu Hilfe gerufen hatten, hochmütig und grausam unterdrückt wurden.
Wir haben uns auch nicht deshalb am Rhein festgesetzt, um Italien zu verteidigen, sondern damit die Germanen nicht wieder in Gallien einfallen und es weit und breit verwüsten. Habt ihr nicht begriffen, warum die Sueben, warum andere Germanenstämme ihre Wohnsitze verändert (= ihre Heimat verlassen) haben? Aus keinem anderen Grund, als ihr Sumpfland hinter sich zu lassen und diese Felder sowie euch selber zu besitzen, um Herren zu sein, während ihr ihnen als Sklaven dient.
Königsherrschaften und Kriege hat es in Gallien ständig gegeben, bis ihr unsere Rechtsordnung übernommen habt. Wir haben aber euch, obwohl ihr besiegt wart, nur das auferlegt, was nötig war, damit ihr Frieden habt und vor Feinden sicher seid. Man kann nämlich weder Ruhe unter den Völkern ohne Waffen noch eine bewaffnete Macht ohne Soldzahlungen noch Sold ohne Tribute haben. Alles Übrige ist (sowohl) euch (als auch) und uns gemeinsam. Ihr selbst kommandiert meistens unsere Legionen, ihr selbst verwaltet diese und andere Provinzen. Nichts ist euch verschlossen. Liebt also, da ihr mit Anstand und in Ruhe leben könnt, den Frieden und bedenkt Folgendes: wenn unsere Truppen nicht gesiegt hätten, wenn sie von den Aufrührern aus Gallien vertrieben worden wären, was hättet ihr auf der Stelle sonst als Kriege aller Stämme gegeneinander?

Versuchen Sie sich am Original

Man würde nicht nach Weisheit streben, wenn sie nichts bewirkte. – Platon lobt den Tod in der Weise, dass er verbietet, dem Leben zu entfliehen. – Die Gallier haben sich, da sie fürchteten, sie würden gezwungen, nachts zu kämpfen, schnell zurückgezogen. – Wenn du geschwiegen hättest, wärst du ein Philosoph geblieben.

Zu guter Letzt

100 v. Chr.: geboren; 59 v. Chr.: Konsul; 58–51 v. Chr.: Gallischer Krieg; 49–46 v. Chr.: Bürgerkrieg; 48–47 v. Chr.: Begegnung mit Kleopatra; 44 v. Chr.: Ermordung.

Lektion 14

Grammatik

G1 1: Gerundium: amittendi (des Verlierens) – colendo (durch Verehren) – descendendi (des Herabsteigens) – accipiendum (ad: zum Annehmen) – defendendi (des Verteidigens) – invadendo (durch Angreifen) – perturbandum (ad: zum Verwirren) – dando (durch Geben) – minuendo (durch Verringern) – parendum (ad: zum Gehorchen); kein Gerundium: stipendii (des Solds) – condo (ich gründe) – defendi (verteidigt werden/ich habe verteidigt) – reprehendi (getadelt werden/ich habe getadelt) – intendo (ich beabsichtige) – nondum (noch nicht) – tandem (endlich) – unde (woher)

G1 2: das Verlangen ... zu reden – tapfer zu kämpfen – Neues zu erfinden – sich zu bilden – berühmte Städte zu sehen – zu hören – Kriege zu führen (nach Kriegführung) – glücklich zu leben (nach einem glücklichen Leben) – schnell zu fliehen (nach schneller Flucht) – sich zu üben – immer allen zu gefallen
G1 3: Die Kunst gesund zu leben: a) Vom Verlangen geleitet, gesund zu leben, pflege ich meinen Körper sehr, indem ich immer spazieren gehe, oft laufe, wenig esse. b) Ich suche auch immer wieder die Thermen auf, um zu schwimmen (zum Schwimmen). c) Dort mache ich auch durch die Lektüre von Büchern und, indem ich mich den Studien widme, meinen Geist stärker. d) Überall nehme ich mir viel Zeit dazu, mich der Ruhe hinzugeben.
G1 4: cupiditas libros brevi legendi: das Verlangen, die Bücher in kurzer Zeit zu lesen – ars vitam aliter agendi: die Kunst, das Leben anders zu führen – tempus equum vehementer curandi: die Zeit, sich sehr um das Pferd zu kümmern

G2 1: die Kunst, a) eine Stadt zu erbauen (des Städtebaus) b) Menschen zu lehren c) ein Gastmahl schön zu gestalten d) das Leben in Ruhe zu führen (einer ruhigen Lebensführung) e) einen Brief schnell zu schreiben (des schnellen Briefschreibens) f) einen Staat in Freiheit zu regieren g) Freundschaft zu schließen
G2 2: a) inquirendo naturam: durch Erforschung der Natur b) mutando mores: durch Veränderung der Sitten c) cupidus pacem faciendi: begierig danach, Frieden zu schaffen d) ars agrum colendi: die Kunst des Ackerbaus e) amor librum legendi: Liebe zum Buchlesen
G2 3: a) Augustus hat sich durch die Rettung der Bürger großen Ruhm verschafft: Rettung bereits geschehen: Abl. abs. b) Gute Staatsführer wollen sich durch die Rettung der Bürger um den Staat kümmern: Rettung vollzieht sich erst noch: Gerundivum-V
G2 4: a) Die Germanen hatten aus Kriegslust (begierig danach, einen Krieg zu führen) die Bundesgenossen des römischen Volkes unterdrückt. b) Deshalb dachte Caesar darüber nach, in das Gebiet der Germanen einzudringen. c) Oft hatte er es erlebt, dass die Germanen sich durch schnelle Flucht (indem sie schnell flohen) aus der Gefahr retteten. d) Deshalb fasste er den Plan, das Heer in ihr Gebiet zu führen. Da war Schnelligkeit im Handeln nötig.
G2 5: zur Götterverehrung – um Ruhm zu erwerben – bei der Abwehr der Sklaverei – durch ein Hilfsgesuch – indem man die Freundschaft bewahrt
G2 6: a) Gerundivum: Von Natur aus sind wir geneigt, die Menschen zu lieben. b) Gerundium: Tugenden werden beim Handeln sichtbar.

G3 1: a) Im Jahr 102 v. Chr. sind die Kimbern und Teutonen von Marius besiegt und vertrieben worden. b) Im Jahr 44 v. Chr. ist Caesar ermordet worden. c) Im Jahr 14 n. Chr. ist Kaiser Augustus gestorben.
G3 2: im zweiten Punischen Krieg – die zehnte Legion – in der ersten Stunde der Nacht – der Nachtisch („der zweite Tisch") – der dritte Zug – die achte Rede – der siebte König – er feierte den fünften Triumph – wir haben das 20. Jahrhundert erlebt – der fünfte Teil des Solds
G3 3: Das Werk ist im Jahr des Herrn 1762 vollendet worden: anno millesimo septingentesimo sexagesimo secundo.

Wussten Sie schon?

„Qunictili Vare, legiones redde!" – „Quinctilius Varus, gib mir meine Legionen wieder!" (Augustus) Die anderen Sätze lauten: „Gaius Marius, verteidige uns vor den schrecklichen Germanen." (Livius) – „Hannibal, halte deine Truppen fern von unserer Stadt!" (Livius) – „Mein lieber Vater, zeige mir das Schicksal meines Volkes!" (Aeneas)

Lesen und verstehen

Germanicus schickte den Legaten Caecina mit vierzig römischen Kohorten durch das Land der Brukterer an den Fluss Ems (= an die Ems): Die Reiter führte der Präfekt Pedo; er selbst verlud vier Legionen auf Schiffe und transportierte sie über große Seen. Nachdem die Brukterer besiegt waren, fand man unter der Beute das Feldzeichen der neunzehnten Legion, das mit Varus verlorengegangen war. Darauf wurde das Heer zu den entferntesten Brukterern (= ins hinterste Brukthererland) geführt, nicht weit vom Teutoburger Wald, wo jenes Heer des Varus durch Hinterlist der Feinde vernichtet worden war. Weil nämlich das Gelände zum Kämpfen ungeeignet war, hatte es sich nicht einmal durch den Rückzug retten können.
Germanicus aber überkommt (= überkam) das Verlangen nachzuforschen, wo die Gebeine des Varus und jener drei Legionen lägen. Daher schickt (= schickte) er Caecina zur Erkundung voraus. Bald betrat auch Germanicus die durch ihren Anblick und die Erinnerung entsetzlichen Orte. Er hatte nämlich den Plan gefasst, den Soldaten und ihrem Führer die letzte Ehre zu erweisen. Zuerst fand man das Lager des Varus, dann die bleichen Gebeine der Soldaten. Auf dem Schlachtfeld lagen auch zerbrochene Waffen und Pferdeskelette, an den Bäumen aber waren Menschenschädel angenagelt.
Als die Soldaten den nahen Wald betraten, um nachzuforschen, fanden sie die Altäre der Barbaren, wo die Tribunen und Zenturionen hingeschlachtet worden waren. Es gab im Heer einige, die sich durch rasche Flucht aus jener Niederlage gerettet hatten. Diese berichteten, hier seien die Legaten gefallen,

dort die Feldzeichen erbeutet worden; manche erinnerten sich, wo Varus die erste, wo er die zweite Wunde erhalten hatte, und wo er von eigener Hand den Tod gefunden hatte.
So begrub also das römische Heer im sechsten Jahr nach der bitteren Niederlage die Überreste von drei Legionen, und Germanicus, der begierig (= dem daran gelegen) war, die Erinnerung an die Erschlagenen zu bewahren, legte das erste Rasenstück. Tiberius aber tadelte Germanicus, da er glaubte, die tapferen Herzen (= die Kampfkraft) der Soldaten sei geschwächt worden bei der Bestattung von so vielen tausend Menschen.

Versuchen Sie sich am Original

Unsere Bücher haben die Menschen nicht nur zum Eifer des Lesens, sondern auch des Schreibens angeregt. – So groß war die Schnelligkeit bei der Einnahme des Lagers. – Catilina hat den Plan gefasst, den Staat zu vernichten.

Zu guter Letzt

1) Deutschland wäre als römisches Besatzungsgebiet stark romanisiert worden, etwa wie Frankreich; es hätte eine andere Sprache gegeben, auch andere politische Strukturen, da das Konzept der römischen Kaiserherrschaft sich auch hier realisiert hätte. Die Zivilisation wäre wahrscheinlich weniger von den traditionellen germanischen Elementen bestimmt worden u.v.m.
2) Auffälligster Unterschied der germanischen zur römischen Kleidung bestand in den Hosen, die die germanische Männer trugen und die offenbar die Römer bei ihrer Begegnung mit den Germanen belustigten. Der germanische Mann trug außerdem einen Hemdkittel und darüber einen Umhang aus Wolle als Mantel, der über der Schulter mit einer Fibel befestigt wurde. Wichtiger Bestandteil der Kleidung war ein Ledergürtel mit Bronzeschnalle; an den Gürtel wurden Waffen und Beutel gehängt. Die Germanen trugen keine offenen Sandalen, sondern geschlossene Schuhe oder niedrige Schaftstiefel. Germanische Frauen trugen ein langes, hemdartiges Gewand.

Lektion 15

Grammatik

G1 1: dicturus (dicere) – mansuri (manere) – coepturis (incipere) – daturus (dare) – fixuros (figere) – sepulturam (sepelire) – missuras (mittere) – sublaturum (tollere) – aucturos (augere) – scripturus (scribere) – futurum (esse) – risuri (ridere) – culturam (colere) – praefuturos (praeesse) – caesurus (caedere) – interrogaturus (interrogare)
G1 2: Ich hoffe, a) dass ihr in Kürze kommt/kommen werdet. b) dass der Staat heil bleibt/bleiben wird. c) dass ich meine Heimat nicht verliere/verlieren werde. d) dass die Sklavinnen nicht vergeblich um Hilfe bitten/bitten werden. e) dass die Unseren in dieser Gefahr nicht zugrunde gehen/gehen werden.
G1 3: a) In unserer Zeit suchen viele Italien auf, um die schönen Städte zu sehen. b) Wer wird bei den Freunden sein, wenn sie die Thermen aufsuchen wollen? c) Alle stehen auf dem Forum um den berühmten Redner herum, der eine Rede halten will. d) Ich laufe mit dir zum Meer, um (dir) die Schiffe zu zeigen.
G1 4: a) Die Römer hofften, dass die Germanen in Italien nicht wieder Kriege führen würden. b) Deshalb lobten sie Caesar, weil er einen Angriff gegen Germanien machen wollte. c) Die Germanen hingegen, die nach Gallien eindringen wollten, glaubten, dass sie in Kürze auch im Gebiet der Römer sein würden.

G2 1: a) gesturum esse: Es stand fest, dass Caesar in Kürze den Krieg gegen die Gallier führen werde.
b) expugnatum esse: Er erfuhr, dass dort schon eine Stadt erobert worden ist. c) libere dicere: Er befahl, dass die Gesandten der Gallier freisprechen sollten.
G2 2: a) Alexander sagte, er werde (es) dem Diogenes geben, falls er etwas nötig habe (nz). b) Diogenes sagte zu Alexander, als er ihn aufforderte zu sagen, was ihm nötig sei: „Geh mir ein wenig aus der Sonne!“ (gz). c) Alexander hat, beeindruckt von einem solchen Freimut der Rede, Diogenes einen glücklichen Menschen genannt (vz).
G2 3: a) Alexander hoffte nach der Eroberung Asiens, dass er der Herr des ganzen Erdkreises sein werde. *expugnata* PPP, Abl abs. (vz) – *fore* Inf. Fut. (nz) b) Doch seine Soldaten weigerten sich, dem Führer zu gehorchen, als er an die äußersten Grenzen der Erde gelangen wollte. *parituros esse*: Inf. Fut. (nz) – *cupienti* c) Nachdem Alexander zum König fast aller Völker gemacht worden war, starb er plötzlich durch eine Krankheit, wobei/da ihm die Götter nicht gewogen waren. *factus*: PPP, PC (vz) – *faventibus*: PPrA (gz)
G2 4: a) Caesar war sich nach dem Sieg über die Gallier sicher, dass er alle anderen Völker auf dem ganzen Erdkreis in die Sklaverei bringen werde.
victis: PPP, Abl. abs. (vz) – *affecturum*: Part. Fut. (nz)
b) Doch als er die dauernde Diktatur erreichen wollte, widersetzten sich ihm viele Römer mit höchstem Einsatz. *petituro*: Part. Fut. (nz) c) Als Caesar die höchste Befehlsgewalt erhalten hatte, wurde er, gerade im Begriff zum Krieg gegen die Parther, ein Volk des Ostens, zu rüsten, plötzlich in der Kurie ermordet.
accepto: PPP, Abl. abs. (vz) – *paraturus*: Part. Fut. (nz)
G2 5: a1 ducenti: Dem Feldherrn, der das Heer führte, gehorchten die Soldaten nicht. b2 ducto: Dem Heer, das nach Germanien geführt worden war, leisteten die Germanen heftigen Widerstand. c3 ducturo: Als Caesar die Truppen auf Schiffen nach Britannien

bringen wollte, war ihm ein großer Sturm hinderlich. d4 dicentibus: Menschen, die die Wahrheit sagen, schenken wir ohne Zögern Vertrauen. e5 dictis: Die bösen Worte, die von dir gesagt worden sind, verzeihen wir. f6 dicturis: Heiligen Männern, die die Zukunft verkünden, werden große Ehren erwiesen.
G2 6: In unserer Zeit leugnet niemand, dass die Stadt Rom – ewig sein wird (nz) – von Romulus gegründet worden ist (vz) – auch heute noch schön ist (gz).

G3 1: vir clarus (der recht berühmte Mann) – puellae pulchrae (die schönsten Mädchen/sehr schöne Mädchen) – servi miseri (ärmere Sklaven/recht arme Sklaven) – nihil beatum (nichts Glücklicheres) – breviter scribere (ganz kurz schreiben) – hominem prudentem (einen klügeren Menschen) – vitam molestam (ein recht lästiges Leben) – ager utilis (ein ziemlich nützlicher Acker) – bellum longum (ein recht langer Krieg) – loca tuta (ziemlich sichere Orte) – puer diligens (ein sehr gewissenhafter Junge) – servitus turpis (schändlichste Knechtschaft) – pugnae acres (ganz hitzige Kämpfe) – celeriter currere (schneller laufen) – litterae breves (ein recht kurzer Brief) – vulnus acerbum: eine sehr bittere Wunde – longe manere (länger bleiben) – foedus sanctum (ein überaus heiliges Bündnis) – avaritia mala (extrem schlimmer Geiz)
G3 2: a) Die Germanen waren bekanntlich die tapfersten unter allen Völkern. b) Wir hoffen, dass nichts erfreulicher sein wird als der Frieden. c) Glaubst du etwa nicht, dass die Klugheit den Menschen sehr nützlich ist? d) Unter der Führung eines klugen Mannes ist eine ganz bittere Niederlage vom Vaterland abgewehrt worden. e) Die Römer glaubten, dass die Germanen grausamere Barbaren seien als die Gallier und Britannen. f) In kürzester Zeit sind 2000 Soldaten in jener äußerst heftigen Schlacht gefallen.
G3 3: a) Damals war das Leben innerhalb der Mauern ziemlich sicher. b) Dort nämlich lebten die Menschen höchst anständig. c) Und es drohten den Einzelnen keine ganz großen Gefahren. d) Es konnten recht schöne Schauspiele gesehen werden. e) Ruhe und Frieden dauerten ziemlich lange. f) Die Stadt wurde von einer äußerst schlimmen Pest gequält.
G3 4: a) Ist dein Leben glücklicher als meines? b) Du führst ein möglichst glückliches Leben. c) Das Leben, das du führst, ist sehr glücklich. d) Ich weiß nicht, wie glücklich ihr seid. e) Viele kennen dein Leben sehr wohl. Sie halten dieses für glücklich.

G4 1: a) Wer hat dies gesagt? b) Wenn jemand glaubt, dass einer von uns das gesagt hat, dann irrt er. c) Denn ein jeder weiß, dass niemand von uns etwas von dieser Art gesagt hat. d) Und jeder weiß sehr wohl (niemand weiß nicht), dass ich ein kluger Mann bin.
G4 2: a) Jedem das Seine! b) Schau nicht nur, was ein jeder sagt, sondern auch, was ein jeder tut!
G4 3: a) Wenn jemand glaubt, ein üppiges Leben sei das höchste Gut, dann wird er, wie ich glaube, kein glückliches Leben führen. b) Und niemand dürfte leugnen, dass das glückliche Leben auf Tugend und Menschlichkeit beruhe. c) Doch ein jeder soll sehen, wie er einen Weg zum glücklichen Leben findet!
G4 4: Das Schicksal ist nicht immer allen Guten/jedem/gerade dem Besten gewogen. (*optimus quisque*: jeder Beste, jeder der zu den Besten gehört = alle Guten)

Lesen und verstehen

Um den Ackerbau bemühen sich die Germanen nicht (= auf den Ackerbau legen … keinen großen Wert) und der größere Teil ihrer Nahrung besteht aus Milch, Käse und Fleisch. Auch hat niemand eigene Grenzen (= eigenen Grundbesitz); vielmehr weisen die Würdenträger für je ein Jahr den Sippen die Felder zu und zwingen sie, ein Jahr danach die Äcker aufzugeben. Das, so sagen sie, tun sie aus zahlreichen Gründen: Damit nicht das Bestreben, Krieg zu führen, verringert werde; damit nicht irgendein Mächtigerer, der sich umfangreicheren Besitz verschaffen wolle, die Armen von ihren Feldern vertreibe; damit sie nicht (ihre Häuser) zu sorgsam bauten und nicht den Luxus zu lieben anfingen (= allmählich am Luxus Gefallen fänden), damit sie nicht von dem Verlangen, Geld zu besitzen, beeinflusst würden, was die größte Ursache von Neid und Streit ist. Außerdem hoffen sie, dass die kleinen Leute ruhig bleiben würden, da jeder sehen könne, dass sein Vermögen mit dem der Mächtigsten gleich sei.
Es ist für die Stämme der höchste Ruhm (= äußerst rühmlich), dass (= wenn) sie möglichst weit um sich verwüstete Gebiete (= Ödland) haben. Sie glauben, das sei ein Zeichen ihrer Tapferkeit, dadurch meinen sie, sicherer zu sein. Raubzüge bringen niemandem Schande, sofern sie außerhalb der jeweiligen Grenze jedes Stammes erfolgen. Sie sagen nämlich, dass sie diese unternähmen, um die jungen Leute zu ertüchtigen und die (= deren) Untätigkeit zu verringern.
Und sobald einer von den Häuptlingen in der Versammlung erklärt, er werde mit irgendeinem Feind Krieg führen, versprechen schleunigst diejenigen ihre Hilfe, die darauf aus sind, sich Ruhm oder Beute zu erwerben, und werden von der Menge mit den tapfersten Männern verglichen. Die aber, die erklären, sie wollten daheim bleiben, werden mit sehr vielen und äußerst bitteren Beleidigungen versehen (= erfahren zahllose bittere Kränkungen).
Einen Gast zu verletzen halten sie für einen Frevel. Diejenigen, die zu ihnen kommen (gekommen sind), beschützen sie vor Unrecht und halten sie für unverletzlich; diesen stehen die Häuser aller offen, diese unterstützen sie mit allem Lebensunterhalt (= Nötigen), diesen gibt man mehr, als sie verlangen.

Versuchen Sie sich am Original

Die Furcht der Gallier vergrößerte der Feind, der aus Germanien einzudringen beabsichtigte. – Hannibal sieht, dass er in großer Gefahr sein werde, wenn er keine Vorsorge treffe. – Viele Künste sind gefunden worden, da die Natur (sie uns) lehrte. – Man muss nicht nur darauf sehen, was ein jeder sagt, sondern auch, was ein jeder denkt.

Zu guter Letzt

Richtig: 2, 4, 5, 6.
Falsch: 1, 3, 7, 8.
Übersetzung: Streng sind dort die Ehen (geht es dort in den Ehen zu); dennoch lobe ich diesen Teil der Sitten (Moralvorstellungen) am meisten. Denn fast als Einzige unter den Barbaren halten sie es für ausreichend, eine einzige Ehefrau zu haben. Die Mitgift gibt nicht die Ehefrau dem Ehemann, sondern der Ehemann der Ehefrau. Die Eltern sind anwesend und begutachten die Geschenke, wie z. B. ein bereites (gezäumtes) Pferd sowie Schild und Schwert. Die Frau ihrerseits gibt dem Mann irgendeine Waffe. Gleich zu Beginn der Ehe wird sie daran erinnert, dass sie kommt um alle Gefahren in Krieg und Frieden abzuwehren.

Test Lektionen 11–15

1. a) Bösen Menschen glaube nicht! b) Hüte dich davor, bösen Menschen zu glauben! c) Ich bitte dich, bösen Menschen nicht zu glauben. d) Ich fürchte, dass du bösen Menschen glaubst. e) Ich führe dich, damit du dich nicht fürchtest. f) Von den Philosophen werden wir gewarnt, unser Leben auf schändliche Art zu verbringen. g) Das steht fest: Nicht einmal der allerklügste Mensch weiß alles. h) Fürchtet euch nicht! i) Lasst uns nicht aufhören, für unsere Freunde zu sorgen!

2. a) Die Karthager besiegten unter der Führung Hannibals/, als Hannibal ihr Anführer war,/, weil … war, die Römer bei Cannae. b) Nachdem/Als/Weil die Römer bei Cannae besiegt worden waren,/Nach der Niederlage der Römer bei Cannae herrschte große Angst in der Stadt. c) Aber weil/da/nachdem/dadurch, dass die Patrizier (sie er-)mahnten, wurde die Angst in der Stadt besiegt.

3. Es ist bekannt, dass in alten Zeiten die Menschen durch Träume gewarnt wurden, etwas zu tun, was ihnen Schaden bringen könnte. Als Beispiel diene Calpurnia, die durch Träume heftig geplagt wurde. Im Traum sah sie nämlich jene Gefahr, die Caesar drohte. Deshalb redete sie ihn an und mahnte ihn dabei *(Beiordnung des Partizips)* mit scharfen Worten. Wir wissen nicht, mit welchen Worten sie ihn mahnte; sicherlich aber hat sie etwa Folgendes gesagt: „Ich bitte dich, dich vor der drohenden Gefahr in Acht zu nehmen. Hüte dich davor, mich zu verlassen! Ich fürchte nämlich, dass jemand gegen dich Gewalt vorbereitet. Du hast im Sinn, die Senatoren um Rat zu fragen; aber im Traum habe ich gesehen: Irgendjemand ist darauf aus, dich zu überfallen, und niemand wird dich verteidigen. Missachte nicht meine Angst!" Trotzdem hörte Caesar nicht auf die Worte Calpurnias. Er verließ sie, weil Brutus davor warnte, den Senatoren, die schon lange warteten, lästig zu werden. Er betrat die Kurie, wo er von Brutus und dessen Freunden mit Dolchen angegriffen wurde.

4. um den Freund aufzusuchen/wegen eines Besuchs beim Freund – Caesar fand bei der Untersuchung heraus/Als er … untersuchte, fand Caesar heraus … – Caesar dachte darüber nach, die Stadt zu überfallen/ Caesar plante einen Überfall auf die Stadt – dadurch, dass er oft schonte/durch häufige Schonung – im tapferen Kampf siegen/dadurch, dass man tapfer kämpft, siegen – zur Feldbestellung an einem Platz bleiben/ an einem Platz bleiben, um das Feld zu bestellen – zur Besoldung der Soldaten/um den Soldaten ihren Sold zu zahlen – um Hilfe zu erbitten/weil er/sie Hilfe erbitten wollte – Caesar zog sich zur Abhaltung von Beratungen nach Italien zurück/Um Beratungen abzuhalten, zog sich … – um Ehre zu erlangen/zur Erlangung von Ehre – um den Hochmut der Gallier zu dämpfen/zur Verminderung des Hochmuts der Gallier – beim Fassen eines Plans/wenn man einen Plan fasst – um die Unseren zu überfallen/wegen eines Überfalls auf die Unseren – durch häufiges Ermahnen/dadurch, dass er oft ermahnte – um ihr (sein) Leben zu erhalten/zur Rettung ihres (seines) Lebens – zur Bereitstellung von Schiffen/um Schiffe bereitzustellen – bei der Eroberung einer Stadt zögern/zögern, die Stadt zu erobern – bei der Ausführung des Werks/ als er das Werk ausführte

5. a) Abhängiger Fragesatz: Auf die Frage, warum er am helllichten Tag eine Laterne durch die Straßen Athens trage, sagte Diogenes: „Ich suche einen Menschen." b) Temporalsatz: *cum … ambularet*; abh. Fragesatz: *cur …faceret*; abh. Fragesatz: *quae … causa sit*: Diogenes wurde, als er bei den Olympischen Spiele mit einem Siegeskranz durch die Straßen spazierte, gefragt, warum er dies tue. Er aber sagte: „Es ist doch klar, was ich für einen Grund habe; ich habe mich nämlich selbst besiegt. Muss nicht der, der einen so großen Sieg errungen hat, mit einem Siegeskranz geschmückt werden?"

6. als Geschrei gehört worden war – wobei sie die Feldzeichen im Stich ließen (kryptoaktiv) – obwohl viele verletzt (worden) waren – weil nur wenige Römer verletzt (worden) waren – als die Germanen schnell besiegt (worden) waren – als/nachdem/weil die Feinde vertrieben worden waren – als/nachdem schnell eine Versammlung abgehalten worden war – obwohl die Waffen übergeben worden waren – während/wobei die Römer nichts fürchteten …

7. nach Übergabe der Waffen/wegen der Übergabe der Waffen/die Waffen waren übergeben worden und dann/deshalb … – nach der raschen Abhaltung einer Beratung/rasch wurde eine Beratung abgehalten, und dann … – trotz der Bitte um Frieden/es wurde um Frieden gebeten, und trotzdem … – bei der Bitte der Bundesgenossen/die Bundesgenossen baten – auf Ermahnung Caesars hin/weil Caesar mahnte – nach/wegen der Vertreibung der Feinde/die Feinde wurden vertrieben, und dann/deshalb … – trotz des schnellen Sieges über die Germanen/die Germanen wurden schnell besiegt, und trotzdem … – wegen der Zurücklassung einer Schutztruppe/eine Schutztruppe wurde zurückgelassen, und deshalb …
8. v**i**cto – circu**m**data – **p**ulsis – ca**e**sis – pe**r**ditis – f**a**cto – se**r**vata – g**e**stis → IMPERARE.
9. a) Cum in Gallia libertas sublata esset, ibi servitus erat. – Als in Gallien die Freiheit beseitigt worden war, herrschte dort Knechtschaft. b) Cum Galli summo studio se defendissent, Caesar bellum longum gessit. – Da sich die Gallier mit allem Einsatz verteidigt hatten, führte Caesar einen langen Krieg. c) Cum Caesar ingentem Gallorum vim fregisset, Galliam in provinciam Romanam mutavit. – Als Caesar die gewaltige Kraft der Gallier gebrochen hatte, verwandelte er Gallien in eine römische Provinz. d) Cum Britannos vincere non potuisset, insulam eorum invadere desiit. – Da er die Britannen nicht hatte besiegen können, hörte er auf, ihre Insel anzugreifen. e) Cum Caesar in Gallia paci consuluisset, Galli bello inter se abstinebant. – Nachdem Caesar in Gallien für Frieden gesorgt hatte, ließen sie vom Krieg untereinander ab. → LEGIO

Lektion 16

Grammatik

G1 1: Deponentien: hortor (ich ermahne) – moror (ich halte mich auf) – morior (ich sterbe) – cunctor (ich zögere) – vereor (ich fürchte) – vehor: (ich fahre) – proficiscor (ich breche auf); Restformen: uxor: Nom. Sg. (die Gemahlin) – maior: Komp. zu magnus (größer) – arbor: Nom. Sg. (Baum) – victor: Nom. Sg. (Sieger) – amor: Nom. Sg. (Liebe) – mercator: Nom. Sg. (Kaufmann) – orator: Nom. Sg. (Redner) – liberor 1. Ps. Sg. Ind. Präs. Pass. (ich werde befreit) – vehor 1. Ps. Sg. Ind. Präs. Pass. (ich werde gefahren) – cogor 1. Ps. Sg. Ind. Präs. Pass. (ich werde gezwungen)
G1 2: regi: gelenkt werden/dem König – vehi (gefahren werden/fahren) – capi (gefangen werden) – cepi (ich habe gefangen) – crimini (dem Vorwurf) – morti (dem Tod) – mori (sterben) – contendi (ich habe behauptet /behauptet werden) – maiori (dem Größeren) – domini (des Herrn/die Herren) – comparari (bereitet werden) – optimi (die /das Besten) – vesperi (abends) – coepi (ich habe begonnen)
G1 3: a) Wollen wir nach Hause aufbrechen! (Hortativ) b) Zögert nicht! (Prohibitiv) c) Ein jeder soll die Seinen auffordern, den Krieg zu beenden. (Iussiv) e) Sollen wir uns hier aufhalten oder nach Hause zurückkehren? (Deliberativ) e) Wer dürfte, wenn er Vernunft hat, wohl unglücklichen Menschen zürnen? (Potentialis)
G1 4: vereri (fürchte!) – cunctari (ihr zögert/zögert!) – conspicari (sie würden erblicken) – mori (er starb) – proficisci (aufbrechen) – morari (du wirst dich aufhalten) – regredientes (Zurückkehrende) – conspicari (um zu erblicken); zwei Möglichkeiten: irasci (ich werde/möge zürnen) – vehi (wir fahren)/vehere (wir werden gefahren)
G1 5: a) Er bat mich, bald in die Stadt zurückzukehren (= dass ich … zurückkehre). b) Wir fürchteten, dass die Bürger uns zürnten. c) Da wir zögerten, wurden wir überwältigt. d) Wenn wir lange zögerten, würden wir nicht von der Gefahr befreit.
G1 6: a) Poseidon zürnt Odysseus. b) Als er ihn deshalb auf dem Meer fahren sieht, ist er darauf aus, dass jener stirbt. c) Odysseus aber zögert nicht, obwohl der Gott ganz heftig zürnt, trotzdem zu Schiff in die Heimat zu fahren.

G2 1: a) mortuus est/vita cessit (er starb) – cedent/proficiscentur (sie mögen weggehen) – timebit/verebitur (er wird fürchten) – dubitat/cunctatur (er zögert) – videret/conspicaretur (er würde erblicken) – monuit/hortatus est (er hat aufgefordert) – recesserant/regressi erant (sie waren zurückgekehrt) – manent/morantur
G2 2: a) Auf dem Forum Romanum hielten sich viele Menschen auf. b) Denn sie wollten einen berühmten Redner, der eine Rede halten wollte, sehen. c) Dieser zögerte zu erscheinen. d) Er hatte nämlich Angst, dass er von der Menge nicht mit bestem Beifall bedacht würde. e) Er wurde jedoch von den Freunden aufgefordert, nicht länger zu zaudern. f) Doch jener ging wieder nach Hause.
G2 3: a) Agamemnon starb, nachdem er nach Hause zurückgekehrt war, eines gewaltsamen Todes. b) Orest aber zog nach Befragung des Orakels in die Heimat und wollte da den Mord an seinem Vater auf seine Art und Weise rächen. c) Nachdem er sogleich Aigisth getötet hatte, zögerte er, als er seine Mutter Klytaemnestra sah, diese zu ermorden. d) Doch als ihn Elektra aufforderte, scheute er sich nicht, die Mutter zu töten. e) Doch nach dem Tod der Mutter zog der Sohn in der Angst, von den Furien auf übelste Weise vernichtet zu werden, an viele Orte Griechenlands, um sich von (seiner) Schuld zu befreien.
G2 4: Der Anführer kam, a) um die Seinen zu ermahnen (Part. Fut.: final) b) um das Lager der Feinde anzuschauen (Gerundivum-V) c) um bei den Soldaten zu bleiben (Gerundium) d) während die anderen zögerten (Abl. abs.: gz) e) nachdem sich die meisten

schon zurückgezogen hatten (Abl. abs.: vz). Der Anführer glaubte, f) dass die Seinen schon aufgebrochen seien (AcI: vz) g) dass die Römer die Zeichen der Herrschaft in Ehren hielten (AcI: gz) c) dass seine Truppen nicht zögern würden (AcI: nz).

G3 1: a) Solon, der hochberühmte Philosoph, ist, um den Erdkreis kennen zu lernen, aus Athen fortgezogen und zum König Krösus gekommen. b) Dieser zeigte ihm seine überaus großen Schätze und fragte ihn dann, welchen Menschen er für den allerglücklichsten, welches Leben er für das allerglücklichste halte. c) Jener zögerte kaum und sagte: „Tellus, der Athener, und sein Leben; denn niemand lebte glücklicher, niemand starb glücklicher." d) Über diese Worte verärgert (fragte) der König: „Und was ist mit mir? Bin ich nicht glücklicher?" e) Solon aber sagte: „Niemand kann vor seinem Tod glücklich genannt werden."
G3 2: a) Kroisos, der König der Lyder, befragte, da er die Absicht hatte, das Perserreich zu erobern, das Orakel von Delphi, welcher Herrscher seinen Angriff aufhalten könne, welche Streitkräfte seinem Heer gewachsen seien. b) Vom Orakel wurde ihm geantwortet: „Kroisos, wenn du den Fluß Halys überschreitest (überschritten hast), wirst du ein großes Reich zerstören." c) Kroisos (jedoch), von höchster Erwartung getrieben, scheute sich weder noch zögerte er, die Perser anzugreifen. d) Aber als er ihr Gebiet betreten hatte, zog ihm der Perserkönig sofort entgegen und besiegt ihn in einer Schlacht. e) Dann wurde Krösus nach seiner Gefangennahme auf einen Scheiterhaufen gelegt. f) Als er erkannte (erkannt hatte), dass er bald sterben werde, soll er mit lauter Stimme gerufen haben: „O Solon, nun begreife ich, welche weisen Worte du gesprochen hast!"
G3 3: Sag, … welche Stätte den Menschen das künftige Schicksal angezeigt hat! (**O**rakel) – welche Stadt Hauptstadt der Welt genannt wird! (**R**om) – welchen Kontinent die Griechen gegen die Persen verteidigt haben! (**E**uropa) – welcher Philosoph als der Erste von allen gehalten wird! (**S**okrates) – aus welcher Stadt Aeneas mit den Seinen geflohen ist (**T**roja)!
→ OREST

G4 1: congredi: zusammenkommen (im Kampf) zusammengeraten – aggredi: herangehen, angreifen – ingredi: hineingehen, einherschreiten – progredi: voranschreiten, vorankommen – transgredi: darüber gehen, überschreiten – egredi: herausgehen – regredi: zurückgehen, zurückkehren – degredi: heruntergehen, abweichen
a) Die Römer sind mit den Germanen oft mit den Waffen aneinander geraten. b) Die Menschen werden mit fortschreitendem Alter weiser sein. c) Caesar ist nach Überschreiten des Rubicon unmittelbar in die Stadt Rom einmarschiert.

G4 2: transmittere: hinüberschicken – reducere: zurückführen – accedere: herangehen, dazukommen – reddere: zurückgeben – perficere: (durchmachen), fertig stellen, vollenden – reportare: zurückbringen – suscipere: sich unterziehen, auf sich nehmen – eicere: hinauswerfen – perspicere: durchschauen
G4 3: a) Meine Kräfte sind wiederhergestellt worden. b) Große Mühen sind von dir übernommen worden c) Gute Bürger sind schon oft aus dem Vaterland (verjagt) verbannt worden. d) Der Bote ist ins Lager zurückgeschickt worden. e) Alle Menschen sind aus dem Zirkus herausgegangen, f) Die wilden Tiere sind in ihre Käfige zurückgebracht worden.

Lesen und verstehen
Lange glaubte Ödipus – mit diesem Namen (= so) hatte Periboia, die Gattin des Polybos, das Findelkind genannt –, er sei Sohn des Königs. Eines Tages aber beschimpfte (nannte) ihn einer von den jungen Leuten, die sich mit ihm auf dem Sportplatz aufhielten, als „Bastard", und die Übrigen lachten (wobei die Übrigen lachten /unter dem Gelächter der Übrigen). Über dieses Schimpfwort war Ödipus empört und fragte Periboia, wessen Sohn er sei. Da die Frau nichts verriet, entschloss er sich, nach Delphi zu reisen, um das Orakel zu befragen. Der Gott aber warnte ihn folgendermaßen: „Hüte dich davor, deinen Vater zu töten; hüte dich, deine Mutter zu heiraten!"
Als Ödipus das hörte, scheute er sich, nach Korinth zurückzukehren, und fuhr mit seinen Pferden nach Böotien. In einem engem Weg (= Hohlweg) kam ihm ein alter Mann mit einigen Sklaven entgegen, die mit lauter Stimme riefen: „Mach einem mächtigen König den Weg frei!"
Während Ödipus zögerte, erschlug einer von diesen Sklaven sein eines Pferd mit dem Schwert! Sogleich wurde Ödipus wütend und tötete nicht nur diesen Sklaven, sondern auch den alten König – es war aber Laios, sein eigener Vater! Die übrigen Sklaven flohen nach Theben, und weil sie ihren Herrn nicht hatten schützen können, logen sie, Laios sei von Räubern erschlagen worden. Später kam Ödipus, nachdem er sich an verschiedenen Orten aufgehalten hatte, nach Theben.
Nicht weit von den Mauern der Stadt erblickte er ein seltsames Wesen, das auf einem Berg saß: die Sphinx, die den Kopf eines Mädchens und den Leib eines Löwen hatte. Diese gab gewöhnlich den Leuten, die nach Theben reisten, ein Rätsel auf. Diejenigen, die das Rätsel nicht lösten, tötete sie grausam. Als sie Ödipus sah, fragte sie: „Welches Lebewesen hat am Morgen vier Beine, später zwei und am Abend drei?" „Der Mensch" erwiderte Ödipus. Als sie dieses Wort (= diese Lösung) vernahm, stürzte sich die Sphinx von dem Berg in die Tiefe. Ödipus aber wurde, weil er die Stadt von dem Ungeheuer befreit hatte, von den Thebanern zum König gemacht und heiratete die

Frau des ermordeten Königs – das aber war Iokaste, seine Mutter!
Lange Zeit hatte er Theben regiert, als plötzlich viele Thebanern an einer Seuche starben. Sogleich ließ Ödipus das Orakel des Apollo befragen, der die folgende Antwort gab: „Die Götter grollen, denn der, der Laios ermordet hat, lebt in Theben. Wenn du ihn findest, wird die Seuche enden (beendet werden)!" Und tatsächlich fand ihn Ödipus, nachdem er viele Menschen befragt hatte: sich selbst!

Versuchen Sie sich am Original
Zürnt ihr nicht, wenn jemand mehr Stolz hat als wir? – Sokrates glaubte, dass den Seelen, die sich rein erhalten hätten, eine leichte Rückkehr zu den Göttern möglich sei (offen stehe), von denen sie (her)gekommen seien. – Caesar führte im Glauben, dass dieser Krieg schnell beendet werden könne, sein Heer nach Gallien. – Ihr werdet aus Ehrfurcht vor den Göttern die Erinnerung an uns anständig bewahren.

Zu guter Letzt
1. „Wenn/Dadurch, dass Krösus durch den Halys zieht, wird er eine Großmacht (eine Machtfülle) zerstören." – Krösus glaubte, er werde die Feinde besiegen, besiegelte aber mit der Überquerung des Grenzflusses den Untergang seines eigenen Reiches.
2. „Ich sage, du kannst die Römer besiegen." – Pyrrhus erkannte nicht, dass diese Weissagung in gleicher Weise für die Römer Geltung hatte: Ich sage, die Römer könnten dich besiegen.
3. „Die höchste Befehlsgewalt in Rom wird haben, wer von euch, ihr jungen Männer, als Erster der Mutter einen Kuss gibt." – Nur Brutus erkannte, dass mit *mater* die Mutter Erde gemeint war, und ließ sich deshalb bei der Rückkehr nach Italien zu Boden fallen und küsste die Erde.

Lektion 17

Grammatik
G1 1: a) accepisse b) custodire c) defensa esse d) restitisse e) potiti esse
G1 2: a) Epaminondas soll den Stadt der Thebaner groß gemacht haben (Man sagt/Man sagte, dass … groß gemacht hat). b) Über den Tod des Epaminondas scheinen/schienen alle sehr große Schmerz zu empfinden. c) Sokrates soll lange über den Tod gesprochen haben.
G1 3: a) Die Germanen, so sagte man, seien die Tapfersten unter allen Völkern gewesen. b) Von diesem Volk schienen Italien die größten Gefahren zu drohen. c) Die Germanen waren damals, wie man sagte, niemals auf eine Freundschaft mit dem römischen Volk aus.

G2 1: Die Germanen a) mussten von Italien ferngehalten werden b) mussten mehr mit kluger Taktik als mit Gewalt besiegt werden c) mussten immer für schreckenerregend gehalten werden d) mussten die Römer immer fürchten/von den Römern … gefürchtet werden e) durften auf keine Weise unterstützt werden.
G2 2: a) Die Provinz musste geschützt werden (Ger.-N). b) Bei der Abwehr der Feinde sind viele getötet worden (Ger.-V). c) Beim Widerstand war ihnen keine Zeit zum Rückzug gelassen worden (2x Gerundium). d) Nicht alle Römer glaubten, man müsse mit aller Macht darauf achten (Ger.-V), dass auch bei der Führung eines Krieges (Ger.-V) das Völkerrecht eingehalten wird.
G2 3: a3: Ich muss die Geschichte lesen. b5: Alle Bürger müssen die Gesetze beachten. c4: Die Menschen müssen Gott verehren. d2: Die Sklaven müssen die Felder bebauen. e1: Sklaven müssen gehorchen.
G2 4: a) In jenen Zeiten musste man einem König gehorchen (Dativobjekt). b) Muss man nicht immer dem König gehorchen? (Dativobjekt) c) Man muss mehr den Gesetzen als den Königen gehorchen (Dativobjekt). d) Niemand darf immer zürnen/Niemandem darf man immer zürnen (Täter-Dativ oder Dativ-Objekt). e) Es muss nicht allen gefallen (Dativobjekt). f) Wem darf man nicht vertrauen? (Dativobjekt) (weniger: Wer darf nicht vertrauen? (Täter-Dativ)) g) Alle mussten zurückkehren (Täter-Dativ).
G2 5: a) In Theben pflegte jene Spinx den Menschen, die die Stadt aufsuchten, ein Rätsel vorzulegen. b) Diejenigen, die ihr Rätsel nicht gelöst hatten, mussten sterben. c) Ödipus aber löste im Glauben, er müsse nichts befürchten, tatsächlich das (ihm gestellte) Rätsel. d) Daraufhin betrat er die Stadt, wobei er die Bürger so anredete: e) „Seid guten Mutes! Die Sphinx müsst ihr nicht mehr fürchten. f) Ich habe euch von dem so grausamen Ungeheuer befreit."
G2 6: *Richtig ist d).*

G3 1: Beim Untergang der Sonne haben, als die Unseren auf das Zeichen zum Angelusgebet hin die Knie beugten, jene Indios dasselbe getan und das Kreuz verehrt; *sole oriente*: Abl. abs. als adv. Best. zu *fecerunt*; *nostris … flectentibus*: Abl. abs. als adv. Best. zu *fecerunt* – *dato signo*: Abl. abs. als adv. Best. zu *nostris flectentibus* (also Abl. abs. innerhalb eines anderen Abl. abs.)
G3 2: nach der Erkennen der Ursache – nach Bereitstellung von Hilfstruppen – nach Empfang der Waffen – nach Beendigung des Krieges – nach Eroberung der Städte – nach der Tötung vieler – nach der Entsendung von Gesandten – nach dem Kampf – nach (Abhalten) der Rede – nach Erfahren des Planes – nachdem der Redner gesprochen hatte – unter dem Gelächter vieler – beim Widerstand dieser – zu Hannibals Lebzeiten – als die Feinde folgten
G3 3: hoc edi**c**to – sepul**c**ro ape**r**to – cunct**i**s dolentibus – Antigona m**o**rtua – dam**n**ata → CREON

Lesen und verstehen

Eteokles und Polyneikes, die Söhne des Ödipus, sollen schon zu dessen Lebzeit untereinander gestritten haben; denn jeder von beiden suchte das Königtum zu erreichen (= strebte nach der Krone).
Daher übertrug Ödipus, als er erkannt hatte, dass Laios von ihm selbst ermordet worden war, die Herrschaft seinen Söhnen für jeweils ein Jahr. Er selbst floh mit seiner Tochter Antigone als Führerin aus Theben.
Als Eteokles ein Jahr regiert hatte, forderte Polyneikes die Herrschaft von ihm. Da dieser sich weigerte, führte Polyneikes Verbündete zusammen, sammelte große Truppen (= stellte ein großes Heer auf) und belagerte Theben, konnte es aber nicht einnehmen. Daher maß er sich im Zweikampf mit Eteokles. Nachdem beide Brüder in diesem Kampf gefallen waren, wurde Kreon zum König ernannt. Der ließ Eteokles mit größten Ehren bestatten, den Leichnahm des Polyneikes aber, weil er anscheinend seine Heimat verraten hatte, den Hunden vorwerfen. Außerdem stellte er Wachen auf und ließ verkünden: „Wer diesen Leichnam zu bestatten versucht, der muss sterben!"
Antigone, die nach dem Tod ihres Vaters nach Theben zurückgekommen war, erfuhr von diesem Gebot des Königs. Trotzdem wollte sie aus Pflichtgefühl den Bruder mit Erde bedecken, wurde aber von denen, die den Leichnam bewachen mussten, festgenommen und zum König geführt.
Als sie von Kreon gefragt wurde: „Warum hast du meinem Gebot nicht gehorcht?", erwiderte sie tapfer: „Weil man den Geboten der Götter mehr gehorchen muss als deinen."
Kaum hatte er diese Worte vernommen, da beschloss Kreon, die junge Frau müsse zum Tod verurteilt werden. Ohne dass ein Bürger sich widersetzte, wurde sie lebendig begraben.
Alleine Haimon, der Sohn des Königs, entschloss sich, er müsse die Geliebte retten. Daher öffnete er ihr Grab, doch umsonst: Sie hatte schon selbst ihrem Leben ein Ende gemacht. Darum suchte auch Haimon den Tod, und die Mutter starb vor Kummer, als sie vom Schicksal ihres Sohnes hörte.
Kreon aber bedauerte, nachdem er alle seine Angehörigen durch eigene Schuld verloren hatte, zu spät seinen Starrsinn.

Versuchen Sie sich am Original

Du scheinst mir die Philosophie auf Lateinisch zu lehren und ihr gleichsam das Bürgerrecht zu geben; diese schien ja lange in Rom als Fremde zu leben. – Da Caesar glaubte, dass nicht genügend Zeit zur Kriegsführung gegeben sei, ließ er die Legaten verkünden, dass das Heer in das Lager zurückkehren müsse.

Zu guter Letzt

2) a) Antigones Antwort *Praeceptis deorum immortalium magis parendum est quam tuis* (Zeilen 21–23 auf S. 201) macht deutlich, warum Antigone (die Abgewandte) zu einer Figur des Widerstands gegen die – wie Brecht sie nennt – „Schrecklichen", „Mächtigen", „Verwirrer" und mit „Schimpf" und „Untaten" Beladenen des Dritten Reichs (wie Kreon) stilisiert werden konnte.

Lektion 18

Grammatik

G1 1: ferrem: 1. Ps. Sg. Konj. Impf. Akt. (ich würde tragen) – ferris: 2. Ps. Sg. Ind. Präs. Pass. (du wirst getragen) – ferent: 3. Ps. Pl. Fut. Akt. (sie werden tragen) – ferantur: 3. Ps. Pl. Konj. Präs. Pass. (sie sollen getragen werden) – ferimus: 1. Ps. Pl. Ind. Präs. Akt. (wir tragen) – ferri: Inf. Präs. Pass. (getragen werden) – fer: Imp. Sg. (trage!) – ferebar: 1. Ps. Ind. Impf. Pass. (ich wurde getragen) – fers: 2. Ps. Ind. Präs. Akt.: (du trägst) – ferunt: 3. Ps. Pl. Ind. Präs. Akt. (sie tragen) – ferendi: Gen. d. Gerundiums (des Tragens) – fertis: 2. Ps. Pl. Ind. Präs. Akt. (ihr tragt) – ferentes: Nom. Pl. d. PPrA (Tragende) – ferat: 3. Ps. Sg. Konj. Präs. Akt. (er soll tragen) – ferimini: 2. Ps. Pl. Ind. Präs. Pass. (ihr werdet getragen) – ferte: Imp. Pl. (tragt!)
G1 2: a) Sag immer die Wahrheit! b) Führe die Deinen wohlbehalten in die Heimat! c) Mache Frieden mit allen! d) Ertrage die drohenden Gefahren!
G1 3: a) ferendi sunt: Ich muss große Mühen ertragen. b) ferre: Es ist das Los des Menschen, Unglücksfälle zu ertragen. c) ferantur: Ich bitte, dass mir dein Brief gebracht wird. d) ferte: Bringt den unglücklichen Menschen Hilfe! e) fertur: Die Stadt soll erobert worden sein. f) ferendo: Wollen wir die Götter verehren, indem wir Opfer bringen. g) ferri: Wo lesen wir, dass von Christus das Kreuz getragen wird?
G1 4: Im Totenreich, so berichten die Dichter, würden die Beliden, jene Töchter des Danaos, welche in einer einzigen Nacht ihre Ehemänner umgebracht haben, immer Wasser in Urnen herbeitragen und in ein durchlöchertes Fass gießen. So ertragen sie Strafen (= werden sie (dafür) bestraft), wie man sagt.
G1 5: „ferri" (getragen werden) und „feror" (ich werde getragen) sind ausgeschieden, weil sie Passivformen sind; weitere sind: ferantur (sie sollen getragen werden) – ferretur (er würde getragen) – fertur (er wird getragen) – fereris (du wirst getragen werden) – ferimini (ihr werdet getragen); Restformen: feres (du wirst tragen) – ferimus (wir tragen) – ferres (du würdest tragen) – ferebat (er trug) – ferant (sie sollen tragen) – feram (ich möge/werde tragen) – ferebant (sie trugen)
G1 6: a) Abl. abs.: da viele Hilfe bringen b) Gerundium: durch Hilfeleistung c) AcI: Offensichtlich wird Hilfe geleistet. d) Gerundivum-V: bereit zur

Hilfeleistung e) PC: Heil dir, wenn/da du Hilfe bringst! f) Gerundivum-V: Zeige besonnenen Geist, wenn du Hilfe leisten musst!

G2 1: a) tulerunt; weitere Verbindungen: tulissent (sie hätten getragen) – (tulerant sie hatten getragen) – tulerint (sie mögen/werden getragen haben) b) latus esset; weitere Verbindungen: latus erat (er war getragen worden) – latus erit (er wird getragen worden sein) – latus est (er ist getragen worden) – latus sit (er möge getragen worden sein)
G2 2: a) Athene soll Odysseus immer Hilfe geleistet haben. b) Doch von Poseidon ist bekanntlich dem Odysseus niemals Hilfe geleistet worden. c) Weißt du, welche Mühen Odysseus auf dem Meer ertragen hat? d) Odysseus dachte bei sich: „Hätte ich nicht die Waffen gegen Troja getragen, würde ich nicht so viele Gefahren aushalten müssen." e) Nachdem die Griechen oft ein großes Unheil auf dem Meer erlitten hatten, ist Odysseus allein, wie man berichtet, aus allen Gefahren entkommen. f) Odysseus hat, so geht die Kunde, allen Freiern Unheil gebracht. g) Bei Homer lesen wir, mit welcher Gesinnung Odysseus sein Schicksal ertragen hat.

G3 1: a) Du hast berühmte Orte aufgesucht. b) Wir haben große Werke angegangen. c) Wendet euch an das Orakel! d) Die Konsuln begaben sich an die Kurie. e) Die Soldaten machen sich an das Lager der Feinde heran. f) Bemühe dich bitte um Ehrenämter! g) Geh nicht weg aus der Heimat! h) Er schied aus dem Leben. i) Die Truppen zogen zum Kampf aus dem Lager. j) Die Schiffe werden auslaufen. k) Das Heer kehrte in das Lager zurück. l) Die Bürger grüßten die Zurückkehrenden.
G3 2: a) nur „ire": eunt (sie gehen) – it (er geht) – i (geh!) – ibo (ich werde gehen) – ires (du würdest gehen) – imus (wir gehen) – itis (ihr geht) – ibant (sie gingen) – irem (ich würde gehen); „ire" und anderes: eam (ich möge gehen/diese) – is (du gehst/ dieser) – ii (ich bin gegangen/diese) – eo (ich gehe/ durch diesen) – isti (du bist gegangen/diesem da) – istis (ihr seid gegangen/diesen da); nicht „ire": id (es) – et (und) – ibi (dort) – ego (ich) – e (aus) – iam (schon) – es (du bist) – simus (lasst uns sein) – primus (der erste) – sit (er soll sein) – errem (ich dürfte mich irren) b) nur „ire" (adire/redire): adeo (ich gehe heran) – adi (gehe heran!) – exitum (hinausgegangen) – redi (kehre zurück) – redii (ich bin zurückgekehrt) – redisti: du bist zurückgekehrt; nicht „ire": ideo (deshalb) – alii (andere) – exercitum (das Heer) – regi (dem König) – reddidi (ich habe zurückgegeben) – reddi (zurückgegeben werden)
G3 3: a) Odysseus sei, so berichtet man, nach Hause zurückgekehrt, um den Seinen Hilfe zu bringen. b) Als er dort auf seinen Hof gekommen war, erblickte er die jungen Männer, wie sie seine Schätze verprassten, und beschloss deshalb, ihnen Unheil zu bringen. c) Deshalb wandte er sich an die Freunde und forderte sie mit folgenden Worten auf: d) „Bringt die Waffen der jungen Männer aus dem Hof! Passt auf, das keiner von ihnen aus dem Hof verschwindet!" e) Dann sind jene, wie man berichtet, einer nach dem anderen (= der Reihe nach) von Odysseus mit Pfeilen getötet worden. Formenbestimmung: a) ferre: ferunt: 3. Ps. Pl. Ind. Präs. Akt. – ferre: Inf. Präs. – ferte: Imp. Pl. – feruntur: 3. Ps. Pl. Ind. Präs. Pass. b) ire: redisse: Inf. Perf. – isset: 3. Ps. Sg. Konj. Plqmpf. Akt. – adiit: 3. Ps. Sg. Ind. Perf. Akt. – exeat: 3. Ps. Sg. Konj. Präs. Akt.
G3 4: Sokrates war darauf bedacht, ... auf das Forum Romanum zu gehen (nein)/in guter Haltung aus dem Leben zu scheiden (ja: se)/in Kürze mit dem Schiff nach Karthago zurückzukehren (nein)/sich immer mit Bitten an die Götter zu wenden (ja: ne)/dass ihm eine Gelegenheit aus dem Gefängnis zu entkommen gegeben werde (nein)/mit allen, die sich an ihn wandten, über das menschliche Schicksal zu philosophieren (ja: ca) → SENECA

G4 1: ich gehe, er geht, sie gehen, ich dürfte gehen, er ist gegangen, er würde gehen – ich dürfte wollen, sie wollen, ich will, er würde wollen, er will, er hat wollen – er würde tragen, ich dürfte tragen, ich trage, er hat getragen, er trägt, sie tragen; Drillinge: eo/volo/fero – it/vult/fert – eunt/volunt/ferunt – eam/velim/feram – iit/voluit/tulit – iret/vellet/ferret
G4 2: Ich will, aber du willst nicht. – Doch zuerst habe ich gewollt, aber da wollte jener nicht mehr. – Was hattet ihr denn gewollt? – Wir wollen das, was alle wollen. – Ihr aber habt vorher etwas anderes gewollt. – Wir wollten niemals anderes wollen, wir werden niemals anderes wollen. – Hier weiß niemand, was er will. Formenbestimmung: volo: 1. Ps. Sg. Ind. Präs. – vis: 2. Ps. Sg. Ind. Präs. – volui: 1. Ps. Ind. Perf. – voluit: 3. Ps. Ind. Perf. – volueratis: 2. Ps. Pl. Ind. Plqmpf. – volumus: 1. Ps. Pl. Ind. Präs.; volunt: 3. Ps. Pl. Ind. Präs. – voluistis: 2. Ps. Pl. Ind. Perf. – voluimus: 1. Ps. Pl. Ind. Perf. – voluimus: 1. Ps. Pl. Ind. Perf. – volemus: 1. Ps. Pl. Fut. – velit: 3. Ps. Sg. Konj. Präs.
G4 3: Menschen wollen von Lüsten betört (ergriffen) werden.
G4 4: a) Prometheus hat, wie berichtet wird, Zeus nicht gehorchen wollen. b) Gegen den Willen der Götter hat er Menschen aus Lehm gemacht, so erzählt man. c) Dadurch dass er das Feuer brachte, wollte er die Menschen viele Künste lehren, wie die Dichter erzählen. d) Wir wissen aber, dass Prometheus, da er die Anordnungen des Zeus nicht beachten wollte, in der Unterwelt gebüßt hat. e) Wer wollte wohl nicht wissen, wie die Menschen jenen Prometheus immer als Erfinder der Künste verehrt haben und verehren?

G4 5: Antigone, die nach dem Tod des Vaters beschlossen hatte, nach Theben zurückzukehren, verließ Athen. Als sie in die Stadt (Theben) gekommen war, dachte sie: „Ich kann es nicht ertragen, ja, für mich ist es nicht zu ertragen, dass mein Bruder unbestattet daliegt. Vergeblich habe ich gehofft, dass niemand ein so großes Unrecht hinnehmen werde. Obwohl der König nicht will, dass mein Bruder begraben wird, will ich sofort gehen, um ihn zu begraben." Während Antigone ihren Bruder mit Erde bedeckt, nähern sich ihr zwei Wächter und fragen, was sie wolle. „Ich will den Bruder begraben und ..." Da sagte einer der Wächter: „Was willst du? Kennst du den Erlass des Königs nicht?" Und diese: „Ich habe den Bruder mit Erde bedeckt, weil es die Götter so wollen." Jene aber verhaften sie und führen sie zum König (Kreon). Dieser fragt sie: „Warum wolltest du mir nicht gehorchen? Warum wolltest du den Bruder bestatten?" Da soll Antigone tapfer geantwortet haben: „Ein solches Unrecht nahm ich nicht hin, nehme ich nicht hin und werde ich nicht hinnehmen!"

G4 6: Denn er will dort nachdenken über die gute Belehrung der Menschen/über die glückliche Lebensführung/über die anständige Verehrung der Götter/über die Förderung der menschlichen Tugenden/über das Auffinden der Naturgesetze

G4 7: TULISTI – NOLUISSE – ADIBUNT – EXIERAM – FERRI – ISTIS → ULIXES

G5 1: a) Als Caesar, um den Feinden hart zuzusetzen, aufgebrochen war, kam er bald in das Gebiet der Germanen (PC mit Gerundivum-V). b) Denn auch wenn er Angst hatte, jene würden den Rhein überschreiten, wollte er sie in höchstem Maße in Furcht versetzen (PC mit Finalsatz). c) Deshalb benützte er zum Transport der Soldaten gebaute Schiffe und führte selbst nach Überschreiten des Flusses den Angriff (PC mit PC und Gerundivum-V). d) In kurzer Zeit kehrte er nach vollzogenem Angriff nach Gallien zurück und führte dann die Truppen in das Lager (PPP mit Abl. abs.).

G5 2: a) im Glauben, er sei der Glücklichste (PP und AcI) b) nach Kenntnisnahme dieser Ereignisse (Dinge) (Rel. Satzanschluss und Abl. abs.) c) nachdem viele Dinge zur Verbesserung des Lebensstandards erfunden worden sind (Abl. abs. und Gerundivum-V) d) von dieser Niederlage schockiert (Rel. Satzanschluss und PC) e) als die Unseren bei Tagesanbruch den Angriff machten (Abl. abs. und Abl. abs.)

G5 3: a) Diogenes ging mittags durch die Straßen der Stadt, wobei er eine Laterne in der Hand trug. b) Darüber verärgert, dass die Menschen nicht an ein glückliches Leben, sondern nur an den Reichtum dachten, war er nicht von frohem Sinn (= war seine Stimmung getrübt). c) Gefragt, warum er am hellen Tag diese Laterne trage und was er suche, soll er geantwortet haben: „Ich suche Menschen."

Lesen und verstehen

„O ihr Götter der unter der Erde gelegenen Welt (= der Unterwelt): Ich habe mich nicht entschlossen zu euch zu gehen, um euer Reich zu sehen, nicht um den Cerberus, das entsetzliche Untier, zu fesseln und ans Tageslicht zu tragen. Grund für meinen Weg ist die Gattin, die ich eben verloren habe. Dieses Unglück wollte ich tragen, ich hoffte es ertragen zu können, doch ich vermochte es nicht. Ich habe es nicht getragen, die Liebe hat gesiegt. Daher wende ich mich mit Bitten an euch, dass ihr mir Eurydike zurückgebt!

Wenn sie lange genug gelebt hat, wenn sie die gebührenden Jahre (= die Jahre, die ihr zustehen) vollendet hat, wird sie nicht unwillig hierher gehen, wohin wir Sterblichen alle gehen müssen. Ihr übt nämlich die längste Herrschaft über die Menschheit aus. Wenn ihr mir die verstorbene Gattin zurückgebt, werde ich eure Güte stets preisen. Wenn ihr aber meine Bitte nicht erhören wollt, werde ich nicht mehr zum Tageslicht zurückkehren. Freut euch dann am Tod von uns beiden!"

So rührte Orpheus mit süßer Stimme singend (= mit lieblichem Gesang) das Herz Proserpinas; auch den König der Toten rührten die Worte des Sängers. Weinend standen die toten Seelen, und weder griff Tantalus nach dem entfliehenden Wasser noch wälzte Sisy- phus seinen Felsblock. Damals, so geht die Sage, stan-den zum ersten Mal Tränen in den Augen der Furien.

Proserpina aber gab Orpheus die Gattin unter folgender Bedingung zurück: „Wenn du auf dem Rückweg die Augen wendest (= dich umblickst) und Eurydike ansehen willst, bevor du noch aus diesem Wohnsitzen fortgegangen bist (= dieses Reich verlassen hast), wirst du sie sogleich verlieren!"

Schon macht sich Orpheus auf den Rückweg mit der Gattin, die wegen ihrer Verletzung langsamer geht, schon nähern sie sich dem Rand der Erde, als jener aus allzu großer Liebe sich umsieht – und sogleich entschwindet Eurydike, seine geliebte Gattin!

Als Orpheus wiederkam, wollte ihn Charon kein zweites Mal übersetzen. Trotzdem soll er (Orpheus) sieben Nächte dort geblieben sein, ehe er nach Thrakien zurückkehrte.

Versuchen Sie sich am Original

Wir lieben dich sehr und wollen von dir (sehr) geliebt werden. – Ich will der sein, der ich, wie du gewollt hast, sein soll. – In der Mitte wirst du am sichersten gehen. – Ertrag es und sei hart! Du hast schon Schlimmeres erduldet.

Zu guter Letzt
Sisyphosarbeit: eine sinnlose Arbeit, insofern sie sich ständig als vergeblich erweist – Herkulestat: eine menschliches Maß übersteigende Leistung – Achillesferse: eine verwundbare, empfindliche Stelle bei einem Menschen oder Unternehmen – Prokrustesbett: eine unangenehme Lage, in die man mit Gewalt gezwungen wird oder ein gewaltsames Hineinzwängen in ein Schema – Ödipuskomplex: eine frühkindlich sich entwickelnde Beziehung zum gegengeschlechtlichen Elternteil – Fass ohne Boden: eine Aufgabe oder Person, in die man endlos Mühe oder Geld investiert – Tantalusqualen: quälende Begierde nach Unerreichbarem – Kassandraruf: eine unheilkündende Warnung

Lektion 19

Grammatik
G1 1: fiunt/faciunt: sie geschehen/sie machen – fiebatis/faciebatis: ihr geschaht/ihr machtet – facti sumus/fecimus: wir geschahen/wir machten – fies/facies: du wirst geschehen/du wirst machen – fiant/faciant: sie sollen geschehen/sie sollen machen – fierent/facerent: sie würden geschehen/sie würden machen – fieri/facere: geschehen/machen
G1 2: fi (werde!), i (gehe!), exi (geh heraus!), servi (diene!); *falsch:* vi (mit Gewalt) und si (wenn) – ducam (ich könnte/werde führen), eam (ich könnte/werde gehen; auch sie/diese, Akk.), fiam (ich könnte/werde geschehen); *falsch:* amicam (die Freundin) und iam (schon); – duci (geführt werden; auch dem Führer), finiri (beendet werden), fieri (gemacht werden, geschehen); *falsch:* repperi (ich habe gefunden) und operi (dem Werk) – venies (du wirst kommen), fies (du wirst geschehen), fugies (du wirst fliehen); *falsch:* dies (der Tag) und fines (die Grenzen)
G1 3: a) Ödipus hat seinen Vater Laios ahnungslos getötet b) Später, als er in Theben König geworden war, trat eine so gewaltige Pest auf, dass sehr viele der Bürger starben. c) Deshalb befragte man das Orakel, was die Thebaner tun müssten. d) Die Antwort lautete: „Wer den König Laios getötet hat, der muss zum Tod verurteilt werden." e) Sogleich dachte Ödipus bei sich: „Ich will diesen Mörder da finden! Es werde Licht in diesem Dunkel! Unter meiner Führung wird meine Heimat sicherlich frei von diesem Unheil werden." f) Doch bald fand er sich selbst als Mörder. g) Mit dem Ausruf: „Es ist Licht geworden!" stach er sich die Augen aus.
G1 4: a) Augustus hat, als er der erste Mann des Staates geworden war, den Bürgern einen langen Frieden geschenkt. b) Perikles, der lange den Staat der Athener regierte, wollte, dass von Pheidias, einem berühmten Künstler, eine Statue der Athene geschaffen wurde. c) Ein großer Sturm trat auf. So kam es, dass viele Schiffe vernichtet wurden. d) Sokrates wollte, wenn er auf dem Marktplatz mit den Bürgern sprach, immer erreichen, dass ihr Charakter besser wurde (= sich besserte). e) Der Philosoph Platon lehrte: „Ein König wird, falls sein Wesen schlechter wird (= sich verschlechtert), sofort zum Tyrannen." f) Manche Philosophen bemühen sich immer darum, dass sie fähig werden, Leiden zu ertragen.

G2 1: a) Es gibt viele Zeichen dafür. b) Diese Tat hast du erfolgreich ausgeführt.c) Du Schönste der Welt, Rom, wann werde ich dich wiedersehen? d) Die Philosophen denken über das Göttliche und Menschliche nach. e) Wenn irgendein Neid aus dieser Angelegenheit entstünde, wäre sie schlecht. f) Wir wissen viel über die Geschichte (Ereignisse) des Römischen Reiches. g) Deswegen muss er bestraft werden.
G2 2: a) Sokrates verweilte oft den ganzen Tag auf dem Marktplatz von Athen mit frohem Gesicht (= in froher Laune). b) Dort sprach er mit jungen Leuten, die ihm größtes Vertrauen schenkten, über viele Probleme. c) Einmal, als er mit einigen Freunden über den Marktplatz ging, rühmten diese die Fülle der Dinge, die sie bei den Kaufleuten sahen. d) Da sagte Sokrates: „Ich begreife, wenn ich so viele Dinge sehe, vor allem, wie vieles ich nicht nötig habe."
G2 3: Tag für Tag Mühen ertragen – in den Tag hinein leben – bis in den Tag hinein schlafen – am sechsten Tag – viele Tage nachher – am festgesetzten Tag – Tag und Nacht weg sein – am Festtag – Tag und Nacht studieren
G2 4: a) Treue ist zu halten. b) Vertrauen ist das heiligste Gut der menschlichen Seele. c) Nicht allen darf man Glauben schenken.

G3 1: a) Die Gallier schickten Gesandte, die um Frieden bitten sollten (final). b) Warum soll ich dich beneiden, der ich doch Überfluss an allem habe? (kausal) c) Dareios baute eine Brücke, auf der er die Truppen nach Europa übersetzen konnte (final/konsekutiv). d) Es gibt viele, die sich von einer Todesgefahr erschrecken lassen (konsekutiv).
G3 2: Non sum is, qui pericula timeat. (Ich bin nicht der, der Gefahren fürchtet.) – Misit, qui nobis auxilio venirent. (Er schickte Leute, die uns zu Hilfe kommen sollten.) – Miseri non sumus, qui semper vincamus. (Unglücklich sind wir nicht, die wir ja immer siegen.)

G4 1: a) Die Taten des Themistokles wurden hoch geschätzt (Gen. pretii). b) Dieser war es nämlich, der die die Stadt angreifenden Perser mit seinen Schiffen (Abl. instrumentalis) besiegen konnte. c) Niemand vollbrachte damals eine größere Tat als Themistokles (Abl. comparationis). d) Trotzdem ist er später eines Verbrechens angeklagt und aus der Vaterstadt verbannt worden (Gen. criminis). e) So werden oft die besten Führer des Staates am Übelsten bestraft.

G4 2: luce clarior: sonnenklar („heller als Licht") – saxo durior: steinhart („härter als Felsen") – Aetna gravius: zentnerschwer („schwerer als der Aetna") – melle dulcius: honigsüß („süßer als Honig")

Lesen und verstehen

„Mich hält (= erfüllt) die große Hoffnung, ihr Richter, dass mir etwas Gutes geschieht, wenn (dass) ich in den Tod geschickt werde. Denn entweder nimmt uns der Tod jegliche Sinneswahrnehmung oder wir müssen uns von diesen Orten (= von hier) an einen anderen Ort begeben. Wenn demzufolge (= angenommen,) uns die Sinneswahrnehmungen genommen werden und der Tod einem besonders tiefen Schlaf ähnlich ist, ihr guten Götter, was für ein Gewinn ist es dann zu sterben und wie viele Tage kann man finden, die man dieser Nacht vorziehen dürfte! Wenn ihr alle künftige Zeit vergleichbar ist, wer ist dann glücklicher als ich?

Wenn aber wahr ist, was man sagt, dass nämlich der Tod ein Übergang sei an die Orte, die die Verstorbenen bewohnen, dann ist das noch (schon) viel erfreulicher. Denn wenn ich von euch fortgegangen bin, die ihr als Richter gelten wollt, dann werde ich zu denen kommen, die sich wirklich Richter nennen können, zu Minos, Rhadamanthys und Aiakos, und werde mit denen zusammentreffen, die gerecht und ehrlich gelebt haben.

Wie viel ist es aber eurer Ansicht nach wert, dass ich mit Orpheus, Hesiod und Homer mich unterhalten kann? Ich wollte jedenfalls, wenn das geschehen könnte, oft sterben, um das, wovon ich spreche, sehen zu dürfen. Ich würde sowohl die Klugheit des Sisyphus als auch die des Odysseus auf die Probe stellen und deswegen nicht zum Tod verurteilt werden, wenn ich das herauszubringen suchte, wie ich es hier getan habe. Nicht einmal ihr Richter, die ihr mich freigesprochen habt, braucht den Tod zu fürchten! Denn einem guten Menschen kann nichts Böses widerfahren, weder im Leben noch im Sterben, und nie werden die unsterblichen Götter seine Angelegenheiten übersehen.

Ich habe aber auch keinen Grund, denen böse zu sein, von denen ich angeklagt und verurteilt wurde, außer dass sie glaubten, mir zu schaden. Doch es ist Zeit zu gehen, für mich, damit ich sterbe, für euch, damit ihr weiterlebt. Was davon aber besser ist, das wissen die unsterblichen Götter; von den Menschen weiß es meiner Meinung nach niemand."

Versuchen Sie sich am Original

Es kann geschehen, dass einer richtig denkt und das, was er denkt, nicht geschliffen ausdrücken kann. – Lernt, ihr Elenden, und erkennt die Gründe der Welt! – Vertrauen, Freunde, gute Herkunft und Schönheit schenkt die Königin GELD.

Zu guter Letzt

Der Kepos: Epikur; Die Akademie: Platon; Die Stoa: Zenon von Kition; Der Peripatos: Aristoteles.

Lektion 20

Grammatik

G1 1: a) Paulus war auch Verfasser von (bestimmten) Briefen. b) Es gab eine (bestimmte) Zeit, als die Christen sehr grausam getötet wurden. c) Gewisse gelehrte Christen (Theologen) versuchten, die Lehre der Philosophen mit dem christlichen Glauben zu verbinden. d) Die Christen in Rom haben, wie berichtet wird, die bittersten Leiden mit einer geradezu bewundernswerten Duldsamkeit ausgehalten.

e) Christus selbst scheint von einer sozusagen ungeheuren Barmherzigkeit gewesen zu sein.

G1 2: a3: Zu einer (bestimmten) Zeit lebten die Menschen wie wilde Tiere. b4: Geradezu von einem göttlichen Geist war Sokrates. c1: Eine sozusagen neue Religion haben die Apostel den Menschen gebracht. d2: Gewissermaßen gleichsam eine Verwandlung des Lebens ist der Tod.

G2: waagrecht: 3. während 5. Nu 6. wenn 8. neo 10. ami 12. gib 13. mit 14. Iden 17. on 18. calm 19. Vieh 20. weil; senkrecht: 1. ohne 2. brun 3. wenngleich 4. damit nicht 6. wobei 7. Namen 9. Eis 11. mir 15. Domes 16. envie

G3 1: a) Caesar machte dies vor allem aus dem Grund, weil er nicht wollte, dass der Raum, aus dem die Helvetier abgezogen waren, leer blieb, damit nicht wegen der guten Qualität des Ackerbodens die Germanen, die jenseits des Rheins wohnen, aus ihrem Gebiet in das Gebiet der Helvetier überwechselten und Grenznachbarn zur gallischen Provinz und zu den Allobrogern seien.

b) Doch als ich mich an das Vaterland, als ich mich an eure Gefahren, als ich mich an diese Stadt, als ich mich an jene Tempel erinnerte und als der alles erfassende Brand der ganzen Stadt, als die Waffen, die Häuser, das Blut der Bürger, das Unheil des Vaterlandes mir allmählich vor Augen getreten waren (zu treten begonnen hatten), da erst machte ich mich daran, diesem Menschen da Widerstand zu leisten.

G3 2:

HS	… ef-ferebat				et trahebat	
G1		ne …		madefierent		ne
G2			quos …			

Schwimmend hielt er die linke Hand aus dem Wasser, damit die kleine Schriftrolle, die er festhielt, nicht feucht wurde, und mit den Zähnen zog er den Feldherrnmantel <mit sich>, damit sich der Feind nicht der Beute bemächtigte.

Lesen und verstehen

Als sich Paulus in Athen aufhielt, sprach er täglich auf dem Markt zu denen, die gerade da waren. Einige epikureische und stoische Philosophen aber debattierten mit ihm und einige sagten: „Was will dieser Mensch sagen?“ Andere aber glaubten, er wolle neue Götter einführen. Aus diesem Grund nahmen sie ihn, führten ihn auf den Areopag und sprachen so: „Können wir erfahren (wissen), was das für eine neue Lehre ist, die von dir verkündet wird? Denn du bringst etwas Neues vor unsere Ohren. Also wollen wir wissen, was diese Dinge sein wollen (= das sein soll).“
Paulus aber stand mitten auf dem Areopag und sprach: „Ihr Männer von Athen, ich sehe, dass von euch die Gottesverehrung besonders hoch gehalten wird (= ihr sehr gottesfürchtig seid). Und während ich durch eure Stadt ging, fand ich auch einen Altar, auf dem geschrieben stand: ‚Dem unbekannten Gott‘. Was ihr nun, ohne es zu kennen, verehrt, das verkünde und erkläre ich euch: Weil Gott, der die Welt und alles, was in ihr ist, geschaffen hat, er, der Herr des Himmels und der Erde ist, wohnt er nicht in Tempeln, die von Menschenhand erbaut wurden, und lässt sich nicht von Menschenhänden versorgen, als ob er etwas nötig hätte, da er doch selbst allen das Leben gibt. Er selbst hat nämlich das Geschlecht der Menschen geschaffen, damit sie alle Länder bewohnen und damit sie Gott suchen und finden, obschon er nicht weit ist von jedem Einzelnen unter uns.
In ihm nämlich leben wir, wie auch einige eurer Dichter gesagt haben: „Seines Geschlechts sind wir.“ Da wir nun göttlichen Geschlechts sind, dürfen wir nicht glauben, er sei ähnlich den aus Gold und Silber gemachten Götterbildern (= den goldenen und silbernen Kultbildern). Jener Gott, von dem ich spreche, verkündet jetzt den Menschen, dass sie alle überall Buße tun für die Verbrechen und Schandtaten, die sie begangen haben, weil er einen Tag bestimmt hat, an dem er die Welt richten wird mit seinem Sohn, der von den Toten auferstanden ist.“
Als sie aber hörten, dass jemand von den Toten auferstanden sei, lachten manche, manche aber sagten: „Wir werden dich darüber noch einmal (wieder) hören.“ Es gab auch Leute, die ihm glaubten.

Versuchen Sie sich am Original

Die Afrer pflegten in einer geradezu barbarischen Kampfweise Krieg zu führen. – Wie einem Tänzer nicht eine beliebige, sondern eine (gewissermaßen) ganz bestimmte Bewegung gegeben ist, so muss unser Leben auf eine (gewissermaßen) ganz bestimmte und nicht auf eine beliebige Weise geführt werden. – Als er an den Ort gekommen war, an dem sich die Seeräuber befanden, lieferte er ein Seegefecht so schnell, dass den Piraten keine Zeit zur Flucht gelassen wurde.

Zu guter Letzt

1F – 2C – 3L – 4E – 5K – 6A – 7I – 8G – 9B – 10H – 11D

Test Lektionen 16–20

1. a) videbatur/dicebatur b) dicitur c) dicitur d) videtur/dicitur e) dicebantur f) dicebatur
2. a) Schau, welches Licht deiner Großzügigkeit und Klugheit mir aufgeht, während ich vor dir/in deiner Gegenwart rede. b) Soweit ich kann, werde ich mich mit meiner Stimme bemühen, dass das römische Volk dies hört. c) Als der Krieg großenteils bereits geführt war, Caesar, machte ich mich, von keiner Macht gezwungen, nach meiner eigenen Entscheidung auf den Weg zu den Waffen, die gegen dich erhoben worden waren. d) Vor wem sage ich dies also? (1) Vor dem, der mich, obwohl er das wusste, trotzdem, bevor er mich nur zu Gesicht bekam, dem Staat wieder zurückgab; (2) der an mich aus Ägypten einen Brief schrieb, ich solle derselbe sein, der ich vorher gewesen war; (3) der mich, obwohl er selbst den Herrscher im ganzen Herrschaftsbereich des römischen Volkes war, als zweiten duldete.
Aufgaben zu Text: a) Satz a: abh. Fragesatz; Satz b: *quantum potero*: Vergleichsatz, *ut … audiat*: Begehrsatz; Satz d (2): *ut essem*: Begehrsatz, *idem, qui*: konjunktivischer Relativsatz mit konsekutivem Sinn; Satz d (3): Konsessivsatz b) Als/Obwohl der Krieg schon großenteils beendet war …/Der Krieg war schon großenteils beendet, da/trotzdem machte ich mich auf den Weg …
c)

HS	(dico) Apud eum					
G1		qui		tamen me,		civitati reddidit.
G2			cum … sciret		priusquam vidit,	

3. a) Ich wehre den Krieg also nur ab, aber ich fange ihn nicht an (= Ich führe also nur einen Verteidigungskrieg, keinen Angriffskrieg). b) Und auch die Götter stehen auf Seiten der besseren Sache: Einen großen Teil Asiens habe ich mir unterworfen; dich selbst habe ich im Krieg besiegt. c) Auch wenn es dir nicht erlaubt wäre, etwas von mir zu erbitten, da du nicht einmal das Kriegsrecht mir gegenüber eingehalten hast, verspreche ich dir trotzdem, wenn du um Schutz bittend zu mir kommst, dass du ohne finanzielle Gegenleistung sowohl deine Mutter als auch deine Frau und deine Kinder in Empfang nehmen wirst. d) Ich verstehe sowohl zu siegen, als auch für die Besiegten zu sorgen. e) Wenn du zögerst dich mir (Pluralis maiestatis!) anzuvertrauen, werde ich dir mein Ehrenwort geben, dass du ohne Gefahr für deine Person kommst. f) Wenn du mir in Bezug auf die übrigen Angelegenheiten schreiben willst (= schreibst), dann sollst du wissen, dass du nicht nur irgendeinem König schreibst, sondern deinem (König).

Aufgaben zum Text: a) *Bellum, vincere, in dicionem redigere, se committere*. Wortfeld: Krieg, Unterwerfung. *Promittere, fidere dare*: die Ehre und Menschlichkeit eines Siegers. b) Präsens überwiegt. Dies ist bedingt durch die Situation des Briefschreibers. Daneben steht Perfekt (einmalige Ereignisse im Krieg und deren Ergebnisse). Im Satz e und f wird ein Ausblick auf mögliche zukünftige Entwicklungen gegeben (Futur).
c) Siebenmal ist die 1. Person verwendet, viermal die 2. Person; damit wird sozusagen das unterschiedliche Machtverhältnis zwischen Sieger und Unterlegenem untermauert.
d) In den ersten beiden Teilsätzen wird die schlechte militärische und moralische Position des Darius noch einmal betont, mit *tamen, si veneris supplex* gibt der Sieger seine Bereitschaft zur Versöhnung und zugleich deren Bedingungen bekannt. Diese beiden Elemente bilden eine untrennbare Einheit, weshalb sie auch in einem einzigen Satz zusammengefasst werden.
4. a) Den ganzen Reichtum der Makedonen, der sehr groß war, schaffte Aemilius Paullus als Beute weg; er brachte so viel Geld in die römische Staatskasse, dass die Beute eines einzigen römischen Feldherrn das Ende der Vermögenssteuer für alle Bürger herbeiführte. b) Aber dieser brachte nichts in sein eigenes Haus ein außer dem ewigen Andenken an seinen Namen, das ihm mehr wert war. c) Scipio Africanus kam seinem Vater an Ruhm gleich, denn er war nach der Zerstörung Karthagos nicht reicher. d) Wieso das? War etwas Lucius Mummius, der sein Kollege im Amt war, reicher, als er Korinth, eine sehr reiche Stadt vernichtet hatte? e) Er wollte den Ruhm Italiens mehren, nicht den seines Hauses; dennoch scheint auch der Ruhm für sein Haus selbst größer geworden zu sein dadurch, dass der Ruhm Italiens gemehrt worden ist. f) Kein Laster ist also schändlicher als die Habgier, besonders bei Männern, die den Staat regieren.
Aufgaben zum Text: a) So viel Geld (Teilungsgenitiv) b) *Pluris* ist Genitiv Singular (Genitiv der Wertangabe). In Verbindung mit *esse* erfüllt er die syntaktische Funktion des Prädikats. c) *Carthagine deleta* ist ein Ablativus absolutus. Möglich ist die temporale Sinnrichtung (als/nachdem), wahrschein-licher ist die konzessive Sinnrichtung (obwohl). d) Hier liegt die verkürtze Form einer Aussage vor, die es im Deutschen so kaum gibt. Gemeint ist ein Satz, der Erstaunen und oft auch Unwillen ausdrückt, etwa „Was hat das denn zu bedeuten?“ oder „Was soll man dazu sagen?“ Wenn man die lateinische Kürze nachahmen will, kommst am ehesten „Wieso das?“ in Frage.
e) Es handelt sich hier um einen vorangestellten Relativsatz für Lucius Mummius, *qui … erat … num …*
f) *Num* setzt als Erwartung des Sprechers/Schreibers ein „Natürlich nicht“ voraus, ist also eine Frage, deren Antwort vom Sprechenden/ Schreibenden bereits vorgegeben wird. Hier: „Natürlich war er nachher auch nicht reicher.“ g) Es liegt die modale Sinnrichtung vor: dadurch, dass … h) *Avaritia* steht im Ablativ. Es liegt die semantische Funktion des Abl. comparationis (Abl. des Vergleichs) vor. i) Die Staatslenker.
5. a) volvis; alle anderen Formen sind von *velle* gebildet b) fere; alle anderen Formen sind von *ferre* gebildet c) moranti; alle anderen Formen sind von *mori* gebildet d) aderitis; alle anderen Formen sind von *ire* oder von Komposita von *ire* gebildet
e) posuerunt; alle anderen Formen sind von *posse* gebildet. f) nobis; alle anderen Formen sind von *nolle* gebildet.

Eigennamenverzeichnis

Alle Namen sind zunächst in ihrer lateinischen Form angeführt; demzufolge findet man Karthago unter C (*Cārthagō*), Jupiter unter I (*Iūppiter*). Auf Artikel des Eigennamenverzeichnisses sowie auf die Kurslektionen wird mit einem ↗ verwiesen.

Achāia, -ae: Bezeichnung Griechenlands als römischer Provinz.

Achillēs, -is: Achill, Sohn des Peleus und der Thetis, tapferster Held der Griechen vor Troja; besiegte den trojanischen Königssohn Hektor im Zweikampf.

Admētus, -ī: Admetos, ein König von Pherai in Thessalien.

Aeacus, -ī: Aiakos, ein Sohn des ↗ Zeus und König der Insel Aigina, war der frömmste Mann seiner Zeit. Nach seinem Tod wurde er einer der drei Richter in der Unterwelt.

Aegyptiī, -ōrum: die Ägypter.

Aemilius Paullus, Lūcius: Konsul im Jahr 216 v. Chr., fiel in der Schlacht bei ↗ Cannae, von der er seinen Kollegen vergeblich abzuhalten versucht hatte.

Aenēās, -ae: Aeneas, Held aus ↗ Troja, der nach der Eroberung seiner Heimatstadt durch die Griechen mit einem Teil der Trojaner flüchtete und für sie nach langen Irrfahrten in Italien eine neue Heimat fand.

Aeolus, -ī: der Gott der Winde, der Odysseus (↗ Ulixes) einen Ledersack schenkte, in dem alle üblen Stürme eingeschlossen waren.

Aetna, -ae: Aetna, Vulkan auf Sizilien: Nach dem Mythos sollen in seinem Inneren der Gott Vulkan und seine Kyklopen ihre Werkstatt gehabt haben, wo sie Jupiters Blitze schmiedeten.

Afri, -orum: Afrer, Bewohner von Afrika, besonders im Gebiet von Karthago.

Africa, -ae: Afrika, worunter die Römer in der Regel Nordafrika bis zur Sahara verstanden.

Africānus, -ī: „Afrikaner"; ehrender Beiname des älteren und des jüngeren ↗ Scipio wegen ihrer Siege über ↗ Karthago.

Agamemnon, -onis: Agamemnon, König von Mykene, Führer der Griechen gegen Troja, bei seiner Heimkehr von Aigisthos und seiner Frau Klytaimnestra ermordet. Vater des ↗ Orest und der ↗ Elektra.

Agricola, -ae: Agricola, römischer Feldherr, der 77–85 n. Chr. im Norden Britanniens gegen die dortigen Einwohner Krieg führte.

Agrippa Póstumus: jüngster Sohn der ↗ Julia, der Tochter des ↗ Augustus. Der Beiname *Postumus* weist darauf hin, dass der Junge erst nach dem Tod seines Vaters ↗ Agrippa zur Welt kam.

Agrippa, Mārcus: Freund, Kampfgefährte und Schwiegersohn des Kaisers ↗ Augustus.

Agrippa, Menēnius: ↗ Menenius Agrippa.

Aias, Aiantis: griechischer Held vor Troja, der sich durch Tapferkeit auszeichnete; er geriet in Streit mit Odysseus über die Waffen des gefallenen Achill.

Aegisthus, -i: Aigisthos, Geliebter der Klytaimnestra, der Frau des Agamemnon, als dieser vor Troja kämpfte; ermordete Agamemnon, den Herrscher von Mykene (auf der Peloponnes), bei seiner Rückkehr aus dem Krieg.

Alba Longa, -ae: alte Stadt in den Albaner Bergen bei Rom, angeblich von ↗ Iulus, dem Sohn des ↗ Aeneas, gegründet.

Alcēstis, -idis: Alkestis, die junge Frau des ↗ Admetos, die sich, im Gegensatz zu dessen alten Eltern, bereit fand, anstelle ihres Mannes zu sterben.

Alcibiadēs, -is: Alkibiades, vornehmer Athener, in der 2. Hälfte des 5 Jh. v. Chr., ehrgeiziger und skrupelloser Machtpolitiker, eine der schillerndsten Gestalten auf der öffentlichen Bühne Athens, mitschuldig an der sog. Sizilianischen Expedition Athens, die zur Niederlage der Stadt im Peloponnesischen Krieg führte.

Alesia, -ae: befestigte Gallierstadt im heutigen Burgund, von ↗ Caesar erst nach langer Belagerung erobert.

Alexander, -drī: Alexander der Große (356–323 v. Chr.), König von Makedonien und Eroberer des Perserreichs.

Allobroges, -um: Allobroger, kriegerischer gallischer Stamm, der, da bereits 125 v. Chr. unterworfen, zur Provincia Romana in Südgallien gehörte, aber stets zum Aufruhr bereit war.

Alpēs, -ium: die Alpen.

Ambiorīx, -gis: Gallierfürst, Führer einer Revolte gegen ↗ Caesar.

Amīsia, -ae: der Fluss Ems in Nordwestdeutschland.

Amulius, -ī: Königssohn aus ↗ Alba Longa, der seinen älteren Bruder ↗ Numitor vertrieb, dessen Sohn tötete und ↗ Rea Silvia, Numitors Tochter, zur Priesterin der ↗ Vesta machte, damit sie kinderlos bleibe. Als diese dem ↗ Mars die Zwillinge ↗ Romulus und ↗ Remus gebar, ließ Amulius sie in den Tiber stürzen und die Kinder aussetzen. Später erschlug Romulus seinen bösen Onkel.

Anchīsēs, -ae: Vater des ↗ Aeneas.

Antigona, -ae: Antigone, Tochter des ↗ Ödipus und dessen eigenen Mutter, begleitete ihren Vater in die Verbannung, kehrte nach seinem Tod aber nach ↗ Theben zurück und wurde dort auf Befehl König ↗ Kreons in ein Grab eingemauert, in dem sie starb.

Apollō, -inis: Apollon, griechisch-römischer Gott des Lichts, der Musik und der Weissagung. Seine Orakelstätte in ↗ Delphi war weit über Griechenland hinaus berühmt.

Apollodōrus, -ī: Apollodoros, ein bedeutender griechischer Literaturwissenschaftler des 2. Jh. v. Chr.

Ara Pacis „Alter des Friedens“, von Kaiser Augustus 13–9 v. Chr. errichtet.

Arēopagus, -ī: der Areopag („Hügel des Kriegsgottes“) in Athen, auf dem in alter Zeit Gerichtsverhandlungen stattfanden.

Ares: ↗ Mars.

Aristotelēs, -is: Aristoteles, griechischer Philosoph (384–322 v. Chr.), Schüler Platons; einer der berühmtesten Denker der Antike.

Arminius, -ī: Cheruskerfürst, Sieger über drei römische Legionen in der sog. Schlacht im ↗ Teutoburger Wald (9 n. Chr.); nach dem Urteil des römischen Historikers ↗ Tacitus „ohne Zweifel der Befreier Germaniens“.

Asia, -ae: Kleinasien (die heutige Türkei und Teile von Syrien).

Assyriī, -ōrum: die Assyrer, ein Volk im heutigen Irak, das ein auf Terror gegründetes, kurzlebiges Großreich errichtete.

Athēnae, -ārum: Athen, das geistige Zentrum Griechenlands in der Landschaft Attika mit der Akropolis und zahlreichen Tempeln, die Heimat bedeutender Dichter, Künstler, Philosophen und Politiker.

Athēnaeus, -ī: Athenaios, ein Autor des 3. Jh.s n. Chr.

Athēniēnsēs, -ium: die Einwohner von ↗ Athen.

Atlās, Atlantis: ein Riese, der am Westrand des Erdkreises mit Haupt und Händen das Himmelsgewölbe tragen muss, weil ihn ↗ Zeus dazu zwang.

Augustus, -ī: (63 v. Chr.–14 n. Chr.) der erste römische Kaiser, eigentlich Gaius Octavius, Neffe ↗ Caesars, der ihn in seinem Testament adoptierte und zum Erben einsetzte. Seitdem nannte er sich Gaius Iulius Caesar Octavianus. Nach seinen Siegen im Bürgerkrieg war er der unumschränkte Herr des Römischen Reichs. Er selbst nannte sich *princeps*, der Senat ehrte ihn mit dem Titel *Augustus* („der Erhabene“). Es ist sein Verdienst, das Jahrhundert der Bürgerkriege beendet und Rom einen dauerhaften Frieden beschert zu haben.

Aulus, -ī: männlicher römischer Vorname, abgekürzt A.

Bīthynia, -ae: Bithynien, ein kleines Königreich im Nordosten Kleinasiens zwischen dem Bosporus und dem Schwarzen Meer.

Bacchus, -ī : Dionysos, der Gott des Weins.

Barbātus, -ī:„der Bärtige“, Name eines Gladiators.

basilica Iūlia: die julische Halle auf dem Forum, so genannt nach Iulius ↗ Caesar, ihrem Erbauer.

Bēlīdēs, -um: die Beliden, Töchter des ↗ Danaos, die – mit einer Ausnahme – in derselben Nacht ihre Ehemänner töteten und deshalb in der Unterwelt zur Buße unaufhörlich Wasser in ein durchlöchertes Fass schütten müssen („Fass ohne Boden“).

Benedictus, -ī: Benedikt von Nursia, der Begründer des abendländischen Mönchtums.

Boeōtia, -ae: Böotien, eine Landschaft in Mittelgriechenland mit der Hauptstadt ↗ Theben.

Boëthius, -i: 480–524 n. Chr., Philosoph; er schrieb sein bedeutendstes Werk „Trost der Philosophie“ im Gefängnis.

Britannī, -ōrum: die Britannen.

Britannia, -ae: Britannien, die größere Insel, England und Schottland umfassend.

Brúcterī, -ōrum: die Brukterer, ein germanischer Stamm im Emsland (Nordwestdeutschland).

Brūtus, -ī: 1. Lucius Iunius Brutus, Neffe des letzten, gewalttätigen römischen Königs. Er beteiligte sich am Sturz des Tyrannen und wurde 509 v. Chr. erster Konsul der jungen Republik.
2. Marcus Iunius Brutus, Vertrauter ↗ Caesars und einer der Drahtzieher des Attentats gegen diesen. Von Oktavian (↗ Augustus) und Marcus Antonius besiegt, endete er durch Selbstmord.

Caécina, -ae: Legat (Unterfeldherr) des ↗ Germanicus, ein altgedienter, erfahrener Soldat.

Caesar, -aris: Gaius Iulius Caesar, römischer Heerführer und Diktator (100–44 v. Chr.), Eroberer ↗ Galliens, Sieger im Bürgerkrieg über Pompeius, seinen ehemaligen Partner im sog. 1. Triumvirat („Dreimännerbündnis“). Diktator auf Lebenszeit, Pontifex Maximus, strebte nach Weltherrschaft; an den Iden des März (= 15.) 44 v. Chr. ermordet. Sein Adoptivsohn Oktavian, der spätere Kaiser ↗ Augustus, übernahm den Namen *Caesar* als Titel.

Caesar, Gāius und Lūcius: Söhne der ↗ Julia von ↗ Agrippa, von ↗ Augustus zur Thronfolge bestimmt, aber früh verstorben.

Calabria, -ae: Kalabrien, eine Landschaft im Südosten Italiens (heute: Apulien). Seit dem 7. Jh. n. Chr. heißt der äußerste Südwesten der Halbinsel Kalabrien.

Calgacus, -ī: Calgacus, britannischer Heerführer, der die Britannen gegen die Römer unter Agricola (77–85 n. Chr.) in den Kampf führte.

Calpurnia, -ae: die vierte Frau ↗ Caesars, etwa 23 Jahre jünger als dieser. Die 59 v. Chr. geschlossene Ehe blieb kinderlos.

Cannae, -ārum: kleiner Ort in Süditalien, wo ↗ Hannibal 216 v. Chr. die Römer vernichtend schlug.

Capitōlium, -ī: das Kapitol, einer der Sieben Hügel Roms, auf dem sich die wichtigsten Tempel der Stadt befanden.

Caracalla, -ae: Beiname des römischen Kaisers Marcus Aurelius Antonius (211–217 n. Chr.), der seinem Vater Septimius Severus auf den Thron folgte. Er verstärkte die Grenzbefestigungen in Germanien und legte in Rom die nach ihm benannten riesigen Thermen an.

Carthāginiēnsēs, -ium: die Karthager.

Carthāgō, -inis: Karthago, Handelsstadt an der Küste des heutigen Tunesien (Nordafrika), um 800 v. Chr. von Phöniziern, der Sage nach durch die Königin ↗ Dido, gegründet, in drei Kriegen von Rom besiegt und 146 v. Chr. völlig zerstört.

Cassandra, -ae: Kassandra, Tochter des Königs Priamos von Troja, Seherin, wurde von Agamemnon als Sklavin mit nach Mykene gebracht.

Catō, -ōnis: Marcus Porcius Cato der Ältere (234–149 v. Chr.), als *homo novus* („Newcomer“) zu den höchsten Staatsämtern aufgestiegen. Als Zensor Hüter der öffentlichen Moral. Er kämpfte gegen eine Überfremdung Roms, gegen den Luxus und vor allem gegen ↗ Karthago, das er vernichtet sehen wollte (*Ceterum censeo Carthaginem esse delendam*).

Cerberus, -ī: dreiköpfiger Hund in der Unterwelt, der die ankommenden Toten schweifwedelnd begrüßt, aber jedem, der es versucht, die Rückkehr verwehrt.

Cerēs, Céreris: römische Göttin der Erde und ihrer Früchte, früh mit der griechischen Demeter („Erdmutter") gleichgesetzt.

Ceriālis, -is: Quintus Petilius Cerialis, ein Verwandter des Kaisers Vespasian; kämpfte als römischer General mit wechselndem Kriegsglück.

Charōn, -ontis: Grauen erregender, uralter Fährmann, der auf einem halb verfaulten Binsenboot die Verstorbenen über den Unterweltfluss Acheron bringt.

Chrīstus, -ī: Christus (griech. „der Gesalbte"), Begründer des Christentums, unter der Regierung des Kaisers ➚ Tiberius auf Befehl des römischen Statthalters von Palästina, Pontius Pilatus, gekreuzigt.

Cicerō, -ōnis: Marcus Tullius Cicero, römischer Politiker, Redner und Philosoph (106–43 v. Chr.), hatte sich wie ➚ Cato als *homo novus* durchzusetzen vermocht und als Konsul den Staat vor den Umtrieben des Revolutionärs Catilina gerettet; später politisch kaltgestellt, begann er damit, die Philosophie der Griechen seinen Landsleuten nahe zu bringen.

Cimbrī, -ōrum: die Kimbern, ein Germanenstamm, der zusammen mit den ➚ Teutonen beim Zug nach Süden den Römern mehrere schwere Niederlagen zufügte, aber schließlich dem tüchtigen Feldherrn Marius unterlag.

Circē, -ae: die göttliche Hexe Kirke, die einige Gefährten des Odysseus (➚ Ulixes) in Schweine verwandelte und auch ihn selbst verzaubert hätte, wäre er nicht von dem Götterboten Hermes gewarnt und unterstützt worden.

Circus Maximus: „Größter Circus" in Rom, stadionartiger Bau für Wagenrennen, lag zwischen Aventin und Palatin, fasste zur Zeit des Augustus ca. 60 000 Zuschauer.

Cleopatra, -ae: Kleopatra, Königin von Ägypten, von ➚ Caesar, der sich in sie verliebte, in ihrer Herrschaft bestätigt. Nach Cäsars Tod zog sie Antonius in ihren Bann. Als beide von Oktavian (➚ Augustus) in einer Seeschlacht besiegt worden waren, beging Kleopatra Selbstmord.

Colossēum, -ī: das Kolosseum; das größte Amphitheater in Rom, nach einer Kolossalstatue des Nero benannt, die nahe bei ihm stand. Es bot ca. 50 000 Menschen Platz.

Columbus, -ī, Christophorus: Kolumbus, Seefahrer, Entdecker Amerikas 1492.

Corinthus, -ī: alte und bedeutende griechische Handelsstadt auf der Landenge von Korinth, 146 v. Chr. von ➚ Mummius zerstört.

Cornēlius, -ī: römischer Familienname; die Cornelii gehörten dem Patriziat an und konnten auf zahlreiche berühmte Vorfahren stolz sein.

Creōn, -ontis: Kreon, Bruder des Königs ➚ Laios und Onkel des ➚ Ödipus, wurde nach dessen Vertreibung König in Theben.

Crēta, -ae: die Insel Kreta.

Creūsa, -ae: Krëusa, die erste Frau des ➚ Aeneas, die er bei seiner Flucht aus ➚ Troja verlor.

Croesus, -ī: Krösus, ein reicher und mächtiger König von Lydien in Kleinasien, der sich für den glücklichsten Menschen hielt, aber von dem weisen Athener ➚ Solon daran erinnert wurde, dass kein Mensch vor seinem Tod glücklich genannt werden dürfe.

Cūmae, -ārum: Ort bei Neapel, wo ➚ Aeneas mit der ➚ Sibylle in die Unterwelt hinabgestiegen sein soll.

cūria Hostīlia, -ae: älteste und angesehenste der 30 Kurien in Rom, in der die Bevölkerung eingeteilt war.

Cyrus, -ī: Kyros, der Begründer des persischen Großreichs und Sieger über ➚ Krösus.

Daedalus, -ī: Dädalus, vielseitiger Erfinder aus Athen. Von Athen nach Kreta zum König Minos geflohen; dort Erbauer des Labyrinths für dessen stierköpfigen Stiefsohn, Minotaurus. Flucht mit Sohn ➚ Ikarus mithilfe selbstgebauter Flügel durch die Luft. Absturz des Sohnes Ikarus.

Danaus, -ī: Danaos, König der Landschaft Argolis auf der Peloponnes; hatte 50 Töchter, die ihre Männer in derselben Nacht töteten (➚ Belides).

Dārīus, -ī: 1. Dareios I., König Persiens (521–485 v. Chr.), wollte nach Überbrückung des Hellespont auch Griechenland/Europa unter seine Herrschaft bringen, erlitt aber 480 v. Chr. bei Marathon eine schwere Niederlage. 2. Dareios III., der letzte König des Perserreichs, von ↗ Alexander besiegt.

Dāvus, -ī: häufiger Sklavenname.

Delphī, -ōrum: berühmte Orakelstätte des ↗ Apollon in Mittelgriechenland. Ein heiliger Stein im Tempel bezeichnete den „Nabel" (Mittelpunkt) der Welt. Die delphischen Orakelsprüche waren oft bewusst zweideutig gehalten.

Dēmarātus, -ī: Demaratos, spartanischer König, der als Verbannter im Heer des Xerxes lebte und mit diesem – im Werk des Historikers Herodot – das berühmte „Demaratos-Gespräch" über den Unterschied zwischen Asien und Europa führte.

Dēmētrius, -ī: von Demeter (↗ Ceres) abgeleiteter griechischer Männername, „Schützling der Demeter". Der Name lebt weiter im russischen Dimitrij.

Diāna, -ae: römische Göttin der Wälder, des Wilds und der Jagd, mit der griechischen Artemis, der Schwester ↗ Apollons, gleichgesetzt.

Dīdō, -ōnis: Königstochter aus Tyros in Phönizien, gründete der Sage nach ↗ Karthago. Nach römischer Überlieferung wurde von ihr ↗ Aeneas nach seiner Flucht aus ↗ Troja gastfreundlich aufgenommen. Geliebte des Aeneas, nach dessen Abreise Fluch auf Aeneas und Selbstmord.

Diogenēs, -is: origineller griechischer Philosoph des 4. Jh. v. Chr., der in einer Zeit allgemeinen Wohlstands seinen Mitmenschen das Ideal völliger Bedürfnislosigkeit vorlebte. Er hauste in einem ausgedienten Fass.

Domitius, -ī: römischer Familienname; die weit verzweigte *gens* gehörte zur Plebs.

Druidēs, -um: Druiden, gallischer Priesterstand, der sich durch Wissen, Autorität und politische Klugheit auszeichnete.

Dumnorīx, -īgis: Dumnorix, eine gallischer Stammesführer, der ständig den Widerstand gegen Rom betrieb.

Duodecim tabulae: das um 450 v. Chr. nach griechischen Vorbildern aufgezeichnete Zwölftafelgesetz.

Ēlectra, -ae: Elektra, Tochter des Agamemnon, die nach dessen Ermordung die Rache an den Mördern (Aigisthos und Mutter Klytaimnestra) zusammen mit ihrem Bruder Orest betrieb).

Epamīnōndās, -ae: Staatsmann und Feldherr der Thebaner (4. Jh. v. Chr.); besiegte mit Hilfe der sog. „schiefen Schlachtordnung" die Spartaner in der Schlacht bei Leuktra 371 v. Chr.

Epicūrus, -ī: Epikur, Philosoph aus Athen (341–270 v. Chr.), übernahm von ↗ Demokrit die Atomtheorie und von Aristipp, einem Schüler des ↗ Sokrates, die Lehre von der Lust als dem höchsten Gut.

Erasmus von Rotterdam: Autor und Humanist (1469–1536), lehrte an verschiedenen Universitäten und veröffentlichte zahlreiche Bücher, darunter die *colloquia familiaria*, die als erfolgreiches Schulbuch zahllose Auflagen erlebte, und eine berühmte Satire, das „Lob der Torheit".

Etéoclēs, -is: Eteokles, einer der beiden Söhne des ↗ Ödipus, bei der Verteidigung seiner Vaterstadt Theben im Zweikampf mit seinem Bruder ↗ Polyneikes gefallen.

Etrūria, -ae: Etrurien, das Siedlungsgebiet der ↗ Etrusker in Mittel- und Oberitalien.

Etruscī, -ōrum: die Etrusker, ein möglicherweise aus dem Osten nach Italien eingewandertes Volk, das von Priesterkönigen beherrschte Stadtstaaten gründete, darunter auch Rom.

Eurōpa, -ae: der Sage nach eine phönizische Prinzessin, die ↗ Zeus in Stiergestalt nach Kreta entführte; von ihr soll der Kontinent seinen Namen erhalten haben. In Wirklichkeit ist Europa ein semitisches Wort und bedeutet „Dunkel, Abend, Sonnenuntergang", Europa ist also das „Abendland".

Eurýdica, -ae: Eurydike, die jung verstorbene Frau des Sängers ↗ Orpheus.

Eusebius, -ī: Eusebios, Bischof von Kaisarea im 3./4. Jh. n. Chr., großer Theologe und Kirchenvater.

Fabius, -ī, Quīntus Fabius Māximus: ein römischer General, setzte im Krieg mit ↗ Hannibal auf eine Ermattungsstrategie; deshalb der „Zauderer" (*cunctator*) genannt.

Faustulus, -ī: der Hirte, der die Zwillinge ↗ Romulus und ↗ Remus fand und aufzog.

Fīdēna, -ae* oder *Fīdēnae, -ārum: alte Stadt, sechs Meilen nördlich von Rom, nach einem Aufstand zerstört.

Flāvia, -ae: So hießen alle Frauen aus der Familie der Flavii, da die Römer im Allgemeinen keine besonderen Namen, vor allem keine Vornamen, für Frauen gebrauchten.

Fortūna, -ae: die Göttin des Glücks.

Forum Romanum: Bekanntestes Forum (Marktplatz) in Rom, in der Talsenke zwischen Capitol, Palatin und Esquilin gelegen, galt als zentraler und schönster Platz in Rom.

Furiae, -ārum: die Rachegöttinnen, fürchterliche Frauengestalten mit Schlangenhaaren.

Fūrius Philus, Pūblius: einer der Prätoren des Jahres 216 v. Chr.

Gabiī, -ōrum: Stadt der Latiner östlich von Rom, durch eine List des Tarquinius der römischen Herrschaft unterworfen.

Gāius, -ī: häufiger römischer Vorname, abgekürzt C.

Gallia, -ae: Gallien, das Siedlungsgebiet der ↗ Gallier; Adj.: *Gallicus, -a, -um*: gallisch.

Gallī, -ōrum: Gallier; als *Galli* bezeichneten die Römer eine Gruppe keltischer Stämme, die teilweise im heutigen Frankreich und Belgien, teilweise auch in Italien in der Poebene (*Gallia citerior*, Gallien diesseits der Alpen) siedelten.

Germānia, -ae: Germanien, das Siedlungsgebiet der Germanen, hauptsächlich östlich des Rheins und nördlich der Donau.

Germānicus, -ī: Vater des Kaisers Caligula, von dessen Vorgänger ↗ Tiberius adoptiert und nach Germanien geschickt, wo er große Erfolge feierte.

Germānī, -ōrum: Germanen.

Graecia, -ae: Griechenland.

Graecī, -ōrum: Griechen.

Haemōn, -ōnis: Haimon, der Sohn des ↗ Kreon und der Verlobte der ↗ Antigone, der sie vergeblich zu retten suchte.

Hánnibal, -alis: karthagischer Feldherr, der im zweiten Punischen Krieg ein Heer über die Alpen nach Italien führte und die Römer in mehreren Schlachten besiegte. Erst nach seiner Rückkehr nach Afrika wurde er von ↗ Scipio bezwungen.

Hector, -oris: Hektor, der älteste Sohn des Trojanerkönigs Priamos und machtvolle Beschützer ↗ Trojas während der zehnjährigen Belagerung durch die Griechen. Wurde von Achill im Zweikampf getötet.

Helena, -ae: Tochter der Leda von ↗ Zeus, Gattin des Königs von Sparta, Menelaos, nach der Sage die schönste Frau der Welt.

***Herculēs, -is* (griech. *Herakles*):** Herkules, ein Sohn des ↗ Zeus von einer sterblichen Mutter, Alkmene, aber mit übermenschlichen Kräften ausgestattet. So vermochte er nicht nur zwölf scheinbar unmögliche Aufgaben zu lösen, sondern bezwang nebenher eine Unzahl gefährlicher Gegner und befreite die Welt von furchtbaren Ungeheuern. Nach seinem Tod wurde er in den ↗ Olymp aufgenommen und von den Menschen als Helfer und Retter in Notlagen angerufen.

Hēsiodus, -ī: der zweite große Dichter der Griechen nach ↗ Homer, Verfasser der „Theogonie" (Herkunft der Götter) und der „Tagewerke", eines poetischen Ratgebers für den Landwirt.

Hispanī, -ōrum: Spanier, Bewohner der iberischen Halbinsel.

Homērus, -ī: Homer, sagenhafter griechischer Dichter des 8. Jh.s v. Chr., der unter anderem die „Ilias", ein Heldenlied vom Kampf um Troja, und die „Odyssee" verfasst haben soll, in der die Irrfahrten des Odysseus (↗ Ulixes) beschrieben werden.

Horātius, ī: Horaz, römischer Dichter, (65–8 v. Chr.), nahe am Hof des Kaisers Augustus; er erlangte durch seine lyrischen Gedichte Weltgeltung.

Hostīlia cūria: ↗ curia Hostilia.

Hygīnus, -ī: Freigelassener des Kaisers ↗ Augustus, Verfasser eines mythologischen Handbuches.

Iācōbus, -ī: Jakobus, der Bruder des Johannes, ein Jünger Jesu, wurde auf Befehl des Königs Herodes hingerichtet.

Icarus, -ī: Ikarus, Sohn des ↗ Dädalus, entfloh mit seinem Vater mithilfe von Flügeln, die dieser geschaffen hatte, aus Kreta, kam aber bei dem Flug der Sonne zu nahe, sodass er ins Meer stürzte.

Idūs, -uum: die Iden, römische Bezeichnung eines Tages in der Mitte des Monats. Im März, Mai, Juli und Oktober fielen die Iden auf den 15., sonst auf den 13.; die *Idus Augustae* sind somit der 13. August.

Ierosolyma, -ōrum: die Stadt Jerusalem.

Iēsūs, -ū: Christus.

Indī, -ōrum: die Inder; als „Inder" bzw. als „Indianer" bezeichnete man auch die Ureinwohner Amerikas, weil man die neu entdeckten Länder zunächst für einen Teil Indiens hielt.

Iocasta, -ae: Jokaste, die Mutter und Gattin des ↗ Ödipus.

Italia, -ae: Italien.

Iūdaeī, -ōrum: die Juden.

Iūlia basilica: ↗ basilica Iulia.

Iūlia, -ae: die einzige Tochter des ↗ Augustus von seiner ersten Frau Scribonia. Sie musste Augustus' Stiefsohn Tiberius heiraten, wurde aber vor allem wegen ihres lockeren Lebens vom Kaiser auf eine kleine Insel verbannt.

Iūlus, -ī: So wurde angeblich der Sohn des ↗ Aeneas, Askanios, in Italien genannt. Über ihn führten die Julier ihr Geschlecht auf Troja sowie auf Aeneas und seine Mutter Venus zurück.

***Iūnō, -ōnis* (griech. *Hera*):** Juno, die Gattin des ↗ Jupiter.

***Iūppiter, Iovis* (griech. *Zeus*):** Jupiter, der höchste Gott der Römer.

Kalypso: eine Meergöttin, die Odysseus (↗ Ulixes) sieben Jahre auf einer Insel festhielt, weil sie ihn unbedingt zum Mann haben wollte. Erst als ↗ Zeus persönlich eingriff, gab sie den Gefangenen frei.

Kikonen: Volk in ↗ Thrakien, von Odysseus (↗ Ulixes) überfallen.

Lacedaemoniī, -ōrum: die Spartaner. Dieses griechische Kriegervolk legte besonderen Wert auf Abhärtung und die Fähigkeit, Entbehrungen zu ertragen.

Lāius, -ī: Laios, sagenhafter König von ↗ Theben, Vater des ↗ Ödipus.

Las Casas: Bartolomé de Las Casas (1474–1566) wirkte als spanischer Dominikanermönch und Missionar unter den Indianern Mittelamerikas, gegen deren Diskriminierung, Ausbeutung und Ausrottung er sich energisch einsetzte.

Latīnus, -a, -um: latinisch, Subst.: Latiner, bzw. – als Bezeichnung für die Sprache der aus dem Latinervolk hervorgegangenen Römer – lateinisch.

Lāvīnium, -ī: alte Stadt an der Küste von Latium, der Sage nach von ↗ Aeneas an der Stelle gegründet, wo er gelandet war.

Lentulus, -ī: römischer Beiname aus dem Etruskischen.

Lepidus, -ī: „der Nette", in verschiedenen römischen Familien üblicher Beiname.

Līvius, -ī: römischer Historiker (59 v. Chr. – 17 n. Chr.), der in 142 Büchern die Geschichte seines Volkes *ab urbe condita*, also von der Gründung der Stadt an, darstellte.

Lotosesser (Lotophagen): sagenhaftes Volk irgendwo im Süden, das sich ausschließlich von Lotos ernährt und dabei ungemein glücklich ist. Bei ihm ereignete sich eines der Abenteuer des Odysseus (↗ Ulixes).

Lūcius, -ī: männlicher römischer Vorname, abgekürzt L.

Lucullus, -ī: Lukullus, römischer Politiker, kämpfte gegen Roms größten Gegner im Osten, König Mithridates von Pontus (74–71 v. Chr.). Berühmt wegen seiner üppigen Gastmähler („Lukullisches Mahl").

Macedonēs, -um: die Makedonier, ein Volk in Griechenland.

Macedonia, -ae: Makedonien.

Mārcus, -ī: männlicher römischer Vorname, abgekürzt M.

Marius, Gaius: Römischer Staatsmann (156–86 v. Chr.), der Volkspartei zugehörig, siebenmaliger Konsul, Sieger über die Kimbern und Teutonen.

Mārs, Mārtis: römischer Kriegsgott, als Vater des ↗ Romulus gewissermaßen Urahn aller Römer, die ihn auch in ganz anderer Weise verehrten als die Griechen ihren rohen und brutalen Kriegsgott Ares.

Massilia, -ae: Stadt an der Südküste des heutigen Frankreich; um 600 v. Chr. von griechischen Kolonisten gegründet, heute: Marseille.

Mēdī, -ōrum: die Meder (ein mit den Persern verwandtes Volk im heutigen Iran).

Menēnius Agrippa, -ae: redegewandter römischer Patrizier, Konsul des Jahres 503 v. Chr. Er schaffte es, die im Streit mit dem Adel aus der Stadt auf den ↗ Mons Sacer ausgezogenen Plebejer wieder zurückzuholen.

Mercurius, -ī (griech. Hermes): Merkur, Gott der Reisenden und des Handels.

Minerva, -ae (griech. Athene): Göttin des Kriegs, aber auch der Künste und Wissenschaften, Beschützerin der ihr heiligen Ölbäume und der Städte, besonders ↗ Athens, wo auf der Akropolis noch heute ihr mächtiger Tempel, der Parthenon, steht. In Rom wurde Minerva zusammen mit ↗ Jupiter und ↗ Juno auf dem Kapitol verehrt.

Mīnōs, -ōis: nach der Sage ein mächtiger König von ↗ Kreta, Sohn des ↗ Zeus (↗ Iuppiter) und der Königstochter ↗ Europa, nach seinem Tod einer der Totenrichter in der Unterwelt.

Mithridātēs, -is: König von Pontus am Schwarzen Meer, ein gefährlicher Gegner der Römer, 66 v. Chr. von dem fähigen General Pompeius besiegt.

Mōns Sacer, Montis Sacrī: der „Heilige Berg“, knapp 5 km nördlich vom Kapitol. Hier ließen sich die Plebejer bei ihrem Auszug aus der Stadt (494 v. Chr.) nieder; ↗ Menenius Agrippa.

Mummius, -ī: der römische General Lucius Mummius eroberte und zerstörte ↗ Korinth 146 v. Chr., also im gleichen Jahr, in dem auch ↗ Karthago ausgelöscht wurde.

Mycenae, -arum: Mykene, Burgfestung auf der Peloponnes, Sitz des Königs Agamemnon.

Nepos, Cornelius: Römischer Biograph und Schriftsteller, ca. 100–25 v. Chr.

Neptūnus, -ī: römischer Gott der Gewässer, mit dem griechischen Poseidon gleichgesetzt.

Nerō, -ōnis: römischer Kaiser (reg. 54–68 n. Chr.), der sich nach einem hoffnungsvollen Beginn seiner Herrschaft immer mehr zu Ausschweifungen und Grausamkeiten hinreißen ließ.

Nōmentum, -ī: Kleinstadt nordöstlich von Rom.

Numitor, -ōris: König von ↗ Alba Longa in Latium, Vater der ↗ Rea Silvia, von seinem Bruder ↗ Amulius vertrieben, von ↗ Romulus und ↗ Remus wieder in seine Herrschaft eingesetzt.

Oceanus, -ī: der Ozean als Weltmeer (*mare Oceanum*), das nach griechischer Vorstellung das Festland rings umgibt.

Oedipūs, -podis: Ödipus (griech. „Schwellfuß“), Sohn des ↗ Laios, von diesem ausgesetzt, da ein Orakel verkündet hatte, er werde seinen Vater töten. Er tötet durch Schicksalsfügung seinen Vater, heiratet seine Mutter und wird König von Theben. Nach Ausbruch einer Pest entdeckt er sich selbst als Mörder und bestraft sich durch Ausstechen der Augen.

Olympicus, -a, -um: olympisch; die Olympischen Spiele fanden seit 776 v. Chr. alle vier Jahre im heiligen Bezirk von Olympia auf der Peleponnes statt.

Olympus, -ī: der Olymp, Berg in Nordgriechenland, der als Wohnsitz der Götter galt.

ōrāculum Delphicum: Orakel von ↗ Delphi (in Mittelgriechenland), zentraler Ort der Weissagung: „Nabel der Welt“, dem Apollo geweiht.

Orestēs, -is: Orest, Sohn des Agamemnon, tötete aus Rache für den ermordeten Vater ↗ Aigisthos und seine Mutter Klytaimnestra, wozu ihm seine Schwester treibende Kraft war.

Orpheus, -eī: sagenhafter Sänger, der durch seinen Gesang sogar wilde Tiere bezauberte und dem es beinahe gelungen wäre, seine tote Gattin aus der Unterwelt zurückzuholen.

Ovidius, -ī: Publius Ovidius Naso, Ovid; römischer Dichter (43 v. Chr. –18 n. Chr.), schrieb „Metamorphosen“ (Verwandlungssagen), die „Ars amandi“ (Liebeskunst), „Fasti“ (Kalendergeschichten) und – nach seiner Verbannung ans Schwarze Meer – „Tristia“ (Lieder der Trauer) und „Epistulae ex Ponto“ (Schwarzmeerbriefe).

Páris, Páridis: Königssohn aus ↗ Troja, der die schöne ↗ Helena entführte und dadurch den zehnjährigen trojanischen Krieg auslöste, der mit ↗ Trojas Zerstörung endete.

Parthī, -ōrum: Volk im heutigen Iran, das Rom immer wieder gefährlich wurde.

Paulus, -ī: „der Geringe“; so nannte sich ↗ Saulus, der eifrigste Verfolger der jungen Christengemeinde, bis er sich ihr angeschlossen hatte; ↗ Lektion 20.

Pāx Augusta: Personifikation des von Kaiser ↗ Augustus dem Reich wiedergegebenen Friedens.

Pedānius Secundus, -ī: Stadtpräfekt von Rom unter Kaiser ↗ Nero, von einem seiner Sklaven ermordet.

Pedō, -ōnis: Reiterkommandant unter ↗ Germanicus.

Pelopidās, ae: Pelopidas, griechischer Staatsmann, 4. Jh. v. Chr., Freund des Epameinondas.

Penelopa, -ae: Penelope, Frau des Odysseus, die, wiewohl von vielen Freiern bedrängt, ihrem Mann die Treue hielt.

Periboea, -ae: Periboia, die Frau des Königs ↗ Polybos von Korinth, die sich des Findelkinds ↗ Ödipus annahm.

Periclēs, -is: Perikles, größter Staatsmann der Athener, ca. 500–439 v. Chr.; ließ die Stadt zur Kulturmetropole (Akropolis-Bauten) ausgestalten.

Persae, -ārum: die Perser, ein altes Volk im heutigen Iran.

Petrōnius, -ī: Verfasser eines Romans, der die gesellschaftlichen Verhältnisse des 1. Jh. n. Chr. satirisch behandelt.

Petrus, -ī: Beiname („der Fels“) Simons, des ersten Jüngers Jesu.

Phidias, -ae: Pheidias, großer Baumeister und Bildhauer unter Perikles, schuf die Athena-Statue auf der Akropolis und die Zeus-Statue in Olympia.

Philodēmus, -ī: Philodemos, „Volksfreund“, ein griechischer Männername.

Phoenicēs, -um: Phönizier, Volk in Kleinasien.

Platō, -ōnis: Platon, griechischer Philosoph (427–347 v. Chr.), bedeutendster Schüler des ↗ Sokrates, Begründer der Philosophenschule der „Akademie“.

Plautus, -ī: einfallsreicher römischer Komödiendichter (um 250–184 v. Chr.); Stücke wie „Amphitruo“ oder „Miles gloriosus“ („Der Maulheld“) haben die europäische Literatur nachhaltig beeinflusst und erheitern auch heute noch ihr Publikum.

Plīnius, -ī: Gaius Plinius Caecilius Secundus der Jüngere; römischer Schriftsteller des 1. Jh. n. Chr., unter Kaiser ↗ Trajan Gouverneur von ↗ Bithynien, das Muster eines gewissenhaften Beamten, der in schwierigen Fragen seinen Chef den Kaiser um Auskunft bittet.

Pólybus, -ī: König Polybos von Korinth, der Adoptivvater des ↗ Ödipus.

Polynīcēs, -is: Polyneikes, der zweite Sohn des ↗ Ödipus.

Pompōnius, Mānius, -ī: einer der beiden Prätoren, die nach der Katastrophe von ↗ Cannae in Rom eine Panik verhinderten.

Príamus, -ī: König von ↗ Troja, Vater vieler Töchter und Söhne, u. a. von ↗ Hektor und ↗ Paris, wurde bei der Eroberung der Stadt durch die Griechen am Altar des ↗ Zeus erschlagen.

***Prosérpina, -ae* (griech. *Persephone*):** Tochter der Erdgöttin Demeter (röm. ↗ Ceres), vom Herrn der Unterwelt, Pluto, entführt, an dessen Seite sie nun über die Toten herrscht.

Pūblius, -ī: männlicher römischer Vorname, abgekürzt P.

Pyrrhus, -ī: König von Epirus in Nordwestgriechenland, der um 275 v. Chr. gegen die Römer Krieg führte und dabei die sprichwörtlich gewordenen verlustreichen „Pyrrhussiege“ errang.

Pythagoras, ae: Philosoph und Mathematiker („Pythagoreischer Lehrsatz"), 6. Jh. v. Chr.

Themistocles, -is: Griechischer Staatsmann, auf dessen Rat hin sich die Athener „hinter hölzernen Mauern" (Schiffen) 480 v. Chr. gegen die persische Übermacht unter König Xerxes in der Schlacht bei Salamis siegreich behaupteten.

Quīntus, -ī: der Fünfte – einer der wenigen, oft recht phantasielosen römischen Vornamen, abgekürzt Q.

Rabīrius, -ī: römischer Familienname; die Mitglieder der *gens Rabiria* gehörten dem Ritterstand an.

Rēa Silvia, -ae: Tochter des ➚ Numitor, von dessen Bruder ➚ Amulius zur Priesterschaft der ➚ Vesta und damit zur Ehelosigkeit gezwungen; als sie von ➚ Mars Mutter von ➚ Romulus und ➚ Remus wurde, ließ Amulius sie ertränken und die Kinder aussetzen.

Remus, -ī: Zwillingsbruder des ➚ Romulus, von diesem im Streit getötet.

Rhadamantus, -ī: Rhadamanthys, ein Sohn des ➚ Zeus von ➚ Europa, Bruder des ➚ Minos, Gesetzgeber ➚ Kretas und nach seinem Tod Richter in der Unterwelt.

Rhēnus, -ī: der Rhein.

Rōma, -ae: Rom.

Rōmānus, -a, -um: römisch; Subst.: Römer.

Rōmulus, -ī: Sohn des Kriegsgottes ➚ Mars und der ➚ Rea Silvia, Zwillingsbruder des ➚ Remus, mit dem er im ➚ Tiber ausgesetzt, aber auf wunderbare Weise gerettet, von einer Wölfin ernährt und von einem Hirten gefunden wurde. Als junger Mann erfuhr er durch Zufall, dass er der Enkel des vertriebenen Königs ➚ Numitor sei, führte diesen auf seinen Thron zurück, gründete die Stadt Rom und wurde ihr erster König.

Sallustius, -ī: römischer Historiker des 1. Jh. v. Chr., ein scharfer Kritiker der patrizischen Herrschaft.

Sardinia, -ae: die Insel Sardinien.

Saulus, -ī: Name des strengen Pharisäers und eifrigen Christenverfolgers ➚ Paulus vor seiner Bekehrung.

Scīpiō, -ōnis: 1. Publius Cornelius Scipio Africanus der Ältere, bedeutender römischer Heerführer, Sieger über ➚ Hannibal bei Zama (202 v. Chr.), später von ➚ Cato wegen angeblicher finanzieller Unregelmäßigkeiten angegriffen. Er starb in freiwilliger Verbannung fern von Rom.
2. Publius Cornelius Scipio Africanus der Jüngere, römischer General, der 146 v. Chr. nach dreijähriger Belagerung ➚ Karthago eroberte und zerstörte.

Seneca, -ae: Lucius Annaeus Seneca, römischer Philosoph und Schriftsteller, Erzieher und Vertrauter des jungen Kaisers ➚ Nero.

Sibylla, -ae: eigentlich kein Name, sondern Bezeichnung einer Prophetin.

Sicilia, -ae: die Insel Sizilien.

Sīsyphus, -ī: Sisyphos, ein gewalttätiger und verschlagener König von ➚ Korinth, der sogar die Götter betrog und für kurze Zeit den Tod überlistete. Zur Strafe dafür muss er in der Unterwelt einen Felsblock, der immer wieder herabrollt, auf einen hohen Berg wälzen.

Sōcratēs, -is: Sokrates, Philosoph aus ➚ Athen (470–399 v. Chr.), von dem das Orakel des ➚ Apollon von ➚ Delphi erklärt hatte, er sei der weiseste aller Menschen. In seinem Bemühen, besonders die jungen Athener zu wahren Erkenntnissen zu führen, erregte er den Zorn der Politiker. Anklage wegen Gottlosigkeit und Verführung der Jugend. Nach seiner Verurteilung lehnte es Sokrates ab, aus dem Gefängnis zu fliehen, und ging gefasst in den Tod.

Solō, -ōnis: Solon, athenischer Staatsmann des 6. Jh. v. Chr., einer der „Sieben Weisen".

Sophoclēs, -is: Sophokles, griechischer Tragödiendichter (497–406 v. Chr.) aus Athen, behandelte unter anderem die Schicksale des ➚ Ödipus und seines Hauses (*Oedipus rex, Ödipus auf Kolonos, Antigone*).

Sphīnx, Sphīngis: die Sphinx, ein Mischwesen, halb Frau, halb Löwin, das die Götter sandten, um den König von ➚ Theben, ➚ Laios, wegen eines lange zurückliegenden Verbrechens zu bestrafen. ➚ Ödipus löste das Rätsel der Sphinx, und diese stürzte sich in den Abgrund.

Stōicī, -ōrum: Angehörige einer um 300 v. Chr. gegründeten Philosophenschule, die die Verpflichtung des Einzelnen betonten, sich für die Menschheit einzusetzen, und ein naturgemäßes Leben forderten.

Suēbī, -ōrum: die Sueben, ein mächtiger Germanenstamm.

Suētōnius, -ī: Sueton, römischer Historiker des 1. Jh. n. Chr., verfasste Lebensbeschreibungen ➚ Caesars und der Kaiser von ➚ Augustus bis Domitian.

Syria, -ae: Syrien, Landschaft in Asien, nördlich des heutigen Israel.

Syrus, -ī: „der Syrer", häufiger Name von Sklaven und Gladiatoren nach ihrem Herkunftsland Syrien.

Tacitus, -ī, Publius Cornelius: (um 55 – um 120 n. Chr.); römischer Historiker, stellte in seiner Schrift „Germania" die Germanen seinen Landsleuten als sittlich noch kaum verdorbenes Volk vor. In seinen „Annalen" und „Historien" beschrieb er Ereignisse des 1. Jh. n. Chr., beginnend mit dem Tod des ➚ Augustus.

Tántalus, -ī: Sohn des ➚ Zeus, König von Lydien in Kleinasien, ein Liebling der Götter, die ihn zu ihren Festen auf den ➚ Olymp einluden. Nach verschiedenen Vergehen gegen die Götter wurde Tantalus dazu verdammt, in der Unterwelt auf ewig Hunger und Durst zu leiden, und zwar, obwohl er mitten in einem Teich steht und die schönsten Früchte über ihm hängen.

Tarquinius, -ī: „Mann aus Tarquinia"; zu einer etruskischen Familie gehörig, die in Rom die Königsherrschaft erlangte. Ihr gehörte auch Tarquinius Superbus, der letzte König Roms, an, der im Jahre 510 v. Chr. vertrieben wurde.

Tellūs, Tellūris: die göttliche Mutter Erde.

Terentīlius Arsa, -ae: Volkstribun, beantragte als erster die Einsetzung einer Kommission zur Aufzeichnung von Gesetzen.

Teutoburgiēnsis saltus, -ūs: Landschaft in Nordwestdeutschland, Schauplatz der Niederlage des ➚ Varus im Jahr 9 n. Chr.

Teútonēs, -um: die Teutonen, ➚ Cimbri.

Thēbae, -ārum: Theben, alte Stadt in Mittelgriechenland.

Thēbanī, -ōrum: die Thebaner.

Thermopylae, -ārum: Thermopylen, Engpass in Mittelgriechenland, an dem König Leonidas mit seinen 1000 Spartanern 480 v. Chr. heldenhaft, aber vergeblich den Ansturm der Perser abzuwehren versuchte.

Thrācia, -ae: Thrakien, das Siedlungsgebiet der wilden Thraker nordöstlich von Griechenland.

Tiberis, -is: der Tiber, der Fluss, an dem Rom liegt.

Tiberius, -ī: römischer Kaiser (reg. 14–37 n. Chr.), Nachfolger des ➚ Augustus; misstrauisch wegen erlittener Zurücksetzung, aber in der Verwaltung des Reichs gewissenhaft.

Titus, -ī: männlicher römischer Vorname, abgekürzt T.

Tityus, -ī: Tityos, ein riesenhafter Sohn der Erdgöttin Gaia, der für den Versuch, der Göttin Leto Gewalt anzutun, in der Unterwelt büßen muss: Geier fressen an seiner stets nachwachsenden Leber.

Trāiānus, -ī: Trajan, einer der fähigsten und erfolgreichsten römischen Kaiser. Während seiner Herrschaft (98–117 n. Chr.) erreichte das Imperium seine größte Ausdehnung. Unter anderem eroberte Trajan Dakien, das heutige Rumänien, und besiegte die ➚ Parther, ein kriegerisches Volk im heutigen Irak und Iran.

Trōia, -ae: Stadt im Nordwesten Kleinasiens, der Sage nach von einem griechischen Heer zehn Jahre lang belagert; Adj.: *Trōiānus, -a, -um*; die Bewohner: *Trōiānī, -ōrum*.

Ulixēs, -is: Odysseus, König der Insel Ithaka, nahm am Kampf um ➚ Troja teil und überlistete die Trojaner mit dem hölzernen Pferd, vor dem sie ihr Priester Laokoon vergebens warnte. Auf der Heimreise musste er, verfolgt vom Zorn des Meergottes Poseidon, viele Abenteuer bestehen, u. a. mit dem einäugigen Riesen Polyphem, mit den Meerungeheuern Skylla und Charybdis und den lockenden Sirenen. Erst nach zwanzig Jahren sah Odysseus seine treue Frau Penelope wieder.

Valla, Laurentius: latinisierter Name des gelehrten italienischen Humanisten Lorenzo della Valle (1407–1457). Er lehrte als Professor der Redekunst in Pavia, Neapel und Rom, übersetzte die Werke griechischer Autoren.

Vārus, -ī, Publius Quinctilius: der Statthalter des ↗ Augustus in Germanien, fiel 9 n. Chr. in der Schlacht im ↗ Teutoburger Wald.

Vellēius Paterculus, -ī: römischer Historiker des 1. Jh. n. Chr., verfasste einen Abriss der römischen Geschichte bis zum Jahr 30 n. Chr.

Venus, -eris: die römische Liebesgöttin, der griechischen *Aphrodite* gleichgesetzt.

Vercingetorix, -igis: Gallischer Stammesfürst, der den Freiheitskampf der Gallier 52 v. Chr. gegen Caesar führte. Nach Gefangennahme in Rom hingerichtet, heute noch in Frankreich als Freiheitskämpfer verehrt.

Vergilius, -ī: Publius Vergilius Maro, Vergil; bedeutender römischer Dichter (70–19 v. Chr.), der in seiner „Aeneis“ die Irrfahrten und Kämpfe des ↗ Aeneas nach dem Vorbild ↗ Homers schilderte.

***Vesta, -ae* (griech. *Hestia*):** Göttin des Herdfeuers, das in einem Rundtempel auf dem Forum von sechs Priesterinnen, den *virgines Vestales,* gehütet wurde.

Xerxes, -is: Xerxes, König des Großreichs Persien, regierte von 485–465 v. Chr. Er machte 480 v. Chr. den Großangriff auf Griechenland/Europa, um die Niederlage seines Vaters Dareios zu rächen; er wurde 480 v. Chr. bei Salamis in einer Seeschlacht von Themistokles besiegt.

Zeus: der oberste Gott der Griechen, mit ↗ *Jupiter* gleichgesetzt.

Vokabelverzeichnis

Die Zahlen bezeichnen die Lektion, in der die Vokabel zum ersten Mal auftaucht. E kennzeichnet eine Vokabel, die im Ergänzungswortschatz auf den Seiten 243–245 erscheint, G eine Vokabel, die in der Kurzgrammatik auf den Seiten 305–327 behandelt wird.

ā, ab (*m. Abl.*) von, von … her; seit (2)
abesse absum āfuī abwesend sein, entfernt sein, fehlen (18)
abīre ábeō ábiī ábitum weggehen, abtreten (19)
absolvere absolvō absolvī absolūtum loslösen; freisprechen; vollenden (19)
abstinēre (*m. Abl.*) abhalten; sich fernhalten (von etw.), verzichten (auf etw.) (11)
accipere accipiō accēpī acceptum annehmen, empfangen; erfahren (14)
accūsāre anklagen, beschuldigen (19)
ācer/ācris/ācre, ācr·is spitz, scharf; heftig, eifrig (9)
acerbus/-a/-um herb, bitter (14)
aciēs, aci·ēī *f* Schärfe; Front; Heer (in Kampfbereitschaft); Schlacht(feld) (20)
āctus, āct·ūs *m* Handlung, Vorgehensweise; Akt (E)
ad (*m. Akk.*) zu, zu … hin; an, bei (2)
addūcere addūcō addūxī adductum heranführen; veranlassen (11)
adesse adsum affuī anwesend sein; (*m. Dat.:*) beistehen (20)
adīre ádeō ádiī áditum herangehen, aufsuchen; angreifen (18)
administrāre leiten; verwalten (E)
admīrātiō, admīrātiōn·is *f* Bewunderung, Staunen (E)
adulēscēns, adulēscent·is *m* (*Gen. Pl.* adulēscent·ium) junger Mann (6)
advenīre adveniō advēnī adventum ankommen, herankommen (E)
aedificāre bauen, errichten (6)
aequāre gleichmachen, erreichen (15)
aestimāre schätzen, beurteilen; anerkennen, (hoch) schätzen (20)
aetās, aetāt·is *f* Alter, Lebenszeit; Zeitalter (14)
afficere (*m. Abl.*) afficiō affēcī affectum versehen (mit), ausstatten (mit); (*m. Akk. und Abl.:*) (jdm. etw.) zufügen (15)
contumēliīs afficere schmähen, beschimpfen (15)
honōribus afficere ehren (E)
ager, agr·ī *m* Acker, Feld; Gebiet (13)
agere agō ēgī āctum treiben, betreiben; handeln, verhandeln (2)
agmen, agmin·is *n* Heereszug, Zug; Schar (14)
āiō, ait, āiunt ich sage, er/sie/es sagt, sie sagen (E)
aliquandō (irgendwann) einmal, einst (16)
aliquī/aliqua/aliquod (irgend)ein/e (15, G)
aliquis/aliquid (irgend)jemand/(irgend)etwas (15, G)
aliter anders, sonst (6)
alius/-a/-ud; *Gen.* alterīus, *Dat.* aliī ein anderer (3)
aliī – aliī die einen – die anderen (3)
alter/altera/alterum; *Gen.* alterīus, *Dat.* alterī der/die/das eine (von zweien) / der/die/das andere (16)
altus/-a/-um hoch; tief (19)
amāre lieben, verliebt sein (1)
ambulāre spazieren gehen (5)
amīca, amīc·ae *f* Freundin (2)
amīcitia, amīciti·ae *f* Freundschaft (13)
amīcus, amīc·ī *m* Freund (2)
āmittere āmittō āmīsī āmissum aufgeben; verlieren (14)
amor, amōr·is *m* Liebe (11)
an (*in Wahlfragen*) oder (E)
an (*in indirekten Fragen*) ob (E)
anima, anim·ae *f* Atem; Seele; Leben (8)
animal, animāl·is *n* (*Abl. Sg.* -ī, *Nom. Pl.* -ia, *Gen. Pl.* -ium) Lebewesen, Tier (16)
animus, anim·ī *m* Geist, Gesinnung, Sinn; Verstand; Mut; Herz (3)
bonō animō esse guten Mutes sein, zuversichtlich sein (3)
annus, ann·ī *m* Jahr (6)
multōs annōs (*Akkusativ der zeitlichen Ausdehnung*) viele Jahre lang (6)
ante (*m. Akk.*) vor (11)

antepōnere antepōnō anteposuī antepositum voranstellen; vorziehen (19)
antīquitās, antīquitāt·is *f* Altertum; hohes Alter (11)
antīquus/-a/-um alt, ehrwürdig (11)
aperīre aperiō aperuī apertum öffnen, aufdecken (17)
appārēre erscheinen, sich zeigen (1)
appāret es ist offensichtlich, klar (9)
appellāre anreden, nennen, benennen (1)
appropinquāre sich nähern, herankommen (18)
apud (*m. Akk.*) bei, in der Nähe (von) (4)
aqua, aqu·ae *f* Wasser (5)
āra, ār·ae *f* Altar (6)
arbitrārī arbitror arbitrātus sum meinen, glauben; halten für (16)
arbor, árbor·is *f* Baum (14)
arcēre abhalten, fernhalten, abwehren (10)
arēna, arēn·ae *f* Sand; Arena (3)
argentum, argent·ī *n* Silber; Geld (20)
arguere arguō arguī argūtum darlegen; (*m. Gen.:*) (wegen etw.) beschuldigen) (E)
arma, arm·ōrum *n* Waffen (12)
ars, art·is *f* (*Gen. Pl.* art·ium) Kunst, Fertigkeit, Handwerk (11)
artifex, artífic·is *m* Künstler (E)
arx, arc·is *f* Burg (7)
aspectus, aspect·ūs *m* Anblick (14)
aspicere aspiciō aspexī aspectum ansehen, erblicken (7)
atque, ac und, und auch; als (13)
attinēre attineō attinuī attentum aufhalten, festhalten; sich erstrecken (E)
auctor, auctōr·is *m* Begründer; Urheber, Verfasser (8)
audēre audēō ausus sum (*Tab.* IX) wagen (E)
audīre hören, zuhören, anhören (1)
auferre aúferō abstulī ablātum wegtragen, wegbringen; rauben (19)
augēre augeō auxī auctum vergrößern, vermehren, fördern (10)
auris, aur·is *f* (*Gen. Pl.* aur·ium) Ohr (20)
aurum, aur·ī *n* Gold (20)
aut oder (11)
aut – aut entweder – oder (19)
autem (*nachgestellt*) aber, jedoch (1)
auxilium, auxili·ī *n* Hilfe (9)
avāritia, avāriti·ae *f* Habgier, Geiz (12)
avē sei gegrüßt! (1)

bárbarus, barbar·ī *m* Nichtrömer (-grieche), „Barbar“ (14)
basilica, basilic·ae *f* Basilika, Kirche (2)
beātus/-a/-um glücklich, glückselig (8)
bellum, bell·ī *n* Krieg (12)
bene gut (19)
beneficium, benefici·ī *n* Wohltat; Verdienst (5)
bibliothēca, bibliothēc·ae *f* Bibliothek (5)
bonus/-a/-um gut, tüchtig (3)
brevis/breve, brev·is kurz (9)
brevī (tempore) bald darauf, binnen kurzem (14)

cadere cadō cécidī fallen (14)
caedere caedō cecīdī caesum fällen, niederhauen; schlagen (10)
caelum, cael·ī *n* Himmel; Klima (20)
calamitās, calamitāt·is *f* Unglück, Unheil, Schaden (18)
campus, camp·ī *m* Ebene, Feld, Platz (14)
canis, can·is *m/f* Hund (17)
cantāre singen (18)
capere capiō cēpī captum fassen, ergreifen; erobern (7)
captāre zu fangen suchen, jagen, fangen (18)
caput, capit·is *n* Kopf; Hauptstadt (14)
carēre (*m. Abl.*) (etw.) nicht haben, (auf etw.) verzichten müssen (E)
carō, carn·is *f* Fleisch (15)
castra, castr·ōrum *n* (*Pluralwort*) Lager (10)
causa, caus·ae *f* Ursache, Grund; Sachverhalt; Prozess (2)
quā dē causā weshalb; deshalb (20)
causam agere einen Prozess führen (2)
causā (nachgestellt, m. Gen.) um … willen, wegen; um … zu (14)
cavēre (*m. Akk.*) caveō cāvī cautum sich in Acht nehmen, sich hüten (vor) (3)
cēdere cēdō cessī (weg)gehen; nachgeben (3)
vītā cēdere sterben (6)
celebrāre feiern, verherrlichen; besuchen (20)
celer/celeris/celere, celer·is schnell, rasch (9)
cena, cen·ae *f* Gastmahl, Abendessen (4)
centuriō, centuriōn·is *m* Zenturio, Hauptmann (14)

certus/-a/-um sicher, gewiss (10)
certē sicherlich, gewiss (10)
cēterī/-ae/-a die übrigen (1)
circā/circum *(m. Akk.)* um … herum, ringsum (15)
circúmdare circúmdō circúmdedī circúmdatum umgeben, umzingeln (8)
cīvis, cīv·is *m (Gen. Pl.* cīv·ium) Bürger, Mitbürger (9)
cīvitās, cīvitāt·is *f* Bürgerrecht; Bürgerschaft, Staat (8)
clādēs, clād·is *f (Gen. Pl.* clād·ium) Niederlage, Verlust (10)
clāmāre rufen, schreien (1)
clāmor, clāmōr·is *m* Geschrei (1)
clārus/-a/-um klar, hell; berühmt (1)
claudere claudō clausī clausum schließen, absperren (13)
clēmentia, clēmenti·ae *f* Milde, Nachsicht (11)
cōgere cōgō coēgī coāctum sammeln; zwingen (15)
cōgitāre denken, nachdenken; beabsichtigen (3)
cognitiō, cognitiōn·is *f* Untersuchung, Verfahren; Erkenntnis (E)
cognitus/-a/-um bekannt (E)
cognōscere cognōscō cognōvī cógnitum erkennen, bemerken; kennen lernen (17)
cohors, cohort·is *f (Gen. Pl.* cohort·ium) Kohorte *(der zehnte Teil einer Legion, ca. 600 Mann)* (14)
colere colō coluī cultum bebauen; bewohnen; pflegen, verehren (14)
colloquī colloquor collocūtus sum sich unterhalten (19)
commendāre anvertrauen; empfehlen (E)
committere committō commīsī commissum zustande bringen; anvertrauen (20)
commūnis/commūne commūn·is gemeinsam, allgemein (9)
comparāre vergleichen (15)
comprehendere comprehendō comprehendī comprehēnsum ergreifen, fassen, erfassen; begreifen (17)
concēdere concēdō concessī concessum zugestehen, einräumen; erlauben (9)
conciliāre gewinnen; (sich) geneigt machen, vermitteln (11)
concilium, concili·ī *n* Versammlung (15)
condere condō cóndidī cónditum gründen; aufbewahren; bestatten (8)
condiciō, condiciōn·is *f* Bedingung; Lage (18)
cōnferre cṓnferō contulī collātum zusammentragen, -bringen; vergleichen (E)
cōnfirmāre stärken; bekräftigen (E)
cōnfitērī cōnfiteor cōnfessus sum gestehen, bekennen (16)
coniungere coniungō coniūnxī coniūnctum verbinden, anschließen (13)
conquīrere conquīrō conquīsīvī conquīsītum zusammensuchen, aufspüren (E)
cōnsīderāre betrachten, erwägen, bedenken (E)
cōnsilium, cōnsili·ī *n* Rat, Beratung, Plan; Beschluss (10)
cōnsistere cōnsistō cṓnstitī sich hinstellen; bestehen (aus) (15)
cōnsōlārī cōnsōlor cōnsōlātus sum trösten (E)
cōnspicārī cōnspicor cōnspicātus sum erblicken (16)
cōnstantia, cōnstanti·ae *f* Festigkeit, Beständigkeit (10)
cōnstat es ist bekannt, es steht fest; *(m. AcI:)* bekanntlich (9)
cōnstituere cōnstituō cōnstituī cōnstitūtum festsetzen, beschließen (17)
cōnsul, cōnsul·is *m* Konsul (8)
cōnsulere cṓnsulō cōnsuluī cōnsultum *(m. Akk.:)* um Rat fragen; beratschlagen (mit); *(m. Dat.:)* sorgen (für) (9)
contendere contendō contendī contentum *(„sich anstrengen“:)* eilen; kämpfen; behaupten, darauf bestehen (15)
continēre zusammenhalten, festhalten; enthalten (E)
contrahere cóntrahō contrāxī contrāctum zusammenziehen, einengen, sammeln (17)
contumēlia, contumēli·ae *f* Kränkung, Beleidigung, Schande (15)
convenīre conveniō convēnī conventum zusammenkommen, -passen; sich einigen; zustande kommen; sich ereignen; *(m. Akk.:)* (jdn.) treffen (19)
cōnvenit es ziemt sich, es passt; man kommt überein, es kommt zu einer Einigung (9)
cōpia, cōpi·ae *f* Vorrat; Menge; *Pl. auch:* Truppen, Streitkräfte (13)
cor, cord·is *n* Herz (11)
corpus, córpor·is *n* Körper; Leiche (16)

corrigere córrigō corrēxī corrēctum berichtigen, verbessern (9)
cottīdiānus/-a/-um täglich, alltäglich (E)
cottīdiē täglich (E)
crēdere crḗdō crḗdidī crēditum glauben, anvertrauen (11)
crīmen, crīmin·is *n* Vorwurf; Verbrechen (15)
crūdēlis/crūdēle, crūdēl·is grausam, brutal (9)
crux, cruc·is *f* Kreuz; Kreuzigung, Marter (17)
culpa, culp·ae *f* Schuld (17)
cum (*m. Abl.*) (zusammen) mit (2)
cum (*m. Ind.*) als, als plötzlich (5)
cum (*m. Ind.*) (immer) wenn; als (15)
cum (*m. Konj.*) als, nachdem; da, weil; obwohl (11)
cunctārī cunctor cunctātus sum zögern (16)
cūnctus/-a/-um all(es), gesamt, ganz (3)
cupere cupiō cupīvī cupītum begehren, verlangen, wünschen (7)
cupiditās, cupiditāt·is *f* Begierde, Leidenschaft, Verlangen (13)
cupidus/-a/-um (*m. Gen.*) begierig (nach) (12)
cūr warum (2)
cūrāre (*m. Akk.*) besorgen, sorgen (für), sich kümmern (um) (4)
cūria, cūri·ae *f* Kurie (*Versammlungsort des Senats*) (10)
currere currō cucurrī cursum laufen, rennen (5)
custōdīre bewachen, behüten (17)
custōs, custōd·is *m* Wächter, Wärter (10)

damnāre verurteilen, verdammen (17)
capitis damnāre zum Tode verurteilen (17)
damnum, damn·ī *n* Schaden, Verlust (12)
dăre dō dedī datum geben (5)
sē somnō dăre sich schlafen legen (7)
dē (*m. Abl.*) von, von … herab; von, über (3)
dea, de·ae *f* Göttin (1)
dēbēre müssen; schulden, verdanken (4)
nōn dēbēre nicht dürfen
decem (*undekliniert*) zehn (9, G *Tab.* III)
dēfendere dēfendō dēfendī dēfēnsum verteidigen, abwehren (13)
dēferre dḗferō dētulī dēlātum überbringen; melden, anzeigen (E)
deinde von da an; darauf; dann (14)
dēlectāre erfreuen, Freude machen (1)
dēlēre dēleō dēlēvī dēlētum zerstören, vernichten (12)
dēlīberāre erwägen, überlegen; (*m. Inf.:*) sich entscheiden, beschließen (3)
dēmōnstrāre zeigen, beweisen (20)
dēpōnere dēpōnō dēposuī dēpositum ablegen, niederlegen; aufgeben (5)
dēscendere dēscendō dēscendī dēscēnsum herabsteigen, herabkommen (4)
dēsīderium, dēsīderi·ī *n* Sehnsucht, Verlangen, Bedürfnis (E)
dēsinere dḗsinō dēsiī dēsitum ablassen, aufhören (4)
dēspicere dēspiciō dēspexī dēspectum herabsehen; verachten, gering schätzen (11)
deus, de·ī *m* (*Nom. Pl. auch*: dī) Gott (1)
dīcere dīcō dīxī dictum sagen, reden, nennen, benennen (7)
dīcī dīcor dictus sum heißen; man sagt, dass; sollen (17)
diēs, di·ēī *m* Tag (19)
differre dī́fferō distulī dīlātum aufschieben; sich unterscheiden (E)
dīligēns, dīligent·is sorgfältig, gewissenhaft (15)
dīligere dī́ligō dīlēxī dīlēctum lieben, schätzen (7)
dīmittere dīmittō dīmīsī dīmissum entlassen, gehen lassen; aufgeben (E)
discordia, discordi·ae *f* Zwietracht, Uneinigkeit (9)
discrīmen discrīmin·is *n* Unterschied; Entscheidung; gefährliche Lage (E)
dispōnere dispōnō disposuī dispositum verteilen, aufstellen, ordnen (17)
disputāre erörtern, diskutieren (20)
disserere dísserō disseruī dissertum erörtern, sprechen (über) (13)
dissimulāre sich verstellen, verheimlichen (12)
distribuere distribuō distribuī distribūtum verteilen, einteilen (E)
diū lange, lange Zeit (5)
dīvīnus/-a/-um göttlich (19)
dīvitiae, dīviti·ārum *f* (*Pluralwort*) Reichtum (12)
docēre doceō docuī doctum lehren, unterrichten, erklären (8)
doctrīna, doctrīn·ae *f* Lehre; Gelehrsamkeit (20)
dolēre Schmerz empfinden, bedauern; wehtun (17)
dolor, dolōr·is *m* Schmerz (17)
dolus, dol·ī *m* List, Betrug (14)

domina, domin·ae *f* Herrin (4)
dominus, domin·ī *m* Herr (4)
domus, dom·ūs *f* (*Abl. Sg.* -ō, *Akk. Pl.* -ōs) Haus (15)
domī zu Hause (15)
dubitāre zögern; zweifeln (3)
dubium, dubi·ī *n* Zweifel (E)
dubius/-a/-um zweifelhaft, unsicher (E)
dūcere dūcō dūxī ductum führen, ziehen; halten für (8)
(uxōrem) dūcere heiraten (16)
dulcis/dulce, dulc·is süß, angenehm (18)
dum (*m. Ind. Präs.*) während (3)
dum (*m. Ind./Konj.*) solange, (solange) bis (6)
duo/duae/duo zwei (9, G *Tab.* III)
duodecimī (*undekliniert*) zwölf (9, G *Tab.* III)
dūrus/-a/-um hart, unempfindlich (E)
dux, duc·is *m/f* Führer/in, Anführer/in, Feldherr (8)

ē, ex (*m. Abl.*) aus, von ... aus; von ... an (2)
ēdere ēdō ḗdidī ḗditum herausgeben, verbreiten, hervorbringen (E)
ēdīcere ēdīcō ēdīxī ēdictum bekannt machen, verkünden, anordnen (17)
ēdictum, ēdict·ī *n* Anordnung, Verfügung (17)
efficere efficiō effēcī effectum bewirken, durchsetzen (E)
egēns, egent·is bedürftig, arm (E)
egēre (*m. Abl.*) (etw.) brauchen, nötig haben (20)
ego ich (2)
ēiúsmodī derart(ig), solch (2)
enim denn, nämlich (1)
eques, equit·is *m* Reiter; Ritter (9)
équidem (ich) jedenfalls, allerdings; ich meinerseits (11)
equus, equ·ī *m* Pferd (14)
ergō also, folglich (20)
errāre irren, sich irren, sich täuschen (2)
ērudīre unterrichten, bilden (E)
esse sum fuī; *Part. Fut. Akt.* futūrus sein (1)
sunt quī (*m. Konj.*) (es gibt welche, die ...) manche (20)
et und; auch (1)
et – et sowohl – als auch (10)
etiam auch, sogar (12)
ēvādere ēvādō ēvāsī herausgehen, entkommen (10)
ēvenīre ḗvenit ēvēnit ēventum sich ereignen, geschehen, eintreten, in Erfüllung gehen (19)
excēdere excēdō excessī excessum heraus-, hinausgehen; weggehen (19)
exemplum, exempl·ī *n* Beispiel, Vorbild (20)
exercēre üben, betreiben (15)
exercitus, exercit·ūs *m* Heer (10)
exiguus/-a/-um klein, gering, unbedeutend (E)
exīre éxeō éxiī éxitum hinausgehen, ausrücken (18)
expūgnāre erstürmen, erobern (10)
exquīrere exquīrō exquīsīvī exquīsītum untersuchen; herausfinden (19)
exsistere exsistō ḗxstitī hervortreten, auftreten, entstehen (E)
extrā (*m. Akk.*) außerhalb (15)

fābula, fābul·ae *f* Erzählung, Geschichte; Theaterstück (9)
facere faciō fēcī factum tun, machen, herstellen (7)
factum, fact·ī *n* Tat, Handlung, Ereignis (11)
fāma, fām·ae *f* Gerücht; (guter/schlechter) Ruf (18)
familia, famili·ae *f* Familie, Hausgemeinschaft (4)
fās *n* (*nur Nom. u. Akk. Sg.*) (göttliches) Recht, Gebot (12)
fatērī fateor fassus sum gestehen, bekennen (E)
fātum, fāt·ī *n* Schicksal; Götterspruch (8)
ferē ungefähr, fast (10)
ferre ferō tulī lātum tragen, bringen; ertragen; berichten (18)
fāma fert es geht das Gerücht, es wird erzählt, man sagt (18)
ferus/-a/-um wild, roh (E)
festīnāre eilen, sich beeilen (E)
fidēs, fid·eī *f* Treue, Glaube, Vertrauen (19)
fierī fīō factus sum werden, geschehen; gemacht werden (19)
fīgere fīgō fīxī fīxum umheften, befestigen (14)
fīlia, fīli·ae *f* Tochter (4)
fīlius, fīli·ī *m* Sohn (4)
fīnīre begrenzen; beenden (16)
fīnis, fīn·is *m* (*Gen. Pl.* fīn·ium) Grenze, Ende, Ziel; Zweck; *Pl. auch:* Gebiet (8)
fīnem facere (*m. Dat.*) eine Grenze setzen, beenden (12)
flāgitium, flāgiti·ī *n* Schande; Vergehen (20)

flamma, flamm·ae *f* Flamme, Feuer, Glut (7)
flectere flectō flexī flexum biegen, beugen, wenden (18)
flēre fleō flēvī flētum weinen, beklagen (18)
flūmen, flūmin·is *n* Fluss, Strom (14)
foedus, foeder·is *n* Bündnis, Vertrag (12)
fore (~ futūrum esse) (in Zukunft) sein (15)
fortāsse vielleicht (2)
fortis/forte, fort·is tapfer, mutig, stark (14)
forum, for·ī *n* Forum, Marktplatz (2)
frangere frangō frēgī frāctum brechen, verletzen, schwächen (12)
frāter, frātr·is *m* Bruder (6)
frūmentum, frūment·ī *n* Getreide (E)
frūstrā (*Adv.*) vergeblich (5)
fugere fugiō fugī fliehen, meiden (7)
futūrus/-a/-um zukünftig (19)
futūrum esse (~ fore) (in Zukunft) sein (15)

gaudēre (*Tab.* IX) sich freuen (3)
gaudium, gaudi·ī *n* Freude, Vergnügen (5)
gēns, gent·is *f* (*Gen. Pl.* gent·ium) Geschlecht, Stamm, Volk (8)
genus, gener·is *n* Geschlecht, Gattung, Art (18)
gerere gerō gessī gestum tragen; ausführen, vollziehen (12)
bellum gerere Krieg führen (12)
sē gerere sich benehmen (E)
gladiātor, gladiatōr·is *m* Gladiator (3)
gladius, gladi·ī *m* Schwert (3)
glōria, glōri·ae *f* Ruhm (12)
grātia, grāti·ae *f* Dank; Gnade, Gunst, Beliebtheit (7)
gravis, -e schwer, schlimm (17)
gubernāre steuern, lenken; regieren (E)

habēre haben, halten, besitzen (6)
nōn habeō quod (*m. Konj.*) ich habe keinen Grund (zu …) (19)
prō certō habēre für sicher halten (10)
habitāre wohnen (20)
hic/haec/hoc dieser/diese/dieses (7)
hīc hier (3)
homō, homin·is *m* Mensch; *Pl. auch:* Leute (1)
honestus/-a/-um angesehen, ehrenhaft, anständig (4)
honōrāre ehren, auszeichnen (E)
honōs/honor, honōr·is *m* Ehre, Ehrenamt (6)
hōra, hōr·ae *f* Stunde (1)
hortārī hortor hortātus sum ermahnen, mahnen; auf-, ermuntern; auffordern (16)
hospes, hospit·is *m* Gast, Gastfreund; Fremder (4)
hostis, host·is *m* (*Gen. Pl.* host·ium) Feind (7)
hūmānitās, hūmānitāt·is *f* Menschlichkeit; Bildung (11)
hūmānus/-a/-um menschlich; gebildet (18)
humus, hum·ī *f* Erde, Boden (17)

iacēre liegen, daliegen (3)
iacere iaciō iēcī iactum werfen, schleudern (7)
iam schon, bereits; gleich (4)
nōn iam nicht mehr (5)
ibī da, dort (1)
ideō deswegen, deshalb (13)
igitur also, folglich, daher (4)
īgnōminia, īgnōmini·ae *f* Beschimpfung; Schande (15)
īgnōrāre nicht wissen, nicht kennen (11)
īgnōtus/-a/-um unbekannt (20)
ille/illa/illud jener/jene/jenes (7)
illūstris/illūstre illūstr·is glänzend, berühmt, vornehm (E)
imāgō, imāgin·is *f* Bild, Abbild (7)
immānis/immāne immān·is ungeheuer, riesig schrecklich, grausam (E)
imminēre drohen, bedrohen, bevorstehen (9)
immō (vērō) ja sogar, vielmehr, im Gegenteil (6)
immolāre opfern (E)
immortālis/immortāle immortāl·is unsterblich, ewig (17)
imperāre (jdm.) befehlen; *(mit Dat.)* herrschen über jdn. (12)
imperātor, imperātōr·is *m* Feldherr; Herrscher, Kaiser (1)
imperium, imperi·ī *n* Befehl; Herrschaft; Reich (8)
impetrāre durchsetzen, erreichen (E)
impetus, impet·ūs *m* Angriff, Ansturm (10)
impetū im Sturmangriff, im Eilschritt (10)
impōnere impōnō imposuī impositum hineinsetzen, -legen; auferlegen (13)
imprīmīs besonders, vor allem (12)
in (*m. Akk.*) in (… hinein), nach, auf; gegen (2)
in (*m. Abl.*) in, an, auf (2)

incipere incipiō coepī coeptum anfangen, beginnen (15)
incolere íncolō incoluī incultum wohnen, bewohnen (19)
indīgnārī *(m. Akk.)* indīgnor indīgnātus sum empört sein, sich entrüsten (über) (16)
indīgnus/-a/-um unwürdig (E)
industria, industri·ae *f* Fleiß, Eifer (E)
īnferre ínferō íntulī illātum hineintragen; zufügen; vorbringen (20)
īnfirmus/-a/-um schwach; krank (E)
ingenium, ingeni·ī *n* Anlage, Talent, Begabung (9)
ingēns, ingent·is ungeheuer, gewaltig (12)
inimīcus, inimīc·ī *m* Feind (E)
inīquus/-a/-um ungleich; ungünstig; ungerecht (14)
initium, initi·ī *n* Anfang, Beginn (11)
initiō am Anfang, anfangs (11)
iniūria, iniūri·ae *f* Unrecht, Ungerechtigkeit (15)
inquam/inquit sag(t)e ich / sagt(e) er/sie (5)
inquīrere inquīrō inquīsīvi inquīsītum untersuchen, nachforschen (14)
īnstituere īnstituō īnstituī īnstitūtum einrichten, beginnen; beabsichtigen; unterrichten (E)
īnsula, īnsul·ae *f* Insel; Wohnblock (6)
intellegere intéllegō intellēxī intellēctum erkennen, einsehen, verstehen (2)
intendere intendō intendī intentum anspannen; anstrengen; beabsichtigen (12)
inter *(m. Akk.)* zwischen, unter; während (4)
interesse intersum interfuī dazwischen sein, *(m. Dat.:)* teilnehmen (an) (19)
interficere interficiō interfēcī interfectum töten (E)
interim inzwischen, einstweilen (E)
interrogāre fragen, befragen (14)
intrāre eintreten, hereinkommen, betreten (13)
invādere invādō invāsī invāsum eindringen, angreifen; befallen (13)
invenīre inveniō invēnī inventum finden, erfinden (5)
invidia, invidi·ae *f* Neid; Abneigung, Hass (12)
invītus/-a/-um ungern, unfreiwillig (18)
ipse/ipsa/ipsum; *Gen.* ipsus, *Dat.* ipsī selbst (6)
īra, īr·ae *f* Zorn, Wut (4)
īrāscī īrāscor zornig werden, zornig sein (16)
īre eō iī itum gehen (18)
is/ea/id er/sie/es; dieser/diese/dieses; der(jenige)/die(jenige)/das(jenige) (6)
iste/ista/istud dieser/diese/dieses (17)
ita der da/die da/das da (20)
itaque deshalb, daher, also (4)
iterum wiederum, zum zweiten Mal (9)
iubēre iubeō iussī iussum beauftragen, befehlen (17)
iūdex, iūdic·is *m* Richter (19)
iūdicāre richten, (be)urteilen (20)
iūdicium, iūdici·ī *n* Gericht, Gerichtshof; Urteil (9)
iūnior, iūniōr·is jünger (E)
iūrāre schwören (E)
iūs, iūr·is *n* Recht (9)
iūstitia, iūstiti·ae *f* Gerechtigkeit (2)
iūstus/-a/-um gerecht, rechtmäßig (8)
iuvāre iuvō iūvī iūtum; *Part. Fut. Akt.* iuvātūrus unterstützen, helfen (15)

labor, labor·is *n* Arbeit, Anstrengung, Leiden (18)
lacrima, lacrim·ae *f* Träne (18)
lacus, lac·ūs *m* See, Teich (14)
laedere laedō laesī laesum verletzen, stoßen (6)
laetus/-a/-um froh, fröhlich (1)
latrō, latrōn·is *m* Räuber (12)
lātus/-a/-um breit; weit (13)
laudāre loben, rühmen (3)
laus, laud·is *f* Lob, Ruhm (15)
lēgātus, lēgāt·ī *m* Abgesandter; Legat (9)
legere legō lēgī lēctum lesen; sammeln (5)
legiō, legiōn·is *f* Legion (13)
lēgitimus/-a/-um gesetzmäßig, legitim (E)
leō, leōn·is *m* Löwe (16)
lēx, lēg·is *f* Gesetz (9)
līber/lībera/līberum frei, unabhängig (6)
līberāre befreien (16)
līberī, līber·ōrum *m* Kinder (6)
lībertās, lībertāt·is *f* Freiheit (11)
lībertus, lībert·ī *m* Freigelassener (4)
licet es ist erlaubt, man darf; es ist möglich (19)
lingua, lingu·ae *f* Zunge, Sprache (1)
littera, litter·ae *f* Buchstabe; *Pl. auch:* Brief; Wissenschaft(en) (11)
locus, loc·ī *m*, *Pl.:* loca *n* Ort, Platz, Stelle; Rang; Gegend (3)

longus/-a/-um lang, weit; lang dauernd (13)
longē lātēque weit und breit (13)
loquī loquor locūtus sum sprechen, reden (16)
lūcēre lūceō lūxī leuchten, strahlen (E)
lūdere lūdō lūsī lūsum spielen, sich vergnügen (2)
lūdus, lūd·ī *m* Spiel; Schule (3)
lūx, lūc·is *f* Licht (8)
luxuria, luxuri·ae *f* Überfluss; Genusssucht, Verschwendungssucht (15)

magis mehr, in höherem Grad (17)
magistrātus, magistrāt·ūs *m* Amt, Behörde; Beamter (10)
māgnus/-a/-um groß, bedeutend (1)
māior/māius, māiōr·is größer, bedeutender; älter (15)
māiōrēs, māiōr·um *m* Vorfahren, Ahnen (13)
malum, mal·ī *n* Übel, Leid (7)
malus/-a/-um schlecht, schlimm, böse (3)
manēre maneō mānsī bleiben, warten (auf), erwarten (5)
manus, man·ūs *f* Hand; Handvoll, Schar (14)
mare, mar·is *n* (*Abl. Sg.* -ī, *Nom. Pl.* -ia, *Gen. Pl.* -ium) Meer (8)
māter, mātr·is *f* Mutter (16)
mātrōna, mātrōn·ae *f* (verheiratete) Frau, Matrone (10)
māximē am meisten; sehr, überaus (11)
māximus/-a/-um der/die/das größte; sehr groß (15)
medius/-a/-um der/die/das mittlere, mitten (20)
melior/melius, meliōr·is besser (19)
memor, memor·is (*m. Gen.*) in Erinnerung, sich erinnernd (an) (E)
memoria, memori·ae *f* Gedächtnis, Erinnerung (11)
memoriā tenēre im Gedächtnis behalten, sich erinnern (11)
mēns, ment·is *f* (*Gen. Pl.* ment·ium) Verstand, Denken, Meinung (17)
mentīrī mentior mentītus sum lügen (16)
mercātor mercātōr·is *m* Kaufmann (4)
meus/-a/-um mein (4, G)
mīles, mīlit·is *m* Soldat (10)
mīlle (*undekliniert*); (*Pl.*:) mīlia, mīl·ium (*m. Gen.*) tausend (9, G *Tab.* III)
minārī minor minātus sum drohen, androhen (E)
minor/minus, minōr·is kleiner (20)
minuere minuō minuī minūtum verringern, vermindern (11)
mīrus/-a/-um wunderbar; sonderbar (12)
miser/misera/miserum elend, unglücklich, armselig (6)
misericordia, misericordi·ae *f* Mitleid, Barmherzigkeit (3)
mittere mittō mīsī missum schicken; gehen lassen, entlassen; werfen (5)
modo eben (erst), gerade; nur (18)
modus, mod·ī *m* Maß; Art, Weise; Melodie (11)
moenia, moen·ium *n* (*Pluralwort*) Stadtmauer, Mauer (8)
molestus/-a/-um beschwerlich, lästig; peinlich (4)
monēre mahnen, auffordern; erinnern; warnen (7)
mōns, mont·is *m* (*Gen. Pl.* mont·ium) Berg (8)
mōnstrāre zeigen (8)
mōnstrum, mōnstr·ī *n* Ungeheuer; Götterzeichen, Wunderzeichen (16)
morārī moror morātus sum (sich) aufhalten, zögern (16)
morī morior mortuus sum; *Part. Fut. Akt.* moritūrus sterben (16)
mors, mort·is *f* Tod (6)
mortālis/mortāle, mortāl·is sterblich (9)
mortuus/-a/-um tot, gestorben (17)
mōs, mōr·is *m* Sitte, Brauch, Art; *Pl. auch:* Charakter, Verhalten (2)
movēre moveō mōvī mōtum bewegen, erregen; beeinflussen, veranlassen (7)
īrā mōtus aus Zorn (9)
mulier, mulíer·is *f* Frau, Ehefrau (7)
mulier summa pulchritudine eine Frau von äußerster Schönheit (8)
multitūdō, multitūdin·is *f* Menge, Vielzahl (10)
multus/-a/-um viel, zahlreich (3)
mundus, mund·ī *m* Welt, Weltall (18)
mūrus, mūr·ī *m* Mauer (7)
mūsica, mūsic·ae *f* Musik (E)
mūtāre ändern, verändern, wechseln, vertauschen (13)

nam denn, nämlich (1)
narrāre erzählen (20)
nātiō, nātiōn·is *f* Volksstamm, Volk (6)
nātūra, nātūr·ae *f* Natur, Wesen (11)

nāvis, nāv·is *f* (*Gen. Pl.* nāv·ium) Schiff (14)
-ne (*angehängt*) (*Fragesignal*) (2)
nē (*m. Konj.*) dass nicht, damit nicht, (um) nicht zu; *(im verneinten Aufforderungssatz:)* nicht (11)
nē … quidem nicht einmal, auch nicht (12)
necesse est es ist nötig (9)
negāre leugnen, bestreiten; sich weigern; verweigern, versagen (6)
neglegere néglegō neglēxī neglēctum sich (um etw.) nicht kümmern, gering schätzen, übersehen (19)
negōtium, negōti·ī *n* Geschäft, Aufgabe (E)
nēmō (*Dat.* nēminī, *Akk.* nēminem) niemand (10)
nepōs, nepōt·is *m* Enkel; Neffe (6)
neque, nec (und/auch/aber) nicht (2)
neque – neque weder – noch (4)
neque enim denn nicht (3)
neque tamen aber nicht, jedoch nicht (4)
nescīre nicht wissen, nicht verstehen (20)
nēve und dass/damit nicht (12)
nex, nec·is *f* (gewaltsamer) Tod, Mord (6)
nihil (= nīl) nichts (4)
nimius/-a/-um zu groß, zu viel, übermäßig (11)
nisī wenn nicht; außer (4)
nihil nisī nichts als, nur (12)
nocēre schaden (19)
nōlle nōlō nōluī nicht wollen (18)
nōlī/nōlīte (*clamare*)! *(schrei/schreit)* nicht! (E)
nōmen, nōmin·is *n* Name; Begriff (8)
nōmināre nennen, benennen (E)
nōn nicht (1)
nōndum noch nicht (2)
nōnne? (etwa) nicht? (2)
nōnnūllī/-ae/-a einige, manche (6)
nōs wir (4, G)
noster/nostra/nostrum unser (4, G)
nōtus/-a/-um bekannt (E)
novus/-a/-um neu, neuartig (5)
nox, noct·is *f* (*Gen. Pl.* noct·ium) Nacht (7)
nūdus/-a/-um nackt, bloß (E)
nūllus/-a/-um; *Gen.* nūllus, *Dat.* nūllī kein (13)
num? etwa? (2)
nūmen, nūmin·is *n* (göttliche) Macht, Gottheit (18)
numquam niemals (10)
nunc jetzt, nun (1)
nūntiāre melden, mitteilen (10)

ob (*m. Akk.*) wegen (19)
observāre beobachten; einhalten (3)
óbviam entgegen (16)
occidēns, occident·is *m* Westen, Abendland (12)
occīdere occīdō occīdī occīsum niederschlagen, töten (3)
oculus, ocul·ī *m* Auge (11)
ōdisse ōdī hassen (E)
ōmen, ōmin·is *n* Vorzeichen, Vorbedeutung (8)
omnis/omne, omn·is all(es), ganz, jeder (9)
oppidum, oppid·ī *n* (befestigte) Stadt (12)
opprimere óppimō oppressī oppressum unterdrücken; überfallen, überwältigen (12)
oppūgnāre bestürmen, belagern (17)
ops, op·is *f* Kraft, Stärke, Hilfe; *Pl. auch:* Reichtum, Macht (15)
optimus/-a/-um der/die/das beste, sehr gut (15)
opus, oper·is *n* Werk, Arbeit (8)
opus est (*m. Abl.*) es ist nötig, man braucht (etw./jdn.) (9)
ōrāculum, ōrācul·ī *n* Orakel(stätte), Götterspruch (16)
ōrāre beten, bitten (E)
ōrātiō, ōrātiōn·is *f* Rede; Sprache; Gebet (13)
ōrātor, ōrātōr·is *m* Redner (2)
orbis, orb·is *m* Kreis, Kreislauf (8)
orbis terrārum Erdkreis, Welt (8)
oriēns, orient·is *m* Osten; Morgenland (12)
ōrnāre ausstatten, schmücken (6)
ōs, ōr·is *n* Mund, Gesicht (18)
ostendere ostendō ostendī ostentum zeigen, in Aussicht stellen (E)

paene fast, beinahe (E)
paenitentia, paenitenti·ae *f* Reue, Buße (20)
pānis, pān·is *m* Brot (E)
parāre bereiten, vorbereiten (6)
parcere (*m. Dat.*) parcō pepercī (jdn.) schonen; (an/mit etw.) sparen (8)
parentēs, parent·(i)um *m* Eltern (5)
pārēre gehorchen (4)
pars, part·is *f* (*Gen. Pl.* part·ium) Teil; Richtung (10)
parvus/-a/-um klein, gering (6)
pater, patr·is *m* Vater (4)
patrēs, patr·um *m* Senatoren, Patrizier; Vorfahren (4)
patēre offen stehen; offenbar sein (15)
patiēns, patient·is geduldig (18)

patria, patri·ae *f* Vaterland, Heimat (7)
paucī/-ae/-a wenige (6)
paulum (ein) wenig (E)
pauper, pauper·is (*Abl. Sg.*-e, *Gen. Pl.* -um) arm (15)
pāx, pāc·is *f* Frieden (6)
pecūnia, pecūni·ae *f* Geld (2)
pedes, pedit·is *m* Infanterist, Soldat zu Fuß (10)
pellere pellō pepulī pulsum treiben, schlagen; vertreiben (8)
per (*m. Akk.*) durch (… hindurch); über (… hin); überall in/auf (5)
peragere péragō perēgī perāctum durchführen; verbringen (18)
perdere perdō pérdidī pérditum vernichten, verlieren (9)
pergere pergō perrēxī perrēctum weitermachen, fortfahren (12)
perīculum, perīcul·ī *n* Gefahr (9)
perīre péreō périī zugrunde gehen, umkommen (E)
perītus/-a/-um (*m. Gen.*) (in etw.) erfahren, kundig (E)
persevērāre (bei etw.) bleiben, hart bleiben (E)
perturbāre (völlig) verwirren, beunruhigen (13)
pēs, ped·is *m* Fuß (16)
pessimus/-a/-um der/die/das schlechteste, sehr schlecht (15)
pestis, pest·is *f* Seuche; Unglück (12)
petere petō petīvī petītum aufsuchen; angreifen, haben wollen; verlangen, bitten (3)
philósophus, philósoph·ī *m* Philosoph (20)
pietās, pietāt·is *f* Frömmigkeit, Pflichtgefühl (17)
pingere pingō pīnxī pictum zeichnen, malen, bemalen (E)
placēre gefallen (1)
plaudere plaudō plausī plausum Beifall klatschen (1)
plēbs, plēb·is *f* Volk, Plebs (9)
plērumque meistens (13)
plūrimī/-ae/-a die meisten; sehr viele (15)
plūs, plūr·is mehr (15)
poēta, poēt·ae *m* Dichter (20)
pompa, pomp·ae *f* Festzug (1)
pōnere pōnō posuī positum stellen, setzen, legen (8)
populus, popul·ī *m* Volk; Publikum (1)
porta, port·ae *f* Tor (10)
posse possum potuī können, in der Lage sein, mächtig sein (12)
possidēre possideō possēdī possessum besitzen (13)
post (*Adv.*) später, darauf (6)
post (*m. Akk.*) nach; hinter (6)
posteā nachher, später (16)
postquam (*m. Ind. Perf.*) nachdem, als (5)
potēns, potent·is mächtig (15)
potīrī (*m. Abl. oder Gen.*) potior potītus sum sich bemächtigen, in seine Gewalt bekommen (16)
potius vielmehr, eher, lieber (E)
praebēre hinhalten, gewähren, zeigen (20)
praeceptum, praecept·ī *n* Vorschrift, Lehre, Regel (17)
praecipere praecipiō praecēpī praeceptum vorwegnehmen; vorschreiben, anordnen (11)
praecipitāre (kopfüber) stürzen, (sich) hinabstürzen (16)
praeclārus/-a/-um ausgezeichnet, glänzend, herrlich (E)
praeda, praed·ae *f* Beute (12)
praeesse praesum praefuī (*m. Dat.*) an der Spitze (von etw.) stehen, (etw.) leiten (13)
praefectus, praefect·ī *m* Präfekt, Befehlshaber (14)
praeferre praéferō praetulī praelātum vorantragen; zeigen; vorziehen (E)
praemittere praemittō praemīsī praemissum vorausschicken (14)
praesidium, praesidi·ī *n* Schutz, Hilfe; Besatzung; Posten (12)
praetereā außerdem (10)
praetor, praetōr·is *m* Prätor (10)
precēs, prec·um *f* Bitten, Gebet (18)
prīmus/-a/-um der/die/das erste (8)
prīmō zuerst, zunächst; anfangs (14)
prīmum zum ersten Mal (18)
prīnceps, prīncip·is *m* erster Mann, Fürst (15)
prīncipātus, prīncipāt·ūs *m* erste Stelle, Vorrang, Herrschaft (E)
priusquam bevor, ehe; *(nach verneinten Sätzen:)* bevor nicht (18)
prō (*m. Abl.*) vor; für, anstelle (von) (2)
procul fern, weit weg, von weitem (14)
prōdere prōdō prōdidī prōditum preisgeben, verraten; überliefern (12)

prōdesse prōsum prōfuī nützen, nützlich sein (E)
proelium, proeli·ī *n* Gefecht, Schlacht (17)
profectō in der Tat, auf alle Fälle (4)
proficīscī proficīscor profectus sum aufbrechen, abreisen, reisen (16)
prohibēre abhalten, hindern; verbieten (15)
prōicere prōiciō prōiēcī prōiectum hinwerfen, preisgeben (17)
prōmittere prōmittō prōmīsī prōmissum versprechen (1)
propinquus, propinqu·ī *m* Verwandter (17)
prōpōnere prōpōnō prōposuī prōpositum vorlegen, vorschlagen, in Aussicht stellen; voranstellen (E)
proprius/-a/-um eigen, eigentümlich (15)
propter (*m. Akk.*) wegen (18)
prōvincia, prōvinci·ae *f* Provinz, Amtsbereich (11)
proximus/-a/-um der/die/das nächste, letzte (E)
prūdēns, prūdent·is klug, umsichtig (9)
prūdentia, prūdenti·ae *f* Klugheit (10)
pūblicum, pūblic·ī *n* Öffentlichkeit (10)
pūblicus/-a/-um öffentlich, staatlich (19)
puer, puer·ī *m* Junge (6)
pūgna, pūgn·ae *f* Kampf (3)
pūgnāre kämpfen (3)
pulcher/pulchra/ pulchrum schön, hübsch (6)
pūnīre bestrafen, rächen (18)
putāre glauben, meinen; *(mit doppeltem Akkusativ:)* halten für (9)

quadrāgintā (undekliniert) vierzig (9, G *Tab.* III)
quaerere quaerō quaesīvī quaesītum suchen, erwerben (5)
quaerere ex/ab (*m. Abl.*) (jdn.) fragen
quaestor, quaestōr·is *m* Quästor (10)
quam als; wie (6)
quam *(beim Superlativ:)* möglichst (15)
quamquam obwohl, obgleich (5)
quamvīs (*m. Konj.*) wenn auch, obwohl (20)
quantus/-a/-um wie groß, wie viel (5)
quasi wie, sozusagen (20)
quattuor (*undekliniert*) vier (9, G *Tab.* III)
que (*angehängt*) und (1)
quī/quae/quod (*Relativpronomen*) der/die/das; welcher/welche/welches; wer/was (7)
quī/quae/quod (*adj. Interrogativpron.*) welcher/welche/welches; was für ein/eine (16)
quī/qua/quod (*Indefinitpronomen*) (irgend)ein/e (15, G)
quia weil (20)
quid was (2)
quīdam/quaedam/quoddam (*Subst.*: quīdam/ *Pl.*: quaedam/quiddam) ein (gewisser/ gewisses)/eine (gewisse); einige, manche (20)
quidem zwar; wenigstens, freilich, allerdings (4)
quiēs, quiēt·is *f* Ruhe; Erholung (13)
quiētus/-a/-um ruhig, gelassen (13)
quīngentī/-ae/-a fünfhundert (9, G *Tab.* III)
quis wer (4)
quis/quid (*Indefinitpronomen*) (irgend)jemand/(irgend)etwas (15, G)
quisquam/quicquam (irgend)jemand/ (irgend)etwas (15, G)
quisque/quaeque/quodque (*Subst. n* quidque) jeder/jede/jedes, alles (15, G)
quō wohin (2)
quod weil (5)
quod (*faktisches quod*) dass (19)
quōmodo wie, auf welche Weise (12)
quoque (*nachgestellt*) auch (4)
quot wie viele (5)

rapere rapiō rapuī raptum rauben, fortreißen (7)
ratiō, ratiōn·is *f* Vernunft, Überlegung; Art und Weise (15)
recēdere recēdō recessī recessum zurückweichen, sich zurückziehen (11)
recreāre wieder beleben, kräftigen (E)
rēctus/-a/-um recht, richtig, gerade (E)
reddere reddō réddidī rédditum zurückgeben; machen (zu) (18)
redīre rédeō rédiī réditum zurückgehen, zurückkehren (18)
regere regō rēxī rēctum lenken, leiten, beherrschen (13)
rēgīna, rēgīn·ae *f* Königin (E)
rēgnāre König sein, (als König) herrschen (8)
rēgnum, rēgn·ī *n* Königreich; (Königs-) Herrschaft (12)
régredī regredior regressus sum zurückgehen (16)
religiō, religiōn·is *f* (fromme) Bedenken, Scheu; Aberglaube, Glaube (11)
relinquere relinquō relīquī relictum zurücklassen, hinterlassen, verlassen (5)

reliquiae, reliqui·ārum *f* Überreste, Rest (14)
remittere remittō remīsī remissum zurückschicken, loslassen; vermindern; nachlassen (E)
reperīre reperiō répperī repertum wiederfinden, finden (19)
repetere répetō repetīvī repetītum zurückverlangen; wiederholen (17)
reprehendere reprehendō reprehendī reprehēnsum tadeln (4)
rēs, r·eī *f* Sache, Ding; Angelegenheit, Ereignis (19)
quam ob rem deswegen (19)
rēs gestae Taten, Leistungen; Geschichte (E)
rēs pūblica Gemeinwesen; Staat; Republik (19)
resistere resistō réstitī Widerstand leisten (17)
respicere respiciō respexī respectum zurückschauen, berücksichtigen (E)
respondēre respondeō respondī respōnsum antworten, erwidern (16)
rēx, rēg·is *m* König (8)
rīdēre rīdeō rīsī rīsum lachen, auslachen (1)
rōbustus/-a/-um kräftig, stark; erwachsen (E)
rogāre fragen; bitten (5)
Romae (*Lokativ*) in Rom (G)
Romam (*Akk. der Richtung*) nach Rom (9)

sacrum, sacr·ī *n* Heiligtum, Opfer; *Pl. auch:* Kult, Religion; Gottesdienst (7)
saepe oft (6)
salūs, salūt·is *f* Wohl, Gesundheit, Rettung (9)
salūtāre grüßen (1)
salvus/-a/-um wohlbehalten, unverletzt (10)
sānctus/-a/-um heilig, geweiht (15)
sanguis, sanguin·is *m* Blut (10)
sapiēns, sapient·is weise, vernünftig (12)
satis genug (5)
saxum, sax·ī *n* Fels (18)
scelus, sceler·is *n* Verbrechen, Frevel (20)
scīre wissen, verstehen (10)
scrībere scrībō scrīpsī scrīptum schreiben, verfassen (9)
sē (*Akk., Abl.*) / sibī (*Dat.*) sich (7)
secundum (*m. Akk.*) längs, entlang; gemäß (E)
secundus/-a/-um der/die/das zweite, folgende; günstig (14)
sed aber; sondern (1)
sedēre sedeō sēdī sessum sitzen (2)
sēdēs, sēd·is *f* Sitz, Wohnsitz (8)
sēdēs beātae Gefilde der Seligen (8)
semper immer (13)
senātus, senāt·ūs *m* Senat, Senatsversammlung (10)
senex, sen·is *m* alt; *Subst.:* alter Mann, Greis (7)
senior, seniōr·is älter (E)
sēnsus, sēns·ūs *m* Sinn, Empfindung (19)
sepelīre sepeliō sepelīvī sepultum begraben, bestatten (14)
septem (*undekliniert*) sieben (9, G *Tab.* III)
sepulcrum, sepulcr·ī *n* Grab, Grabmal (17)
sequī (*m. Akk.*) sequor secūtus sum folgen, befolgen (16)
sermō, sermōn·is *m* Gespräch; Sprache (4)
sērō spät, zu spät (17)
serva, serv·ae *f* Sklavin (4)
servāre retten, bewahren (7)
servīre Sklave sein, dienen; sich (für etw.) einsetzen (11)
servitūs, servitūt·is *f* Sklaverei, Knechtschaft (11)
servus, serv·ī *m* Sklave (4)
sevērus/-a/-um ernst, streng (6)
sextus/-a/-um der/die/das sechste (14, G *Tab.* III)
sī wenn (7)
sīc so, auf diese Weise (16)
sīcut (so) wie; wie zum Beispiel (19)
sīgnum, sīgn·ī *n* Zeichen, Merkmal; Feldzeichen (7)
silva, silv·ae *f* Wald (14)
similis/simile, simil·is (*Superlativ:* simillimus) ähnlich (19)
simulācrum, simulācr·ī *n* Abbild, Götterbild (20)
sīn (autem) wenn aber (18)
sine (*m. Abl.*) ohne (2)
sinere sinō sīvī situm lassen, zulassen (12)
singulī/-ae/-a einzeln, je ein(er)/eine/ein (15)
situs/-a/-um gelegen, befindlich (18)
sociālis/sociāle, sociāl·is gesellig, Gemeinschafts- (E)
societās, societāt·is *f* Gesellschaft, Gemeinschaft, Bündnis (13)
socius, soci·ī *m* Gefährte; Verbündeter, Bundesgenosse (10)
sōl, sōl·is *m* Sonne (5)
solēre soleō solitus sum (*Tab.* IX) gewohnt sein, pflegen (6)

sōlum allein, nur (3)
sōlus/-a/-um; *Gen.* sōlīus, *Dat.* sōlī allein, bloß (17)
solvere solvō solvī solūtum lösen; befreien; zahlen (16)
somnus, somn·ī *m* Schlaf (7)
sors, sort·is *f* (*Gen. Pl.* sort·ium) Schicksal, Los (8)
spectāculum, spectācul·ī *n* Schau, Schauspiel (1)
spērāre hoffen, erhoffen, erwarten (12)
spēs, sp·eī *f* Hoffnung, Erwartung (19)
spoliāre entkleiden; berauben, wegnehmen, plündern (5)
stāre stō stetī stehen (18)
statim auf der Stelle, sofort (5)
statuere statuō statuī statūtum aufstellen; festsetzen, beschließen (13)
stīpendium, stīpendi·ī *n* Steuer, Sold; Kriegsdienst, Dienstjahr (13)
studēre (*m. Dat.*) sich bemühen (um), wollen; sich bilden (2)
sub (*m. Abl.*) unter (18)
subitō plötzlich (3)
summus/-a/-um der/die/das oberste, höchste (1)
superāre übertreffen, überwinden, besiegen (2)
superbia, superbi·ae *f* Hochmut, Stolz (11)
superbus/-a/-um hochmütig, stolz (8)
supplicium, supplici·ī *n* Strafe, Todesstrafe (E)
suscēnsēre (*m. Dat.*) aufgebracht sein, zornig sein (auf jdn.) (19)
sustinēre aushalten, ertragen (E)
suus/-a/-um sein/ihr (4, G)
suī, su·ōrum *m* „die Seinen“, seine Leute, seine Angehörigen (6)

tabula, tabul·ae *f* Tafel; Gemälde (9)
tacēre schweigen (4)
tam so (6)
tamen dennoch, doch, trotzdem (3)
tamquam wie, als, als ob (E)
tandem endlich, schließlich; *(in Fragen:)* denn eigentlich (3)
tantum nur, bloß (E)
tantus/-a/-um so groß, so viel (10)
tegere tegō tēxī tēctum decken, bedecken (17)
tēlum, tēl·ī *n* (Wurf-)Geschoss, (Angriffs-)Waffe (7)
templum, templ·ī *n* Tempel (20)
temptāre angreifen; erproben, versuchen (19)
tempus, tempor·is *n* Zeit, Zeitpunkt (8)
suō tempore zu seiner Zeit, zur rechten Zeit (8)
tenēre halten, festhalten (4)
mē spēs tenet ich habe die Hoffnung (19)
terra, terr·ae *f* Land, Erde (8)
terribilis/terribile, terribil·is schrecklich, Furcht erregend (14)
terror, terrōr·is *m* Schrecken, Angst (11)
tertiō/tertium zum dritten Mal (E)
thermae, therm·ārum *f* Bäder, Thermen (5)
timēre (sich) fürchten, besorgt sein (3)
timor, timōr·is *m* Furcht (3)
tollere tollō sústulī sublātum heben; aufheben, beseitigen, beenden (10)
tot so viele (5)
tōtus/-a/-um; *Gen.* tōtīus, *Dat.* tōtī ganz (10)
trādere trādō trādidī trāditum übergeben, überliefern (9)
trahere trahō trāxī tractum ziehen, schleppen (10)
trāns (*m. Akk.*) über (… hinüber); jenseits (E)
trānsportāre hinüberbringen, hinüberschaffen (6)
trēs/tria, tri·um drei (9, G *Tab.* III)
tribuere tribuō tribuī tribūtum zuteilen, zuweisen; erweisen (15)
tribūnus, tribūn·ī *m* Tribun (9)
tribūnus mīlitum Militärtribun (10)
tribūtum, tribūt·ī *n* Abgabe, Steuer (13)
triumphus, triumph·ī *m* Triumph, Triumphzug (8)
triumphum agere einen Triumph feiern (8)
tū du (4 G)
tuērī tueor betrachten; (be-)schützen (16)
tum da, dann, darauf; damals (1)
tumultus, tumult·ūs *m* Aufruhr, Unruhe, Trubel (10)
turba, turb·ae *f* (Menschen-)Menge; Verwirrung, Durcheinander (1)
turpis/turpe, turp·is hässlich, schändlich (11)
turris, turr·is *f* (*Akk. Sg.* -im, *Abl. Sg.* -i, *Gen. Pl.* -ium) Turm (8)
tūtus/-a/-um geschützt, sicher (13)
tuus/-a/-um dein (4, G)
tyrannis, tyrannid·is *f* Tyrannis, Gewaltherrschaft (E)

ubī wo (2)
ubīque überall (5)
ultimus/-a/-um der/die/das äußerste, letzte (14)
umquam jemals (19)
unde woher (4)
ūndēvīcēsimus/-a/-um der/die/das neunzehnte (14, G *Tab*. III)
ūnus/-a/-um; *Gen*. ūnīus, *Dat*. ūnī ein, eine(r/s), ein(e) einzelne(r/s) (2)
ūnusquisque, ūnīuscuiusque jeder Einzelne (20)
urbs, urb·is *f* (*Gen. Pl*. urb·ium) Stadt (7)
ut wie (2)
ut (*m. Ind. Perf.*) als, sobald (20)
ut (*m. Konj.*) dass, damit, (um) zu; sodass (11)
uter/utra/utrum; *Gen*. utrīus, *Dat*. utrī welcher, welche, welches (von beiden) *(Subst.:)* wer (von beiden) (19)
uterque/útraque/utrumque; *Gen*. utrīusque, *Dat*. utrīque jeder (von beiden), beide (17)
ūtī (*m. Abl.*) ūtor ūsus sum (etw.) benützen, gebrauchen (17)
ūtilis/ūtile, ūtil·is brauchbar, nützlich (9)
utrum (*in dir. Wahlfragen:*) *(Fragesignal)* (E)
utrum (*in indir. Wahlfragen:*) ob (E)
uxor, uxōr·is *f* Ehefrau, Gattin (16)

vacāre (*m. Abl.*) frei sein (von), (etw.) nicht haben (3)
vādere vādō gehen, schreiten (2)
valē/valēte! leb/lebt wohl! (11)
valēre gesund sein; Einfluss haben (13)
vānus/-a/-um nichtig, leer (E)
vāstāre verwüsten, verheeren (13)
vehemēns, vehement·is heftig (13)
vehere vehō vēxī vectum tragen, bringen, ziehen (16)
vehī vehor vectus sum fahren, reiten (16)
vel oder (E)
vel – vel entweder – oder (E)
velle volō voluī wollen (18)
velut wie, sozusagen, wie zum Beispiel (E)
venerārī veneror venerātus sum verehren, anbeten (20)
venia, veni·ae *f* Verzeihung, Nachsicht (6)
venīre veniō vēnī ventum kommen (1)
verbum, verb·ī *n* Wort (7)
verērī vereor veritus sum sich scheuen, fürchten; verehren (16)
vēritās, vēritāt·is *f* Wahrheit (E)
vērō (*Adv.*) aber (6)
versārī versor versātus sum sich aufhalten, sich beschäftigen (16)
vertere vertō vertī versum wenden, drehen, kehren (12)
vērus/-a/-um wahr, echt (19)
vērē in Wahrheit, wirklich; mit Recht (19)
vesperī am Abend, abends (16)
vester/vestra/vestrum euer (4, G)
vestīre kleiden, bekleiden (E)
vexāre quälen, beunruhigen (13)
via, vi·ae *f* Weg, Straße (7)
victor, victōr·is *m* Sieger (3)
victōria, victōri·ae *f* Sieg (3)
vīctus, vīct·ūs *m* Lebensunterhalt, Lebensweise (15)
vidēre videō vīdī vīsum sehen (2)
vidērī videor vīsus sum scheinen, gelten (als) (17)
vincere vincō vīcī victum siegen, besiegen (8)
vincīre vinciō vīnxī vīnctum binden, fesseln (18)
vīnum, vīn·ī *n* Wein (4)
vir, vir·ī *m* Mann (6)
virgō, virgin·is *f* Mädchen, (junge) Frau (7)
virtūs, virtūt·is *f* Tapferkeit, Tüchtigkeit; gute Eigenschaft, Tugend (11)
vīs *f* (*Akk. Sg*. vim, *Abl. Sg*. vī, *Gen. Pl*. vīr·ium) Gewalt, Kraft; Menge; *Pl. auch:* Kräfte, Streitkräfte (8)
vīsitāre besuchen (E)
vīta, vīt·ae *f* Leben (6)
vītam agere ein Leben führen, sein Leben verbringen (6)
vīvere vīvō vīxī leben (4)
vīvus/-a/-um lebend; zu Lebzeiten (17)
vix kaum (4)
vocāre rufen, nennen (5)
voluntās, voluntāt·is *f* Wille, Absicht (19)
volvere volvō volvī volūtum wälzen, rollen (18)
vōs ihr (4)
vōx, vōc·is *f* Stimme; Äußerung, Wort (13, G)
vulnerāre verwunden (3)
vulnus, vulner·is *n* Wunde (14)

Kurzgrammatik

NOMEN

DEKLINATIONEN

Substantive **I** 1.1

	ā-Deklination	o-Deklination			Konsonantische Deklination			
	Freundin	*Freund*	*Feld*	*Tempel*	*Sieger*	*Vater*	*Legion*	*Geschlecht*
	f	m	m	n	m	m	f	n
Sg.								
N.	amīc**a**	amīc**us**	ag*e*r	templ**um**	victor	pat*e*r	legiō	genus
G.	amīc**ae**	amīc**ī**	agr**ī**	templ**ī**	victōr**is**	patr**is**	legiōn**is**	gener**is**
D.	amīc**ae**	amīc**ō**	agr**ō**	templ**ō**	victōr**ī**	patr**ī**	legiōn**ī**	gener**ī**
Akk.	amīc**am**	amīc**um**	agr**um**	templ**um**	victōr**em**	patr**em**	legiōn**em**	genus
Abl.	amīc**ā**	amīc**ō**	agr**ō**	templ**ō**	victōr**e**	patr**e**	legiōn**e**	gener**e**
Pl.								
N.	amīc**ae**	amīc**ī**	agr**ī**	templ**a**	victor**ēs**	patr**ēs**	legiōn**ēs**	gener**a**
G.	amīc**arum**	amīc**ōrum**	agr**ōrum**	templ**ōrum**	victōr**um**	patr**um**	legiōn**um**	gener**um**
D.	amīc**īs**	amīc**īs**	agr**īs**	templ**īs**	victōr**ibus**	patr**ibus**	legiōn**ibus**	gener**ibus**
Akk.	amīc**ās**	amīc**ōs**	agr**ōs**	templ**a**	victōr**ēs**	patr**ēs**	legiōn**ēs**	gener**a**
Abl.	amīc**īs**	amīc**īs**	agr**īs**	templ**īs**	victōr**ibus**	patr**ibus**	legiōn**ibus**	gener**ibus**

Adjektivgruppe I **I** 2.1

	ā- und o-Deklination					
	froh			*elend*		
	m	f	n	m	f	n
Sg.						
N.	laet**us**	laet**ā**	laet**um**	miser	miser**a**	miser**um**
G.	laet**ī**	laet**ae**	laet**ī**	miser**ī**	miser**ae**	miser**ī**
D.	laet**ō**	laet**ae**	laet**ō**	miser**ō**	miser**ae**	miser**ō**
Akk.	laet**um**	laet**am**	laet**um**	miser**um**	miser**am**	miser**um**
Abl.	laet**ō**	laet**ā**	laet**ō**	miser**ō**	miser**ā**	miser**ō**
Pl.						
N.	laet**ī**	laet**ae**	laet**a**	miser**ī**	miser**ae**	miser**a**
G.	laet**ōrum**	laet**ārum**	laet**ōrum**	miser**ōrum**	miser**ārum**	miser**ōrum**
D.	laet**īs**	laet**īs**	laet**īs**	miser**īs**	miser**īs**	miser**īs**
Akk.	laet**ōs**	laet**ās**	laet**a**	miser**ōs**	miser**ās**	miser**a**
Abl.	laet**īs**	laet**īs**	laet**īs**	miser**īs**	miser**īs**	miser**īs**

Beachten Sie: Substantive und Adjektive auf ***-us*** haben im Singular eine eigene **Anredeform** (Vokativ): *amīce* (mein) Freund bzw. *laete (amīce)*. In allen anderen Fällen ist der Vokativ gleich dem Nominativ.

DEKLINATIONEN

I 1.2 Substantive

	Konsonantische Deklination (Besonderheiten)				u-Dekl.	ē-Dekl.
	Turm	*Meer*	*Schiff*	*Stadt*	*Beamter*	*Sache*
	f	n	f	f	m	f
Sg.						
N.	turr**is**	mar**e**	nāv**is**	urb**s**	magistrāt**us**	r**ēs**
G.	turr**is**	mar**is**	nāv**is**	urb**is**	magistrāt**ūs**	r**ĕī**
D.	turr**ī**	mar**ī**	nāv**ī**	urb**ī**	magistrāt**uī**	r**ĕī**
Akk.	turr**im**	mar**e**	nāv**em**	urb**em**	magistrāt**um**	r**ĕm**
Abl.	turr**ī**	mar**ī**	nāv**e**	urb**e**	magistrāt**ū**	r**ē**
Pl.						
N.	turr**ēs**	mar**ia**	nāv**ēs**	urb**ēs**	magistrāt**ūs**	r**ēs**
G.	turr**ium**	mar**ium**	nāv**ium**	urb**ium**	magistrāt**uum**	r**ērum**
D.	turr**ibus**	mar**ibus**	nāv**ibus**	urb**ibus**	magistrāt**ibus**	r**ēbus**
Akk.	turr**ēs**(-**īs**)	mar**ia**	nāv**ēs**	urb**ēs**	magistrāt**ūs**	r**ēs**
Abl.	turr**ibus**	mar**ibus**	nāv**ibus**	urb**ibus**	magistrāt**ibus**	r**ēbus**

I 2.2 Adjektivgruppe II

	Konsonantische Deklination				
	scharf			*weise*	
	m	f	n	m/f	n
Sg.					
N.	āc*er*	ācr**is**	ācr**e**	sapiēns	
G.		ācr**is**		sapient**is**	
D.		ācr**ī**		sapient**ī**	
Akk.	ācr**em**		ācr**e**	sapient**em**	sapiēns
Abl.		ācr**ī**		sapient**ī**	
Pl.					
N.	ācr**ēs**		ācr**ia**	sapient**ēs**	sapient**ia**
G.		ācr**ium**		sapient**ium**	
D.		ācr**ibus**		sapient**ibus**	
Akk.	ācr**ēs**		ācr**ia**	sapient**ēs**	sapient**ia**
Abl.	ācr**ibus**			sapient**ibus**	

Beachten Sie: Die **Komparative** aller Adjektive werden wie die Substantive der Konsonantischen Deklination gebeugt. Das **Partizip Präsens Aktiv** wird wie *sapiēns* dekliniert.
Ausnahme: Abl. Sg. ***-e***: z. B. *vocante*.

PRONOMEN

Personalpronomen

II_1

	1. Person	2. Person	3. Person			
			nicht reflexiv			reflexiv
	ich	*du*	*er*	*sie*	*es*	
N.	ego	tū	is	ea	**id**	–
G.	meī	tuī		eius		suī
D.	mihī	tibī		eī		sibī
Akk.	mē	tē	eum	eam	**id**	sē
Abl.	(ā) mē	(ā) tē	(ab) eō	(ab) eā	(ab) eō	(ā) sē
	wir	*ihr*	*sie*			
N.	nōs	vōs	eī (iī)	eae	ea	–
G.	nostrī/nostrum	vestrī/vestrum	eōrum	eārum	eōrum	suī
D.	nōbīs	vōbīs		eīs (iīs)		sibī
Akk.	nōs	vōs	eōs	eās	ea	sē
Abl.	(ā) nōbīs	(ā) vōbīs		(ab) eīs (iīs)		(ā) sē

Verwendung: quis nostrum wer von uns (Teilungs-Genitiv)

Possessivpronomen

II_2

1. P.	meus/-a/-um	*mein*	noster/-tra/-trum	*unser*
2. P.	tuus/-a/-um	*dein*	vester/-tra/-trum	*euer*
3. P.	eius (*nicht refl.*) suus/-a/-um (*refl.*)	*sein(e)/ihr(e)*	eōrum/eārum/eōrum (*nicht refl.*) suus/-a/-um (*refl.*)	*ihr(e)*

Demonstrativpronomen

II_3

	is/ea/id *dieser, derjenige*			**hic/haec/hoc** *dieser*			**ille/illa/illud** *jener*		
	m	*f*	*n*	*m*	*f*	*n*	*m*	*f*	*n*
N.	is	ea	**id**	hi*c*	hae*c*	ho*c*	ille	illa	illu**d**
G.		eius			huius			illīus	
D.		eī			hui*c*			illī	
Akk.	eum	eam	**id**	hun*c*	han*c*	hoc	illum	illam	illu**d**
Abl.	eō	eā	eō	hō*c*	hā*c*	hō*c*	illō	illā	illō
N.	eī (iī)	eae	ea	hī	hae	hae*c*	illī	illae	illa
G.	eōrum	eārum	eōrum	hōrum	hārum	hōrum	illōrum	illārum	illōrum
D.		eīs (iīs)			hīs			illīs	
Akk.	eōs	eās	ea	hōs	hās	hae*c*	illōs	illās	illa
Abl.		eīs (iīs)			hīs			illīs	

ipse und *iste* werden wie *ille* dekliniert. Ausnahmen: N./Akk. Sg. n.: *ipsum*

Interrogativpronomen

II$_4$

	quis? *wer?*		**quid?** *was?*	**quī/quae/quod?** *welcher/welche(s)?*		
	substantivisch			adjektivisch		
	m/f		n	m	f	n
N.	quis		qui**d**	quī	quae	quo**d**
G.		cuius			cuius	
D.		cui			cui	
Akk.	quem		qui**d**		*usw.*	
Abl.		ā quō/ quōcum		wie Relativpron. ↗ Tab. II$_5$		

Relativpronomen

II$_5$

		quī/quae/quod *der/die/das; welche(r/s)*		
		m	f	n
Sg.	N.	quī	quae	quod
	G.		cuius	
	D.		cui	
	Akk.	quem	quam	quod
	Abl.	quō	quā	quō
Pl.	N.	quī	quae	quae
	G.	quōrum	quārum	quōrum
	D.		quibus	
	Akk.	quōs	quās	quae
	Abl.		quibus	

II$_6$

Indefinitpronomen

		quīdam/quaedam/quoddam (adjektivisch: *ein gewisser)*		
		m	f	n
Sg.	N.	quīdam	quaedam	quoddam
	G.		cuiusdam	
	D.		cuidam	
	Akk.	que**n**dam	qua**n**dam	quoddam
	Abl.	quōdam	quādam	quōdam
Pl.	N.	quīdam	quaedam	quaedam
	G.	quōru**n**dam	quāru**n**dam	quōru**n**dam
	usw.	*usw.* ↗↗ Tab. II$_5$		

Bei substantivischem Gebrauch lautet der Nominativ/Akkusativ Singular des Neutrums ***quiddam***.

	quis/quid **quī/qua(e)/quod**			**aliquis/aliquid** **aliquī/aliqua/aliquod**			**quisquam/quicquam**		
	substantivisch (nur im Singular): *irgendeine(r)/jemand, (irgend-)etwas*								
	m/f		n	m/f		n	m/f		n
N.	quis		quid	aliquis		aliquid	quisquam		quicquam (quidquam)
G.		cuius			alicuius			cuiusquam	
usw.		*usw.*			*usw.*			*usw.*	
	adjektivisch (Singular und Plural): *irgendein/eine/ein*								
	m	f	n	m	f	n			
N.	quī	qua(e)	quod	aliquī	aliqua	aliquod			
G.		cuius			alicuius				
usw.		*usw.*			*usw.*				

NUMERALIA

Übersicht

Ziffer	Grundzahl	Ordnungszahl	Ziffer	Grundzahl	Ordnungszahl
1 I	ūnus/-a/-um	prīmus			
2 II	duo/-ae/-o	secundus	20 XX	vīgintī	vīcēsimus
3 III	trēs/tria	tertius	30 XXX	trīgintā	trīcēsimus
4 IV	quattuor	quārtus	40 XL	quadrāgintā	quadrāgēsimus
5 V	quīnque	quīntus	50 L	quīnquāgintā	quīnquāgēsimus
6 VI	sex	sextus	60 LX	sexāgintā	sexāgēsimus
7 VII	septem	septimus	70 LXX	septuāgintā	septuāgēsimus
8 VIII	octō	octāvus	80 LXXX	octōgintā	octōgēsimus
9 IX	novem	nōnus	90 XC	nōnāgintā	nōnāgēsimus
10 X	decem	decimus	100 C	centum	centēsimus
11 XI	úndecim	ūn-decimus			
12 XII	duódecim	duo-decimus	200 CC	ducentī	ducentēsimus
13 XIII	trēdecim	tertius decimus	300 CCC	trecentī	trecentēsimus
14 XIV	quattuordecim	quārtus decimus	400 CD	quadringentī	quadringentēsimus
15 XV	quīndecim	quīntus decimus	500 D	quīngentī	quīngentēsimus
16 XVI	sēdecim	sextus decimus	600 DC	sescentī	sescentēsimus
17 XVII	septendecim	septimus decimus	700 DCC	septingentī	septingentēsimus
18 XVIII	duo-dēvīgintī	duodēvīcēsimus	800 DCCC	octingentī	octingentēsimus
19 XIX	ūn-dēvīgintī	ūndēvīcēsimus	900 CM	nōngentī	nōngentēsimus
			1000 M	mīlle	mīllēsimus
20 XX	vīgintī	vīcēsimus	2000 MM	duo mīlia	bis mīllēsimus

Beachten Sie: mīlle equitēs, aber*: duo mīlia equitum*.

Bildungsweise der Grund- und der Ordnungszahlen

Einer, **Zehner und Hunderter** derselben Zahl[1] sind in der Regel jeweils **vom gleichen Bedeutungsteil** gebildet, z. B. ***trēs/tria*** (drei) – ***trī****gintā* (dreißig) – ***tre****centī* (dreihundert).

[1] Auch die Grundzahlen 11–17 sind mithilfe des gleichen Bedeutungsteils gebildet wie die entsprechenden Einerzahlen. Hinzu tritt das Element *-decim* (< decem).

Folgende Bildungselemente sind kennzeichnend:

	bei Grundzahlen	bei Ordnungszahlen
für Zehner	-gintī/-gintā	-cēsimus/-gēsimus
für Hunderter	**-centī/-gentī**	**-centēsim**us/**-gentēsim**us

Die Ordnungszahlen sind alle deklinierbar, von den Grundzahlen nur
- die Einer ***ūnus/-a/-um***, ***duo/duae/duo***, ***trēs/tria***,
- die Vielfachen von Hundert, z. B. ***trecentī/-ae/-a***,
- die Vielfachen von Tausend ab 2000, z. B. ***tria mīlia***, ***decem mīlia***.

ūnus			duo			trēs			mīlia
ūnus	ūna	ūnum	duo	duae	duo	trēs	trēs	tria	mīlia
	ūnīus		duōrum	duārum	duōrum		trium		mīlium
	ūnī		duōbus	duābus	duōbus		tribus		mīlibus
ūnum	ūnam	ūnum	duō(s)	duās	duo	trēs	trēs	tria	mīlia
ūnō	ūnā	ūnō	duōbus	duābus	duōbus		tribus		mīlibus

STEIGERUNG DER ADJEKTIVE

IV Regelmäßige Steigerung

Positiv	Komparativ		Superlativ	
longus/-a/-um	long**ior**	long**ius**	long*issim*us/-a/-um	*lang*
fortis/-e	fort**ior**	fort**ius**	fort*issim*us/-a/-um	*tapfer*
prūdēns (prūdent-is)	prūdent**ior**	prūdent**ius**	prūdent*issim*us/-a/-um	*klug*
miser	miser**ior**		miser*rim*us	*elend*
misera	miser**ior**		miser*rima*	
miserum		miser**ius**	miser*rim*um	
pulch*er*	pulchr**ior**		pulch*errim*us	*schön*
pulchra	pulchr**ior**		pulch*errima*	
pulchrum		pulchr**ius**	pulch*errim*um	
āc*er*	ācr**ior**		āc*errim*us	*scharf*
ācris	ācr**ior**		āc*errima*	
ācre		ācr**ius**	āc*errim*um	
similis/-e	simil**ior**	simil**ius**	simil*lim*us/-a/-um	*ähnlich*

Unregelmäßige Steigerung

Positiv	Komparativ	Superlativ	
māgnus/-a/-um	māior, māius	māximus/-a/-um	*groß*
parvus/-a/-um	minor, minus	minimus/-a/-um	*klein*
bonus/-a/-um	melior, melius	optimus/-a/-um	*gut*
malus/-a/-um	pēior, pēius	pessimus/-a/-um	*schlecht*
multī/-ae/-a	plūrēs, plūra	plūrimī/-a/-um	*viele*
multum	plūs	plūrimum/-a/-um	*viel*

Die Formen des Komparativs werden nach der Konsonantischen Deklination gebeugt.

ADVERB

V Bildung und Steigerung

Adjektiv	Positiv	Komparativ	Superlativ	
longus/-a/-um	long**ē**	long**ius**	long*issim***ē**	*lang, weit*
fortis/-e	fort**iter**	fort**ius**	fort*issim***ē**	*tapfer*
prūdēns (prūdent-is)	prūdent**er**	prūdent**ius**	prūdent*issim***ē**	*klug*
miser, misera, miserum	miser**ē**	miser**ius**	miser*rim***ē**	*elend*
pulch*er*/-chra/-chrum	pulchr**ē**	pulchr**ius**	pulch*errim***ē**	*schön*
celer/celeris/celere	celer**iter**	celer**ius**	celer*rim***ē**	*schnell*
āc*er*/ācris/ācre	ācr**iter**	ācr**ius**	āc*errim***ē**	*scharf*
similis/-e	simil**iter**	simil**ius**	simil*lim***ē**	*ähnlich*

VERB

KONJUGATIONEN

Präsens-Stamm Aktiv

VI 1.1

	AKTIV	ā-Konjugation	ē-Konjugation	ī-Konjugation (langvokalisch)	ĭ-Konjugation (kurzvokalisch)	Konsonantische Konjugation
Präsens	Infinitiv	*lieben*	*mahnen*	*fesseln*	*fangen*	*treiben*
		amā́-re	monḗ-re	vincī́-re	cápĕ-re	péll-_ĕ_-re
	Indikativ					
	ich liebe, ...	ám-ō	móne-ō	vínci-ō	cápĭ-ō	péll-ō
		ámā-s	mónē-s	víncī-s	cápĭ-s	péll-_i_s
		áma-t	móne-t	vínci-t	cápĭ-t	péll-_i_t
		amā́-mus	monḗ-mus	vincī́-mus	cápĭ-mus	péll-_i_mus
		amā́-tis	monḗ-tis	vincī́-tis	cápĭ-tis	péll-_i_tis
		áma-nt	móne-nt	vínci-_u_nt	cápĭ-_u_nt	péll-_u_nt
	Konjunktiv					
		ám-**em**	móne-**am**	vínci-**am**	cápĭ-**am**	péll-**am**
		ám-**ēs**	móne-**ās**	vínci-**ās**	cápĭ-**ās**	péll-**ās**
		ám-**et**	móne-**at**	vínci-**at**	cápĭ-**at**	péll-**at**
		am-**ḗ**mus	mone-**ā́**mus	vinci-**ā́**mus	capĭ-**ā́**mus	pell-**ā́**mus
		am-**ḗ**tis	mone-**ā́**tis	vinci-**ā́**tis	capĭ-**ā́**tis	pell-**ā́**tis
		ám-**ent**	móne-**ant**	vínci-**ant**	cápĭ-**ant**	péll-**ant**
Imperfekt	Indikativ					
	ich liebte, ...	amā́-**ba**m	monḗ-**ba**m	vinci-_ḗ_**ba**m	capĭ-_ḗ_**ba**m	pell-_ḗ_**ba**m
		amā́-**bā**s	monḗ-**bā**s	vinci-_ḗ_**bā**s	capĭ-_ḗ_**bā**s	pell-_ḗ_**bā**s
		amā́-**ba**t	monḗ-**ba**t	vinci-_ḗ_**ba**t	capĭ-_ḗ_**ba**t	pell-_ḗ_**ba**t
		amā-**bā́**mus	monē-**bā́**mus	vinci-_ē_**bā́**mus	capĭ-_ē_**bā́**mus	pell-_ē_**bā́**mus
		amā-**bā́**tis	monē-**bā́**tis	vinci-_ē_**bā́**tis	capĭ-_ē_**bā́**tis	pell-_ē_**bā́**tis
		amā́-**ba**nt	monḗ-**ba**nt	vinci-_ḗ_**ba**nt	capĭ-_ḗ_**ba**nt	pell-_ḗ_**ba**nt
	Konjunktiv					
		amā́-**re**m	monḗ-**re**m	vincī́-**re**m	cápĕ-**re**m	péll-_e_**re**m
		amā́-**re**s	monḗ-**re**s	vincī́-**rē**s	cápĕ-**rē**s	péll-_e_**rē**s
		amā́-**re**t	monḗ-**re**t	vincī́-**re**t	cápĕ-**re**t	péll-_e_**re**t
		amā-**rḗ**mus	monē-**rḗ**mus	vincī-**rḗ**mus	capĕ-**rḗ**mus	pell-_e_**rḗ**mus
		amā-**rḗ**tis	monē-**rḗ**tis	vincī-**rḗ**tis	capĕ-**rḗ**tis	pell-_e_**rḗ**tis
		amā́-**re**nt	monḗ-**re**nt	vincī́-**re**nt	cápĕ-**re**nt	péll-_e_**re**nt
Futur I	*ich werde lieben, ...*	amā́**b**-ō	monḗ-**bō**	vínci-**am**	cápĭ-**am**	péll-**am**
		amā́-**b**_i_s	monḗ-**b**_i_s	vínci-**ēs**	cápĭ-**ēs**	péll-**ēs**
		amā́-**b**_i_t	monḗ-**b**_i_t	vínci-**et**	cápĭ-**et**	péll-**et**
		amā́-**b**_i_mus	monḗ-**b**_i_mus	vinci-**ḗ**mus	capĭ-**ḗ**mus	pell-**ḗ**mus
		amā́-**b**_i_tis	monḗ-**b**_i_tis	vinci-**ḗ**tis	capĭ-**ḗ**tis	pell-**ḗ**tis
		amā́-**b**_u_nt	monḗ-**b**_u_nt	vínci-**ent**	cápĭ-**ent**	péll-**ent**
	Imperativ					
	liebe!	ámā!	mónē!	vīncī!	cápĕ!	péll-_ĕ_!
	liebt!	amā́-te!	monḗ-te!	vincī́-te!	cápĭ-te!	péll-_i_te!

KONJUGATIONEN

VI 1.2 Präsens-Stamm Passiv

	PASSIV	ā-Konjugation	ē-Konjugation	ī-Konjugation (langvokalisch)	ĭ-Konjugation (kurzvokalisch)	Konsonantische Konjugation
Präsens	Infinitiv	*geliebt werden*	*gemahnt werden*	*gefesselt werden*	*gefangen werden*	*getrieben werden*
		amā́-**rī**	monḗ-**rī**	vincī-**rī**	cáp**ī**	péll-**ī**
	Indikativ					
	ich werde	ám-or	móne-or	vī́nci-or	cápĭ-or	péll-or
	geliebt, …	amā́-ris	monḗ-ris	vincī́-ris	cápĕris	péll-*e*ris
		amā́-tur	monḗ-tur	vincī́-tur	cápĭ-tur	péll-*i*tur
		amā́-mur	monḗ-mur	vincī́-mur	cápĭ-mur	péll-*i*mur
		amā́-minī	monḗ-minī	vincī́-minī	capĭ́-minī	pell-*ī́*minī
		amā́-ntur	moné-ntur	vinci-*ú*ntur	capĭ-*ú*ntur	pell-*ú*ntur
	Konjunktiv					
		ám-**er**	móne-**ar**	vínci-**ar**	cápĭ-**ar**	péll-**ar**
		am-**ḗ**ris	mone-**ā́**ris	vinci-**ā́**ris	capĭ-**ā́**ris	pell-**ā́**ris
		am-**ḗ**tur	mone-**ā́**tur	vinci-**ā́**tur	capĭ-**ā́**tur	pell-**ā́**tur
		am-**ḗ**mur	mone-**ā́**mur	vinci-**ā́**mur	capĭ-**ā́**mur	pell-**ā́**mur
		am-**ḗ**minī	mone-**ā́**minī	vinci-**ā́**minī	capĭ-**ā́**minī	pell-**ā́**minī
		am-**é**ntur	mone-**ā́**ntur	vinci-**á**ntur	capĭ-**á**ntur	pell-**á**ntur
Imperfekt	Indikativ					
	ich	amā́-**bar**	monḗ-**bar**	vinci-*ḗ***bar**	capĭ-*ḗ***bar**	pell-*ḗ***bar**
	wurde	amā-**bā́**ris	monē-**bā́**ris	vinci-*ē***bā́**ris	capĭ-*ē***bā́**ris	pell-*ē***bā́**ris
	geliebt,	amā-**bā́**tur	monē-**bā́**tur	vinci-*ē***bā́**tur	capĭ-*ē***bā́**tur	pell-*ē***bā́**tur
	…	amā-**bā́**mur	monē-**bā́**mur	vinci-*ē***bā́**mur	capĭ-*ē***bā́**mur	pell-*ē***bā́**mur
		amā-**bā́**minī	monē-**bā́**minī	vinci-*ē***bā́**minī	capĭ-*ē***bā́**minī	pell-*ē***bā́**minī
		amā-**bā́**ntur	monē-**bā́**ntur	vinci-*ē***bā́**ntur	capĭ-*ē***bā́**ntur	pell-*ē***bá**ntur
	Konjunktiv					
		amā́-**rer**	monḗ-**rer**	vincī́-**rer**	cápĕ-**rer**	péll-*e***rer**
		amā-**rḗ**ris	monē-**rḗ**ris	vincī-**rḗ**ris	cápĕ-**rḗ**ris	pell-*e***rḗ**ris
		amā-**rḗ**tur	monē-**rḗ**tur	vincī-**rḗ**tur	cápĕ-**rḗ**tur	pell-*e***rḗ**tur
		amā-**rē**mur	monē-**rē**mur	vincī-**rḗ**mur	cápĕ-**rḗ**mur	pell-*e***rḗ**mur
		amā-**rḗ**minī	monē-**rḗ**minī	vincī-**rḗ**minī	cápĕ-**rḗ**minī	pell-*e***rḗ**minī
		amā-**ré**ntur	monē-**ré**ntur	vincī-**ré**ntur	cápĕ-**ré**ntur	pell-*e***ré**ntur
Futur I	*ich werde*	amā́-**b**or	monḗ-**b**or	vínci-**ar**	cápĭ-**ar**	péll-**ar**
	geliebt	amā́-**b***e*ris	monḗ-**b***e*ris	vinci-**ḗ**ris	capĭ-**ḗ**ris	pell-**ḗ**ris
	werden	amā́-**b***i*tur	monḗ-**b***i*tur	vinci-**ḗ**tur	capĭ-**ḗ**tur	pell-**ḗ**tur
	…	amā́-**b***i*mur	monḗ-**b***i*mur	vinci-**ḗ**mur	capĭ-**ḗ**mur	pell-**ḗ**mur
		amā-**b***í*minī	monē-**bí**minī	vinci-**ḗ**minī	capĭ-**ḗ**minī	pell-**ḗ**minī
		amā-**b***ú*ntur	monē-**b***ú*ntur	vinci-**é**ntur	capĭ-**é**ntur	pell-**é**ntur

KONJUGATIONEN

Perfekt, Plusquamperfekt, Futur II Aktiv

$VI_{2.1}$

	AKTIV	v-Perfekt	u-Perfekt	s-Perfekt	Dehnung	Reduplikation
Perfekt	Infinitiv	*geliebt haben* amā**v**-ísse	*gemahnt haben* mon**u**-ísse	*gefesselt haben* vīn**x**-ísse	*gefangen haben* cēp-ísse	*getrieben haben* **pe**pul-ísse
	Indikativ					
	ich habe geliebt, …	amā́**v-**ī amā**v-**ístī amā́**v-**it amā́**v-**imus amā**v-**ístis amā**v-**ḗrunt	món**u**-ī mon**u**-ístī *usw.*	vī́n**x-**ī vīn**x**-ístī *usw.*	cḗp-ī cēp-ístī *usw.*	**pé**pul-ī **pe**pul-ístī *usw.*
	Konjunktiv					
		amā́**v**-erim amā́**v**-eris amā́**v**-erit amā**v**-érimus amā**v**-éritis amā́**v**-erint	mon**ú**-erim mon**ú**-eris *usw.*	vī́n**x**-erim vī́n**x**-eris *usw.*	cḗp-erim cḗp-eris *usw.*	**pe**púl-erim **pe**púl-eris *usw.*
Plusquamperfekt	Indikativ					
	ich hatte geliebt, …	amā́**v**-eram amā́**v**-erās amā́**v**-erat amā**v**-erā́mus amā**v**-erā́tis amā**v**-erant	mon**ú**-eram mon**ú**-erās *usw.*	vī́n**x**-eram vī́n**x**-erās *usw.*	cḗp-eram cḗp-erās *usw.*	**pe**púl-eram **pe**púl-erās *usw.*
	Konjunktiv					
		amā**v**-íssem amā**v**-íssēs amā**v**-ísset amā**v**-issēmus amā**v**-issētis amā**v**-íssent	mon**u**-íssem mon**u**-íssēs *usw.*	vīn**x**-íssem vīn**x**-íssēs *usw.*	cēp-íssem cēp-íssēs *usw.*	**pe**pul-íssem **pe**pul-íssēs *usw.*
Futur II		amā́**v**-erō amā́**v**-eris amā́**v**-erit amā**v**-érimus amā**v**-éritis amā́**v**-erint	mon**ú**-erō mon**ú**-eris *usw.*	vī́n**x**-erō vī́n**x**-eris *usw.*	cḗp-erō cḗp-eris *usw.*	**pe**púl-erō **pe**púl-eris *usw.*

VI$_{2.2}$ Perfekt, Plusquamperfekt, Futur II Passiv

			Perfekt		Plusquamperfekt	Futur II
Indikativ	Sg	*ich bin geliebt/ getrieben worden*	amā**tus**/ **-a/-um** pulsus, **-a/-um**	sum es est	eram erās erat	erō eris erit
	Pl.	*ich wurde geliebt/ getrieben usw.*	amā**tī**/ **-ae/-a** puls**ī**, **-ae/-a**	sumus estis sunt	erāmus erātis erant	erimus eritis erunt
Konjunktiv	Sg.		amā**tus**/ **-a/-um** puls**us**, **-a/-um**	sim sīs sit	essem essēs esset	
	Pl.		amā**tī**/ **-ae/-a** puls**ī**, **-ae/-a**	sīmus sītis sint	essēmus essētis essent	

VI$_3$ Nominalform des Verbs – Infinitive

Infinitiv		ā-Konjugation	ē-Konjugation	ī-Konjugation	ĭ-Konjugation	Kons. Konj.
AKTIV	**Präsens**	amā́**-re**	monḗ**-re**	vincī́**-re**	cápĕ**-re**	péll-*ĕ***-re**
	Perfekt	amāv**-ísse**	monu**-ísse**	vīnx**-ísse**	cēp**-ísse**	pepul-ī́sse
	Futur	amā**t-ū́rum/ -t-ū́ram/ -t-ū́rum esse**	moni**t-ū́rum -t-ū́ram/ -t-ū́rum esse**	vīnc**t-ū́rum -t-ū́ram/ -t-ū́rum esse**	cap**t-ū́rum -t-ū́ram/ -t-ū́rum esse**	pul**s-ū́rum -s-ū́ram/ -s-ū́rum esse**
PASSIV	**Präsens**	amā́**-rī**	monḗ**-rī**	vincī́-rī	cáp**ī**	péll**-ī**
	Perfekt	amā́**t-um/ -t-am/ -t-um esse**	moni**t-um/ -t-am/ -t-um esse**	vī́nc**t-um/ -t-am/ -t-um esse**	cáp**t-um/ -t-am/ -t-um esse**	púl**s-um/ -s-am/ -s-um esse**

Nominalformen des Verbs – Partizipien

Infintiv		ā-Konjugation	ē-Konjugation	ī-Konjugation	ĭ-Konjugation	Kons. Konj.
AKTIV	**Präsens**	amā**-ns**, **-ntis**	mónē**-ns**, **-ntis**	vinci-*ē***-ns**, **-ntis**	cápi-ē**-ns**, **-ntis**	péll-*ē***-ns**, **-ntis**
	Futur	amā**t-ū́rus/ -t-ū́ra/ -t-ū́rum**	moni**t-ū́rus -t-ū́ra/ -t-ū́rum**	vīnc**t-ūrus -t-ūra/ -t-ūrum**	cap**t-ū́rus -t-ū́ra/ -t-ū́rum**	pul**s-ū́rus -s-ū́ra/ -s-ū́rum**
PASSIV	**Perfekt**	amā́**t-us/ -t-a/ -t-um**	móni**t-us/ -t-a/ -t-um**	vī́nc**t-us/ -t-a/ -t-um**	cap**t-us/ -t-a/ -t-um**	pul**s-us/ -s-a/ -s-um**

Nominalformen des Verbs – Gerundium / Gerundivum

Gerundium	ā-Konjugation	ē-Konjugation	ī-Konjugation	ĭ-Konjugation	Konsonantische Konjugation
AKTIV	amá-ndī *usw.*	moné-ndī *usw.*	vinci-*é*ndī *usw.*	capi-*é*ndī *usw.*	pell-*é*ndī *usw.*
Gerundivum	ā-Konjugation	ē-Konjugation	ī-Konjugation	ĭ-Konjugation	Konsonantische Konjugation
PASSIV	amán-ndus/ -a/-um	moné-ndus/ -a/-um	vinci-*é*ndus/ -a/-um	capi-*é*ndus/ -a/-um	pell-*é*ndus/ -a/-um

VERB

VII

STAMMFORMEN – PERFEKT-BILDUNG

1 Perfekt-Bildung mit -v-

ā-Konjugation

amō	amāvī	amātum	amāre	lieben, verliebt sein

Ebenso bilden die meisten Verben der ā-Konjugation die Perfektformen.

ē-Konjugation

dēleō	dēlēvī	dēlētum	dēlēre	zerstören, vernichten
fleō	flēvī	flētum	flēre	weinen, beklagen

ī-Konjugation

audiō	audīvī	audītum	audīre	hören, zuhören, anhören

Ebenso bilden die meisten Verben der ī-Konjugation die Perfektformen.

sepeliō	sepelīvī	sepultum	sepelīre	begraben, bestatten

Konsonantische Konjugation

co|gnōscō	cognōvī	cógnitum	cognōscere	erkennen, bemerken; kennen lernen
petō	petīvī	petītum	petere	aufsuchen; angreifen, haben wollen; verlangen, bitten
ré|petō	repetīvī	repetītum	repetere	zurückverlangen; wiederholen
quaerō	quaesīvī	quaesītum	quaerere	suchen, erwerben; (*ex/ab aliquō*:) (jdn.) fragen
con|quīrō	conquīsīvī	conquīsītum	conquīrere	zusammensuchen, aufspüren
ex|quīrō	exquīsīvī	exquīsītum	exquīrere	untersuchen; herausfinden
in|quīrō	inquīsīvī	inquīsītum	inquīrere	untersuchen; nachforschen
sinō	sīvī	situm	sinere	lassen, zulassen
dḗ|sinō	dēsiī	dēsitum	dēsinere	ablassen, aufhören

ĭ-Konjugation

cupiō	cupīvī	cupītum	cupere	begehren, verlangen, wünschen

2 Perfekt-Bildung mit -u-

ē-Konjugation

moneō	monuī	monitum	monēre	mahnen, auffordern; erinnern; warnen

Ebenso bilden die meisten Verben der ē-Konjugation die Perfektformen.

doceō	docuī	doctum	docēre	lehren, unterrichten, erklären
teneō	tenuī	–	tenēre	halten, festhalten
at|tineō	attinuī	attentum	attinēre	aufhalten, festhalten; sich erstrecken
con|tineō	continuī	–	continēre	zusammenhalten, festalten; enthalten

ī-Konjugation

aperiō	aperuī	apertum	aperīre	öffnen, aufdecken

Konsonantische Konjugation

colō	coluī	cultum	colere	bebauen; bewohnen; pflegen, verehren
ī́n|colō	incoluī	incultum	incolere	wohnen, bewohnen
pōnō	posuī	positum	pōnere	stellen, setzen, legen
ante|pōnō	anteposuī	antepositum	antepōnere	voranstellen; vorziehen
dē|pōnō	dēposuī	dēpositum	dēpōnere	ablegen, niederlegen; aufgeben
dis|pōnō	disposuī	dispositum	dispōnere	verteilen, aufstellen, ordnen
im|pōnō	imposuī	impositum	impōnere	hineinsetzen, -legen; auferlegen
prō|pōnō	prōposuī	prōpositum	prōpōnere	vorlegen, vorschlagen, in Aussicht stellen; voranstellen
re|pōnō	reposuī	repositum	repōnere	zurücklegen, (wieder) hinlegen
dís|serō	disseruī	dissertum	disserere	erörtern, sprechen (über)
cón|sulō	cōnsuluī	cōnsultum	cōnsulere	(*m. Akk.*:) um Rat fragen; beratschlagen (mit); (*m. Dat.*:) sorgen (für)

ĭ-Konjugation

rapiō	rapuī	raptum	rapere	rauben, fortreißen

3 Perfekt-Bildung mit -s

ē-Konjugation

augeō	auxī	auctum	augēre	vergrößern, vermehren, fördern
iubeō	iussī	iussum	iubēre	(*m. Akk.*) beauftragen, befehlen
lūceō	lūxī	–	lūcēre	leuchten, strahlen
maneō	mānsī	–	manēre	bleiben, warten (auf), erwarten
rīdeō	rīsī	rīsum	rīdēre	lachen, auslachen

ī-Konjugation

vinciō	vīnxī	vīnctum	vincīre	binden, fesseln

Konsonantische Konjugation

cēdō	cessī	–	cēdere	(weg)gehen; nachgeben; Platz machen
con|cēdō	concessī	concessum	concēdere	zugestehen, einräumen; erlauben
ex|cēdō	excessī	excessum	excēdere	heraus-, hinausgehen; weggehen
re|cēdō	recessī	recessum	recēdere	zurückweichen, sich zurückziehen
claudō	clausī	clausum	claudere	schließen, absperren
dīcō	dīxī	dictum	dīcere	sagen, reden, nennen, benennen
ē|dīcō	ēdīxī	ēdictum	ēdīcere	bekannt machen, verkünden, anordnen
dūcō	dūxī	ductum	dūcere	führen, ziehen; halten für; (*uxōrem*) heiraten

<table>
<tr><td>ad|dūcō</td><td>addūxī</td><td>adductum</td><td>addūcere</td><td>heranführen; veranlassen</td></tr>
<tr><td>fīgō</td><td>fīxī</td><td>fīxum</td><td>fīgere</td><td>heften, befestigen</td></tr>
<tr><td>flectō</td><td>flexī</td><td>flexum</td><td>flectere</td><td>biegen, beugen, wenden</td></tr>
<tr><td>gerō</td><td>gessī</td><td>gestum</td><td>gerere</td><td>tragen; ausführen, vollziehen</td></tr>
<tr><td>con|iungō</td><td>coniūnxī</td><td>coniūnctum</td><td>coniungere</td><td>verbinden, anschließen</td></tr>
<tr><td>laedō</td><td>laesī</td><td>laesum</td><td>laedere</td><td>verletzen, stoßen</td></tr>
<tr><td>dī́ligō</td><td>dīlēxī</td><td>dīlēctum</td><td>dīligere</td><td>lieben, schätzen</td></tr>
<tr><td>intél|legō</td><td>intellēxī</td><td>intellēctum</td><td>intellegere</td><td>erkennen, einsehen, verstehen</td></tr>
<tr><td>nég|legō</td><td>neglēxī</td><td>neglēctum</td><td>neglegere</td><td>sich (um etw.) nicht kümmern, gering schätzen, übersehen</td></tr>
<tr><td>lūdō</td><td>lūsī</td><td>lūsum</td><td>lūdere</td><td>spielen, sich vergnügen</td></tr>
<tr><td>mittō</td><td>mīsī</td><td>missum</td><td>mittere</td><td>schicken; gehen lassen, entlassen; werfen</td></tr>
<tr><td>ā|mittō</td><td>āmīsī</td><td>āmissum</td><td>āmittere</td><td>aufgeben; verlieren</td></tr>
<tr><td>com|mittō</td><td>commīsī</td><td>commissum</td><td>committere</td><td>zustande bringen; anvertrauen</td></tr>
<tr><td>dī|mittō</td><td>dīmīsī</td><td>dīmissum</td><td>dīmittere</td><td>entlassen, gehen lassen; aufgeben</td></tr>
<tr><td>prae|mittō</td><td>praemīsī</td><td>praemissum</td><td>praemittere</td><td>vorausschicken</td></tr>
<tr><td>prō|mittō</td><td>prōmīsī</td><td>prōmissum</td><td>prōmittere</td><td>versprechen</td></tr>
<tr><td>re|mittō</td><td>remīsī</td><td>remissum</td><td>remittere</td><td>zurückschicken, loslassen; vermindern; nachlassen</td></tr>
<tr><td>pingō</td><td>pīnxī</td><td>pictum</td><td>pingere</td><td>zeichnen, malen, bemalen</td></tr>
<tr><td>plaudō</td><td>plausī</td><td>plausum</td><td>plaudere</td><td>Beifall klatschen</td></tr>
<tr><td>óp|primō</td><td>oppressī</td><td>oppressum</td><td>opprimere</td><td>unterdrücken; überfallen, überwältigen</td></tr>
<tr><td>regō</td><td>rexī</td><td>rectum</td><td>regere</td><td>lenken, leiten, beherrschen</td></tr>
<tr><td>cór|rigō</td><td>corrēxī</td><td>corrēctum</td><td>corrigere</td><td>berichtigen, verbessern</td></tr>
<tr><td>pergō</td><td>perrēxī</td><td>perrēctum</td><td>pergere</td><td>weitermachen, fortfahren</td></tr>
<tr><td>scrībō</td><td>scrīpsī</td><td>scrīptum</td><td>scrībere</td><td>schreiben, verfassen</td></tr>
<tr><td>tegō</td><td>tēxī</td><td>tēctum</td><td>tegere</td><td>decken, bedecken</td></tr>
<tr><td>trahō</td><td>trāxī</td><td>tractum</td><td>trahere</td><td>ziehen, schleppen</td></tr>
<tr><td>cón|trahō</td><td>contrāxī</td><td>contractum</td><td>contrahere</td><td>zusammenziehen, einengen, sammeln</td></tr>
<tr><td>vādō</td><td>–</td><td>–</td><td>vādere</td><td>gehen, schreiten</td></tr>
<tr><td>ē|vādō</td><td>ēvāsī</td><td>–</td><td>ēvādere</td><td>herausgehen, entkommen</td></tr>
<tr><td>in|vādō</td><td>invāsī</td><td>invāsum</td><td>invādere</td><td>eindringen, angreifen; befallen</td></tr>
<tr><td>vehō</td><td>vēxī</td><td>vectum</td><td>vehere</td><td>tragen, bringen, ziehen</td></tr>
<tr><td>vīvō</td><td>vīxī</td><td>–</td><td>vīvere</td><td>leben</td></tr>
</table>

ĭ-Konjugation

<table>
<tr><td>a|spiciō</td><td>aspexī</td><td>aspectum</td><td>aspicere</td><td>ansehen, erblicken</td></tr>
<tr><td>dē|spiciō</td><td>dēspexī</td><td>dēspectum</td><td>dēspicere</td><td>herabsehen; verachten, gering schätzen</td></tr>
<tr><td>re|spiciō</td><td>respexī</td><td>respectum</td><td>respicere</td><td>zurückschauen, berücksichtigen</td></tr>
</table>

4 Perfekt-Bildung durch Dehnung

ā-Konjugation

<table>
<tr><td>iuvō</td><td>iūvī</td><td>iūtum/iuvātūrus</td><td>iuvāre</td><td>(m. Akk.) unterstützen, helfen</td></tr>
</table>

ē-Konjugation

<table>
<tr><td>caveō</td><td>cāvī</td><td>cautum</td><td>cavēre</td><td>(m. Akk.) sich in Acht nehmen, sich hüten (vor)</td></tr>
<tr><td>moveō</td><td>mōvī</td><td>mōtum</td><td>movēre</td><td>bewegen, erregen; beeinflussen, veranlassen</td></tr>
</table>

sedeō	sēdī	sessum	sedēre	sitzen
pos|sideō	possēdī	possessum	possidēre	besitzen
videō	vīdī	vīsum	vidēre	sehen

ī-Konjugation

veniō	vēnī	ventum	venīre	kommen
ad|veniō	advēnī	adventum	advenīre	ankommen, herankommen
con|veniō	convēnī	conventum	convenīre	zusammenkommen, -passen; sich einigen; zustande kommen; sich ereignen; (*m. Akk.*:) (jdn.) treffen
ḗ|venit	ēvēnit	ēventum	ēvenīre	sich ereignen, geschehen; eintreten, in Erfüllung gehen
in|veniō	invēnī	inventum	invenīre	finden, erfinden

Konsonantische Konjugation

agō	ēgī	āctum	agere	treiben, betreiben; handeln, verhandeln
cōgō	coēgī	coāctum	cōgere	sammeln; zwingen
pér|agō	perēgī	perāctum	peragere	durchführen; verbringen
frangō	frēgī	frāctum	frangere	brechen, verletzen, schwächen
legō	lēgī	lēctum	legere	lesen; sammeln
re|linquō	relīquī	relictum	relinquere	zurücklassen, hinterlassen, verlassen
vincō	vīcī	victum	vincere	siegen, besiegen

ĭ-Konjugation

capiō	cēpī	captum	capere	fassen, ergreifen; erobern
ac|cipiō	accēpī	acceptum	accipere	annehmen, empfangen; erfahren
in|cipiō	coepī	coeptum	incipere	anfangen, beginnen
prae|cipiō	praecēpī	praeceptum	praecipere	vorwegnehmen; vorschreiben, anordnen
faciō	fēcī	factum	facere	tun, machen, herstellen
af|ficiō	affēcī	affectum	afficere	versehen (mit), ausstatten (mit); (*m. Akk. und Abl.*:) (jdm. etw.) zufügen
ef|ficiō	effēcī	effectum	efficere	bewirken, durchsetzen
inter|ficiō	interfēcī	interfectum	interficere	töten
fugiō	fūgī	–	fugere	fliehen, meiden
iaciō	iēcī	iactum	iacere	werfen, schleudern
prō|iciō	prōiēcī	prōiectum	prōicere	hinwerfen, preisgeben

5 Perfekt-Bildung mit Reduplikation

ā-Konjugation

dō	dedī	datum	dare	geben
circúm|dō	circúmdedī	circúmdatum	circúmdare	umgeben, umzingeln
stō	stetī	–	stāre	stehen
cōn|stat	cōnstitit	–	–	es ist bekannt, es steht fest; (*m. AcI*:) bekanntlich

ē-Konjugation

re|spondeō	respondī	respōnsum	respondēre	antworten, erwidern

ī- Konjugation

re|periō	répperī	repertum	reperīre	wiederfinden, finden

Konsonantische Konjugation

<table>
<tr><td>cadō</td><td>cécidī</td><td>–</td><td>cadere</td><td>fallen</td></tr>
<tr><td>caedō</td><td>cecīdī</td><td>caesum</td><td>caedere</td><td>fällen, niederhauen; schlagen, zusammenhauen</td></tr>
<tr><td>oc|cīdō</td><td>occīdī</td><td>occīsum</td><td>occīdere</td><td>niederschlagen, töten</td></tr>
<tr><td>crēdō</td><td>crḗdidī</td><td>crḗditum</td><td>crēdere</td><td>glauben; anvertrauen</td></tr>
<tr><td>currō</td><td>cucurrī</td><td>cursum</td><td>currere</td><td>laufen, rennen</td></tr>
<tr><td>con|dō</td><td>cóndidī</td><td>cṓnditum</td><td>condere</td><td>gründen; aufbewahren; bestatten</td></tr>
<tr><td>ē|dō</td><td>ḗdidī</td><td>ḗditum</td><td>ēdere</td><td>herausgeben, verbreiten, hervorbringen</td></tr>
<tr><td>per|dō</td><td>pérdidī</td><td>pérditum</td><td>perdere</td><td>vernichten; verlieren</td></tr>
<tr><td>prō|dō</td><td>prṓdidī</td><td>prṓditum</td><td>prōdere</td><td>preisgeben, verraten; überliefern</td></tr>
<tr><td>red|dō</td><td>réddidī</td><td>rédditum</td><td>reddere</td><td>zurückgeben; machen (zu)</td></tr>
<tr><td>trā|dō</td><td>trā́didī</td><td>trā́ditum</td><td>trādere</td><td>übergeben, überliefern</td></tr>
<tr><td>parcō</td><td>pepercī</td><td>–</td><td>parcere</td><td>(jdn.) schonen; (m. Dat.) (an/mit etw.) sparen</td></tr>
<tr><td>pellō</td><td>pepulī</td><td>pulsum</td><td>pellere</td><td>treiben, schlagen; vertreiben</td></tr>
<tr><td>cōn|sistō</td><td>cṓnstitī</td><td>–</td><td>cōnsistere</td><td>sich hinstellen; bestehen (aus)</td></tr>
<tr><td>existō</td><td>éxstitī</td><td>–</td><td>exsistere</td><td>hervortreten, auftreten, entstehen</td></tr>
<tr><td>re|sistō</td><td>réstitī</td><td>–</td><td>resistere</td><td>Widerstand leisten</td></tr>
<tr><td>con|tendō</td><td>contendī</td><td>contentum</td><td>contendere</td><td>(„sich anstrengen“:); eilen; kämpfen; behaupten, darauf bestehen</td></tr>
<tr><td>intendō</td><td>intendī</td><td>intentum</td><td>intendere</td><td>anspannen; anstrengen; beabsichtigen</td></tr>
<tr><td>os|tendō</td><td>ostendī</td><td>ostentum</td><td>ostendere</td><td>zeigen, in Aussicht stellen</td></tr>
</table>

6 Perfekt-Bildung ohne Veränderung des Präsens-Stammes

Konsonantische Konjugation

<table>
<tr><td>arguō</td><td>arguī</td><td>argūtum</td><td>arguere</td><td>darlegen; (m. Gen.:) (wegen etw.) beschuldigen</td></tr>
<tr><td>dē|fendō</td><td>dēfendī</td><td>dēfēnsum</td><td>dēfendere</td><td>verteidigen, abwehren</td></tr>
<tr><td>minuō</td><td>minuī</td><td>minūtum</td><td>minuere</td><td>verringern, vermindern</td></tr>
<tr><td>com|prehendō</td><td>comprehendī</td><td>comprehēnsum</td><td>comprehendere</td><td>ergreifen, fassen, erfassen; begreifen</td></tr>
<tr><td>re|prehendō</td><td>reprehendī</td><td>reprehēnsum</td><td>reprehendere</td><td>tadeln</td></tr>
<tr><td>dē|scendō</td><td>dēscendī</td><td>dēscēnsum</td><td>dēscendere</td><td>herabsteigen, herabkommen</td></tr>
<tr><td>solvō</td><td>solvī</td><td>solūtum</td><td>solvere</td><td>lösen; befreien; zahlen</td></tr>
<tr><td>ab|solvō</td><td>absolvī</td><td>absolūtum</td><td>absolvere</td><td>loslösen; freisprechen; vollenden</td></tr>
<tr><td>statuō</td><td>statuī</td><td>statūtum</td><td>statuere</td><td>aufstellen; festsetzen, beschließen</td></tr>
<tr><td>cōn|stituō</td><td>cōnstituī</td><td>cōnstitūtum</td><td>cōnstituere</td><td>festsetzen, beschließen</td></tr>
<tr><td>īn|stituō</td><td>īnstituī</td><td>īnstitūtum</td><td>īnstituere</td><td>einrichten, beginnen; beabsichtigen; unterrichten</td></tr>
<tr><td>tribuō</td><td>tribuī</td><td>tribūtum</td><td>tribuere</td><td>zuteilen, zuweisen; erweisen</td></tr>
<tr><td>dis|tribuō</td><td>distribuī</td><td>distribūtum</td><td>distribuere</td><td>verteilen, einteilen</td></tr>
<tr><td>vertō</td><td>vertī</td><td>versum</td><td>vertere</td><td>wenden, drehen, kehren</td></tr>
<tr><td>volvō</td><td>volvī</td><td>volūtum</td><td>volvere</td><td>wälzen, rollen</td></tr>
</table>

7 Perfekt-Bildung mit verschiedenen Stämmen

<table>
<tr><td>tollō</td><td>sústulī</td><td>sublātum</td><td>tollere</td><td>heben; aufheben, beseitigen, beenden</td></tr>
</table>

DEPONENS

KONJUGATIONEN

VIII$_1$ Präsens-Stamm

		ā-Konjugation	ē-Konjugation	ī-Konjugation (langvokalisch)	ĭ-Konjugation (kurzvokalisch)	Konsonantische Konjugation
Präsens	Infinitiv	*ermahnen* hortā-rī	*fürchten* verē-rī	*sich bemächtigen* potī-rī	*sterben* morī	*folgen* sequ-ī
	Indikativ					
	ich er- mahne, …	hortor hortā-ris hortā-tur hortā-mur hortā-minī horta-ntur	vere-or verē-ris verē-tur verē-mur verē-minī vere-ntur	poti-or potī-ris potī-tur potī-mur potī-minī poti-*u*ntur	mori-or móre-ris móri-tur móri-mur morí-minī mori-*u*ntur	sequ-or séqu-*e*ris séqu-*i*tur séqu-*i*mur sequ-*í*minī sequ-*u*ntur
	Konjunktiv					
		hort-**er** hort-**ēr**is *usw.* ↗ Tab. VI$_{1.2}$ am-**er**	vere-**ar** vere-**ār**is *usw.* ↗ Tab. VI$_{1.2}$ mone-**ar**	poti-**ar** poti-**ār**is *usw.* ↗ Tab. VI$_{1.2}$ vinci-**ar**	mori-**ar** mori-**ār**is *usw.* ↗ Tab. VI$_{1.2}$ capi-**ar**	sequ-**ar** sequ-**ār**is *usw.* ↗ Tab. VI$_{1.2}$ pell-**ar**
Imperfekt	Indikativ					
	ich er- mahnte, …	hortā-**bar** hortā-**bār**is *usw.* ↗ Tab. VI$_{1.2}$ amā-**bar**	verē-**bar** verē-**bār**is *usw.* ↗ Tab. VI$_{1.2}$ monē-**bar**	poti-*ē***bar** poti-*ē***bār**is *usw.* ↗ Tab. VI$_{1.2}$ vincī-ē**bar**	mori-*ē***bar** mori-*ē***bār**is *usw.* ↗ Tab. VI$_{1.2}$ cápi-ē**bar**	sequ-*ē***bar** sequ-*ē***bār**is *usw.* ↗ Tab. VI$_{1.2}$ pell-ē**bar**
	Konjuntiv					
		hortā-**rer** hortā-**rēr**is *usw.* ↗ Tab. VI$_{1.2}$ amā-**rer**	verē-**rer** verē-**rēr**is *usw.* ↗ Tab. VI$_{1.2}$ monē-**rer**	potī-**rer** potī-**rēr**is *usw.* ↗ Tab. VI$_{1.2}$ vincī-**rer**	móre-**rer** more-**rēr**is *usw.* ↗ Tab. VI$_{1.2}$ cápe-**rer**	séqu-*e***rer** sequ-*e***rēr**is *usw.* ↗ Tab. VI$_{1.2}$ péll-*e***rer**
Futur I	Indikativ					
	ich werde ermahnen, …	hortā-**bor** hortā-**ber**is *usw.* ↗ Tab. VI$_{1.2}$ amā-**bor**	verē-**bor** verē-**ber**is *usw.* ↗ Tab. VI$_{1.2}$ monē-**bor**	poti-**ar** poti-**ēr**is *usw.* ↗ Tab. VI$_{1.2}$ vinci-**ar**	mori-**ar** mori-**ēr**is *usw.* ↗ Tab. VI$_{1.2}$ capi-**ar**	sequ-**ar** sequ-**ēr**is *usw.* ↗ Tab. V$_{1.2}$ pell-**ar**
	Imperativ					
	ermahne! *ermahnt!*	hortā-re! hortā-minī!	verē-re! verē-minī!	potī-re! potī-minī!	móre-re! mori-minī!	séqu-*e*re! sequ-*i*minī!

DEPONENS

KONJUGATIONEN

Partizip-Perfekt-Stamm der Deponentien

VIII$_2$

	Indikativ			Konjunktiv	
	Perfekt	Plusquamperfekt	Futur II	Perfekt	Plusquamperfekt
ich habe ermahnt/ ermahnte, …	hortātus/-a/-um véritus/-a/-um potītus/-a/-um mórtuus/-a/-um secūtus/-a/-um sum es est	eram erās erat	erō eris erit	sim sīs sit	essem essēs esset
	hortātī/-ae/-a véritī/-ae/-a potītī/-ae/-a mórtuī/-ae/-a secūtī/-ae/-a sumus estis sunt	erāmus erātis erant	erimus eritis erunt	sīmus sītis sint	essēmus essētis essent

DEPONENS

Nominalformen

VIII$_3$

Infinitiv					
Präsens	hortā-rī	verē-rī	potī-rī	morī	sequī
Perfekt	hortāt-um/-am/ -um esse	vérit-um/-am/ -um esse	potīt-um/-am/ -um esse	mortu-um/-am/ -um esse	secūt-um/-am/ um esse
Futur	hortāt-ūrum/-am/ -um esse	verit-ūrum/-am/ -um esse	potīt-ūrum/-am/ -um esse	morit-ūrum/-am/ -um esse	secūt-ūrum/-am/ -um esse
Partizip					
Präsens	hortā-ns/-ntis	verē-ns/-ntis	poti-*ē*ns/-ntis	mori-*ē*ns/-ntis	sequ-*ē*ns/-ntis
Perfekt	hortāt-us/-a/-um	vérit-us/-a/-um	potīt-us/-a/-um	mortu-us/-a/-um	secūt-us/-a/-um
Futur	hortāt-ūrus/-a/-um	vérit-ūrus/-a/-um	potīt-ūrus/-a/-um	morit-ūrus/-a/-um	secūt-ūrus/-a/-um
Gerundium					
	horta-ndī *usw.*	vere-ndī *usw.*	poti-*e*ndī *usw.*	mori-*e*ndī *usw.*	sequ-*e*ndī *usw.*
Gerundivum					
	horta-ndus/-a/-um	vere-ndus/-a/-um	poti-*e*ndus/-a/-um	mori-*e*ndus/-a/-um	sequ-*e*ndus/-a/-um

IX

DEPONENS

STAMMFORMEN

ā-Konjugation

<table>
<tr><td>arbitror</td><td>arbitrātus sum</td><td>arbitrārī</td><td>meinen, glauben</td></tr>
</table>

Ebenso bilden die anderen Deponentien der ā-Konjugation das Perfekt.

ē-Konjugation

<table>
<tr><td>fateor</td><td>fassus sum</td><td>fatērī</td><td>gestehen, bekennen</td></tr>
<tr><td>cōn|fiteor</td><td>cōnfessus sum</td><td>cōnfitērī</td><td>gestehen, bekennen</td></tr>
<tr><td>tueor</td><td>–</td><td>tuērī</td><td>betrachten; (be-)schützen</td></tr>
<tr><td>vereor</td><td>veritus sum</td><td>verērī</td><td>sich scheuen, fürchten; verehren</td></tr>
<tr><td>videor</td><td>vīsus sum</td><td>vidērī</td><td>scheinen, gelten (als)</td></tr>
</table>

ī-Konjugation

<table>
<tr><td>mentior</td><td>mentītus sum</td><td>mentīrī</td><td>lügen</td></tr>
<tr><td>potior</td><td>potītus sum</td><td>potīrī (m. Abl. oder Gen.)</td><td>(m. Gen.) sich bemächtigen; (etw.) in seine Gewalt bekommen</td></tr>
</table>

Konsonantische Konjugation

<table>
<tr><td>pro|ficīscor</td><td>profectus sum</td><td>proficīscī</td><td>aufbrechen, abreisen, reisen</td></tr>
<tr><td>īrāscor</td><td>–</td><td>īrāscī</td><td>zornig werden, zornig sein</td></tr>
<tr><td>loquor</td><td>locūtus sum</td><td>loquī</td><td>sprechen, reden</td></tr>
<tr><td>col|loquor</td><td>collocūtus sum</td><td>colloquī</td><td>sich unterhalten</td></tr>
<tr><td>sequor</td><td>secūtus sum</td><td>sequī (m. Akk.)</td><td>(jdn.) folgen, (etw.) befolgen</td></tr>
<tr><td>ūtor</td><td>ūsus sum</td><td>ūtī (m. Abl.)</td><td>(etw.) benützen, gebrauchen</td></tr>
<tr><td>vehor</td><td>vectus sum</td><td>vehī</td><td>fahren, reiten</td></tr>
</table>

ĭ-Konjugation

<table>
<tr><td>re|gredior</td><td>regressus sum</td><td></td><td>régredī</td><td>zurückgehen</td></tr>
<tr><td>morior</td><td>mortuus sum</td><td>moritūrus (Part. Fut. Akt.)</td><td>morī</td><td>sterben</td></tr>
</table>

SEMIDEPONENTIEN[1]

[1] Semideponentien sind „Halbdeponentien“ (semi = halb; vgl. Semifinale/Halbfinale).

ē-Konjugation

<table>
<tr><td>audeō</td><td>ausus sum</td><td>audēre</td><td>wagen</td></tr>
<tr><td>gaudeō</td><td>gāvīsus sum</td><td>gaudēre</td><td>sich freuen</td></tr>
<tr><td>soleō</td><td>sólitus sum</td><td>solēre</td><td>gewohnt sein, pflegen</td></tr>
</table>

Konsonantische Konjugation

<table>
<tr><td>cōn|fīdō</td><td>cōnfīsus sum</td><td>cōnfīdere</td><td>vertrauen</td></tr>
<tr><td>re|vertor</td><td>revertī</td><td>revertī</td><td>zurückkehren</td></tr>
</table>

Aber: reversus: *zurückgekehrt (seiend)*

UNREGELMÄSSIGE VERBEN

$X_{1.1}$

	ESSE			POSSE			IRE		
	Präsens	**Imperfekt**	**Futur I**	**Präsens**	**Imperfekt**	**Futur I**	**Präsens**	**Imperfekt**	**Futur**
Indikativ	**s**-*um*	ér-**am**	ér-ō	pos-sum	pót-er**am**	pót-erō	**e**-ō	ī-**bam**	ī-**bō**
	es	ér-**ās**	ér-*is*	pot-es	pót-er**ās**	pót-eris	ī-s	ī-**bās**	ī-**b***is*
	es-t	ér-**at**	ér-*it*	pot-est	pót-er**at**	pót-erit	i-t	ī-**bat**	ī-**b***it*
	s-*umus*	er-**ā́**mus	ér-*imus*	pos-sumus	pot-er**ā́**mus	pot-érimus	ī-mus	ī-**bā́**mus	ī-**b***imus*
	es-tis	er-**ā́**tis	ér-*itis*	pot-estis	pot-er**ā́**tis	pot-éritis	ī-tis	ī-**bā́**tis	ī-**b***itis*
	s-*unt*	ér-**ant**	ér-*unt*	pos-sunt	pót-er**ant**	pót-erunt	**e**-*unt*	ī-**bant**	ī-**b***unt*
Konjunktiv	s-**im**	és-**sem**	**Imperativ**	pos-**sim**	pos-**sem**		**e**-**am**	ī-**rem**	**Imperativ**
	s-**īs**	és-**sēs**	es!	pos-ss**īs**	pos-**sēs**		**e**-**ās**	ī-**rēs**	ī!
	s-**it**	és-**set**	es-**te**!	pos-**sit**	pos-**set**		**e**-**at**	ī-**ret**	ī-**te**!
	s-**īmus**	es-**sḗ**mus	**Part. Fut.**	pos-**sī́**mus	pos-**sḗ**mus		**e**-**ā́**mus	ī-**rḗ**mus	**Part. Fut. A.**
	s-**ītis**	es-**sḗ**tis	futūrus/ -a/-um	pos-**sī́**tis	pos-**sḗ**tis		**e**-**ā́**tis	ī-**rḗ**tis	itūrus/-a/-um
	s-**int**	és-**sent**		pos-**sint**	pos-**sent**		**e**-**ant**	ī-**rent**	
							Part. Präs.	**Gd.**	
							i-*ē***ns**, e-*u***nt**is	e-*u***nd**ī	
								Gdv.	
								e-**und**us/ -a/-um	

Perfekt **fu-ī** **Perfekt** **potu-ī** **Perfekt** **i-ī, ī-stī/ī-stīs, īsse**

$X_{1.2}$

	VELLE			NOLLE		
	Präsens	**Imperfekt**	**Futur I**	**Präsens**	**Imperfekt**	**Futur I**
Indikativ	vol-ō	vol-ē**bam**	vol-**am**	nōl-ō	nōl-ē**bam**	nōl-**am**
	vī-s	vol-ē**bās**	vol-**ēs**	nōn **vīs**	nōl-ē**bās**	nōl-**ēs**
	vul-t	vol-ē**bat**	vol-**et**	nōn **vult**	nōl-ē**bat**	nōl-**et**
	vól-*umus*	*usw.*	*usw.*	nōl-*umus*	*usw.*	*usw.*
	vul-tis			nōn **vultis**		
	vol-*unt*			nōl-*unt*		
Konjunktiv	vel-**im**	vel-**lem**		nōl-**im**	nōl-**lem**	**Imperativ**
	vel-**īs**	vel-**lēs**		nōl-**īs**	nōl-**lēs**	nōl-**ī**!
	vel-**it**	vel-**let**		nōl-**it**	nōl-**let**	nōlī-**te**!
	vel-**īmus**	*usw.*		nōl-**īmus**	*usw.*	
	vel-**ītis**			nōl-**ītis**		
	vel-**int**			nōl-**int**		
	Part. Präs.	**Perfekt**		**Part. Präs.**	**Perfekt**	
	vol-ē**ns** vol-**ent**is	**volu**-ī nōl-**ent**is		nōl-**ēns**	**nōlu**-ī	

ESSE UND KOMPOSITA

X₂

sum	**fuī**	**fu**tūrus	esse	sein
ab|sum	ā**fuī**	(ā**fu**tūrus)	abesse	abwesend sein, entfernt sein, fehlen
ad|sum	af**fuī**	(af**fu**tūrus)	adesse	anwesend sein; (*m. Dat.*) beistehen
inter|sum	inter**fuī**	–	interesse	dazwischen sein, (*m. Dat.*) teilnehmen (an)
prae|sum	prae**fuī**	(prae**fu**tūrus)	praeesse (*m. Dat.*)	an der Spitze (von etw.) stehen; (etw.) leiten
prō|sum	prō**fuī**	(prō**fu**tūrus)	prō**d**esse	nützen, nützlich sein

X₃ *IRE* UND KOMPOSITA

eō	iī	itum	īre	gehen
ab|eō	abiī	abitum	abīre	weggehen, abtreten
ad|eō	adiī	aditum	adīre	herangehen, aufsuchen; angreifen
ex|eō	exiī	exitum	exīre	hinausgehen, ausrücken
per|eō	periī	peritum	perīre	zugrunde gehen, umkommen
red|eō	rediī	reditum	redīre	zurückgehen, zurückkehren

X₄ UNREGELMÄSSIGE VERBEN

AKTIV		FERRE			PASSIV	FERRI	
	Präsens	**Imperfekt**	**Futur I**	**Imperativ**	**Präsens**	**Imperfekt**	**Futur I**
Indikativ	fer-ō fer-s fer-t	fer-ē**bam** fer-ē**bās** fer-ē**bat**	fer-**am** fer-**ēs** fer-**et**	 fer! 	fer-or fer-ris fer-tur	fer-ē**bar** fer-ē**baris** fer-ē**bātur**	fer-**ar** fer-**ēris** fer-**ētur**
	fér-*i*mus fer-tis fer-*u*nt	fer-ē**bāmus** fer-ē**bātis** fer-ē**bant**	fer-**ēmus** fer-**ētis** fer-**ent**	 fer-**te**! 	fér-*i*mur fer-*i*minī fer-*u*ntur	fer-ē**bāmur** fer-ē**bāminī** fer-ē**bantur**	fer-**ēmur** fer-**ēminī** fer-**entur**
Konjunktiv	fer-**am** fer-**ās** fer-**at**	fer-**rem** fer-**rēs** fer-**ret**			fer-**ar** fer-**āris** fer-**ātur**	fer-**rer** fer-**rēris** fer-**rētur**	
	fer-**āmus** fer-**ātis** fer-**ant**	fer-**rēmus** fer-**rētis** fer-**rent**			fer-**āmur** fer-**āminī** fer-**antur**	fer-**rēmur** fer-**rēminī** fer-**rentur**	
	Perfekt	**tul-ī, tul-istī, tulisse**			**lā-tus/-a/-um sum**		

FERRE – NOMINALFORMEN

X5

Infinitiv	AKTIV	PASSIV	**Partizip**	AKTIV	PASSIV
Präsens Perfekt Futur	fer-re tul-isse lāt-ūrum/-am/ -um esse	fer-rī lāt-us/-a/-um –	Präsens Perfekt Futur	fer-*ē*ns, -ntis – lāt-ūrus/ -am/-um	– lāt-um/-a/-um
Gerundium	fer-*e*ndī *usw.*	–	**Gerundivum**	–	fer-*e*ndus/ -a/-um

FERRE UND KOMPOSITA

X6

ferō	tulī	lātum	ferre	tragen, bringen; ertragen; berichten
aúǀferō	abstulī	ablātum	auferre	wegtragen, wegbringen; rauben
cṓnǀferō	contulī	collātum	cōnferre	zusammentragen, -bringen; vergleichen
dḗǀferō	dētulī	dēlātum	dēferre	überbringen; melden, anzeigen
díf ǀferō	distulī	dīlātum	differre	aufschieben; sich unterscheiden
ínǀferō	intulī	illātum	īnferre	hineintragen; zufügen; vorbringen
práeǀferō	práetulī	praelātum	praeferre	vorantragen; zeigen; vorziehen
prṓǀferō	prōtulī	prōlātum	prōferre	hervorbringen, vorzeigen

UNREGELMÄSSIGE VERBEN

X7

	FIERI		
	Präsens	**Imperfekt**	**Futur I**
Indikativ	fī-ō fī-s fi-t fī-mus fī-tis fī-*u*nt	fī-ē**ba**m fī-ē**bā**s fī-ē**ba**t fī-ē**bā**mus fī-ē**bā**tis fī-ē**ba**nt	fī-**a**m fī-**ē**s fī-**e**t fī-**ē**mus fī-**ē**tis fī-**e**nt
Konjunktiv	fī-**a**m fī-**ā**s fī-**a**t fī-**ā**mus fī-**ā**tis fī-**a**nt	fi-*e*rem fi-*e*rēs fi-*e*ret fi-*e*rēmus fi-*e*rētis fi-*e*rent	

FIERI – NOMINALFORMEN

X8

	Infinitiv	**Partizip**
Präsens **Perfekt** **Futur**	fierī fac-tum/-am/-um esse fore; fut-ūrum/-am/-um esse	– fac-tus/-a/-um fut-ūrus/-a/-um

VERBA DEFECTIVA (ANOMALA)

X₉ Bei den Verba *defectiva* ist nur ein Teil der bildbaren Verbformen gebräuchlich.

1. Nur im Perfekt-Stamm wird z. B. verwendet:

ōdī	ōdisse	hassen

2. Nur in wenigen Formen kommen vor:

Präsens		Perfekt	
āiō; ait; āiunt inquam; inquit	ich sage; er/sie/es sagt; sie sagen sage ich; sagt er/sie/es	ait inquam; inquit	er/sie/es sagte sagte ich; sagte er/sie/es

3. Grußformeln:

Salvē!	Sei gegrüßt!	Avē!	Sei gegrüßt!	Valē!	Lebe wohl!
Salvēte!	Seid gegrüßt!	Avēte!	Seid gegrüßt!	Valēte!	Lebt wohl!

XI PRÄPOSITIONEN

Präposition	örtlich	zeitlich	übertragen
1. Präpositionen mit Akkusativ			
ad	zu, an, bei; zu … hin	bis zu	zu
ante	vor	vor	–
apud	bei, in der Nähe (von)	–	–
circā/circum	um ... herum, ringsum	–	–
extrā	außerhalb	–	–
inter	zwischen, unter	während	–
ob	–	–	wegen
per	durch (… hindurch), über … hin; überall in/auf	durch … hindurch	durch
post	nach, hinter	nach	nach
propter	–	–	wegen
trāns	über (… hinüber)	–	–
2. Präpositionen mit Ablativ			
ā/ab	von … her	seit	von (→ *Passiv*)
dē	von … herab	–	von, über
ē/ex	aus, von … aus	von … an	–
sine	–	–	ohne
prō	vor	–	für, anstelle von
cum	mit	–	(zusammen) mit
3. Präpositionen mit Akkusativ oder Ablativ			
in (*m. Akk.*)	in (… hinein), nach, auf (*Frage: wohin?*)	gegen	–
in (*m. Abl.*)	in, an, auf (*Frage: wo?*)	–	–
sub (*m. Akk.*)	unter (*Frage: wohin?*)	–	–
sub (*m. Abl.*)	unter (*Frage: wo?*)	–	–

SYNTAKTISCHE FUNKTIONEN UND FÜLLUNGSARTEN

Die einzelnen syntaktischen Erscheinungen erfüllen im Satz verschiedene **Funktionen**; sie können also im Baugerüst des Satzes verschiedene Positionen einnehmen.
Umgekehrt lässt sich sagen: Die einzelnen Positionen des Satzes können von verschiedenartigen syntaktischen Erscheinungen **„gefüllt“** sein (**Füllungsarten**).
Nachfolgend werden alle wichtigen syntaktischen Erscheinungen der lateinischen Sprache im Schema des **Satzmodells** übersichtlich zusammengestellt

SUBJEKT

- im Prädikat enthalten
- Substantiv, Pronomen, substantiviertes Adjektiv Partizip } im **Nominativ**
- **Subjektsinfinitiv**
AcI/NcI als Subjekt
- **Gliedsatz**
  - abhängiger Begehr-, abhängiger Fragesatz
  - Relativsatz
  - Erläuterungssatz

PRÄDIKAT

Prädikatsnomen	Verbum finitum
	Verb
Adjektiv, Substantiv, Pronomen, Partizip } im **Nominativ**	*esse* als Kopula
Gerundivum-N	
Genitiv (pretii) **Dativ** (possessoris, finalis) **Ablativ** (qualitatis)	

OBJEKT

- **Genitivobjekt** **Dativobjekt**
Akkusativobjekt **Ablativobjekt**
- **Präpositional-Objekt**
- **Objektsinfinitiv**
- **AcI als Objekt**
- **Gliedsatz**
  - abhängiger Begehr-, abhängiger Fragesatz
  - Relativsatz
- **Gerundium**
- **Gerumdivum-V (bei Dativ)**

ADVERBIALE

- **Adverb**
- **Genitiv** (criminis, pretii)
Dativ (commodi, finalis, auctoris)
Akkusativ (Richtung, zeitl. Dauer)
Ablativ (instrumentalis, separativus, punctualis)
- **Präpositionale Verbindung**
- **Praedicativum** (Adjektiv, Substantiv)
- **Participium coniunctum/**
Ablativus absolutus
- **Gliedsatz als Adverbiale** (Adverbialsatz)
- **Gerundium**
- **Gerundium-V**

ATTRIBUT

Nomen: Adjektiv, Pronomen, Numerale, Substantiv im Genitiv/Ablativ; Substantiv im Nominativ (Apposition); Partizip, Gerundium, Gerundivum-V

Relativsatz als Attribut (Attributsatz)

Sachverzeichnis

Die erste Ziffer verweist auf die Lektion, G auf den Grammatikteil dieser Lektion, die weiteren Ziffern auf die einzelnen Abschnitte innerhalb des Grammatikteils. *Tab.* verweist auf die Tabellen in der Kurzgrammatik auf den Seiten 305–327; WS auf den Kurswortschatz auf den Seiten 291–304.

Quellenverzeichnis

Abbildungen:
Seite 11: © DIF – Deutsches Filminstitut **Seite 20:** © akg-images/Peter Connolly **Seite 24:** © Look/TerraVista **Seite 30:** oben: © A. P. T. Roma/Fremdenverkehrsamt der Stadt Rom; unten/Bildausschnitte: © akg-images/Peter Connolly **Seite 32:** aus: *Orbis Pictus Latinus* von Hermann Koller © Patmos Verlag GmbH & Co. KG / Artemis & Winkler Verlag, Düsseldorf **Seite 33:** © DIF – Deutsches Filminstitut **Seite 40:** oben: © Fototeca ENIT/De Agostini Picture Library; unten: © A. P. T. Roma/Fremdenverkehrsamt der Stadt Rom **Seite 42:** © akg-images/Peter Connolly **Seite 43:** *Fest des Herodes* Gemälde von *Edward Armitage* © The Bridgeman Art Library/Guildhall Art Gallery, City of London **Seite 50:** oben rechts: © The Trustees of the British Museum; unten links: © Römisch-Germanisches Museum der Stadt Köln/Rheinisches Bildarchiv **Seite 53:** Holzstich: © akg/images **Seite 60:** oben rechts: © akg-images/Peter Connolly; unten: © A. P. T. Roma/Fremdenverkehrsamt der Stadt Rom **Seite 65:** *Augustus*/Vatikanische Museen: © Corbis/Bettmann **Seite 74:** *Ara Pacis,* Detail, Rom: oben: © Corbis/Bettmann; unten: © akg-images/Tristan Lafranchis **Seite 76:** links: Kaiservilla Herkulia in Casale: © picture-alliance/akg-images/Erich Lessing; rechts: © Corbis/Araldo de Luca **Seite 77:** *Bernini*, Rom, Galleria Borghese: © akg-images/Pirozzi **Seite 84:** Marmorrelief: © akg-images **Seite 86:** Karte: Kartographie Peckmann, Ramsau; unten: Rekonstruktion der *Polyphemgruppe von Sperlonga*, Kunstslg. der Ruhr-Universität: © akg-images **Seite 87:** *Aeneas in den Elysischen Gefilden* Gemälde von *Pietro Bardellino*, Neapel, Galleria Naz. di Capodimonte: © akg-images **Seite 94:** *Ara Pacis*, Detail, Rom: © akg-images/Pirozzi **Seite 96:** oben: *Kapitolinische Wölfin*, Rom, Kapitolinische Museen: © akg-images/Pirozzi; unten: Kreidelithographie: © akg-images **Seite 97:** Kupferstich von *Matthäus Merian*: © akg-images **Seite 104:** *Cicero*, Rom, Kapitolinische Museen: © akg-images **Seite 106:** © Andrea Vasari/Museo della Civiltà Romana, Rom **Seite 108:** links: © panthermedia.net/Thomas L.; rechts: © Superbild/Phanie **Seite 109:** © defd **Seite 116:** oben rechts: *Hannibal*, Neapel, Museo Naz. Archeologico: © akg-images; unten links: © Corbis/Bettmann **Seite 121:** © Superbild/JTB **Seite 130:** © mauritius images/World Pictures **Seite 132:** oben rechts: Mosaik/Pompeji, Rom, Kapitolinische Museen © Corbis/Bettmann; Mitte links: © MEV/MHV; Mitte rechts: *Venus von Milo*, Paris, Louvre: © akg-images/Erich Lessing; unten rechts: © Bildunion/Martina Berg **Seite 133:** © Fototeca ENIT/Vito Arcomano **Seite 144:** © Fototeca ENIT/Vito Arcomano **Seite 147:** © Dieter Jacobs, Trier **Seite 154:** Foto: © MEV/MHV; Grafik: Wolfgang Schuller, Das Römische Reich, Brockhaus Leipzig/Mannheim 1997, Seite 123 **Seite 156:** oben rechts: *Julius Cäsar*, Neapel, Gall. Naz. di Capodimonte: © The Bridgeman Art Library; Mitte links: © Interfoto/Archiv Friedrich; unten rechts: Holzstich: © akg-images **Seite 157:** © picture-alliance/akg-images **Seite 162:** © A. P. T. Roma/Fremdenverkehrsamt der Stadt Rom **Seite 164:** *Augustus*, Münzbildnis: © akg-images/Museum Kalkriese **Seite 166:** Foto: © Tourist Information Detmold **Seite 167:** Röm. Relief, Rom, Museo Naz. Romano delle Terme: © akg-images/Erich Lessing **Seite 171:** © A. P. T. Roma/Fremdenverkehrsamt der Stadt Rom **Seite 176:** beide: © Archäologisches Freilichtmuseum Oerlinghausen **Seite 178:** *Germanische Hochzeit* Gemälde von *Jean-Pierre Saint Ours*, Museum Oskar Reinhart am Stadtgarten, Winterthur **Seite 181:** © defd **Seite 190:** Griech. Vasenmalerei, Rom, Vatikanische Museen: © akg-images **Seite 192:** © IFA/Jon Arnold Images **Seite 193:** © Corbis/Robbie Jack **Seite 200:** © Bilderberg/Berthold Steinhilber **Seite 202:** © ullstein bild/Lieberenz **Seite 203:** Relief, Neapel, Museo Naz. Archeologico: © akg-images/Erich Lessing **Seite 216:** *Orpheus und Eurydike* Relief von *Peter Vischer d. J.*, Berlin, SMPK © akg-images **Seite 218:** Karikatur *Tantalos* von *Honore Daumier* © ullstein **Seite 219:** *Sokrates*, London, British Museum: © picture-alliance/KPA/HIP/British Museum **Seite 226:** *Tod des Sokrates* Gemälde von *Jacques Louis David* © akg-images/Erich Lessing **Seite 228:** *Platon*, Stockholm, Nationalmuseum. *Aristoteles*, Wien, Kunsthistorisches Museum: © akg-images **Seite 229:** *Die Heiligen Petrus und Paulus* Gemälde von *El Greco* © akg-images **Seite 238:** *Paulus Predigt vor dem Areopag in Athen* Karton für die Sixtinische Kapelle von *Raffael* © The Bridgeman Art Library/Victoria & Albert Museum, London **Seite 240:** Karte: *Die Ausbreitung des Christentums im römischen Weltreich* aus: *Zeiten und Menschen* SI, Stammausgabe, Band 2, S. 19 © Bildungshaus Schulbuchverlage Westermann Schroedel Diesterweg Schöningh Winklers GmbH; Schöningh Verlag, Paderborn 2001

Texte:
Seite 52: Kochrezepte aus: M. Gavius Apicius, Das römische Kochbuch des Apicius. De re coquinaria/Über die Kochkunst; herausgegeben, übersetzt und kommentiert von Robert Maier © Philipp Reclam jun., Stuttgart 1991 **Seite 202:** *Antigone*, aus: Bertolt Brecht, Werke. Große kommentierte Berliner und Frankfurter Ausgabe, Band 15: Gedichte 5, © Suhrkamp Verlag Frankfurt am Main 1993

Latein ganz leicht – Zitate und Sprichwörter für den Alltag
Buch (104 Seiten)
Audio-CD (78 Min.)
ISBN 978-3-19-007914-8

Verbtabellen Latein
120 Seiten
ISBN 978-3-19-007916-2

Veni, vidi, vici!

Ich kam, sah und siegte – mit dem richtigen lateinischen Zitat oder Sprichwort sind Sie in vielen Situationen der Gewinner. Mit **Latein ganz leicht – Zitate und Sprichwörter für den Alltag** finden Sie die passenden lateinischen Worte jetzt leicht und schnell!

- Rund 250 Zitate und Sprichwörter – nach 15 Alltagssituationen gegliedert
- Lustige Cartoons bringen zusätzlichen Spaß beim Nachschlagen
- Die Audio-CD liefert zu jeder Alltagssituation realitätsnahe Anwendungsbeispiele und bietet zudem die Möglichkeit, Wortlaut und Aussprache zu trainieren

Für alle, die Latein lernen müssen oder wollen, wird das jetzt leichter – denn wer die lateinischen Verben und ihre Besonderheiten von Anfang an richtig lernt, hat es einfacher. Die **Verbtabellen Latein** enthalten die wichtigsten regelmäßigen und unregelmäßigen Verben im Überblick:

- Übersichtliche Konjugationstabellen mit farbiger Hervorhebung der Verbendungen
- Über 1.000 Verben als umfassendes Verbregister mit Angabe des jeweiligen Konjugationsmodells und der deutschen Übersetzung
- Einführung in die Grundlagen des Verbs mit Hinweisen zum Gebrauch der Zeiten
- Lerntipps zum gezielten Üben der Verbformen

www.hueber.de

Hueber Freude an Sprachen

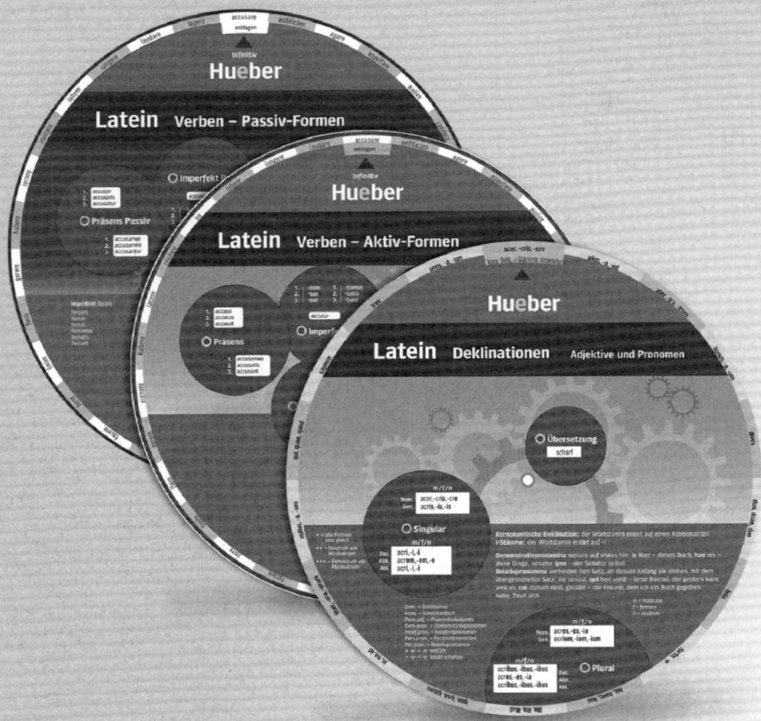

Latein

Deklinationen
ISBN 978-3-19-829546-5

Verben – Aktiv-Formen
ISBN 978-3-19-819546-8

Verben – Passiv-Formen
ISBN 978-3-19-839546-2

Learning by Turning!

Jetzt geht es rund: Die **Hueber Wheels** sind das ideale Sprachtraining für unterwegs oder zwischendurch. Einfach die mittlere Scheibe drehen – schon werden die aktiven bzw. passiven Formen eines Verbs oder alle wichtigen Deklinationsmuster von Substantiven, Adjektiven und Pronomen angezeigt.

Weitere Produkte aus der Wheel-Familie:

- **Unregelmäßige Verben** Englisch, Französisch, Italienisch, Spanisch und Deutsch
- **Falsche Freunde** Englisch, Französisch, Italienisch und Spanisch
- **Redewendungen** Englisch, Französisch, Italienisch und Spanisch
- **Make oder Do?, ¿Ser o Estar?**
- **Amerikanisches und britisches Englisch**
- Englisch **Präpositionen** und **Office-Trainer**
- Deutsch **Akkusativ oder Dativ?, Präpositionen** und **der, die, das**

www.hueber.de

Hueber Freude an Sprachen